H. MÜLLER-WIEDEMANN · MITTE DER KINDHEIT

HANS MÜLLER-WIEDEMANN

MITTE DER KINDHEIT

Das neunte
bis zwölfte Lebensjahr

Beiträge zu einer anthroposophischen
Entwicklungspsychologie

VERLAG FREIES GEISTESLEBEN

Die Deutsche Bibliothek – CIP-Einheitsaufnahme

Müller-Wiedemann, Hans:
Mitte der Kindheit : das 9.–12. Lebensjahr ;
Beiträge zu einer anthroposophischen Entwicklungspsychologie /
Hans Müller-Wiedemann. – 4. Aufl. – Stuttgart :
Verl. Freies Geistesleben, 1993

ISBN 3-7725-0632-1

4. Auflage 1993

Satz und Druck: Offizin Chr. Scheufele, Stuttgart

Im Andenken an
Karl König

In Hoffnung
für unsere Kinder

«Der erste Mensch ist von der Erde und irdisch; der andere Mensch ist vom Himmel»

Paulus, 1. Korinther-Brief, 15

«So wie also die physische Menschengestalt immer wieder und wieder eine Wiederholung, eine Wiederverkörperung der menschlichen Gattungswesenheit ist, so muß der geistige Mensch eine Wiederverkörperung *desselben* geistigen Menschen sein. Denn als geistiger Mensch ist eben jeder eine eigene Gattung.»

R. Steiner

Inhalt

Vorwort zur zweiten Auflage

Dieses jetzt in seiner zweiten Auflage erscheinende Buch ist aus einer Reihe von Ansätzen hervorgegangen, die sich mit den biographischen Motiven beschäftigt haben, welche die kindliche Entwicklung wesentlich bestimmen. Ein erster Anlaß der Bearbeitung ging aus einem Gespräch mit dem 1966 verstorbenen Arzt und Heilpädagogen Karl König, kurze Zeit vor seinem Tode, hervor. Das Thema dieses Gespräches war die Frage nach der Bedeutung der mittleren Kindheit für die Biographie des Menschen. Ausgehend von den wenigen, aber wesentlichen Ausführungen Rudolf Steiners, welche auf die Zeit zwischen dem 9. und 10. Lebensjahr des Kindes Bezug nehmen, stellte sich die Aufgabe, konkrete biographische Erfahrungen in Bezug auf dieses Lebensalter in das Bewußtsein zu rufen, um die Motive zu entdecken, die in der mittleren Kindheit im Lebensgang des Kindes bedeutsam werden.

Dabei wurde es notwendig, die vorwiegend auf eine wissenschaftlich-kausale Betrachtungsweise gerichtete Methode der Entwicklungspsychologie zu erweitern und auf geisteswissenschaftlicher Grundlage die Methode einer biographischen Phänomenologie im Ansatz zu entwickeln. Dem Autor ist hinsichtlich der Darstellung der kindlichen Entwicklung die bemerkenswerte Tatsache deutlich geworden, daß die mittleren Lebensphasen der Kindheit zwischen 9 und 12 Jahren gegenüber der früheren Kindheit wenig Aufmerksamkeit gefunden haben. Es zeigte sich dabei auch, daß eine bloße Rückkehr zur «Phasengerechtigkeit» der kindlichen Entwicklung im klassischen Sinn nicht mehr möglich ist. Die kindlichen Entwicklungsgesetze sind weder nur biologischer oder sozialer Natur und nicht durch einen Katalog von Verhaltensformen in den verschiedenen Lebensaltern abzulesen noch von soziologischen Gesichtspunkten allein ansinnbar. Phasen stellen nur Möglichkeiten der Mensch-Werdung dar, die verfehlt werden können.

Es ergeben sich daraus eine Reihe sehr konkreter Fragen: Wo kann sich die Haltung und die Einsicht des Erziehers, von dem pädagogisches Handeln erwartet wird, orientieren? Ist eine Erziehung als Methode möglich ohne den dauernden fragenden Hinblick auf jenes sich häufig auch in Krisen metamorphosierende Lebensgefüge, welches wir Biographie nennen? Welches sind die Motive dieser Biographie, die sich im individuellen und sozialen Geschehen des Kindes darstellen, aber nicht aus diesen beiden Faktoren der Entwicklung kausal hervorgehen? Welche Stellung nimmt der Erzieher in der Lebensgeschichte des Kindes ein, wenn er nicht nur als Ausführungsorgan von Vorschriften und Methoden sich verstehen will? Aus welchen Erfahrungen gewinnt er die Freiheit gegenüber eigenen Bindungen, die mit der Lebensgeschichte des Kindes möglicherweise nichts zu tun haben, und zugleich die Verantwortung für den Schicksalsweg des Kindes, der in die Verantwortlichkeit in einer menschlichen Gemeinschaft einmünden will?

In Verfolgung dieser Fragen stelle ich, ausgehend von dem durch R. Steiner eröffneten Erkenntnisweg, die kindliche Entwicklung als Inkarnationsprozeß eines seelisch-geistigen Menschenwesens dar. Die Wirklichkeit der Seele, die sich bei ihrer Inkarnation in die irdische Welt schicksalshaft mit dem eigenen vererbten Leib und mit der Umwelt, in die sie hineingeboren wird, auseinandersetzen muß, kann deshalb nur auf ein seelisch-geistiges Wesen bezogen werden, das schon aus dem vorgeburtlichen Dasein bestimmte Intentionen mitbringt. Die Zusammenhänge sind durch Rudolf Steiner in den Begriffen der «Ungeborenheit», der Reinkarnation und Schicksalsbildung (Karma) im einzelnen dargestellt worden. Sie weisen auf ein vergangenes, schon einmal gelebtes Erdendasein hin, dessen Erfahrungsfrüchte in der Tätigkeit des Seelisch-Geistigen des Kindes liegen, d. h. dessen Intentionen zunächst unbewußt erscheinen und als biographische Motive im Leben mit anderen Menschen zur Erscheinung kommen wollen. Das Zur-Offenbarung-Bringen dieser Motive ist im Kindesalter Gegenstand einer erneuerten Erziehungskunst.

Eine rein empirische oder experimentelle Entwicklungspsychologie, die auch das Tierexperiment zur Klärung menschlichen Verhaltens heranzieht, hat diese dem kindlichen seelisch-geistigen Wesen innewohnenden Intentionen, die der Entwicklung anschaubar werden können, vernachlässigt und schließlich systematisch aus ihrer Methodik ausgeklammert. Damit ist für unsere Kinder eine existentielle Notlage entstanden, die auch durch bloße Bildungsprogramme und Erziehungsreformen nicht geändert werden kann.

Es stehen mit der Methodik der gegenwärtigen Psychologie, sofern sie sich an dem Paradigma einer naturwissenschaftlich-induktiven Methode orientiert, eine Reihe weiterer akuter sozialer Notstände im Zusammenhang: Die institutionalisierte Erziehungspraxis, die Beengung des kindlichen Wohn- und Spielraumes, die defizitäre Lage der Lehrer-Ausbildung, die Verunsicherung der Eltern und vor allem die zunehmende Enthumanisierung der Intelligenz des Kindes, die heute ebenso Ware wird wie in der Zeit der industriellen Revolution die kindliche Arbeit. Die Tatsache, daß dabei die Motive kindlicher Existenz, deren Bedeutung, Pflegebedürftigkeit und Wirksamkeit im Leben des erwachsenen, reifen Menschen zur Genüge dargestellt werden kann, im Sinne der Anpassung manipulierbar geworden sind und manipuliert werden, zeigt die Bedrohung der Kindheit und damit einer gegenwärtigen und zukünftigen Zivilisation an.

Ausgangspunkte der Untersuchungen dieses Buches ist die Begegnung mit dem Kind selbst und die Erweiterung von Erfahrung zu einer geisteswissenschaftlich begründeten Phänomenologie. Wo empirische Daten verwendet werden, bestand die Notwendigkeit, diese auf die Dimension biographischer Erfahrungen «umzuschmelzen» und erst von dort her in der Näherung zu objektivieren. So kann dieses Buch auch nur als ein Entwurf verstanden werden, der allerdings die kritische Offenheit, aber auch die langfristige Erkenntnisbemühung des Lesers erwarten muß, die auf eine neue Erziehungseinstellung hinzielen.

Dies scheint mir umsomehr gefordert, als pädagogische Reformen der Gegenwart meist organisatorischer Natur sind und das Grundproblem der Möglichkeiten gegenwärtiger Erziehung verschleiern. Dieses besteht darin, daß die gesellschaftliche Anforderung, die dem Kind in der Erziehung angesonnen wird, den Aufforderungscharakter *seiner* Existenz nicht genügend wahrnimmt, der sich aus schon in das Leben mitgebrachten vorgeburtlichen Intentionen bestimmt. Jedes Kind ist eine einmalige Erscheinung unter uns, welches an uns die Aufforderung stellt, der Individualität zu helfen, in biographischen Stufen sich seiner Umwelt zu verbinden und schließlich Weltbürger zu werden.

Ich gehe davon aus, daß dies nicht im Umfeld einer «heilen Welt» geschieht. Vielmehr scheint mir die Diskrepanz der Schicksalsabsichten der uns zukommenden Kinder und der von diesen Kindern vorgefundenen Erziehungs- und Lebensverhältnisse zunehmend größer zu werden; und es ist zu vermuten, daß der seit Jahren größer werdende Geburtenrückgang in den hoch-zivilisierten modernen Ländern damit in Zusammenhang steht. Statt einer technologischen, gesellschaftlich-politischen oder ideologischen Anpassungsstrategie gegenüber dem Kind ist für die Zukunft eine langfristige Bewußtseinserweiterung notwendig, deren pädagogisches Ziel nur darin bestehen kann, die biographische Würde des Kindes als eines Geistwesens mit eigenen lebensgeschichtlichen Intentionen neu zu entdecken und praktische Freiheitsräume für deren Entfaltung zu schaffen.

Letztere Aufgabe erweist sich dann vordergründig erst als eine politisch-gesellschaftliche.

Eine Rückkehr in die Vergangenheit, in welcher Kinder unter anderen Lebensbedingungen aufgewachsen sind, ist nicht möglich und wird hier nicht angestrebt. Ich will vielmehr in dem Folgenden zeigen, daß die Ideen, die der Erziehung zugrunde liegen, sich nicht nur auf empirische, individuelle oder gesellschaftliche Fakten allein stützen können, sondern daß sich die Erziehung als eine Kunst auf die Zukunft hin zu orientieren hat, um in der Überwindung des Bestehenden der je und je besonderen Seelenkonfiguration des uns aus der geistigen Welt zuwachsenden Kindes gerecht zu werden, indem der erwachsene Mensch neue Erkenntnis-Organe bildet.

Eine derartige Anforderung ist nicht zu allen Zeiten an die Erziehung gestellt worden. Sie ist erstmals in unserem Jahrhundert aufgetreten und wurde durch R. Steiner unserer Zivilisation bewußt. Die damit verbundenen Bemühungen eines Selbsterkenntnis-Weges können dazu führen, daß eine geistige Welt-Wirklichkeit in die Erfahrung tritt, welcher der Mensch in seinem seelisch-geistigen Wesen vor der Geburt und nach dem Tode angehört und deren Spuren als biographische Erfahrung unter der Verfremdung naturwissenschaftlicher Objektivität dem Erzieher bewußt, d. h. anschaubar werden können.

Es ist abzusehen, daß bei der Zunahme der von der fortschreitenden Technologie geprägten Lebensformen des Menschen Gedanken, Urteile und Erfahrungen zur Verfügung stehen müssen, die von der Technik selbst gefordert werden und das Maß des bisher Geforderten weit übersteigen. Es ist zu vermuten, daß die zur Bewältigung der Zukunft notwendigen menschlichen Reserven nur dann verfügbar sein werden, wenn diese erstens Ich-Nähe besitzen, zweitens selbstbewußt, d. h. mit Verantwortungserfahrung handhabbar sind, drittens ihre gegenüber der Technik notwendige Kreativität aus dem Leben kindlicher Gestaltungs- und Bildekräfte empfangen können und viertens auf Erfahrungen einer Gemeinsamkeit der Menschheit eingestellt sind, die wesentlich in der Kindheit entwickelt werden und die in der Gemeinsamkeit der Logik und verbindlicher sozialer Regeln allein nicht mehr einzubringen sind.

Eltern sind heute auf ihre Erziehungsaufgabe nur ungenügend vorbereitet und stehen ihren Kindern nur wenig zur Verfügung, da die eigenen und gesellschaftlichen Erwartungen des Berufslebens zunehmend den Bezug zu den eigenen Kindern aufgelöst haben. Ebenso hat sich die Leistungserwartung der Eltern unter dem Druck der technologisch orientierten Wissenschaft und deren gesellschaftlichen Medien verschärft und äußert sich in seelischen Störungen der kindlichen Reifungsvorgänge und einem bis in die Schulen hineinreichenden Streß und Konkurrenzgebaren im Umgang der Schüler miteinander. Daß die Zahl der Kinder-Selbstmorde steigt, scheint mir ein weiteres Symptom der Situation zu sein. Derartige Phänomene bedürfen nicht nur organisierter gesellschaftlicher Maßnahmen und Erziehungsformen, sondern vor allem einer langfristigen und breiten Bewußtseinserweiterung und Aufklärung der Erziehenden, die auf die Erkenntnis des Kindeswesens und seiner seelischen Bedürfnisse gerichtet sind.

Es wendet sich dieses Buch deshalb vor allen Dingen an den über diese Situation reflektierenden Leser, der sich aufgefordert fühlt, seine eigene Situation und die seiner Zeit im Selbsterkenntnis-Prozeß, d. h. auch biographisch-historisch neu zu bedenken. Die hier angestrebte Selbsterkenntnis richtet sich vor allem auf eine Erfahrungs-Dimension des Seelenlebens, zu welcher erfahrungsgemäß ein erkennender Zugang schwierig ist: Das Fühlen. Diesen Bereich auch für die Pädagogik neu zu entdecken und darzustellen am exemplarischen Beispiel der Mitte der Kindheit, ist das wesentliche Anliegen dieses Versuches einer biographischen Phänomenologie. So stellt auch die Neuauflage des Buches den Versuch dar, diese Methode für das Verständnis unserer Kinder fruchtbar zu machen und dadurch in der Grundlagen-Krise der gegenwärtigen Erziehung und des damit verbundenen Selbstverständnisses des Menschen einen Beitrag zu geben.

Darüber hinaus hofft dieses Buch Leser zu finden, die zu denjenigen Quellen in eigener Erkenntnis-Bemühung hinkommen wollen, aus denen R. Steiner sein umfangreiches pädagogisch-menschenkundliches Werk geschaffen hat, welches in unserer Zeit wichtige Einrichtungen des sozialen Lebens hervorgebracht und befeuert hat. Der eigenen heilpädagogischen Arbeit und der Begegnung mit seelenpflege-bedürftigen Kindern verdanke ich entscheidende Erfahrungen im Hinblick auf die gegenwärtige Situation, vor allem aber die Einsicht, daß in der Pädagogik heute heilende Kräfte im Erzieher aus der Kenntnis des *Inkarnationsweges* des Kindes aufgerufen sind. Gegenüber der ersten Auflage des Buches wurden die kritischen Auseinandersetzungen mit der naturwissenschaftlichen Entwicklungspsychologie und der Psychoanalyse, die dort noch einen sehr breiten Raum eingenommen hatten, auf Wesentliches beschränkt.

Im Aufbau der einzelnen Kapitel wurde versucht, das Grundphänomen, nämlich die mittlere Kindheit zwischen dem 9. und 12. Lebensjahr, von verschiedenen Seiten zu betrachten und schließlich das Eigentliche dieses Wendepunktes der Biographie in der Mitte der Kindheit für den Leser in die Anschaubarkeit zu rükken. Dazu bedurfte es des Vor- und Ausblickes auf das frühe Kindesalter und die Jugendzeit:

In den einleitenden Ausführungen will ich versuchen, den Begriff der Erfahrung als einer biographischen Erkenntnis-Fähigkeit zu erläutern.

Ich will zeigen, daß in der biographischen Erfahrung die seelisch-geistigen Kräfte des Kindes sichtbar werden können, die in der Entwicklung im Zusammenhang mit der Umwelt die Leiblichkeit des Kindes im Sinne der Inkarnation durchgestalten und Wandlungen hervorrufen.

Diese werden an Phänomenen sichtbar und bilden gleichzeitig im Kinde Erfahrungen aus. Der Durchblick durch die Phänomene zu diesen Erfahrungen und deren Verständnis im Hinblick auf die Biographie ist Gegenstand einer Phänomenologie, wie sie hier versucht wird.

Das zweite Kapitel wird sich mit der sozialen Entwicklung des Kindes unter Gleichaltrigen beschäftigen, um diesen notwendigen Durchgangspunkt in der Mitte der Kindheit in seinem Wert, aber auch in der Gefährdung der Individuation des Kindes dazustellen.

Im folgenden Kapitel will ich im Hinblick auf das zentrale Geschehen der mittleren Kindheit die Wandlungen der Wahrnehmung und des Denkens untersuchen, um in geisteswissenschaftlicher Erweiterung der gegenwärtigen Psychologie eine Biographik des Begriffe-Bildens zu entwickeln. Es soll dabei die Aufgabe der Pädagogik hinsichtlich einer menschengemäßen Weise des Handelns und Denkens des erwachsenen Menschen erfragt werden.

Das Schicksal der kindlichen Seele im Inkarnationsprozeß in die Leiblichkeit und die Welt darzustellen, ist Inhalt des vierten Kapitels. Dabei geht es insbesondere um die Aspekte der Bildung des Gefühlslebens in der Mitte der Kindheit.

In einem eigenen Kapitel sollen die Aspekte des sich wandelnden Verhältnisses des Kindes zur Sprache und die Pädagogik der Sprachbildung in diesem Lebensalter beschrieben werden.

Das 6. Kapitel greift die Ergebnisse der vorigen auf, um Gesichtspunkte der Gewissensbildung des Kindes in der Wandlung von der frühen zur Mitte der Kindheit beizutragen. Dabei soll insbesondere die Anteilnahme von Vater und Mutter an dem Prozeß der Gewissens- und Moral-Bildung beleuchtet werden.

Das letzte Kapitel stellt den Versuch dar, die geisteswissenschaftliche Methode einer biographischen Phänomenologie einzuführen, die Grundlage dieses Buches ist. Im Zusammenhang mit einer Skizze Rudolf Steiners, die im Wortlaut wiedergegeben ist, wendet sich dieses letzte Kapitel konkreten Erziehungs-Haltungen der Eltern gegenüber dem Kind in der Mitte der Kindheit zu.

Die pädagogische Skizze Rudolf Steiners wurde gegenüber der ersten Auflage neu hinzugefügt, andere Kapitel neu bearbeitet und z. T. erweitert. Auch in der Neuauflage wurde eine Reihe von Anmerkungen jedem Kapitel beigefügt. Auf diese beziehen sich die eingeklammerten Zahlen im Text. Sie stellen Erweiterungen oder Erläuterungen dar, die im Text den Zug der Darstellung unterbrochen hätten.

Dieses Buch ist von der Hoffnung getragen, daß sich eine zukünftige Erziehung an dem Wesen begründet, das von Anfang an unser Schicksalspartner ist und dessen Biographie uns erst dann aufscheint, wenn wir beginnen, unsere eigene Biographie zu durchleuchten: Am Kind selbst. Denn es reift jedes Menschenwesen aus seinen noch unbewußten, in die Welt mitgebrachten schicksalshaften Willensmotiven, mit denen es uns zuwächst, um über uns hinauszuwachsen. Erst in der gedankenfähigen Wahrnehmung der Inkarnation eines Ich, welches in jeder biographischen Wende anwesend ist, kann jene Ehrfurcht in unsere Erziehung einziehen, welche die zur Selbsterkenntnis gesteigerte biographische Erfahrung des Erziehers in pädagogischem Handeln zu verwirklichen bereit ist. So handelt es sich im Besonderen um die Haltung des Erziehers als Selbsterkenntnis, die jedes methodische und praktische Handeln im Einzelnen durchdringen und befruchten muß.

Abschließend möchte ich allen danken, die durch konstruktive Kritik der ersten Auflage an der Weiter- und Neugestaltung dieses Buches mitgewirkt haben.

Mitte der Kindheit – Biographische Zeugnisse

«Ich bin zu Hause, aber ich habe immer Heimweh.»
Ein zehnjähriger schottischer Junge.

Für den zurückschauenden reifen Menschen verbergen sich zunächst die Erlebnisse der Kindheit und treten gewöhnlich erst nach der Pubertät endgültig in die Nähe autobiographischer Erfahrung. Das Maß, in dem wir die Erfahrungen unserer Kinder verstehen, bemißt sich trotz großer soziologischer und kulturell bedingter Verschiedenheiten an der Stärke der autobiographischen Erkenntnisse des reifen Menschen und stellt sich als Prozeß der Selbst-Erkenntnis dar. Erfahrungen und Verhalten des Neun- bis Zwölfjährigen scheinen jenen für die menschliche Biographie typischen Vorgang von Dissoziation oder Krise zu durchlaufen, der im neunten Lebensjahr beginnt und mit dem zwölften Lebensjahr seinen vorläufigen Abschluß findet. Im zwölfjährigen jungen Menschen scheint zum erstenmal jene seelisch-leibliche Identität herangebildet zu sein, die die Welt als objektiv und außer sich zu erleben in der Lage ist, was sowohl die Möglichkeiten experimentellen und verantwortlichen Handelns als auch die des abstrakten und hypothetisch-begrifflichen Denkens angeht. Das Kind wird reif, die Welt im Begriff zu verallgemeinern und sich selbst in ihr als einzigartig zu erleben. Dieser Schritt bedeutet das Ende der ersten Kindheit und seelische Voraussetzung für das Einsetzen der Reifezeit, woraus der innere Anspruch an den jungen Menschen resultiert, diese Welt auch zu gestalten, und weist damit dem Jugendlichen nach der Pubertät eine *geschichtliche* Rolle zu. Der Zeitpunkt zwischen dem neunten und zwölften Lebensjahr zeigt erfahrungsgemäß, daß die kindliche Individualität nach dem neunten Lebensjahr beginnt, mit ihrem höheren Ich, seinem seelisch-geistigen Wesenskern in einen Dialog zu treten, und daß dieser Prozeß nach der Pubertät, zwischen dem sechzehnten und siebzehnten Lebensjahr für den Jugendlichen auf neuer Stufe einen Höhepunkt erreicht. Wir müssen annehmen, daß der Beginn dieses Prozesses zwischen dem neunten und zehnten Lebensjahr und seine Bewältigung von Bedeutung für das Leben des Jugendlichen nach der Pubertät ist. Die neue Aufgabe besteht darin, Erfahrung und Verhalten sinnvoll zu integrieren, d. h. Haltung und Sicherheit des Gefühlsurteils zu gewinnen.

Man kann dies auch so verstehen, daß jetzt neue Erfahrungen mögliches Verhalten übersteigen, womit die Verinnerlichung des Welterlebens durch die Ich-Erfahrung des 9./10. Lebensjahres einhergeht. Andererseits gewinnt Erfahrung zum erstenmal jene Sicherheit der Identität, die es dem Kind möglich macht, in seinem Verhalten innere und äußere Realität *selbständig* zum Ausgleich zu bringen.

In diesem Kapitel soll anhand weniger ausgewählter biographischer Erfahrungen gezeigt werden, daß die Spannung von Erfahrung und Handeln im neunten bis zehnten Lebensjahr zum erstenmal auftritt. Dies kann besonders deutlich werden, wenn man diesen neuen biographischen Einschlag mit der frühesten Kindheit vergleicht, in der sich die eigene Erfahrung noch wesentlich an der Umwelt und am anderen Menschen konstituiert und sich gleichzeitig und unmittelbarer im Handeln des kleinen Kindes als Verhalten dokumentiert. Die Selbstverborgenheit des kleinen Kindes und die sie konstituierende Unfähigkeit, die eigene individuelle Biographie zu erfahren, scheint nach dem neunten Lebensjahr zu einem ersten Abschluß zu kommen. Es beginnt eine Erfahrungskrise, in der die frühe Kindheit und der Vorgang der Inkarnation eines Ich keimhaft bewußt werden. So heißt es in einer biographischen Erinnerung: «Keine Sehnsucht ist dem Ursprung näher, keine gefährdeter als die des unerfahrenen, mit seinem Geschlecht noch unbekannten Kindes, das genesungstrunken von seinesgleichen abgesondert in seinem Bette wacht. Es kann nicht, wie die gesunden Gespielen, seine kommende Kraft überlärmen und übertoben. Es kann sie nicht, wie die Erwachsenen, in eine Tat umsetzen oder in Umarmungen ausgießen, es muß sie fühlen und tragen in ihrer ganzen göttlichen *Unabwendbarkeit,* muß mit ihr wachsen oder an ihr zerbrechen. Und auf einmal sehnt sich der Knabe nach einer Gestalt, vielleicht nach einem Gefährten, vielleicht nach einem Führer oder Verführer, *weder Mann noch Weib schweben ihm dabei vor,* doch muß es ein Wesen sein, das ihm ein unvergleichlich mächtigeres Leben auftut als das bisher gelebte, und er ist bereit, große Leiden dafür auf sich zu nehmen.»[1]

So klingen Krankheitstage aus dem zehnten Lebensjahr herauf. Und wenig später heißt es von dem Knaben, der bis zu diesem Alter eine kleine Krippe auf dem Fenstersims hütete: «Und wie nun das Leben selber sehr weit und geistig zu werden versprach, verlor unmerklich das Kripplein seinen Wert und seinen Zauber. Ich beachtete es immer weniger und ließ es auf seinem Gesims verkommen, und schnell zerfiel die kleine Gründung, da meine Liebe sie nicht mehr zusammenhielt. Es lösten sich die Gipfel der Gebirge, die Palmen verwelkten, die Kronen der Könige zersprangen, Satans Flügel brachen ein, und Hirten und Tiere versanken tief und schief im vergilbenden Moos.»[2]

Diese Stimmung wird noch deutlicher in einer anderen Erinnerung eines älteren Menschen: «Ich weiß deutlich, daß ich etwa zehn Jahre alt war und allein von der Badeanstalt nach Hause ging, als mich plötzlich ein Gefühl überfiel: Du kannst alle Menschen verstehen, aber du kannst ihnen nicht sagen, was du empfindest. Niemand versteht dich.»[3]

1 H. Carossa: Eine Kindheit. Verwandlungen einer Jugend. Frankfurt/M. 1960.

2 ebenda

3 persönliche Mitteilung.

In seiner Autobiographie schreibt *Karl Jaspers*[4]: «Sonderbar ist, daß frühe Erinnerungen selbst schon Erinnerungen sein können. Ich war zehn Jahre alt und Quintaner, als ich die schmerzvolle, gleichsam totale Erinnerung des *unergründlich Gelebt-habens* beim Lesen eines Rückertschen Gedichtes im deutschen Lesebuch kennenlernte: Aus der Jugendzeit, aus der Jugendzeit klingt ein Lied mir immerdar, ach wie liegt so weit, ach wie liegt so weit, was mein einst war –. Mich ergriff eine hinreißende Sehnsucht, obgleich ich noch ein Kind war. Es war wie ein Verloren-haben, im gleichzeitigen Ahnen unendlicher Fülle dessen, was mir schon einmal gegeben war. Die Stimmung der Ferne, in eins mit einer Seeligkeit des mir Unerreichbaren und mir doch Angehörenden, machte die Seele weit, indem sie zugleich das Herz brechen wollte.»

In einer anderen Biographie heißt es: «Auch bei dem heranwachsenden Knaben zeigte sich öfter ein seltsamer Zustand des ‹Träumens›, eine meist gegenstandslose Versenktheit oder Entrücktheit, in der alle Räder, die der Sturzbach des äußeren oder inneren Erlebens sonst so heftig zu drehen pflegte, wie ausgeschaltet anhielten und stillstanden. Noch erinnere ich mich, wie sich mir eine solche Stille zum erstenmal als schwermütige Ergriffenheit offenbarte, fühle noch, was ich damals empfand, und sehe auch den Ort vor mir, an dem ich als etwa Zehn- oder Elfjähriger dies innere Erschauern erlebte. Wie es kam, daß ich allein auf dem Schulhof stand, ist mir nicht mehr erinnerlich – vielleicht hatte ich eine Stunde des Strafnachsitzens hinter mir –, ich betrat den großen Hof, den ich nur erfüllt vom Lärm spielender und tobender Knaben gekannt und der mir daher doppelt leer und verlassen erschien. Dort sehe ich mich stehen, überwältigt von der tiefen Stille, und, indem ich ihr lausche und dem leichten Wind, fühle ich, wie mir aus der Einsamkeit ein Unbekanntes, Mächtiges ans Herz greift. Es war meine erste Ahnung, daß ich ein *Ich* war, mein erstes Aufdämmern, daß ich eine Seele hatte und daß sie – von irgendwo her – angerufen wurde.»[5]

Selten artikulieren Kinder diese Erfahrungen. Sie sollen jetzt nicht interpretiert werden, aber wir müssen annehmen, daß sie Stadien darstellen, die nicht nur auf Wandlungen des Eigenverhaltens drängen, sondern Bedürfnisse der Seele erleben lassen, aus welchen die Sehnsucht nach einer Erfüllung spricht. Die klassische Psychologie hat das Kind dieses Lebensalters als Realisten bezeichnet, eine äußere Beschreibung seiner Wahrnehmung und seines Verhaltens, und die tiefer liegenden Motive, die dieses Lebensalter bewegen, sind weitgehend unbekannt geblieben. Dies hängt damit zusammen, daß die Entwicklungspsychologie ihre Ergebnisse im Lichte eines naturwissenschaftlich legitimen Denkens faßt. Sie entwickelt dieses auf allgemein-gültige Strukturgesetzmäßigkeiten hin und muß deshalb in ihrem Ansatz auf die Erfassung individueller Schicksalsgestaltung im Sinne einer

4 K. Jaspers: Schicksal und Wille. München 1967
5 Bruno Walter: Thema und Variationen. Frankfurt/Main 1960

biographischen Phänomenologie verzichten. Das Kind ist ihr vor allem ein gesellschaftliches Wesen, ein Gattungswesen, welches durch die Erziehung gesellschaftlich verstandene Mündigkeit erlangt. Die hier in den vorangehenden Beispielen angedeutete Anschauungsweise kann als ein ergänzender Versuch verstanden werden, der sich zunächst an individuellen Erfahrungen orientiert, um diese mit geisteswissenschaftlicher Methodik so zu vertiefen, daß übergreifende seelisch-geistige Gesetzmäßigkeiten der kindlichen Entwicklung zur Erscheinung kommen.

Die psychoanalytische Forschung hat mit dem von *Fließ* stammenden Begriff der Latenz-Periode die Zeit zwischen dem siebten und vierzehnten Lebensjahr im wesentlichen nur negativ beschrieben. Nach *Erikson,* einem der führenden psychoanalytisch orientierten Anthropologen, unterscheidet sich dieses Lebensalter von den früheren, insofern es keinen Umschwung von einem inneren Aufstand zu einer neuen Beherrschung gibt. «Normalerweise schlummern jetzt die heftigen Triebe, aber es ist nur die Windstille vor dem Sturm der Pubertät, wo alle die früheren Triebe in neuen Kombinationen wieder auftauchen.»[6]

Die wenigen biographischen Beispiele deuten jedoch auf einen Erfahrungswandel des Kindes: Die Verinnerlichung und Wandlung des Handelns wie auch der frühkindlichen Phantasie durch eine jetzt einsetzende Selbsterfahrung, die Umwendung des nach außen gerichteten kindlichen Willens auf die Tätigkeit der denkerischen Erfahrung der Welt und vor allem die offenbar tiefgehende Erfahrung des eigenen Ich gegenüber einer frühkindlichen Umwelt, die mit einer Lösung aus dem Weltbild der frühen Kindheit einhergeht, lassen auf diesen Lebensabschnitt besonders aufmerksam werden. Dies vor allen Dingen deshalb, da wir annehmen müssen, daß für Verhalten und Erfahrung des Jugendlichen nach der Pubertät diese Zwischenzeit zwischen Kindheit und Jugend, die sich «in der Stille» abspielt, von großer Bedeutung ist. Abschied und Sehnsucht formen die seelische Lebenssituation dieses kindlichen Alters nach dem neunten Lebensjahr, und das realistische Verhalten der Zehnjährigen scheint darauf gerichtet zu sein, vor der Welt das Innere einer romantischen Grund-Stimmung, die von der Schicksalsmelodie des Ich inspiriert ist, zu verbergen. Deshalb ist im Umgang mit dieser Altersgruppe Takt, Zurückhaltung und Ehrfurcht geboten, wo das Kind zum erstenmal den Versuch macht, sein Verhalten auf seine Erfahrung zu beziehen, in einem inneren Raum, der die Stille der Reifung braucht, um zur neuen Einsicht im Denken und Verhalten zu kommen und deren Ergebnis im sozialen Umkreis zu prüfen. Der bedeutende biographische Einschnitt, den diese Erfahrungen darstellen, wird am deutlichsten, wenn man ihn mit jenem Bereich der frühen Kindheit vergleicht, der um das dritte Lebensjahr entsteht. Das Kind, das zum erstenmal sich mit «Ich» benennt, gewinnt in diesem Erlebnis das Ich-Bewußtsein, welches auf die

6 E. H. Erikson: Jugend und Krise. Stuttgart 1970

räumliche Wahrnehmungswelt gerichtet ist. Es ist bemerkenswert, daß diese Erfahrung nicht, wie die des 9. Lebensjahres, in der Erinnerung als ein *Selbsterleben* sich darstellt, sondern, wie durch Jean Paul berichtet, im Erscheinen des Lichtes im Raum: «Eines Tages», so schildert *Jean Paul*, «an einem Vormittag stand ich als ein sehr junges Kind unter der Haustür und sah links nach der Holzlage, als auf einmal das innere Gesicht ‹ich bin ein Ich› wie ein Blitzstrahl vom Himmel vor mich fuhr und seitdem leuchtend stehen blieb. Da hatte mein Ich zum erstenmal sich selber *gesehen* und auf ewig.»[7]

Mit dieser Lichterfahrung, die sich am Erleben der Beziehung des Ich zum Leibe einstellt und durch welche jene Form der kindlichen «Amnesie» entsteht, auf deren Natur wir noch näher eingehen werden, beginnt die Kraft autobiographischer Vorstellung und bildhafter Erinnerung. Dabei handelt es sich offenbar um eine Schwelle, hinter die etwa die Erfahrungsänderungen bei akuten schizophrenen Prozessen zurückgreifen. Ein Rest dieser Erlebnisse vor dem dritten Lebensjahr aber bleibt dem heranwachsenden Kind in der Form jener intentionalen Beziehungen zum anderen Menschen, die Grundlage der Nachahmungsleistungen werden. Die Schwelle des dritten Lebensjahres öffnet die Fähigkeit, sich im Vergessen frühester Erlebnisse in die soziale Umwelt einzuleben. Dies kann besonders bei denjenigen Störungen offenbar werden, wo diese Schwelle zur Sozialisierung nicht erreicht wird und Kinder in frühen Erfahrungen stehen bleiben, wie etwa bei sogenannten autistischen oder psychotischen Kindern. Die Tochter, so könnte man sagen, dieses Vergessens einer frühen Erfahrungswelt ist die Kraft der Erinnerung, durch die sich der Schmerz des Verlustes schöpferisch wandelt. Nach dem neunten Lebensjahr tritt das Kind wiederum in einer neuen Dimension an eine solche Schwelle: Um das dritte Lebensjahr scheint das Ich-Erlebnis mit dem Licht des Bewußtseins gleichsam «von oben» verbunden. Damit sagt das Kind ja zu seiner irdischen Umwelt. Anders das Erlebnis um das neunte Lebensjahr. Das Ich wird «von unten» an der Tiefe des Willenslebens erfahren und muß sich mit dem Gedankenlicht harmonisch zu verbinden lernen. Sehnsucht schwingt mit in dieser Erfahrung. So schildert *Jean Paul* aus seinen Knabenjahren: Eines Sommertages beschlich ihn auf dem Heimwege (von den Großeltern), als er gegen zwei Uhr die sonnigen, beglänzten Bergabhänge und die ziehenden Wolken betrachtete, ein «*gegenstandsloses Sehnen*, das aus mehr Pein und wenig Lust gemischt und *ein Wünschen ohne Erinnern* war. Ach, es war der ganze Mensch, der sich nach den himmlischen Gütern des Lebens sehnte, die noch unbezeichnet und farblos im tiefen Dunkel des Herzens lagen und die sich unter den einfallenden Sonnenstrahlen flüchtig erleuchteten».[8]

7 Zitiert nach Karl König: Die ersten drei Jahre des Kindes. 6. Aufl. 1978

8 Aus R. Steiner: «Jean Paul», in «Biographien und Biographische Skizzen» 1894–1905. GA 33

«Wenn ich», so erzählt *Gerhart Hauptmann* in seiner Autobiographie, «etwa als Vierjähriger mit aufgestützten Armen in einem der Frontfenster meines Elternhauses lag, wurde mein Blick bei klarem Wetter durch einen schön geformten Berg, den Hochwald, angezogen. Es war da nicht nur die Grenze meiner Welt, sondern der ganzen Welt. Und ich setzte mit stiller, zweifelsfreier Gewißheit voraus, man könne auf seine Spitze gelangen und in den Himmel steigen. Oft und oft, wenn wieder die heilige Stimmung im Angesicht des heiligen Berges über mich kam, habe ich diesen Fall erwogen und alle möglichen Arten, in denen der Plan auszuführen ist».[9]

Grenzerfahrung wird hier noch, wie es für die frühkindliche Welt typisch ist, von der Tätigkeit der Phantasie überholt. Von der Position eines Beobachters aus gesehen würde man sagen können, daß das Kind noch die Welt seiner eigenen Tätigkeit «egozentrisch» erlebt und die damit verbundenen Erfahrungen der «Wirklichkeit» einprägt. Von der kindlichen Erfahrung her gesehen, bedeutet dies aber auch, daß durch die Grenzerfahrung der Bewußtwerdung diejenigen Kräfte angeregt werden, mit denen das Kind in diesem Lebensalter aus Phantasie «handelnd» nach Eins-Sein strebt.

In diesem Lebensalter bricht nur in der Krankheit oder auch im Rückzug autistischer Kinder auf sich selbst jene tiefere Einsamkeit durch, die dann im neunten Lebensjahr als Erfahrung innerlich wahrnehmbar wird und die Phantasie und Willenskräfte zu einer Metamorphose, einer Umwandlung zum denkenden Ergreifen der Welt auffordert.

So ändert sich auch die Erfahrung des Dichters «vom Berg», wie er im Rückblick seiner Biographie mitteilt: Jetzt, älter geworden, «versinnt» er sich vor dem fernen Gipfel, hinter dem die Welt zu Ende ist. «Dabei erwog ich die menschliche und meine eigene Einsamkeit, die ich schon sehr gut erkannt habe. Die unbegreifliche Größe des Schicksals erfüllte mich, solange ich ihr nachging, mit einer schauervollen Beklommenheit. Ich fragte mich, wie rettet man sich aus der eigenen *Verlassenheit?* ... Die Gesamtheit der Menschheit sah ich als Schiffbrüchige auf einer Eisscholle ausgesetzt, die von einer Sintflut umgeben war.»

Hier kündigt sich zum erstenmal das Ende der frühen Kindheit an: Ich-Erfahrung als Einzigartigkeit der Individualität und gleichzeitig die Suche nach neuen Mitteln, die den Himmel der Kindheit auf einer neuen, jetzt selbstbewußten Stufe wiederzubringen vermögen. Aus der Einsamkeit identifiziert sich der Knabe jetzt mit der ganzen Menschheit, und die Vergangenheit wird unwiederbringliche biographische Erfahrung in Form einer krisenhaften Diskontinuität, welche «rettend» das Ich überwinden soll. Um diese Lebenszeit zwischen dem neunten und zwölften Lebensjahr beginnen denn auch die kindlichen Depressionen und

9 Zitiert nach J. F. Flügge: Urbilder in Gerhart Hauptmanns Kindheit. Neue Sammlung, 9. Jahrgang, Heft 5, 1969

Zwänge wie auch das sogenannte Schulversagen, das als ein Zeichen der Wandlungskrise von der Kindheit zur Jugend verstanden werden kann. «Kinder in den frühen Bewußtseinsjahren nach der Geburt fühlen vielleicht stärker als Erwachsene das Rätsel, in das sie versetzt worden sind, und bringen vielleicht von dort, wo sie kurze Zeit vorher gewesen sind, noch Ahnungen mit.»[9] (J. F. Flügge)

Auch die Weisheit des Märchens, etwa im Dornröschen, weiß um die Verzauberung der Kindheit in die Erdenwelt und deren Erlösung im Reifungsprozeß zunächst verborgener Seelenkräfte.

Oft bringt aber das Erlebnis des Todes eines nahen Menschen erst die Grenz-Erfahrung: *Oskar Kokoschka* schildert den Tod eines «Fräuleins aus der Nachbarschaft», die ihn als Knaben oft zu sich rief und ihm Märchen erzählte. Der Junge hörte von ihrem Tode, und die Abwesenheit der Märchenerzählerin stimmte ihn zunächst fragend: «Ich habe nicht recht verstehen können, was es heißt, gestorben zu sein. Nur ist mir aufgefallen, daß sie verschwunden blieb, ich meinte, so wie man eben von einem Haus ins nächste geht, von einem Zimmer ins andere, man kann ja nicht durch die Wand sehen. Aber man bleibt doch! Ich kann nie verschwinden, dachte ich. Natürlich ist sie nicht da, doch irgendwo wird sie sein, vielleicht verzaubert wie in einem ihrer Märchen.» Aber als der Junge am übernächsten Morgen den Totenwagen sieht, in dem eine weiße Kiste lag, tritt das Neue, die Grenzerfahrung, in die Seele: «Lange habe ich damals dem fremden seltsamen Wagen nachgeschaut, dieses Fortfahren hatte die frühere Geschichte wachgerufen, da ich zum erstenmal einen solchen Wagen sah. Dumpf begann ich zu ahnen, daß die Außenwelt doch auch Grenzen hat. Es war ein Erlebnis des Unwiederbringlichen, und dies empfand ich wie ein Wandeln vom Licht des Tages zum Schicksalsmäßigen, Furchteinflößenden der Nacht. Daß etwas in eine Sphäre übergehen kann, die nichts mit dem, was ich als Umwelt verstand, gemeinsam hatte. Dieses Erlebnis machte mich grüblerisch, melancholisch, ich begann im Schlaf zu wandeln. Man nennt es im Volksmund Mondsüchtigkeit.»

Die heile unendliche Welt der frühen Kindheit verliert ihre Kontinuität. Sie spaltet sich deutlich in eine unsichtbare Nachtseite und die Sichtbarkeit des Tages. Dieses Erlebnis ist ein innerliches. Die Rätselfragen des Daseins steigen in der Seele auf. Zum erstenmal wird Diskontinuität erfahren, und deshalb kreisen die Fragen des Kindes in diesem Lebensalter um Kontinuität der Existenz des Ich, das das Du sucht und sich in ihm als heil empfinden kann. Es ist bezeichnend, daß Kokoschka in seinem Rückblick in die Kindheit anschließend bemerkt: «Etwa zu dieser Zeit hat mir *deshalb* mein Vater Bücher geschenkt. Mein erstes Buch – es hat ein Leben lang auf mich gewirkt – war das Anschauungsbuch ‹Orbis pictus› des Bischofs der mährischen Brüdergemeinde Jan Amos Comenius ... Aus dem Or-

9 Zitiert nach J. F. Flügge: Urbilder in Gerhart Hauptmanns Kindheit. Neue Sammlung, 9. Jahrgang, Heft 5, 1969

bis pictus lernte ich, wie die Welt ist und wie sie sein soll, so daß sie *für Menschen wohnlich wird.*»[10]

Die biographische Phänomenologie kann im Vergleich vom dritten zum neunten Lebensjahr eine wesentliche Wandlung entdecken, in welcher sich die Grenzerfahrung im neuen «Urvertrauen» in die Welt als Hoffnung, aber auch als «Leere» und Einsamkeit, die Sehnsucht hervorruft, offenbart. In der Grenzerfahrung um das dritte Lebensjahr erfährt der Mensch die Wirklichkeit seines geist-seelischen Ursprungs. Sein Licht erhellt die räumliche Erdenwelt als erkannte. Sie taucht nach dem neunten Lebensjahr individualisiert als Gefühls-Erfahrung aus dem Willen wieder auf und spielt sich in einer anderen Bewußtseins-Dimension ab. Das Kind benennt sich jetzt nicht nur als ein Ich, sondern erlebt, daß es eine Vergangenheit und eine Zukunft hat, die seine eigene, besondere ist und sich von allen anderen unterscheidet. Die Welt wird fragwürdig, nicht nur im Sinne kognitiver Erfordernisse, sondern vor allen Dingen in bezug auf ihren Wert, ihre affektive Verbindlichkeit und die frühkindlichen Beziehungen und «Gewohnheiten» zu und mit Geschwistern und Eltern. Ernst Bloch schildert sein Ich-Erlebnis um das 8. Lebensjahr so: «Es kam auf einer Bank im Wald, und ich *spürte ‹mich› als den, der sich spürte,* der heraussah, von dem man nie mehr los kommt, so schrecklich wie wunderbar, der ewig in der eigenen Bude mit Globus sitzt. Den man immer vorrätig hat, selbst wenn er sich unter Kameraden aufhebt, und der zuletzt einsam stirbt... Jeder hat aus dieser Zeit ein Zeichen, das gar nichts ist, weder häuslich noch aus der Natur, noch aus dem bekannten Ich, aber alles zudeckt, wenn man will».[11] Die Biographin Blochs[12] bemerkt in diesem Erlebnis dessen biographische Potenz, wenn aus dem erlebten Verlust familiärer Heimat die Sehnsucht nach dem größeren In-der-Welt-beheimatet-Sein aufkeimt, wenn sie sagt: «Das Getrennt-Sein vom anderen, auch das Vereinzelt-Sein der Dinge, jedes für sich, weckt dann auch den Wunsch, in allem den Hinweis auf die Einheit aufzuspüren, alles Fremde in die gemeinsame Heimat zu führen – Vorstellungen, die zu Kategorien geschöpft für die Philosophie Bloch's zentral werden.» Freilich unterscheiden sich die lebensgeschichtlichen Wirkungen solcher Erlebnisse im Inhaltlichen. Sie stellen aber in der Biographie eine charakteristische Geste dar, einen allgemeinen Erfahrungsmoment großer Prägsamkeit, der zunächst einen neuen Wahrnehmungsraum für das Kind eröffnet. Noch ist diese neue Welt nicht sicher greifbar, aber sie soll in der Sehnsucht des Kindes eine größere werden, eine reichere und vieles versprechende: Freundschaft, Toleranz, Partnerschaft, aber auch eine wachsende Autonomie und die Fähigkeit, diese Welt von verschiedenen Seiten zu sehen und zu begreifen. «Das Kind kommt in einer gewissen Weise zu einem er-

10 Oskar Kokoschka: Mein Leben. München 1971
11 E. Bloch: Spuren, Gesamtausgabe I, Edition Surkamp 1977
12 Silvia Markun: Ernst Bloch, Bildmonographien, Reinbek 1977

sten Erstaunen über alles, was in der Welt vorgeht, weil es anfängt, sich in der Welt selber drinnen zu sehen. Man kommt erst in diesem Stadium des Lebens zum Ich-Bewußtsein.»[13]

«Ich war jetzt genau zehn Jahre alt, ein Knabe, der nicht gehen, nicht sprechen, nicht essen, sich nicht selbst ankleiden konnte. Ich war hilflos, aber erst jetzt begann ich mir darüber klar zu werden, wie hilflos ich wirklich war. Ich wußte immer noch nichts über mich; ich wußte nichts, nur eines stand fest: Ich war ‹anders› als die anderen.»

So schreibt der gelähmte *Christie Brown*[14] in seiner Selbstbiographie. Und dann noch deutlicher: «Bisher hatte ich niemals über mich selbst nachgedacht... Ich hatte weiterhin mit meinen Brüdern gespielt, ich hatte den kleinen Lebensbereich, der vor meinen Augen lag, genossen, ich war mir die ganze Zeit *meiner selbst* nicht bewußt gewesen.»

Gleichzeitig mit wachsender Autonomie tritt aber auch die Sehnsucht nach einer die Seele weitenden Mit-Menschlichkeit auf. Sie ist weder eine pädagogische noch allein sozial relevante Größe, sondern stellt eine neue Notwendigkeit der Beziehung dar, die anders ist als die der frühen Kindheit. Letztere ist durch die Nachahmung gestaltet, deren Ergebnisse bis in die Ausformung des Leibes «einverleibt» werden und deshalb im biographischen Rückblick meist nur durch Erzählungen anderer sichtbar werden können. Jetzt handelt es sich um eine dem Bewußtsein nähere Begegnung, die sich aus der Dynamik von Einsamkeitserfahrung und Sehnsucht als einer Willensbewegung entwickelt, in welcher das neun- bis zehnjährige Kind sich dem anderen, nahen Menschen anvertrauen will, um seinen eigenen, in unendlicher Ferne liegenden Ursprung im anderen Menschen erkannt zu wissen und dadurch Vergangenheit in Zukunft zu wandeln. Das «Vorbild» weist, wenn es wahr ist, auf ein Bedürfnis der kindlichen Seele hin, welches dieses selbständig als eigene Schicksalsgestaltung erst nach der Pubertät zur Reifung bringen kann. Gegenüber allen methodisch-erzieherischen Gesichtspunkten ist dieser der wesentlichste. Er ist offenbar durch bloße Medien im Unterricht nicht zu fördern, weil er der erlebten Nähe des anderen Menschen als des Vermittlers von «Welt» bedarf. Die seelische Dynamik, die dieser Vermittlung innewohnen kann und die sich von den zwischenmenschlichen Erfahrungen der frühen Kindheit unterscheidet, gehört zu den wichtigsten Wendepunkten der menschlichen Biographie, die, wie sich zeigen wird, die Ernsthaftigkeit, die Treue und die Urteilsfähigkeit in der Begegnung im reifen Lebensalter bestimmt. Wenn diese Vertrauensbildung gelingt, so zeigt sie sich im späteren Lebensalter wieder als eine Art innerer Mut in der Bewältigung von Lebensaufgaben. (R. Steiner)

13 R. Steiner: Menschenerkenntnis und Unterrichtsgestaltung. Vorträge vom 12.–19. Juni 1921 in Stuttgart. GA 302

14 Christie Brown: Mein linker Fuß. Berlin 1970

Erst gegen das zwölfte Lebensjahr hin wandelt sich diese Situation wieder, und das eigene Ich des Kindes wird sich erneut auf einer höheren Stufe seiner Eigenheit, Selbstheit und seiner geschichtlichen Verantwortung für die Zukunft bewußt. Damit gewinnt schon vor der Pubertät das Verhältnis zum anderen Menschen eine neue Dimension der Erfahrung. Die Art des Erlebens des Nächsten und anderen zwischen dem neunten und zwölften Lebensjahr kann am Beispiel zweier Menschen illustriert werden, die beide geographisch und zeitlich nahe beieinander geboren wurden und auf derselben Schulbank hätten sitzen können:

Heinrich Schliemann, der große Entdecker alter Kulturen, wurde in diesen Lebensjahren durch seinen Vater auf die Vergangenheit aufmerksam gemacht, die später zu seiner Lebensaufgabe wurde: die Entdeckung Trojas. Wir können annehmen, daß diese Vergangenheitserfahrung das Zentralstück für den Lebensentwurf Heinrich Schliemanns im Medium der Erfahrung seines Vaters wurde. Zur gleichen Zeit erlebt *Rudolf Virchow*, der berühmte Anatom und Anthropologe, eine von einem traditionell orientierten Vater streng dominierte Kindheit, die, wie wir heute sagen würden, extrem leistungs-orientiert war. Diese Orientierung bleibt sein ganzes Leben lang Richtung seines Lebens und trägt zu einer Formung seines Denkens bei, die keinen Durchlaß für die Freiheit der Phantasiekräfte gewährte.[15] Schliemann wächst in einer Vatererfahrung auf, die in den mittleren Kindheitsjahren der Sehnsucht des Sohnes entgegenkommt. Der Tod der Mutter in seinem neunten Lebensjahr entbindet die Phantasiekräfte «im Verlust».

«Tolldreiste Raubrittergeschichten, Geisterspuk und Schloßgespenster arbeiten ebenso an der schöpferischen Phantasie des Kindes wie der aus Urfernen herübertönende tragische Untergang von Herculaneum und Pompei und den bewundernswerten Tagen der homerischen Helden.» Spät entzaubert sich die Vergangenheitswelt des Knaben in seinen Entdeckungen.

Das Leben Virchows blieb beschattet von einer frühen aufklärerischen Entzauberung und dem Kampf mit ihr *und* dem Vater, welchem der Knabe schließlich unterlag. Erst spät, als das Leben die beiden Männer zusammenführte und sie zu Freunden machte, befreit sich etwas in Virchow im Anblick der griechischen Landschaft, und eine alte verdeckte Sehnsuchtswelt bricht unter der Kruste eines erstarrten und kausal interpretierten Weltbildes hervor. «Noch sind wir außerstande, die Götter von dieser Landschaft fernzuhalten», schreibt Virchow kurz vor seinem Tode. Der «nächste Andere» der mittleren Kindheit, der Vater, ist in die Biographie Schliemanns eingegangen nicht als ein Bild, sondern eine bleibende progressive Gegenwart seiner Entwicklung. Für Rudolf Virchow blieb die Vatererfahrung ein Bild, das sich, verwandelt, in der Natur seines Denkens festigt. Zwischen dem neunten und zwölften Lebensjahr beginnt der andere Mensch für die Biographie eine wesentliche Rolle zu spielen, in dem Sinne, daß sich frühe

15 Nach der Darstellung bei G. Hiltner: Rudolf Virchow. Stuttgart 1970

kindliche Erfahrungen lösen und wandeln können und jetzt der Autonomie eines sich selbst bewußten Ich erfahrbar werden.

Erlebnisse der mittleren Kindheit können, wie wir an einem Beispiel zu zeigen versuchten, in die Biographie fruchtbar eingehen und in die Zukunft führen oder aber vergangenheitsgebunden die eigene Schicksalsbildung verdecken und verhärten. Das Vaterbild verdichtet sich zur Starre von Begriffssystemen, denen die Welt der Wahrnehmung und der Phantasie untergeordnet wird. In den Romanen Kafkas gewinnt dieser Prozeß dichterische und zugleich biographische Gestalt im Ringen der Seele um die Erfahrung des *eigenen* individuellen Schicksals. Die «Windstille» dieser Jahre, von der Erikson spricht, erweist sich als von innerer Dynamik erfüllt.

Lassen wir noch einmal abschließend eine Autobiographie sprechen. Sie handelt von dem Einschnitt des zwölften Lebensjahres. Der Erzähler ist der Dichter *Hermann Hesse,* der sich der Jahre in Calw erinnert.[16] Zunächst schildert Hermann Hesse dort die Jahre, in denen die Welt noch jene Zusammenhänge offenbarte, die nur für das Kind selbst da zu sein scheinen: «Es gab Dinge und Zusammenhänge, die nur in mir selber und für mich allein vorhanden waren. Nichts war so geheimnisvoll, so wenig mitteilbar, so außerhalb der alltäglichen Tatsächlichkeiten wie sie, und doch war nichts wirklicher ... Da konnte ein wohlbekannter Stuhl oder Schemel, ein Schatten beim Ofen, der gedruckte Kopf einer Zeitung schön oder häßlich oder böse werden, bedeutungsvoll oder banal, sehnsuchtserweckend oder einschüchternd, lächerlich oder traurig. Wie wenig Festes, Stabiles, Bleibendes gab es doch! Wie lebte alles, erlitt Veränderung, sehnte sich nach Wandlung, lag auf der Lauer nach Auflösung und Neugeburt!»

Als der Zwölfjährige beginnt, Griechisch zu lernen, erlebt er in der Rückschau diesen Einschnitt als das endgültige Ende der Magie der Kindheit: «Jetzt führte mich jeder Tag und jeder Monat dem angeschriebenen Ziel näher, alles wies dorthin, alles führte weg, weg von der Spielerei und Gegenwärtigkeit meiner bisherigen Tage, die nicht ohne Sinn, aber ohne Ziel, ohne Zukunft gewesen waren.»

Der Wunsch, ein «Zauberer» zu werden, begann seine Macht zu verlieren. Die Allmacht des Wollens, die noch in der Phantasie der Kindheit alles für möglich hält, wandelt sich in die Kraft der Gedanken, in der sich Vergangenes endgültig «absichert» und Zukünftiges verbirgt: «Der Wunsch und Traum (Zauberer zu werden) blieb mir lange treu. Aber er begann an Allmacht zu verlieren, er hatte Feinde, es stand ihm anderes entgegen, Wirkliches, Ernsthaftes, nicht zu Leugnendes. Langsam, langsam, langsam welkte die Blüte dahin, langsam kam mir aus dem Unbegrenzten etwas Begrenztes entgegen, die wirkliche Welt, die Welt der Erwachsenen ... Schon war die unendliche, tausendfältige Welt des Möglichen mir begrenzt, in Felder geteilt, von Zäunen durchschnitten. Langsam ver-

16 H. Hesse: Kindheit des Zauberers. Gesammelte Schriften, Bd. 4, Frankfurt 1957

wandelte sich der Urwald meiner Tage, es erstarrte das Paradies um mich her. Ich blieb nicht, was ich war, Prinz und König im Land des Möglichen, ich wurde nicht Zauberer, ich lernte griechisch ... Unmerklich vollzog sich die Einschnürung, unmerklich verrauschte ringsum die Magie. Die wunderbare Geschichte im Großvaterbuch war noch immer schön, aber sie stand auf einer Seite, deren Zahl ich wußte, und da stand sie heute und morgen und zu jeder Stunde, es gab keine Wunder mehr ... Überall war ich von Entzauberung umgeben, vieles wurde eng, was einst weit war, vieles wurde ärmlich, was einst kostbar gewesen.»

Hier tritt der Begriffsbildeprozeß in die gefühlsgebundene Erfahrung als Entfremdung. Was mit dem neunten Lebensjahr beginnt, findet seinen endgültigen Abschluß. Die Ambivalenz der Gedankenbildung spricht zum erstenmal (oder zum letztenmal?) in der Seele, und das Kind muß lernen, diesen Prozeß als eine Bedingung des Menschseins anzunehmen.

Erst wer im reifen Lebensalter biographisch zu werten bereit ist, erfaßt die Konflikte der Kindheit, die den Theorien bloßer biologischer Kontinuität widersprechen, und zugleich ihre allgemein-menschliche Bedeutung, in welcher ihre «Objektivität» begründet ist. Um die Mitte des 3. Lebensjahrsiebtes erscheint bei dem jugendlichen Menschen das Selbsterleben als eine neue Stufe der Erfahrung, indem das Seelische und dessen Schicksalsabsichten in das Offene der Begegnung mit der Welt treten. Viele junge Menschen erleben diese neue Ich-Erfahrung als etwas biographisch Neues, als Krise, was auch so weit gehen kann, daß der Jugendliche einen neuen Namen, seinen «wirklichen» Namen annehmen will, Zeichen der biographischen Identitätssuche.

Dem Kind ist der Konflikt verdeckt, und diese Tatsache ist Grund progressiver Ich-Entwicklung, die sich am Widerstand bildet. Wir erfahren jetzt, daß er in uns selbst liegt und das Pathos des Menschlichen ausmacht, den das Tier nicht kennt. Wir sind aufgerufen, ein Stück Selbsterkenntnis zu üben und, wenn wir Erzieher sind, zu ermutigen, damit unter dem Schatten das Licht des höheren Ich wahrnehmbar bleibe, dessen Schicksalsabsichten die Sprache des Lebenslaufes sprechen wollen.

Betrachtet man den menschlichen Lebenslauf intimer, so kann man erkennen, daß ihm eine Kontinuität zugrunde liegt, die im zeitlich-räumlichen Lebenslauf zum Ausdruck kommt. In diesen Zusammenhang jedoch sind verwoben die als Diskontinuität erscheinenden Wende- und Krisen-Punkte der Entwicklung, die in der Kindheit charakteristisch und differenziert um das 3., 9. und 17.–18. Lebensjahr aufscheinen und deren Wandlungsgesten die seelische Individuation bestimmen und formen. Von einem solcher Wendepunkte, der Zeit zwischen dem 9. und 12. Lebensjahr, wird im Folgenden weiter die Rede sein.

In einer den Menschen als seelisch-geistiges Wesen erfassenden Biographik muß jede dieser Diskontinuitäten wieder zu einer gesteigerten Kontinuität auf höherer Ebene in das Bewußtsein erhoben werden, in welcher die Sprache der geistigen

Entelechie, des Ich, sich ausspricht. Diese Ebene jedoch führt aus den leiblich-seelischen Entwicklungstendenzen des raum-zeitlichen Lebenslaufes hinaus in jenen geistigen Raum, den nur der Mensch bewohnt und in dem er seines vorgeburtlichen Ursprungs innewerden kann, wie sich ihm gleichzeitig sein geistig-seelisches Fortwirken nach dem Tode erschließen kann. Erst am Zusammenhang mit einer geistigen Welt, d. h. mit ihm verbundenen geistigen Wesen kann der Mensch biographisch die ganze Fülle seiner Existenz und die in ihr waltenden Gesetzmäßigkeiten erfassen.[17]

17 Diether Lauenstein hat dieses Motiv unter dem Titel: Der Lebenslauf und seine Gesetze entfaltet. (Stuttgart 1976)

Was ist biographische Erfahrung?

> *«Nur der rückwärts gekehrte Blick bringt vorwärts.»*
>
> Novalis.
>
> *»Ihr sagt: Der Umgang mit Kindern ermüdet uns. Ihr habt recht. Ihr sagt: Denn wir müssen zu ihrer Begriffswelt heruntersteigen. Hinuntersteigen, uns herabneigen, beugen, kleiner machen. Ihr irrt euch. Nicht das ermüdet uns. Sondern – daß wir zu ihren Gefühlen emporklimmen müssen. Emporklimmen, uns ausstrecken, auf die Zehenspitzen stellen, hinlangen. Um nicht zu verletzen.«*
>
> Janusz Korczak.

Kindheitserlebnisse verdichten sich gewöhnlich zum Bild der Erinnerung. Manchmal aber tauchen sie unter der Kontinuität blasser bildhafter Erinnerung plötzlich, wie aus einem verborgenen Strom, auf und erschüttern uns bis zur Erfahrung der Entfremdung: Bin ich es selbst, der damals als fünf- oder zehnjähriges Kind jenes bestimmte Erlebnis hatte, oder ein anderer?

Es ergeht dann der Anspruch an den Menschen, dieses Erlebnis nicht nur am Erinnerungsfaden perspektivisch vorzustellen, sondern zu verinnern, d. h. schöpferisch seiner Biographie einzu*leben*, anzuerkennen und die Kontinuität seines Ich zu wahren. Diese *Aufgabe* entsteht aber gerade dadurch als spezifisch-menschliche, daß über die Kindheit ein Schleier des Vergessens gewoben ist, der aber gleichzeitig eine Bedingung menschlicher Bewußtseinsentfaltung in der frühen Kindheit ist und eine Conditio humana für auf Zukunft gerichtetes Handeln. Die Beschäftigung des Menschen mit seiner Kindheit und Jugend scheint ein jüngeres Ergebnis der Menschheitsgeschichte zu sein. Sie wird notwendig, wenn sich der Mensch als Individualität infrage gestellt sieht, in dem er aus den blutsmäßigen oder stammesgebundenen Zusammenhängen heraustritt und sich im kulturell-gesellschaftlichen Felde seiner Zeit als Individualität erhalten will. Erst in dieser Lebenssituation, also der gegenwärtigen, entsteht für den Menschen die Aufforderung, sich im Rückgriff seiner biographischen Kontinuität zu versichern, um freies Handeln zu gewinnen. [1] Es unterzieht sich gewöhnlich erst der ältere, reifere Mensch dieser Aufgabe. Sie ist nicht nur als technisch-therapeutische zu verstehen. Seit dem Ausgang des vorigen Jahrhunderts mehren sich die Zeichen, die darauf hinweisen, daß die gegenwärtige Individuation des Menschen zur Aufrechterhaltung von Identität auf die personale Vergangenheit nicht nur im üblichen, historischen Sinne zurückgreifen muß, um die Vielzahl seiner lebensgeschichtlichen Rollen zu integrieren und über bloße Anpassung hinaus die eigene Zukunft, d.h. das eigene Schicksal wahrnehmen zu können.

In der englischen Sprache erweist sich der Begriff «Reproduktion» (Hervorbringung) doppelsinnig: Als eine erinnernde Einholung der Vergangenheit und zugleich als schöpferische Gestaltung. Biographische Erinnerung scheint jedoch nur dann sinnvoll zu werden, wenn sie auch im Wieder-Vergessen in die Zukunftgestaltungen eingehen kann. Menschliche Lebensgeschichte tritt so als eine entscheidende Kategorie von Geschichtlichkeit überhaupt auf, in der jede Epoche aufgefordert ist, auch Vergangenes neu zu interpretieren und dadurch erst Erfahrung werden zu lassen.

Unter dem Schicht-Gestein der rationellen Verarbeitung des gelebten Lebens oder mitten im gesellschaftlichen Prozeß bricht dann, oft spät, der alte Quell auf, wie bei jenem alten Mann, der auf dem Marktplatz eines österreichischen Dorfes einen zehnjährigen Buben mit dessen Vater sieht und plötzlich in Tränen ausbricht: Er hatte «vergessen», daß er als zehnjähriges Kind in diesem Dorf gewesen war. Plötzlich, mit der Gewalt eines Naturereignisses, sieht er *sich* in dem fremden Jungen, der den weinenden alten Mann staunend und fragend anschaut. Der Vater des Jungen begreift nicht, was geschieht, und versteht erst, als der Alte zu erzählen beginnt: Die Geschichte seiner Kindheit.

Vielleicht wird sich der Knabe später einmal des weinenden alten Mannes erinnern, dem er, der fremde Knabe, die Quellen seiner Kindheit auftat.

Oft spielen sich solche Vorgänge auch weniger dramatisch ab: Wir werden etwa an einen Ort der Kindheit geführt, und eine Welt, die uns damals unendlich erfüllt schien, scheint uns jetzt leer. Wir haben den alten Garten, der Duft der Blumen, der Flug der Vögel rationalen Kategorien zugeordnet und empfinden mit Trauer die Entfremdung von einem Stück Biographie, welches versprach, «Phänomen» der Lebensgeschichte zu werden. Solche Erfahrungen können Anlaß resignierender Klage sein, aber auch Aufforderung zu einer neuen Suche: der Suche nach biographischer Identität, Einholung der Quellkräfte in die Gestaltung der Lebenszukunft. [2]

Was sich in der Mitte der Kindheit zwischen dem Kind und dem Erzieher ereignet, kann sich dem Leser aus einer biographischen Rückschau ergeben, wenn er das menschliche Umgebungsfeld sich in den Blick führt. Er kann dann bemerken, daß gerade in diesem Lebensalter um das 9./10. Lebensjahr Begegnungen mit dem erwachsenen Menschen nachhaltige und formende Wirkungen in dem Bereich des Fühlens für das ganze Leben haben. Ich möchte dazu die Schilderung R. Steiners aufgreifen, in welcher er die hervorragende Bedeutung dieser Erfahrungen charakterisiert, indem er darauf hinweist, daß das Bild der Begegnung aus diesem Lebenswendepunkt in der Biographie immer wieder auftritt. «Ob das im späteren Leben, ob im Traume oder im Wachen, verschwommen auftritt, ganz sympathisch oder ganz antipathisch betrachtet werden kann, das ist außerordentlich wichtig, – nicht die Sympathie und Antipathie als solche, sondern daß im Gemüte des Kindes etwas ist, was in dem einen Falle zur Sympathie und im anderen zur Antipathie wird. Und ich will gar nicht einmal behaupten, daß der ganze Vorgang, den ich hier schildere, diese Reminiszenz an dem Lebenswendepunkt zwischen dem 9. und 10. Lebensjahr, ganz expliziert im Bewußtsein heraußen steht; manchmal kann es fast ganz im Unterbewußtsein liegen, aber vorgehen muß das Entsprechende. Es findet sich immer. Lebhaft träumende Menschen werden in fast periodisch verlaufenden Zwischenräumen im Traume irgendeine Szene herauftauchen sehen oder die Persönlichkeit selbst, den Führer, der da helfend, mahnend, Vertrauen-erweckend, ein persönliches Verhältnis erweckend dem Kinde zur Seite getreten ist. Das braucht das Kind zwischen dem 9. und 10. Jahre, das hängt zusammen mit der objektiven Wendung in dem Kinde, daß es sich eigentlich bis dahin von der Welt draußen, von der Umwelt nicht unterschieden hat, und daß es jetzt das Bedürfnis bekommt, innerlich ein Mensch zu sein, ein abgeschlossenes Individuum, und sich der Außenwelt gegenüberzustellen».[1]

Es zeigt sich, daß Erfahrungsbildung zwischen rationalisierbarer Vergangenheit und einer noch nicht erlebten Zukunft jenes Vertrauen in die eigene irdische Existenz beinhalten kann, die den Menschen, wenn er sich besinnt, seiner Zusammengehörigkeit mit dem Kosmos, zugleich aber auch mit der ihn umgebenden Menschenwelt versichert. Sie ist deshalb auch nicht nur ein individuelles Ereignis. Dies kann noch deutlicher werden, wenn man übend lernt, auf die Beurteilung «positiv» oder «negativ» im Erfahrungsfelde zu verzichten. Es kann sich dann jene moralische Kraft von Schicksalsanerkennung einstellen, die als Haltung eigenes Denken und Handeln in das menschliche Maß stellt. Lernen bedeutet dann, den Weg der Erfahrungsbildung zu gehen, deren Wesen sich in der Mitte der Kindheit erstmals anzeigt und sich dem reifen Menschen, wenn er sich übend dieser Dimension annimmt, ganz offenbaren kann.

Trotz unserer intensiven Zuwendung zur Kindheit mit allen uns zur Verfügung stehenden Mitteln einer objektivierenden Psychologie und Soziologie ist sie uns eine Verzauberte geblieben, welche erst das reife Ich zu erlösen versteht, wenn der Mensch sein erinnerndes Seelenvermögen erstarkt. Die «Amnesie», das Vergessen gegenüber unserer Kindheit, ist nicht, wie Freud meinte, das negative Ergebnis eines Verdrängungsmechanismus von Trieben, sondern ein notwendiger Anteil aller Ich-Werdung, der Inkarnation, die Erfahrungen des Vorgeburtlichen verwehen läßt, damit sie zunächst im Vergessen in die sich schöpferisch wandelnden Kräfte des Ich und dessen irdischer Biographie eingehen können. Zwar ist es Aufgabe der Tätigkeit des Ich, die Realität der Welt-Erfahrung im Sinnesfeld auch ra-

1 R. Steiner: «Die gesunde Entwicklung des Leiblich-Physischen als Grundlage der freien Entfaltung des Seelisch-Geistigen.» Vorträge vom 23. Dezember 1921–7. Januar 1922, 10. Vortrag. GA 303.

tional festzulegen, jedoch geht diese Tätigkeit darin nicht auf. Der Mensch bedarf, um Mensch zu sein, eines *Spielraums an Erfahrung*, d.h. jener auf Vergangenheit gerichteten, moralisch engagierten Reflexivität, die uns in jedem Augenblick vergegenwärtigen kann und die dadurch in die fortschreitende Biographie aufgenommen wird. Diese Befähigung sahen wir sich zwischen dem 9. und 12. Lebensjahr an den wenigen angeführten Zeugnissen anfänglich, aber auch erstmalig entfalten.

Die Lebenszeit zwischen dem 9. und 12. Lebensjahr begründet den Zusammenhang von gelebter Vergangenheit und zukunftsgerichteten Motiven. Zum ersten Mal nimmt das Kind diese Bezogenheit keimhaft als *biographische Erfahrung* wahr. Dadurch entsteht zunächst jene eigentümliche Diskrepanz und Schwebe zwischen dem «nicht mehr» und «noch nicht», welche das kindliche Lebensalter zwischen dem 9. und 12. Lebensjahr auszeichnet und dessen Selbst-Suche wesentlich bestimmt. Das Kind bedarf dabei der Einsicht und Mithilfe des Erziehers, d.h. vor allem dessen Lebens-Erfahrung. Um diesen Zusammenhang bemüht sich die in den Waldorfschulen schon lange geübte Erziehungspraxis, in der im Hinblick auf die Entwicklung des kindlichen Ich individuelle Erscheinungen freilassend verstanden werden und nicht einem festgelegten Erziehungsziel substituiert werden und von ihm bestimmt sind. In diesem Sinne ist, wie es Rudolf Steiner formuliert hat, die Erfahrung des kindlichen Ich selbst die Theorie. «Eine wahrhafte Psychologie ist nur zu gewinnen, wenn man auf die Beschaffenheit des Geistes als eines Tätigen eingeht». Die Zeit zwischen dem 9. und 12. Lebensjahr erscheint dann als eine besondere Manifestation der Tätigkeit des Ich zwischen Kindheit und Jugend, in der sich zum ersten Male in der menschlichen Biographie das Gefühlsleben des Kindes zwischen Vergangenheit und Zukunft entfaltet und Erfahrung schaffen will. Dadurch erst gelingt die Befriedigung dieses Lebensabschnittes als Gleichgewicht zwischen Vergangenheit und Zukünftigkeit, das weder in der frühen Kindheit noch in der folgenden Nachpubertätszeit Signatur der kindlichen Biographie ist. Im Verlauf dieser drei Jahre vermag sich «Erfahrung», die zuerst noch unsicher ist, zur inneren Wahrnehmung *biographischer Kontinuität* verdichten, die wir Identitätserfahrung nennen. Sie reicht tiefer in die Existenz als die Erinnerungskontinuität, die sich um das 3. Lebensjahr als Ich-Bewußtsein begründet.

Es zeigt sich aber auch, daß dasjenige, was wir hier biographische Erfahrung nennen, nur dann entstehen kann, wenn das Kind sie in der Begegnung mit dem anderen Menschen machen kann, jenem «Nachbarn», dem die Erziehung aufgetragen ist. Weiterhin beinhalten derartige Erfahrungen, daß das aus der Begegnung entspringende, kindliche Verhalten im Hinblick auf spätere biographische Sinnerfüllung niemals nur ein Faktum ist, das von außen objektivierbar wäre. Vielmehr scheint es sich in der kindlichen Entwicklung bis in die späte Reifezeit hinein um Vor-Erfahrungen zu handeln, deren *Bedeutung* sich im Augenblick nicht erfüllt, sondern erst in der Zeit des mittleren Lebensalters am Kern der Persönlichkeit sich kristallisiert und volle biographische Realität im Laufe des Lebens gewinnt.

Daß der Mensch lernt, Handlungs-*Erfahrung* von seinem praktischen Handeln dissoziiert wahrzunehmen, macht die wachsende Autonomie der Gewissensbildung aus. Die heutige Zivilisation zeichnet sich dadurch aus, daß sie Erfahrungen schnell rationalisiert und diese Rationalität zum Ausgangspunkt des Handelns macht. Dadurch wird der Mensch rationaler, aber erfahrungsärmer, und in seinem Stil von Kommunikation verschwindet die individuelle Spur der Erfahrung hinter der Objektivität rationaler Information. Schließlich kann auch die Erfahrung am Horizont des Handelns verschwinden. Der Mensch wird ein sich bloß Verhaltender, wie ihn der Behaviorismus sieht.

Gegenüber abrufbarer Rationalität zeichnet sich Erfahrung durch biographische Beweglichkeit und damit aber auch Unsicherheit aus. Das Kind scheint mit ihr zum ersten Male in der mittleren Kindheit, wenn auch zunächst in einem träumenden Bewußtsein, konfrontiert zu sein. Vieles hängt davon ab, ob das Kind lernt, diese «Unsicherheiten» zu ertragen. Denn es drängt zwischen 9 und 12 Jahren nicht primär auf einen vergrößerten Handlungsraum, sondern auf eine Erweiterung seiner individuellen und gesellschaftlichen Erfahrungen und deren Legitimierung durch seine Umwelt. Dieser Raum gehört dem Fühlen an und gestaltet in seinen individuellen Erfahrungen wesentlich dessen Struktur, die nach dem 12. Lebensjahr zunehmend für die Bildungen von Begriffen sich entwickelt.

Wird dieser Raum von den Erziehern mit all seinen Unsicherheiten, Fragen und Gewissensproblemen nicht wahrgenommen, so wendet sich das Kind an jene Schlauheit, die immer durchkommt, ohne aufzufallen, die sich an Verhaltensmuster anpaßt und lernt, Erfahrung «zu verdrängen»; oder aber Erfahrungen laufen neben angepaßtem Verhalten als nicht benötigt und unbrauchbar her und begründen unbewußt Melancholie und Skepsis, das merkwürdige Abgeklärtsein, welches früh weiß, daß individuelle Erfahrungen nicht zählen, und welches leicht umschlägt in Aggressivität und andere seelische «Schulkrankheiten», die lebenskränkend weiterwirken.

Um zu biographischen Erfahrungen der frühen Kindheit vorzudringen, müssen einige Hindernisse bedacht werden: Die *spontanen Erfahrungen* biographischer Vergangenheit haben zunächst einmal verschiedene Bewußtseins-Dimensionen. Dies erfährt jeder, der etwa einem anderen seine Lebensgeschichte erzählt. Sie reichen von den rational erinnerten Lebensdaten, die sich wie an einem Band aufreihen lassen, bis zu jenen spontanen und phänomenologisch für das Ich relevanten inspirativen Erlebnissen, die jeder Mensch zu Zeiten hat und die, vergleichbar den Kräften der Musik, aus den Tiefen plötzlich aufsteigen und uns in besonderer Weise angehen. Sie machen einen deutlichen Anspruch auf Bewußtseinserweiterung.

Eine weitere Schwierigkeit biographischer Erfahrungsbildung entsteht aus zwei Gewohnheiten der Seele, die miteinander in Zusammenhang stehen: Einmal aus der Rationalisierung der Vergangenheit, die in der naturwissenschaftlich-kausalen Interpretation methodisch ihren Höhepunkt gefunden hat und sich wesentlich mit *kognitiven Strukturen* und deren Entwicklung beschäftigt. Zum Zweiten ist der Mensch geneigt, seine Biographie vorwiegend von außer ihm existierenden gesellschaftlichen Willensbildungen abhängig zu sehen und damit seine sich im Wandel bewährenden Schicksalsmotive und den ihm auferlegten Selbsterkenntnis-Prozeß zu versäumen und in Gefahr zu bringen.

Das sich auf Erfahrungen hinrichtende Bewußtsein kann, wenn es die notwendige meditative Seelenruhe herstellt, entdecken, daß diese in jedem Augenblick über die bloße Gegenwart hinausreichen: Hinter das Tor der Geburt und über die Schwelle des Todes hinaus.

Gegenüber soziologischem und psychologisch-rational verstehbarem Verhalten müssen die so erfaßten Wahrnehmungen verborgen bleiben. Sie gehören dem Gefühlsleben an. Auf diese Tatsache gründet sich das Problem aller Erziehung, deren Ziele, Programme und Planungen. Erziehung wird nur dann Teil der sich entwickelnden Biographie, wenn die Dimension kindlicher, wenn auch zunächst dumpfer, Erfahrung durchschaubar wird und die Erziehungsangebote mit ihr in Verbindung treten können. Die geisteswissenschaftliche Erziehungspraxis und Menschenkunde ist im ganzen darauf gerichtet, im kindlichen Verhalten jene keimhaften Motive der sich entwickelnden Biographie wahrzunehmen, die der Bildung bedürfen. Sie versuchen die Biographie des Kindes zu enträtseln und damit auch die eigene Selbstverborgenheit des Erziehers.

Biographische Erfahrung scheint sich nur dann zu bilden, wenn sie auf Vergangenheit gerichtetes Wissen übersteigt, indem sie Vergangenheit als gelebte in die willensartige Aktivität des werdenden Ich, die zukunftsgerichtet ist, intuitiv mit aufnimmt. Eine derartige Aktivität kann «*biographische Intentionalität*» genannt werden.

Der Begriff der biographischen Erfahrung wird jetzt deutlicher bestimmbar. Erfahrungen, von denen in diesem Buche oft die Rede ist, stellen jene Erlebnisse dar, die durch die Intentionalität des Ich in die Biographie einverleibt sind, d.h. eine Form von Wandlung erfahren, deren Quelle das Ich selbst ist. [3] Insofern ist der bewußte Hinblick auf biographische Erfahrung Teil menschlicher Selbsterkenntnis. Derartige Erfahrungen, die nicht in Begriffe rationalisiert werden, treten als dem Fühlen erwachsende, inspirative Bewußtseinsinhalte auf und gehen gewöhnlich im Wieder-Vergessen in die Lebensgeschichte ein. Werden sie jedoch als Phänomene Gegenstand der bewußten seelischen Beobachtung, so erscheinen sie als der der Biographie innewohnende Logos, als Zeichen der Entelechie jedes einzelnen Menschenschicksals, welche über räumliche und zeitliche Verhältnisse hinausweist, als *biographische Phänomenologie*. Diese kann dann auch in einem gesteigerten Gedankenvermögen dargestellt werden, wobei Begriffe den Charakter von Erfahrungsbegriffen haben und Urteile sich auf in einem gesteigerten Bewußtsein erfaßte und imaginativ angeschaute Phänomene beziehen.

Ein solcher Versuch, von dem dieses Buch Zeugnis ablegen will, geschieht auf dem Hintergrund einer Erkenntnis-Methode, wie sie von R. Steiner als Geisteswissenschaft dargestellt wurde und deren Weg methodisch geübt werden kann.[1] [4]

Für den Leser, der diesen Weg gehen will, sei auf das Kapitel über die Methodik biographischer Phänomenologie am Schluß dieses Buches hingewiesen, in dem die hier angedeuteten Ausführungen erweitert und vertieft aufgegriffen werden. Für das Verständnis der kindlichen Biographie kommt dabei in Betracht, daß die Fähigkeit des Kindes, Denken, Wahrnehmen und Handeln vom bloßen gegenwärtigen Erleben in dem Bereich der «Erfahrung» einzubilden, einerseits davon abhängig ist, ob die Begegnungen des Kindes mit der Welt in das Gefühlsleben aufgenommen werden können, andererseits mit welcher Kraft das Seelisch-Geistige des Kindes sich mit der Welt und der eigenen Leiblichkeit verbinden kann. Es handelt sich bei jeder Erfahrungsbildung um einen Atmungsprozeß zwischen Ich und Welt, der bloßes Verhalten, Fähigkeitsbildung und Wissen übersteigt. Nicht jede Erfahrung läßt sich von dem sich entwickelnden Kind zu jeder Zeit machen. Es scheint dies zunächst eine Binsenwahrheit zu sein. In Anbetracht der gegenwärtigen Erziehungspraxis bedarf sie jedoch einer erneuten Aufmerksamkeit insbesondere, wenn wir bedenken, daß das Kind nach der Sinngebung seiner Inkarnation in Erfahrungen im Sinne biographischer und nicht objektivierbarer Aneignung drängt. Erziehungsangebote, die aus anderen als aus diesen Gesichtspunkten gemacht werden und die sich biographisch wandelnden Erfahrungsmöglichkeiten des Kindes unberücksichtigt lassen, bleiben als kränkende Eingriffe in die Biographie des Kindes liegen und führen bis in das Leibesleben später zu Krankheitsdispositionen. Die Psychoanalyse spricht in solchen Situationen von Verdrängung und lastet diese dem Subjekt an. Jedoch: Erfahrungen weisen auf die primäre Verwobenheit von Mensch und Welt, weshalb sich auch eine person-zentrierte Psychoanalyse zunehmend zur Sozial-Psychologie entwickeln mußte. Für unseren Zusammenhang ist festzuhalten, daß Erfahrungen der Kindheit das Menschenwesen lange Zeit begleiten, ehe sie in der lebensgeschichtlichen Wandlung eine gedankliche Erhellung erfahren; sie unterliegen dabei sowohl für das Handeln als auch für das Erkennen der wandelnden Steigerung, d. h. der Reifung. Nur das Nicht-Erfahrene der Welt wirkt *kausal* bestimmend in die Zukunft. So kann sich im Reifungsprozeß Verlangen zur Liebe entwickeln oder die kindliche Erfahrung

1 R. Steiner: «Die gesunde Entwicklung des Leiblich-Physischen als Grundlage der freien Entfaltung des Seelisch-Geistigen.» Vorträge vom 23. Dezember 1921–7. Januar 1922, 10. Vortrag. GA 303.

der Ehrfurcht zum segnenden, verstehenden Umgang des reifen Erwachsenen mit dem Kind. Die Erfahrung des Schmerzes kann zu Schicksalseinsichten führen, die des eigenen Gedankenbildens der Kindheit zur Lebenssicherheit der Reifejahre.

Das Achtsamwerden auf die Dimension der Erfahrung in der Entwicklung des Kindes läßt die Würde der Biographie in den Blick kommen. Sie bedeutet für das Kind jenen Keimzustand der Seele, dessen Frucht erst in der Lebensreife ganz aufzugehen vermag. Eine Erziehung, die das Kind möglichst früh an die Ideologien einer bestehenden Welt des Erwachsenen anpaßt, maßt sich eine Strategie an, die schließlich auch über *alles Werdende* verfügt. Eine auf diese Dimension der Kindheit sich beziehende Pädagogik wird jedoch erst dann möglich, wenn der Erzieher eigene Selbst-Erfahrung in Freiheit einbringt, die ihn gegenüber seiner jeweiligen gesellschaftlichen und geschichtlichen Situation, in der er lebt, verantwortlich selbst zu bestimmen vermag. Insofern ist Erfahrung nicht nur eine innerliche oder gar eine Weise der «Introspektion». Die lebensgeschichtliche Kontinuität der Dimension «Erfahrung» und deren Wachstum und Steigerung erweist sich vielmehr als entscheidend für das moralische, d. h. freie Handeln im sozialen Leben und bestimmt Freiheit oder Unfreiheit gegenüber dem Denken. Denn Erfahrung bedeutet nicht zuletzt die Leistung jener Kreisbewegung, die sich an einer biographisch verstandenen Sinneswelt entzündet und im Durchgang durch den ganzen Menschen zu dieser zurückführt und ihr eben dieses zuträgt, was die spezifische Tätigkeit des Menschenwesens ist, die nur ungenügend mit dem Begriff der «Verarbeitung» erfaßt ist. Im Hin- und Hergang dieser Bewegung bildet sie sich aus der Mitte des Fühlens und begründet dasjenige, was wir «Verstehen» nennen. So wird sie auch die Voraussetzung für die biographische Erinnerung und die Wahrnehmung des Gewissens. Daß in der Gegenwart das Gewissen im technologischmachbaren Handeln und die biographische Erinnerung in begrifflich-gedanklicher Verfügbarkeit, die «abrufbar» wird, schon weitgehend abgelähmt sind, macht die drohende Selbstaufgabe des Menschen aus im Verlust von Freiheit und Würde, die nicht zuletzt in der Steigerung biographischer Erfahrung zur Selbsterkenntnis beruhen. Diese führt schließlich zur Einsicht in die Stellung des sich erfahrenden Menschen als dem Mittler zwischen der Sinneswelt und der Geistwelt. «Jede Tätigkeit der Seele schafft neue Tätigkeiten, die wiederum im Werk sich umsetzen, wiederum tätig werden, wieder in die Seele sich zurückziehen und Kräfte zu neuer Tätigkeit geben. Keine Tätigkeit der Seele kann verloren gehen».[2]

Diesen Vorgang verstehen wir als Erfahrungs-Bildung. Sie führt über das bloße Er-leben hinaus. Um die Erfahrungswelt des Kindes zu verstehen, bedarf der Er-

2 R. Steiner: «Was findet der heutige Mensch in der Theosophie». In: Spirituelle Seelenlehre und Weltbetrachtung. GA 52.

zieher der Steigerung seiner Gefühlswelt zum Erkenntnisorgan. Er muß «emporklimmen, um nicht nachhaltig zu verletzen.»

Die zu erfahrende Welt ist in der frühen Kindheit wesentlich die Umwelt. In der Mitte der Kindheit tritt Erfahrung im «Spielraum» zwischen Ich und Welt in die sich steigernde Erscheinung. Erst in der Jugendzeit tritt die Selbst-Erfahrung am Prüfungsfeld der Welt, wiederum gesteigert als Frage, in Erscheinung. In ihr kündigt sich die Essenz der Biographie an, die der Mensch erfahren muß, um zugleich bei sich und in der Welt sein zu können.

Es erscheint mir für die Erziehung des Kindes unerläßlich, den Weg biographischer Erfahrung zu gehen. Aus ihm erst gewinnen die pädagogischen Angaben Steiners ihr eigentliches Gewicht. Dies gilt umsomehr, als unsere Gesellschaft heute nur wenige Hilfeleistungen für das Kind aufweist, die geeignet wären, über die zunehmend durch Medien vermittelten Lernangebote hinaus echte Formen von Begegnung, die zu biographischen Erfahrungen werden können, anzubieten. Erst die Erneuerung und Erweiterung unserer eigenen Erfahrung kann den Dialog entstehen lassen, der uns über die Grenzen der Generationen hinweg mit unseren Kindern in eine Schicksals-Gemeinschaft treten läßt, die vom Lichte des sich entfaltenden Menschen-Ich gestiftet ist. Damit dies möglich wird, sollen die hier zunächst nur angedeuteten Fragestellungen im folgenden vertieft werden: Diese Vertiefung bedeutet, daß biographische Phänomenologie zur Schicksalserkenntnis werden kann, deren «Logik» die Anthropo-Logie zur Anthropo-Sophie hin öffnet. Sie mündet in den Reinkarnationsgedanken, der, wie ihn Rudolf Steiner dargestellt hat, jeder Biographik erst ihren Sinn gibt.

Der Anspruch, den eine biographische Phänomenologie macht, erscheint heute, auch bei allen Hindernissen, die sich einem solchen Versuch in den Weg stellen, dennoch notwendig. Denn das nur in der Erinnerung sich erlebende Menschenwesen ist geneigt, die Vergangenheit egozentrisch auf sich zu beziehen, und bleibt deshalb relativ unempfindlich für deren Neu-Interpretation aus gegenwärtiger Erfahrung. Es kann hier selbstverständlich im Folgenden nicht die Absicht sein, die Wichtigkeit dieser allgemein eingesehenen Kontinuitätserfahrung des sozialen Selbst am Faden der gewöhnlichen Erinnerung für das menschliche Selbstbewußtsein zu verringern. Es muß aber bedacht werden, daß diese Kontinuität in Entwicklungskrisen, in denen sich der heutige Mensch befindet, dauernd in Gefahr ist und der Mensch sehr sicher erfährt, daß die Wirklichkeit seiner Existenz nicht in der bloßen Kontinuität seiner Erinnerungen aufgeht. Dies macht nicht nur seine Unruhe in der Suche nach einer Bewußtseinserweiterung aus, sondern offenbart sich auch in extremen Fällen, wie etwa in der Psychose, aber auch in den großen Wandlungskrisen. So stellt auch die Erfahrung des 9. bis 10. Lebensjahrs schon zum ersten Male die seit dem 3. Lebensjahr gewonnene Kontinuität der Erinnerung infrage, ebenso wie nach der Pubertät erneut die soziale Identität in anderen Formen fraglich wird und eine neue, schöpferische Leistung der

Kontinuitätserfahrung erfordert. E. Erikson[3] hat diese Krisen der Jugendlichen als «Identitäts-Verwirrung» beschrieben.

Wo der moderne Mensch die Erweiterung bloßer Erinnerung zur biographischen Erfahrung nicht leistet, bricht er schließlich, den anderen negierend, entweder aus der Gesellschaft aus oder findet sich, den Dialog mit seinem wahren Ich aufgebend, mit angepaßten Rollen ab. Die klassische Psychologie mußte durch die ihr eigene Methode, in der sie die Lebensentwicklung des Kindes als eine biologische Kontinuität im Sinne stufenweise sich bildender Intelligenz-Strukturen sieht, unempfindlich bleiben sowohl für die Krisen des Kindes als auch für die aus ihnen entstehenden Motive und pädagogischen Bedürfnisse. Die auf Anpassung ausgerichtete Verhaltenspsychologie und ihre Praxis der Konditionierung haben diesen Prozeß konsequent fortgeführt.

Der hier angedeutete Weg zielt nicht auf eine Theorie, ebensowenig wie auf eine Weltanschauung. Er richtet sich hoffend auf eine noch nicht bewältigte Zukunft menschlicher Bewußtseinsentwicklung. Sie entfaltet sich jedoch nicht im leeren Begegnungsraum eines im Leibe eingeschlossenen Bewußtseins, sondern vielmehr in der Begegnung, an welcher jene Selbsterkenntnis sich zu bilden vermag, die als biographische Erfahrung zwischen Notwendigkeit und Freiheit entstehen will.

Die Dimension biographische Erfahrung kann zeigen, daß in ihr im Lebensgang nichts verloren geht. Wird sie zu einem Erkenntnisorgan gesteigert, so vermag sie sich so zu objektieren, wie sich, jedoch in anderer Weise, das Denken zu objektivieren vermag, und steht damit auch für die Erkenntnis der Erfahrungsdimension des anderen Menschen zur Verfügung. Es kann in ihr das zentrale Geschehen des menschlichen Lebensganges zwischen Geburt und Tod, d. h. der Sinn des irdischen Lebensganges bei aller unterschiedlicher Fülle als allgemein Menschliches zwischen Denken und Handeln sich offenbaren, beide mit ihrem Licht beleuchtend, um sie menschlicher zu verstehen.

3 E. H. Erikson: Jugend und Krise. Stuttgart 1970

Genius der Freundschaft

«Wir sind freie Menschen dann, wenn wir unsere Macht zu handeln und zu reagieren nicht zu ernst nehmen. Wir sind nicht genügend aufmerksam auf die Tatsache, daß viele Werte des Lebens nur entstehen, wenn wir nicht immer nur handeln. Sie kommen leise, wenn sie nicht gewollt und nicht benötigt sind, nicht aus einem Antrieb aus der Vergangenheit und nicht aus einem gefaßten Ziel, sondern diese Werte steigen schweigend auf, wenn wir ganz einfach zusammen sind mit anderen Menschen.» Rollo May

Im Rückblick auf die biographischen Erfahrungen der Neun- bis Zehnjährigen können wir vermuten, daß die Bedürfnisse nach Partnerschaft einem Motiv entspringen, das mit der Wandlung aus der ersten in die zweite Kindheit und dem Gefühl der Einmaligkeit, aber auch der Einsamkeit des Kindes im Zusammenhang steht. Die Offenheit der menschlichen Entwicklungsepochen zeigt sich nun auch hier deutlich, indem jeder Entwicklungsschritt gleichzeitig das Bedürfnis nach einer neuen Form menschlicher Beziehungen hervorruft. Diese Formen scheinen sich nicht nach biologischen oder soziologischen Gesetzmäßigkeiten zu entwickeln, sondern es scheinen sich in ihnen Neuleistungen der Seele durch eine Krise hindurch im Sinne biographischer Intentionalität anzukündigen. Die Bedürfnisse der Selbstfindung im anderen Menschen stellen das zentrale Problem der Individualisierung dar und scheinen sich, wie der Gang unserer Untersuchungen zeigen soll, auf jene Ur-Polarität des menschlichen Ich zu beziehen, die aus der Vergangenheit zur Individualisierung und Vereinzelung drängt und sich gleichzeitig zu dem aus der Zukunft Herankommenden offen hinwendet. Zunehmend zum neunten Lebensjahr hin gewinnt das Kind eine neue Form der Selbsterfahrung, für die erst der Begriff «Identitätsgefühl» zutrifft. Die Erfahrung der eigenen biographischen Vergangenheit und der noch nicht gelebten Zukunft beginnt sich in der Mitte des Fühlens als Erlebnis der Einsamkeit, oft aber auch der Furcht zu entfalten. Die Sehnsucht nach neuen Formen menschlicher Beziehungen sucht nach einer Bestätigung dieser neuen Lebensmitte, die über das Ja und Nein der frühen Kindheit hinaus die Wirklichkeit des partnerschaftlichen Miteinanderseins finden möchte. Hier tritt das Kind aus dem Raum vergangener familiärer Gewohnheit in seine *eigene* individuelle Gegenwart. So stellt die Freundschaft der Neun- bis Zwölfjährigen mit den Gleichaltrigen mehr dar als die bloße Nähe des Beieinanderseins in der Gruppe spielender Kinder.

Diese Freundschaften lösen sich mehr und mehr vom häuslichen Milieu ab, gehen meist über die sozialen, familiär bedingten Verhältnisse hinaus, und die Wege, die das Kind geht, um einen Freund oder eine Freundin aufzusuchen, werden zunehmend länger. Obschon die räumliche Nähe des Miteinanderseins wesentlich für die Kinderfreundschaften ist, so beginnt sich doch im biographischen Rückblick in diesem Lebensalter die geheime Idee zu entfalten, daß die Freundschaft auf ewig sein möge und schon lange «vorbereitet» war. Die Freundschaften, die sich fast ausschließlich zum gleichen Geschlecht hin entwickeln, entfalten sich in der neuen Polarität von Selbsterfahrung als Individualität und einem zukunftsgerichteten Aspekt der Gemeinsamkeit. Diese Polarität realisiert sich in der Erfahrung der Gleichberechtigung, der Loyalität und der gegenseitigen Anerkennung. *E. H. Erikson*[1] hat darauf hingewiesen, daß loyal und legal sprachlich und psychologisch gleiche Wurzeln haben, «denn die legale Verpflichtung ist eine unsichere Last, wenn man sie nicht mit einem Gefühl unabhängiger Wahl auf sich nimmt und sie als Loyalität erlebt.» Diese Erfahrung wird zwischen den Neun- und Zwölfjährigen in der Freundschaft geübt. Sie setzt sich oft gegen die Gebote und Verbote der Eltern durch und vermag, wo sie genügend Wahl-Raum hat, soziale und ideologische Vorurteile zu überwinden. Wo hingegen dem Kind in diesem Lebensalter, in dem es solidarische Freundschaften sucht und sie verwirklichen will, die Starrheit eines familiär-sozialen oder ideologischen Vorurteils eingeimpft wird, entstehen schwere und später nicht wieder gutzumachende seelische Deformierungen in bezug auf die Erfahrung der Gleichheit individueller Iche, unabhängig von deren konstitutionellen, biographischen und sozialen Gegebenheiten und den damit verbundenen sozial-politischen Konsequenzen. Aus der Zeit der Verfolgungen in Deutschland nach den Jahren 1933 durch das Nazi-Regime erinnere ich mich, damals zehnjährig, der Ausschreitungen, die sich in meiner Heimatstadt in der Plünderung von Geschäften abspielten, deren Besitzer Juden waren. Ich war damals gleichaltrig mit einem Jungen meiner Klasse, dessen Eltern Juden waren, und wenige Tage nach den Plünderungen entschloß ich mich, diesen Jungen aufzusuchen. Aus einem unbestimmten Gefühl heraus schlossen wir an diesem Tage eine Spiel-Freundschaft, die nicht bestanden hatte. Beide hatten wir vorher wenig voneinander wahrgenommen, und dennoch war jetzt die Erfahrung deutlich, daß hier ein Kind im Begriff stand, zu einem Außenseiter zu werden.

1 E. H. Erikson: Jugend und Krise. Stuttgart 1970

Niemals wurde bei dem sich entwickelnden engen Kontakt der Anlaß dieser Freundschaft jemals erwähnt. Es entstand aber eine Erfahrung praktizierter Loyalität, die zwar nicht zu einer dauernden Lebensfreundschaft führte, aber doch im Rückblick für uns ein wichtiger Beitrag zur Entdeckung des Solidaritätsgefühls und des einmaligen Wertes des anderen jenseits geprägter gesellschaftlich-ideologischer Normen führte.

Wer seine Biographie prüft, kann derartige Ereignisse in vielen Modifikationen entdecken. Sie bezeichnen wohl einen Schritt zur Individualisierung der Moral, in dem aus Erfahrung der Individualität in der Begegnung mit dem anderen sich wie eine gedanklich noch nicht erfahrbare Blüte das allgemeinmenschlich Verbindliche erhebt. Die Motive und Wahlen der Kinderfreundschaften geschehen aber nicht, wie etwa später, aus gemeinsamen Interessen, die schon der Vorstellungs- und Gedankenwelt entspringen, so wenig wie aus den Richtungen gemeinsamen Tuns. Vielmehr scheint der andere ein *Spiegel der eigenen Individualität* zu werden. Indem er dies wird, bestätigt er die eigenen Lebenserfahrungen *dieses Zeitraums* der Kindheit. Das Geheimnis und die Stille dieser Freundschaften walten in ihrer Tiefe als jene gelassene Gegenseitigkeit des bloßen «Miteinanderseins», die schon dadurch Bestätigung der eigenen Existenz ist. «Es ist die Zeit, wo das Kind unmittelbar seinen gleichgeschlechtlichen Partner gern hat, die Zeit, wo die Jungen Arm in Arm zur Schule gehen und die Mädchen unzertrennlich sind» (Rollo May[2]). Rechtfertigungen gegenüber der Familie geschehen jetzt oft mit dem Hinweis auf den Freund und dessen Verhalten. Wo Konflikte entstehen, binden sich die Freunde nur stärker zusammen zu einer Art Verschwörung, die für eine neue und noch nie dagewesene Form der Gleichberechtigung und Gerechtigkeit still und oft erfolglos kämpft. Ich erinnere mich eines Zwischenfalls, als wir als Zehnjährige im Hof Fußball spielten und einer meiner Freunde mit einem wohlgezielten Schuß das Fenster einer Garage zerbrach. Der Junge rannte vor Schreck nach Hause, und wir alle wußten, daß die Scheibe bezahlt werden mußte und er einen sehr strengen Vater hatte. Ich lief zu meinem Großvater, der anstelle meines verstorbenen Vaters die «Rechtsperson» der Familie war, und bat ihn, die Scheibe zu bezahlen, indem ich ihm die Situation des anderen erklärte. Mein Großvater stimmte zu, und ich rannte meinem Freund durch die ganze Stadt nach, um ihn noch vor dem Nachhausekommen zu erreichen, und ihm die «rettende Botschaft» zu bringen. Ich erlebte die Angst meines Freundes, der wie in einer Panik nach Hause rannte, wie meine eigene, und deshalb versuchte ich, ihn zu erreichen, bevor er mit seinem Vater konfrontiert wurde. Hier tritt deutlich schon das Element der Sorge hervor, aber auch das Bedürfnis, aktiv für den Freund jene Angelegenheiten zu regeln und zu ordnen, die in der frühen Zeit der Kindheit unter die «Jurisdiktion» der Eltern fielen.

2 Rollo May: Love and Will. New York 1969

In der amerikanischen Literatur wurde vor allen Dingen von psychiatrischer Seite auf die Bildung von Freundschaften zwischen dem achten und zehnten Lebensjahr hingewiesen. *Harry Stack Sullivan*[3], einer der führenden Psychiater der westlichen Welt, hat die «chum-period» als eine Lebensphase vor der Pubertät herausgearbeitet, von der er sagt, daß der Mensch, dem die Erfahrung der gleichgeschlechtlichen Freundschaft zwischen dem neunten und zwölften Lebensjahr fehlt, später unfähig sei, einen andersgeschlechtlichen Partner zu lieben. Der Autor sieht in den Kindern dieses Lebensjahres das Gefühl dafür entstehen, was ein anderer Mensch braucht, was ihm wichtig ist und daß er dafür der Bestätigung und Anerkennung bedarf: «Was kann ich tun, um zum Glücklich-Sein oder zur Unterstützung des Wertgefühls und Prestiges eines anderen, meines Freundes, beizutragen?» Sullivan sieht in der Freundschaft eine integrative Tendenz, welche auf der Notwendigkeit zwischen-menschlicher Intimität basiert. In der Form des damit verbundenen Zusammenseins (Collaboration), so meint Sullivan, bewegen sich die Partner auf eine gegenseitige Befriedigung hin, indem sie des anderen Erfolge, die *Freiheit von Angst* repräsentieren, übernehmen und annehmen. Sullivan hebt aus seiner psychiatrischen Erfahrung die Wichtigkeit des Einsamkeits-Erlebnisses dieses Lebensalters hervor, von dem er sagt, daß es erst jetzt seine eigentliche Bedeutung und Tiefe zum erstenmal erreicht. Die Erfahrung der Einsamkeit wird gegenüber den Ängsten der frühen Kindheit und dem Bedürfnis nach signifikanten Bezugspersonen jetzt ein existentielles Motiv, das auf die erlösende Begegnung mit einem Freund, einem vertrauenswürdigen Menschen gerichtet ist.

Es zeigt sich aber auch, daß die andere seelische Begleiterscheinung menschlicher Individualisierungs-Prozesse, die Scham, eine bedeutende Befreiung aus ihrer leiblichen Gebundenheit durchmachen kann, wenn das Kind einen gleichaltrigen Partner entdeckt, der auch dem Versagen eine selbstverständliche Umhüllung von Freundschaft zu geben vermag, die die Gruppe nicht leisten kann.

Von ähnlichen Gesichtspunkten aus hebt auch *Theodor Lidz*[4] die Freundschaft von der Spielgemeinschaft und dem Gruppenverhalten ab: «Im zehnten Lebensjahr beginnt das Kind sich in der Gruppe Gleichaltriger nach einem besonderen Freund umzusehen. Diese Begegnung ist eine wichtige und intensive Erfahrung, denn sie konstituiert die erste wesentliche menschliche Beziehung außerhalb der Familie. *Erfahrungen* und *Gefühle* mit dem anderen zu teilen, ist in diesem Alter nur mit dem gleichgeschlechtlichen Partner möglich. *Das Selbst weitet sich über seine eigene Grenze hinaus.* Das Wohlergehen des anderen wird ebenso wichtig wie das eigene.»

Aufmerksame Eltern sehen in ihren Kindern, die einen Freund (eine Freundin) in diesem Lebensalter finden, eine neue Form von Beziehung, die in bezug auf

3 Harry Stack Sullivan: The Interpersonal Theory of Psychiatry. New York 1953
4 Th. Lidz: The Person. New York 1968

Gegenseitigkeit, Sorge, Verständnis die den Eltern gewohnten Haltungen der frühen Kindheit im Rahmen der Familie übersteigen. Diese Wandlung hängt mit einem neuen *Selbstgefühl* zusammen, das gleichzeitig *Wahrnehmungsorgan für den anderen* wird, und seinen Keim im Gefühlsleben hat. «Man kann das radikal in der Weise ausdrücken, daß man sagt: Die anderen Menschen, die das Kind vor dem Zahnwechsel in ihren Bewegungen, in der Sprache, selbst in den Empfindungen nachahmt, die sind vom Kind noch nicht so empfunden, daß es auf deren eigenes Wesen, auf deren inneres Wesen hinschauen kann. Das Kind bis zum siebten Jahre empfindet den anderen Menschen in Wahrheit noch gar nicht ordentlich als anderen Menschen, sondern als etwas, mit dem es wie mit seinen Armen oder mit seinen Beinen verbunden ist. Es wendet sich noch nicht heraus aus der Welt. Mit dem Zahnwechsel, mit dem selbständig durch Atmung wirkenden Gefühlssystem sondert sich das Kind ab von dem anderen, und dadurch wird ihm der andere Mensch ein Wesen mit einer Innerlichkeit.»[5]

Die Freundschaft der Neun- bis Zwölfjährigen ist weder auf gemeinsame Interessen noch auf die Übereinstimmung von Normen noch auf verbindende Ideen gerichtet. Rollengestaltung und Rollenübernahme stehen im Gleichgewicht, wobei ein innerer Raum in der Wechselbeziehung der Begegnung entsteht, der von der gemeinsamen Suche nach einer neuen personalen Identität umgriffen wird. Diese Suche scheint die motivierende Kraft der Freundschaft zu sein. Wer die subtilen Umgangsformen von Freunden oder Freundinnen beobachtet, dem fällt auf, wie sehr sich der eine im anderen wie in einem Spiegel erlebt, wie sprunghaft und nach geheimen Gesetzen sich die Beschäftigungen der Partner ändern und wie selbstverständlich die auftretenden Unstimmigkeiten beigelegt werden. Dies erscheint nur möglich durch die zunehmende Rollendistanz, das heißt, die Erfahrung eines alle Einzelheiten des Umgangs miteinander umgreifenden Wertes. Dieser Wert hat nicht nur kognitiv-normativen Charakter. Auch entsteht er nicht kausal durch bloße Triebsublimierung, noch durch die kognitive Distanzierung von der eigenen, selbstbezogenen Motorik. In den Kinderfreundschaften zwischen dem achten und zehnten Lebensjahr vor allem scheint die erste Erfahrung der Schicksals-Gemeinschaft in die seelische Wahrnehmung zu treten, wobei Schicksal noch ausschließlich aus der Vergangenheit kommend erlebt wird. Ein überindividuelles, der Seele verbundenes Führerwesen, das dem noch schwachen Ich Schutz, Geleit und Tröstung ist, scheint die Kinderfreundschaft zu stiften und wird für beide Partner zum Erlebnis, ohne daß der einzelne seine Individualität aufgibt. Im Genius der Freundschaft ragt die Unendlichkeit des Ich in die Endlichkeit herein. Zum erstenmal «zeitigt» sich das eigene Schicksal in der Berüh-

5 R. Steiner: Vortrag vom 31. Dezember 1921, veröffentlicht in «Die gesunde Entwicklung des Leiblich-Psychischen als Grundlage der freien Entfaltung des Seelisch-Geistigen.» GA 303

rung mit dem anderen, das in der frühen Kindheit in der Hülle des Leibes und der Geborgenheit der Familie geschützt war. Wenig fließt aus diesen Freundschaften in das äußere Leben ein. Sie sind meist von kurzer Dauer, werden und vergehen im Bereich der Stille, und alle in ihr auftauchenden Verhaltensformen bedeuten nichts gegenüber der Erfahrung des Miteinander, dem die Spannung extremer Ansprüche, aber auch die Dramatik späterer Liebes-Begegnungen fehlt.

Die Nuancen der Freundschaft sind so vielgestaltig wie die Skala der Gefühle. In diesem Lebensalter bildet sich unter den Kindern gewöhnlich das Temperament um und erreicht eine Stimmungslage, die für das spätere Leben bleibt. Die Kinder suchen sich meist nach dem Temperament ihre Freunde: Das melancholische Kind erlebt die Freundschaft als einen großen inneren *Anspruch*, eine Art Versprechen des ewigen Bundes und wählt sich oft dasselbe Temperament als Partner. Cholerische Kinder schätzen ebenso cholerische Partner, die in der Lage sind, identitätsstärkend Spiegel zu sein und dadurch Selbsterfahrung zu vermitteln. Oft tritt im späteren Lebensalter der frühere Freund wieder in der biographischen Szene auf. So fremd auch das Schicksal die einstigen Freunde gemacht hat, so werden durch die neuerliche Begegnung oft wesentliche biographische Erfahrungen wieder aktuell und helfen die Kontinuitätserfahrungen der eigenen Biographie zu stärken. Die Dynamik der Kinderfreundschaft stellt einen wesentlichen Bestandteil menschlicher Beziehungsmöglichkeiten überhaupt dar, die sich im Laufe des Lebens wandeln und sich auf verschiedenen Stufen in den verschiedenen Lebensaltern offenbaren.

Gemeinsam ist der Freundschaft in allen Lebensaltern aber ihre eigentümliche Dialektik, die immer wieder zwischen den Höhen und Tiefen das Gleichmaß des Miteinanderseins als Rhythmus erreicht. Diese Dialektik hat *Binswanger* im «freundschaftlichen Gespräch» beschrieben[6]: «Das Tempo des freundschaftlichen Gesprächs ist ‹bedingt› durch die Atmosphäre, die es trägt, eine Atmosphäre der Geduld, des Wartens, des Reifenlassens, kurz des freundschaftlichen Taktes, sein Rhythmus durch die Dialektik von Hinwendung auf dein und Zurückwendung auf mein Schicksal.» Diese Dialektik bestimmt den rhythmischen Wechsel von «Zurückhaltung, Einsamkeit, Stille einerseits, Hinhaltung, Zweisamkeit, grüßendes Wort andererseits. Je tiefer der Wellengrund der Einsamkeit, desto höher der Wellenkamm der Zweisamkeit und umgekehrt.» Und etwas später: «Was hier zu differenzierter Entfaltung gelangt, und zwar auf Grund der *Geschichtlichkeit* der Teilnahme, ist einerseits die Polarität von Einsamkeit und Zweisamkeit, die sich in die Teilnahme von Mir-selbst an Dir-selbst auseinanderfaltet, andererseits die Räumlichung, die nicht mehr *nur* Heimat ist, sondern heimatliches Land.» So steht, psychologisch gesehen, die Freundschaft zwischen der extremen kollektiven Anpassung und dem Rückzug in einen selbstbezogenen Spiegelraum. Die we-

6 L. Binswanger: Grundformen und Erkenntnis menschlichen Daseins. München 1962

sentliche Qualität des Allein-Seins festigt sich im Miteinandersein, und indem dies geschieht, wird dem Kind sein höheres Wesen als sein eigenes unverwechselbares Schicksal am anderen zum erstenmal ahnend bekannt. In der frühesten Kindheit bildet sich die *Fähigkeit* des Alleinsein-Könnens in der Gegenwart des anderen in der freilassenden und triebentspannten Gegenwart der Mutter (Winnicot). Allein-sein-Können als Grundlage des inneren Gespräches mit dem höheren Ich, das der reife Mensch pflegen kann, scheint sich also schon sehr früh zu veranlagen und entwickelt sich in *Gegenwart* des anderen Menschen. Gegenseitige Anerkennung und Toleranz begleiten diesen Weg der Gefühlsbildung durch die Kindheit.

Auf der Grundlage dieses Verständnisses erscheint die Freundschaft der Neun- bis Zehnjährigen als eine weitere Stufe des Bei-sich-Seins, jetzt in der Partnerschaft und Gegenwärtigkeit eines anderen Ich, die weder von den Gewohnheiten der Vergangenheit noch von den Forderungen der Zukunft entscheidend bedrängt sind. Auch jetzt gelingt es nur, die Erfahrung des Alleinseins in der Gegenwart eines anderen zu erhöhen. Sie führt über die soziale Rolle hinaus zur Entdeckung des eigenen, einmaligen persönlichen Lebens. Für das Schulkind gilt bei seiner extremen Gefährdung durch unsere Institutionen ganz besonders die Definition Binswangers: «Freundschaft steht zwischen der zügellos ausschweifenden, unselbständigen Subjektivität der Vereinzelung und der zügellos ausschweifenden, unselbständigen Anonymität der Vermassung. Insofern stehen gerade Freundschaft wie Liebe diametral gegenüber dem Fanatismus, als den wir bezeichnen die liebeleere und freundesbare Verbissenheit des einzelnen in eine zufällige, das heißt, ungeschichtlich zugefallene *Beute* oder die liebeleere und freundesbare Verranntheit in eine zufällige, das heißt, ungeschichtlich aufgegangene *Sackgasse.*»

Die dritte Stufe der Freundschaft, die sich nach der Erfahrung der Erdenreife bildet, scheint sich in der Intimität zwischen den Geschlechtern nach der Pubertät anzubahnen, eine Intimität, die im Miteinander-Sprechen und Füreinander-Sein die reife Geschlechts-Polarität ermöglicht. Bei der Freundschaft, die wir hier zu verstehen versuchen, scheint es sich nicht um eine «Spielphase», sondern um die Erfahrung einer allgemein menschlichen Verbundenheit zu handeln, die nicht nur in eine andere Phase übergeht, sondern auch in der reifen Liebes-Beziehung des erwachsenen Menschen erhalten bleibt.

So tritt in den späteren Jahren der Ehe etwa die Freundschaft des fraglosen Miteinander im stillen und anspruchslosen Verbundensein wieder deutlich hervor, indem die Partner bewußt ja sagen lernen zum Schicksal ihres Verbundenseins. In ihr taucht wiederum das Wesen der Sorge, aber auch der Begrenzung, in der die Fülle lebt, auf: die Wandlung vom Schein zum Sein. Freundschaft ist Auftakt, Begleitstimme und Nachklang der Liebe.

Unsere Schulen wie auch die familiären Erziehungsstile könnten für unsere Kinder viel gewinnen, wenn die subtilen Werte der Freundschaften unter Kindern gesehen und verstanden würden. Der Freundschaftsraum unserer Kinder wird, wenn dies nicht geschieht, zwischen den kollektiven Anpassungspflichten und den Forderungen individueller Leistungen verringert, und das seelische Klima, in dem Freundschaft entstehen kann, geht zunehmend verloren. Damit wird die Freundschaftsphase zwischen dem neunten und zehnten Lebensjahr auf die Zeit nach der Pubertät *verschoben:* Der Jugendliche verfehlt dann die von ihm erwartete Autonomie in Beziehungen, welche sich dann durch schwache Polarisation der Beziehung unter den Geschlechtern auszeichnen, zentral auf Toleranz und Solidarität eingestellt bleiben, eindeutige Geschlechts-Identität versäumen und die damit verbundenen Entscheidungen fürchten. Das Schulkind unserer Zeit steht in einem dauernden Kampf um die legitime Form seiner Einsamkeits-Bewältigung in der Freundschaft gegenüber den Angeboten des Bildungs- und Vergnügungs-Konsums, die sich wie Epidemien ausbreiten. Die biographische Bestätigung des Kindes in der Freundschaft ist zart, indem das Kind in ihr die Einmaligkeit seines Ursprungs aus der «unendlichen Ferne vorgeburtlicher Existenz» wahrnimmt als einen Keim zukünftiger zwischenmenschlicher Beziehungen. In ihm bildet sich aber auch die Bindekraft einer neuen Generation in bezug auf ihre Identität. Krisen werden nicht mehr auf die Eltern projiziert. Sie werden in einem neuen historischen Bezugsraum gelöst, der seine Selbständigkeit durch seine Toleranz sichert und bereit ist, sie gegen die Welt, wenn auch mit schwachen Mitteln, zu verteidigen. Es gehört zu den folgenschwersten Irrtümern, wenn in der Frage des Generationswandels nur auf die inzwischen unruhige Jugend nach der Pubertät hingewiesen wird. In den Extremen ihres Auftretens manifestiert sich im Verhalten der Jugendlichen ein Versäumnis durch die Blindheit von Schule und Eltern für die Bedeutung der Kinderfreundschaften, deren Aufgabe es ist, immer wieder neu auf der Erde verbindliche Werte zu schaffen, die nicht nur Normen sind. Von familiärer Begrenztheit gleichsam von rückwärts in Ehrgeiz, Eitelkeit und Isolation gedrängt und von der Zukunft her von Lern- und Sachzwängen bedroht, versäumen unsere Kinder eine wesentliche Phase ihrer Biographie.

Hinzu kommt, daß das seelische Klima, in dem sich in diesem Lebensalter Freundschaften entfalten, wesentlich von einem entspannten schulischen und familiären Umkreis abhängt, indem oft ein verstehender geliebter Mensch als der Leit-Stern der Freundschaft im geheimen wahrgenommen wird. Wenn es eine Soziologie im Bereich der Lehrerbildung gibt, so hätte sie besonders den Werten der Kinderfreundschaften inner- und außerhalb des Klassenzimmers Aufmerksamkeit zu schenken, da hier Motive ansichtig werden, die für die Lernmotive in diesem Lebensalter von Bedeutung sein könnten. Die Aufgabe des Lehrers bestünde hier in einer Toleranz-leitenden Aufgabe, die Lerngehorsam in Selbstgehorsam, der auf den anderen zu hören lernt, wandelt. Aus diesem Bedürfnis nach Freundschaft unter den Kindern zwischen acht bis zehn Jahren könnten dem Lehrer neue Erfahrungen echter *auctoritas* erwachsen. Noch immer herrschen subtile

Beschämungen und offene Strafandrohung in der Erziehung und verhindern eine Gehorsams-Erfahrung, die sich auf Gegenseitigkeit und Toleranz zu stützen vermag.

Selbstverständlich ist die Freundschaft der mittleren Kindheit nicht auf jene Qualitäten der reifen Freundschaft wie etwa des Gedenkens oder des «Denkens aneinander» eingerichtet. Auch spielen sich die frühen Formen der Kinderfreundschaft in konkreten Beziehungsräumen ab, die aber doch schon jene Selbsterfahrung erlauben, die mich durch den anderen etwas in meinem Wesen entdecken läßt, was mir allein verborgen bliebe: die Doppelheit meiner Identität, das heißt, dasjenige, was ich bin, und die Möglichkeit dessen, was ich sein kann und die sich im freundschaftlichen alltäglichen Umgang offenbaren und heranreifen will. Kinderfreundschaften enden denn auch meist dann, wenn dieser Prozeß erfolgt, und die Kinder leben sich meist noch vor der Pubertät auseinander. Aber wie ein zukünftiger Hauch von reifen freundschaftlichen Beziehungen wird für eine kurze Zeitspanne Schleiermachers Wort wahr, daß «die Liebe darauf ausgehe, aus Zweien eins zu machen, die Freundschaft aber darauf, aus jedem zwei zu machen.»[7]

Unsere Betrachtung der Kinderfreundschaft führte in das Innere der Seele. Wir beginnen zu ahnen, daß die Seele des Kindes aus dem familiären Raum weiter zum Freund geführt wird von demjenigen Wesen, welches helfend die Schicksalsabsichten jedes Kindes begleitet und diese in die Erdenwelt hineinführt, – von seinem Genius, seinem Engel. Er führt die Seele nicht nur in das Erdenleben herein, sondern offenbart sich auch als der Stifter von Geistesverwandtschaft unter Menschen. Sie dämmert, jenseits der Geborgenheit der Familie, als Erfahrung, Freundschaft stiftend, zum erstenmal zwischen dem neunten und zwölften Lebensjahr in der Seele des Kindes herauf. Sie gestaltet die schwer faßbaren Gesetze der Freundschaft, die die Polarität der Geschlechter noch nicht kennt und gegenüber der Gruppe einen Innenraum schafft, in dem sich der eine im anderen behütet weiß und die Sorge und das Glück des einen Sorge und Glück des anderen wird. Der Kinderfreundschaft fehlt noch die Dynamik sozialer Bewährung. Sie ist ebenso frei von Legitimation durch Leistung wie von den Ansprüchen der Familie. Sie entbehrt aber auch des zukunftsgerichteten Eros der Liebe. So vergeht meist auch die Kinderfreundschaft im Fortgang des Lebens.

Aber im späteren Leben wächst ihr Wesen dem Menschen zu als eine tröstende Botschaft der Geistwelt, wo immer Freundschaft entsteht. Was in ihr zum Leben kommt, kann ein allgemeines brüderliches Gefühl werden. Die Fähigkeit und der Wille zur Freundschaft hängen wesentlich von ihrer Einübung in der Mitte der Kindheit ab. Sie bedarf der Pflege durch den erwachsenen Menschen, der den Freundschaftsraum anerkennt, schützt und versteht. Wir beginnen zu ahnen, daß

7 Zit. aus L. Binswanger: «Grundformen und Erkenntnis menschlichen Daseins.»

das Kind zu seinem Freund in diesem Lebensalter geführt wird mit einer merkwürdigen Anziehungskraft, welche familiäre Barrieren überwindet, ja es scheint geradezu das geheime Anliegen der Kinderfreundschaften zu sein, aus einem begrenzten, gegenwärtigen Erfahrungsraum sich herauszubegeben und sein Selbst am anderen Gleichgesinnten zu erfahren. Freundschaften scheinen, wie die Erfahrung zeigt, in diesem Lebensalter von der Strukturhöhe der Intelligenz der Kinder relativ unabhängig zu sein. Das Kind löst sich in ihnen von den leibesgestaltenden Kräften und versucht zum ersten Male eine freie und neue Lebensbeziehung, ein meist flüchtiges, aber biographisch wirksames Vorbild späterer Begegnungsfähigkeit.

Die Gruppen-Gesellschaft

«Dieses Volk ist gottlos und gläubig, es hat Riten und Gebete in seinem Spiel, aber keinen äußeren Gott. Dieses Volk ist sich selber Gott.» Alain (1868–1951)

Die amerikanische Anthropologin *Margaret Mead*[1] hat, von historischen Gesichtspunkten ausgehend, charakteristische Formen von Kulturen, entsprechend dem Verhalten der Generationen und deren Beziehungen untereinander, darzustellen versucht. Sie unterscheidet erstens die vorwiegend älteren Kulturen, die sie *post-figurativ* nennt und in denen bei langsamer und fast nicht wahrnehmbarer Veränderung die Kinder vorwiegend von ihren Vorfahren lernen, zweitens *co-figurative* Kulturen, in denen Kinder wie auch Erwachsene auf Lernprozesse mit Gleichaltrigen ausgerichtet sind, und drittens die Kulturen, in denen Erwachsene auch von ihren Kindern lernen, eine Periode, in die die Menschheit jetzt eintritt und in welcher die Jugend *neue Verantwortung* in *prä-figurativer* Voraussicht einer noch unbekannten Zukunft übernimmt. Dieses Modell der Generationen-Beziehungen scheint hilfreich zu sein für das Verständnis der Gesellschaft der Neun- bis Zwölfjährigen, in der in der Biographie des heranwachsenden Menschen eine Situation eintritt, die der co-figurativen Kultur Meads weitgehend zu entsprechen scheint. In diesem Zeitraum der Kindheit werden alte gewohnte soziale Verhaltensformen, das heißt, die frühkindlichen Traditionsbildungen im Umgang mit den Eltern verlassen, und neue zukünftige und autonome Lebensgestaltungen erwachen keimhaft. Margaret Mead beschreibt den Einbruch partnerschaftlicher co-figurativer Kultur etwa in den Kindern von Eingeborenen, die ihre Dörfer und Familien verlassen, um in eine neu eingerichtete Schule zu gehen, oder aber als Jugendliche technische Lebensformen lernen, die in keinem Verhältnis zur Tradition der Familie stehen. «Schon der Junge», so bemerkt Mead, «der zur boarding-school geht, kann seine Erfahrungen der Familie nicht mehr ohne weiteres mitteilen, obwohl er weiß, daß die Erfahrungen seines Vaters etwa dieselben waren.» Schließlich beschreibt Mead die Bedeutung des co-figurativen Verhaltens als einen Entwicklungsschritt des einzelnen weg von den Sitten und Formen post-figurativer Familiengestaltungen zur Gruppenidentität von Gleichaltrigen, die sich im Jugendlichen nach der Pubertät endgültig darstellt und sich dort weiter geschichtlich im Sinne einer prä-figurativen Verhaltensform individualisiert. Die Autorin charakterisiert das co-figurative Verhalten, in welchem weder die Vergangenheit noch die Zukunft deutlich gestaltet werden, als «unvermeidlich flach»,

1 M. Mead: Culture and Commitment, A study of the Generation Gap. London 1970

da es von einem Gruppen-Verhalten reguliert wird, getrennt von früheren post-figurativen Erfahrungen der Kindheit.

In dem Lebensabschnitt zwischen dem neunten und zwölften Lebensjahr, einem Übergangsstadium, spielt zweifellos die Gruppenbildung eine bedeutende Rolle. Die Gruppe besteht meistens aus Gleichaltrigen und hat im Gegensatz zur Nach-Pubertätszeit einen deutlich auf das gleiche Geschlecht bezogenen Charakter. In der Bildung von Gruppen zeigt sich eine zunehmende Distanzierung von der Familie und die Tendenz, Führer oder «Verführer» zu finden, die älter sind und gleichsam einer neuen Generation angehören. Die Dynamik innerhalb solcher Gruppen ist mannigfaltig, ihre Aktionsräume reichen von den Wäldern bis zu den Hinterhöfen, von den Straßen der großen Städte zu den Klassenzimmern der Schulen und von den kleinen Parties zu großen «Straßenschlachten», von den Spielgemeinschaften auf den Spiel- und Sportplätzen bis zu den Kinder- und Schulklubs. Bei aller Verschiedenheit der geographischen Räume kann man aber in dem Gruppenverhalten der Neun- bis Zwölfjährigen Elemente gesellschaftlichen Verhaltens entdecken, welche nicht an konventionelle, feststehende Regeln gebunden sind, sondern immer neuer Vereinbarungen bedürfen. Diese Vereinbarungen sind für einen meist begrenzten Zeitraum bindend und schaffen eine Solidarität von Kindergruppen, die bis zur Verschworenheit reicht. Da zum erstenmal in solchen Gruppen das Willensleben des Kindes am Horizont der Selbsterziehung erscheint, tritt in diesem Lebensalter zum erstenmal das Vorgefühl von Macht sowohl durch die Sprache als auch im Handeln auf, die rituelle Kraft von Versprechungen, deren Bruch mit harten Strafen geahndet wird, und die Trennung von der Vergangenheit, die für eine kurze Zeit von drei Jahren die «Ewigkeit» einer noch unbekannten Zukunft verspricht. Dieser Zusammenhang wird in dem Kapitel über die Gruppensprache weiter erörtert werden.

Wo sich diese Trennung als Wandlungskrise gegenüber der Vergangenheit extrem und schnell bildet, kann sie absolut werden und führt schon in diesem Lebensalter zur Banden-Bildung. Sie scheint vor allen Dingen dann zu entstehen, wenn die Autorität des Erwachsenen in der frühen Kindheit als strafend erlebt wurde und keine Möglichkeit besteht, dieses Erlebnis in der Begegnung zu lösen (etwa in der Familie, in der der autoritative Vater stirbt oder in der pädagogischen Szene zwischen dem neunten und zwölften Lebensjahr nicht wirksam und erfaßbar anwesend ist). So tauchen denn auch im Gruppenverhalten der Banden autoritative Elemente auf, indem ein strenger Führer gewählt wird, der die Gesetze des Verhaltens der Gruppe festlegt. In diesen Gruppen werden Mutproben bis zur Gefährlichkeit und Grausamkeit geübt. Es herrscht ein fast alttestamentlicher Zwang, durch den der erwachende Wille des Kindes bis zur Selbstaufgabe in die Gruppe gezwungen werden kann und der jedes aufkeimende Gefühl echter Freundschaft und menschlicher Beziehung überhaupt in Frage stellt. Kinder, die solchen extremen Gruppen angehören, verfehlen häufig die in diesem Lebensalter notwendige Einübung der Toleranz und der Wahrnehmung des anderen Ich als eines Partners, indem sie in einen stereotypen Gruppengehorsam verfallen.

Die Konsequenzen dieser Gruppenbildungen für die Biographie sind noch wenig bekannt. Die autobiographische Schilderung, die hier folgt, soll als ein Beispiel dieser Bindungen dienen:

«Wir verlebten die Kriegsjahre zwischen 1943 und 1945 als eine Gruppe von sechs bis sieben Kindern, Jungen und Mädchen zusammen, auf einem Bauernhof, den eine strenge und energische Frau verwaltete. Wir waren zwischen zehn und zwölf Jahre alt, schwierige Kinder, *ohne Väter.* Wir arbeiteten mehr als wir spielten, begannen um fünf Uhr früh die Pferde zu putzen, einzukaufen auf langen, im Winter oft auch verschneiten Wegen, und einer der Jungen war für die Schreinerarbeiten eines Behelfskinderheimes verantwortlich. Unsere ‹Mutter› war eine schreckenerregende, gefürchtete und bewunderte Autorität, die uns, wenn wir nicht arbeiteten, mit Hungertagen bestrafte. Bald bildeten wir Kinder einen Bund mit bestimmten Ritualen, die vor allen Dingen aus gefährlichen Mutproben bestanden (so sprangen wir von hohen Balken oder zogen einander an den Haaren, bis einer aufgab, oder hielten ein jüngeres Kind, das nicht schwimmen konnte, im Teich unter Wasser, um es dann zu ‹retten›). Wir übten uns im Stehlen von Äpfeln auf den Höfen der Bauern, und unser Streit, der oft entstand, wurde unter größter Selbstüberwindung im Hinblick auf die Statuten des ‹Bundes› rigoros geschlichtet. Der Bund hatte ein Geheimzeichen. Es war sprachlicher Natur und wurde rituell-magisch verwendet, und wer es aussprach, konnte darauf rechnen, daß absolute Ehrlichkeit herrschte und Konflikte beendet wurden. Die Gruppe begann sich aufzulösen, als sich herausstellte, daß ein Mädchen unter uns einen der Jungen ‹heiraten› wollte. Das Paar wurde mit zwei goldenen Pappringen bestückt, und eines der Mädchen handelte als Pfarrer und vollzog das Ritual. Bald darauf löste sich die Gruppe auf, und das Leben trieb uns auseinander».[2]

In dieser Beschreibung wird deutlich, daß es sich hier um eine eng verknüpfte «Bande» handelt, in der das Element der Angst und deren Überwindung eine bedeutsame Rolle spielt. Der Bund löst sich auf, als zwei Mitglieder sich enger verbinden und die Gruppe als solche nicht mehr tragfähig ist. Diese Erscheinungen erleben wir oft unter kindlichen Gruppenbildungen, bei denen eine Paar-Bildung als abstoßend in bezug auf die Gemeinschaft empfunden und meist abgelehnt wird. Es scheint uns bedeutend zu sein, daß diese Gruppe ohne ein konkretes Vaterbild war, an dem sich frühe Kindheitserfahrung hätte verwandeln können, daß das Spiel nur einen ganz geringen Anteil in der Gruppe hatte und daß sie sich offenbar *gegen* eine erwachsene Bezugsperson gebildet hat.

Diese Form der Gruppenbildung, die sich leicht ideologisch prägt, hat viele historische Vorbilder. In der Vergangenheit trat sie in sozialen Krisen und Kriegssi-

2 Mündliche Mitteilung

tuationen hervor, wie etwa in den Auswirkungen der Französischen Revolution in der Schweiz, wie sie Pestalozzi geschildert hat, nach der Russischen Revolution und während und nach den Kriegsjahren zweier Weltkriege, aber auch in der ideologisch geprägten Formation von Gruppen, etwa dem Jungvolk der Nazizeit («gelobt sei, was hart macht»). Die Abwesenheit oder das Außer-Funktion-Treten der Väter als Partner steht jedesmal im Brennpunkt solcher Entwicklungen. Bandenbildungen haben in der modernen Welt, in den großen Städten ein erschreckendes Maß an Brutalität hervorgebracht. Es ist anzunehmen, daß, worauf *A. Mitscherlich*[3] schon hingewiesen hat, die Abwesenheit und der Rückzug der Väter in diesem Lebensalter eine bedeutende Rolle für das Auftreten solcher Banden spielt. Dies würde umgekehrt zeigen, daß die konkrete Anwesenheit des Vaters, vor allen Dingen in diesem Lebensalter, eine Wandlung von frühkindlichen Erfahrungen in die eigene Zukunft möglich macht. Wo der Vater fehlt, oder wo sich dessen Wirklichkeit in diesem Lebensalter zur Unkenntlichkeit verdünnt, geht dem Kind eine entscheidende und wandelnde Lebensbegegnung verloren. Gerade zwischen dem neunten und zwölften Lebensjahr soll sich die frühere Begegnung in ein partnerschaftliches Miteinandersein verwandeln. Es ist unwahrscheinlich, daß sich die Entstehung neuer Verhaltensformen in der Mitte der Kindheit nur aus frühkindlichen Beziehungen erklären läßt. Bedeutsam scheint uns aber zu sein, daß in diesem Wandlungsalter dieselben Bezugspersonen wie früher *zur Verfügung stehen*, damit sich an ihnen die Wandlung vollziehen kann.

Das Auftauchen der Bandenbildung größeren Ausmaßes in der modernen Kultur stellt ein Phänomen dar, welches hinsichtlich der Erziehungspraktiken ernsthafte Probleme aufwirft. Diese Form der Gruppenbildung scheint zu zeigen, daß die Neun- bis Zwölfjährigen zwischen einer wenig strukturierten Erfahrung im Elternhaus und einer Schule, in der sie mit Lehrplänen und Verordnungen konfrontiert werden, ein Feld notwendiger neuer Identifizierungen verfehlen, wodurch auch die im Grunde der Seele liegenden Motive in diesem Lebensalter nicht erfüllt werden. Dadurch geraten die Kinder zwischen starren Strukturen der Schule und häuslichen Unverbindlichkeiten in eine Art leeren Raum, der die weitere Selbstfindung des Kindes entscheidend stören oder gar verhindern kann. Das Kind scheint in eine Situation gedrängt zu werden, die Konformität statt distanzierter und gleichzeitig einfühlender Loyalität verlangt, und gewinnt seine Aktivität aus der frühkindlichen Verhaltensform des «Alles oder Nichts», dem Mangel an zwischenmenschlicher Distanzierung und unreflektiertem Verhalten. In den großen westlichen Städten haben deshalb mutige und einsatzfreudige Lehrer sogenannte «Straßenschulen» begründet, in denen die Schule auf die Straße rückt. Andere Versuche, die jedoch noch immer Experimente geblieben sind, formen die Schule, das heißt, die Klasse zu einer Gruppen-Gemeinschaft, in der die Grund-

3 A. Mitscherlich: Auf dem Weg zur vaterlosen Gesellschaft. Stuttgart 1967

motive der Neun- bis Zwölfjährigen, sich mit Gleichaltrigen zu verbinden, in einer sozialen zukunftsweisenden Richtung verwirklicht werden können. Die Elemente, die zur Bildung einer Klassengemeinschaft beitragen, sind von *Zulliger*[4] aus seiner Erfahrung als Volksschullehrer eingehend beschrieben worden. Sie umfassen die folgenden wesentlichen Schritte:

1. Gemeinsame Abstimmung der Lernziele mit dem Lehrer.
2. Das Üben von Aufgabenstellungen, wobei ein Schüler dem anderen hilft und korrigiert.
3. Die Hervorhebung der Leistung der Klassengemeinschaft und nicht die eines einzelnen.
4. Die möglichst durchgehende Ausschaltung von egoistischem Wettbewerb und Ehrgeiz.
5. Die Pflege der Fähigkeit des Verantwortungsgefühls für den Schwächeren.
6. Kontakt mit den Eltern hinsichtlich der Lernmotive und deren Störungen bei einzelnen Kindern und schließlich das Bemühen des Lehrers um die Klasse als einen vertrauenswürdigen Partner.

Zulliger schließt mit dem bedeutenden Satz: «Es ist, als erfasse die gesteigerte Möglichkeit des gegenseitigen Sichverstehens auch die intellektuelle Schicht des Seelischen des Schülers.» Gegenüber der Bandenbildung stellt die Formung einer Klassengemeinschaft einen zukunftsgerichteten Weg für das neun- bis zwölfjährige Kind dar und erhellt gleichzeitig die vermittelnde Rolle des Erwachsenen in den vom Kind angestrebten Gruppenbildungen.

Wir haben die Bande als einen Bruch mit den frühkindlichen Prägungen beschrieben, der dadurch entsteht, daß ein Kind keine Gelegenheit hat, sein Verhalten an der regelmäßigen Partnerschaft mit einem Vorbild zu orientieren. Es gibt aber auch in diesem Lebensalter eine Erfahrung, die bedeutende Konsequenzen für die Biographie hat: die Stellung des Außenseiters. Sie entsteht nach dem neunten Lebensjahr, wenn das Kind die Beziehung zu seiner Generation zum erstenmal verfehlt.

Aus der Erfahrung mit diesen «Außenseitern» ergeben sich zwei dynamische Grundtypen, die sich meist nicht in einer ausgeprägten äußeren Symptomatik äußern, aber doch oft eine Reihe körperlicher Symptome (Kopfschmerz, Erbrechen, vegetative Übererregbarkeit) zeigen, die sich oft bis zu schweren klinisch diagnostizierbaren Krankheitsbildern wie etwa der Magersucht (anorexia nervosa) bei den Mädchen oder der Gestaltänderung, der präpuberalen Fettsucht bei den Jungen äußert. Manchmal tritt zum erstenmal ein Asthmaanfall oder eine andere allergische Reaktion auf, bei behinderten Kindern kommt es in dieser Lebenskrise manchmal auch zum ersten epileptischen Anfall. Die Leiden der Außenseiter der

4 A. Zulliger: Horde – Bande – Gemeinschaft. Stuttgart 1967

Kindergesellschaft zwischen dem neunten und zwölften Lebensjahr sind beträchtlich, und unsere Einsicht ist noch immer gering. Diese Kinder, die wir oft einsam auf den Schulhöfen stehen sehen, gehen in ihren halbbewußten Gedanken Fragen nach, die sich auf ihre soziale Stellung innerhalb der Familie oder aber auch der Geschwister beziehen, auf ihre Unfähigkeit, einen echten Freund zu finden, vor allem aber sind sie beschäftigt mit ihrer eigenen Stellung gegenüber den Erwachsenen, die sie als frühkindliche Partner verloren haben und zu denen noch keine neue Beziehung erreicht ist. Oft sind diese Kinder Einzelkinder, manchmal die «Ersten» ihrer Klasse, fleißig, aber unglücklich. Die Klassenleistungen, die oft bei einem Typ dieser Kinder über dem Durchschnitt liegen, und die damit verbundene Anerkennung beim Lehrer sind nur ein schwacher Ausgleich für die zugrundeliegende Einsamkeit. Andere Außenseiter wiederum leiden unter einer noch zu starken Bindung an frühkindliche Verhaltens- und Prägungsformen, welche es ihnen nicht erlaubt, die Distanz des neunten Lebensjahres zur eigenen Vergangenheit zu erleben, durch die sich neue soziale Möglichkeiten mit Gleichaltrigen auftun können. Bei diesen Kindern entsteht dann oft der Teufelskreis bedeutender schulischer Leistungen mit Anerkennung durch den Lehrer, deren Hervorhebung gerade wiederum die Beziehung zu den Gleichaltrigen verhindert. Andere Kinder wiederum versagen in der Schule zwischen dem neunten und zehnten Lebensjahr und bedürfen in dieser Situation weniger der Nachhilfestunden als einer Hilfe in ihrem Verhältnis zu ihren Eltern und umgekehrt.

Nirgends wird die mangelnde Einstimmung zwischen Schule und Eltern deutlicher als gerade in diesen Kindern. Viele überwinden die Krise zwischen dem neunten und zwölften Lebensjahr nicht durch den Einfluß eines Lehrers, der Eltern oder des Therapeuten, sondern gerade durch den Einfluß irgendeines Gleichaltrigen oder einer Gruppe, wie wir dies bei behinderten Kindern im Heimzusammenhang oft erlebt haben. Zwischen der Schule und dem Elternhaus sind jene Zusammenhänge deutlich, die man so formulieren könnte, daß das Distanzerlebnis des Kindes zwischen neun und zwölf erwartet, zu Hause noch Geborgenheit zu finden und gleichzeitig die Möglichkeit zu haben, in der Schule in eine neue und zukünftige, weiterführende Gemeinschaftsbildung einzutreten. In unserer gegenwärtigen Gesellschafts-Situation, vor allen Dingen in den großen Städten, entstehen die Bandenbildungen gerade dort, wo der Zusammenhang zwischen Schule und Elternhaus in diesem Lebensalter verloren geht. So treten in diesen Banden auch unverwandelte frühkindliche Aggressionen hervor, der Zwang kollektiver Gesetze, wodurch eine Beziehung der Kinder untereinander entsteht, die gerade die gegenseitige Anteilnahme, Sorge und Freundschaft verhindert. Das Einzelkind, das aus der Klassengemeinschaft durch seine Leistung «nach oben» herausfällt, ist jedoch nicht der «klassische» Typus des Außenseiters. Um kein Außenseiter zu werden und damit in eine soziale Position zu kommen, die eine Verunsicherung der Identitätserfahrung bedeutet, die Anlaß kriminellen Verhaltens werden kann, bedarf es offenbar einer Reihe zusammenwirkender Faktoren. *Joachim Witzel* hat das Problem von jugendkriminologischen Aspekten eingehend untersucht.[5] Dabei spielen im allgemeinen drei soziale Interaktionsebenen eine Rolle: die Schule, das heißt, das Schüler-Lehrer-Verhältnis, das Elternhaus (vor allem dessen Beziehung zur Schule) und schließlich die Kindergruppe selbst. *J. L. Moreno*[6] fand, daß in der ersten Schulklasse Kinder verhältnismäßig egozentrisch handeln und manche Kinder von den anderen einfach übersehen werden, ohne in den soziologisch relevanten «Status» des Außenseiters zu geraten. Zunehmend zum neunten Lebensjahr hin ändert sich diese Situation in dem Maße, als «der elterliche Einfluß zurückgeht und der Einfluß der Gruppe gleichaltriger Mitschüler wächst». Die Positionen der einzelnen in der Gruppe sind nicht mehr zufällig. Die Normen der Gruppe sind differenziert, stärker sachlich abgewogen und verbindlich. Vom neunten bis zehnten Lebensjahr an und zunehmend nach der Pubertät bleibt die soziologische Stellung des Einzelnen in der Klassengemeinschaft *relativ stabil.* Witzel hält die Dynamik der Klassengemeinschaft in der Form der Bestätigung, Anerkennung und Sicherheit oder der Ablehnung oder Vernachlässigung durch die Gruppe für einen wesentlichen Aspekt des Sozialisierungsprozesses überhaupt, wobei deren intentionale Beeinflussung durch den Lehrer, jedenfalls für die mittlere Kindheit, entscheidend zu sein scheint.

Es ist bemerkenswert, daß die Kindergruppe Leistungen nicht objektiv bewertet, sondern sie von dem dem einzelnen zugebilligten sozialen Status in der Gruppe her beurteilt. Die Gruppe scheint den Außenseiter offenbar fortgesetzt durch ihre Reaktionen als Außenseiter zu bestärken, bis er schließlich in seiner Position «individuell-psychologisch institutionalisiert wird» (Witzel). Damit tritt er aus dem kollektiven Normenbereich heraus und fühlt sich ihm nicht mehr verpflichtet. Es zeigt sich aber auch hier die schon beschriebene «rituelle» Rigidität von Gruppenverhalten. Die Höhe der Intelligenz scheint in diesem Prozeß keine Rolle zu spielen. Witzels Untersuchungen lassen erkennen, daß das Kind zwischen dem neunten und zwölften Lebensjahr eine oft übersehene, außerordentlich anspruchsvolle Integration *verschiedener* Normen (Elternhaus, Schule und Gruppe) leisten muß, deren Gelingen oder deren Versagen offenbar wesentlich *die Beweglichkeit und den Umfang sozialen Verhaltens* des reifen Menschen bestimmt.

Nicht alle größeren und kleineren Gruppenbildungen, die oft schnell entstehen und sich auch rasch wieder auflösen, sind in diesem Lebensalter als Gemeinschaften, Banden oder Bünde zu betrachten. Es gibt alle erdenklichen Stufen der Identifizierung von Gruppenmitgliedern, die zwischen gefühlhaften oder mehr willensbetonten Bindungen schwanken, meistens nicht von langem Bestand sind und gewöhnlich sich einen Führer suchen. Diese Führerperson kann ebenfalls vielgestal-

5 J. Witzel: Der Außenseiter im Sozialisierungsprozeß der Schule. Stuttgart 1969
6 J. L. Moreno: Die Grundlagen der Soziometrie. Köln/Opladen 1954

tig sein: Manchmal ist es der Lehrer, oft ein älterer Junge oder älteres Mädchen und manchmal der Gleichaltrige. Im Gegensatz zur ausgesprochenen Bande gestalten sich diese Gruppen in einem relativ triebentspannten Freiheitsraum, die Regeln der Kommunikation sind locker, und die Individualität des Einzelnen wird anerkannt. Erfahrungen in der Gruppe zwischen dem neunten und zwölften Lebensjahr scheinen einen bedeutenden Einfluß auf spätere Stile sozialen Verhaltens zu haben.

In den Jahren zwischen 1932/33 waren wir eine Gruppe von Jugendlichen zwischen neun und achtzehn Jahren, die soziologisch sich deutlich von einer anderen absetzte. Unsere Gruppe bestand aus Jungen, die in einem Straßenviertel wohnten, das vornehm genannt wurde, während auf der anderen Seite einer uns trennenden Hauptstraße eine Gruppe von Kindern sich zusammengetan hatte, deren Eltern Handwerker und Arbeiter waren, und die man damals als Proletarier bezeichnete. Unsere Gruppe spiegelte die politische Haltung unserer Eltern wider, obwohl wir in diesem Alter über die politischen Zusammenhänge, die sich in andauernden Wahlen ausdrückten, nur sehr wenig Bescheid wußten. Dennoch spielten wir auf der Straße die Ideologien unserer Eltern gegeneinander kräftig aus. Die Agitatoren dieser Schlachten waren die Älteren, und wir Neun- bis Elfjährigen waren bestrebt, uns leistungsfähig zu erweisen. Wir vertraten mit Wurfgeschossen und Fäusten unsere kaum bewußten Überzeugungen und damit ein Stück unserer familiären Herkunft, über die wir damals nicht reflektierten. Offizielle Versöhnungen gab es nie, aber nach der ‹Schlacht› schlich dieser oder jener von uns in das Lager des Gegners, um ein Butterbrot zu essen oder Murmeln zu spielen. Im Laufe der Zeit begannen sich diese Freundschaften als stärker als die Gruppe zu erweisen, und das gab uns langsam eine Immunität gegenüber unserer Vergangenheit. Schließlich entstanden zwischen den Kindern der beiden Straßen echte Freundschaften, durch die wir unsere Vergangenheit und das Milieu der Eltern überwanden. Bezeichnend war an diesem Vorgang, daß die Älteren, das heißt, die Anführer dieser Entwicklung, nicht mitmachten, im Laufe der Zeit sich andere Ziele suchten und spurlos verschwanden, das Schicksal vieler Führer und Verführer.

Ebenso lebhaft ist mir im Rückblick die Erinnerung an eine Wandlung von Gruppenverhalten, die als Beispiel angeführt werden soll, und die der Leser aus eigener Erfahrung sicherlich vervielfältigen kann: Als wir mit dem zehnten Lebensjahr in eine andere Schule überwechselten, betrachteten wir es als eine unserer ernsthaftesten Aufgaben, in der Pause die Älteren, die kurz vor dem Schulabschluß standen, anzugreifen. Von unserem Standort am Schulplatz fielen wir wie ein Schwarm von Vögeln in die Reviere der Primaner ein, zogen sie zu dritt oder viert zu Boden oder fielen sie plötzlich von hinten an. Sie nahmen es nie ganz ernst, und in der Erinnerung wird erst deutlich, daß wir um einer Erfahrung willen handelten. Sie kam denn auch eines Tages, als unser Anführer von einem der älteren Herren mit einem gut gezielten Kinnhaken niedergeboxt wurde. Wir reparierten den etwas verschobenen Unterkiefer. Am nächsten Tag blieb alles still, und einige Tage später begannen wir uns in unserem Standort einzunisten und jene unserem Alter entsprechenden Spiele zu organisieren, die Wettbewerbs-Charakter hatten. Wir hatten uns als Gruppe gefunden, unsere Identität war hergestellt. Still begaben sich die Primaner in Distanz zurück, wir begannen, zu ihnen aufzuschauen, bestaunten ihre Disziplin und die gemäßigten Schritte, mit denen sie sich auf dem Schulhof bewegten, und manchmal grüßte uns einer wie zur Bestätigung, vielleicht auch etwas erleichtert. Wir hatten ein Stück Vergangenheit bewältigt, insofern eine verhärtende Tendenz kollektiver Selbstbestätigung sich wieder in die Offenheit des Werdens löste.

Solche Ereignisse, die sich auf den Schulhöfen abspielen, sind bedeutungsvoll, und es wäre zu empfehlen, daß sich die Lehrer öfters auf den Schulhöfen aufhalten. Aus den beiden hier geschilderten Erlebnissen kann deutlich werden, daß die Identität von Gruppen zwischen dem neunten und zwölften Lebensjahr einen Freiheitsraum sucht, eine Art soziologisches Übungsfeld. Im Gegensatz zu der rituellen Willensgebundenheit der Bünde und Banden zeichnet sich diese Gruppe durch einen freien Rhythmus von Beziehungen aus, dessen Signatur Gegenseitigkeit und «Fair-play» ist. Nur in diesem Raum scheint echte, zur Emanzipation führende Identitätserfahrung in diesem Lebensalter entstehen zu können. In den Spielen der Neun- bis Zehnjährigen tritt sie unverfälscht in Erscheinung.

Zusammenfassend kann die Gruppe als die erste schicksalbildende Begegnung von Kindern außerhalb des geschützten Raumes der Familien-Konstellation gesehen werden.

Anders als unter Geschwistern, deren Gemeinsamkeit sich primär aus derselben Familie ergibt, ist die soziale Struktur der Gruppe nach dem neunten Lebensjahr zunehmend davon bestimmt, daß sich Kinder als Angehörige derselben Generation zu begegnen lernen. Diese Gemeinsamkeit beruht auf der Tatsache, daß diese Kinder *zur selben Zeit* geboren wurden, weshalb auch das Gruppenverhalten der Neun- bis Zwölfjährigen unabhängig von räumlich-sozialen Gegebenheiten über die ganze Welt eine ähnliche innere Dynamik aufweist. Sie ist darauf gerichtet, Grundformen über die Familie hinausgehenden gesellschaftlichen Verhaltens zu üben. Dabei zeigte sich aber auch, daß die Freiheit von Interaktionen der Gruppe nur im dauernden Rückbezug auf den reiferen, erwachsenen Menschen gesichert ist, der seinerseits fähig sein muß, über seine familiäre Rolle hinaus die Erfahrungen *seiner* Generation zur Verfügung zu stellen.

«Banden» von Kindern in der mittleren Kindheit scheinen sich dann vor allen Dingen zu bilden, wenn es dem Kind nicht gelingt, eine freundschaftlich-individuelle Beziehung zu gewinnen. Es besteht deshalb, wie dieses Kapitel zu zeigen vermag, im Idealfalle eine innere Beziehung der Freundschaft im Verhältnis zur Gruppenbildung, in der das Kind von dem intimeren Seelenraum der Freundschaft zu dem gesellschaftlich Offenen der Gruppe herüber- und hinüberwechseln kann. Die Familie vermag gewöhnlich für die Entwicklung solcher Lebensbeziehungen weniger zu tun als ein vom Kind mit Vertrauen erlebter Lehrer, der Interesse an den sozialen Bewegungen des Kindes in diesem Lebensalter zeigt und leise mitgestalten kann.

Biographische Erfahrung kann zeigen, daß die Freundschaft der Bandenbildung insofern gegenübersteht, da in der letzteren sich ein Kollektiv bildet, welches in seiner auf die räumliche Welt gerichteten Willenstendenz diese nicht auf den individuell anderen verwandeln kann. So spielen sich Bandenbildungen fast immer um einen bestimmten Platz oder ein «Revier» ab und beschränken sich gewöhnlich auf ganz bestimmte gemeinsame Aktivitäten, auf welche sich alle einstimmen. Bleiben Bandenbildungen in dieser Lebenszeit lange erhalten, so zeigen sie häufig eine zwanghafte, schwer zu durchbrechende Natur.

Nichts derartiges zeichnet die Freundschaft aus. Hier öffnet sich vielmehr der irdische Raum zur Erscheinung eines individuell Seelischen, welches einer im anderen ahnend wahrnimmt und respektiert. Freundschaftsgruppe und Bande kommen hier in den Blick als differenzierte Erscheinungen von Bezugsformen außerhalb der Familie. Die Gruppe stellt dabei den mittleren, im rhythmischen Bereich lebenden Gestaltungs- und Formprozeß dar, der sich in Freiheit auf soziale Formprozesse hinrichtet, in denen das Werdende der Biographie aufleuchtet. Verschließt sich die Gruppe zum Kollektiv, wird biographische Intentionalität hart und gefährdet.

Die Spielgemeinschaft

> *«Es ist sehr eigentümlich, wie im nächsten Lebensalter mit der Geschlechtsreife das selbständige Urteil auftritt, wo der Mensch sich der Autorität entreißt, sein eigenes Urteil bildet, als einzelner Mensch dem anderen gegenübertritt. Vorbereitend tritt im kindlichen Spiel, eben nicht im äußeren sozialen Leben eingegliedert, sondern eben nur in der Spieltätigkeit dieses gleiche Element gerade in der vorhergehenden Lebensepoche auf. Das, was also in der vorhergehenden auftritt im kindlichen, geselligen Spiel, ist das vorläufige Sich-los-reißen von der Autorität»* R. Steiner

Betrachtet man die Spielräume des Kindes und die Art ihrer Wandlung von der frühen Kindheit zum 9./10. Lebensjahr, so können sie sich als bedeutende biographische Erfahrungsfelder darstellen. Die gemeinsamen frühkindlichen Spiele bedürfen, um in Gang zu kommen und erhalten zu bleiben, der Hülle des erwachsenen Menschen. Sie entfalten sich in seinem Umkreis. In der Fülle der Bewegungen, welche das frühkindliche gesellige Spiel noch auszeichnen, gibt sich das Kind einer von ihm selbst noch nicht geordneten Wahrnehmungs- und Bilderwelt hin, in welcher der andere, gleichaltrige Spielkamerad als Partner nur langsam auftaucht. Das kleine Kind spielt auch in der Gemeinsamkeit recht eigentlich noch für sich, wenn es seine eigenen seelischen Impulse zur Erscheinung bringen will. Seine Spielphantasie ist noch eng mit den leiblichen Wachstumsprozessen verbunden, wenn man das kleine Kind gewähren läßt. In diesem Sinne ist auch der Spielraum des kleinen Kindes noch gleichsam leibnah, und eine spielende Kindergruppe, die im Umkreis eines Erwachsenen spielt, kommt immer wieder auf diesen zurück oder verliert sich leicht, wie sich z. B. in den Erfahrungen der Kindergartenspiele zeigen kann.

In den Kreis- und Reigenspielen geht das Kind noch ganz in den Urformen dieser Spiele auf und kommt erst langsam «zu sich». Das Kind spielt noch träumend. So verstehen wir auch, wie schwer es dem jüngeren Kind wird, ein Spiel zu beenden, aber auch die Abhängigkeit des frühkindlichen Spiels von seinem leiblich-seelischen Wohlbefinden. Die «Spielregeln» sind noch weitgehend leibesgebunden. Das Kind bewältigt im frühkindlichen Spiel seine Umwelt, indem es Anregungen empfängt, aber diese individuell gestaltend aufgreift, ohne damit einen Zweck oder ein Ziel zu verbinden. Sinneswahrnehmung und Motorik werden noch von der Peripherie her geordnet in jener Fülle, die noch Abglanz ist einer vorgeburtlichen Ordnungswelt. Diese Hülle, in der Leben gepflegt, bewahrt und geordnet wird, offenbart sich vor allem im Kreisspiel, welches das Kind zum siebten Lebensjahr hin zunehmend verläßt, nachdem es sich schon vorher immer wieder aus dem Kreis in den Mittelpunkt gestellt hat. Im Katz-und-Mausspiel zum Beispiel durchdringen sich innen und außen, Mittelpunkt und Umkreis. Die Spiele, vorwiegend Kreisspiele, bleiben aber bis zum siebten Lebensjahr der Peripherie verbunden, und das Kind bedarf deshalb auch zur Erhaltung des Spieles noch der Erwachsenen. In dem Maße aber, als das Kind «ja» und «nein» zu seiner Umwelt zu sagen lernt, beginnt es auch im Spiel den Wechsel zwischen der Hingabe an die Peripherie und dem Auf-sich-selbst-gestellt-Sein zu üben.

Dieser Wechsel, als Rhythmus verstanden, bleibt dynamischer Bestandteil der Spiele im Kreis und Reigen bis zum sechsten bis siebten Lebensjahr, um sich dann grundsätzlich in jene Formen zu wandeln, die mit der zunehmenden Selbsterfahrung des Kindes um das neunte Lebensjahr beginnen. Hier tritt das Kind aus den peripheren Rhythmen eines noch als geschlossen wahrgenommenen Universums heraus und muß seine Eigen-Rhythmen finden, die nur dann erfüllt werden, wenn sie sich aktiv mit einem Partner in Beziehung setzen. Diese Wandlung bedeutet zunehmende Disziplinierung zur Erhaltung des Spieles, formal jedoch den Aufbruch des Kreises in die Kette, in der man sich gegenübersteht, und das Bedürfnis, die Spiele selbst zu organisieren und sie in ihrem Fortgang zu erhalten. Es treten deshalb auch in diesem Lebensalter Probleme der Spiel-Organisation deutlich hervor, da der Erwachsene als Helfer und Bewahrer aus der Situation zurücktritt. Das Heraustreten aus dem noch vom Erwachsenen mitgestalteten Kreis bedeutet eine Krise für das Spiel mit anderen, eine Gefährdung der Beziehung. Vom Kreisspiel zum partnerschaftlichen Spiel, sei es ohne oder mit Spielobjekten, gibt es keinen glatten Übergang. Die neuen Spielformen sind *genuine* Leistungen der Kinder, welche dem Bedürfnis entspringen, die Vereinzelung des neunten Lebensjahres zu überwinden und eine neue Ordnung gegenüber der alten Struktur zu gewinnen. Dieses Bedürfnis entspringt einer neuen Erfahrung, die innerlicher ist als das Erlebnis im Umkreis des bergenden Kreisspieles.

Die Regeln der Spiele zwischen neun und zwölf sind oft nach Vereinbarungen getroffen, erlauben Modifikationen, etwa für jüngere mitspielende Kinder, und sind von großem Ernst und echter Verbindlichkeit, aber auch auf Rücksichtnahme gestimmt. *Jean Château*[1], der spielende Kinder in den Kindergärten und Schulhöfen beobachtet hat und dem wir wesentliche Einblicke in das Spiel des Kindes verdanken, sagt: «Die Regel ist eine wesentliche Ordnung, dank derer sich das Ich bejaht.» In das Spiel tritt jetzt anstelle der urbildlichen Ordnung der Nachahmung die Ordnung zwischenmenschlicher Beziehungen als Bewahrungs- und Erhaltungsform des Spiels. Regeln, auch wenn sie im Fluß des Spiels oft neu formuliert werden, fordern für ihre Erfüllung aber nicht nur das Gefühl der Loyalität, son-

1 J. Château: Das Spiel des Kindes. Paderborn 1969

dern auch die Disziplinierung der Bewegungsmotorik. Schließlich bedürfen sie einer fortgesetzten und erhaltenden Relation des eigenen Standorts zu dem des Partners.

Alle die jetzt neu aufkommenden Verhaltensformen bedeuten prinzipiell die Erfahrung individueller Rhythmen, die auf die Rhythmen einer anderen Individualität abgestimmt sind. «Verstimmungen» unter den Kindern sind meist vorübergehend, und das Bemühen der Mitspieler, einen Ausgeschiedenen zum Weiterspielen zu veranlassen, ist oft erschütternd. Abbruch des Kommunikations-Rhythmus wird als Gefährdung eigener Identität erlebt. Wo Spiele Wettbewerbs-Charakter bekommen, ist das Gefühl der Eifersucht unter Kindern selten. Die Kinder üben sich im Spiel, sie wissen, daß, wer verliert, auch einmal gewinnt, und die neue Erfahrung der eigenen Individualität im Wahrnehmen der anderen scheint in einer Art von lebendiger und gesicherter Neutralität vor sich zu gehen: im Spielfeld. Es scheint in den Kindern dieses Alters im Spiel eine Ahnung zu leben, daß jeder einzelne über seine Eigenheiten, Erfolg, Versagen und die Stimmungen des Tages hinaus diese eigene gesicherte Individualität und Selbständigkeit hat, die auf jeden Fall akzeptiert wird und auf die eifersüchtig zu sein sinnlos ist. Vielleicht gibt es kaum ein Lebensalter, in dem ein trübendes soziales Status-Bewußtsein so wenig wirksam ist wie in der unmittelbaren Begegnung spielender Kinder zwischen dem neunten und zwölften Lebensjahr. Das Können, die Geschicklichkeit, die Disziplin, die Durchhaltekraft werden bewundert, Anstrengungen werden gemacht, selbst zu «können», wobei aber das Können immer als das «meinige» verstanden wird, welches auch dem anderen zubilligt, was *er* kann. Das wichtigste Signal zum Eingreifen und der Unterbrechung des Spiels ist für diese Kinder in diesem Lebensalter die Erfahrung der Ungerechtigkeit oder die vorsätzliche Verletzung vereinbarter Regeln.

Fast regelmäßig bildet sich nach längerer Zeit ein Führer in einer solchen Kindergruppe, der Einzelverhalten repräsentativ verantwortet. Erwachsene sind in der Spielsituation verpönt, und es wäre wünschenswert, daß unsere Institutionen diese Erfahrung fruchtbar machen würden. Die Spielgemeinschaft der Neun- bis Zwölfjährigen kann uns als eine gesellschaftliche Ordnung erscheinen, die nicht nur durch die gegenseitige noch weitgehend traumhafte Anziehung, die in der frühen Kindheit vorherrscht, entsteht. Sie respektiert nicht nur ihre Regeln, sondern es besteht ein gefühlhaftes, Verpflichtungen tragendes Miteinander, das potentiell auf die Idee begrifflich gefaßter Solidarität gerichtet ist. Selbstverständlich haben auch diese Spielgemeinschaften ihre Entwicklung gegen das zwölfte Lebensjahr hin. Die Regeln werden straffer und schärfer und für einen längeren Zeitraum artikuliert. So wandeln sich die Spiele dann in jene Arten, die alte konventionelle Regeln haben. Dennoch zeigen die Spielgemeinschaften der Kinder einen universell gültigen Zug: die Geduld gegenüber den Jüngeren, die Bemühung, sie in die Spielgemeinschaft einzuführen, und bei den Mädchen mütterliche Fürsorge, die bei den Jungen als Toleranz gegenüber den Ungeschicklichkeiten des Neulings in Erscheinung tritt.

Je freier und weniger organisiert, desto mehr waltet dieses Wesen der Sorge für die Schwächeren in der Spielgemeinschaft. Das Kind im zwölften Lebensjahr ist nachsichtiger als der Jugendliche von fünfzehn oder sechzehn Jahren. Es scheint, daß sich hier jene gesellschaftlich-menschliche Verhaltensform bildet, die entgegengesetzt ist sowohl den Elementen perfektionistischer Planung als auch dem Ehrgeiz und der Brutalität, die in gefährlicher Weise im Sport mit Wettkampf-Charakter gefördert wird.

Zu früh ausgeübter Leistungssport kann soziale Reife verzögern oder gar verhindern. Dies wird besonders deutlich, wenn man etwa unorganisierte spontane Spiele mit den von Erwachsenen organisierten vergleicht. *George Dennison*[2], dem wir eine lebendige Beschreibung seiner Erfahrungen als Lehrer einer Straßenschule in New York verdanken, hat Kinder beim Baseball-Spiel in einem New Yorker Park beobachtet: «Ist das Spiel frei und nicht nach konventionellen Regeln gestaltet, so scheinen die dabei auftretenden Argumente der Kinder zum Wesen des Spiels zu gehören: Sie sind laut und langatmig und auch pedantisch. Was dem Beobachter wie ein unartikuliertes Schreien erscheint», das «Gruppenkauderwelsch», das *Lewis* beschreibt, ist, wenn man genau hinhört, «eine Summe sehr fein differenzierter sprachlicher Mitteilungen.»

«Zwischen dem Punktemachen werfen sich die Kinder ins Gras, machen Handstände, ringen miteinander, werfen Steine und rufen den vorüberfliegenden Vögeln nach. Fast immer ist ein Hund auf dem Spielfeld. Er ist in das Spiel mit eingeschlossen. Alle Erlebnisse werden während des Spiels gesammelt, alle werden wahrgenommen, und es wird von ihnen Gebrauch gemacht. Das Spiel geht bis zum Einbruch der Dunkelheit, Gewinner und Verlierer sind kaum zu unterscheiden.»[3] Im Gegensatz dazu beobachtet Dennison ein Spiel, von Erwachsenen organisiert, das im selben Park zur gleichen Zeit vor sich geht:

«Dieses Spiel ist eine Angelegenheit von Anzeigetafeln, Uniformen, Trainern und Schiedsrichtern – und Publikum. Die Spieler sind still und angespannt. Sie versuchen in den Augen der Zuschauer männlich und ernst zu spielen. Aber sie können ihre angstvolle Grundhaltung und das Gefühl, überfordert zu werden, nicht verbergen. Sie müssen sich ihre Leistung beweisen, und am Ende jubeln die Gewinner, und die Verlierer weinen. Welch merkwürdige Begebenheit im Spiel von Kindern!»

Auf diesem Hintergrund kann jetzt der Wandel des Spiels als Bewußtseinswandel der Mitte der Kindheit in den Blick kommen. Das Kind tritt aus seinem Eigenrhythmus des Spielens in eine bewußtere Beziehung zu seinem Partner. Sein

2 George Dennison: The Lives of children. New York 1969
3 ebd.

Spiel beginnt im genaueren Sinne sozial zu werden. Einige Beobachtungen und Interpretationen des kindlichen Spiels in der Mitte der Kindheit seien exemplarisch angeführt:

Vom kognitiven Standpunkt aus haben Piaget und seine Mitarbeiter in Genf das Spiel von Kindern zwischen dem 11. und 12. Lebensjahr in Bezug auf den Einfluß des Denkens auf die Regeln des Spiels untersucht. Piaget vertritt die Auffassung, daß die nach dem 7. Lebensjahr zunehmend frei werdende Gedankentätigkeit des Kindes das Spiel so umgestaltet, daß es zunehmend zu einem gesellschaftlichen Ereignis wird, bis um das 12. Lebensjahr, mit dem zunehmenden Vermögen des Kindes, Begriffe zu bilden, die Regeln des Spiels endgültig institutionalisiert werden, an Organisationshöhe gewinnen, gleichzeitig aber auch starrer werden. Über die frühere Zeit der mittleren Kindheit sagt Piaget das folgende: «Die Spiele mit Murmeln nach dem 7. Lebensjahr sind gut strukturiert. Regeln werden gemeinsam beachtet und sind allen bekannt. Die Beachtung der Regeln wird von allen gleichzeitig überwacht. Vor allem herrscht ein kollektiver Geist ehrlichen Wettbewerbs. Man gewinnt und verliert nach akzeptierten Regeln.» Die Spiele der jüngeren Kinder, so schreibt Piaget, sind wesentlich anders: «Die Kinder kennen nur einen Teil der Regeln, sie werden von den älteren übernommen... Jeder spielt das Spiel, wie er es versteht, ohne die anderen zu überwachen. Niemand verliert und alle gewinnen. Zusammenarbeit, selbst auf dem Niveau des Spiels, besteht noch nicht. Differenzierung zwischen sozialem Verhalten und der Konzentration auf die eigene Aktion fehlt völlig.»[4]

Von einer Theorie menschlicher Haltungen ausgehend, hat George H. Mead[5] versucht, am Verhalten im Spiel und Wettkampf die Haltung als eine Wechselbeziehung von eingebrachten Erfahrungen zu beschreiben, die eigenes Verhalten entsprechend lenken können. Haltungen erscheinen im Gegensatz zu Gewohnheiten durch ihren konstanten situations-realen Bezug auf den anderen und sind mit jenem Selbstbewußtsein verknüpft, das sich in der Fähigkeit bildet, «in uns selbst definitive Reaktionen auszulösen, die den anderen Mitgliedern der Gruppe eignen.» Mead sieht in der Periode der mittleren Kindheit, in der das Kind «ein jemand wird, der dazugehören will», und dazu neigt, sich in einer Beziehung zu der Gruppe, der es angehört, zu bestimmen, ein auffälliges Stadium der Entwicklung der kindlichen sozial-verpflichtenden Moral. Dieser Prozeß macht das Kind zum bewußten Mitglied seiner «Gemeinschaft». Mead hat für diesen Zusammenhang den Begriff des «verallgemeinerten anderen» geprägt, der eine gesellschaftliche Gruppe ausmacht und dem Einzelnen eine einheitliche Identität gibt. Ähnlich sieht Piaget den Übergang vom Spiel der frühen Kindheit zum Regelspiel in der Tatsache, daß das Kind lernt, die Haltung aller anderen Beteiligten anzunehmen.

4 J. Piaget und B. Inhelder: The Psychologie of the Child. New York 1969
5 G. H. Mead: Geist, Identität und Gesellschaft. Frankfurt 1968

Die Regel erscheint als die Verallgemeinerung von Haltungen und wird zum 12. Lebensjahr zunehmend der feste Bezugsrahmen von Haltungen unter Gleichaltrigen. Eine kritische Stellungnahme zu diesen Aussagen der Entwicklungspsychologie soll in dem Kapitel über die soziale Phantasie folgen.

Die Spielformen zwischen dem neunten bis zwölften Lebensjahr sind offenbar Ausdruck biographischer Wandlung, in dem alte, noch auf Nachahmung aufgebaute individuelle Gestaltungen sich verändern, indem die in der Motorik waltende Phantasie in Wahrnehmungsinteresse verwandelt wird, damit selbstgewählte Partnerschaft mit anderen aufrecht erhalten werden kann. Wer die Veranlassungen zum Spiel, die Motive von Gruppenbildungen spielender Kinder, ihre Argumente und ihre Regelbildungen, aber auch die Überredung von Außenseitern zum Mitspielen erlebt hat, kann mit Staunen den Aufwand wahrnehmen, der auf Kommunikation mit dem anderen gerichtet ist. Es darf jedoch nicht übersehen werden, daß die moderne Gesellschaft, vor allen Dingen in den Städten, in den Freiheitsbereich des spielenden Kindes wesentlich und tief eingegriffen hat. Die Bemühungen der Schule, Spiele mit Regelmäßigkeit und institutionalisiert, etwa wie beim Sport durchzuführen, bringt zwischen dem neunten und zwölften Lebensjahr schon ein völlig anderes Spielverhalten des Kindes hervor, indem zunehmender Wettbewerbs-Charakter in den Vordergrund tritt und zusätzliche Partner erscheinen, die am Spiel selbst nicht teilnehmen: die Zuschauer. Weiterhin hat das Angebot der Spielzeugindustrie und der Massenmedien den gesellschaftlichen Umkreis der Spiele der Neun- bis Zwölfjährigen in den letzten Jahren erheblich eingeengt, und die Organisationen und Kinderklubs haben die Kinder von den Straßen und Spielplätzen, wo es sie gibt, noch weiter vertrieben. [1] Es liegt aber auf der Hand, daß im kindlichen Spiel eine Einübung wichtiger Formen sozialen Verhaltens geschieht, und dies um so mehr, je mehr das Spiel in einem selbständigen Freiheitsraum unter Gleichaltrigen sich vollziehen kann. Mit Einübung ist hier nicht nur eine Vorbereitung gemeint, sondern ein biographisches Phänomen, welches seine Reife im sozialen Leben späterer Jahre findet. Es handelt sich hier um eine Vorübung im sozialen «Spielfeld», dessen Grenzen von der Ich-Erfahrung des anderen Menschen abgesteckt sind, ohne daß in diesem Lebensalter das damit verbundene Handeln schon völlig in die soziale Verantwortung und deren schicksalhafte Konsequenzen von Pflichten und Verpflichtungen eingeordnet ist.

Die Bedeutung dieser Art des Spielens für die Biographie kann uns aufgehen an den Bemerkungen Steiners,[6] die er an die Frage anschließt: «Was sind die Lebensfrüchte des frühkindlichen Spiels?» «Dasjenige», so deutet Steiner an, «was da dem Entwicklungsgeschehen im Spiel einverleibt wird», d. h. der biographischen

6 R. Steiner: Die Erneuerung der pädagogisch-didaktischen Kunst durch Geisteswissenschaft. Vorträge 20. 4.–11. 5. 1920 Basel.

Intentionalität, erscheint wieder in dem 20. Lebensjahr als «der nun selbständig im Leben Erfahrungen sammelnde Verstand.»

«Spielfeld» bedeutet den Raum einer dynamischen Geborgenheit, die sich rhythmisch zwischen der Wahrnehmung der eigenen Tätigkeit und der des anderen als Partner abspielt und damit die Loslösung des eigenen Willens aus alten gewohnten Schemata der frühen Kindheit in eine neue Freiheit fördert, die sich gleichzeitig in den Intentionen des anderen «gebunden» weiß. Diese neue Freiheit bindet sich gerade nicht an abstrakte oder ideologische Regeln, sondern bleibt streng im Felde der Wahrnehmungen; sie aktualisiert sich in jedem Augenblick neu. Zum Gelingen dieses Prozesses ist die Abwesenheit eines Organisators, aber auch die Abwesenheit der Zuschauer entscheidend. Der Erwachsene ist nur dann fruchtbar beteiligt, wenn er von den Spielenden im Vertrauen herangezogen wird. In allen anderen Fällen scheint er eher die Entwicklung dieses neuen partnerschaftlichen Lebensgefühls der Kindergesellschaft zwischen neun und zwölf zu verhindern. Für eine kurze Lebensspanne befindet sich das Kind in dem Raum zwischen dem früheren engeren Kultur- und Familienraum und einem zukünftigen, in dem Aktionen das Leben verändern und in dem festgelegte institutionalisierte Verbindlichkeiten die Wahrnehmung zu leiten pflegen. Es scheint uns, daß dieser Raum wesentlich beiträgt zur Überwindung jener Kindheits-Ängste, die sich als Folge des Ablösungsprozesses von der frühen Kindheit um die Zeit des ersten Gestaltwandels um das siebte Lebensjahr oft einstellen. Im Spiel überwindet das Kind diese Trennungs-Angst im Vertrauen auf neue Partnerschaft und die damit verbundenen «Spielregeln». Auch im sozialen Leben des Erwachsenen gibt es den Ausdruck des «Mitspielens». Darin drückt sich vieles aus: daß man eine Sache gemeinsam anschaut, übereinstimmt in den Regeln, die auf der Gleichberechtigung der Partner beruhen, bereit ist zu eventuellen Modifikationen nach Absprache, Aktionen aufeinander abstimmt, auftretende Konflikte partnerschaftlich löst und sich gegenseitig das Versprechen gibt, auf jeden Fall «im Gespräch» zu bleiben. In diesem «Gespräch» im Spiel der Neun- bis Zwölfjährigen bereitet sich im geheimen Zukünftiges vor: die endgültige Ablehnung der Autorität des Erwachsenen. Gleichzeitig wandelt sich aber die Vergangenheit zwischenmenschlicher Unverbindlichkeit im Sinne neuer Identitätsfindung im anderen: «Wer spielt, hat geschworen.» Schließlich soll darauf hingewiesen werden, daß jetzt im Spielbereich die Sprache eine bedeutende Rolle des gegenseitigen Verständnisses gewinnt, die sie im Spiel des kleinen Kindes nie hat. Indem sie soziales Verhalten organisierend nach dem neunten Lebensjahr zunehmend auftritt, gewinnt sie jene geheimnisvolle Verbindlichkeit, die über die «Muttersprache» hinausreicht.

Es sei dazu eine abschließende Bemerkung gemacht, die dazu geeignet ist, die Interpretationen der Entwicklungspsychologie über das Spiel des Kindes in diesem Lebensalter in das Licht einer biographischen Phänomenologie zu rücken. Die im Spiel gleichaltriger Kinder in diesem Lebensabschnitt waltenden Phantasiekräfte erfahren eine deutliche Ablähmung durch die zunehmende Regelhaftigkeit, die offenbar mit dem zunehmenden Begriffsbildungsvermögen des Kindes in Zusammenhang steht. Es handelt sich dabei um eine Vergangenheitskraft, deren Bedeutung für das wachsende Rechtsempfinden des Kindes in diesem Lebensalter festgehalten werden muß. Andererseits darf aber nicht übersehen werden, daß diese Art der Sozialisierung des kindlichen Handelns, die in die Generalisierung von Regeln mündet, nicht ausreicht, um in der Seele des Kindes personale Gewissensbildung zu entwickeln. Dazu bedarf es einer *Umgestaltung* der Phantasiekräfte auf imaginative Bilder zu, wozu das Kind dieses Lebensalters des Erwachsenen bedarf. Auf diesen wichtigen pädagogischen Zusammenhang wird in dem Kapitel über die Entwicklung der sozialen Phantasie weiteres beigetragen werden müssen.

Was sich in der hier versuchten Skizze des geselligen Spieles von Kindern im 2. Lebensjahrsiebt zeigt, ist vielmehr im Sinne des diesem Kapitel vorangestellten Leitmotivs eine biographische Vorbereitung für dasjenige, was im 3. Lebensjahrsiebt als eine selbständige Urteilstätigkeit auftritt.

Es zeigt sich auch hier, daß in bestimmten Lebensphasen aus der Vergangenheit kommende Impulse umgestaltend, d. h. neue Strukturen im Bildeleib des Kindes hervorrufend, hereinwirken, gleichzeitig aber auch Keimzustände zukünftiger Entwicklungsschritte in Erscheinung treten. Was im kindlichen Spiel des 2. Lebensjahrsiebt in der Verbindlichkeit der Regeln in Erscheinung tritt und wo sich das Kind vorläufig von «der Autorität losreißt», legt die Grundlage für die im Denken veranlagte Urteilsfähigkeit, die nach der Pubertät dem Einzelnen gegenüber den Erscheinungen der Welt zur Verfügung stehen kann.

Der nahe unbekannte Gott

> *«Wir denken uns Gott persönlich, wie wir uns selbst persönlich denken. Gott ist geradeso persönlich und individuell wie wir – denn unser sogenanntes Ich ist nicht unser wahres Ich, sondern nur sein Abglanz.»* Novalis

> *«Ich – ich bin ich selber, niemand in der großen Welt ist wie ich.»* Der Schüler Pat Kirk

In diesem Kapitel soll der Versuch gemacht werden, jenen seelischen Bereich der mittleren Kindheit anzuschauen, in welchem in individueller, stiller Erfahrung dem Kind der Leitstern seiner Biographie zum ersten Male nahe kommt. Die damit verbundenen Erlebnisse treten im allgemeinen selten ins Offene, stellen aber gerade deshalb einen nicht unbedeutenden Einschlag im Leben des Kindes dar, der auf die Zukunft weist. Die Seelenregung der Sehnsucht, die jetzt mehr ist als bloßes Wünschen, und die Keimkraft des Mitleides, die über das frühkindliche Miterleben hinausweist, können zum ersten Male und für immer innere Seelenerlebnisse werden. Wer sich mit der eigenen oder der Biographie anderer Menschen beschäftigt, kann entdecken, daß derartige Erlebnisse aus der Kindheitserinnerung herausragen und nicht unwesentlich im späteren Leben die Einfühlungskraft in den anderen Menschen, aber auch die eigene Treue zu einer ergriffenen Aufgabe mitgestalten.

In der Mitte der Kindheit erlebt *Teilhard de Chardin* das größere Gegenüber, in dem sich das eigene höhere Ich naht. Es spricht von der Erfahrung der Konstanz der Welt, ihrem Erfülltsein und ihrem Sinn, die im Keim dem Knaben ahnungsvoll offenbar werden und die der reife Mensch Teilhard suchen wird. In seiner 1917 entstandenen Schrift «Das Herz der Materie»[1] schildert Teilhard die Anfänge seiner Liebe und Zugewandtheit zur Materie, die etwa in seinem siebten Lebensjahr begann: »In jenem Alter war ich liebevoll, artig – ja fromm. So liebte ich durch die sich übertragende Ausstrahlung meiner Mutter... den ‹kleinen Jesus› sehr. *Aber in Wirklichkeit war mein wahres Ich woanders...*

Um das zu erkennen, hätte man mich beobachten müssen, wenn ich – immer heimlich und ohne ein Wort zu sagen – ohne auch nur zu denken, es könnte darüber irgend etwas zu sagen geben – mich zurückzog in die Betrachtung, in den Besitz, in die genießerisch ausgekostete Existenz meines ‹Eisen-Gottes›. Ich sehe heute noch mit seltsamer Genauigkeit die Reihe meiner ‹Idole› vor mir: auf dem Lande einen Schraubenschlüssel, den ich sorgfältig in einer Ecke des Hofes ver-

1 Zitiert nach Johannes Hemleben: Teilhard de Chardin. Reinbek 1966

barg. In der Stadt der sechseckige Schraubkopf, der zu einer im darunterliegenden Zimmer angebrachten Stützsäule gehörte und aus dem Fußboden meines Kinderzimmers hervorragte ... später verschiedene Granatsplitter, die ich liebevoll auf einem benachbarten Schießübungsplatz eingesammelt hatte. Ich kann mich heute eines Lächelns nicht enthalten, wenn ich an diese Kindereien zurückdenke. Und doch fühle ich mich gezwungen, anzunehmen, daß sich in dieser instinktiven Geste, die mich ein Metallfragment geradezu anbeten ließ, bereits eine intensive Begabung und eine Reihe von Neigungen zusammenballten und ankündigten und daß mein ganzes weiteres spirituelles Leben nichts anderes als deren Entfaltung war.»

Später hat Teilhard in der Erinnerung diese Kindheitserlebnisse weiter gedanklich vertieft. Er beschreibt den jugendlichen Sammlertrieb, der mit Ur-Eindrükken des Absoluten in Zusammenhang steht und nur dessen Restbestand ist: «In meinem Falle sollte der Keim dank göttlicher Vorsehung wachsen. Aber bis heute – und bis zu meinem Ende, spüre ich – hat dieses Primat des Unveränderlichen, das heißt, des Unumstößlichen, nicht aufgehört und wird auch niemals aufhören. Unwiderruflich ist meine Neigung für das Notwendige, für das Allgemeine, für das ‹Natürliche› – im Gegensatz zu dem Zufälligen, dem Gekünstelten.»

Als den Jungen beim Anblick des Rostes am Eisen Verzweiflung und Zweifel an der Dauer und Festigkeit, der Haltbarkeit und Unwandelbarkeit der Materie ankommt, findet er Trost in den Kristallen der Erde. Teilhard sieht darin eine Führung, die sein Fühlen unmerkbar aus der Enge irdischen Gebanntseins in die unermeßliche Weite der Natur und eines Planetensystems, in die Dimensionen des Universums leitete. Hier tritt im Gefühl des Knaben jene Dimension hervor, die im Fühlen an den Dingen der Welt diese durchseelt und ihre Essenz im Allgemeinen-Unwandelbaren erblickt, ihre Identität. Ehe der *Begriff* der Konstanz auftaucht, zeigt sich dem Fühlen das Unwandelbare der Materie. Diese Festigkeit und Unwandelbarkeit wandelt die Erfahrung der individuellen Gegenstandswelt «von Grund auf» aus der Willenstiefe der Erfahrung des eigenen Festen und Unwandelbaren, des Skeletts und der Kristalle der Erde. Im allgemeinen verbinden sich Höhe und Tiefe. Erst später, zur Pubertät hin, wandelt sich diese Gefühlserfahrung in dasjenige, was wir Begriffe nennen: biographische Bollwerke gegen die Wandlung, Sicherungen gegenüber der Gefahr des Unterganges und dem Zufälligen des Schicksals.

Bald nach seinem Schuleintritt in Neudörfl entdeckt der Schüler *Rudolf Steiner* im Zimmer seines geliebten Lehrers ein Geometriebuch. Er beginnt, wie er später in seiner Biographie mitteilt, sein Denken mit der Frage zu zergrübeln, «wo sich eigentlich die Parallelen schneiden», und die Beschäftigung mit der Geometrie bleibt formender Inhalt des Denkens durch die Jahre der mittleren Kindheit. Später schreibt Rudolf Steiner rückblickend: «Daß man seelisch in der Ausbildung rein innerlich angeschauter Formen leben könne, ohne Eindrücke der äußeren Sinne, das gereichte mir zur höchsten Befriedigung. Ich fand darin Trost für die

Stimmung, die sich mir durch die unbeantworteten Fragen ergeben hatte. Rein im Geiste etwas erfassen zu können, das brachte mir ein inneres Glück. Ich weiß, daß ich an der Geometrie das Glück zuerst kennengelernt habe.»[2] Um das zwanzigste Lebensjahr nimmt das unbewußte Kindheitserlebnis von der Natur des menschlichen Denkens vollbewußte Gestalt an. Rudolf Steiner entdeckt den Seelenraum, in dem der Gedanke die Offenbarungen einer geistigen Welt erfassen lernt. Die unbekannte Gottheit sprach zu dem Knaben zum erstenmal in der lichtvollen Klarheit geometrischer Formen.

Bei *Jakob Böhme,* dem Mystiker, vollzieht sich nach den Berichten Frankenbergs das Einweihungserlebnis der mittleren Kindheit an der Erfahrung der Tiefe und der Dunkelheit der Materie, als der Junge viehhütend sich von den anderen Kindern absonderte und allein auf einen nahegelegenen Berg, die Landeskrone, gestiegen war, «allda zuoberst ... (welchen Ort er mir selber gezeiget und dies erzählet), wo er mit großen roten Steinen, fast einem Türgerichte gleich ... einen offenen Eingang gefunden, in welchem er aus Einfalt gegangen und darinnen eine große Bütte mit Gelde angetroffen, worüber ihm ein Grausen angekommen, darum er auch nichts davon genommen, sondern also ledig und eilfertig wieder herausgegangen».[3] Wäre der Bericht auch nur ein Bild, so meint der Biograph Gerhard Wehr, so läßt er doch an ein Einweihungserlebnis denken, bei dem der Blick des Knaben auf eine Wirklichkeit höherer Ordnung gelenkt wird: die Tiefe des Reiches Gottes, die keine Kreatur ermessen kann.

Wir wissen nicht, was dem Knaben *Friedrich von Hardenberg* geschah, als ihn im neunten Lebensjahr «eine gefährliche Ruhr überfiel, die eine völlige Atonie des Magens zur Folge hatte, welche nur durch eine schmerzhafte Kur und die schmerzhaftesten Reizmittel behoben werden konnte». So erzählt der Biograph Ludwig Tieck. Wurde auch er hier zum erstenmal in die Geheimnisse der Tiefen eingeweiht, in denen sich das Universum spiegelt, in die Beseelung der Materie durch den Geist, die alles Getrennte zum Allgemeinen hinführt, das Lebensthema seiner Dichtung? Tieck schließt die Schilderung der Genesung des stillen, zurückgezogenen Kindes mit den Worten: «Nun schien sein Geist wie aus einem Schlafe zu erwachen, und er zeigte sich plötzlich als ein munteres, tätiges und geistreiches Kind.»[4]

Nikolaus Ludwig von Zinzendorf (1700–1760) schildert seine Erfahrung dieser Sehnsucht mit den Worten: «Ich lag in meinem achten Jahr eine Nacht lang ohne Schlaf und kam durch ein altes Lied, welches meine Großfrau-Mutter vor ihrem Schlafengehen gesungen, in eine Meditation; aus derselben ging ein tiefes Spekulieren und dies ging so weit, daß mir auf das Letzte Hören und Sehen verging.»[5]

2 R. Steiner: Mein Lebensgang. GA 28.
3 Zitiert nach G. Wehr: Jakob Böhme. Reinbek 1971.
4 L. Tieck: «Novalis Lebensumstände».
5 Zitiert nach E. Beyreuther: Zinzendorf. Reinbek 1965.

Der Knabe, so sagt der Biograph seines Lebens, ahnt, daß er einer seiner Generation werden sollte, die vom Gotteszweifel angefallen wird. Es zerbricht nicht nur der alte Kinderglaube an einen himmlischen Vater, sondern in dem Achtjährigen geht beispielhaft der große Zweifel auf, der ganz Europa bewegen wird: die Mechanisierung eines ehemals von Geistern bewegten Weltbildes, die Frage nach der Bedeutung eines lebendigen Gottes. Der Knabe entscheidet sich, den Gedankenzweifel, der ihn in sich jagenden Vorstellungen eine Nacht lang ergriffen hat, zurückzustellen; aber er erhebt sich immer wieder als das Motiv seines Lebens. Als Vierunddreißigjähriger schreibt Zinzendorf: «Ich habe eine sehr schwere Last an geistlichen hohen Anfechtungen von meinem achten Jahr bis daher getragen. Wer sie nicht kennt, dem wünsche ich Glück.»

Das Gegenüber, das Zinzendorf in diesen Jahren entdeckt, ist das Gegenüber des göttlichen Bruders: «Es war die Überzeugung und Erfahrung eines überwachen, hochbegabten Knaben», so interpretiert der Biograph, «daß er ein Gegenüber besaß, das ihn leitete und bewahrte, gestaltete und ihn in seinen Dienst rief.» Nicht immer erscheint das große Gesicht, das Gegenüber, in dieser Gestalt. Die Anlässe sind individuell verschieden, an denen sich ein neues Fremdes als das andere auftut, dem sich die eigene Seele des Kindes anders und zukünftiger angehörig fühlt als den Eltern und den früheren Gespielen. Das Gegenüber ist ein Stück seines höheren Ich. So erinnert sich *Martin Buber* einer Begegnung im Stall des Gutes seines Vaters mit einem breiten Apfelschimmel. «Die Berührung dieses Tieres war für mich nicht ein beiläufiges Vergnügen, sondern eine große, zwar freundliche, aber auch tief ergreifende Begebenheit: wenn ich sie jetzt von der sehr frisch gebliebenen Erinnerung meiner Hand aus deuten soll, muß ich sagen: was ich an dem Tier erfuhr, war das andere, die ungeheure Andersheit des anderen ..., die mich ihr nahen, sie berühren ließ ... Wenn ich über die mächtige, zuweilen verwunderlich glattgekämmte, zu anderen Malen so wunderlich wilde Mähne strich, und das Lebendige unter meiner Hand leben spürte, war es, als grenzte mir an die Haut das Element der Vitalität selber, die mich doch heranließ, sich mir anvertraute, sich elementar auf Du und Du stellte.»[6]

Am nachhaltigsten hat vielleicht *Dantes* Beatrice-Erlebnis aus dem neunten Lebensjahr in der Welterfahrung eines Menschen nachgewirkt. Der Dichter beschreibt den Beginn eines neuen Lebens, «Vita nuova»: «Neunmal schon nach meiner Geburt war der Himmel des Lichtes gemäß dem ihm eigenen Kreislauf beinahe zu derselben Stelle zurückgekehrt, als meinen Augen zum ersten Male die glorreiche Frau meiner Seele erschien, die von vielen, die sie nicht anders zu nennen wußten, Beatrice genannt ward.» H. Rötges [7], die diese Mitteilung Dantes zum

6 Zit. nach G. Wehr: Martin Buber, Reinbek 1963.

7 H. Rötges: Was geschieht im neunten Lebensjahr – geistig-seelisch und körperlich; Erziehungskunst, März 1952.

Ausgangspunkt einer anthropologischen Studie über das neunte Lebensjahr gemacht hat, beschreibt diese Zeit der Kindheit als «die kurze Spanne, wo die Balken der Waage sich im Gleichgewicht befinden, aber in diesem Körper- und Seelengleichgewicht kann – zusammengedrängt – eine Vorahnung des sich später erst voll auswirkenden Ichs in Erscheinung treten. Für Dante trat in diesem Momente Beatrice ins Bewußtsein». In der mit der Mitte der Kindheit verbundenen Entwicklungs-Ruhe der menschlichen Biographie, wo die Fortpflanzungskräfte noch zurückgehalten werden, wird der Mensch nicht nur fähig zu lernen, sondern erlebt wie in einem Urbild inspirativ das Erscheinen seines höheren Ich. Dessen Sprache zwingt nicht; aber sie ist unabweisbar. Sie erscheint fremd und kündet doch vom Eigensten. Sie erscheint unbekannt und geht doch nahe neben dem Leben her. Sie wird sich liebend erweisen, wo sie geliebt wird, und wird nicht strafen denjenigen, der sie versäumt. Aber sie wird ihn vielleicht unglücklich machen. Sie ist Licht auf dem Weg und Regulativ der Moral und der Erkenntnis in einem.

Der Leser kann die hier angeführten Dokumente kindlicher Erlebnisse aus seiner eigenen Lebenserfahrung beliebig vermehren. Man denkt vielleicht, daß es sich bei diesen Schicksalen, die wir versucht haben zu schildern, um außergewöhnliche Menschen handelt und daß diese Kindheitserlebnisse nicht die Regel sind. Wenn man aber versucht zu empfinden, welche Seelenhaltung diesen Erlebnissen zugrunde liegt, so wird man bemerken, daß sie zwar individuell sehr verschieden ist, aber doch ein Urphänomen kindlicher Ich-Erfahrung zum Ausdruck bringt. Sie gründet sich in dem Erlebnis der Einsamkeit, in dem sich die Seele nicht mehr mit der Hülle der frühen Kindheitsjahre verbinden kann, sondern eine eigene individuelle Vergangenheit ahnt, die keiner anderen gleicht. So sind diesen Erlebnissen Krankheit, Schmerz und Todesahnung notwendigerweise verbunden, Zeichen von Prozessen der Bewußt-Werdung. Es entsteht jener *Leer-Raum*, der den biologischen Werdeprozessen *entgegen* steht und in dem sich zukünftiges Schicksal ahnungsvoll beheimatet. Dort erfährt das Kind zwischen dem siebten und vierzehnten Lebensjahr seine Berufung, als eine Vorahnung, die in den verschiedensten Formen und Bewußtseinsgraden auftritt. Wo sie erlebt wird, bedeutet sie immer ein Sich-Eingliedern in das allgemeine Menschenschicksal und in das Seelenwesen der Erde, die «Mater rerum».

In älteren Zeiten und noch heute in primitiven Kulturen vollzieht sich dieser Vorgang in den Einweihungs-Ritualen. Er ist dort auf die Kontinuität des Lebens etwa eines Stammes oder Volkes gerichtet, vollzieht sich durch körperliches Leiden und wird in den Zeremonien durch körperliche Eingriffe, gleichsam als Erinnerung am Leibe, festgehalten. Die hier aufgeführten Dokumente sind in diesem Sinne als *Gegen-Rituale* zu verstehen. In ihnen geschieht «Einweihung» nicht im Leiblich-Bluthaften, sondern das Kind erlebt diesen Vorgang als die Begegnung mit seinem höheren Ich, das sich mit dem Ort seiner zeitlichen Existenz, der Erde, vertraut machen will. Im Fortgang der Geschichte der Menschheit hat sich dieser Prozeß von einem leibgebundenen Geschehen in Seelen-Erlebnisse gewandelt. Er ist in den Bereich der individuellen «Seelen-Bildung» eingetreten. Geblieben ist ihm aber die große Spannung zwischen einer Vergangenheitserfahrung, die das bisher gelebte Leben zwischen der Geburt und dem neunten Lebensjahr übergreift, und einer Zukunftsvision, die vom Tode nicht begrenzt ist. [1] Es liegt im Wesen der Berufung, daß sie über den Beruf als eine soziale Erfüllung des Lebens hinausreicht und gegenüber der sozialen Identität die personale Identität herstellt und immer wieder erneuert:

«Es war im Sommer, als ich neunjährig wurde; unser Volk zog langsam gegen die Rocky Mountains hinauf. Wir lagerten eines Abends in einem Tal bei einem kleinen Fluß, gerade bevor dieser in das fette Gras einfließt. Da war ein Mann, genannt Mann-Hüfte, der mich gut mochte und mich einlud, mit ihm in seinem Teepee zu essen. Als ich aß, kam eine Stimme, die sagte ‹Es ist Zeit, nun rufen sie dich›. Die Stimme war so laut und deutlich, daß ich ihr glaubte, und ich dachte, ich sollte gerade hingehen, wo sie mich haben wollte. So stand ich auf und ging hinaus. Als ich aus dem Teepee trat, begannen mich beide Schenkel zu schmerzen.» So erzählt der *Schwarze Hirsch,* der 1863 geborene Sohn eines Medizinmannes der Ogallala-Sioux.[8] Die Geschichte seiner Berufung zum Führer und weisen Leiter seines Volkes beginnt mit der Stimme und der Krankheit, die zwölf Tage dauern soll: «Am nächsten Morgen rückte das Lager wieder weiter... Ich fuhr in einem Pony-Wagen, denn ich war sehr krank. Meine beiden Beine und beide Arme waren arg geschwollen, und mein Gesicht war gedunsen.» Wenig später beginnt eine gewaltige Vision. Sie wird eingeleitet durch das Bild zweier Männer, die «kopfvoran, schräg wie Pfeile, aus den Wolken herabglitten... Sie stiegen dieses Mal vollständig auf den Boden nieder, standen in einiger Entfernung, blickten mich an und sagten: ‹Eile, komm! Deine Großväter rufen dich!›» – Die Seele des Knaben wird von der Wolke aufgenommen, so schildert der Schwarze Hirsch in seiner Autobiographie. «Als ich hinabblickte, konnte ich dort meinen Vater und meine Mutter sehen. Es tat mir leid, daß ich sie verließ.»

Die jetzt folgenden Bilder, die der Sioux genau in ihrer Fülle und Gewalt schildert, sind Einweihungen, die das Schicksal des Kindes vorverkündigen und deren Wirklichkeit in den Willen aufgenommen wird. Von den vier Himmelsrichtungen sprechen die Großväter ihre Weisheit dem Knaben in das Blut. Er erhält von ihnen Geschenke: die hölzerne Schale mit Wasser gefüllt, in dem der Himmel ruht. «Nimm dies», sagt einer der Alten, «es ist die Kraft, Leben zu schaffen, und sie gehört dir.» Dann hielt er einen Bogen in den Händen: «Nimm dies», sprach er, «es ist die Macht zu zerstören, und sie gehört dir!» Im Laufe der Visionen werden dann dem Knaben von Reitern auf Pferden, die aus den verschiedenen Himmels-

8 Schwarzer Hirsch: Ich rufe mein Volk. München 1962.

richtungen kommen, sieben Geschenke vorausgetragen: die Schale und der Bogen, die heilige Pfeife, das heilkräftige Kraut, der blühende Stab und die reinigende Vogelschwinge, schließlich der Ring des Stammes, den «Jungfrauen, schöner als irdische Frauen sein können, in Scharlach gekleidet, tragen».

Am Ende der Vision nach den zwölf Tagen der Krankheit, da der Schwarze Hirsch «wie tot dagelegen hatte», kehrt seine Seele zurück. «In weiter Ferne vor mir konnte ich das Dorf meines Volkes sehen, und ich holte kräftig aus, denn Heimweh hatte mich ergriffen. Dann erblickte ich mein eigenes Teepee, und in seinem Innern sah ich meine Mutter und meinen Vater sich über einen kranken Knaben beugen, der ich selber war. Sowie ich in das Teepee eintrat, sagte jemand: Der Junge kommt wieder zu sich; es wäre gut, ihm etwas Wasser zu geben.» Dann richtete ich mich auf; ich war traurig, weil meine Mutter und mein Vater nicht zu wissen schienen, daß ich so weit weg gewesen.»

Biographisch erlebt der Schwarze Hirsch seine Vision. Sie wird Teil einer Erinnerung, die sein Leben bestimmt: «Jedermann freute sich, daß ich lebte, doch als ich dalag und des wunderbaren Ortes gedachte, wo ich gewesen, und an alles, was ich gesehen, da wurde ich sehr traurig. Es schien mir, jeder müßte davon wissen, doch wagte ich nicht davon zu erzählen, da ich ahnte, daß niemand mir glauben würde, so klein wie ich war, denn ich zählte erst neun Jahre. Auch konnte ich, als ich dort lag und über mein Gesicht nachdachte, alles wieder sehen und mit einem Teil von mir dessen Sinn empfinden als eine seltsame Kraft, die in meinem Leibe glühte, doch wenn der Teil von mir, der spricht, für diesen Sinn nach Worten sucht, dann war er wie Nebel, der sich mir entzog.»

«Nichts, was ich je mit Augen sah, war so hell und so klar wie das, was mein Gesicht mir gezeigt hatte, und keine Worte, die ich jemals mit meinen Ohren gehört, waren gleich den Worten, die ich vernommen. Ich brauche mich auf diese Dinge nicht zu besinnen; sie haben sich während all dieser Jahre ständig selbst in Erinnerung gebracht. In dem Maße wie ich älter wurde, trat für mich der Sinn dieser Bilder und Worte deutlich hervor, aber auch jetzt noch weiß ich, daß mir mehr offenbart worden, als ich mitzuteilen vermag... Ich erinnere mich, daß es mich die zwölf folgenden Tage danach verlangte, allein zu sein, und mir war, *als gehöre ich nicht zu meinem Volke. Sie waren für mich fast wie Fremde.* Ich pflegte allein vom Dorf und den anderen Jungen wegzugehen und nach den vier Himmelsrichtungen zu blicken, an mein Gesicht zu denken mit dem sehnsüchtigen Wunsch, dorthin zurückfinden zu können. Und wenn ich wieder nach Hause ging, brachte ich es nicht über mich, viel zu essen.»

Für seine Umgebung ist der Schwarze Hirsch ein anderes Kind geworden. Der Vater macht sich Sorgen um ihn, was wohl aus ihm werden wird, und das Kind erscheint plötzlich gealtert. Weiter und einsamer erhebt sich der Knabe über sein Volk, dem er in der Vision entschreitet. Später, als dieses Volk in die Gefangenschaft zieht und der Traum stirbt, spricht der Schwarze Hirsch: «Und ich, der ich in meiner Jugend mit einem so großen Gesicht bedacht worden – ihr seht mich als einen bejammernswerten alten Mann, der nichts vollbracht hat, denn der Ring des Volkes ist zerbrochen und zerfallen. Es gibt keine Mitte mehr, und der heilige Baum ist tot...»

Das Motiv dieser Knabensehnsucht ist nicht aus dem Kindheitserleben der ersten neun Jahre verständlich. Es kommt wie aus der Zukunft, ist Vorahnung von individuellem Schicksal, das die alten Familienbande löst. Sie steht jenseits gesellschaftlicher Identitätserfahrung in der Vorausnahme von Gewalt, Freude und Schmerz persönlicher Schicksalserfahrung. Kein Wunder, daß das Kind diese Erfahrung hegt und hütet wie einen verborgenen Schatz, den Eltern fremd, den Älteren und Lehrern unbekannt, von den Altersgenossen nicht beachtet.

In unserer gegenwärtigen Welt sind solche Erlebnisse vielleicht seltener geworden. Sie werden von den Lernprozessen verdeckt, aber sie zeigen, was in den Tiefen der mittleren Kindheit als biographische Intentionalität lebt, die sich in den Kindern unserer Zivilisation jedoch nicht weniger wirklich in Träumen und Ahnungen offenbaren kann.

Für den Erzieher liegt in diesen Tatsachen eine Aufforderung beschlossen, die mit der Dialektik aller Erziehung in Zusammenhang steht, die sich zwischen der Vermittlung sozial-gesellschaftlich relevanten Wissens und der Förderung persönlicher Intentionalität bewegen muß. In diesem Vorgang liegt das Risiko echter Autorität beschlossen. Es kann keinen Zweifel darüber geben, daß das Kind in diesem Lebensalter den erwachsenen Menschen als verstehenden Partner sucht, in dem die ersten Erfahrungen seines höheren Ich bewahrt werden können.

Der Druck gesellschaftlich-institutioneller Erziehungsmethoden und die Tendenz der ihnen immanenten Objektivierung kann jene biographischen Motive betäuben, von denen wir oben einige Dokumente mitgeteilt haben. Es bedarf deshalb in der heutigen Bewußtseins-Situation des Menschen in erhöhtem Maße des menschlichen Mittlers, der dem Kind zur Erfahrung der großen Welt, der Größe der Welt und des jedem Menschen innewohnenden höheren Ich verhelfen kann. In unseren Kindern lebt dieses Bedürfnis, oft mißverstanden, durch reine Leistungs-Forderungen zertreten oder durch Unkenntnis versäumt. Die folgenden Gedichte von Kindern einer englischen Mittelschule bedürfen keiner Kommentare:[2]

> Ich bin ein lebendiges Gedicht.
> Ich schreibe keine Worte.
>
> Ich sah eine Taube,
> die flog über den Himmel,
> sie war schwarz und weiß
> und schien wie ein hochfliegendes Flugzeug.
> Sie flog auf und nieder und rundherum.

Sie sah andere Vögel;
ich glaube sie hatte Angst.
Sie flog wie ein Adler
in die Sonne.
Dann verschwand sie in den Wolken.

Ich sitze auf einer Wolke.
Langsam bewegt sie sich aufwärts
in den schönen Himmel.
Ich schaue nach unten
und habe einen wundersamen Ausblick.
Langsam schwebe ich fort,
fühle mich allein,
ich sitze ganz allein auf der Wolke.
Die Nacht kommt,
und Mond und Sterne beginnen zu scheinen.
Die Sterne wie Diamanten.
Der Morgen kommt, und ich erwache...
Und alles war ein Traum.

Draußen im offenen Feld,
wenn niemand in der Nähe ist,
denke ich viele phantastische Dinge,
von denen ich wünschte, daß sie wahr werden.
Das Heu, welches umherliegt,
könnten die Wolken sein, auf denen ich liege.
Der Himmel über mir.
Das Meer unter mir.

Ich – ich bin ich selber,
niemand in der großen Welt ist wie ich.
Ich bin anders als Du
und jeder andere.
Ich bin nichts als ich selbst.
Ich – ich bin ich selber,
niemand ist wie ich,
und ich bin wie kein anderer,
ich bin nur ich selber,
das kleine alte Selbst.
Ich weiß nicht genau, was mich anders macht,
ich glaube, es ist meine Art mich zu geben.

Niemand ist derselbe wie der andere,
besonders ich.

Schau auf zum Himmel.
Die Sonne ist rot,
sie ist alt geworden,
kalt und leblos.
Ein einsamer Mensch schreit,
niemand antwortet.
Alles ist still,
schweigsam wie es immer war.

Im Zusammenhang dieser Dokumente muß sich das Problem der Autorität neu stellen. Es wird nicht gelöst durch die in bezug auf das wahre Ich des Kindes liberal-schweigsame Toleranz. Erziehung erfordert Engagement und Risiko. Autorität erweist sich dann aber nicht als Mittel zur Vermittlung von Wissen und Technik, sondern als die freiheitliche Bereitschaft, die Sehnsüchte unserer Kinder zu verstehen. Sie führen nicht zu uns; sie führen über uns hinaus. Der Erzieher wird zum Bereiter und Diener dieser Wege. Erst dann wird der Befreiungsprozeß des Erziehers mit der Befreiung des Kindes identisch. Im Prozeß bildet sich Solidarität.

Autorität muß sich in diesem Sinne verstehen als die Fähigkeit die *Motive* des kindlichen Seelenlebens zu lesen, um ihnen Raum zu geben. Damit ist nicht Motivation gemeint, die fragwürdige Praxis einer Erziehung, die eine Technik ausbildet, das Kind zu jedem gewünschten Ziel «motivieren» zu können. Vielmehr handelt es sich um die Erweckung dessen, was das Kind selbst sucht: Die gedanken- und gefühlsgetragene Beziehung des Teils, der Individuation, zum Ganzen. Der Erzieher, der in diesem Raum sich zu bewegen lernt, ist der Mittler der Sehnsucht unserer Kinder, einer Sehnsucht, die sich auf eine solidarische, menschliche Gemeinschaft richtet, die die Erde als ihren gemeinsamen Schicksalsort erkennen lernt. [3]

Sehnsucht wandelt sich in der mittleren Kindheit, vor allem beim Mädchen, aber auch in eine bleibende menschliche Qualität, die jetzt zum erstenmal in Erscheinung tritt und wie die Sehnsucht die Gemeinschaft von Menschen ahnt und sie wirklich machen will: die Fähigkeit des Mitleids. Es wäre unbegründet anzunehmen, daß das Kind in diesem Lebensalter seine Einsamkeit in die anderer «projiziere». Vielmehr zeigt die biographische Erfahrung, daß es dem Kind zum erstenmal gelingt, den anderen Menschen als einen leidensfähigen *wahrzunehmen,* für viele Kinder eine plötzliche und überrraschende Seelenregung mitten im gewohnten Alltag. So beginnt ein Junge in der Schule plötzlich den Lehrer gegen die Klasse in Schutz zu nehmen, indem er hinter der Rolle die Person entdeckt, die die

Rolle nicht bewältigt. Manchmal ist es die Erfahrung der Bedürftigkeit der Eltern, ihre Fehler und Schwächen, die Anlaß von Mitleid werden. Vielleicht ist es ein alter Mann, der an der Straße bettelt, oder die alte Dame, die im Straßenverkehr nicht über die Fahrbahn findet. Es sind kleine, alltägliche Begebenheiten, an denen sich in diesem Lebensalter Mitgefühl als Mitleid entzündet und dennoch eine Erfahrung vermittelt, die das ganze Leben gestalten kann und die in der autobiographischen Rückschau oft als bedeutsam erinnert wird. Dabei handelt es sich auch nicht um bloße Toleranz oder ein anerzogenes Verhalten. Es tritt vielmehr spontan und mit der Heftigkeit des biographisch Neuen hervor und zielt auf das personale Ich des anderen, dem sich, durch die Not hindurch, das eigene Ich verbunden wissen möchte. Mitleid hebt *gegen* die Gewohnheiten der älteren Generation jedesmal neue Diskriminierung durch Rollen, das heißt, Einsamkeit auf, in der Erfahrung und Hoffnung, daß alle Menschen in einer weltweiten Gemeinschaft von Ichen in Wahrheit verbunden sind. «Er geht allein, allein geht er und ohne Freunde. Von hinten sah ich ihn, sah, daß er ein Schwarzer war.» (Gedicht eines englischen Kindes.)

Mitleid wird aber auch fähig, den Schmerz des noch nicht Erreichten zu ertragen und sucht ihn im Handeln oder der Reflexion zu überwinden. Auch im Mitleid, mit der hier geschilderten Dialektik, äußert sich die Erfahrung der Rollendistanz, daß der andere Mensch nicht ist, was er sein kann, und ich mich ihm darin verwandt weiß: echter Schmerz und Bedingung der Reife. Nie ist das Mitleid der Kinder in diesem Lebensalter sentimental. Dabei tritt für die Eltern und Lehrer die Herausforderung auf, Stellung zu nehmen, verstehen zu lernen, Haltungen zu ändern. Die Eitelkeit des Erwachsenen, es schon immer besser zu wissen, oder die pragmatische innere Haltung, daß dadurch doch nichts geändert werden kann, wird vom Kind im Verfolg seiner Mitleids-Erfahrungen in diesem Lebensalter sehr genau registriert. Hoffnungslosigkeit als Seelenhaltung und kritischer Skeptizismus sind dazu angetan, die Sehnsucht des Kindes in der Ich-Erfahrung als eine auf Zukunft gerichtete zu zerstören. Wird diese Erfahrung still und liebevoll aufgenommen, wächst ein Keim, aus dem Seelenkraft wird. Auch hier offenbart sich echte und falsche Autorität. Schließlich zielt das Mitleid des Kindes in diesem Lebensalter auch darauf hin, vom anderen (fast immer dem Erwachsenen) als ein biographisch wichtiger Partner wahrgenommen zu werden, der eine Not zu wenden vermag. Es gibt Menschen, deren soziales Selbstbewußtsein durch eine solche Wahrnehmung als ein durch Handeln Not-Wendender schon in diesem Lebensalter dauernd geprägt wird.

Ich glaube, daß Mitleid in diesem Lebensalter seine tiefste Wurzel in derjenigen Selbsterfahrung des Kindes hat, die als Einsamkeitserfahrung von universalmenschlichem Wesen ist und ein Todes-Erleben am Grunde hat. Vergänglichkeit ruft jenes Mitleiden hervor, in dem die eigene Vergänglichkeit als Ahnung mitschwingt. Der alte sichere Himmel ist nicht mehr Wohnung der Seele, und nur die

Beziehung, der Hinblick auf das höhere, unsterbliche Ich, rettet Verzweiflung ins Mitleid: die Wahrnehmung des anderen Menschen als Wert, Stufe zur Ehrfurcht.

Der arme Baum welkt.
Er welkt und stirbt.
Niemand kümmert sich um ihn.
Jeder geht an ihm vorbei.
Einmal war er ein schöner Baum,
so hoch gewachsen,
daß er beinahe in den Himmel reichte.
Wie alles, stirbt auch er:
Der arme Baum. (Ein englischer Junge) [4]

Ein zwölfjähriges Mädchen erlebt den Augenblick der Erfahrung des anderen in einem Gedicht, das die Sehnsucht nach Solidarität im Einsamsein ausspricht: Mitleid als eine Weise der Wert-Erfahrung des anderen, Klage über die Trägheit des Herzens, Sorge, daß die Erfahrung der Bedürftigkeit nicht verloren gehe:

Seht Ihr den Bruder denn nicht leiden.
Oh, er kümmert Euch ja nicht,
solange auf fetten Wiesen ihr könnt weiden
schaut ihr dem anderen nicht ins Gesicht.
Doch müßt Ihr einmal Leid ertragen,
tut plötzlich ihr die Augen auf
und wollt ihr dann um Hilfe fragen,
glaubt ihr, es wird Euch jemand Antwort sagen?[9]

Die Sehnsucht geht dem Mitleid geschwisterlich zur Seite. Sie ist in diesem Lebensalter zwischen neun und zwölf Jahren nicht mehr die Omnipotenz einer gesteigerten Phantasie, die alles wünschen kann. Sehnsucht entsteht in diesem Lebenszeitraum der mittleren Kindheit als eine neue seelische Tätigkeit gerade am Untergang frühkindlicher Phantasie, das heißt, an der Schwelle neuer Realitätserfahrungen hinsichtlich des eigenen Ich als auch der Umwelt. Sie konstituiert sich an der «Entdeckung der Erde». In der individuellen Biographie wiederholt sich in diesem Lebensalter die große historische Resignation der Menschheitsgeschichte: nicht angenommen worden zu sein in der Hingabe an eine alte geistige Welt, sondern das Kain-Schicksal zu erleiden, das den Knaben zum Mann reifen läßt: die Bindung des Willens an die Erde in der Tätigkeit der Sinne, und in den Tiefen des unbewußten Willens das Heraufkommen der Sehnsucht, die zukunftgerichtet und

9 Mündliche Mitteilung.

deren Signatur die *Nicht-Erfüllbarkeit* ist. Die Welt des Möglichen begrenzt sich.

Hermann Hesse beschreibt im Rückblick das neunte bis zwölfte Lebensjahr: «Es gab keine Wunder mehr... ganz sachte ging aus allem, was ich lebte, etwas verloren, etwas nicht bemerktes, nicht vermißtes, *das aber doch weg war und fehlte.* Und wenn ich jetzt einmal wieder mich selbst ganz und glühend fühlen wollte, dann bedurfte ich stärkerer Reize dazu, mußte mich rütteln und einen Anlauf nehmen. Ich gewann Geschmack an stark gewürzten Speisen, ich naschte häufig, ich stahl zuweilen Groschen, um mir irgendeine besondere Lust zu gönnen, weil es sonst nicht lebendig und schön genug war.»[10]

Die Sinne des Knaben erwachen an der Welt, und im Gefühl entsteht jene eigentümliche Leere, in der «etwas fehlte» und in die aus der Tiefe etwas Zukünftiges hineinweht, das sich als Sehnsucht in dem zwölfjährigen Knaben entzündet: «In unserem Schulbuch», so erinnert sich der Dichter Jahrzehnte später, «das wir als zwölfjährige Lateinschüler hatten, standen die üblichen Gedichte und Geschichten... alles las ich gern, aber mitten zwischen diesen Sachen stand etwas anderes, etwas Wunderbares, ganz und gar Verzaubertes, das Schönste, was mir je im Leben begegnet war. Es war ein Gedicht von Hölderlin, das Fragment ‹Die Nacht›. Oh, diese wenigen Verse, wie oft habe ich sie damals gelesen, und wie wunderbar und heimlich, Glut und auch Bangigkeit weckend, war dies Gefühl: das ist Dichtung! Das ist ein Dichter! Wie klang da, für mein Ohr zum erstenmal, die Sprache meiner Mutter und meines Vaters so tief, so heilig, so gewaltig, wie schlug aus diesen unglaublichen Versen, die für mich Knaben *ohne eigentlichen Inhalt waren,* die Magie des Sehertums, das Geheimnis der Dichtung mir entgegen!

– die Nacht kommt,
voll mit Sternen, und wohl wenig bekümmert um uns
glänzt die Erstaunende dort, die Fremdlingin unter den Menschen,
über Gebirgeshöhn traurig und prächtig herauf.»[11]

Anläßlich des hundertsten Todestages von Heinrich von Kleist am 21. Nov. 1911 hat Rudolf Steiner das Wesen der Sehnsucht beschrieben als einen Willen, der sich nicht auslebt, dem «Heimweh» verwandt, eine aus den Tiefen des unbewußten Seelenlebens heraufsteigende Stimmung, «die nach dem zentralen Grund des Lebens verlangt». Dabei wird darauf hingewiesen, daß der zentrale Grund nur dadurch gegeben werden kann, daß es eine universelle Wissenschaft gibt, «die sich nicht mit den Einzelheiten, sondern mit der Gesamtheit des Lebens beschäftigt».[12]

10 H. Hesse: Kindheit des Zauberers. Gesammelte Schriften Bd. 4, Frankfurt 1957.
11 Zitiert nach Bernhard Zeller: Hermann Hesse. Reinbek 1963.
12 R. Steiner: Die Evolution vom Gesichtspunkt des Wahrhaftigen. GA 132.

Hier wird der anthropologische Aspekt der Sehnsucht als Gegenbewegung gegenüber der «Entzauberung in die Sinneswelt» deutlich als eine Wegspur, die auf die Erlösung der Vereinzelung der Welt der Dinge und der eigenen Existenz zuläuft. Dieser Aspekt scheint zum erstenmal zwischen dem neunten und zwölften Lebensjahr biographische Wirklichkeit zu werden. Dabei ist zu bemerken, daß diese seelische Wirklichkeit entgegengesetzt ist dem Bedürfnis der unmittelbaren Bewältigung der Welt, der Erbschaft des Kain, sie gleichsam korrigiert, verzögert und in menschliche Dimensionen zurückstellt. Wer die Sehnsucht als eine auf «zentrale Erlösung» hinzielende und die blanke Aktion immer wieder verzögernde Seelenkraft nicht erfährt, fällt der Ungeduld des aggressiven Zugriffs anheim, jener Weltbewältigung, die nie Zeit hat und unter dem Zwang der Leistungsbezeugung ein Ur-Thema menschlicher Existenz verdunkelt, das dem auf Trieb-Erfüllung ausgerichteten Tier nie bekannt wird. Die Sehnsucht als Motiv menschlichen Lernens, das heißt, biographischer Reifung, veranlagt im Kind zwischen dem neunten und zwölften Lebensjahr einen Grund von Zukünftigkeit, an der sich auch das Leid des Versagens und der Schmerz einer entzauberten Welt in Toleranz und Einsicht ermessen läßt und menschlicher besänftigt werden kann. Die erziehende Aufgabe heißt hier, dieses unbewußte Willensmotiv des Kindes zu respektieren und darum zu wissen.

Sehnsucht deutet auf noch nicht Erhörtes, ebenso wie sie auf Begrenzung und Todeserfahrung hinweist, und wir lernen vielleicht besser zu verstehen, was das Wort des Dichters bedeutet: «Töten ist eine Gestalt unseres wandernden Trauerns»: die Selbstverborgenheit, die dem von seinem Kern entfremdeten Handeln eigentümlich ist. Die Sehnsucht erscheint als bedeutsames Korrektiv, welches biographische Motive langfristig gegenüber nach Verwirklichung drängenden Trieben bestätigt und am Leben erhält.

Wir haben gelernt, unsere Kinder im Zugreifen und Ergreifen der Welt zu erziehen, aber wir sind noch ungenügend erfahren in der Vermittlung und dem Verständnis derjenigen Seelenregungen der Tiefe, für die es keine Regeln und greifbare Erfüllungen gibt. Die Langeweile des Erklärbaren und die Impotenz der Erfüllungen blenden jenen Untergrund der Seele schon früh für unsere Kinder aus, in denen Versagungen und schmerzhafte Wandlungen ihre Keime entfalten wollen. Statt dessen werden unsere Kinder mit Rausch schon früh abgesättigt und später mit Informationen «erfüllt», die die Sehnsucht als eine Bedingung von Lust- und Freudeerfahrung abtöten.

Die Erziehungspraxis ist auf deren Pflege nicht eingerichtet. Denn die Sehnsucht gehört zu unseren ureigensten Formen der Ich-Erfahrung, die den Schatten unseres Triebverhaltens mit ihrem Licht zu durchleuchten vermag. Wie die Erinnerung Mitgift ist einer vorgeburtlichen Welt, so trägt uns Sehnsucht durch die vielen Pforten der Entsagung und des Todes. Wir haben keinen Grund anzunehmen, daß die Visionen, die Sehnsucht und die Mitleidskräfte unserer Schulkinder schwächer geworden sind. Aber wir haben Grund, uns zu fragen, ob wir ihnen den Seelenraum zubilligen, dessen sie bedürfen, und ob wir die Werte noch wahrnehmen können, die sich in diesen «unpraktischen» und «unbrauchbaren» seelischen Tätigkeiten unserer Kinder aussprechen. Vielleicht ist die in unserer Welt geübte Nichtbeachtung der kindlichen Sehnsucht einer der Gründe späterer Aggressivität des Menschen, seiner Ungeduld und seiner Sucht nach dauernder Bestätigung seiner Leistungen und unmittelbarer Erfüllung. Sehnsucht entzündet sich an der Entsagung und hat keinen Ort irdischer Erfüllung. In ihr beginnt ein Keim der Biographie zu erwachsen, dessen Frucht dem reifen Menschen Tröstung werden kann.

Die biographischen Zeugnisse dieses Kapitels können als die Vorläufer der Ich-Geburt in der menschlichen Entwicklung verstanden werden, die erst nach dem Abschluß des dritten Lebensjahrsiebts sich vollenden. Wovon hier die Rede war, soll darauf aufmerksam machen, daß im Entwicklungsprozeß des Kindes ein höheres Ich schon hereinleuchtet und sich mit dem Seelenleben des Kindes zart zu verbinden vermag. Solche Berührungen wirken sich in der Biographie des Menschen erst in der späteren Lebenszeit aus. Sie bleiben, wenn sie nicht biographisch eingeholt werden, unbewußt, fügen sich aber der biographischen Intentionalität des Lebenslaufes bedeutsam ein. Der Seelenbereich, in dem sich das Geschilderte abspielt, ist von Rudolf Steiner als ein Wesensglied des Menschen beschrieben worden unter dem Begriff des Astralleibes. Er vermittelt hier die Beziehung des Kindes zu seinem höheren geistigen Ich-Wesen und schreibt die gemachten Erfahrungen in den fortlaufenden Lebenslauf ein. Auch hier kommt es, wie in der Erfahrung der Träume, nicht so sehr auf die Inhalte des Erlebens an, in denen sich maskenhaft die geistige Wirklichkeit verbirgt, als vielmehr auf die biographische Bewegung, die durch die Geistseele erregt wird.

III DIE ENTDECKUNG DER ERDE

INTERESSE – ERFAHREN – DENKEN

Die Gestalt als Schicksal

«Die Phantasie ist nur die ins Seelische metamorphosierte Wachstumskraft.» R. Steiner

Das Spiel des Kindes nach dem dritten Lebensjahr offenbart seine Phantasie-Tätigkeit. Sie tritt in ihrer Fülle nach der Selbsterfahrung des dritten Lebensjahres auf, also gerade dann, wenn das Kind zum erstenmal seine Identität und die Einmaligkeit des «Ich-bin» dumpf erlebt und Ich zu sich sagt. Die Phantasie erscheint phänomenologisch-biographisch mit der ersten Individuation und der damit verbundenen Distanzierung von der Welt. Zweifach gestaltet das Kind diese Erfahrung: einmal, indem es in den folgenden Jahren sich in die Welt der Bilder einlebt und sie als seine Realität wahrnimmt, zum anderen aber in den Entwürfen der Phantasie, in denen es nicht nur die Gegenstände kontinuierlich in ihrer Bedeutung wandelt, sondern sich selbst in verschiedenen Rollen darzustellen lernt. Dieser Prozeß findet, wie das Spiel, bezeichnenderweise gegen den ersten Gestaltwandel hin seinen vorläufigen Abschluß, den wir als eine Metamorphose der Phantasiekräfte, nicht aber als ihr Ende verstehen lernen. [1]

Gegenüber der Identitätserfahrung des Kindes in der Welt der Bilder und seiner Wahrnehmung biographischer Kontinuität in ihnen trägt die Phantasie in ihrer Erscheinung etwas Keimhaftes in bezug auf die eigene Selbsterfahrung mit sich. Nicht nur erleben Kinder zwischen vier und sieben Jahren sich selbst in der Mannigfaltigkeit der den Dingen eingebildeten Bedeutungen, sondern «phantasieren» sprachlich in Gesprächen mit imaginären Partnern. Es scheint, als entwerfe das Kind im Spielraum sich *selbst* und seine eigenen Wachstumsprozesse in einer Vielzahl von Versuchen, ohne zunächst zu einem Abschluß zu kommen. Im Spiel, dem Prototyp dieser Tätigkeit, erscheint, was mit der Plastizität des kindlichen Leibes zusammenhängt. Durch die bewegte Leiblichkeit dehnen sich in der Spielmotorik die Wachstumskräfte plastizierend über die Dinge aus, erweitern sich gleichsam im Spiel, und der Spielraum des Kindes ist zugleich erweiterter Lebensraum. [2] Er ist deshalb auch nicht nur ein Bildraum von Vorstellungen, sondern ein vitaler Lebensraum von Bildekräften, Stimmungen und Wünschen. Diese sind nicht Ursache der Entfaltung der Phantasie, sondern deren Erscheinungsformen.

Die Intentionalität des kindlichen Spieles und dessen Störungen und Hemmungen, jedenfalls wenn sie in der Hochphase des Spielens um das fünfte Lebensjahr auftreten, lassen vermuten, daß es sich um ein zentrales Phänomen handelt, in dem das Ich des Kindes zum primären Antriebsmoment wird, um sich an der Welt in einer vielfach keimhaften Erfahrung selbst zu erleben. Die Phantasieerfahrung des Kindes steht deshalb der Identitätserfahrung durch Vorstellungsbildung polar und ergänzend gegenüber: Bedeutungen als Bilder werden im Spielverlauf komponiert und geraten deshalb gerade nicht in den Sog erinnerter Vorstellungen, was die vitale Ich-Aussagekraft des Spieles ausmacht.

Darin unterscheidet sich das kindliche Spiel von dem der Tiere, das immer nur Verhaltensformen und Möglichkeiten der eigenen Art darstellt und das, wie wir sehen werden, die Erfahrungen der Spielphantasie nicht verinnerlichen kann, da sie an die Motorik des Bewegungsverhaltens gebunden bleiben und keine Reflektionsmöglichkeit im Bildeleib der Tiere besitzen. Das Tier mag im Spiel den Partner erleben, aber nicht sich selbst. Beim Kind treten diese Möglichkeiten schon im Rollenspiel hervor, aber auch in Gestalt des «imaginären Freundes», wenn sich die Phantasietätigkeit aus der Gebundenheit an die leiblichen Bildekräfte löst und sich der Vorstellungstätigkeit annähert. Aus Beobachtungen an Kindern kann angenommen werden, daß dieser Prozeß zum siebten Lebensjahr hin zunimmt und sich nach dem Gestaltwandel entfaltet in dem Maße, als die Spielphantasie des Kindes mit Objekten einer frühkindlichen Welt abnimmt.

Es muß hier ein grundlegender geisteswissenschaftlich-menschenkundlicher Hinweis R. Steiners eingeschaltet werden: Die im seelischen Leben des Kindes aus dem Willensleben auftauchenden Phantasiekräfte der frühen Kindheit, auf deren spätere biographische Wandlung im Kapitel über die Spielgemeinschaften schon kurz eingegangen wurde, d. h. den über den topologischen Raum hinaus sich entfaltenden Kräften des Spiels stehen jene gegenüber, die formend, plastizierend im Laufe des ersten Lebensjahrsiebt die Schicksalssprache der Menschengestalt zur Offenbarung bringen. Es entsteht dabei im ersten Jahrsiebt jener erfahrene Leibesraum, der gegenüber dem Körper als «Objekt unter Objekten» nicht nur eine kognitive Größe im Raum ist, sondern in den leiblichen Offenbarungen des Kindes sich als das Hereinwirken von Formkräften vom Haupt her offenbart. Die physische Leibesbildung ist bei der Geburt nicht abgeschlossen. Was jetzt im Gegensatz zum Tier in einem über viele Jahre sich abspielenden Prozeß geschieht, wird von Steiner als ein künstlerisches Herausplastizieren der individuellen Gestalt beschrieben, an der sich das seelisch-geistige Wesen des Kindes seines Selbst bewußt wird und sich damit in den Erdenraum einlebt. Man darf sich im Sinne einer biographischen Phänomenologie die Arbeit des Ich, das aus dem Vorgeburtlichen hereinkommt, so vorstellen, daß es in seiner Intention liegt, die Bildekräfte des Kosmos so aufzugreifen, wie der schaffende Künstler Ideen der Materie einprägt und sich im Geschaffenen erkennt. Es strahlt da in diesem Prozeß Gedankenartiges aus der Hauptesregion plastizierend in das noch wenig ausgeformte Gefühls- und Willensleben des Kindes im ersten Lebensjahrsiebt ein und wirkt bis in die Leibesgestaltung und zunächst vorwiegend die Gehirnorganisation bildend. Folgt man den Ausführungen Steiners, so wird der biographische Aspekt dieser Kräfte anschaubar, wenn sich diese nach ihrer Bildung am Leibe zum Teil befreien und für die Gedanken- und Gedächtnis-Bildung nach dem 7. Lebensjahr frei werden. So treten sie auch beim Schulkind im 2. Lebensjahrsiebt in den Gestaltungen des Lesen und Malens, des Zeichnens und des Schreibens in Erscheinung. Für die Gestaltbildung, d.h. den Gestaltwandel des Menschen um das 7. Lebensjahr, hängt vieles davon ab, ob diese in der frühen Kindheit plastizierenden Kräfte nach dem 7. Lebensjahr leiblich weiterwirken, oder ob sie in das Seelische metamorphosiert werden können. Geschieht durch eine an der Biographie des Kindes sich orientierenden Pädagogik das letztere, so wird sich, was leibgestaltend war, umbilden können zur Gedächtnis- und Gedanken-Gestaltung. Die individuelle Leibesgestalt, die sich um das 7. Lebensjahr mit dem Erscheinen der ersten Zähne bildet, wandelt sich als Metamorphose in die durchseelte Gedankengestalt des 2. Jahrsiebts. [3]

Nun steht dem Leib-Bilde-Prozeß plastizierender Kräfte polar das übergreifende Erleben des Kindes seiner Umwelt gegenüber. Steiner hat dieses polare Geschehen so beschrieben, daß die Bewegungen und Aktivitäten des Kindes, welche den Leib übergreifen, von denjenigen Umweltkräften vor allen Dingen geformt werden, auf die das Kind hinhört und die sprachlich-musikalischer Natur sind. So strömt dem Kindeswesen im Sprachlichen und Musikalischen eine geistige Wirklichkeit zu, welche keimhaft im Willensleben zur Wirksamkeit kommt. Was in der Form und der Geste des Sprachlich-Musikalischen wirkt, das findet seinen Ausdruck auch in der ganzen außermenschlichen Welt, in der Natur und deren Rhythmen. Der Rhythmus zwischen den plastizierenden und musikalisch-sprachlichen Kräften wird schon im Spiel des kleinen Kindes offenbar, wenn man darauf achtet, wie das Kind zwischen der eigenen Gestaltung und der Hingabe an das Sprachlich-Musikalische der Welt spielt. Für den hier untersuchten Zusammenhang ist es wichtig, daß Rudolf Steiner die Aufmerksamkeit darauf lenkt, daß sich im 2. Lebensjahrsiebt zunehmend das Musikalisch-Sprachliche gestaltend durchsetzt und sich ihm gerade um das 9. bis 10. Lebensjahr die im seelischen Leben des Kindes aufwachende eigene Willenstätigkeit entgegensetzt. So wird im Laufe des 2. Lebensjahrsiebtes das Musikalisch-Sprachliche zu einem wichtigen Instrument der eigenen seelischen Bildung des Kindes. Sprachliches und Musikalisches werden im 2. Lebensjahrsiebt zunehmend zur selbständigen Innenerfahrung des Kindes, Instrumente seiner Seelenbildung.

Da das spielende Kind aus seinen mit dem Wachstum verbundenen Phantasiekräften seine Gestaltungskräfte in der Welt entfaltet, d. h. die eigene Gestalt überschreitet, kann man die Wandlungen des kindlichen Spiels in Bezug auf zunehmende Strukturierung als Ausdruck der vom Haupt her plastizierenden Kräfte erkennen lernen:

Den Spielraum versuchen wir als einen «Entwicklungsraum» zu verstehen, in dem das Ich des Kindes in der Begegnung mit der Welt der Dinge und Menschen die Bildekräfte erweiternd und plastizierend in Tätigkeit bringt. Das Kind erweitert seine Leiblichkeit in der Spielsituation über die Dinge, nimmt Rollen an und identifiziert sich mit ihnen. Die Intensität, mit der das Kind vor dem siebten Lebensjahr dies tut, hat keine Parallele nachher, da das Kind vor dem ersten Gestaltwandel seinen Leib noch nicht als eine *individualisierte* d. h. individuell durchplastizierte Gestalt erleben kann. Dies zeigt sich besonders dann, wenn die Phantasietätigkeit durch Krankheit, extreme Frustration durch die Umwelt, wie etwa im Hospitalismus, oder durch eine organische Schädigung abgelähmt ist. Für diese Kinder wird der Leib dann *Objekt* von Handlungen. Die Selbstaggressivität oder das Spiel mit einzelnen Körperteilen ist nicht Spiel. Hinsichtlich der Expansivität der kindlichen Spiel-Phantasie geschieht ein Bruch und ein chronisches oder vorübergehendes Zurückgeworfensein auf den Leib als Körper-Objekt und damit gerade das Gegenteil möglicher Identifizierung. Mit dem Gelingen des ersten Gestaltwandels hört diese Phase von Verhalten, das alle Kinder in den verschiedensten Formen und meist flüchtig durchmachen, gewöhnlich auf. Die Erfahrung des Leibes als eines Ganzen, nicht des Körpers und seiner Differenzierung, ist das Ziel der frühkindlichen Entwicklung bis zum siebten Lebensjahr, und exzessiv körperobjekt-gebundenes Verhalten taucht nur in Krisen oder bei primär entwicklungsgestörten Kindern auf. Die frühkindliche Spielphase ist auf die Entwicklung eines stabilen Körperbildes um das siebte Lebensjahr gerichtet.

Die im kindlichen Spiel waltende Ich-Tätigkeit tritt schon nach dem dritten Lebensjahr in eine signifikante Beziehung zur menschlichen Umwelt und damit in das Feld der Erziehung ein: Während sie sich an den Dingen zunächst expansiv entfaltet mit der ihr eigenen Erfahrung der Omnipotenz, tritt ihr, wo sie sich der Umwelt von Eltern und Geschwistern bemächtigt, eine entscheidende Korrektur und Widerstand gegenüber. Die, verglichen mit dem Mädchen, entscheidende raum- und weltbezogene Intensität der Phantasietätigkeit des Knaben, die wir expansiv nennen wollen, scheint diesen Widerstand vor allem an der Vater-Gestalt zu erleben. Er steht dem Kind für die gewordene, geschaffene und begriffene Welt. Seine Nähe entspricht gleichsam den Dingen, wie sie sind, ihrer räumlichen Realität, und spielt damit für die Art der Phantasiebegrenzung des Kindes eine entscheidende Rolle. Die Vaterfigur bedeutet in diesem Sinne Widerstandserfahrung so lange, bis das Kind seine eigene Leibesgestalt als Ganzes und individualisiert im ersten Gestaltwandel erleben lernt und damit seine vitale Phantasie begrenzt und sie der Verinnerlichung der Vorstellungstätigkeit zuzuwenden vermag. Die Skala von Leiden, Begrenzungserlebnissen und Widerstandserfahrungen, die das Kind in diesem Prozeß durchmachen muß, ist vielfältig und reicht aus der Sicht der Eltern von der verständnisvollen Hinführung zu dem Eigenwert der Welt bis zu schweren frustrierenden Entbehrungserlebnissen und dem damit verbundenen negativen Vaterbild.

Ebenso zeigt sich aber auch im Extrem die Pathologie der kindlichen Entwicklung, wenn der Vater versagt oder fehlt. Diese Kinder bauen dann ein ungenügend gestaltetes Körperbild auf, zeigen einen auffälligen Mangel an Identitätserfahrung in den Schuljahren und versagen an Aufgaben, die Gedächtnis, Distanz und Abstraktion fordern. *Wie die Liebe nicht ohne Leidenschaft reift, so wandelt sich die frühkindliche Phantasie des Kindes nicht ohne Widerstandserfahrung.* Erst wo sie im Prozeß der Individualisierung der Leibeserfahrung als zu Ende gekommener «Skulptur» vorübergehend zur Ruhe kommt, steigt sie nach dem siebten Lebensjahr zu der das Denken des Kindes durchdringenden Gedächtnis-Tätigkeit auf. Damit ist aber zunächst nur *ein* Aspekt der Wandlung beschrieben. Biographisch wesentlich scheint mir aber der andere Aspekt zu sein, der sich auf die Erfahrung des anderen Menschen bezieht. Im frühen Stadium holt die Phantasie des Kindes in der Begegnung immer auch sich selbst mit herein und ist unfähig, den anderen als ein selbständiges Wesen mit einer eigenen Biographie zu erfahren. Das Kind begegnet deshalb dem Vater mit jener ambivalenten Leidenschaft, die das imaginativ-phantasiegetragene Einswerden, welches mit der Mutter und der Muttersprache leicht gelingt, nicht erlaubt. Die weltverwandelnde, progressive und zukunftsgerichtete Phantasiekraft *bricht sich an der Gegenwart anderer Iche.* Phantasie kann sich regressiv zurückziehen oder sich bewähren und wandeln. Die Formel «Körperbild» sagt denn auch, daß das Ich des Kindes sich auf die Erfahrung des eigenen Leibes als des Ausdrucks gelebter eigener Biographie zu begrenzen lernt. Der Leib wird «Bild» des Ich, nicht als symbolische, sondern als Gefühlserfahrung. Von diesem «Standpunkt» kann erst der andere Mensch als Partner, als der andere mit einer eigenen Biographie wahrgenommen werden. Das Kind *steht* ihm gegenüber und kann jetzt seine Phantasiekräfte frei hinwenden zur empathischen Erkundung des anderen Ich, ohne sich aufzugeben und «einbildend» mitnehmen zu müssen. Insofern bedeutet die gesicherte Identitätserfahrung der zweiten Gestalt der Kindheit das Ende einer leibgebundenen Ambivalenz und die Möglichkeit von Ich-Erfahrung des anderen, in der auf einer neuen Stufe *partnerschaftliche* Toleranz möglich ist: Eine neue verinnerlichte Haltung wird eingenommen.

Eine mangelnde Begrenzung der zweiten Gestalt um das siebte Lebensjahr zeigt sich auch hier wieder als die extreme Neigung zur Unterwerfung unter gleichaltrige Freunde, dazu eine auffallende Kontaktlosigkeit zum anderen Ich, das nur hinsichtlich eigener Wunsch- und Phantasievorstellungen wahrgenommen wird. Die Frustration und Ambiguitätstoleranz dieser Kinder ist gering, und intellektuelle Leistungen haben ausgesprochenen Defensivcharakter. Die Leistungen werden erbracht, um die Begegnung zu verhindern, und haben oft etwas Stereotypes, Erlebnisleeres. Dieses Verhalten – eine spezifische Form der «Reifestörung» – zeigen gerade jene Kinder, bei denen der Vater fehlt.

Eine zweite Dimension der Leibeserfahrung um das siebte Lebensjahr, nämlich der Konstituierung der individuellen Gestalt, hängt mit der Wandlung der Erfahrungen des Leibes zusammen, die auf der Tätigkeit der Leibessinne, der «unteren Sinne» (Tastsinn, Bewegungssinn, Lebenssinn und Gleichgewichtssinn) beruhen. Den Ansätzen Rudolf Steiners folgt eine ausführliche Arbeit von *Karl König* über die Bedeutung dieser Sinne und deren Störungen.[1] Wir wollen seine Ergebnisse hier insofern anführen, als sie Hinweise auf die sogenannte «Realitätserfahrung» der Welt enthalten.

Die Tätigkeit der unteren Sinne bleibt etwa bis zum siebten Lebensjahr eine Eigenerfahrung des Kindes, durch die es die Zu-Ständigkeit seines eigenen Leibes erlebt. *E. Schachtel*[2] hat von entwicklungspsychologischen Gesichtspunkten einige dieser Sinne analysiert und ist zu dem Schluß gekommen, daß die mit diesen Sinnestätigkeiten verbundenen «autozentrischen» Erfahrungen genetisch der allozentrischen Wahrnehmungsform vorausgehen und in der frühen Kindheit überwiegen. Beide Modi charakterisieren die ontogenetische Entwicklung der menschlichen Wahrnehmung, und ihre Charakteristika sind die folgenden: Im *autozentrischen Wahrnehmungsverhalten* geschieht wenig oder gar keine Objektivierung, der Schwerpunkt der Erfahrung liegt auf der *Art und Weise, wie* und *was* das Subjekt empfindet. Darüber hinaus besteht in den Sinneserfahrungen eine enge Beziehung zwischen sensorischen Qualitäten und den Empfindungen von Lust und Unlust. In der *allozentrischen Wahrnehmung* besteht Objektivierung, der Schwerpunkt liegt auf der Erfahrung des Objekts, Empfindungen von Lust und Unlust, das heißt, vitale Erlebnisse spielen eine weit geringere Rolle im Wahrnehmungserlebnis. Das Subjekt ergreift hier aktiv das Objekt und öffnet sich dem Sinneseindruck vollständig. Er versucht, es zu «ergreifen», zu verstehen. Die Beobachtungen Schachtels und K. Königs lassen den Schluß zu, daß die Sinneserfahrungen der frühen Kindheit eng mit den Leibeserfahrungen der unteren Sinne verbunden sind, das heißt, in die Leiblichkeit eingestaltet werden. Sie werden so zu *Gewohnheiten,* was bedeutet, daß sie für das Gedächtnis des Kindes nicht in der Freiheit schöpferischer Reproduktion als *Gedächtnis* zur Verfügung stehen, wie dies nach dem 7. Lebensjahr zunehmend der Fall sein wird.

Die durch die obengenannten Sinne vermittelten Leibeserfahrungen färben die kindlichen Sinneserlebnisse in signifikanter Weise, wodurch sie gleichzeitig ihre Leibnähe als auch ihren für das Kind entscheidenden *Wirklichkeits-Charakter* be-

1 K. König: Sinnesentwicklung und Leiberfahrung. Stuttgart 1971.
2 E. Schachtel: Metamorphosis. London 1963.

kommen. Störungen im Bereich der unteren Sinne *entwirklichen* den Weltbezug für das Kind, sei es, daß die wahrgenommenen Dinge nur räumlich objektiviert erlebt werden oder daß der eigene Leib Objekt wird. Durch die unteren Sinne lebt sich der Mensch in der frühen Kindheit in die Erfahrung seines Leibes und damit auch in die Realerfahrung der Welt ein. Aber diese Wirklichkeit entbehrt durch die noch enge Verknüpfung etwa des Gesehenen mit dem leiblich Erfahrenen einer wesentlichen biographischen Qualität. Sie bleibt eine *leiblich vertraute* «familiäre» Eigenwelt, die mit einem Wahrnehmungsurteil, aber noch nicht mit einem Begriffs-Urteil umspannt wird.

Selbstverständlich macht das Kind vor dem 7. Lebensjahr auch allozentrische Gegenstandserfahrungen. Sie sind gerade Gegenstand der Untersuchungen der naturwissenschaftlichen Entwicklungspsychologie geworden, im Sinne sogenannter kognitiver Leistungen und es besteht kein Zweifel, daß die daraus sich entwickelnde Praxis der frühkindlichen Erziehung entscheidend dazu beiträgt, daß das Kind unserer Zivilisation z. T. schon schwere Schäden seiner Leibeserfahrung mit den damit verbundenen Folgen erleidet. Ein biographischer Hinblick auf die Entstehungsmomente der individuellen Gestaltbildung und der Leibeserfahrung kann zeigen, daß das Denken des Kindes sich biographisch im ersten Lebensjahrsiebt vorwiegend als ein leiblich gestaltender Reifungsprozeß begründet, der die vorläufige vererbte, physische Gestalt zur individuellen Leibesgestalt umschafft.

Der Leib ist noch nicht in seiner Ganzheit Spiegel des Ich geworden. Die Welt bleibt eine *erlebte* und noch nicht eine am «Körperbild» oder «Körperschema» *erfahrene,* und schließlich gedanklich objektivierte. Deshalb erschrickt das kleine Kind noch vor dem Spiegel und «deutet noch von außen auf seine Brust, wenn es gefragt wird, wo es sei» (K. König).

«Die Fülle der Sinnesempfindungen, die sich aus dem Zusammenspiel der vier Leibessinne (Tast-, Lebens-, Bewegungs- und Gleichgewichtssinn) ergeben, bilden das Gewebe des Körperschemas aus» (K. König). Der Prozeß, der im siebten Lebensjahr seinen Abschluß findet, indem sich in der Wirklichkeit des Körperschemas unser Wissen von der «wahren Wirklichkeit» des eigenen Leibes verfestigt, schreitet von der Durchgestaltung der Räumlichkeit des Leibes durch das sich inkarnierende Ich fort zum Frei- und Verfügbar-Werden des Leibes als Zeitgestalt – als *individuell* gewordener Leib.

Hier liegt der Übergang von vorwiegend autozentrischer Welterfahrung zur allozentrischen, in dem sich die Sinneserfahrung des Kindes von der engen Beziehung zu leiblichen Wahrnehmungen löst. An dieser Schwelle verdunkeln sich die frühkindlichen Lebenserfahrungen. Der durch Tätigkeit des Ich erschaffene, in den unteren Sinnen erlebte Leib wird zum Träger der Individualität. Erst jetzt nach dem Gestaltwandel treten die Dinge im Sinne biographischer Auseinandersetzung fragend und ihr eigenes Wesen voll offenbarend an das Kind heran und fordern die

Durchdringung ihrer Oberflächen durch «allozentrische» Wahrnehmung und die seelische Kraft des Denkens. Die über diese Schwelle hinaus bestehende Vordergründigkeit eigener Leibeserfahrungen ist bei vielen behinderten Kindern die Ursache dafür, daß sie die gegenständliche Welt nicht in den Blick bekommen, der wahrnehmende Exploration als Ausgangspunkt für denkendes und hingebendes Begreifen erlaubt. Darüber hinaus wird jetzt «die Gewißheit einer *eigenen* individuellen Leibhaftigkeit unabdingbar, nicht nur für die Bewußtwerdung des eigenen Ich, sondern gleichermaßen für die Wahrnehmung und das Erkennen des ‹Ich› des anderen» (G. v. Arnim).[3]

Realität bestimmt sich fortan nicht mehr nur aus dem räumlichen Da-sein der Welt, sondern aus der Erfahrung der Welt und des Menschen als Schicksalsträger, als einer biographisch gewordenen Realität. Realitätserfahrung wird eine Erfahrung der Zeitlichkeit der Dinge und Menschen, die im neunten Lebensjahr der Zeitlichkeit der eigenen Ich-Erfahrung begegnet. Um diese neue, auf allozentrische Erfahrung begründete Wahrnehmung möglich zu machen, bedarf es gleichsam der «Konzentrierung» der frühkindlichen Sinneserfahrung durch die unteren Sinne zur *Ganzheit* der individuellen Gestalterfahrung. Man könnte dies auch so verstehen, daß man sagt, daß die in der gelebten Zeit sich vital unbewußt abspielenden Leibeserfahrungen durch die unteren Sinne jetzt einen *Leibesraum geschaffen* haben, der aus dem unbewußten Zeitenstrom heraustritt und selbst Träger biographisch-individueller Zeit wird, an dem sich die Werdeprozesse der Welt brechen und in die Wahrnehmung eintreten. Die Wahrnehmung gewinnt gegenüber der frühen Kindheit den Charakter des Neuen, Fremden, Fragwürdigen, das durch das Denken und durch die Gedächtnisbildung bewältigt werden muß.

«Zeit», findet v. Arnim, «vermag nach und nach für das heranwachsende Kind den Charakter von *erlebter* Zeit, von eigener *Zeitwirklichkeit*, von biographisch Inhaltvollem und Unwiederholbarem allein durch die Entfaltung des Zeiten*leibes*, zu erreichen.» Die Geisteswissenschaft nennt diesen Zeitenleib auch den Ätherleib, der, nachdem er im ersten Lebensjahrsiebt plastizierend an der physischen Leiblichkeit des Kindes gearbeitet hat, nun frei wird von dieser Tätigkeit. Er wird damit auch frei für die Gestaltungen des Seelischen des Kindes, die sich im Gedächtnis und der Gedankenbildung in ihm entfalten. Der Ätherleib erweist sich jetzt im 2. Jahrsiebt als dasjenige, was er in Wahrheit ist, eben ein Werde-Leib oder Zeiten-Leib, der in den früheren Lebensepochen des Kindes als leibliche Gestaltungs- und Wachstumskraft tätig war. Diese Tatsachen biographischer Entwicklung liegen dem Gestaltwandel um das siebente Lebensjahr zugrunde und treten mit dem neunten Lebensjahr in die existentielle *Erfahrung* des Kindes, als Werden und Vergehen ein.

3 «Körperschema und Leibessinne» in: K. König: Sinnesentwicklung und Leibeserfahrung.

Die hier dargestellten Zusammenhänge sind in bezug auf das veränderte Wahrnehmungsverhalten des Kindes vor allem von H. A. Witkin untersucht worden.[4] Der Autor geht davon aus, daß es verschiedene Formen von Wahrnehmungsverhalten gibt als Ausdruck der Individualität, und daß sich diese individuellen Formen erst im Laufe der frühen Kindheit entwickeln. So gewinnt das Kind im Laufe der ersten sieben Jahre einen «inneren Kern» von Erfahrung oder internen Beziehungsrahmen («internal frame of reference»), die es ihm erlauben, Selbsterfahrung als «separate Identität» zu machen. Eine der entscheidenden Stufen dieser Kristallisation von Erfahrung ist die Gewinnung eines Körperbildes, in dem das Selbst nicht mehr nur in den Darstellungen des Leibes *repräsentiert* wird, wie in der frühesten Kindheit, sondern in dem sich das Ich individuell und in seinem eigenen Leibesraum *erfährt*.

Witkin hat in einer Reihe von Dimensionen des Wahrnehmungsverhaltens gezeigt, daß dieser Prozeß mit bedeutenden Wandlungen der Welt-Wahrnehmungen verbunden ist, deren zwei Grundformen er als feldabhängige und feldunabhängige Wahrnehmungen bezeichnet. Die Ergebnisse, die mit einer Reihe von Tests an einer Gruppe Zehnjähriger gewonnen wurden, sind kurz zusammengefaßt die folgenden: Feldabhängige Kinder haben Schwierigkeiten in den allerverschiedensten Wahrnehmungssituationen ein Wahrnehmungsobjekt aus dem Kontext herauszulösen. Diese Form der Wahrnehmungen wird, wie auch in anderen Untersuchungen, gewöhnlich als global gegenüber der analytischen feldunabhängigen Wahrnehmung bezeichnet. Wichtig erscheint uns, daß diese Kinder mit globalem Wahrnehmungsmodus eine schwach konturierte und stark schwankende *situationsabhängige* Selbsterfahrung haben. Die Untersuchungen bestätigten mit Hilfe projektiver Verfahren die Art der Artikulation des Körperschemas bei feldunabhängigen Kindern, und das Ergebnis ist:

«Kinder, die ihre Umgebung in einer relativen analytischen Weise erfahren, neigen zu einem artikulierten Leib-Konzept ... Die Fähigkeit, einen Gegenstand getrennt und nicht eingebettet vom Kontext zu erfahren, ist eine charakteristische Wahrnehmungsform von Menschen, die ihren Leib als artikuliert, das heißt, nicht als eine vage Masse, sondern klar getrennt von der Umgebung erfahren.»

Wenn die Außenwelt als artikuliert erfahren wird, so gilt dies für das ‹Innen› ebenso. Die mit der Körperschema-Artikulation verbundene Erfahrung separater Identität geht nun auch, wie zu erwarten ist, mit einer Ich- bzw. Selbsterfahrung einher, ‹die sich in zwischenmenschlichen Begegnungen behaupten kann, die, vor kognitive Probleme gestellt, die Gegenstände klar in Fokus bringt und damit eine Grundlage intellektueller Bewältigung schafft, und die schließlich gegenüber Haltungen, Gefühlen und Notwendigkeiten anderer Menschen eine eigene Haltung bewahrt›» (Witkin).

4 H. A. Witkin u. a.: Psychological Differentiation. New York. London, 1962.

Diese Modi können jedoch nicht als organisch festgelegte Typen verstanden werden, sondern scheinen den Charakter individueller Aufforderungen zu haben, d. h. differenzierter typischer Begegnungen mit der Welt, welche daraus sich entwickelnde Antworten des Denkens und Handelns erheblich beeinflussen.

Witkins Untersuchungen, die ausschließlich auf kognitive Aspekte gerichtet waren, haben aus longitudinalen Studien jedoch auch entnommen, daß von der frühesten Kindheit zum siebten Lebensjahr hin sich die Artikulation des Körperschemas mit der dazugehörigen analytischen Welterfahrung verstärkt und daß das einzelne Kind im Alter von zehn Jahren, relativ zur Gruppe, eine der beiden Wahrnehmungsmodi bevorzugt und daß sich schließlich diese Bevorzugung bei Nachuntersuchungen im siebzehnten Lebensjahr nicht geändert hat.

Die Vermutungen Witkins und seiner Mitarbeiter haben offenbar weitgehende Konsequenzen. Einmal scheint das Kind in seinen Lernleistungen und seinem sozialen Verhalten entscheidend von der Artikulation seines Körperbildes im oben genannten Sinne der Individualisierung abhängig, zum anderen aber scheint das zehnte Lebensjahr, mit der damit zusammengehenden verinnerlichten Selbst-Erfahrung des Kindes, eine kritische und entscheidene Phase zu sein, in der die Relation von feldabhängigem und -unabhängigem Verhalten eine bedeutsame Konsolidierung erfährt.

Die Bildung des Körperschemas im siebten Lebensjahr stellt einen Prozeß der Kristallisation oder Synthese in bezug auf die unteren Sinne dar, der zur Artikulation bzw. Konzentration führt und gegenüber in die Leibessinne eingebetteter Wahrnehmung der frühen Kindheit allozentrische bzw. analytische Wahrnehmung *möglich macht.* Das Ich führt die unteren Sinne gleichsam in das Zentrum des Fühlens des Rhythmischen. Indem das Kind fähig wird, Objekte unabhängig von ihren mannigfachen Positionen des Eingebettet-Seins in der Welt in den Blick zu bekommen, erlebt es sie vermittels der Unteilbarkeit und Ganzheit seines Körperschemas nach dem siebten Lebensjahr als *individuell-real.* In der *Realitätserfahrung* der Welt offenbart sich die Unteilbarkeit des Leibeslebens als gefühlte existentielle Sicherheit. Bei Kindern, die diesen Reifezustand im siebten Lebensjahr nicht erreicht haben, zeigt sich der Mangel an Artikulation oder Individualisierung des Leibes in der Unfähigkeit, die Welt, wie sie ist, in den Blick zu bekommen und sich an ihr zu erleben. Im Umgang mit diesen Kindern, oft Kinder aus Heimen mit frühem Hospitalismus, fällt dem Erzieher nicht nur die Schwierigkeit allozentrischer Welterfahrung auf, sondern vor allen Dingen die Unfähigkeit dieser Kinder, Abstand zu ihren Leibeserfahrungen zu bekommen und die ihrem Alter notwendige Toleranz auch gegenüber negativen Erfahrungen zu erreichen. Neue Situationen, eine gut gemeinte Kritik oder eine Aufforderung rufen dann oft in diesen Kindern leibliche Reaktionen hervor: Das Kind «verschwindet» gleichsam in seinen Leibeserfahrungen, es gerät «in sich» (nicht außer sich), und das Phänomen der Scham, das sich dabei offenbart, zeigt seine ganze Wirklichkeit:

das Ausgeliefertsein an eine undifferenzierte und nicht individualisierte Leibeserfahrung. Die Welt wird unreal, indem die Erfahrung des individuellen Leibes vage wird oder zerfällt.

Häufiger und schwieriger ist die Situation des Kindes, das bei Störung der Gestalt-Reifung gegenüber der Welt mit Defensivmaßnahmen reagiert. Es gibt Kinder, die selbst bei relativ normal entwickelter Artikulation des Körperschemas starke analytische Haltungen zeigen und unfähig der synthetischen Tätigkeit der Empathie und damit des Interesses am anderen Menschen sind. Eigene Beobachtungen bestätigen, daß diese Kinder dieselben sind, die durch extreme Intellektualisierung, oft verschärft durch schulische Forderungen, in die Isolation geraten. Tritt diese Form der analytischen Haltung *vor* der Gestaltreifung ein, so kommt es bei diesen Kindern zu «Pseudogedächtnisleistungen». Sie zeichnen sich durch ihren Mangel an Realitätsbezug aus, werden von den Kindern wie ein Gegenstand herumgetragen und mit fast undurchbrechbarer Identität gegenüber neuen Situationen als Zwänge festgehalten.

Da diese Gedächtnisleistungen nicht *individualisiert,* d. h. nicht biographischer Natur sind, wird die Welt entweder als irreal oder beängstigend empfunden, und diese Kinder kompensieren ihre Isolation oft durch ein fast symbiotisch anmutendes Abhängigkeitsverhältnis zu einem Menschen, ohne echte Partnerschaft zu erreichen. Unter den vielen Kindern, die wir beobachten konnten, zeigt sich diese Störung der individualisierten Gestaltreife vorwiegend bei psychotischen, aber auch bei autistischen Kindern. Das Ausmaß dessen, was mit der Schädigung des Kindes durch pädagogische Maßnahmen zur Förderung vorwiegend analytischen Wahrnehmungsverhaltens in der Mitte der Kindheit, vor allem aber vor dem ersten Gestaltwandel verursacht ist, beginnt sich schon heute abzuzeichnen.[5]

Die beiden Aspekte desselben biographischen Phänomens wurden von verschiedenen Seiten angeschaut. Das Geschehen, das beide Bereiche verbindet, ist das biographische Grundverhältnis zwischen Mensch und Welt im ersten Lebensjahrsiebt – die Nachahmung. Insofern entsteht das Körperbild um das 7. Lebensjahr nicht nur aus der vorgeburtlichen Gestaltungskraft des Ich, sondern die Umwelt geht unter der allgemeinen Formel der Nachahmung bis zum 7. Lebensjahr in seine Leibgestaltungen ein, weshalb der Leib bis zu diesem Zeitpunkt hin individualisiert, d. h. von Erfahrungen gestaltet in Erscheinung tritt. Die Geburt des Kindes ist mit der physischen Geburt nicht abgeschlossen. Der Leib wird jetzt, nach dem ersten Lebensjahrsiebt, als Gestalt das Bild gelebter Vergangenheit.

5 Auf diese Thematik kann hier nicht im einzelnen eingegangen werden. Dazu: «Verfrühtes Lesenlernen, intellektuelle Akzeleration, menschliche Entwicklung», Sonderheft der «Erziehungskunst», März/April 1968, und E. M. Kranich: Pädagogische Projekte und ihre Folgen. Stuttgart 1969.

Dieses Bild wird im allgemeinen als Körperbild bezeichnet. Die Erfahrung mit behinderten Kindern, deren Leib nicht genügend individualisiert ist, d. h. die den ersten Gestaltwandel nur verzögert durchmachen, zeigt uns eine signifikante Störung der Lernfähigkeit: die Unfähigkeit, bildhafte Vorstellungen im Gedächtnis zu verinnerlichen, wobei Erlebnisse in einer solchen Weise Gewohnheits-Erinnerungen werden, daß sie mit den Leibesprozessen verbunden bleiben und deshalb auch, von ihnen abhängig, spontan, jedoch nicht wirklichkeitsgerecht auftauchen. Sie bleiben mit den ätherischen Bildekräften der Organbildung und des Wachstums verbunden. Der nicht abgeschlossene Gestaltungsprozeß erlaubt nicht die Verwandlung zum Zeitenleib, auf welchem die Gedächtnis-Bildung im 2. Lebensjahrsiebt ruht.

Abschließend:

Der Gestaltwandel wurde hier unter drei Aspekten betrachtet:

Im ersten versuchte ich zu zeigen, daß sich die frühkindliche Phantasie des Kindes begrenzt und sich nach innen wendet.

Unter einem zweiten Aspekt wurde auf die Entwicklung eines individuellen Zeitenleibes nach dem Gestaltwandel hingewiesen, dessen Werde-Vorgänge jetzt nicht mehr auf leibliche Wachstumsprozesse hingerichtet sind, sondern auf die Gedanken- und Gedächtnis-Gestaltung.

Eine dritte, für unseren Zusammenhang wesentliche Dimension, eröffnete sich durch eine neue Selbsterfahrung des Kindes, die um das 9./10. Lebensjahr ihren Höhepunkt zu erreichen scheint. Findet diese Erfahrung, wie im nächsten Kapitel zu zeigen sein wird, ihr Zentrum im Gefühlsleben des Kindes, so bezieht sich der erste Aspekt auf das sich nach innen verwandelnde Willensleben (Phantasie) und der zweite auf die Gedanken- bzw. Gedächtnisfähigkeit nach dem 7. Lebensjahr.

Selbsterfahrung als Haltung kann sich im zweiten Jahrsiebt nur entfalten, indem die nach innen gewendete Phantasietätigkeit des Kindes Gedächtnisbildung aus dem «Vergessen» tätig in Gang bringt und diese Bewegung durch die Haupteskräfte am Zentralnervensystem zum Gedächtnisbild sich befestigt. Die Gedächtnisbildung nach dem 7. Lebensjahr stellt sich dann dar als eine schöpferische, aktive Aneignung vergessener Sinneseindrücke, welche im Prozeß eine Stufe durchläuft, wo in der Mitte des Fühlens dieser Prozeß zur, wenn auch dumpfen, Selbsterfahrung wird, in der das Kind traumhaft schöpferisch ist, bis das Gedächtnisbild schließlich am Horizont des Tagesbewußtseins erscheint. Jeder, der sich auf die Phänomene der Gedächtnisbildung aufmerksam hinrichtet, vermag diesen Dreischritt wahrzunehmen.[6]

6 Siehe im einzelnen die Arbeiten von G. v. Arnim: «Vergessen und Erinnern». In: Heilpädagogik aus anthroposophischer Menschenkunde, Band 1, und H. Poppelbaum: «Gedächtnis und Gedächtnispflege». In: Im Kampf um ein neues Bewußtsein. Freiburg 1948.

Was im Gestaltwandel ansichtig wird, begründet für das Kind seine eigene Zeitenwelt. Die Bildkräfte und die keimhaften Phantasiekräfte der frühen Kindheit treffen sich jetzt nicht mehr als Polaritäten, sondern verinnerlichen sich in der Mitte des rhythmischen Atem-Herzsystems. Die plastizierenden Kräfte begegnen den dynamisch-musikalischen. Diese Begegnung ist, wie wir sehen werden, die menschenkundlich-biographische Grundlage des Alters zwischen 9 und 12.

Die Phantasie wird frei und richtet sich auf Gedächtnis- und Gedankenbildung, wie sie auch zur Erfahrung zwischenmenschlicher Beziehungen frei wird. *Die Gedächtnisfähigkeit* im Zusammenhang mit der frei gewordenen ätherischen Organisation des Kindes verleiht diesem Prozeß Festigkeit und endgültige Gestalt. Insofern die Geist-Seele des Kindes im ersten Lebensjahrsiebt in der Leibesgestaltung verräumlichend wirksam ist, sich inkarniert, tritt das Kind jetzt aus seinem familiären Gewohnheitsraum in die Erdenzeit seiner biographischen Begegnung und Erfahrung mit der Welt. Dies zeigt sich in der Gedächtnisfähigkeit als schöpferischer Zeitgestaltung einerseits und andererseits in die Phantasietätigkeit, in welcher jetzt das Kind seine Willensbewegungen auf eine neue Wahrnehmungsaktivität hin umwandelt. Auf diese Zusammenhänge werde ich später zurückkommen. Derartige biographische Entwicklungsschritte wirken, wie sich im Laufe der Untersuchungen immer wieder gezeigt hat, zugleich auf das soziale Verstehen des Kindes. So geht jetzt die früher im Umkreis erfahrene väterliche Gestalt in Gedächtnis und deren *Gestaltbildung* in die Biographie des Kindes ein. Es erscheint der väterliche «Nomos» der frühen Kindheit jetzt verinnerlicht. Die durchseelten, verinnerlichten Phantasie-Kräfte, die jetzt künstlerisch *schaffend* in der Gedanken- und Gedächtnisbildung werden, verinnerlichen die Erfahrung der Mutter, und das mütterliche Lebenselement geht aus den leiblichen Bildeprozessen in die *schöpferische* Gedanken- und Gedächtnis*tätigkeit* der Biographie des 7- bis 14jährigen Kindes ein.

Exkurs in die genetische Entwicklungspsychologie

> *«Das Denken des Erwachsenen mag als ein vorbestimmtes Modell erscheinen, aber das Kind versteht das Denken des Erwachsenen nicht, bevor es dieses Denken nicht rekonstruiert hat.»* Jean Piaget

Ehe ich in den folgenden Kapiteln versuchen will, jene biographischen Erfahrungen darzustellen, die nach dem 7. Lebensjahr und im besonderen an der Wende vom 9. zum 10. Lebensjahr die kindliche Denkbewegung begleiten, ist es für den entwicklungspsychologisch interessierten Leser nützlich, die Darstellung der naturwissenschaftlichen Entwicklungspsychologie anhand eines ihrer hervorragendsten und maßgebendsten Vertreter, Jean Piaget, aufzugreifen.[1] Es liegt in den jahrelangen experimentellen Forschungen Piagets jetzt eine umfassende Darstellung der Stufen des kindlichen Erkennens vor, die sich prinzipiell darum bemüht, die Zusammenhänge von Wahrnehmung und Denken und die Metamorphosen dieser Zusammenhänge in den verschiedenen Lebensaltern darzustellen. Die folgende Betrachtung soll nicht als eine Einführung in das Werk Piagets verstanden werden, sondern als ein Versuch, die für unsere folgenden Untersuchungen relevanten Ergebnisse Piaget dem Leser nahezubringen mit der Fragestellung, in wie weit diese durch eine biographische Phänomenologie fruchtbar erweitert bzw. ergänzt werden können.

Wir können im Verfolg der genetischen Theoriebildung Piagets in Bezug auf die Entwicklung des kindlichen Denkens bedeutsame Anregungen erfahren, insofern als Piaget davon ausgeht, daß die Sinneserfahrung und die kognitiven Leistungen des Kindes nicht als eine passive Aufnahme und Verarbeitung zu verstehen sind, deren Gesetze von der Außenwelt bestimmt werden, sondern als genuine, aktive Konstruktionen der Wahrnehmungswelt. Diese streben generell immer auf ein Gleichgewicht hin (Äquilibriation), welches das Kind auf verschiedenen Stufen, z. B. der frühkindlichen Sensomotorik und später in gedanklichen Operationen, zu gewinnen sucht, die jedoch auch immer störbar sind und immer wieder neu auf sich steigernden Ebenen der Abstraktion gewonnen werden müssen. Der Begriff des Gleichgewichtes bei Piaget wird verstanden als ein dynamischer zwischen Po-

1 Diese Ausführungen beziehen sich im Wesentlichen auf J. Piaget: The Psychology of the Child, New York 1969, «Theorien und Methoden der modernen Erziehung», Wien – Zürich – München 1972, «Einführung in die genetische Erkenntnistheorie», Frankfurt 1973.

laritäten, die grundsätzlich jede kognitive Leistung bestimmen: Die Akkomodation an die Erfahrung der Welt und die Assimilation als die aktive Aneignung, wobei beide Elemente jeden Erkenntnisprozeß auf allen Ebenen gestalten. So sieht Piaget z. B. die Nachahmung des ersten Lebensjahrsiebts als ein Überwiegen der Akkomodation über die assimilatorischen Leistungen, während im frühkindlichen Spiel derselben Lebenszeit die Assimilation gegenüber der Akkomodation überwiegt.

Wenden wir uns zunächst denjenigen von Piaget an vielen Experimenten und mit den verschiedensten Objekten untersuchten «konkreten Operationen» zu, welche, nach Piaget, das Denken des Kindes und dessen Entwicklung zwischen dem ersten Grundschuljahr und dem 12. Lebensjahr bestimmen. Der Begriff «konkrete Operation» bedeutet vereinfacht ausgedrückt, daß die gegenständliche Welt durch internalisierte Handlungen (Operationen) in ein Netz von Gruppierungen einbezogen wird, wobei die damit verbundene Gedankentätigkeit des Kindes sich noch eng am Gegenstand entwickelt, d. h. konkret ist. Das Wesentliche der hier vorliegenden Theoriebildung liegt darin, daß internalisierte Handlungen jetzt als nicht sinnlich beobachtbare und reversible gedankliche Operationen auftauchen und das Kind die für das Erkennen der Welt notwendigen Strukturen nicht mehr wie in der frühen Kindheit am äußeren Handeln entwickeln muß.

Wo Piaget von «Strukturen» spricht, hat er im Bereich der frühkindlichen Sensomotorik die inneren Ergebnisse im Auge, die das Kind sich in seinem manuellen Umgang mit der Gegenstandswelt, also handelnd, bildet. Dadurch entsteht schon um das 2. Lebensjahr herum jene von dem Kind räumlich erfaßte Gegenstandswelt, in welcher Objekte im Raum als Form konstant erlebt werden können. Piaget sieht in diesem Schritt zu einer gegliederten Gegenstandswelt, die gegenüber dem Tier für den Menschen spezifisch ist, die Entwicklung einer Handlungsintelligenz, die jedoch noch nicht zur Verinnerlichung einer Gedankenintelligenz im Sinne konkreter Operationen fortgeschritten ist. Er betrachtet aber diese sensomotorische Intelligenz als einen genetischen Vorläufer späterer konkreter Operationen. Was konkrete Operationen zu leisten vermögen, sei an einem der zahlreichen experimentellen Beispiele Piagets geschildert: Etwa bei dem Versuch, in dem eine bestimmte Flüssigkeitsmenge aus Glas A in ein engeres Glas B oder ein weiteres Glas C umgegossen wurde, wird von den 4 bis 6 Jahre alten Kindern dieser Prozeß so wahrgenommen, daß sie sagen, die Flüssigkeit hat ab- oder zugenommen. Die Gesichtspunkte jüngerer Kinder sind von der «Erscheinung» bestimmt, und die Transformation ist noch nicht als eine reversible Bewegung von einem Stadium derselben Flüssigkeit in ein anderes verstanden. Schon bald nach dem 7. Lebensjahr sagt das Kind beim selben Experiment: «Es ist dasselbe Wasser», oder es sagt: «nichts ist weggegossen oder hinzugefügt», oder: «das Wasser ist höher, aber das Glas ist enger, so bleibt die Menge gleich». So lernt das Kind jetzt auch die Form etwa einer Kugel aus Knetwachs und die Form einer Wurst aus dem selben Material und der selben Menge miteinander in Beziehung zu setzen. Es erfährt dabei zunehmend nach dem 7. Lebensjahr die *Menge* gegenüber der Verschiedenheit der Form als *konstant*.

Piaget hat diese zentrale Ausgestaltung des operativen Denkens als «operative Konservierung» beschrieben. Sie beinhaltet, daß das Kind gegenüber einer früheren Entwicklungsperiode nicht zwei verschiedene Formen wahrnimmt, die meist mit dem Wort Ball oder Wurst bildhaft bezeichnet sind, sondern daß es über die sichtbare und auch sprachlich formulierte Gestalt hinaus eine unsichtbare Relation herstellt, die zum Begriff der Konstanz der Quantität führt. Dadurch tritt das Denken des Kindes aus dem Raum heraus in die Erfassung zeitlicher Relationen, welche sich nicht mehr an räumlichen Gestaltungen nur orientiert, sondern ein nicht sinnlich Sichtbares gegenüber dem Sichtbaren als ein verbindendes, qualitativ Ganzes ins Spiel bringen, welches Metamorphosen seiner Erscheinung zeitigt. Das Kind beginnt also, die Wahrnehmung verschiedener Erscheinungen der Transformation einem neuen Element unterzuordnen, das dadurch realisiert wird, daß die Aktion des Umschüttens «dezentriert», d. h. abstrahiert wird. Sie kommt damit in das Feld der inneren Wahrnehmung. Charakteristischerweise ist die Tätigkeit des Kindes in Bezug auf konkrete Operationen zunächst auf die «Konservation» der Substanz gerichtet, zwischen dem 9. und 10. Jahr auf die von Gewicht und erst zwischen dem 11. und 12. Jahr auf die Konservierung im Bereich von Volumen. Piaget hat diese Form der Entwicklung konkreter Operationen an vielen Experimenten eingehend geschildert und ist zu der Feststellung gekommen, daß erst im 12. Lebensjahr oder später *das Denken selbst* in die Wahrnehmung einzutreten beginnt und dieser Prozeß erst nach der Pubertät voll ausreift. Diese letzte Stufe der Gedankenbildung, welche dem Denken in konkreten Operationen folgt, wird von Piaget als «proportionale Operationen», d. h. logisch-formale Gedankenbildungen geschildert, welche Hypothesen erlauben und zunächst die höchste Stufe der Intelligenz des reifen Menschen darstellen. Unter diese kann die Erfahrungswelt subsumiert und neu geordnet werden. Offenbar erreicht das Kind in diesem Lebensalter den Umgang mit der Gegenstandswelt im Sinne der kausalen Bestimmtheit. Die Welt wird in Gedanken erfaßbare Außenwelt, die deren eigenen Gesetzen gehorcht und untergeordnet werden kann und an deren Entstehung das Kind vom 9. bis zum 12. Lebensjahr arbeitet. [1]

Die Untersuchungen Piagets zeigen, so kann gefolgert werden, daß im Beginn der konkreten Operationen dem Kind die Fähigkeit zukommt, sich nicht nur durch die mit dem Handeln verbundenen Schemata mit der Gegenstandswelt in Beziehung setzen, sondern seine Handlungen selbst, «internalisiert» als erfahrene Veränderungen von Bewegungsformen, in den Bewußtseinshorizont zu bekommen, imaginativ zu antizipieren, aber auch zu erinnern. Derartige gedankliche Transformationen bleiben also nicht am «Leibe», sondern werden frei in der

Tätigkeit der Gedankenbildung als gedankliche, nicht sinnlich wahrnehmbare Welterfahrung, deren Inhalt schließlich in Begriffen aufleuchtet. Anhand anderer experimenteller Untersuchungen weist Piaget darauf hin, daß in den konkreten Operationen ein erlebter Zeitablauf, im Sinne von Transformationen und deren Umkehrungen in der Gedankenbildung auftaucht: So nimmt das Kind die Transformation einer wahrgenommenen Geraden zu einem Bogen jetzt nicht mehr nur als zwei in einem Raume nebeneinanderstehende Formen wahr, die sich räumlich von ihrem Ende her, also entsprechend der Länge, differenzieren, wie dies beim Kleinkind noch der Fall ist, sondern das Kind vermag jetzt die Transformation von zwei Objekten in der Zeit zu imaginieren, d. h. denkend zu vollziehen. Es wird jetzt nicht mehr wie früher sagen: «Der Bogen ist kürzer als die Gerade». Später wird dann diese neue Beziehung von Wahrnehmung und Denken im Begriff der Krümmung erfaßbar.

Piaget hat das Verhalten des jüngeren Kindes so charakterisiert, daß er sagt: «Das Kind kann noch nicht sukzessive Abläufe in der Transformation *vorstellen*.» Die Aufmerksamkeit bleibt bei den Enden der entsprechenden räumlichen Figur. Das jüngere Kind vor dem 7. Lebensjahr erinnert nach Piaget eine Figur noch figurativ-statisch, entsprechend der Assimilation zu Handlungsschemata, die noch nicht die freie Beweglichkeit zeigen, wie sie nach dem 7. Lebensjahr zur Verfügung steht.

Im Zusammenhang mit diesen Untersuchungen hat Piaget vermutet, daß die operationalen Transformationen in dieser Art in einem engen Zusammenhang mit der sich wandelnden Wahrnehmungskompetenz des Kindes im 2. Lebensjahrsiebt stehen. Wenn wir Piaget recht verstehen, ist er der Auffassung, daß im 2. Jahrsiebt das Kind in die Lage kommt, die Gegenstandswelt aus ihrer frühkindlichen Bindung an bildhafte Vorstellungen heraus zu lösen, d. h. seine Wahrnehmung auf den individuellen Gegenstand im Sinne einer Analyse zu *zentrieren*, d. h. von einer frühkindlichen Vorstellungswelt zu «dezentrieren». Piaget hat zu dieser Frage die folgenden experimentellen Befunde beigetragen:

1. Die Wahrnehmungs-Aktivität geht von dem Verhalten jüngerer Kinder, die erwarten, alles zu sehen, in eine auf den Gegenstand zentrierte, explorative Aktivität über. Die Fixierung auf einen Gegenstand wird von dem Bedürfnis nach einem «Maximum an Information und einem Minimum an Verlust» geleitet. Dies bedeutet, daß das Kind jetzt zunehmend zum 9. bis 10. Lebensjahr systematisch explorativ den Gegenstand von allen Seiten perzeptuell angeht und damit die Vielseitigkeit eines Gegenstandes entdeckt, seine «Basis-Struktur».
2. Augenbewegungen (dasselbe kann auch von anderen Bewegungen gesagt werden) sind besser kontrolliert und gegenstandsbezogener.
3. Das Kind wird im 2. Lebensjahrsiebt zunehmend fähiger, gleiche Längen in verschiedenen Raumesrichtungen, also etwa eine horizontale und eine schräge

Linie korrekt zu schätzen, indem es von nur räumlichen *Richtungen* abzusehen und sich auf Relationen (Länge–Richtung) einzustellen lernt. Die Sinneserfahrung bewegt sich damit in eine der früheren globalen Wahrnehmung des Kindes entgegengesetzte Richtung.

Es zeigt sich, daß der Begriff der Konstanz nicht wie der der «Objektkonstanz» der frühen Kindheit sich auf die räumliche Welt bezieht, sondern jetzt eine Erfahrung in der *Dimension der Zeit* wird. Wir halten fest, daß konkrete Operationen im Gegensatz zu der Gestaltwahrnehmung, d.h. der Ganzheit von Wahrnehmung und Bild in der ersten Kindheit, individuelle, aktive Denk-Handlungen beinhalten, die den Gegenstand im Sinne seiner Zeitlichkeit übergreifen. Dies bedeutet aber, daß der Gegenstand als Werdender und Vergehender in die Erfahrung kommt, von der sich das Prinzip der Reversibilität denkerischer Prozesse ableiten läßt. In der Werdezeit der Dinge und ihrer Erfassung durch das Denken begründet sich nicht nur dingliche Konstanz, sondern zugleich eine Konstanz des eigenen Daseins, die nicht mehr von den wechselnden Formen der Erscheinung abhängt. Dieser zentrale Begriff Piagets innerhalb des konkreten, operativen Denkens, der seiner Natur nach eng mit dem der Konservierung verbunden erscheint, bildet sich vom 7. Lebensjahr an zum 9./10. Lebensjahr als eine Gleichgewichts-Leistung (Äquilibriation) im Sinne Piagets zwischen der Akkomodation der Wahrnehmung der Umwelt und der assimilatorischen Leistung als Tätigkeit konkreter Denkoperationen. Diese führen zu einem Weltinhalt, der aktiv geschaffen wird und nicht sinnlicher Natur ist.

Wir vermuten, den formalen Untersuchungen Piagets folgend, daß der Begriff der Konstanz, wie er hier dargestellt worden ist, von hoher biographischer Bedeutung ist, und werden im nächsten Kapitel diese Vermutung weiterverfolgen. Konstanz entsteht erst in dem Maße, als das Subjekt denkend den Gegenstand erfaßt, indem er auf ihn zu wirken vermag (Piaget), das Subjekt also ein Gedanken-Tätiges wird. Diese neue Organisation von Wahrnehmung und Denken stellt sich in der Mitte der Kindheit zentral in den Strom der sich entwickelnden Biographie. Im träumenden, seelischen Erleben der Konstanz weiß das Kind im 2. Lebensjahrsiebt sich zum ersten Mal als gedankenschaffend und vermag ahnend zu lernen, daß sich die Gestalten, d.h. die Erscheinungen der Welt ändern, ohne Konstanz, d.h. ihre Identität zu verlieren. Damit verknüpft sich das Denken als eigene Tätigkeit mit einer Freiheitserfahrung, die zugleich Maß beinhaltet. Eine derartige Metamorphose wird, wie wir gesehen haben, von Piaget zurückgeführt auf ihren Ursprung in der sensomotorischen Periode der ersten 18 Lebensmonate. Piaget meint, daß die verinnerlichten Handlungen, die die konkreten Operationen ausmachen, zunächst einmal in ihrem konkreten Vollzug beherrscht werden müssen. «Sie erfordern ein System effektiver materieller Handlungen. Denken heißt u.a. ordnen oder gleichsetzen, vereinen oder trennen usw. All diese Operationen muß man jedoch zunächst konkret ausgeführt haben, bevor man in der Lage ist, sie geistig zu vollziehen. Deshalb bedarf es einer langen Übung der konkreten Handlungen, um die Teilstrukturen des späteren, konkreten Denkens zu entwickeln.»[2] Es ist nun wichtig zu beobachten, daß der Entwicklung des «Denkens am Handeln» in der frühesten Kindheit eine lange, viele Jahre dauernde Periode folgt, die Piaget als die Phase der prälogischen Symbolik bezeichnet hat, ehe nach dem 7. Lebensjahr konkrete Operationen in Erscheinung treten können. In dieser Phase spielen alle Symbolfunktionen, wie sie Piaget nennt, vor allem aber die Sprache, aber auch die Nachahmung und das Spiel sowie die bildhaften Vorstellungen eine hervorragende Rolle. In einer Reihe von Arbeiten über die sich entwickelnde Zeitstruktur des Kindes hat sich Piaget der Frage dieser Verzögerung im Erscheinen des konkreten Denkens gewidmet. Warum, so fragt er, treten die operativen Denkleistungen nicht gleichzeitig mit der Sprache und der Symbolfunktion auf, warum müssen wir mit der Quantitäts-Invarianz bis zum 8. Lebensjahr und mit den übrigen Begriffen sogar noch länger warten, anstatt daß sie mit der Symbolfunktion des ersten Jahrsiebts, d. h. mit der Fähigkeit, zu denken und nicht nur materiell zu handeln, einhergehen? Piaget beantwortet diese Frage, indem er sagt: «Handlungen, die im materiellen, konkreten Bereich zu bestimmten Ergebnissen geführt haben, können nicht ohne weiteres und unmittelbar verinnerlicht werden. Vielmehr muß im Bereich des Denkens neu erlernt werden, was aus dem Gebiet des Handelns bereits erlernt wurde. Diese Verinnerlichung ist in Wirklichkeit nicht nur eine Übertragung, sondern eine Restrukturierung, eine *Verschiebung*, die einige Zeit erfordert.»[3]

Auf die Bedeutung dieser «Verschiebung» für die Biographie des Kindes werde ich in den weiteren Ausführungen zurückkommen, da sie offenbar einer positiven biographischen Interpretation bedarf, die Piaget nicht gibt. Hier sei zunächst nur einer der von Piaget geschilderten Zusammenhänge ins Auge gefaßt. Allgemein ausgedrückt, hat Piaget sich zu zeigen bemüht, daß in der Art der Wahrnehmung von Sinnesdaten dieser Periode der Mitte der Kindheit die Anlässe operativen, d. h. internalisierten Handelns liegen, und behandelt deshalb diese zu Begriffen führende Tätigkeit als Abstraktion der Handlung am Objekt. Es wird jedoch zu zeigen sein, daß sogenannte «Sinnesdaten» Ausgangspunkt verschiedener Entwicklungswege sind: Einerseits zum experimentellen Handeln und zum begrifflichen Denken, andererseits aber auch zur Verwandlung der Handlung in die Sprache als einer neuen Stufe der Weltbewältigung. Die Beziehung dieser Wege zueinander ist nicht eine kausale, sondern scheint im Kern das existentielle Problem der Beziehung von Begriffen als Ordnung der Welt und des Sprechens als

2 J. Piaget: «Der Zeitfaktor in der kindlichen Entwicklung». In: Probleme der Entwicklungspsychologie, Frankfurt 1976.

3 Piaget a. a. O.

moralisch-kommunikative Qualität zu beinhalten. Die von Piaget ausgearbeitete Entwicklungspsychologie bezieht sich zentral auf die Ausarbeitung von gedanklichen *Strukturen* und deren Elaboration von der frühen Handlungsstruktur zu Gedankenstrukturen. Der Gesichtspunkt, unter dem Jean Piaget vorgeht, ist ein formal-logischer, dessen Prüfung das Experiment.

In einer Erweiterung der Position Piagets, in welcher er seine Untersuchungen angestellt hat, interessieren uns hier insbesondere die mit «Operationen» verbundenen, sich wandelnden Selbsterfahrungen des Kindes, die wir biographische Erfahrung genannt haben. Das Verhältnis von Erfahrung und gedanklicher Struktur spielt nun im Leben des Menschen eine ganz außerordentliche Rolle. Strukturen, so scheint es, die eine Generalisierung enthalten und auf einer gewissen Höhe der Abstraktion – wie beim Begriffe-Bilden – stehen, gewinnen ihre biographische und soziale Wirksamkeit nur in dem Maße, als sie mit Selbst-Erfahrung und schließlich Selbsterkenntnis verbunden sind. Wir können aber zunächst festhalten, daß die von Piaget gemeinten konkreten Operationen im Gegensatz zu der Gestaltwahrnehmung der Ganzheit von Wahrnehmung und Bild in der ersten Kindheit individuell aktive Denk-Handlungen sind, die den Gegenstand im Sinne seiner Zeitlichkeit übergreifen. Dies bedeutet aber, daß der Gegenstand als Werdender und Vergehender in die Erfahrung kommt, von der sich das Prinzip der Reversibilität denkerischer Prozesse erst ableiten läßt. In der Werdezeit der Dinge und ihrer Erfassung durch das Denken begründen sich nicht nur *dingliche* Konstanz, sondern prinzipiell eine Konstanz des eigenen Daseins als Erfahrung, die nicht mehr von den wechselnden Formen der Erscheinung abhängt. Damit entsteht aber auch gleichzeitig eine neue Dimension eigener Identität, d.h. Selbsterfahrung für das Kind zwischen dem 9. und 12. Lebensjahr. [2]

Wir müssen festhalten, daß dingliche und logische Identität und personale Identitätserfahrung nicht identisch sind, sondern in einer noch zu untersuchenden Weise sich aufeinander beziehen müssen, soll der Mensch im Menschlichen bleiben. Die wahrgenommene Welt gliedert sich um das 9. Lebensjahr zum ersten Male in «Individualitäten» der Dinge in der Begegnung. Die Dinge tragen jetzt das Zeichen von Geschichte, und das Kind selbst erfährt sich als Individualität in ihnen. Die Wirklichkeit der Dinge, in die sich die Welt differenziert, gründet sich in einem neuen IchBewußtsein als «Faktum». Die jetzt in diesem Lebensalter auftauchenden endlosen Fragen nach den Ereignissen des eigenen Lebens, der eigenen Herkunft, sprechen die Sprache des biographischen Gedächtnisses, das sich an der Wahrnehmung der Dinge als «Gewordene» wiederfindet. Wie im folgenden Kapitel gezeigt werden soll, bedarf die Erfahrung personaler Identität vor allem der Weiterbildung des Gedächtnisses. Die Erfahrung von Konstanz im Sinne Piagets gegenüber dem «Schein» der Sinneserfahrung bedeutet also in Bezug auf die durch unsichtbare Akte hergestellten zeitlichen Relationen in den Dingen, welche später zum Begriff der Kausalität führen, zugleich die Entstehung biographischer Ich-Erfahrung als einer *konstanten* Erfahrung. H. Rauh[4] hat in einer bemerkenswerten Studie darauf hingewiesen, daß erst nach dem 7. Lebensjahr diese Form der Identitätserfahrung und die darauf folgende Konstanz-Erhaltung möglich werden. In der frühen Kindheit sind die verschiedenen Erlebnisse von Identität eines Gegenstandes zu seinen Wandlungen und Beziehungen nicht bleibend da, da sie sich nicht auf quantitative, definitorische und räumliche, sondern akzidentelle Struktur-Aspekte beziehen. Echte Konservierung im Sinne des Konstant-Bleibens bedeutet, daß das Kind in der Lage ist, «aufeinanderfolgende Situationen aufeinander zu beziehen, eine aus der anderen zu erklären oder vorherzusagen», wobei diese Tätigkeiten im «Verhalten des Kindes eine Bestätigung finden». Rauh bemerkt, daß diese Wandlung in der mittleren Kindheit auf kausale Welterfahrung hingerichtet ist und eng mit der Erfahrung eigener Identität als denkendes Wesen verbunden ist. Gegenüber der frühen Kindheit bedeutet aber dieser Schritt auch eine analytische Krise als Individuation, die sich im Willens-Gegenstoß des Denkens wieder dem allgemein Menschlichen zuwendet: Der Verallgemeinerung des einzelnen Objekts im Begriff und später, nach dem 12. Lebensjahr, im Begriffs-System. Mit anderen Worten: Gewordenes geht in Werden über, Werdendes vermag sich auf Gewordenes zu beziehen. Von diesem Augenblick an erfaßt das Kind das Wesen der personalen Identität, deren Signatur Reversibilität in der Zeit ist: Hier zeigt sich schon deutlich der pädagogische Wert der Ermutigung des Lernens zwischen dem 9. und 12. Lebensjahr und seine Richtung: Ermutigung zu gefühlhaft-gedanklicher Bewegung, die sich über die Unwiderruflichkeit materieller Erscheinungen hinwegsetzt. Perspektiven und zeitliche Relationen entstehen aus ihrer frühen Gebundenheit an den Raum in dem Augenblick, wo das Kind in der Mitte des Rhythmischen, wo in Atmung und Herzschlag Vergangenheit und Zukunft sich begegnen, sein Zentrum entdeckt und in ihm die Freiheit und Sicherheit unendlicher Relationen. Die Dialektik von Gedächtnisbildung und Phantasietätigkeit scheint in ihrer dynamischen Mitte dasjenige zu begründen, was wir *Realität nennen*: Gegenwart als Selbsterleben in der Begegnung mit der Welt. Die Genese der Begriffsbildung im Sinne der konkreten Operation Piagets hat uns jetzt zwei deutliche Schritte erkennen lassen: Im ersten bekommt das Kind Distanz von der alten, im Sinnbild eingebetteten phänomenologischen Erscheinung der Dinge. Wir wollen diesen Schritt den analytischen nennen. Im zweiten Schritt wird die jetzt so neu konstituierte Erfahrungswelt der Sinne in ihrer Relation erfaßt, und die Erscheinungen der Transformation selbst (als internalisierte Willenshandlungen) kommen in die gefühlsgetragene Wahrnehmung des Kindes. Dabei werden in diesem zweiten Schritt Konstanz und Reversibilität wahrnehmbar, auch wenn sie noch nicht in begriffliche Formulierungen eingehen. Die Erfassung des Begriffes selbst stellt den dritten Schritt dieser Entwicklung dar.

4 H. Rauh: Entwicklungspsychologische Analyse kognitiver Prozesse. Weinheim 1972.

In diesem kommt das Denken selbst zum Bewußtsein. Mit dem dritten Schritt wird die Erfahrung von der zeitlichen Bewegung überschritten und im Begriff fest. Dieser Ansatz wird im nächsten Kapitel weiter ausgeführt werden.

In der Richtung auf das oben Gesagte hat die kognitive Theorie Piagets schon immer auch Kritik erfahren. Sie bezieht sich vor allem auf die Erkenntnis-Lücke, die zwischen experimentellen Befunden und der Wirklichkeit der kindlichen Biographie bestehen. Amerikanische Untersuchungen sind von der Erfahrung der hohen Ablenkbarkeit der perzeptiven Aufmerksamkeit des Kleinkindes ausgegangen und haben angenommen, daß Sinneswahrnehmung und Vorstellungsbild im frühen Kindesalter eng miteinander verbunden sind. Das kleine Kind kann noch nicht die «Basis-Struktur» der Welt erfassen und deren invariante Züge. C. Kuhlmann[5] hat in einer auf dieses Problem gerichteten Untersuchung festgestellt, daß die kognitiven Operationen des «bildhaften Denkens», wenn sie auch vergangene Erfahrungen konservieren, auf räumlichen, zeitlichen und qualitativen Eigenschaften der Erfahrung beruhen. Objekte werden z. B. nach dem Prinzip der Kontiguität oder dominanten *wahrnehmungsmäßigen* Ähnlichkeit gruppiert. Kuhlmann hat in diesem Zusammenhang festgestellt, daß diese Form der Erfassung der Welt, typisch für das kleine Kind, den Erwerb von Begriffen im Schulalter behindern kann. Sie hat schließlich gezeigt, daß der Erwerb von Begriffen durch eine Krise der Welt-Erfahrung hindurchgehen muß, die sich vor allem im Bereich der Sinneserfahrung abspielt. Das kritische Stadium ist nun für das Grundschulalter besonders deshalb wichtig, weil zwischen dem 9. und 10. Lebensjahr in Kindern häufig Störungen auftreten, die nicht als bloße Denkstörungen zu werten sind, sondern im genetischen Vorfeld der Sinneserfahrung liegen. Diese Kinder, die dann Lese- und Schreibstörungen im 9. bis 10. Lebensjahr zeigen und eine geringe Fähigkeit zu Begriffsbildeprozessen haben, sind gleichsam im «anschaulichen Denken» stehengeblieben und benützen oberflächliche Züge der Gegenstände zu deren Gruppierungen. Andere Untersuchungen weisen darauf hin, daß das Kind vor dem 8. bis 9. Lebensjahr anschaulich denkt und Anschaulichkeit als Grundlage von Gruppierungen verwendet. Auch Wygotski hat in seiner bedeutenden Arbeit «Denken und Sprache» darauf aufmerksam gemacht, daß in der frühen Kindheit nicht nur die Bilder, sondern vor allem das Wort eine Kontinuität von Objekten zusammenfaßt, die bestimmt ist von der Weise, wie sinnliche Wahrnehmung des Kleinkindes in «seinem Geist zu einem Bild zusammenfließen». Erst nach dem 7. Lebensjahr wählt das Kind Objekte auf Grundlage einer «komplexen Beziehung», die durch die unmittelbare Wahrnehmung des Kindes erzeugt wird. Pädagogisch sind mit diesen Fragestellungen wichtige praktische Gesichtspunkte verbunden: Wenn sich das begriffliche Denken an einer Umstrukturierung der Sinneswahrnehmung des Kindes nach dem 7. Lebensjahr ent-

5 In: Buner, Olver, Greenfield: Studien zur kognitiven Entwicklung. Stuttgart 1971.

faltet, so entsteht ein weiteres, für die Übergangszeit von der Familie zu der Schule wichtiges Problem. Durch welche Arten von Materialien, d. h. Gegenstände kann das Kind sein begriffliches Denken besonders entfalten? Die extrem experimentelle Richtung, die Piaget eingeschlagen hat, wirft diese Frage nur ungenügend auf. J. M. Hunt hat dazu zeigen können, daß der Beginn konkreter Operationen stark schwankt. Wenn neue Gedankenformen gebildet werden, scheint zugleich eine kritische Zeit vorzuliegen, die mit einem Identitätsproblem der kindlichen Individualität zusammenhängt, das zunächst nicht primär gedanklicher Natur ist. Warum ein «Disäquilibrium» in der Übergangsphase von der Familie zur Schule oder von der Zeit vor dem 7. Lebensjahr zur Grundschule auftritt, wurde von Hunt untersucht: Das Kind kann offenbar seine Sinneswahrnehmungen nur dann kritisch wandeln, wenn es mit Dingen konfrontiert wird, die eine Beziehung zur frühkindlichen Familiarität des Umgangs haben und nicht zu weit von ihr entfernt sind. Sie müssen aber zugleich auch durch ihre Andersartigkeit einen neuen «ansprechenden» Charakter haben.

Von besonderem Interesse sind dabei Untersuchungen in primitiven Kulturen, wie etwa in Australien, wobei festgestellt wurde, daß konkrete Operationen ihr Maximum erst im 19. Lebensjahr haben. Dies scheint damit zusammenzuhängen, daß das Kind in diesen Kulturen eine familiäre und stammeshafte Kontinuität erlebt, die nicht von schulischen und gesellschaftlichen Ansprüchen unterbrochen wird. Biographie bleibt wesentlich eingebunden in das Kollektiv. Hunt argumentiert, daß die Ergebnisse kurzfristiger Lehrbegegnungen und experimenteller Untersuchungen wenig Bedeutung haben; sie sind ebenso erfolgsarm wie langfristige Übungsvorgänge hinsichtlich der Leistung konkreter Operationen. Nach Hunt sind diese Prozesse von außen nicht gültig lehrbar.

Angesichts dieser Frage bezüglich der Entwicklungstheorie Jean Piagets muß sich die Aufgabe stellen, zu ermitteln, in welcher Dimension der kindlichen Biographie sich der Übergang der früheren zur mittleren Kindheit und zu den ersten Begriffsbildeprozessen nach dem 12. Lebensjahr herstellt. Zugleich wird damit auf eine wichtige pädagogische Aufgabe in der mittleren Kindheit hingewiesen, die nach der Beteiligung des ganzen Menschen in der Entstehung von sekundärer Begriffsbildung fragen muß. Die Beantwortung dieser Frage ist Gegenstand des nächsten Kapitels.

Die Atemreifung

«Selbsterkenntnis ist notwendig und geht aller Art von Erkenntnis voraus.» S. I. Hayakawa

«Der ganze Mensch ist an der Logik beteiligt.» R. Steiner

Wir haben in den vorangegangenen Untersuchungen und in kritischer Auseinandersetzung mit den Arbeiten *Piagets* einen Kreis von Problemen eröffnet. Er hat zum Zentrum die Frage nach dem Zusammenhang der Entwicklung des Denkens der mittleren Kindheit zum Ich-Werde-Prozeß des Kindes, der sich in einer neuen Form der Selbsterfahrung ausdrückt. Wir haben zu ahnen begonnen, daß die *Art* dieses Prozesses für die Weltbewältigung als auch die Identitätserfahrung des reifen Menschen von hoher Bedeutung sein wird.

Wir wollen zunächst weiter die Untersuchungen Piagets verfolgen und vertiefen, aber auch auf schon Bekanntes zurückgreifen. Sie öffnen wichtige Gesichtspunkte zur Anthropologie und Soziologie der menschlichen Gedankenentwicklung in der Begriffsbildung des Kindes, vor allem dann, wenn wir, was Piaget nicht unternommen hat, ihre biographische Bedeutung hinsichtlich der Selbsterfahrung des Kindes untersuchen und die leiblichen Wandlungen als Ausdruck seiner seelisch-geistigen Intentionen zwischen dem neunten und zwölften Lebensjahr mit einbeziehen.

Piaget hat in seinen späteren Arbeiten bemerkt, daß die «Dezentrierung» von einer frühkindlichen Lebens- und Handlungswelt sich nicht nur auf das physische Universum, sondern auch auf die zwischenmenschlichen Bereiche und vor allem die Sprache bezieht. Diese Dezentrierung führt nach Piaget zu der Wahrnehmung verschiedener Perspektiven ein und derselben Sache gegenüber, der Differenzierung von der Welt als bloße Erscheinung und dem Abstand von den eigenen Handlungen. Sie kulminiert, wie wir sahen, in der Mitte der Schulzeit zu einer Wahrnehmung des eigenen Selbst im Gefühlsleben, das heißt, jener sozialen Identität, die Partnerschaft sucht und die im Felde operativen Denkens die von Piaget geschilderte Leistung der Konstanz hervorbringt. Damit stellte sich aber das von Piaget behandelte Problem der Begriffsbildung nicht nur als ein formal logisches, sondern als ein mit der Biographie verbundenes soziales Problem und erscheint schließlich als eine Stufe der Inkarnation, der Ich-Werdung.

Geht die vertiefte Individualisierung und Selbstwahrnehmung «von selbst» auch in die Erfahrung neuer mitmenschlicher Beziehungen über? Ist die Bildung von Begriffen aus den Voraussetzungen der «Dezentrierung» von konkreten Handlungen deren logische, in biologischer Gesetzmäßigkeit zu beschreibende

Folge? Gibt es Störungen und welche? Und vor allem: welche Wege der Pädagogik sind notwendig, damit dieser progressive Prozeß in Gang kommen kann? Welche Rolle spielt das Wie der Begriffsbildungsprozesse für die Reifung des Ich, und wie wirkt es sich auf die Biographie aus?

Nehmen wir zusammenfassend Piagets Untersuchungen über die Entstehung konkreter Operationen zwischen dem neunten und zwölften Lebensjahr wieder auf: Operationen (wie die beschriebene Wahrnehmung von Transformationen) bedeuten die *nichtsinnliche* Wahrnehmung von Zuständen der Welt, durch die das Kind lernt, eine Vergangenheit auf Künftiges zu beziehen, das heißt, eine zeitliche Relation, die nicht mehr bloß räumlich-sinnliche Erscheinung ist, herzustellen, wobei sie selbst als Relation invariant und konstant bleibt. Die Menge des Wassers beim Umschütten in verschieden umfangreiche Gefäße bleibt gleich, obwohl die Erscheinung der Wasserspiegelhöhe in dem schmaleren Gefäß als höher wahrgenommen wird als in dem breiteren. Die Wahrnehmung der Mengen-Konstanz wird erst dann möglich, wenn das Kind einen Beziehungspunkt findet, zu dem Identität bzw. Konstanz *in einer rhythmischen Bewegung* zwischen dem alten und neuen Zustand in Beziehung gesetzt werden kann. Erst dieser Bezug schafft den Begriff der Konstanz. Er geht aus einem Gedanken*rhythmus* hervor, der noch durchaus im Gefühlsleben des Kindes seine Quelle hat und sich zunächst in der Gedächtnisbildung zeigt.

Rudolf Steiner hat den Begriff der *Atemreife* in seinen pädagogischen und heilpädagogischen Vorträgen eingeführt und damit ermöglicht, die Entstehung des Denkens zwischen dem siebten und vierzehnten Lebensjahr von einem neuen anthropologischen Ansatz her zu untersuchen. Es handelt sich dabei um einen Entwicklungsschritt, dessen Mitte im zehnten Lebensjahr liegt und der den ganzen Menschen erfaßt.

Der Atem reift biographisch, bevor die Pubertät einsetzt, die die Geisteswissenschaft unter dem Begriff der «Lebensreife» zu fassen sucht. R. Steiner gebraucht auch den Ausdruck «Erdenreife». Die Wissenschaft kannte den Begriff der Atemreife bisher nur als physiologisches Geschehen im Leben des Neugeborenen. Im Sinne des Vorausgegangenen ist es auch berechtigt, von Rhythmus-Reife zu sprechen, weil die Atemrhythmen des jüngeren Kindes und die damit verbundenen Sinnes-Gedankenprozesse noch von außen reifen. Erst nach dem siebten Lebensjahr wird zunehmend von innen, das heißt, vom sich mit dem Rhythmischen verbindenden Ich selbst regulativ der Atem gestaltet.

Damit rückt die Atemreife in die Tradition psychosomatischer Phänomene, die geisteswissenschaftlich begriffen werden können. Es handelt sich um eine Verinnerlichung des Rhythmischen der Atmung, die aus der frühkindlichen Weite kosmischer Welterfahrung zunehmend zum zwölften Lebensjahr hin den Leib ergreift und sich mit dem Willensleben verbindet. In diesem Prozeß wird zunächst die Motorik individualisiert und ergriffen und verinnerlicht sich zu Gedankenbewegungen. Diesen Vorgang hat auch Piaget im Sinn, wenn er von dem Denken als «verinnerlichten Handlungen» spricht. Das Kind lernt, sich von jener spontanen Motorik zu distanzieren, die durch die Atmung dezentralisiert wird und als Gedankentätigkeit in die Erfahrung rückt, wobei zwar die Motorik nicht aufgehoben wird, aber sich signifikant wandelt. Die Bewegungs-«Kontrolle» (nicht deren Ursache) rückt vom zentralen Nervensystem, dem Haupte, in die Atmung ein.

In diesem Entwicklungsstadium um das neunte bis zehnte Lebensjahr *beginnt* das Kind *Relationen* als Ein-Ausatmungs-Erfahrungen unabhängig von phänomenologischer Wahrnehmung zu erfassen als Bedingung der Konstanz und Reversibilität Piagets. Es ist jedoch noch nicht fähig, feste Begriffssysteme zu bilden. Rudolf Steiner hat nun gezeigt, daß diese Fähigkeit in dem Maße zum 12. Lebensjahr hin wächst, als der Atmungsprozeß über die Muskelorganisation hinaus sich mit der Sehne und schließlich mit der Knochendynamik verbindet.

In diesem Zeitraum tritt gleichsam das Willenshafte des Kindes aus seiner Verbundenheit mit der Welt heraus und verinnerlicht sich an den Organsystemen. Der *Wille zur Erde* reift, indem das Kind «seiner physischen Leiblichkeit, das heißt, der universalischen Welt einen Einfluß auf sein seelisches Dasein gewährt...» «Indem mit dem zwölften Lebensjahr die Glieder verstärkt wachsen, bedeutet das ja nichts anderes, als daß in diese Glieder selbst, vor allen Dingen aber durch diese Glieder die *Schwere der Materie* ihren Einfluß stärker als bisher auf uns ausüben kann. Durch jeden Zentimeter, den der Hebelmechanismus der Beine und Arme wächst, gewinnt mit der Schwere das Tote einen intensiveren Einfluß. Nur dadurch, daß nun das Tote vermehrt wirkt, kann der Wille in der *Überwindung* der Schwere seine von innen kommenden Kräfte intensiver entwikkeln. So sehen wir, daß der junge Mensch mit dem zwölften Lebensjahr tiefer in den physischen Leib hineinsteigen muß.»[1]

Wie das Kind innerhalb der ersten Lebensjahre seinen Stand in der Überwindung der Schwere-Kräfte gewinnt, so erwirbt sich um das zwölfte Lebensjahr jedes Kind eine Selbst-Ständigkeit des Denkens an der universalischen Materie des Leibes. Dadurch erst, in der Verinnerlichung der Inkarnation, wird der Begriff der Kausalität als fester Bezugspunkt möglich, der eine Fülle von «Transfers» erlaubt und an dem sich das Kind einer Objektivität der Welt gegenübergestellt erlebt, die es mit Begriffen zu ordnen vermag. Damit ist eine neue Selbst-Erfahrung erreicht, ehe sich mit dem Beginn der Pubertät der Atmungsprozeß als Fühlen selbst befreit und einer neuen Gestaltung durch das Ich bedarf, die nicht mehr im Denken selbst liegt.

1 E. M. Kranich: Intelligenz, Intellekt, Denken – ihre Ausweitung und Verbindung mit dem Geistig-Moralisschen durch Unterricht: In: Erziehungskunst, Heft 12, Dezember 1971.

Wenn Piaget aus den der Biologie entnommenen Polaritäten von Assimilation und Akkomodation logisch formal schildert, so hat die Geisteswissenschaft diesen Prozeß als Entwicklungsschritt des Ich begriffen, das jetzt in seiner Inkarnation die Tiefen seiner Leibesorganisation erfährt und diese (unbewußte) Erfahrung als Begriffsbildungsprozeß einbringt. Wir haben in der Strukturierung der Begriffsbildung einen Parallelprozeß der frühkindlichen Entwicklung vor uns, dem dort die Objektivierung der Bildekräfte im Gegenstandsbewußtsein entspricht, und dem die *Reifung der Hirnstruktur* organisierend zugrundeliegt. Es ist deshalb formal die bewußte Erkenntnistätigkeit des kleinen Kindes vom Haupt her bestimmt, die des Schulkindes im zwölften Lebensjahr dagegen vom Knochensystem aus. Dazwischen liegt jener nach dem siebten Lebensjahr beginnende Wandel des Bewußtseinsprozesses durch die Atmung hindurch, so daß tatsächlich an den logischen Fähigkeiten des Schulkindes um das zwölfte Lebensjahr herum der ganze Mensch beteiligt ist. Das Denken von oben, vom Kopf her, die primären Prozesse der Begriffsbildung, die ihre Urteile an der Sinneswahrnehmung gewinnen, sind in einer vollständigen Metamorphose in das Denken «von unten» übergegangen, das seine Sicherheit jetzt von innen, dem Knochensystem, her erfährt. An ihm erlebt der Zwölfjährige die *abgeschlossene* Leibwerdung seiner Individualität, deren Spiegelung die Kristallkraft begrifflichen Denkens darstellt. Der im siebten Lebensjahr individualisierte Leib ist Persönlichkeitsleib (R. Steiner) geworden. Zur Erdenreife hin wird dieser Leib Menschheitsleib. Er wird fähig, sich selbst zu reproduzieren. Der Mensch tritt als Gestalt in seinem Knochensystem *generalisiert* auf, gegenüber der *individuellen,* aus der Vergangenheit stammenden Gestaltbildung vom Haupte her.

Während der Pubertät spielen sich nun noch einmal jene Wandlungen ab, in denen das Kind nun nicht nur die Welt entdeckt, sondern aufgefordert ist, sie schöpferisch zu gestalten. Diese Aufforderung, selbst Geschichte zu machen, die Erfahrungen, die Ergebnisse des Willens verantwortlich auf die eigene Existenz zu beziehen und die Fähigkeit zu zeugen, das heißt, einen anderen Menschenleib zur Geburt zu bringen, stellen die dritte Phase und die letzte der Kindheitsreifung dar: die Erdenreife, die zur Ich-Geburt, dem Ich-Leib führt.

Die folgenden Zitate aus den pädagogischen Vorträgen Rudolf Steiners für Lehrer sollen nicht als Beweise angeführt werden, sondern mögen der Orientierung an den originalen Formulierungen Rudolf Steiners dienen, die im Zusammenhang mit dem Vorangegangenen verstanden werden sollen[2]:

«Das Kind bildet sich nach dem Zahnwechsel durch die andersartige Wirkung seines Äther- und Bildekräfteleibes auch so aus, daß sich die Gliedmaßen in dieser Zeit stark verlängern, daß das Muskel- und Knochenleben, das Skelettleben, in

2 Rudolf Steiner: Die gesunde Entwickelung des Leiblich-Physischen als Grundlage der freien Entfaltung des Seelisch-Geistigen. GA 303.

dieser Zeit eine besondere Rolle spielt und sich dem Atmungs- und Zirkulationsleben anpassen will. Das Kind wächst in dieser Zeit, so daß die Muskeln mitvibrieren, zum Teil in hervorragendem Maße mit dem Atmungs- und Zirkulationsrhythmus, daß das ganze Wesen des Kindes einen musikalischen Charakter annehmen will. Während das Kind vorher plastisch tätig war (individuelle Leibesgestaltung) an seinem eigenen Leibe, fängt es jetzt an, ein Musiker zu werden, ein unbewußter, der nach dem Inneren hineinarbeitet.» (R. Steiner) Die Bilder der Sinneswahrnehmung, die vorher (vor dem ersten Gestaltwandel) Kräfte waren, die das Kind selbst stofflich-plastisch durchorganisiert hatten, gehen jetzt über die Bewegungsdynamik in den Rhythmus hinein. Sie dringen nicht mehr in die plastischen Prozesse vor, sondern werden im Rhythmus in ein musikalisches Element umgesetzt. «Im neunten Lebensjahr beginnt das Kind *Verständnis für das Rhythmische selbst zu bekommen.»* (R. Steiner) Hier zeigt sich erst die Grundlage der von Piaget beschriebenen «Reversibilität» des konkreten Denkens, aber auch die konstruktive rhythmische Tätigkeit des zusammenziehenden Denkens zur Festigung der Begriffe. «Mit dem nach dem Zahnwechsel *selbständigen,* durch Atmung und Zirkulation wirkenden Gefühlssystem sondert sich das Kind ab von dem Anderen, und daher wird nun der andere Mensch ein Wesen mit einer Innerlichkeit.» (R. Steiner)

«Gegen das zwölfte Lebensjahr, schon etwas früher, beginnt dann beim Kind erst die Fähigkeit, dasjenige, was vorher nur phantasiegemäß musikalisch, rhythmisch, taktmäßig erlebt sein will, in das bloß Gedankenmäßige überzuführen ... Das Kind will jetzt das Rhythmus- und Taktgefühl in Abstrakt-Gedankliches auslaufen lassen, so wie in dieser Zeit allmählich sich immer mehr und mehr der Teil des Muskels verstärkt, der in die bloße Sehne ausläuft. Vorher ist alles Bewegen mehr auf den Muskel als solchen gerichtet, nachher auf dasjenige, was in die bloße Sehne ausläuft ... Das Einbeziehen des Sehnenlebens, die Verbindung von Knochen und Muskel, das ist der äußere, physische Ausdruck für das Hinausgehen aus dem bloß gefühlsmäßigen rhythmischen, taktmäßigen Element in dasjenige, was nun logisch ist, was nun nicht mehr Rhythmus und Takt hat.»

«Wenn wir das Kind mit wirklicher Menschenerkenntnis beobachten, dann zeigt sich, daß von dem Zeitpunkte, der zwischen dem neunten und zehnten Lebensjahr bis gegen das zwölfte Lebensjahr hin liegt, das Kind alles das, was es seelisch verarbeitet, so verarbeitet, daß vorzugsweise das Muskelsystem in seinen Wachstumskräften überall mitarbeitet. Es geht in dieser Zeit im Kinde eben nichts anderes vor, als daß mit dem Seelischen das Muskel-System mitarbeitet und zwar in seinen intimeren Wachstumskräften mitarbeitet.»

«Das Eigentliche im kindlichen Alter zwischen zehn und zwölf Jahren ist dies, daß Muskeln ein intimes Verhältnis zum Atmungs- und Zirkulationssystem haben. Gegen das zwölfte Jahr hin tritt beim Kind etwas ganz anderes ein. Da wenden sich die Muskeln von ihrem intimen Verhältnis zum Atmungs- und Zirkulationssystem ab und wenden sich zum Knochensystem, zum Skelett, hin, entwikkeln sich so, daß sie sich von da ab an das Skelett anpassen ... Der Muskel wendet sich von seiner Intimität zum Atmungs- und Zirkulationssystem herüber zu einer Intimität mit dem Skelett und Knochensystem. Dadurch paßt sich der ganze Mensch in einer sehr starken Weise an die Außenwelt an, noch in einer stärkeren Weise vom zwölften Lebensjahr ab, als es früher war. Früher war er ja in seinem Muskel-System nach *innen* gerichtet. Er schleppte die Menschenform bloß mit. Jetzt gegen das zwölfte Jahr hin stellt er sich mit seinem Muskel-Wachstum in die Dynamik, Mechanik des Knochen-Systems hinein ... Der Mensch setzt sich in die Knochen hinein, und wenn er geschlechtsreif geworden ist, setzt er sich in die ganze Welt hinein. Da steht er erst in der Welt der Wirklichkeit drinnen.»

«Man muß den Willen, der im Denken liegt, etwa im synthetischen Zusammenfassen von Vorstellungen oder dem analytischen Trennen, wir müssen diesen Willen auch im Organismus aufsuchen. Indem wir in das zwölfte Lebensjahr eintreten, lernen wir ein solches Denken, das nach der Willensnatur seine Vorgänge in den Knochen, in der Skelett-Dynamik, hat.» «In den Bildern liegt nicht die innere Kraft, die in dem Denken wirkt, liegt nicht das Willensmäßige des Denkens. Die Bilder haben das Gehirn zur Voraussetzung.» «Während des Denkens über die physische Natur waltet eigentlich der reale Willensprozeß im ganzen, im vollen Menschen, und zwar gerade für das Denken im Skelett. Wir setzen uns auch mit unserem Denken in das Skelett hinein mit unserem zwölften Jahre.»

Jetzt wird also das Rhythmische selbst zum Gegenstand der seelischen Wahrnehmung. Vergangenheitsgewendete Zusammenziehung und zukunftsgerichtete Ausdehnung – als Rhythmus verstanden, das heißt, als Veränderung in der Zeit – treten als eine Beziehung in Erscheinung. Die Beziehung von Vergangenheit und Zukunft *selbst* wird erlebt und führt zum Begriff, wie etwa dem der Konstanz. Er gilt für alle Fälle, und Zeit wird gleichsam aus dem Rhythmus heraus begrifflich fest-gestellt. [1] Die Zeitgestalt des Gedächtnisses wird noch einmal übergriffen.

Damit gewinnt der Begriff der «Kausalität» jene Bedeutung, die er in der Wissenschaft hat und die ihn für die Zeitigung von Ereignissen an Objekten brauchbar macht. In ihm geht aber auch die Zeit als Erlebnis, das heißt, als Wandlungsmaß menschlich-geschichtlicher Ereignisse verloren und muß «wieder geboren» werden: die Aufgabe der Jugendzeit.

Indem das Kind über den Atmungsprozeß sich zwischen dem neunten und zwölften Lebensjahr in die Knochen-Dynamik einlebt, erfährt es in ihr jene Objektivität des Willens, die in die Welt eingeordnet ist. In der Betätigung des Willens in der Knochendynamik und dessen Wahrnehmung im Schließen des Denkens als kausalische Bestimmung erfährt das Kind seine Teilhabe an der objektiven Welt. «Was der Wille hier vollzieht, ist ein ganz objektiver Vorgang; das ist etwas,

was in der Welt geschieht.»[3] Selbstverständlich bleibt diese Wahrnehmung für das Kind gegenüber den Inhalten des Denkens unbewußt. Sie vermittelt aber jene Sicherheit der Welterfahrung durch das begriffliche Denken, die der Rhythmus des konkret-operativen Denkens des Kindes um das neunte bis zehnte Lebensjahr noch nicht besaß.

«Wenn das elfte, zwölfte Jahr herankommt, dann strahlt dasjenige, was im rhythmischen System und im Muskelsystem ist, in das Knochensystem, in das ganze Skelett hinein...»[3]

Zwischen dem elften, zwölften Lebensjahr wird das Skelett so, daß es sich an die Außenwelt anpaßt: «Wenn Sie Kinder beobachten unter elf Jahren, Sie werden sehen, daß alle Bewegungen noch aus dem Innern herauskommen. Wenn Sie Kinder beobachten nach dem zwölften Jahre, Sie werden beobachten, daß sie auf ihre Füße so treten, daß sie immer versuchen, das Gleichgewicht zu finden, daß sie das Hebel-Gleichgewicht, das Maschinelle des Skelettsystems, innerlich fühlen... Nachher gewinnt der Mensch erst seine völlige Anpassung an die Außenwelt, indem er dasjenige, was er am wenigsten menschlich erlebt, das Knochensystem, erfaßt.» «Jetzt wird der Mensch eigentlich erst ein richtiges Weltkind. Jetzt muß er erst mit der Mechanik, mit der Dynamik der Welt rechnen. Jetzt erlebt er erst innerlich dasjenige, was man im Leben die *Kausalität* nennt.»[4]

Piaget hat in einer formal-orientierten *Sprache* die selbst-regulatorischen Vorgänge der Begriffsbildung schlüssig geschildert. Geisteswissenschaft kann zeigen, daß es sich bei dieser Regulation nicht um Kompensationen im Sinne kybernetischer Systeme handelt, wie Piaget offenbar denkt, wenn er sagt, Selbstregulationen seien «aktive Kompensationen des Subjekts in Antwort auf äußere Störungen und eine Art von Anpassung, die sowohl im Sinne eines ‹feed-back› als auch antizipatorisch funktioniert und so ein permanentes System von Kompensationen konstituiert.» Unsere Untersuchungen, von anderen Ausgangspunkten ausgehend, können jedoch zeigen, daß die Form kompensatorischen Handelns, welche mit der Suche des *Ich nach neuer Selbsterfahrung* zusammenhängt, die Ich-Erfahrung der Vergangenheit in der Individuation kritisch wandelt und in die Zukunft führt und zugleich einen neuen Inkarnationsschritt leistet. Piagets Theorie erweist sich als ein «Denk-Modell», dessen Wirklichkeit, bezogen auf den Begriff der *Permanenz* der Konstanz, sich nur dort biographisch realisiert, wo diese Arbeit des Ich durch Krisen hindurch gelingt und der reife Mensch dem Kind jene Mittel zur Verfügung stellt, die zur Bewältigung dienen. Die Wandlung von Individualitätserfahrung im neunten bis zwölften Lebensjahr zum Allgemein-Menschlichen ist Modifikation oder Wandlung und nicht bloße Anpassung. «Vergesellschaftung»

3 R. Steiner: Menschenerkenntnis und Unterrichtsgestaltung. (Vortrag 13. Juni 1921) GA 302.

4 R. Steiner: Die geistig-seelischen Grundkräfte der Erziehungskunst. (Vortrag 22. Aug. 1922) Dornach 1956.

als Beziehung des Kindes zum Verbindlichen entsteht nicht unter dem Druck der Gesellschaft selbst, sondern ist ein genuiner Entwicklungsschritt der Individualität, die zweifellos der zwischenmenschlichen Hilfe bedarf. In ihr wird gelebte Zeiterfahrung schließlich objektiviert zum Allgemein-Menschlichen sekundärer Begriffe. *Gleichzeitig* wird im *anderen Menschen der Partner* entdeckt, der in *derselben Zeit,* geschichtlich verstanden, lebt.

Wenn Piaget glaubt, daß die Begriffsbildung primär einem gesellschaftlichen oder institutionellen Druck von außen auf das Kind entspräche (obwohl es zweifellos in den Schulen als Institution noch heute meist so scheint), so ist er in demselben Irrtum wie Freud befangen, der durchgehend die Auffassung vertreten hat, daß die Realitätserfahrung des kleinen Kindes durch den Druck von außen kommender Stimuli entstehe. Dies ist jedoch nur ein, das heißt, einseitiger Aspekt. Der andere, biographisch relevante hängt damit zusammen, daß der Mensch von Anfang an auf die Erfahrung der Erdenrealität *aktiv* eingestellt ist und sie *sucht.* Er tut es, wie die Entwicklung der Aufmerksamkeit und der explorativen Tätigkeit beim Kleinkind zeigt, mit außerordentlicher Intensität und auch gegen große Widerstände. Piagets regulative Systeme sind vergleichbar denen der Psychoanalyse zwischen Libido- und Realitätskontrolle. Beide Theorien verfehlen, das Equilibrium als eine dauernde Ich-Leistung zu erkennen, so daß der Begriff «Equilibrium», in diesen Theorien die Beziehung von kognitiven und Handlungssystemen, nur als eine leere, formale Mitte erscheint. [2] In Wirklichkeit bedeutet gerade das neunte bis zwölfte Lebensjahr den Eintritt des kindlichen Ich in die reale Mitte des Fühlens, oder anders ausgedrückt, die Reifung der Mitte des Rhythmischen als eines Systems neuer Selbsterfahrung, Vorstufe späterer möglicher Selbsterkenntnis. Sie ist abgeschlossen, wenn im zwölften Lebensjahr, noch vor der Pubertät, das Kind fähig wird, mit Begriffen zu operieren. In den Begriffen wird die Mitte des Fühlens *selbst* noch einmal objektiviert und erscheint als Kausalitätsbegriff in der gedanklichen Beziehung von «vorher» zu «nachher». Das Vermögen des begrifflichen Denkens verdrängt oder fördert die mit dem Erziehungsprozeß verbundenen Erfahrungen. Begriffe sind nötig und ermöglichen, daß die Materie beherrscht wird. Sie sind ein Ende vorausgegangener Entwicklung. Sie bedeuten Signatur der Distanz, und wo sie einmal gebildet sind, geht ihnen *zunächst* ihr Wert als ein Befreiungsmoment menschlicher Existenz verloren. Die damit verbundene Problematik taucht nach der Pubertät im Jugendlichen wieder auf, wenn es sich darum handelt, Begriffe biographisch sinnvoll zur Anwendung zu bringen, das heißt, sie urteilend zu gebrauchen. Pädagogisch käme es darauf an, den Prozeß des *Begriffe-Bildens* zu durchschauen und ihn dem Kind zu einer Erfahrung werden zu lassen, das heißt, die mit der Atmung verbundenen Gefühlskräfte in die Erfahrung eigener Produktivität zu führen, in der sich das Kind aus der Vergangenheit einer frühkindlichen Welt, durch die Krise hindurch, in eine neue, mit eigener Ich-Tätigkeit geschaffene Welt erhebt und sich mit ihr verbunden fühlt. An unsere

Erziehungssysteme ist die Frage gestellt, ob sie sich dazu bereit finden, den Prozeß der Begriffs-Bildung als eine Erfahrung von Mündigkeit, das heißt, einer «Gedankenethik» zu verstehen oder als eine gesellschaftlich autoritäre Übung, wobei dann Begriffe wahrscheinlich für den Rest des Lebens jenseits der Erfahrung, daß sie individuell hervorgebracht wurden, zu liegen kommen und hohl, das heißt, nicht mehr reflektierbar werden. Die Krise des modernen sozialen Lebens hängt wesentlich mit der Tatsache zusammen, daß die Gemeinsamkeit des Menschen durch die nur formale Verbindlichkeit des begrifflichen Denkens *nicht mehr ausreicht*, um auf Frieden gerichtete Kommunikation zu ermöglichen. Dieses Tatsache fordert die Pädagogik auf, die Reichweite von Begriffen zu durchdenken und neue Formen von Verbindlichkeiten zwischen Menschen zu suchen und pädagogisch fruchtbar zu machen. Die einzigen konstruktiven Ansätze finden sich heute in der Pädagogik R. Steiners, wenn man sie mit einem Sinn für das Ausmaß der Krise und mit dem notwendigen, auf Evolution gerichteten Denken wahrnimmt. Zur Begründung der freien Waldorfschule in Stuttgart im Jahre 1919 hat Rudolf Steiner darauf aufmerksam gemacht, was geschieht, wenn dem Kind im 2. Lebensjahrsiebt durch fortwährende Definitionen Begriffe eingeimpft werden. Sie sind, so Steiner, dazu bestimmt, daß sie der Mensch im 30. oder 40. Jahre noch eben so hat, da die Begriffe dann nicht mit dem Menschen mitleben, wenn dieser sich entwickelt. «Sie werden», so fährt Steiner fort, «dem Kind lebendige Begriffe über die Wirklichkeit des Lebens und der Welt geben müssen, die sich mit ihm selber organisch entwickeln, aber sie werden alle auf den Menschen beziehen müssen.» Und später: «Also solche Begriffe beibringen, die mit dem Intimsten des Menschen zusammenhängen, heißt den Menschen ausstatten mit lebendigen Begriffen und das Lebendige geht Metamorphosen ein, wandelt sich um, mit dem Leben des Menschen selbst wandelt es sich um».[5]

Von geisteswissenschaftlichen Gesichtspunkten ausgehend, hat *A. Gessler* die Morphologie und Funktion der Atmung als ein bewußtseinsbildendes Grenzphänomen beschrieben. Im Seelischen zeigt sich das von Gessler Dargestellte als Abstand, Zentrierung und kritische Einstellung der Wahrnehmung. Diese wird im «Gegenstoß» durch die sich dazu polar verhaltende Blutzirkulationsbewegung unter *Einschluß* der Grenzerfahrung im Willensleben rhythmisch erweitert und wieder aufgehoben. Verlust der Grenze oder Verhärtung von Grenzerfahrung stellen jene die Entwicklung gefährdenden Polaritäten dar, die im Atemreifungsprozeß der mittleren Kindheit pädagogische Aufmerksamkeit erfordern.[6]

Die an anderer Stelle schon beschriebene Wandlung der Wahrnehmung aus ihrer Zentrierung im Umkreis bildhafter Gestalten zur zunehmenden Einengung auf die Gegenständlichkeit um das neunte Lebensjahr («Realismus») und die da-

5 R. Steiner: Allgemeine Menschenkunde als Grundlage der Pädagogik. GA 293.

6 A. Gessler: Die Atmung als Phänomen der Grenze. In: Beiträge zur Erweiterung der Heilkunst, Heft 1, 1973.

durch entstehende Möglichkeit, Relationen und Perspektiven zu erfassen, kann jetzt als zentrales Geschehen der Atmungsreifung verstanden werden. Wir haben gesehen, daß der Rhythmus der Atmung als seelische Tätigkeit in der frühen Kindheit zwischen der ätherischen Bildewelt der Sinne und den Bildeprozessen des eigenen Leibes vermittelt. Indem das Kind jetzt die Atmung selbst ergreift, tritt einerseits die Peripherie der Bildewelt zurück im Vorgang der biographischen «Entzauberung», andererseits verbindet sich die Atmung zum Leibe hin tiefer mit der willensartigen Blutzirkulation. Das Kind wird hinsichtlich seiner *Sinneswahrnehmungen kritisch*, hinsichtlich seiner *Willenserfahrung gedankenschöpferisch*. Es gestaltet seine Sinneswahrnehmungen im Gedanklichen, wie es sie früher in der Motorik und der Phantasie gestaltete.

Wie wir sehen werden, tritt nun auch die Sprache als erkenntnis-vermittelndes Medium in eine neue Bewußtseinssituation. Auch sie war in der frühen Kindheit gleichsam von «außen» an die periphere Bildewelt primärer Begriffe gebunden und muß jetzt sich lösend einer Sinneserfahrung gerecht werden, in der das Kind die *Wirklichkeit* der Welt durch seine eigene *Tätigkeit* der Sinneswahrnehmung im Willen konstituiert. Die Welt ist nicht mehr von «oben her», sondern «von unten her» und ist in ihrer Identität durch die eigene neue Identitätserfahrung von Tätigkeit seelisch-geistig garantiert. Dadurch entsteht «Autonomie» gegenüber den bloßen Erscheinungen der Welt.

Die Atemreife läßt die alte Bildewelt untergehen und aktiviert polar den Willen zur Neu-Strukturierung der Sinneserfahrung. Die für das kleine Kind noch weit auseinanderliegende Polarität von Bild als vergangenheits-weisend und Wille als Zukunftskeim tritt jetzt in der Mitte des Rhythmischen von Atmung und Herzschlag zusammen. Gelebte Vergangenheit und Zukunft werden perspektivisch erlebbar in der existentiellen Erfahrung von Einsamkeit und Sehnsucht, deren das kleine Kind noch nicht «inne» ist.

Der Zusammenschluß von Zirkulation und Atemrhythmus ist nicht ein einfacher physiologischer Prozeß, sondern gerade um das neunte bis zehnte Lebensjahr tritt eine Krise auf, deren Natur und Dynamik im Kapitel über die Träume der Kinder in der mittleren Kindheit exemplarisch beschrieben wird: «Es ist in diesem Lebensabschnitte der Kinder in ausgesprochenem Maße vorhanden ein Kampf zwischen den Wachstumskräften, dem Stoffwechselsystem, der im Blutrhythmus von unten nach oben ‹stürmt›, und denjenigen Kräften, die in uns hereinreichen durch die physische Inspiration: durch die Atmung.» (R. Steiner) Durch diesen hereinkommenden Atmungsprozeß bereitet sich die Geschlechtsreife vor, die dann auftreten kann, wenn die Atemreife abgeschlossen ist. «So beruhigt sich um das zwölfte Lebensjahr dieser Kampf.»[7]

7 R. Steiner: Die Auseinandersetzung des Intellekts mit dem Naturwissen. Vortrag 7. 8. 1921, veröffentlicht in GA 206.

Dieses bedeutsame Ereignis der mittleren Kindheit, worauf als erster Rudolf Steiner hingewiesen hat, wird erst voll erkennbar, wenn man sich fragt, wie diese Wirklichkeit mit der Identitätserfahrung des Kindes zur Zeit der Atemreife zusammenhängt und welche Wandlungen nach der Pubertät damit verbunden sind.

Bis zur Pubertät steht in dieser «Mitte» von Atem- und Herzrhythmus noch die Atmung im Vordergrund, das heißt, die Bewältigung der Welt durch das begriffliche Denken, die Zeit des Lernens im engeren Sinne. Die Wahrnehmung der Blutzirkulation als Organ der Willenstätigkeit bahnt sich hier erst an, um sich nach der Pubertät voll auszuwirken. Dann erst reift auch das Herzorgan mit der Erdenreife voll aus.

Die Atemreifung, im obigen Sinne geisteswissenschaftlich verstanden, ist nun aber auch Ursache des sich wandelnden Verhältnisses des Kindes zur Zeit. In diesem Lebensalter haben wie nie zuvor und später biographische Konflikte und Erschütterung durch Eltern, Geschwister oder Lehrer oder etwa der Tod von Vater oder Mutter einen Einfluß auf die Lernleistungen des Kindes. Jene Störungen, wie etwa in diesem Alter auftretende Lesestörungen, haben meist in lebensgeschichtlichen Krisen ihren Ursprung. Ihre Entdeckung ist erfahrungsgemäß schwierig, weil die Symptomatik sich nicht grob, sondern subtil prozessual ausspricht. Ähnliches gilt für die «Schulkrankheiten» dieses Lebensalters, die rhythmisch-phasenhaft verlaufen und sich durch das Vergehen und Wiederauftreten der Symptome auszeichnen.

Alle diese Erscheinungen der mittleren Kindheit scheinen mit jener Krise in Zusammenhang zu stehen, in der gerade beim Beginn der Atemreife um das neunte bis zehnte Lebensjahr die bekannte Bildwelt kritisch aufgeschmolzen wird. Die «Plastik» der Bilder geht in das Rhythmische über, in die von der Atmung «durchseelten» Willensprozesse, der Erfahrung des «Werdens». In diesem Rhythmus, wo er gesund ist, lebt das *Kind* nicht nur *seine* Zeit, sondern erlebt sie als Gestaltungsauftrag. Zeit erscheint nicht bloß als Welt, sondern setzt die Frage nach ihrem Wesen in Gang: nach Vergänglichkeit, Tod, Zukunft und Geburt. Alles dies ist noch seelisch zart und anfällig. Aber es entsteht langsam die Gewißheit, daß über allen Wandlungen (Transformationen) etwas Dauerndes bleibt. Allein an dieser inneren, vom Gefühl getragenen Wahrnehmung kann ein Begriff wie etwa der der «Konstanz» seine *Wirklichkeit* finden. Die konkreten Operationen Piagets finden dort ihren biographischen Wert, der das Kind «überzeugt».

Das zweite Lebensjahrsiebt erweist sich in Bezug auf die wachsende «Gedankengestalt» als ein differenziertes Zeitgeschehen, in welchem bis zum 9./10. Lebensjahr die aus den leiblichen Gestaltungskräften frei gewordenen Bildeprozesse der Pflege vor allem durch bildhafte Vorstellungen bedürfen. Gegenüber der formal dargestellten Metamorphose der Gedankenbildung, in der sekundäre Begriffe als «Operationen» erscheinen, wie dies Piaget in seinen Untersuchungen durchgeführt hat, kommt es vielmehr darauf an, zu sehen, daß der Übergang vom 7. bis

9. Lebensjahr zu der Periode vom 9. bis 12. Lebensjahr ein kritischer ist, in dem die noch aus der frühen Kindheit nachschwingenden, jetzt frei gewordenen plastizierenden Kräfte sich mit musikalisch-dynamischen Willenskräften zu durchdringen beginnen. Die noch plastische Bildhaftigkeit der ersten Periode vom 7. bis 9. Jahr tritt in der Zeitenmitte des 2. Lebensjahrsiebts, d. h. der Atemreife als beherrschendes Gestaltungselement zurück und nimmt über die Atmung und die Blutzirkulation das Willensleben des Kindes in sich auf. Einen solchen Prozeß hat offenbar Piaget im Blick, wenn er von der «Aufschmelzung» alter Strukturen spricht.

Erst in diesem Vorgang ist ansichtig, daß nach dem 12. Lebensjahr, d. h. «dem Zeit-Raum» zwischen 12 und 14 Jahren die Gedankengestalt auf eine Verfestigung sich wieder hinbewegt, die in die sekundäre Begriffsbildung mündet und in welcher jetzt über die Atmung die Seele des Kindes in der Durcharbeitung ihres «Gedankenleibes» das Willensleben in die jetzt bewußtwerdende eigene *Gedankenführung* mit aufnehmen kann. Es ist dieser Prozeß, der die seelische Haltung des 12- bis 14jährigen Kindes, d. h. die Vorpubertät bestimmt, als eine gewisse Beruhigung vor dem Einsetzen der Erdenreife. So erfährt auch die Gehirnentwicklung um das 12. Lebensjahr eine weitere strukturelle Differenzierung, nachdem bis dahin die Atemreifung den Metamorphosen der Gedächtnis- und Gedankenentwicklung des Kindes zugrunde lag.

So erlebt das kleine Kind gegenüber der Zeiterfahrung des Neun- bis Zwölfjährigen als Werden und Vergehen, in dem das *Kind sich selbst* eingeschlossen weiß, ein noch geschlossenes Universum vorwiegend *räumlicher Art,* in dem sich vieles ändert, nicht aber es selbst. Es gibt nur eine Zeit für alle Menschen. Jetzt, in der Mitte der Kindheit, wird Zeit «Gegenstand» individueller Biographie.

Auch das Handeln wird begrenzt und dem Denken verpflichtet. Selbst darin lebt Rhythmus. Die von Rudolf Steiner dargestellte Entwicklung der Atmung zu den Muskeln hin bedeutet, daß die mit dem Muskelorganismus verbundenen Handlungen zunehmend im Gefühlsleben als «Haltung» verinnerlicht oder «verdichtet» werden.

Das Kind erlebt jetzt *seine* Handlung als von einem undiskutablen individuellen Zentrum ausgehend und nimmt gleichzeitig wahr, daß seine Handlungen vielfältig eben dieses Zentrum zum Ausdruck bringen können. Diese Tatsache meinen wir mit «Durchseelung und Generalisierung». Damit gewinnt die eigene Wahrnehmung am Knochensystem, den Willen aufweckend, Übergewicht über die Erscheinung der Sinne, deren «Feldeffekte» einer frühkindlichen Welt, in der die Dinge statisch eingebettet waren, «krisenhaft» durchbrochen werden. Durch die Wahrnehmung der eigenen Willenstätigkeit wird diese im Rhythmus zwischen Statik und Bewegung neu strukturiert. Das Rhythmische, wo es sich frei entfalten kann, ist in diesem Lebensalter durchaus in dem schon geschilderten prozeßhaften Übergang zu seiner endgültigen Gestaltung im zwölften Lebensjahr, in dem die

Atemreife erst abgeschlossen ist. [3] *H. H. Engel*[8] hat deshalb auch in einem Aufsatz über das zwölfte Lebensjahr diese Prozesse zwischen dem neunten und zwölften Lebensjahr mit denen der ersten drei Jahre des Kindes in Beziehung gesetzt. Noch das elfte Lebensjahr wird als ein unruhiges Alter geschildert: Der *Elfjährige* scheint von seinem Muskelsystem beherrscht zu sein, das seine frühkindliche Beziehung zum Blutorganismus verloren hat und sich emanzipiert, ohne schon sein Ziel erreicht zu haben. Das Kind lernt eine neue Form des «Denkens», aber meistert sie noch nicht. «Alles, was er tut und sagt, scheint ihm falsch, was immer er in die Hand nimmt, zerbricht. Er ist voller Wünsche und Begehrungen und doch auch traurig, wenn er unpopulär ist.» Plötzlicher Zorn und unkonzentrierte Gefühle sind im Vordergrund seiner Stimmungen. Er tut nichts, was er tun soll, gibt unpassende Antworten und kann, zur Verwunderung der Mutter, wunderbar fluchen. Sein Repertoire an Schimpfworten ist groß. Seine Charakteristika sind: Impulsivität, schnelle Reaktionsfähigkeit, Unmittelbarkeit und Negativität. Ein unruhiges Alter!

Der *Zwölfjährige* zeigt schon ein anderes Gesicht. Er rennt nicht mehr, er liebt zu sitzen! Engel charakterisiert sein Verhalten: «Zwischen zwölf und dreizehn steht das Kind fest auf der Erde. Die Erde wird *seine* Erde. Das Verhältnis zu den Eltern beginnt sich aus der noch unbewältigten kritischen Phase der vergangenen zwei Jahre zu wandeln in eine neue partnerschaftliche, ja kameradschaftliche Beziehung von gesicherter Gegenseitigkeit ... Dies wird möglich durch die Fähigkeit, sich in das Erleben des anderen Menschen zu versetzen, soziale Verantwortung zu übernehmen, Takt und Humor im zwischenmenschlichen Umgang zu entwickeln.» Sprache wird Instrument der Diskussion (Erwachen der Dialektik!), «einer Fülle von Themen bei allen Gelegenheiten».

Der Zwölfjährige, so bemerkt Engel, die Ausführungen R. Steiners aufgreifend, wiederholt eine geschichtliche Epoche der Menschheit, den Übergang von Griechenland nach Rom. «Er ist bereit, die Gesetze der Natur aufzunehmen» und gleichzeitig Zugang zu gewinnen zu den objektiven Normen von Gerechtigkeit und Loyalität, die nicht mehr von der eigenen biographischen Perspektive gesehen werden, sondern Signatur des Allgemein-Gültigen tragen.

Im gleichen Aufsatz ist Engel den physiologischen Prozessen nachgegangen, die damit in Zusammenhang stehen: «Der Zwölfjährige, im allgemeinen gesund, klagt oft über Schmerzen in den Fersen. Der Prozeß der Calzifikation hat seinen Höhepunkt erreicht.» Engel macht die wichtige Bemerkung, daß das Kind jetzt mit der Ferse wirklich erst die Erde erreicht und damit die Möglichkeit abstrakten Denkens gewinnt. (Experimentelle Untersuchungen der Bedingungen bei Raumflügen haben gezeigt, daß bei *längerem* Aufenthalt in der Schwerelosigkeit der Mensch zunächst Calcium im Fersenknochen abbaut und gleichzeitig die Fähig-

8 In «The Cresset», Journal of the Camphill-Movement, Vol. 17, Nr. 1, Winter 1970.

keit verliert, Situationen zu beurteilen und Manöver und Operationen zu steuern [H. H. Engel, nach Veröffentlichungen der NASA].)

In der Reife der Atmung um das zwölfte Lebensjahr geht nun die Zeiterfahrung, die eng mit der Identitätserfahrung als rhythmischem Prozeß verbunden war, in einer gewissen Weise zu Ende: Der Begriffsbildungsprozeß im Zusammenhang mit der Konsolidierung der Gedächtniskraft verdeckt biographische Zukünftigkeit, Zukunft kann *begrifflich-hypothetisch* entworfen werden, und erst nach dem Wandel in der Pubertät taucht der biographische Aspekt der Zeit dramatisch wieder auf im Anspruch, selbst in die Zeit zu wirken, eigenes Schicksal, das heißt, *eigene Geschichte zu gestalten.*

Die Mitte der Kindheit stellt aber jenen Zeitraum der Biographie dar, in dem erstmals die Spannweite zwischen Vergangenheit und Zukunft existentiell erfaßbar wird. Einsamkeit im Abschied einer vergangenen Welt und die erwachende Einsicht, daß die Zukunft «Zeit gibt», etwas besser zu machen, und der weite Raum der Sehnsucht sind die verborgenen, aber wirksamen Zeichen. Diese existentiellen Erfahrungen treten in der mittleren Kindheit gleichsam unter den Vorgängen der Gedankenbildung auf.

Jeder, der die Erinnerung an diese Lebenszeit zum biographischen Phänomen erhebt, wird diese Aussage bestätigen können. Das Kind beginnt jetzt drängend nach seiner Herkunft zu fragen, es will von den Eltern die Bestätigung und Erläuterung seiner bisherigen Lebensschritte und die der Geschwister. Der Vorgang der Geburt rückt in das biographische Interesse des Kindes. Offenbar sucht das Kind dabei nicht nach einer biologischen Erklärung, sondern nach einem Weltbild, d. h. nach Imaginationen für den Übergang aus einer Geistwelt in die irdische Lebenssituation. Das Kind *meint sich,* d. h. seine besondere Eigentümlichkeit und nicht eine allgemeine biologische Unterrichtung. Zu der gleichen Zeit fragen sich viele Kinder, ausgesprochen oder unausgesprochen, ob sie wirklich die Kinder ihrer Eltern sind und woher man wissen könne, daß sie es sind. Eine neue Umwelt von Gleichaltrigen scheint vorübergehend interessanter zu sein als der Gewohnheitsraum der familiären Umwelt.

Es scheint, als wolle das Kind noch einmal in die Familie neu aufgenommen werden als ein Wesen mit einer eigenen Biographie und diese Biographie mit der von Vater und Mutter in ein neues Verhältnis setzen, welches vorher biographisch fraglos war.

Der Tod, aber auch die Todesangst werden zum ersten Mal mit der eigenen Existenz verbunden erlebt, häufig auch mit der Angst um den Verlust der Eltern. Man kann derartige Erfahrungen nicht rationell abtun. Das neue, existenzielle Erleben geschichtlichen Daseins, welches das jüngere Kind nicht kennt und welches einer erwachenden Empfindung für das eigene, einer geistigen Welt verbundene Seelenwesen entspricht, stellt an die Eltern und Lehrer besondere Anforderungen in Bezug auf ihre eigene Überzeugung über die Herkunft und den Hingang der menschlichen Seele. Das Kind schafft nicht nur am Leibe, sondern entdeckt seine eigene Leiblichkeit als Bild seines seelisch-geistigen Daseins.[9]

Es nimmt nicht Wunder, daß in der gegenwärtigen Grund-Krise der Zivilisation, die sich in der Pädagogik ausweist, viele Kinder gerade zwischen dem 9. und 10. Lebensjahr ihre ersten Entfremdungserlebnisse haben, die sich in der Pubertät dann meist bedrohlich wiederholen. Die pädagogische Praxis zeigt, daß die leibliche «Gestimmtheit» des Kindes seine Wahrnehmung der Welt und seine kognitiven Leistungen entscheidend beeinflußt. Dies hängt damit zusammen, daß im Inkarnationsschritt der Atemreife die unbewußt leibbildenden Kräfte der frühen Kindheit als seelisch-leibliche Befindlichkeit erfaßbar werden. Während in der frühen Kindheit eine Form von «Vergessenheit» des Leibes im Erlebnisfeld vorherrscht, zeigt schon das Verhalten des Jugendlichen nach dem dreizehnten Lebensjahr, daß er seine Leiblichkeit als seine Gestimmtheit erlebt und Leiberfahrungen biographisch wichtig werden. Schließlich tritt der alternde Mensch im allgemeinen seinem Leib objektiver gegenüber oder verfällt ihm.

In diesem Geschehen bedeutet die mittlere Kindheit eine Krise. Zwischen dem zehnten und dreizehnten Lebensjahr wird dem Kind sein Leib allgemeiner, vertrauter, existentiell näher. H. Plügge und R. Mappes[10] haben in einer bemerkenswerten Untersuchung über das Verhalten herzkranker Kinder in verschiedenen Lebensjahren darauf aufmerksam gemacht. Die einzelnen Beobachtungen zeigen, daß in der Leiberfahrung um das zehnte Lebensjahr das Herz vor allem als Organ auftaucht. Das Kind «entdeckt», daß es ein Herz hat. [4]

Die Autoren sehen diese Tatsache in einem auch für das gesunde Kind allgemein-gültigen Zusammenhang. Sie bestätigen die von uns beschriebene Ablösung von der frühen Kindheit als einer «kritischen» Phase zwischen dem zehnten bis zwölften Lebensjahr, die sich in der psychosomatischen Dimension abspielt und das Wahrnehmungsverhalten gegenüber der Welt beeinflußt: «Das Heimweh nach dem verlorenen Paradies bricht durch, und die seltsame Sehnsucht, die in dieser Zeit das Wesen des Kindes bestimmt, sucht ihr Ziel im Vertrauen.» Das Herz wird Wahrnehmungsorgan dieses Zieles, indem es der Ort wird, «an dem Entscheidungen über unsere Beziehungen zu den uns bestimmenden Wirklichkeiten fallen» (Pascal). Deutlich tritt das Zukunftweisende der «Herzerfahrung» hervor: «Der Verlust aller früheren Rückversicherungen macht nunmehr die selbständige Auseinandersetzung mit jedem Gegenüber notwendig. An die Stelle der früheren Bindung tritt der Zwang zur verantwortlichen Stellungnahme und zur Entscheidung. Diese Neuorientierung verlangt ein Organ. Dieses Organ ist das Herz.» (Plügge und Mappes)

9 E. Stern: Kind, Krankheit, Tod. München, Basel 1957.

10 H. Plügge und R. Mappes: Befinden und Verhalten herzkranker Kinder und Erwachsener. In: «Befinden und Verhalten», Stuttgart 1961.

Der Rhythmus zwischen Atmung und Blutzirkulation, zwischen Denken und Handeln gewinnt im Herzen ein Organ, das eine Zukunft wahrzunehmen beginnt, die das Kind jetzt als *seine* erlebt.[11] Nach der Pubertät tritt diese Wahrnehmung noch stärker und endgültig hervor. Im Herzen als Gewissensorgan nimmt der jugendliche Mensch seine Handlungen als dem eigenen Schicksalsweg zugehörend wahr. In der Mitte der Kindheit besteht deshalb der pädagogische Anspruch zu verstehen, daß das Kind in *seine* Zeit im Rhythmus gedachter Vergangenheit und geahnter Zukunft eintritt. Erst wo dieser Zusammenhang wahrgenommen wird, ergeben sich daraus Anhaltspunkte für die Vermittlung von Geschichte. Noch immer wird in den Schulen die Vergangenheit an die Neun- bis Zwölfjährigen in Form von historischen Daten und «Zeitgerüsten» herangebracht, innerhalb derer das Kind «erinnern» soll. Sie bleiben dem Kind biographisch verschlossen und tragen zur Abstraktheit der «Bildung» des heutigen Menschen bei.

Indem sich das begriffliche Denken entwickelt, offenbart sich darin die Tatsache, daß der Ausgangspunkt der Vergangenheitserfahrung im neunten bis zehnten Lebensjahr sich nicht nur auf die seit der Geburt gelebte Vergangenheit gründet. Denn in der Fortführung der Atemreife zum begrifflichen Denken gewinnt das Kind ein Mittel der Welt- und Zeitbewältigung, das *alle vergangenen* Zeiträume generalisiert umfaßt und im Begriff der Kausalität seinen Niederschlag findet. Es kann aber auch die Tragik dieses Prozesses sichtbar werden, da Begriffe die Welt nur auf die Vergangenheit hin ordnen können. Die damit verbundene Beherrschung ist Zeichen jenes technologischen Denkens als Ideologie, sofern die Willenstätigkeit in die Theorie einbezogen wird und *unreflektiert* in ihr aufgeht.

Die moderne Pubertätskrise des Kindes gleicht insofern der modernen Krise des theoretisch-wissenschaftlichen Bewußtseins, als die Erfahrung des Willens als Ich-Tätigkeit revolutionär die Begriffsstrukturen erschüttert und aufreißt und Zukünftigkeit als eine Dimension aufzeigt, die von der Begriffsbildung nicht gesichert sein kann. Die sich an der mineralischen Materie entzündende Begrifflichkeit macht Herrschaft möglich, läßt aber ohne die *Wahrnehmung* des in ihr waltenden, auf Zukunft *gerichteten* Willens diese Zukunft ungestaltet: Zeitraum irrationaler Ich-fremder Mächte. Im Herzen erst wird zukünftige Gestaltung als Ich-verpflichtend wahrnehmbar.

So weist Fina[12] auch mit Recht auf den «existentiellen Hauch» hin, der zunehmend im Verhältnis des Pubertierenden zur Zeit festzustellen ist: 90 Prozent der

11 Eine Geisteswissenschaftliche Vertiefung haben diese Zusammenhänge in grundlegenden Vorträgen R. Steiners vom 26. und 27. Mai 1922 erfahren (veröffentlicht in «Menschliches Geistesstreben im Zusammenhang mit der Erdentwicklung». Dornach 1952).

12 K. Fina: «Das Zeiterleben des Kindes» und «Kind und Geschichtlichkeit» in: «Das Kind» hrsg. Wolfgang Behler, Freiburg 1971.

Zwölf- bis Fünfzehnjährigen sind der Zukunft zugewandt und von den restlichen 10 Prozent entscheidet sich nochmals ein Drittel nur deswegen für die Vergangenheit, «weil die Zukunft von der Vergangenheit bestimmt wird» (ein Schüler im Alter von 13,5 Jahren).

Zunehmend bricht die eigene Schicksalszeit *gegen* die Kausalität in den Innenraum des Herzens herein: «Das Herz schlägt in die Zukunft, weil ich dann mehr erleben kann» (13,1), «weil da sicher noch viele Erlebnisse kommen» (14,1). «Die Vergangenheit ist vergessen» (13,5), «weil in der Vergangenheit nichts mehr geschehen kann» (14,1); «was zurückliegt, will ich vergessen, aber auf die Zukunft muß ich mich vorbereiten» (13,3) (Zit. nach Fina).

Jetzt reift ein Wille, der pädagogisch im mittleren Lebensalter gepflegt werden muß, da er nicht in die Begriffsbilde-Prozesse total eingehen will. In einem Wissen, «von dem ein *langes Ahnen* plötzlich in das helle, erschreckende, aber auch beglückende Licht der *eigenen Wirklichkeit* getaucht ist, wird sich der junge Mensch, nicht mehr Kind, noch nicht Erwachsener, seiner Eigenverantwortung bewußt, die wir als Geschichtlichkeit verstehen» (Fina).

Jedesmal, wenn wir durch pädagogische Beschleunigung Reifezeit verkürzen oder sie durch Trägheit verlängern, operieren wir mit dem Zeiterleben des Kindes und dessen sich wandelnder Identitätserfahrung, die in der mittleren Kindheit das Herzstück ihrer Pflege offenbart: die Atemreifung.

Im zwölften Lebensjahr findet sie, wie wir sahen, ihre Erfüllung, wie etwa im Bilden physikalischer Begriffe. Rhythmus wendet sich zur Knochendynamik, musikalisch ausgedrückt, von der Harmonie zum Takt. Aber das Ich bleibt der lebendige Begriff der Begriffe. Der Mut zu ihrer Bildung, die Bestätigung des Gefundenen durch den Erzieher, stellen wichtige Momente dar, welche in die Fülle der Verfügung führen und schließlich diese der Bestätigung von außen entheben. Viele Kinder werden dabei schweigsamer, unnahbarer, indem sie dumpf die Todesprozesse empfinden, in denen der «Fuß endgültig die Erde berührt» und die Geistseele die mineralische Innenwelt. So klingt es im Gedicht eines zwölfjährigen Mädchens:

Ich gehe in der Abenddämmerung allein
und meine Füße berühren den Boden,
und man hört es.

Warum gehe ich allein?
Vor mir sind manche gegangen
und nach mir werden sie gehen,
doch ich gehe allein,
und meine Füße berühren den Boden,
und man hört es.

In der Nacht wird alles einig
und wird eins,
ich aber gehe allein
und meine Füße berühren den Boden,
und man hört es.

Versuche zu einer Biographie des Begriffe-Bildens

«Und das Licht scheint in die Finsternis, und die Finsternis hat es nicht begriffen». Johannes 1,5.

«Erst dann, wenn man den Zusammenhang des einzelnen Menschen mit dem ganzen Weltenall ins Auge fassen kann, ergibt sich eine Idee von der Wesenheit des Menschen als solcher». R. Steiner

Das Thema der folgenden Untersuchung ist zusammenfassend der Entstehung von Begriffen und deren Bedeutung in der frühen, der mittleren Kindheit und der Jugendzeit gewidmet. Es soll dabei darauf ankommen, die Verschiedenheit der Akte der Begriffsbildung in der frühen Kindheit gegenüber den Begriffsbildeprozessen der Mitte der Kindheit zu erhellen, die sich nur aus der Erfahrung der Gedankentätigkeit selbst ergeben kann. Es geschieht dies einerseits mit dem Hinblick auf eine pädagogische Praxis und andererseits mit der Fragestellung nach dem biographischen Wert der Begriffsbildeprozesse in der Hoffnung, daß sich dadurch, wenigstens ansatzweise, Entwicklungsaspekte einer zukünftigen, menschengemäßen Wissenschaft aufzeigen lassen. Gewiß kann man die Entstehung des kindlichen Denkens durch die Begriffsbildung von formal-logischen Gesichtspunkten aus untersuchen, wie dies Piaget getan hat. Hier soll jedoch in der gedanklichen Auseinandersetzung mit Piaget und in geisteswissenschaftlicher Erweiterung seiner Theorie versucht werden, dem *Erfahrungscharakter* des Denkens in der Entwicklungsgeschichte des seelisch-geistigen Wesens des Menschen nachzuspüren. Ein solcher Versuch kann nicht an der formalen Strukturanalyse ansetzen.

Eine erkenntnistheoretische Grundlage der Erfahrung begriffsbildender *Tätigkeit* ist vor der Jahrhundertwende durch R. Steiner geleistet worden.[1] Jedoch sind diese Ansätze bis heute nicht für das Verständnis der kindlichen Begriffsbildung weiterbearbeitet worden.

Jean Piaget[2] hat mit der Beschreibung der sogenannten «senso-motorischen Intelligenz» während der ersten 18 Lebensmonate des Kindes wesentlich zum Verständnis der Entstehung eines generalisierten räumlichen Universums «per-

1 R. Steiner: Die Philosophie der Freiheit, GA 4, und Wahrheit und Wissenschaft, GA 3

2 Dargestellt bei Oerter: Moderne Entwicklungspsychologie. Donauwörth 1972. Erkenntnistheoretische Aspekte bei A. G. Furth: Intelligenz und Erkennen. Frankfurt 1972.

manenter Objekte» beigetragen, die sich im Verlauf logisch verstehbarer, praktischer Handlungsoperationen herausbilden. Er hat diese Theorie an verschiedenen Stellen dargelegt, und sie ist in die Substanz sowohl der modernen Entwicklungspsychologie als auch einer auf Piaget aufbauenden genetischen Erkenntnistheorie eingegangen.

Das grundsätzlich Neue dieser Theorie liegt darin, daß Piaget von der *Tätigkeit* des Kindes ausgeht, die sich in Handlungsplänen im Umgang mit der Welt differenziert und neu koordiniert, wie etwa in Seh- und Greifakten, deren Koordination schließlich auch die Fortbewegung selbst einbezieht. Im tätigen Umgang mit der Welt der Dinge, die von Anfang an einen reflektiven Charakter hat, was Piaget die Akkomodation an assimilatorische Schemata nennt, lernt das Kind eine Welt von Objekten herzustellen, die es gegenüber dem «A-Dualismus» der ersten Lebenstage zunehmend als unabhängig von seiner eigenen Tätigkeit existierend erfährt. Sie tritt ihm schließlich als Gegenstandswelt, d. h. als «Nicht-Ich» entgegen. In diesem so räumlich konstituierten Universum, in dem die sinnlich erfahrenen Objekte ihre Identität und Konstanz bewahren und sie auch nicht durch räumliche Verschiebungen und später auch nicht durch ihr zeitliches Verschwinden verlieren, erlebt auch das Kind seine leibliche Wirklichkeit in der Mitte des 2. Lebensjahres als «Objekt unter Objekten». (Piaget)

Erst durch die primäre Begriffsbildung um das 3. Lebensjahr aber ist das Kind in der Lage, diesen Leib als «Ich» zu erleben und damit als ein Subjekt positiv im topologischen Raum, während das Kind noch im Verlauf und am Ende der sensomotorischen Periode sich als Leib am Nicht-Ich, d. h. dem Gegenüber der Objekte negativ realisiert. Zwischen diesen beiden Erkenntnis-Schritten, deren Zusammenhang dargestellt werden muß, liegt die Ausarbeitung des Gedächtnisses, des Vorstellungs- und des Sprachlebens des Kindes. Es soll weiter gefragt werden, welchen Stellenwert für die Entfaltung der Biographie des Kindes im ersten Lebensjahrsiebt dieser offenbare Dreischritt des Erkennens hat und wie er sich in der Mitte der Kindheit als weiterführende Metamorphose neu gestaltet.

Wir sind geneigt, die Raumes-Welt (aus dem Bewußtsein des Erwachsenen gesehen) als eine gewohnte Selbstverständlichkeit hinzunehmen. In Wirklichkeit, und dies hat Piaget gezeigt, erscheint sie erst, wenn wir sie als Kinder im Laufe der beiden ersten Lebensjahre *konstituiert* haben.

Piaget geht davon aus, daß das räumliche Universum sich aus einem «Plan» konstituiert, der sich zunehmend in verschiedenen Handlungsplänen, wie z. B. dem Greifen, differenziert und koordiniert. Dabei ist für Piaget, worauf er ausdrücklich hinweist, im Begriff des «Planes» durchaus eine unsichtbare Tätigkeit gemeint, also nicht etwa die sichtbare Erscheinung von Handlungen.

In einer geisteswissenschaftlichen Erweiterung gesehen, handelt es sich bei diesen «Plänen» Piagets um Erscheinungen der Willensgrundlage des Handelns überhaupt, die wir nicht nur als eine eingeborene Organisation verstehen können, sondern als eine Tätigkeit des menschlichen Ich, die wir primäre Intentionalität genannt haben, und die sich keimhaft und schicksalsbildend im Laufe des menschlichen Lebens entfaltet. Diese Tätigkeit liegt jeder Konstituierung einer Welt von Dingen, d.h. Gegenständen zugrunde, wird aber schon im Laufe der ersten beiden Lebensjahre des Kindes zunehmend durch die synthetisierende Kraft des reifenden zentralen Nervensystems auf das Erkennen hin strukturiert. Das Ergebnis dieser antipathischen Bewegung erscheint als die von Piaget gemeinte Konstanz von Objekten in einer einheitlich erlebten Welt, die zugleich menschliches Erkenntnis-Schicksal ist, d.h. Grundlage jeden irdischen Erkennens von Wirklichkeit. So verstanden, erscheint der Erdenraum für das Kind generalisiert als eine erste Stufe begrifflicher Erfahrung auf der Ebene der Wahrnehmung. Phänomenologisch-biographisch angeschaut entbehrt jedoch dieser generalisierte Raum von Objekten noch jener Sicherheit, die ihr Piaget zubilligt. Er wird ihn erst im Laufe des 2. Lebensjahrsiebts gewinnen. In der frühen Kindheit bedarf er zunächst der fortgesetzten Bestätigung und des Hinweises durch die soziale Umwelt. Dadurch wird diese Welt «räumlicher Objekte» für das Kind handlungsverpflichtend und gewinnt neben den logischen Kategorien bloßer topologischer Relevanz auch moralisch-normativen Charakter im Sinne des *Nomos*. Die *herstellende Tätigkeit* als einer moralischen dieses generalisierten Raumes bleibt dem Menschen unbewußt. Er erfährt deshalb die sinnlichen Erscheinungen des Raumes auch als gegeben. Man kann dies auch so ausdrücken, daß das Werden dieses Raumes von Objekten dem Kind die Erfahrung seiner primären, keimhaften Intentionalität für das Bewußtsein «entwerden» läßt. Damit soll auf eine wichtige Tatsache irdischer Existenz hingewiesen werden, insofern der geistig-seelische Ursprung des Menschen ihm für die *Erfahrung* an der Sinnes-Raumes-Welt verloren geht. Das Kind teilt damit, wie auch in der Begriffsbildung, wie wir sehen werden, ein *allgemeines* Menschheitsschicksal. Es entdeckt den Erdenraum in den Gestaltungsprozessen seiner Leiblichkeit und durch sie als Wirklichkeit. Dieses «Entwerden» der Erfahrung der Geistverbundenheit primärer, biographischer Intentionalität am Widerstand eines generalisierten sinnlichen wahrgenommenen Raumes bedeutet biographisch die Veranlassung, den Verlust in der Erkenntnis wieder in lebensgeschichtlichen Stufen einzuholen. Im Laufe der ersten drei Lebensjahre geschieht dies zunächst durch die stufenweisen Prozesse der Vorstellungs- und Gedächtnisbildung, die schließlich in einer weiteren Steigerung zur Begriffsbildung führen. Steiner hat den hier zugrundeliegenden Prozeß als ein zunehmendes Abschwächen oder Ablähmen des in der Leibesorganisation keimhaft waltenden Willenslebens des Kindes (im Sinne biographischer Intentionalität) beschrieben. Erst in ihm gewinnt das Kind jene Erkenntnis-Haltung, die sich im Begriffe-Bilden zunächst um das 3. Jahr konstituiert und das Kind Ich zu sich sagen läßt. «Ich» ist nun nicht negativ durch das Nicht-Ich der räumlichen Welt bestimmt, sondern gemäß der eigenen Erkenntnis-Tätigkeit des Kindes als eine positiv erfaßte seelisch-geistige

Wirklichkeit. Generalisierte Vorstellungen als primäre Begriffe weisen auf den generalisierten Raum als Wirklichkeit zurück und gewinnen zugleich ihren Sinn als die Erscheinung der metamorphosierten Tätigkeit des Ich in einer transzendenten, Raum und Zeit übergreifenden Welt-Wirklichkeit. So bleibt auch die primäre Begriffsbildung auf den Wahrnehmungsraum bezogen, wobei Urteile bezüglich der Begriffe im Gegensatz zur Begriffsbildung nach der Mitte der Kindheit Wahrnehmungsurteile bleiben. Die Fähigkeit des Begriffe-Bildens verdankt das Kind nicht zuletzt jener Tätigkeit des aufrechten Schreitens, in welcher sich primäre Intentionalität mit der Schwere verbindet und diese *überwindet*, wodurch die Objekte im Raum jene Signatur bekommen, die sie nicht nur frei manipulierbar machen, sondern dem Kind auch die Freiheit der Nachahmung und der Vorstellungsbildung schenken. Die aufrechte, Schwere-überwindende Haltung des Menschenkindes ist die phänomenologische Erscheinung eines generalisierten räumlichen Universums der Erkenntnis, in dem Freiheit möglich ist. Kein Tier kennt einen generalisierten Raum permanenter Objekte und bleibt deshalb seinen Art-Räumen weisheitsvoll, aber gedankenlos handlungsverhaftet. [1]

Ehe wir im Genaueren auf den besonderen Wert des frühen Vorstellungslebens des Kindes eingehen, welches zwischen einer generalisierten Raumeserfahrung und der Begriffsbildung gleichsam in der Mitte in Erscheinung tritt, sei auf den Zusammenhang der Ich-Erfahrung um das 3. Lebensjahr mit der Begriffsbildung eingegangen, wie sie von K. König [3] dargestellt wurde. An phänomenologischen Befunden der klassischen Entwicklungspsychologie orientiert und von der Menschenkunde R. Steiners ausgehend, beschreibt König das stufenweise Erwachen des kindlichen Denkens, bis das Kind an der Spur von sich steigernden Antipathie-Prozessen vom Haupt her die zeitliche und räumliche Erscheinungen übergreifende Identität von Vorstellungsbildern entdeckt und schließlich im *Begriff*, d. h. auch der Erfahrung seiner eigenen Tätigkeit sich seiner selbst bewußt werden kann. Daß mit diesem Vorgang eine Abschwächung leiblicher Wachstumsvorgänge einhergeht, wird aus einer von König geschilderten Beobachtung besonders deutlich: «Nur manchmal, auch im allerfrühesten Säuglingsalter kann das Denken erwachen und dann, obgleich es sich nicht äußert, dennoch fast greifbar erscheinen. Das geschieht, wenn das träumend-schlafende Dasein der ersten Kindheit durch schmerzliche Krankheit unterbrochen wird. Dann erwachen die Augen des Säuglings und werden die tief ernsten Künder seiner Individualität. Ich habe das selbst öfter sehr eindringlich beobachten können. Eine Mutter, deren Kind im Alter von sechs Monaten operiert wurde, beschrieb es mir einmal so, daß sie sagte: ‹«Sie ist sehr ruhig und friedlich, immer noch ernst, jedoch eigentlich ihrem Alter enthoben, nur ganz Mensch›». König sagt weiter: «Das ist ein Vorgang, der sich in jedem Kind während des dritten Jahres vollzieht und der zu den allergeheimnis-

3 K. König: Die ersten drei Jahre des Kindes. 6. Aufl. Stuttgart 1978.

vollsten Ereignissen im Reich der Menschenseele gehört. Die Individualität des werdenden Kindes durchbricht die Dornenhecke der Tageserlebnisse und erweckt das schlummernde Denken. In dem Augenblick, da beide einander erblicken und Auge in Auge vor einander verweilen, erwacht zum ersten Mal das Bewußtsein vom eigenen Ich. Dieser besondere Moment, dessen mancher Erwachsene sich noch erinnert, ist ein Wendepunkt im menschlichen Leben. Denn von diesem Augenblick an besteht ein geschlossener Gedächtnisfaden, der die Kontinuität des Ich-Bewußtseins vermittelt. Wenn auch vieles in späteren Jahren davon vergessen ist, so bleibt das dumpfe Empfinden der Einheit der eigenen Person bis zu diesem Augenblick zurück bestehen. Dahinter aber liegt die frühe Kindheit in Dunkel gehüllt.»

Manche autobiographischen Erinnerungen gehen zu diesem Erlebnis zurück und werden in der angeführten Arbeit Karl Königs erwähnt. Hier soll noch eine für viele hinzugefügt werden, von der J. Lusseyran berichtet: «Klar wie ein Bild, das vor mir an der Wand hängt, sehe ich mich an meinem vierten Geburtstag. Ich lief den Gehweg entlang auf ein Dreieck aus Licht zu, das durch den Schnittpunkt dreier Strassen gebildet wurde, ... auf ein Dreieck aus Sonnenlicht, das sich auf den Square Rapp wie auf eine Meeresküste hin öffnete. Auf diesen Teich von Licht wurde ich vorwärtsgestoßen, von ihm aufgesogen, und während ich noch mit Armen und Beinen ruderte, sagte ich mir: ‹Ich bin vier Jahre alt, und ich bin Jacques›. Man nenne dies, wenn man will, die Geburt der Persönlichkeit. Doch empfand ich dabei zumindest keinerlei Panikstimmung. Nur der Strahl allumfassender Freude hatte mich getroffen, ein Blitz aus wolkenlosem Himmel». [4]

König macht, R. Steiner [5] folgend, auf die in diesem Zusammenhang wesentliche Tatsache aufmerksam, daß sich in der hier beschriebenen Bewußtseinsbildung dasjenige in die freie Gedankentätigkeit metamorphosiert, was vorher bis zum 3. Lebensjahr als Gestaltungskräfte in die kindliche Organisation aus den kosmischen Bildekräften hineingearbeitet wurde. Es sind jene Weisheitskräfte, die dem Kinde die Fähigkeiten des Gehens, Sprechens und Denkens vermitteln. Im Gehen setzt es sich nicht nur mit den Schwerekräften auseinander, indem es sie überwindet, sondern durch diese Tat hebt es sich als Eigenwesen von der Welt ab, mit der es vorher noch wie eins gewesen ist. Im Sprechen lernt das Kind nicht nur die seelische Kommunikation mit anderen Menschen, sondern es eignet sich die Dinge und Wesen einer neuen Art so an, daß sie ihm wieder zugehören. *Im Denken endlich erwirbt es noch einmal, auf höherer Stufe, was ihm im Gehen-Lernen gelungen ist.* «Es hebt sich neuerdings aus der Welt wieder heraus, nun aber gefestigter und geschlossener. Es tritt wieder, gleich einem Hirten, unter die Herde; diese besteht jetzt aber aus den Namen aller Dinge, die um das Kind ausgebreitet liegen. Es hat

4 J. Lusseyran: Das wiedergefundene Licht. Stuttgart 1966.

5 R. Steiner: Die geistige Führung des Menschen und Menschheit. GA 15.

sie sich im Namen-Geben wieder erworben; *nun aber darf es selbst nicht mehr Name allein bleiben. Es tritt in das innerste Wesen des Namens ein, indem es sich selbst jenseits seines Namens zu nennen weiß. Dieses aber heißt «Ich». Damit erkennt sich der Mensch als Teil jenes Welten-Ich, das als Logos der Ursprung alles Werdens war.»* (König a. a. o.)

Es kann deutlich werden, daß die Generalisation von Wahrnehmungen in primären Begriffen mit der Erfahrung des Ich auftritt. Mit dieser Erfahrung bleiben alle Klassifizierungen der frühen Kindheit verbunden, was den frühkindlichen Begriffen Lebendigkeit, Wert und Wirklichkeit verleiht. Das Kind unterscheidet zum ersten Mal die in ihm selbst wirkenden individualisierten Weisheitskräfte, die es als Ich erfaßt, von jenen, die im Universum der Dinge wirksam sind. Diese begreift es als Gegenüber und generalisiert sie allgemein verbindlich auf den Begriff hin. Es ist dieser Akt des Kindes mit einem wahrnehmenden Urteil verbunden, wodurch das höhere Ich sich an der räumlich erfahrenen Wirklichkeit des eigenen Leibes, dem «Objekt unter Objekten» (Piaget) als dasjenige konstituiert, dem das Kind den Namen «Ich» gibt. Der Leib gewinnt dadurch jenen Wert als «begriffener Leib», der im Wahrnehmungsurteil als räumliches Abbild des seelisch-geistigen Urbildes auftritt. So deutet das Kind «Ich»-sagend auf ihn hin und erfaßt ihn als Zeichen einmaligen eigenen Daseins in allen räumlichen Gegebenheiten. Auf die Leibhaftigkeit des Ich als Haltung beziehen sich alle frühkindlichen Begriffe gegenüber der Außenwelt. So bleibt bis zur Mitte des 2. Lebensjahrsiebts die räumliche Außenwelt eine Ich-verwandte, bis sich um das 9./10. Lebensjahr eine Innenwelt einer Außenwelt als eigene gegenüberstellt. Erst jetzt wird das Kind bedürftig und fähig, diese Außenwelt zum zweiten Male in der Bildung sekundärer Begriffe sich zuzuordnen. Insofern zeigt sich die primäre Begriffsbildung als Ergebnis der ersten Durchgestaltung des physischen Leibes im 3. Lebensjahr in der Gehirnreifung, wie die zweite, sekundäre Begriffsbildung Ausdruck seelisch-geistiger Tätigkeit am Zeitenleib, dem ätherischen Leib bis zur Skelettorganisation und deren Bewegungsgesetzen ist. Erst in der Erdenreifungszeit vermag das Ich im Freiwerden seelischer Kräfte von der leiblichen Organisation Begriffe mit dem aus dem Willen geborenen Begriffsurteil zu umspannen. Bis zum Ende der mittleren Kindheit bleiben aber Begriffe mit Gefühlsurteilen verbunden vermittels der im Kapitel über die Atmungsreife beschriebenen Zentrierung des Seelisch-Geistigen im Fühlen. Das Kind nähert sich so nach dem 12. Lebensjahr begrifflichen Definitionen im aktiven «Zusammenschauen» freier, individueller Vorstellungen. Erst im Laufe der Erdenreife kann jene Objektivierung von Begriffen gelingen, welche die eigene Biographie überschreitet, indem Begriffe systematisiert werden können und der Weltinhalt sich als Logik offenbart. Die stufenweise Bildung von Begriffen als Metamorphosen des Inkarnationsvorganges der kindlichen Geist-Seele muß damit rechnen können, daß diese Geist-Seele *dabei ist.* Die bloße Tradierung begrifflich-wissenschaftlicher Erkenntnis festigt zwar diese, zerstört aber gleichzeitig die Geschichtlichkeit des Kindes und deren Erfahrung. Damit hängt die relative Unempfindlichkeit für Biographisches der gegenwärtigen positivistischen Wissenschaft zusammen, die sich ahistorisch legitimiert und ermächtigt. Sie erfaßt deshalb auch nicht die Metamorphosen der Erkenntnisgestaltung als Inkarnationsprozeß des Menschengeistes, der nicht abgeschlossen ist, der in jedem Kind sich wiederholt und in der gegenwärtigen Entwicklungsphase der Menschheit auf die *Anschauung* der Tätigkeit des Begriffe-Bildens als Denk-Erfahrung hinzielen muß.

Es bleiben, um zurückzukehren, in der Entwicklung alle frühkindlichen begrifflichen Klassifizierungen auch von Vorstellungsbildern auf diese einmal gewonnene *Ich-Haltung* bezogen und haben von dort her ihren auf ein Ich bezogenen biographischen Wert im Gegensatz zur Logik sekundärer Begriffe, die in der Mitte der Kindheit sich aus dem Vorstellen zu bilden beginnen und die auf begriffliche Gruppierung, Klassifizierung und schließlich Systematisierung drängen, damit aber auch in der dauernden Gefahr der Abstraktion und der seelischen Entfremdung stehen. Das Kind um das 3. Lebensjahr erfährt vielmehr, daß der im eigenen Inneren wirksame bildende Logos derselbe ist wie derjenige, der die räumlichen Erscheinungen und Beziehungen der Welt stiftet, die es in «Begriffen» erkennt. Es müssen deshalb auch diese primären Begriffe nicht wie später die sekundären eigens systematisiert werden, wodurch sie Wissenschaftlichkeit (Wygotski) und Verfügbarkeit für das Handeln erlangen, gleichzeitig jedoch unlebendiger und erlebnisärmer werden.

Wir haben hier versucht, die frühe Begriffsbildung des Kindes als die erste biographische Ich-Erfahrung und zugleich als eine unverlierbare *Haltung* zu kennzeichnen. Damit entsteht jener lebensgeschichtliche Bezugsrahmen eines generalisierten Raumes und generalisierter Begriffe, zwischen denen sich vorwiegend im Fühlen des Kindes seine lebendige *individuelle* Vorstellungswelt entfaltet. Indem sie zwar auf Begriffe und räumliche Sinneswahrnehmungen bezogen bleibt, stellt sie aber dennoch zunächst das *wesentliche, zukünftige* Entwicklungsmoment der kindlichen Erkenntnis dar. Diese didaktisch und biographisch außerordentliche und meist übersehene Tatsache hat offenbar Piaget zu der fragenden Bemerkung veranlaßt, die sich auf die lange Verzögerung der Entwicklung operativer Intelligenz bezieht, d. h. auf die lange Zeit der von Piaget sogenannten prae-operationalen Phase vom 2. zum 7. Lebensjahr. Er sagt da: «Man würde erwarten, daß nach der Herstellung der senso-motorischen Schemata und der semiotischen Funktion nach dem 2. Lebensjahr eine schnelle und sofortige Internalisierung von Aktionen in gedankliche Operationen erfolgt». Dieses Stadium erreicht das Kind jedoch erst nach dem 7. Lebensjahr. Die primären Begriffe der frühen Kindheit sind eben nicht wie die sekundären nach der Mitte der Kindheit handlungsbestimmend, sondern sichern die Welt als von der *Ich-Haltung* erkannten moralischen Wert. Um gegenüber dem generalisierten Raum und der Begriffswelt die biographische

Potenz des Vorstellungslebens des heranwachsenden Kindes zu verstehen, ist der Hinweis auf die Beschreibung der Entstehung von frühkindlichen Vorstellungen unerläßlich, wie sie Steiner in der «Allgemeinen Menschenkunde» darstellt. Im Gegensatz zu der Vergessenheit vorgeburtlicher Geisterfahrung, die im Begrifflich-Räumlichen der Welt waltet, sind die Vorstellungen des kleinen Kindes noch bis zum 7. Lebensjahr hin die Nachklänge von Erlebnissen, die vor der Empfängnis erlebt worden sind: «Sie kommen nicht anders zu einem wirklichen Ergreifen des Vorstellens, als wenn Sie sich darüber klar sind, daß Sie ein Leben vor der Geburt, vor der Empfängnis durchlebt haben. Und so wie die gewöhnlichen Spiegelbilder räumlich als Spiegelbilder entstehen, so spiegelt sich Ihr Leben zwischen Tod und neuer Geburt in dem jetzigen Leben darinnen, und diese Spiegelung ist das Vorstellen. Indem Sie Tätigkeiten vor der Geburt bzw. der Empfängnis ausgeführt haben in der geistigen Welt, werden diese durch die Leiblichkeit zurückgeworfen, und wir erfahren sie als Vorstellen.» [6]

Gegenüber den Begriffen bewahren die Vorstellungsbilder des kleinen Kindes in den ersten Lebensjahren ihren lebendigen Bildcharakter, und die biographische Intentionalität des Kindes verbindet sich mit ihnen und artikuliert sie in der Sprache. [2] Die Bilder-Welt des kleinen Kindes ist deshalb auch gegenüber der mittleren Kindheit nur lose mit der Raumstruktur und den primären Begriffen verbunden. [3] Sie entspringt noch einer lebendigen Teilhabe an den lebendigen Bildegesetzen der Welt und zeigt deutlich noch die Verwobenheit mit den leiblichen Gestaltungs- und Wachstumsprozessen des Kindes. In dem Vorstellungs- und Sprachfelde lebt sich das kleine Kind individuell in seine spezifische menschliche Umwelt ein. Seine nach dem 3. Lebensjahr gewonnene Ich-Haltung verwirklicht sich individuell in Bildern und in der Sprache. Diese Potenz der Bildwelt des kleinen Kindes ist dadurch ermöglicht, daß die primären Begriffe nach ihrer Bildung nicht in Systeme eingehen, die Bezüge zwischen Begriffen ermöglichen, was erst im 12. Lebensjahr möglich wird, sondern sich noch als Grund-Haltung den individuellen Vorstellungen des Kindes, damit aber auch seiner gelebten Biographie anschmiegen. Ebensowenig wie das Kind sein eigenes Ich schon selbständig generalisieren kann, bleibt ihm seine Leistung des Begriffe-Bildens biographisch nahe und wird nicht in Willensbildung, wie nach dem 12. Lebensjahr, logisch generalisiert. Das kleine Kind *weiß* noch nicht, daß seine Begriffe für alle Menschen gelten. Es hat diese zwar schließend und urteilend erfaßt, aber nicht selbständig zu Vorstellungen individualisiert. Begriffe haben ihre Identität und Geltung vom eigenen Ich entlehnt.

Die Beziehung einer gesehenen räumlichen Welt zu einer begriffenen ist nicht Gegenstand einer gedanklichen Konstruktion. Sie entsteht vielmehr um das 3. Lebensjahr aus der Epiphanie des Logos am Dunkel des Leibes als Ich-Erlebnis, wel-

6 R. Steiner: Allgemeine Menschenkunde. GA 293.

ches sich an dem Erscheinen eines aus Licht geschaffenen Erdenraumes von Dingen urteilend wiedererkennt. Die Bezeichnung «ist», welche Wirklichkeit benennt, zeigt dann ihre Verwandtschaft zu der Bezeichnung «Ich». Das Licht des Logos stiftet als der denkend zu erkennende Grund die Gemeinsamkeit von Mensch- und Welt-Sein. Im «ersten Sehen», an dem das Kind an der Welt erwacht, entdeckt G. Kühlewind: [7] «Nun schauen wir die Erde und sehen sie. Wir schauen sie und sehen sie durch unser Erkennen, durch das Licht. Wir schauen und sehen aber zunächst unser Erkennen und das Licht nicht. Unser Erkennen und das Licht sind eine Einheit, wie wir selbst mit der Erde eine Einheit sind. Das Licht, wodurch wir sehen, ist das Licht der Welt. Es scheint in unserer Finsternis, es beleuchtet die Erde. Das Licht der Welt ist das Licht der Erde.» [4]

Inmitten seiner Vorstellungsbilder (dem «anschaulichen Denken» Piagets) und seiner Sprache schreitet das Kind, ins Grenzenlose des Spieles und der Phantasie wachsend, bis zur Mitte der Kindheit fort. Es ist dieses Fortschreiten als die biographische Wirklichkeit des Kindes noch von einem Gefühlsleben getragen, welches sich frei zwischen den Antipathie- und Sympathie-Kräften, zwischen sich selbst und der Welt, noch selbstverborgen, zu bewegen vermag. Erst in der Mitte der Kindheit wacht das Kind in seinem Gefühlsleben selbst auf. In der jetzt *erfahrenen* Gesetzmäßigkeit eigener seelisch-leiblicher Gestaltungsvorgänge, die als Atemreife in Erscheinung tritt, verbindet sich das Kind zum 12. Lebensjahr mit den Akten sekundärer Begriffsbildung, d. h. mit den jetzt nicht mehr nur in Bildern erfaßten Gesetzen der Weltgestalt. Vorstellungen bewegen sich auf Begriffe hin. Für das Verständnis der Begriffsentfaltung am Ende des 2. Lebensjahrsiebts ist jedoch festzuhalten, daß sich die Vorstellungswelt des kleinen Kindes zwar auf den Raum und die primären Begriffe beziehen kann, jedoch nicht daraus hervorgeht. Denn die primären Begriffe unterscheiden sich von der Vorstellungswelt des kleinen Kindes gerade dadurch, daß sie auf eine Raum und Zeit transzendierende Geist-Dimension hinweisen, die über alle Sprachen und sozialen Besonderheiten der kindlichen Biographie hinweg für alle Kinder der Welt dieselbe ist. Sie offenbart die Teilhabe des Menschen an einem gemeinsamen Gedankenkosmos, wie er noch im geschichtlichen Ursprung des menschlichen Gedankenerlebens erfahrbar war und den der gegenwärtige Mensch vergißt, da primäre Begriffe ihren Ursprung durch ihre Bezogenheit auf eine räumliche Sinneswelt verbergen.

Sie leuchten aber vor allem in die grammatikalischen Sprachformen des Kindes nach dem 3. Lebensjahr herein: Neuere Untersuchungen kommen zu dem Ergebnis, daß das kleine Kind die Sprache in «kategorischer Weise» anwendet. Die durch Worte bezeichneten Klassen von Dingen erweisen sich als durch Regeln bestimmt. Ebenso hat sich gezeigt, daß das fünfjährige Kind eine Sprache von hoch-

7 Georg Kühlewind: Bewußtseinsstufen. Stuttgart 1976.

abstrakten Regeln benutzt und eine frühe syntaktische Reife erwirkt. Der in der Sprache wandelnde Logos, durch den das Kind sprachlich komplizierte Beziehungen zwischen den Erscheinungen der Welt herstellt, geht der späteren Differenzierung der Gedankenwelt voraus: Erst in der Entwicklung der sekundären Begriffsbildung nach dem 9. Lebensjahr, des konkreten Denkens im Sinne Piagets, scheint das Kind jene Stufe zu erreichen, auf der es in der *frühen Kindheit durch die Sprache* die Welt wahrnimmt und ordnet. J. S. Bruner hat deshalb zurecht von einer Asymmetrie der Entwicklung gesprochen. Das kleine Kind kann «die Dinge, die die Wörter und Sätze ausdrücken, nicht in entsprechender Weise gedanklich organisieren.» [8] [5]

Bruner nimmt an, «daß die Sprache sich aus der *gleichen Wurzel* entwickelt, aus der sich auch sprachlich organisierte Erfahrung (Denken) entwickelt... Die Gedankenwelt des 2- bis 3jährigen Kindes besteht in einer Interaktion der Sprache mit einer noch kaum symbolisch *organisierten* Erfahrung». So gelingt in der primären Begriffsbildung die differenzierte Wahrnehmung von Unterklassen in Klassifikationen noch nicht, während sprachlich derartige Gruppierungen innerhalb des Satzes schon nach dem 3. Lebensjahr möglich sind. Das kleine Kind erfährt unbewußt den in der Sprache waltenden Logos als gestaltend, den es nach dem ersten Gestaltwandel in der Grammatik bewußt in Erfahrung bringen muß. Im frühkindlichen Denken besteht noch keine Beziehung der Allgemeinheit zwischen den Begriffen, weshalb sich nur jene Verbindungen als biographisch relevant erweisen, die in der Wahrnehmung und in der Sprache hergestellt werden können. Erst in der Mitte der Kindheit verliert die Sprache für die Entstehung sekundärer Begriffsbildung an erkenntnisleitender Bedeutung. Während dem kleinen Kind sein Vermögen, Begriffe zu bilden, als «Haltung» im Rahmen seiner Ich-Entwicklung verfügbar wird, *bestimmen* diese nicht seine biographisch-soziale Intentionalität. Erst nach der Mitte der Kindheit werden die spontanen Begriffe zunehmend bestimmend, d. h. auch haltungsleitend. S. Rimat hat deshalb auch zurecht bemerkt, daß das begriffliche, von allen anschaulichen Momenten losgelöste Denken im Sinne sekundärer Begriffsbildung Anforderungen an das Kind stellt», die, von wenigen Fällen abgesehen, die geistigen Kräfte des Kindes vor dem 12. Lebensjahr zu übersteigen scheinen.» [9] [6]

Zusammenfassend: Die Beziehung primärer Begriffe zum Vorstellungsleben des Kindes nach dem 3. Lebensjahr kann geisteswissenschaftlich im Zusammenhang mit der Wahrnehmung eines generalisierten räumlichen Universums als hervorgehend aus Leibbildungsprozessen dargestellt werden, die ihren Ursprung vorgeburtlich haben und auch in der Embryonalzeit wirksam sind: Am frei getra-

8 J. S. Bruner: Über die kognitive Entwicklung. In: Studien zur Entwicklung des Denkens im Kindesalter. Herausgeber: Bonn und Rohsmanith, Darmstadt 1972.

9 In L. S. Wygotski: Denken und Sprechen, Frankfurt 1969.

genen Haupt und den in ihm reifenden Gehirnstrukturen spiegelt sich ein geistiger Kosmos und erscheint in Begriffen.

Die keimhaft veranlagte biographische Intentionalität im Willensleben des Kindes strukturiert sich durch die Gehirnreifung in der Gestalt eines sinnlich-räumlichen generalisierten Raumes.

Zwischen beiden Gestaltungen erscheint in der rhythmischen Organisation das individuelle Sprach- und Vorstellungsleben. Die in Denken, Fühlen und Wollen geordnete Menschengestalt wird so Grundlage der Erkenntnisfähigkeit des kleinen Kindes in Bezug auf die Räumlichkeit, die Zeitlichkeit der sich entfaltenden Vorstellungen und der Sprache und die Raum und Zeit übergreifende primäre Begriffsbildung.

Die in diesem Zusammenhang wahrnehmbare Beziehung der Sprache zu der Potenz des Vorstellungslebens des Kindes läßt vermuten, daß sich in ihr eine Metamorphose des oben angeführten Erkenntnis-Dreischrittes vorfinden läßt. Ehe das Kind im 2. Lebensjahrsiebt die Sprache bewußter in der Grammatik ergreift, offenbart sich deren Grundstruktur im Hauptwort, dem Eigenschaftswort und dem Zeitwort als metamorphosierter gestalteter Ausdruck der Erkenntnis-Prozesse, die wir hier im Auge haben. Dieser Zusammenhang, der schon von K. König angedeutet wurde, hat eine erste weitere Beleuchtung durch H. Witzenmann erfahren in der Darstellung der Gestaltungskräfte der Sprache als «Egomorphose».[10]

Die biographische Rückschau zeigt, daß das Kind bis zum 10. Lebensjahr seine Begriffe nicht als Möglichkeit einer ihm verfügbaren gedanklichen Ordnung der Welt erlebt, sondern im Anschauungsurteil als eine Wirklichkeit, in welcher sich in Wahrheit die Geistbezogenheit der irdischen Welt ausspricht. Das Kind erlebt diese Erfahrung als unzweifelhaften *Wahrheitswert,* in dem es auch die Existenz des eigenen Ich als räumlich wahrnehmbare Erscheinung erkennt. Aus diesem Erlebnis geht, positiv gedeutet, jenes Gebaren des Kindes nach dem 3. Lebensjahr hervor, welches die klassische Psychologie nicht sehr glücklich, weil nur beschreibend, als «Trotzperiode» bezeichnet. In den primären Begriffen *ergreift* das Ich des Kindes die geschaffene irdische Welt in einer «kategorischen Haltung», macht sie sich aber zunächst nur in den Vorstellungsbildern gegenwärtig und *biographisch* zu eigen. Begriffsbildung erweist sich schon auf dieser Stufe, die nicht auf eine wissenschaftliche Logik zu beziehen und nicht von dorther verstehbar ist, als eine Struktur der Moral, deren Wert noch jenseits der Bilder und späterer Vernunft (Rationalität) darin besteht, daß sich in ihr das Ich als lebendiger individualisierter Logos geistverbunden erweist und sich mit anderen Ich-Trägern in einer gemeinsamen irdischen Welt verbunden erfährt. Daß der Mensch diesen Wert im Laufe seiner Entwicklung vergißt, stellt die Bedingung weiterer biographischer

10 Herbert Witzenmann: Intuition und Beobachtung, Teil 2. Stuttgart 1978, Seite 212.

Stufen des Begriffe-Schaffens im Sinne der Freiheit und Selbständigkeit ihrer Bildung dar. Indem so in den primären Begriffen das höhere Ich als Wert in die Erscheinung tritt, wird die zunächst räumliche Sinneswelt des «Nicht-Ich» erst im Lichte des Ich im Laufe der ersten drei Kindheitsjahre «begriffen». Für die kindliche Biographie vertritt vor allem der Vater das Ereignis dieser Geburt. Er steht dafür, daß das höhere Ich aus seiner vorgeburtlichen Geistverbundenheit Abschied nimmt und das Erdenkleid des niederen Ich zu tragen bereit ist. So bleibt, wie ich noch zeigen werde, bis zur Erdenreife im 3. Jahrsiebt vorwiegend der Vater die Gestalt, an dem sich die Stufen der Begriffsbildung vollziehen.

Erst in der sekundären Begriffsbildung am Ausgang der mittleren Kindheit erscheint im neuen Selbstgefühl des Kindes die Erfahrung des Begriffebildens als *gegenwärtige*, eigene biographische Leistung, wodurch sich die Leibhaftigkeit des Logos zur Logik abzuschatten beginnt, aber zugleich, und dies ist die pädagogische Aufgabe dieses Lebensalters, den Freiheitsraum eigener Herstellungserfahrung dieser Begriffe beinhalten kann.

Ich habe im Vorangegangenen zu zeigen versucht, daß diese Erfahrung im lebendigen gedanklichen Anschauen der Welt in der Mitte der Kindheit durch die Stufe imaginativ erfaßter gedanklicher Zusammenhänge pädagogisch geführt werden muß, um die Dimension des *Schönen* in die Gedankentätigkeit mit aufzunehmen. Die Unfähigkeit des heutigen Menschen und der Wissenschaft, genügend auf die Entstehungsgeschichte der Logik reflektieren zu können, ist nicht zuletzt durch die Erziehungspraxis der mittleren Kindheit bedingt. Das vorliegende Problem, dem ich hier nachgehe, ist ein zugleich kognitives und moralisches, insofern Freiheit auf dem Spiel steht. Es hat sich schon immer am Vater-Prinzip entzündet: Gelingt es dem Kind, seine Erfahrung in der Bildung sekundärer Begriffe als Tätigkeit mitzubilden, oder treten sie als zu frühe Definitionen unter Leistungsdruck als «Ersatz» primärer Begriffsbildung auf? Geschieht dies, so entsteht die Herrschaft des Ich-Schattens, jene Vaterwelt, die Freud als Über-Ich begriffen hat. Wo in der mittleren Kindheit ohne die aktive, gefühlsgetragene Vorbereitung und Anteilnahme des Kindes die sekundäre Begriffsbildung angeübt wird, wird der Vater zur fernen Außengestalt, die der biographischen Nähe entbehrt. Das Kind hat dann einen Vater als Ich-Schatten, aber nicht den *seinen*. Das Kind will seinen Vater in Wahrheit jenseits seiner Forderung nach Rationalität vor allem als den anteilnehmenden Zeugen seiner *eigenen* Geschichtlichkeit, in welcher, wenn Begriffe gebildet werden, das Kind seiner geistig-seelischen Kontinuität innewird, indem es seine gegenwärtige irdische Umwelt mit seiner eigenen über das Erdenleben fortdauernden Wirklichkeit in Beziehung setzen will.

Es war die Aufgabe gestellt, deutlich werden zu lassen, daß die Generalisation in primären Begriffen mit der Erfahrung des Ich auftritt und alle Metamorphosen der Begriffsbildung mit dem höheren Ich in Zusammenhang stehen. Mit der primären Begriffsbildung bleiben alle Klassifizierungen der frühen Kindheit verbunden, was den frühkindlichen Begriffen Lebendigkeit gewährt und die Wirklichkeit einer primären Erkenntnis-Haltung verleiht. Das Kind unterscheidet zum ersten Male die in ihm selbst wirkenden individualisierenden Weisheitskräfte des Logos, die es als Ich erfaßt, von jenen, die im Universum der Dinge wirksam sind. Diese begreift es außer sich in den primären Begriffen generalisiert und allgemein verbindlich, jene als individuell und innerlich. So ist etwa der Begriff «Hund» für die verschiedenen Erscheinungen von Hunden eine Klassifikation von individuellen Erfahrungen, die sich auf eine Gruppe bezieht, wobei der Begriff für das kleine Kind noch als kategorische Haltung gleichsam im Hintergrund der irdischen Biographie bleibt, während der Name Ich auf eine Wirklichkeit gerichtet ist, in der Begriff und dessen individuelle Erscheinung eins sind. Insofern ist das Ich der Begriff aller Begriffe. Darauf bleiben alle erfahrenen biographischen Wirklichkeiten in der frühkindlichen sprachlichen und vorstellungsgemäßen Klassifikation, wenn auch vergangenheitsgewendet, bezogen und haben von dorther ihren biographischen Wert im Gegensatz zur Logik sekundärer Begriffe, die in der dauernden Gefahr der Abstraktion und der rationalen Ich-Entfremdung stehen. Was jedoch das kleine Kind nach der Erdenreifung als individuellen Begriff mit dem Begriffs-Urteil zu umspannen lernt, erweist sich als eine Metamorphose der Gestalt individualisierender, lebendiger Weisheits-Kräfte der frühen Kindheit, die jetzt als Gedankengestalt anschaubar wird und sich im Begriff ablähmt. Wie der Mensch zu diesen kosmischen Gestaltungskräften innerhalb des Denkens wieder in Beziehung zu treten vermag, hat R. Steiner zuerst in seiner «Philosophie der Freiheit» gezeigt.

Das Kind erfährt um das 3. Lebensjahr, daß der im eigenen Inneren aus der Geistwelt wirksame Logos derselbe ist wie derjenige, der die Erscheinungen und Beziehungen der räumlichen Welt stiftet.

Dies ist auch der Grund, warum primäre Begriffe nicht wie später die sekundären eigens systematisiert werden müssen, wodurch sie Verfügbarkeit für das Handeln erlangen. Ebenso bedürfen die primären Begriffe nicht der Durchdringung mit einem *Begriffs-Urteil,* welches später nach der Erdenreife notwendig werden wird, um Begriffe bewußt der eigenen biographischen Intentionalität einzugliedern.

Erst eine seelische Erstarkung des Erkennens kann einsehen lernen, daß sich im frühen Lebensalter des Kindes ein höheres Ich als Ich-Leib oder Gedankenleib konstituiert, den der Mensch als Selbstoffenbarung nötig hat. Das denkende Ich des Kindes erscheint am Leibe als ein Abbild des höheren Ich: «Man kann versuchen, mit dem Rückblick auf das Leben bis zu jenem Zeitpunkt zu kommen, indem beim Kind das Bewußtsein so erwacht, daß es sich im späteren Leben an das erinnert, was es erlebt hat. Stellt man einen solchen Rückblick so an, daß man mit ihm die Seelenstimmung verbindet, die die gewöhnlichen Sympathien und Antipathien mit schicksalsmäßigen Vorstellungen ausschaltet, so steht man, wenn man erinnerungsmäßig dem bezeichneten Zeitpunkt des Kindeslebens erreicht, sich so gegenüber, daß man sich sagt, da hat wohl erst die Möglichkeit begonnen, daß du dich in dir fühlst und an deinem Seelenleben bewußt arbeitest; dieses dein ‹Ich›, war aber auch vorher da, es hat zwar nicht erinnernd an dir gearbeitet, aber dich sogar zu deiner Wissensfähigkeit, wie zu allem anderen, wovon du weißt, erst gebracht. Ein solches Sich-Hindurcharbeiten zu einem übergeordneten Ich-Wesen in dem gewöhnlichen Ich führt nicht nur dazu, sich sagen zu können, mein Gedanke führt mich dazu, ein solches übergeordnetes Ich theoretisch zu ersinnen, sondern es führt dazu, das lebendige Wesen dieses ‹Ich› in seiner Wirklichkeit als Macht in sich zu erfühlen und das gewöhnliche Ich als ein Geschöpf dieses Anderen in sich zu empfinden. Dieses Fühlen ist ein wahrhafter Anfang des Schauens der Geisteswesenheit der Seele.»[11]

Die primären Begriffe sind vergangenheitsbestimmt, so wie das durch die Strukturierung biographischer Intentionalität hergestellte räumliche Gegenstandsbewußtsein zukunftsgerichtet ist. Im individuellen Vorstellungsleben und in der Sprache des Kindes entfaltet sich im ersten Lebensjahrsiebt seine biographische Gegenwart. Das Kind zeitigt sich in ihm. In der Mitte der Kindheit werden die leibschaffenden Bildekräfte der frühen Kindheit so frei, daß sie von der Willenstätigkeit des Kindes als Gedankenbildungen ergriffen werden können. Diese verwandeln das individuelle Vorstellungsleben der frühen Kindheit so, daß über die Gedächtnisbildung sekundäre Begriffe gebildet werden können, welche die Erfahrungsspuren eigener Willenstätigkeit tragen, wenn diese Spur nicht durch zu frühe Definitionen abgelähmt wird. Gleichzeitig aber tritt im Fortgang der späteren Begriffsbildung das Gefühlsleben gegenüber dem Gedankenleben so zurück, daß im Begriffe-Bilden vom Kinde der Freiheitsgrad eigener Herstellungserfahrung deutlich wird.

Es scheint, daß, wenn in den Wandlungsprozessen der mittleren Kindheit begriffliches Denken ohne die aktive gefühlsgetragene Anteilnahme des Kindes als sekundäre Begriffsbildung angeübt wird, das Kind für immer die Wahrnehmungsfähigkeit seines eigenen Denkens versäumt und ihm dieses fremd wird. Im Hinblick auf diese weitreichende Problematik sollte schon in dem Kapitel über die Atem-Reifung gezeigt werden, daß die Anschauungsurteile der frühen Kindheit nicht übergangslos in die Begriffsurteile eingehen wollen, die für das 3. Lebensjahrsiebt den Begriffsbildungsprozeß charakterisieren. Diese Übergänge dem Kind zu ermöglichen, ist wesentlicher Inhalt der Erziehungskunst zwischen der Mitte der Kindheit und dem 12. Lebensjahr. Das Kind in der Mitte der Kindheit befindet sich in einem Übergang, in welchem pädagogisch noch *Gefühlsurteile* gepflegt werden müssen, die sich mit einem imaginativen Weltgehalt verbinden können, der noch nicht vollständig zum Begriff abgelähmt ist.

11 R. Steiner: Ein Weg zur Selbsterkenntnis der Menschen. GA 16.

Ob dieser in der biographischen Entwicklung des Kindes vorgezeichnete Prozeß in der Unterrichtsgestaltung Einlaß finden kann oder nicht, bestimmt entscheidend die Erfahrung, die der erwachsene Mensch seinem Gedankenleben gegenüber hat. Genauer gesagt, ob er in der Lage ist, seine Gedankenbildungsprozesse wahrzunehmen und damit die Grenzen begrifflich-assoziativen Denkens zu ermitteln und legitime mit dem Gefühlsleben verbundene Gedanken über den Weltinhalt zu entwickeln, die bewußte Imaginationen auszubilden in der Lage sind. Der hier skizzierte Versuch, in welchem schon in anderen Kapiteln Ausgeführtes noch einmal zusammengefaßt wird, kann nur als Anregung für weitere Untersuchungen verstanden werden. Er kann aber schon den wichtigen Beitrag einer menschengemäßen Pädagogik zu denjenigen Fragen zeigen, die in unserem Jahrhundert zunehmend an die induktiven naturwissenschaftlichen Erkenntnis-Methoden und ihre Reichweite gestellt werden. Das Schicksal dieses technologischen Zeitalters, welches sich auf der naturwissenschaftlichen Gedankenart gründet, wird davon abhängen, ob die Gedankenbilde-Prozesse eine Beziehung zu den spirituell-biographischen Erfahrungen des Menschen, die zugleich seine sozialen sind, gewinnen kann oder nicht. Der Schule ist dieses Schicksal als ernste Frage und Auftrag aufgegeben, genauer gesagt dem Lehrenden, der «zeitgemäß» sich nicht auf eine Tradierung von Wissen einstellt, sondern sich von der Sorge um die Zukunft her bestimmt.

Indem so, wie ich zu zeigen versuchte, das höhere Ich als Wert im Denken in Erscheinung tritt, wird die räumliche Welt als Nicht-Ich erst im Lichte des Ich begriffen und geordnet. Für die kindliche Biographie vertritt vor allem der Vater das Ereignis dieser Gedankengeburt. Er steht dafür, daß das Ich des Kindes aus einer vorgeburtlichen Geistverbundenheit Abschied nimmt, in die Beziehungen denkender Menschen eintritt, die Gemeinsamkeit primärer Begriffe erfährt und das Erdenkleid des «niederen Ich» zu tragen lernt. Ehe das Kind nicht in der Mitte der Kindheit die eigene Willenstätigkeit beim Bilden sekundärer Begriffe erfährt, bleibt ihm der Vater die Gestalt, die auch Anspruch auf die Räumlichung macht. Freud hat diese Situation als Über-Ich-Struktur in ein Konzept gebracht, ohne daß ihm die Gesetzmäßigkeiten der Begriffsbildung und die darin waltende Geist-Gemeinsamkeit von Menschen erkennbar wurde. Er hat durch seine Theorie die Wirklichkeit eines zugrundeliegenden seelisch-geistigen Ich-Wesens verdeckt und die Zensur des «gewöhnlichen Ich» nur in der rationalen Generalisation gesehen.

Die Wertigkeit des primären Begriffebildens entsteht aber nicht durch eine außerhalb des Kindes liegende Moralstruktur. Das Kind erlebt vielmehr seine Gedankenwelt als «Du» und erfährt in der Objektivierung dieser Welt, d. h. in den primären Begriffen die Ordnung des Gedankenkosmos als verpflichtend im Sinne einer vorgeburtlichen Verwandtschaft. Sie urständet, wie wir sahen, in der Tätigkeit und Erfahrung jedes Ich selbst und muß bis zur Mitte der Kindheit bestätigt werden. Sie wird durch die innere Realität sich entwickelnder Vorstellungsbilder dauernd in Frage gestellt, ehe diese Bilder nach dem neunten bis zwölften Lebensjahr sich in den sekundären Begriffen wandeln. In dem Maße, als dies geschieht, tritt das Kind in eine neue Beziehung zum Vater.[12]

In Wahrheit ist deshalb, was Freud als Über-Ich konzipiert, auf eine Tradition geschichtlicher Zeiträume gerichtet: Die primäre Begriffsbildung des Kindes wird möglich durch die gleichzeitige Wahrnehmung seines Ich, das sich aus einem schon einmal gelebten Leben im Begriffebilden vergegenwärtigt. [7] Primäre Begriffe folgen deshalb in der kindlichen Entwicklung *formal* kaum wahrnehmbaren und soziologisch-psychologisch nicht ablesbaren Wandlungen, während sich ihre Inhalte, d. h. die Vorstellungen, auf die sie sich beziehen, schnell ändern, da diese von der Umwelt abhängig sind. Das Ich erfährt in ihnen, wenn auch zunächst unbewußt, seine geschichtliche Ich-Kontinuität: die geistige Tradition wiederholter Erdenleben. Es übernimmt sie weder aus einem System von in anderen Personen vorhandenen Begriffen noch aus der Tradition historischer Gewohnheiten in sprachlich-sozialen Begegnungen; auch sind sie nicht in der genetischen Ausstattung vorrätig. Vielmehr nimmt das Kind nach dem dritten Lebensjahr, veranlaßt von der gegenwärtigen Wahrnehmungswelt als individuelles Ich, das eine Vergangenheit hat, primäre Begriffe wahr. Insofern ist die erste Verbindlichkeit der Begriffe, d.h. deren Generalisierung, vergangenheitsbestimmt. Erst das Begriffs-Urteil im 3. Lebensjahrsiebt kann Begriffe auf zukünftiges Handeln hin voll vergegenwärtigen und zu Vorstellungen individualisieren. Die gedankliche Konstruktion eines Über-Ich durch Freud hat seit dem Ende des 19. Jahrhunderts dem Menschen die Wirklichkeit seines höheren Ich und damit auch die Erfahrung wiederholter Erdenleben verdeckt und den Ursprung des Gewissens verhüllt.

12 Siehe das Kapitel über die Stufen der Gewissens- und Moralbildung.

IV DAS FÜHLEN: RICHTUNGEN EINER ÄSTHETIK DES WAHRNEHMENS

Wandlung von Wahrnehmen und Denken – Das Erinnern

«Unser Erkennen ist – bildlich gesprochen – ein stetiges Hineinleben in den Weltengrund.» R. Steiner

Es soll im Folgenden unser Ziel sein, zunächst die biographischen Motive der Neun- bis Zwölfjährigen zu untersuchen, die Gedächtnis- und Gedanken-Bildeprozesse in Gang setzen, in deren Verlauf sich die Identität des Kindes gegenüber der frühen Kindheit neu konstituiert. Während das Kind vor dem 9. Lebensjahr eine eigentümlich unreflektierte Beziehung der räumlichen Welt «permanenter Objekte» zu seiner Vorstellungswelt darlebt, handelt es sich jetzt in der Mitte der Kindheit vor allem darum, diese Welt nicht nur als den heimatlichen und familiären Raum der frühen Kindheit wahrzunehmen, sondern zu ihr eine neue Beziehung zu gewinnen, die als Erweiterung der Welterfahrung das Lebensalter zwischen dem 9. und 12. Jahr ausmacht und zugleich als pädagogische Aufgabe erscheint. Wir vermuteten, daß die Welt jetzt für das Kind jenen biographischen Wert bekommt, der auf Vergangenheit und Zukunft, Werden und Vergehen der Dinge hinweist. Diese Erfahrung kann offenbar das Kind aber nur dann machen, wenn es sich selbst in seiner Biographie im Strome der Zeit als ein gewordenes und werdendes Wesen zu erfassen vermag. Ich will zeigen, daß diese Fähigkeit aus der Gedächtnispflege zwischen dem 9. und 12. Lebensjahr für das Kind erwächst und erst nach dem 12. Jahr zunehmend zum begrifflichen Denken führen wird, nachdem das Gedächtnis des Kindes sich so gefestigt hat, daß es die damit verbundene eigene biographische Erfahrung in die Begriffsbildeprozesse einbringen kann. Das Erleben einer neuen Auffassung der Welt oder besser das Bedürfnis nach dieser Erweiterung zeigt sich als biographisches Motiv. So schildert Doris Davy[1] das Folgende:

«An einem klaren Sommertag war ich mit zwei Kindern unter 8 Jahren auf die Berge in Sussex gestiegen. Als wir den Hügel erstiegen hatten, öffnete sich dem

1 D. Davy: The rejoicing eye. The golden Blade. 1971.

weit ausgreifenden Blick ein herrliches Panorama, mehr Himmel als Erde. Von meiner Seite kam eine erwartungsvolle, aber auch etwas betroffene Stimme: ‹Was können wir denn hier machen?› Ich nahm wahr, daß der Blick für das Szenische der Landschaft bei meinen Begleitern noch nicht geboren war. Später, als mein Gefühl für die Erde den auf die Welt gerichteten Blick einzuschließen begann, erinnerte ich mich an einen anderen Augenblick meines Lebens. Ich war neun Jahre alt und wanderte mit meinem Vater in Dorset. Ich war gerade den Berggrat entlang gelaufen und hatte mich, auf der Höhe angelangt, ins Gras geworfen, mein Kinn auf die Hände gestützt. Ich schaute auf das Gras, wie durch einen Miniatur-Wald. Darüber nichts als der blaue Himmel. Plötzlich *sah* ich die Erde in all ihrer Schönheit mit einem Gefühl, *das die frühere unbewußte Wahrnehmung einschloß, aber doch ganz anders war.*»

Für dieses Kind wird an der sich erweiternden Erfahrung der Schönheit der Erde gleichzeitig die frühere, unbewußte Erfahrung des Sehens wach. Die Weite und Nähe der Dinge konstituieren sich gleichzeitig. In einer anderen Autobiographie [2] wird erzählt: «Die Tiefe des Vergangenen hatte ich längst gefühlt, zumal am Meer; es ist mir unvergeßlich, wie ich das Meer mit acht oder neun Jahren zum ersten Mal *bewußt* sah...

Der Strand war breit, eine unerwartet lange, immer längere Strecke war es, bis wir das Wasser erreichten. Näher kommend sahen wir die feuchten Sandflächen. Im Lichte glänzte die Bahn des Sonnenlichtes auf dem Meer und dann zu Füßen in zahlloser Menge die kostbaren, nie gesehenen Muscheln, die Quallen, der Tang am Strande. *Alles war wie eine magische Gegenwart aus unendlicher Ferne.* Mein Vater erzählte mir von den Dingen, die wir aufhoben; dann stand er wieder neben mir, wir beide schweigend über das Meer blickend.»

Die Schilderung schließt mit der wichtigen biographischen Erfahrung: «Schon früh war ich mit den Eltern an der Nordsee gewesen. Aus der Zeit erinnere ich mich eines heimlichen Wäldchens, eines Aquariums und eines Mannes in Hemdsärmeln, der sich mit dem Wasser und den Tieren zu tun machte, erinnere meine Großmutter, *aber nicht das Meer.*»

Welche unendliche Ferne wird hier magisch in der Gegenwart bewußt? Wer entdeckt sich hier an der Erde? Noch einmal kann uns die Biographie verdeutlichen: «Vor der Mauer zog sich ein Abhang entlang, in welchem ein Stein eingebettet lag, der etwas hervorragte – *mein Stein.* Öfter, wenn ich allein war, setzte ich mich auf ihn und begann ein Gedankenspiel, das etwa so lautete: Ich sitze auf diesem Stein, ich bin oben, er ist unten. Der Stein könnte aber auch sagen: ‹Ich›, und denken: ‹Ich liege hier auf diesem Hang, und er sitzt auf mir.› Dann erhebt sich die Frage, bin ich der, der auf dem Stein sitzt, oder bin ich der Stein, auf dem er sitzt. Diese Frage verwirrte mich jeweils, und ich erhob mich, zweifelnd an mir selber

2 M. Pagnol: Eine Kindheit in der Provence. München 1969.

und darüber grübelnd, wer jetzt was sei. Das blieb unklar, und meine Unsicherheit war begleitet von einer merkwürdigen und faszinierenden Dunkelheit. Unzweifelhaft aber war die Tatsache, daß dieser Stein in einer *geheimen Beziehung zu mir stand.* Ich konnte stundenlang auf ihm sitzen und war gebannt von dem Rätsel, das er mir aufgab.» [3]

Kehren wir jetzt nach dem biographischen Exkurs zu den eingangs gestellten Fragen zurück. Wir haben gesehen, daß die neue Entdeckung der Welt mit einem Aufkeimen des Selbstgefühls verbunden ist, ja gleichzeitig mit ihr erfolgt. Es ist, als trete das Kind aus einer alten Hülle von Sinneserfahrungen heraus, durch die erstmals in der frühen Kindheit der Raum sinnvoll strukturiert erschien. Dies würde aber bedeuten, daß die Sinneserfahrung eine biographische Wandlung durchmacht und das Kind aus der Welt der Sinn-Bilder, die unreflektierte Geborgenheit bedeuten, in eine existentiell rätselvolle und fordernde biographische Nähe und Gegenwart der Welt heraustritt. Diese Erfahrung scheint mir zu denjenigen zu gehören, die die drei Jahre zwischen 9 und 12 wesentlich einleiten. Das Kind setzt sich jetzt nicht nur etwa in seinen Handlungen und seinen Sinneserfahrungen mit der Gegenstandswelt in Beziehung, sondern erlebt Gedanke und Handlung verinnerlicht, wenn auch dumpf in sich selbst als Grundlage einer neuen Weltbeziehung. In Kritik der Piaget'schen Entwicklungstheorie, die nur das Formale der Gedankenbildung im Blick hat, müssen wir um das 9. Lebensjahr von einer Krise sprechen, da jetzt eine äußere Welt verinnerlicht in Erscheinung treten will. Verinnerlichung und deren Beziehung zur Gedächtnisbildung erscheint aber nur als formaler Prozeß, wenn er nicht einen Erfahrungszuwachs begründet. Insofern wird die Welt erst jetzt kritisch als Rätselaufgabe und -Motiv zur Verinnerlichung erlebt.

Das Kind muß seine Identifizierung mit einer aus dem Vorgeburtlichen hereinragenden Bildwelt aufgeben und erfährt zum ersten Mal den Wert der Dinge als biographische Gegenwart, sucht eine neue, jetzt unsichtbare Vertrautheit mit der Welt, die zugleich Erkundungen hervorruft. Ernst Barlach[4] schreibt in seiner Autobiographie: «Beim Streifen durchs Fuchsholz aber fiel mir die Binde von den Augen, und ein Wesensteil des Waldes schlüpfte in einem ahnungslos gekommenen Nu durch die Lichtlöcher zu mir herein, die erste von ähnlichen Überwältigungen in dieser Zeit meines 9. bis 12. Kinderjahres, das Bewußtwerden eines Dinges, eines *wirklichen ohne Darstellbarkeit* oder, wenn ich es hätte sagen müssen, wie das *Zwinkern* eines wohlbekannten Auges durch den Spalt des maigrünen Buchenblätterhimmels.»

Diese Wesenheit drängt auf Bewältigung, deren Mittel über das Sinnliche hinausführen werden. Die Formen der Bewältigung ziehen sich durch alle Lebensbe-

3 C. G. Jung: Erinnerungen, Träume, Gedanken. Stuttgart und Zürich 1962.
4 E. Barlach: Spiegel des Unendlichen. München 1960.

reiche des Neun- bis Zwölfjährigen, und nur eine davon, die wesentlichste, ist die Entstehung des Gedächtnisses. Eine der vielen Formen dieser neuen Welteinstellung ist z. B. die Sammelleidenschaft, wenn die Jungen alles, was Erde ist, in den Taschen nach Hause bringen, ein Stück der Erde als «Mein», und die Mädchen dieses Alters sich mit Sammlungen «wertvoller Gegenstände» umgeben, die ihnen lieb sind, gepflegt und wahrgenommen werden. Die wahrgenommene Welt will jetzt er-lebt werden, d. h. sich in den Zeitenleib der Biographie verseligen. Damit aber bewegt sich das Kind in jener Dimension, die mit dem ästhetischen Empfinden und dessen Steigerung zur Gedächtnisbildung zusammenhängt und der wir uns in diesem Kapitel zuwenden müssen. Die Wandlung der familiären Bildhaftigkeit der Kindeswelt will sich jetzt nach einer neuen inneren Gestaltung richten: Die Gestaltung des Gedächtnisses. Bevor ich mich diesem Zusammenhang zuwende, ist derjenige neue biographische Einschlag zu untersuchen, den wir als die Wandlung der Wahrnehmungstätigkeit des Kindes schon im Kapitel über die Kognitive Entwicklungspsychologie kennengelernt haben. Er ist dort, von Experimenten ausgehend, von Piaget beschrieben worden. Gegenüber den Vorstellungen der experimentellen Gedächtnispsychologie, die das Behalten von Reizen, auch sinnlosen, untersucht, müssen wir hier betonen, daß Sinneswahrnehmung nicht objektive Daten sind, sondern primär organisierte Erlebnisse der Lebensgeschichte, des In-der-Welt-Seins. Sie sind nicht gegebene Reize, sondern Sinnes-Wahrnehmungen werden gesucht, um zu Erfahrungen zu werden, welche Motive der Entwicklung erwecken, stören oder verhindern. Daß die experimentelle Entwicklungspsychologie die Sinneswahrnehmungen zur besseren Übersicht und Untersuchung in bezug auf die Lebensgeschichte des Menschen «neutralisiert» hat und daß diese Praxis in der Schule und den Medien Eingang gefunden hat, gehört gewiß zu den bedrohlichen Zeichen des Verlustes menschlichen Selbstverständnisses. Insbesondere ist Gedächtnisgestaltung als biographische Leistung abhängig von der biographischen Nähe der Wahrnehmung, dem *Wahrnehmungs-Interesse*.

E. Schachtel [5] hat in einem bedeutenden Beitrag die Reife kindlicher Wahrnehmungsinteressen verfolgt und die These vertreten, daß zwischen den Modi der Wahrnehmungen der Kindheit und der Schulzeit wesentliche und biographisch bedeutsame Unterschiede bestehen: Die frühkindliche Erfahrung der Konstanz der Dinge sieht Schachtel in Verbindung mit der Konstanz menschlicher Beziehungen, vor allen Dingen zur Mutter als dem wichtigsten Beziehungs-Objekt. Das Interesse des kleinen Kindes an der Gegenstandswelt zeichnet sich durch explorative Aktivität aus und muß sich, um erfolgreich sein zu können, in einem affekt- und triebentspannten sozialen Medium abspielen. Das Spiel ist das Medium

5 E. Schachtel: Metamorphosis. On the Development of Affect, Perception, Attention and Memory. London 1963.

maximaler Kenntnisnahme und des Lernens «über die Dinge» im Rhythmus zwischen explorativer Aktivität und triebentspannter Wahrnehmung. Das Problem der Objekt-Wahrnehmung ist nach Schachtel im besonderen Sinne verbunden mit der affektiven Gefühlskraft, die in der Welt des kleinen Kindes lebt, jedoch zunächst von zwei Seiten eingebettet bleibt: einmal durch die Sicherheit der Leibeserfahrung, die Schachtel *autozentrisch nennt,* andererseits durch vertraute, sichere menschliche Beziehungen. [1]

In der Schulzeit und zunehmend zum neunten Lebensjahr hin erwacht im Kind jedoch ein neues Wahrnehmungsverhalten. Es entdeckt neue Aspekte und erlebt sie als ein Medium, um in ihm Freiheit von Furcht, Angst und biographischen *affektiven Notwendigkeiten,* das heißt, Autonomie zu erlangen. Der andere Mensch, die Eltern, jetzt aber auch der Lehrer, stellen jene Realitäten dar, denen es anheimgestellt ist, ein Klima zu bereiten, das dem Kind eine *zentrierte autonome* Wahrnehmung der Dinge erlaubt. Autonomie entsteht dadurch, daß ein Gegenstand von allen Seiten und von verschiedenen Aspekten her betrachtet werden kann und es dennoch gelingt, bei der Vielzahl konkreter Wahrnehmungsaspekte die Identität des Ich zu wahren und sie denkend zu durchdringen.

Im Gegensatz zu dem manipulativen und explorativen Interesse der Kindheit wollen wir das jetzt entstehende Wahrnehmungsinteresse gegenüber der Welt der Dinge das ästhetische nennen. Es ist zentral mit der Differenzierung des Gefühlslebens verbunden. [2] Auf seiten des Erziehers bedarf die Herausbildung dieses ästhetischen Interesses der Wahrnehmung eines gesicherten, Distanz erlaubenden *Freiheitsraumes,* wie die Ausbildung der frühkindlichen Wahrnehmungsmodalitäten eines gesicherten Beziehungsraumes bedurfte. Dieser Freiheitsraum stellt ein Angebot von Sinn *und* Wert dar, in dem die Vielgestaltigkeit individueller Erscheinungen der Welt bestätigt werden kann und «sinnvoll» wird. Er ist gegenüber der analytischen Wahrnehmungskraft der Neun- bis Zwölfjährigen «synthetischer Natur».

Wahrnehmungs-Interesse wird in dem Sinne Tätigkeit, als das Kind die Enge seiner selbst *an* der Verschiedenheit der Objekte überwinden will und mit der Erweiterung seiner ästhetischen Erfahrung sein eigenes Wesen erweitert. Das Kind durchlebt im Gedankenbilden an der Wahrnehmung zwischen dem neunten und zwölften Jahr eine Stufe schöpferisch-künstlerischer Tätigkeit, wenn auch keimhaft und nicht explizit ausgestaltet. Sie mündet zum zwölften Lebensjahr hin in das Begriffliche ein. In diesem Sinne hat der Satz Schillers von der Vorbereitung kognitiven Erkennens durch das «Reich des Schönen» seine Bedeutung, wenn man das Schöne allgemeiner und nicht ästhetisierend als die Offenheit der ästhetischen Dimension begreift. Schachtel bemerkt, daß Eltern und Lehrer in den meisten Fällen gegenüber dieser neuen Entdeckungsfunktion der kindlichen Seele sich eher verhindernd als fördernd verhalten und damit eine ungefragte Autorität befestigen. Der Autor hat in die Diskussion um die Erfahrung der menschlichen Wirklichkeit einen Begriff eingeführt, der beschreibt, wie sich das Kind zunehmend aus der primären *Autozentrizität* der Wahrnehmung in die *allozentrische* Welterfahrung befreit: Das kleine Kind ist bis zum siebten Lebensjahr durch seine globalen Wahrnehmungsmodi in eine familiäre Welt eingebettet. Objekt und Subjekt sind ungenügend differenziert, und das Kind verbindet seine Wahrnehmungen mit der Totalität seiner Gefühle. Der Ablösungsprozeß zur Reife gezielter Wahrnehmung, die Schachtel auch «fokal» nennt, spielt sich in Stadien ab, die im neunten bis zehnten Lebensjahr zu einem signifikanten und kritischen Höhepunkt kommen. Die neue Wahrnehmung besteht in einer zunehmenden Freiheit von der globalen Wahrnehmung zu einer detaillierten Erfassung des Gegenstandes: «In der allozentrisch auf den Gegenstand gerichteten Wahrnehmung wird der Gegenstand bestätigt als Teil derselben Welt, zu der der Mensch selbst gehört» (E. Schachtel). Dies setzt voraus, daß der Mensch sich in der Wahrnehmung exponiert und alle seine Empfindungen, ohne sich durch intellektuelle Klassifizierung und die verschiedenen protektiven Verhaltensformen zu schützen, auf die Welt richtet.

Schachtel bemerkt, daß die *Angst vor dem Neuen* oder das dumpfe Gefühl *rätselhaften Staunens* immer die neue allozentrische Erfahrung einleitet. In der Entfaltung des *Interesses,* das in diesem Lebensalter jetzt auf Erkenntnisse gerichtet und nicht mehr explorativ manipulativer Natur ist, geht das Kind in den Prozeß mit ein, wie der Künstler in sein Schaffen. Für Schachtel ist diese kindliche Aktivität in unserer gegenwärtigen Kultur vor allem aber auch von der Eltern- und Schulumgebung des Kindes erheblich bedroht. Der Autor beschreibt diese Form von Bedrohung als *sekundären Autozentrismus,* in dem die kreative Erfahrung zu früh in allgemein gültige Schablonen gedrängt wird:

1. durch die Lehre vom Objekt als einem Gebrauchsobjekt, indem das Kind lernt, wozu etwas verwendet wird, oder wie ein Objekt begrifflich klassifiziert wird;
2. in der regressiven Tendenz, die sich an bekannten *Gewohnheiten* orientiert und die in der Wahrnehmung die Dimension der Menschen und der Dinge als *Partner* nicht ausschöpfen kann.

Schachtel erläutert den kreativ-ästhetischen Prozeß an der Sinneserfahrung des Künstlers gegenüber dem bloßen Denken *über* die Wahrnehmung. In ihm wird die Welt der Dinge persönliches Engagement, in dem neue Erfahrungen mit ihren affektiven Erlebnissen akzeptiert und zum Motiv der Gestaltung werden.

Wir glauben, daß die Erfahrung der Neun- bis Zehnjährigen gegenüber der Welt den Keim künstlerischer Gestaltung im Gedankenschaffen enthält. Er kann sich jedoch nur entfalten, wenn er von Leistungsdruck frei bleibt, so daß das Kind Zeit hat, neue Erfahrungen zu artikulieren. Das Kind erlebt in diesem Lebensalter die Welt nicht als Gegenstand zum Ziele kausaler Systematisierung, sondern als Anspruch neuer Identifizierung auf einer höheren Stufe, als sie die Familiarität der gewohnten frühkindlichen Welt darstellte. Die Realität der Wahrnehmung in der allozentrischen Form ist als *Krise* zu verstehen. Sie ist biographisch nicht neutral, sondern zeigt dem Kind eine Oberfläche und Architektur der Dinge, die Geheimnisse bewirkt.

So hat Schachtel auch darauf hingewiesen, daß gerade für das Schulkind, das nach Sicherung in der Gruppe strebt, gegenüber den Eltern und dem neuen Feld der Schule die individuelle Verschiedenheit der Dinge und seiner eigenen Wahrnehmungsleistungen oft zu angsterregenden Erfahrungen führt. Diese Dissonanzen, die sich im sozialen Feld in derselben Weise wie im Kognitiven aussprechen, sind geradezu typisch für das Reifungsalter zwischen dem neunten und zwölften Lebensjahr und stellen, wenn sie bewältigt werden, einen genuinen Schritt der Ich-Entwicklung dar, der, wie Schachtel meint, durch den Unterricht heute eher gehindert als gefördert wird.

Eine Sinneslehre der ästhetischen Wahrnehmungsaktivität des Kindes in der Schule kann aber erst entwickelt werden, wenn verstanden wird, daß das Kind vor dem siebten Lebensjahr alle seine Sinneserfahrungen noch eng im Zusammenhang mit der Erfahrung seines Leibes erlebt. Die von *Rudolf Steiner* beschriebenen unteren Sinne[6], die Schachtel autozentrisch nennt, beherrschen den Inkarnationsprozeß für das Kind bis zum siebten Lebensjahr und machen die Dinge so verfügbar, daß sie mit den Wahrnehmungen dieser Sinne (Tastsinn, Bewegungssinn, Gleichgewichtssinn, Lebenssinn) eng verbunden bleiben, was sich auch in der Gefühlsbetonung der Wahrnehmungen des kleinen Kindes zeigt.

Um das siebte Lebensjahr herum gewinnt das Kind ein neues Verhältnis zu seinem eigenen Leib. Im Abschluß der Bildung des Körperschemas wird die Erfahrungsfülle der Leibessinne für die Umwelt *frei,* die Dinge treten von einem leiblichen in ein seelisches, neues und distanziertes Erleben ein. Jetzt können die manipulativen Explorationen oder die phantasiegetragenen Spiele als Form der Bewältigung nicht mehr fraglos eingesetzt werden. Dieser Vorgang findet im neunten Lebensjahr seine Kulmination, wenn sich die Welt der Sinneserfahrung mit der autobiographischen des Kindes endgültig verbindet. In einer kurzen Zeitspanne zwischen dem neunten und zwölften Lebensjahr hat das «autobiographische Interesse» seinen Höhepunkt und verdunkelt sich gegen das zwölfte Lebensjahr wieder, indem dieser Prozeß in der Fähigkeit der Begriffsbildung seinen vorläufigen Abschluß findet. Die heute institutionalisierte Verhinderung der mit diesem Interesse verbundenen Erfahrungen führt nach der Pubertät zu dem Auftauchen irrealer Gefühlswerte, die rational besetzt sind, oder aber affektiv geleiteter Handlungen, denen die Fähigkeit der freien Erfahrung der Welt und des Menschen «von allen Seiten» fehlt und damit eine ganze Dimension engagierter Gegenseitigkeit. Sie ist es, die das Kind zwischen dem neunten und zwölften Lebensjahr üben will. *Realitätserfahrung bedeutet dann das liebende Hereinnehmen der Erdendinge* in

6 Siehe ausführlich bei K. König: Sinnesentwicklung und Leiberfahrung. Stuttgart 1971.

den Sinn der eigenen Biographie, anerkennend das eigene Selbst in der Welt, in der zu leben das Kind «geschickt» ist. Auch das Gerede von einer technischen Kultur, die ihre eigenen Erkenntnisse gesetzt habe, übersieht den wesentlichen Sachverhalt, daß vor allen Dingen technisches Denken, wie etwa das diesem verbundene physikalisch-mathematische Denken, seine immanente Schönheit hat, deren Entdeckung später zu ihrem schöpferischen Gebrauch führt.

Bei dem bisher Ausgeführten handelt es sich nicht etwa um die Einführung von künstlerischen Fächern in den Unterricht oder, wie dies bei der Vorschulerziehung vorgeschlagen wurde, um eine «kompensatorische künstlerische Erziehung», sondern um wesentliche methodische Fragen des Unterrichtes. Auch die kognitiven Leistungen des Begriffsbildungsprozesses zwischen dem neunten und zwölften Lebensjahr werden gesellschaftlich nur sinnvoll, wenn sie von dem Kind als schöpferisch erlebt werden. *Jerome S. Bruner* hat in seinem Buch «Der Prozeß der Erziehung»[7] ein Kapitel dem sogenannten intuitiven und analytischen Denken gewidmet. Darin sind wesentliche Gesichtspunkte zum Verhältnis analytischer und intuitiver Lernprozesse beigetragen. Bruner sieht das Problem, indem er sagt: «Diese in der Praxis auftretenden Schwierigkeiten, wie etwa die Wahrnehmung der komplementären Natur des intuitiven und analytischen Denkens, sollten Psychologen und Lehrer nicht davon abhalten, das Problem (der Beziehung von intuitivem zu analytischem Denken) in Angriff zu nehmen. Haben wir erst einmal Antworten auf verschiedene der in diesem Kapitel angeschnittenen Fragen erhalten, werden wir viel eher in der Lage sein, Schritte zu empfehlen, um einige der Schwierigkeiten zu überwinden.» [3]

Rudolf Steiner hat als erster die Bedeutung einer Ausbildung des Wahrnehmungsinteresses zwischen dem neunten und zwölften Lebensjahr erkannt. Der Unterricht der Waldorfschulen legt Wert auf einen biographisch sinnvollen Übergang von der intuitiven, kreativen und ästhetischen Welterfahrung des Kindes zur kognitiv-begrifflichen. Das Versäumnis der Schulen und die Blindheit psychoanalytischer und genetischer Erziehungstheorien für diese Phase der kindlichen Entwicklung und die mit ihr verbundene Hereinnahme der Gefühlswelt des Kindes in die Entstehung kognitiver Prozesse hat weitreichende Konsequenzen für die Wandlung kindlicher Identitätserfahrung von der frühen Kindheit zur Jugend. Nach der Pubertät tritt im Jugendlichen der vom Fühlen nur ungenügend vorbereitete Konflikt zwischen Wille und Denken deutlich hervor, und die beinahe schon zur Gewohnheit gewordene Aussage, daß sich in und nach der Pubertät die Konflikte der frühen Kindheit wiederholen, scheint damit zusammenzuhängen, daß der biographische Wandel des Kindes zwischen dem neunten und zwölften Lebensjahr und die erzieherischen Anforderungen nicht verstanden und praktiziert worden sind.

7 Düsseldorf 1970.

Es scheint uns, daß dieser Wandel stufenweise aus den frühkindlichen Phantasiekräften entstehend im Wahrnehmungs-Interesse verfolgt werden kann. Dabei werden zwei Bewegungen deutlich:

1. Die Entbindung von Phantasietätigkeit aus den Handlungen des Kindes um das siebte Lebensjahr und 2. deren Begegnung mit einer fokalen und detaillierten Objektwahrnehmung, das heißt, dem Erleben einer gewordenen, historisch faktischen Welt. Erst aus diesen beiden Voraussetzungen wandelt sich das bloß Gesehene und von allen Seiten erfahrene Spezielle der Welt und deren Individualitäten zum Allgemeinen, Über-individuell-Verbindlichen in kreativer, gefühlsgetragener Gedankenbewegung. Diese ist rhythmischer Natur, indem das Wahrnehmungsinteresse vom Allgemeinen immer wieder zum Spezifischen und Individuellen der Beobachtung zurück- und von dort wieder zum Allgemeinen umkehrt. Das Kind lernt im Buche der Welt lesen. Diese Form der Lernakte, in denen sich gleichzeitig Selbsterfahrung sichert, hat Bruner als intuitives Lernen bezeichnet. Andere Autoren sprechen vom kreativen Denken.

Martinus Langeveld[8] meint diese Selbsterfahrung, wenn er sagt, daß «das lernende Subjekt in eine eigene Beziehung zum Lernobjekt und zu sich selber» tritt. Der Autor sieht neben der sachlichen Orientierung die gleichzeitige und fundamentale Erfahrung des Ich, die wahrnimmt, was es heißt, vor die noch näher zu erforschende Aufgabe gestellt zu sein. «Das ist eine Erfahrung, bei der das Bewußtsein gleichsam sich selbst in sich als einem Doppelgänger begegnet.» Langeveld sieht die affektive Bedeutung dieser Konfrontation in der «Anmeldung» («hier stehe ich vor einer Aufgabe») der «Abschätzung» («bin ich bereit, oder kann ich es nicht») und der «Neigung» («ich bin bereit, ich habe Lust dazu»). Jede sachliche Orientierung ist in diesem affektiven Konfrontationsschema «verankert und vergegenwärtigt». Nur durch diesen Prozeß kann verarbeitet werden, in dem Sinne, daß der Lernende «etwas in sich aufnimmt als Eigenes und es als Eigenes auf sich nimmt», daß er es behalten und später darüber verfügen kann.

Gegenüber dem explorativen Interesse der frühen Kindheit nannten wir diese Erkenntnistätigkeit des Schulkindes, das eine Sache ergreift, die es eigens angeht, *autobiographisches Interesse.* Erst nach dem zwölften Lebensjahr ist das Kind bereit, die in ihm selbst lebende innere Sprache der Dinge in begrifflichen Operationen zu festigen. Begriffe sind das Ende sinnlich-kreativer Welterfahrung, und das Erlebnis des eigenen Ich im Element gerichteter Phantasie tritt im zwölften Lebensjahr als Schatten im begrifflichen Denken in Erscheinung.[9] In Anbetracht der

8 M. J. Langeveld: Didaktik und Lernprozesse. In: Erziehungskunde und Wirklichkeit. Braunschweig 1971.

9 Die hier gemeinte «gerichtete Phantasie» scheint in der Kindheit Keim jener menschlichen Tätigkeit zu sein, die Friedrich Schiller als «Einbildungskraft» begriff.

Tatsache, daß in unserer Kultur die Realitätserfahrung der Welt einerseits zunehmend begrifflich verdünnt wird und andererseits gleichzeitig irrationale Handlungsmuster auftauchen, ist die Frage nach der Erziehung zur «Realitätserfahrung» in der ästhetischen Dimension von besonderer Dringlichkeit. Wir wollen uns ihr deshalb noch weiter zuwenden:

Die Verbindung individualisierter Begriffe als Vorstellungen setzt einen Bezugspunkt voraus, der diese Beziehung *schafft:* die innere Wahrnehmung *von Relationen* als solche. Dazu müssen aber die *Inhalte* von Vorstellungsbildern aus ihrer Statik des Nebeneinander aufgeschmolzen werden und die Beziehung selbst, also etwa «klein» und «größer», in den Mittelpunkt gerückt werden. Die Wahrnehmung von Relationen wird Bezugs- und Mittelpunkt des Bewußtseins. Der Weg zum Begriff führt nicht über die einfache Ausweitung von Vorstellungsbildern, sondern zunächst zu deren Lösung aus dem Gewohnheitsgefüge der Anschauung. Erst dann tauchen Gegenstände «kategorisch» auf und offenbaren ihre räumlich-physikalische Struktur. Diese erst tritt als die Individualität eines Gegenstandes zur Ich-Tätigkeit des Kindes in Beziehung und bringt in ihr jenes Interesse hervor, das auf Erweiterung des Faktischen gerichtet ist. Die Bewahrung von Identität, das heißt, *die Konstanz des Ich-Bewußtseins* gegenüber verschiedenen Wahrnehmungsaspekten und gedanklichen Transformationen eines Gegenstandes garantiert eine aktive Umstrukturierung der Wahrnehmungswelt, die um das neunte Lebensjahr beginnt. Sie setzt Verinnerlichung von Vorstellungsbildern, das heißt *Gedächtnis,* voraus, in dessen Sphäre sich das Ich selbst als Vergangenes und Werdendes begreift. In der positiven Identität, die das Kind zur Gegenstandswelt jetzt fragend herstellt, lernt es die Welt biographisch-explorativ zu erfassen und ist zum erstenmal fähig, ihre Strukturelemente im ganzen zu lesen.

Die wachsende Aufmerksamkeit des Kindes im neunten Lebensjahr wendet sich von dem früheren Bilderleben der Vorstellungen direkt zum Gegenstand und erwirbt jene Fähigkeit, Einzelheiten im Rhythmus mit dem Ganzen des Gegenstandes in Beziehung zu setzen, wobei sich die Gesamtindividualität des Gegenstandes aus der alten globalen Bildhaftigkeit herauslöst.

Das Kind drängt nach Verallgemeinerung der individuellen Nachahmung der frühen Kindheit, und die *Beschreibung* als Unterrichtsmethode hat den Sinn, das individuell Erfaßte in die Allgemeinheit des größeren Weltzusammenhangs einzuführen im Medium der Sprache, wo vorher das Bild Medium war. Dadurch gewinnt die Sprache in diesem Vorgang eine Funktion, die nicht nur auf den Gegenstand hinweist, sondern die individualisierte Wahrnehmung über sich selbst hinausführt. Sie kommt damit den synthetischen Bestrebungen des Kindes selbst entgegen, das mit dem neunten Lebensjahr mit den individuellen Gegenständen konfrontiert wird. In der durch Konfrontation entstehenden seelischen Aktivität, die über das Fühlen in das begriffliche Denken einmündet, führt das Kind wie der Künstler die Dinge in ihre Heimat zurück, in der es selbst urständet. Dies ist ein

Weg vom Sinnlichen zum Nicht-Sinnlichen, so etwa wie eine einzelne Pflanze einem Sinnzusammenhang angehört, der nicht mit sinnlicher Erfahrung erfaßt werden kann. Selbstverständlich läßt sich der Begriffsbildungsprozeß, wie ihn die genetische Entwicklungspsychologie experimentell gezeigt hat, in Form der «konkreten Operationen» schon im sechsten bis siebten Lebensjahr des Kindes anbahnen. Dabei muß aber beachtet werden, daß die konkrete und sinnliche Wahrnehmung des Kindes noch nicht jene Verdichtung des Gefühlslebens aufweist, die erst *biographisch Anlaß* gibt, jene hier beschriebene Tätigkeit des Interesses in Gang zu bringen, die Welterfahrung mit Selbsterfahrung verbindet.

Was wir als Realität bezeichnen, ist nicht die begriffliche Markierung einer objektiven Welt. Vielmehr scheint sie gerade dann zu entstehen, wenn bis zur Mitte der Kindheit das Bild der Welt dem Kind so entgegentritt, daß es in der Lage ist, dieses Bild der Welt mit dem, was in seinen eigenen Entwicklungsstrebungen hervortreten will, in einen Bezug zu setzen, welcher jetzt über die «gewohnte» frühkindliche Welt hinausgeht. Diese bedarf der Erweiterung aus der Familiarität zur Welt. Das Medium der Erweiterung in der Erziehung wird zunächst wesentlich die bildhafte Sprache.

Es muß der genetischen Entwicklungspsychologie entgegengehalten werden, daß sich ihre experimentellen Ergebnisse mit Kindern auf deren *Beobachtungen* physikalisch-räumlicher Zusammenhänge beziehen, die von dort her zu gedanklichen Operationen, d. h. zu sekundären Begriffen sich entwickeln können. Diese Untersuchungsmethodik, der das Kind in der Mitte der Kindheit ausgesetzt wird, ist aber eine künstlich-verfremdende, insofern sie den biographischen Motiven des Wahrnehmungsinteresses gegenüber der Welt in diesem Lebensalter nicht entspricht. Es ist deshalb auch nicht verwunderlich, daß die Kinder in den Experimenten zu sprachlichen Formulierungen greifen, die vor allem am Anfang dieser Periode dem operativen Denken nicht entsprechen und im Hinblick auf das erwartete Ergebnis dann auch vernachlässigt werden. In Kritik der Lerntheorie Piagets zeigt sich vielmehr die positive Bedeutung der Sprache und der sprachlichen Vermittlung in Bezug auf die *Gedächtnisbildung*, wo sie einen wichtigen und entscheidenden Schlüssel in diesem Lebensalter darstellt als «sprachliche Verschlüsselung» von Wahrnehmungen, welche diese als Erfahrung biographisch mit der Spur versehen, die den Gedächtnisvorgang ermöglicht. Erst nach dem 12. Lebensjahr vermag Sprache langsam zurückzutreten in der Bildung von sekundären Begriffen, deren Entstehung die genetische Entwicklungspsychologie zwar in der experimentellen Situation früh hervorrufen kann, dabei jedoch die biographische Reife des Kindes übersieht. Es haben sich deshalb auch von anderen Ausgangspunkten die Kritiker Piagets aus lebenspraktischen Erwägungen gerade mit Piagets Begriff des operationalen Denkens und dessen lebensgeschichtlich angemessener Verfügbarkeit (ohne experimentell orientierte Anweisungen) für die Entwicklung des Kindes auseinandergesetzt.

In dem Kapitel über die erkenntnisleitende Funktion der Sprache wird genauer darzustellen sein, daß sie als *Definition* erst um das zwölfte Lebensjahr erfaßbar wird. Damit wendet sich die dem Gefühl verbundene Gedankenbildung dem Begriff zu. Definitorische Sprache bedeutet das Ende schöpferisch-ästhetischer Welterfahrung. Sie erfaßt die Einzelheiten der Gegenstände der Welt hinsichtlich ihrer Strukturelemente und führt sie in den Bereich des systematisierten Allgemeinen, in die Beziehungen von Begriffen, die der Anschaulichkeit entbehren. Die Individualität der Dinge tritt als Wahrnehmung zurück: Der Begriff des Dreiecks ist im individuellen Dreieck nicht wahrnehmbar. In der systematischen Verbindung von Begriffen erreicht das Denken des Kindes erst seine höchste Stufe um das zwölfte Lebensjahr und dann vor allem nach der Pubertät.

Die hier skizzierte Wandlung des kindlichen Interesses zeigt sich in ihrer Bedeutung erst gültig, wenn man bedenkt, daß in den Schulen die Entfremdung des Kindes von der Natur, der Erde und dem sozialen Leben im allgemeinen systematisch und gedankenlos exerziert wird. Dazu trägt die Einführung vorgedachter Modelle in den Unterricht bei, die als ein «deus ex machina» auftauchen und den Lehrer für das Kind zur Autorität machen, die mit der Vergangenheit des Kindes nichts zu tun hat. Der Übergang von bildhafter zu ästhetischer *bildschaffender* Wahrnehmung, das heißt, der Übergang vom plastischen zum dynamischen Element der Welterfahrung, vollzieht sich heute allgemein an «sekundären Objekten», den «gemachten Dingen», die weitgehend in den Schulen und Kindergärten Eingang gefunden haben. Die Entdeckung der Erde als *Gegen-stand* einer in der frühesten Kindheit geschlossenen Bildwelt erleidet dadurch wesentliche, historisch bedingte Einschränkungen, vor allem durch die Einführung von «Anschauungsmodellen». Sie werden als erlebnisfern nicht mehr ohne weiteres in die gelebte Biographie mit einbezogen und veranlassen, ja verführen den Lehrer zum definitorischen Unterricht der gedanklichen Zusammenfügung von Teilen zu einem abstrakten Ganzen, ohne den Gegenstand in seiner ganzen Fülle irdisch-sozialer Kontexte (durch gefühlshafte Verallgemeinerung) zum Erleben zu bringen. [4] Dadurch wird der Unterricht «naturalistisch», was nicht synonym mit naturwissenschaftlich zu verstehen ist, oft aber dafür ausgegeben wird. Es gehört aber, wie wir gesehen haben, zum Wesentlichen der menschlichen Biographie als Krise und Wandlung, daß sich Wandlung alter Identitätsform in neue, das heißt, in der Fülle neuer Wahrnehmungsmodi gültig nur als *Neues* offenbaren kann, wenn sich dieses vor dem Alten «anders benimmt» und damit Relativität in Gang setzt. Nur indem alte Erfahrungsformen, etwa die gegebene frühkindliche Bildwelt, bleiben und sich neue, selbstgestaltete Formen hinzuordnen, bleibt die Welt *ganz*, ohne die*selbe* zu bleiben. Eine dieser Formen, die jetzt entscheidende, ist die Gedächtnisbildung.

Im weiteren Hinblick auf die Untersuchungen und Ergebnisse der genetischen Entwicklungspsychologie ergibt sich um das 9./10. Lebensjahr das Einsetzen jener Tätigkeit, in welcher das Kind seine Vorstellungsbildungen, die es aus der frühen Kindheit mitbringt, auf eine zukünftige Begriffsbildung hin zu ergreifen lernt. Da die frühkindlichen Vorstellungen ihrem Erfahrungscharakter nach jedoch aus einer vorgeburtlichen Welt hereinragen, so handelt es sich jetzt im Beginn «konkreter Operationen» um deren Weiterbildung zu sekundären Begriffen, in welcher sich das Kind als selbstschaffend erleben will. Dadurch geht die frühkindliche Vorstellungswelt durch eine biographische Krise.

Wir verstehen jetzt die «Verschiebung», die Piaget meint, wenn er sagt, daß sich die frühkindlichen Schemata nicht sogleich internalisieren, um als operative Gedankentätigkeit zu erscheinen. Das Kind bedarf im ersten Lebensjahrsiebt eines Lebens in «familiären» Vorstellungsbildern, den Nachklängen vorgeburtlicher Erfahrung. Deren Durchdringung mit eigener operationaler Gedankentätigkeit *aus dem verwandelten Willen* verschiebt sich bis zur Mitte der Kindheit, wenn Gefühls- und Willensleben sich zusammenschließen in der Atemreife. Das Denken aus vorgeburtlichen Gestaltungskräften «von oben» verwandelt sich erst dann in ein Denken, welches aus dem Willensbereich «von unten» geführt wird und welches um das 12. Lebensjahr als sekundäre Begriffsbildung ausreift, wobei die alte Vorstellungsbildkraft aufgeschmolzen wird. Die Welt der Sinne tritt «kritisch» als Rätsel, Aufgabe und Motiv dieses Denkens hervor, in dem sie nicht mehr in die alten Vorstellungs-Bildekräfte eingebettet ist.

Weiterhin hat sich gezeigt, daß der Begriff der Konstanz und Reversibilität, welcher «konkrete Operationen» auszeichnet, nicht identisch ist mit dem durch die Gedächtnisbildung gewonnenen der personalen Identität und Konstanz. Diese ist als Gefühlserlebnis des Kindes nach dem 12. Lebensjahr gerade nicht gedanklich reversibel. Sie ist nur biographisch, d.h. im Lebenslauf wandelbar. Der dingliche Konstanzbegriff kann sich unter biographischen Aspekten nur auf dem ersteren aufbauen. Er bildet sich deshalb zunehmend erst um das 12. Lebensjahr, wenn das Gefühlsleben selbst, welches personale Konstanz im Zusammenhang mit der Gedächtnis-Bildung vermittelte, so weit verselbständigt, d.h. gereift ist, daß dieses Gefühlsleben zum Wahrnehmungsorgan des Denkens von Reversibilität und aller Relationen und Perspektiven der Wahrnehmungswelt *in der Zeit* werden kann. Zeit wird dadurch nicht mehr, wie in der frühen Kindheit, unter nur inhaltlichen oder subjektiven Erfahrungskriterien erlebt, sondern beinhaltet auch *objektive Relationen* von Werden und Vergehen. Im Gegensatz zur Konstanz und Reversibilität der Dinge im Raum, welche sich in der frühen Kindheit im kindlichen Handeln konstituiert haben, werden die den sekundären Begriffen zugrundeliegenden Erfahrungen jetzt in der Zeit gebildet. Transformationen werden nun nicht mehr als eine Bewegung zwischen zwei raum-bezogenen Vorstellungen erlebt, sondern die *Transformation selbst* wird bewußt als Bedingung von Reversibilität und Konstanz. Dem liegt aber die Fähigkeit des Gefühlslebens, Vergangenheit und Zukunft in der Erinnerungsbildung zu erfahren, zugrunde, indem sich die mit dem Gefühl verbundene Erfahrung durch die Atemreife zunehmend *generalisiert.*

Die Genese der Bildung sekundärer Begriffe im 2. Lebensjahrsiebt konnte in signifikanten biographischen Stufen verfolgt werden: In der ersten löst sich die Erfahrung der Welt aus ihrer Beziehung zu alten Gewohnheitsbildern. Auf einer zweiten Stufe tritt die so erfahrene Welt in der ästhetischen Dimension des Fühlens als Erleben in dem vom Willen befeuerten Wahrnehmungsinteresse in Erscheinung und will verinnerlicht werden. Im dritten Schritt wird durch die hier beschriebene Gedächtnisbildung personale Identität erobert und im vierten vermag sich sekundäre Begriffsbildung bis zur Pubertät hin zu befestigen. In den Begriffen generalisiert sich das Fühlen in der gesteigerten Antipathie-Kraft zur dinglichen Konstanzerfahrung. Die Zeit wird gestaltet und wird im Denken sekundärer Begriffe objektiviert. Damit wird auch der Begriff der Kausalität schließlich möglich.

Kinder zwischen dem 9. und 12. Lebensjahr zeigen häufig Probleme, die darauf hindeuten, daß sich personale Identitätserfahrung ungenügend mit der dinglichen Identitätserfahrung verbinden kann. Darin liegt eine entscheidende pädagogische Aufgabe der Mitte der Kindheit in Bezug auf die Gedankenentwicklung des Kindes. Die Möglichkeit der Generalisierung gehört zu den entscheidenden und wesentlichen Erreichnissen des Menschengeistes, in der dieser eine nur individuell-biographische Gebundenheit seines Erkennens überwinden lernt und die Stufe der Begriffsbildung auch als einen moralischen Wert durchlebt, insofern diese mit den Metamorphosen des Willenslebens zusammenhängt. Andererseits gereichen dem Kind diese Schritte nur dann zum Segen, wenn sie mit menschlicher Verfügbarkeit und Verantwortung verbunden bleiben, um nicht in jene weitgehend unreflektierte, d.h. mit der Biographie unverbundene Anonymität einer Wissenschaftlichkeit zu verfallen, die personale Stellungnahme in ihrer Methode und der Anwendung ausklammert. Die hier angeführten Erziehungsprobleme erweisen sich als pädagogische Grundfragen hinsichtlich einer zukünftigen erneuerten Wissenschaftlichkeit.

In diesem wie in allen historisch-biographischen Prozessen stehen die Extreme des Verhaltens in den Krisen offen: die regressive Bewahrung und der Zwang als manipulierte Progression. Modelle überspringen die Stufe kritischer Lösungen von Gewohnheiten, was gerade die mittlere Kindheit auszeichnet, und rufen im Kind meist eine der Extrem-Reaktionen hervor, die jenseits der Schwelle des Bewußtseins des Kindes und der Lehrer bleiben. In kritischen Situationen brechen sie hervor.

Das Bedürfnis des Kindes ist jedoch bis zum zwölften Lebensjahr nicht auf Konstruktion hin orientiert, sondern durchaus kompositorisch. Die Gedankenführung hat zunächst nicht die Gradlinigkeit der Konstruktion, sondern die sich durchdringende Fülle der Komposition, die musikalischer Natur ist.[5] In ihr geht das Kind um das neunte Lebensjahr auf. Es entdeckt sich in ihr, seine Individualität überschreitend, und gleichzeitig die Individualitäten der Welt in das Allgemeingültige wandelnd. So sehr die damit verbundene Tätigkeit auf Verbindliches hinzielt, so sehr möchte aber das Kind dieses Verbindliche als das noch nie Dagewesene erleben. Erst im historischen Abstand begreifen wir die großen Revolutionen von einem verbleibenden Rest her, und nur dem Biographen eröffnen sich die Leiden, die Wege und die Irrwege des Prozesses großer Entdeckungen, ohne die sie nicht zustande gekommen wären. Die Vorbereitung begrifflichen Denkens macht das Wesen des Künstlerischen aus, das sich im reifen Menschen in Bereitschaft halten muß, um das Leben zu bewältigen. Es kann sich dann als Lebenskraft offenbaren. [6] Auch hier geht die jetzt gemachte Erfahrung in die Biographie ein. Sie bereitet seelisch vor, was der junge Mensch nach der Pubertät als gedankendurchdringende Ideale zu erleben vermag, mit denen er sich als Leitstern seines Willenslebens frei verbinden kann, oder kann ihn zu einem gefügigen Instrument von Ideologien machen, die er zwar zu denken vermag, an deren *Bildung* er selbst aber nicht beteiligt ist.

Der Lernprozeß in der ästhetisch-künstlerischen Dimension trägt, wenn er nicht zu früh für die Erfahrung des Kindes abgebrochen wird, wesentlich dazu bei, die frühkindliche Phantasie des Kindes legitim in die ästhetischen Dimensionen der Wahrnehmung der Welt zu wandeln. Das Kind entdeckt den Erkenntnis-Eros, der sich am konkreten Objekt in der allozentrisch-fokalen Wahrnehmung entzündet, indem es die Individualität der Welt in einem größeren Zusammenhang «sieht» und das einzelne einem Ganzen eingeordnet weiß. Aufhebung der Vereinzelung ist aber der Ur-Impuls des in der Phantasie schaffenden Eros, der erst nach der Einübung zwischen dem neunten und zwölften Lebensjahr zur zwischenmenschlichen Intimität nach der Pubertät heranreifen kann. Hier entscheidet sich, ob wir die Schule als Institution des Lerngehorsams oder der Lernfreude gestalten wollen. Es fällt aber auch die noch wesentlichere Entscheidung, ob wir im Rhythmus des Hin- und Herschauens vom Individuellen zum Allgemein-Menschlichen und wieder zurück einen Akt der Liebe entdecken werden als ein «Hineinleben in den Weltengrund» oder die große Spaltung von individuellem Solipsismus und den auf das Individuum unbezogenen unverbindlichen allgemeinen Systemen verewigen wollen.

Die gefühlhafte rhythmische Beziehung vom Allgemeinen zum Besonderen beinhaltet hier noch nicht den Begriff der Wahrheit oder Richtigkeit, sondern des Stimmigen, in welcher das Einzelne seine Ganzheit als das Erscheinen des Schönen gewinnen kann. Dieses Erscheinen bedarf der schöpferischen Tätigkeit des Kindes. Die Erfahrung des *Schönen selbst* in der Welt hat das Kind erst nach dem zwölften Lebensjahr und oft erst nach der Pubertät, wenn sich das zwischen dem siebten und zwölften Lebensjahr geübte Gefühl befreit und ohne Vermittlung hingabefähig ist. Für das neun- bis zwölfjährige Kind ist die Natur weder «schön» noch «vernünftig». Sie kann aber Ort schicksalhafter Identitätsfindung im Staunen über ihre neue, von der «familiären» Gewohnheit gelöste Gegenständlichkeit werden und möchte als «musikalische Harmonie» in die Biographie eingehen. Für das Kind dieses Lebensalters ist die Natur das «Kunstwerk Gottes», an dem es jetzt als geschaffenes Menschenwesen teilhaben will. [7] Es ist diese Erfahrung der Welt um das neunte Lebensjahr, wie eine biographische Phänomenologie zeigt, eine Ich-Erfahrung, die noch nie vorher war und deren reife Zukünftigkeit noch nicht ist. Sie bedarf noch wesentlich der Vermittlung durch den anderen Menschen.

Dieses neue Erlebnis ist nicht als kausal aus der unmittelbar vorhergehenden Kindheit zu verstehen. Die neue Geschichtlichkeit des Kindes erlebt sich einer ferneren Vergangenheit verbunden, die nicht im Bild eingeholt werden kann, und ahnt eine Zukunft, die es nicht vorzustellen vermag. Die auf das Ganze und die Harmonie des Universums gerichtete Phantasiekraft zwischen dem siebten und neunten Lebensjahr wird jetzt in die Denk-Kräfte übergehen können, durch die sich individuelle Weltgestalt dem Allgemein-Begrifflichen als Ganzheit verbindet. Dadurch äußert sich der Gehalt einer geistigen, nicht sinnlichen Welt nicht mehr in der ästhetischen Dimension, sondern im Gedanken-Begriff.[10]

Um diesen Übergang zwischen dem 10. und 12. Lebensjahr vollziehen zu können, d. h. die Phantasiekräfte in die Begriffsbildung verwandeln zu können, bedarf es vor allem im Unterricht nach dem Gestaltwandel, also zwischen dem 7. und 9. Lebensjahr, der Pflege der Phantasie, die, wie im nächsten Kapitel gezeigt wird, jetzt aus ihrem Wirken in den Wachstumsprozessen des Kindes frei wird. Wie E. Fucke[11] in einer bemerkenswerten Arbeit mit Beispielen aus dem Naturkunde-Unterricht gezeigt hat, fordert die Entwicklungstendenz des Kindes zwischen dem 7. und 9. Lebensjahr nicht nur die Wandlung der frei-werdenden Bildekräfte in die Erinnerungsbildung, sondern vor allem deren aktive Steigerung zu den bildschaffenden Kräften der Phantasie. Die sinnliche Erscheinung der Welt muß im Unterricht, in der «sinnigen Geschichte» (R. Steiner), zum künstlerisch gestalteten Sinn Bild gesteigert werden. Dem Kind wird dadurch vor dem 9. Lebensjahr die Gelegenheit gegeben, über die sinnlichen Gegebenheiten einer bloßen Anschauungswelt hinaus schöpferisch zu werden, d. h. eine seelische Kraft zu entfalten, die nach dem 9. Lebensjahr zunehmend in die Kraft des Bildens von imaginativen Bildern eingeht, die sich am Gedächtnis entfalten. Im Sinne der Imagination wird dadurch, so Fucke, «nicht nur eine Erscheinung hervorgebracht, sondern in Verwandlungsprozessen vielfältige Erscheinungen als Möglichkeiten, die alle in der Werkwelt Realität erhalten können.» Insofern ist es berechtigt zu sa-

10 Siehe das Kapitel über die Atemreifung.

11 E. Fucke: Die Bedeutung der Phantasie für Emanzipation und Autonomie des Menschen. Stuttgart 1972.

gen, daß die so im Kind angeregte Imaginationskraft das Leben der gestaltenden Kräfte enthüllt. Im Fortgang der Entwicklung, wo sie dem Kind zur Verfügung gestellt wird, nimmt das Kind um die Wende des 9. Lebensjahres die Gegenstandswelt sachlicher und «zentralisiert» wahr. Die Tätigkeit der Phantasie muß sich dazu stärker gerichtet und gebunden an die Wahrnehmungswelt entfalten und bereitet jene Relation der individuellen Erfahrung zur unanschaulichen Erfahrung in Begriffen vor, die nach der Pubertät voll entfaltet wird.

Das neun- bis zwölfjährige Kind sucht in der Schule nicht das «abgestandene» Wissen seiner Kultur; was es aber entdecken will, ist der zukunftstragende Eros dieser Kultur, dem es sich verbinden will. Es drängt auf eine «revolutionäre» Pädagogik, die sich über die sozialen, nationalen und rassischen Gegebenheiten hinaus auf den Zeitgeist richtet, mit dem das Kind nach der Pubertät konfrontiert wird. Es will durch den äußerlich vermittelten oder gesellschaftlich je und je legitimierten Bildungsanspruch hindurch in der Schule und im Lehrer den «Engel des Zeitgeistes» spüren. Man muß sich offen der tiefen Tragik jeder Bildungs-Vermittlung bewußt sein, die, wo sie bei begrifflicher Information stehenbleibt, Vergangenheit vermittelt und darin immer wieder das Kind enttäuscht. Erst wenn die in den Lehrplänen gewöhnlich nicht ausweisbare Zukunftskraft des Kindes zum Ausdruck kommen kann, wird sie zur weiterführenden Ich-Stärke, die den gegenwärtigen Todesprozeß der Begriffsbildung übersteht. [8]

Was eine biographische Phänomenologie zeigen will, ist eben dieses, daß das Kind vor dem 7. Lebensjahr mit seiner seelischen Organisation in einer Welt beheimatet ist mit einer Vertrautheit, die schon im vorgeburtlichen Leben ihren Ursprung hat. Was wir Heimat nennen, mit der wir uns verbunden wissen, ist mehr als die soziologisch einsehbare Beziehung der frühen Kindheit. In dem Begriff der Heimat gehen die Wolken am Himmel, die Atmosphäre des Hauses, in dem wir leben, die Berge, die Sprache, die Dinge unserer täglichen Erfahrung mit ein. Rückblickend können wir diese Heimat der frühen Kindheit als ein Geschenk erleben, insofern das Kind seine vorgeburtlichen Erfahrungen jetzt mit dem Erdenumkreis zu verbinden vermag und diese dort irdisch wiederfinden kann. Das Erscheinen dieser Beziehung im sozialen Felde nennen wir die Nachahmung. Die Erfahrung von Heimat oder die Sehnsucht nach ihr hat in aller konkreten Erinnerung des Menschen immer auch den Glanz, vielleicht auch die Trauer, aber auch die Kraft spiritueller vorgeburtlicher Verbundenheit. Sie bezieht sich in der Erinnerung nicht auf dieses oder jenes, d. h. nur äußere Lebensfakten, sondern scheint im Gefühl des Menschen eine tragende Imagination zu sein. Es ist dieses zentrale Erlebnis, welches wir in der Mitte der Kindheit sich verwandeln sehen. Was, so haben wir gefragt, ist der Sinn dieser Wandlung? Die Wahrnehmungskrise des 9. bis 10. Lebensjahres enthält als Motiv den eigenen und neuen Ansatz, den Sinnesraum als allen Menschen zugehörig zu erleben, als eine über die frühe Familiarität hinausgehende «Basis-Struktur», wie die kognitive Psychologie meint, und an ihr mit dem eigenen Gedankenbilden anzusetzen. Die Seele will eine neue Heimat entdecken, den Weltengrund, dem alle Menschen angehören, und in dem das Menschenwesen im lebendigen Denken heimisch werden will. Die Reflektion auf die gegenwärtige Lage unserer Kinder in den Städten, der Un-Kultur der Wohnstätten und der Überdeckung der Lebenswelt durch die technische Perfektion sei dem Leser überlassen. Sie auszuführen bedürfte es eines längeren Exkurses über die Heimatlosigkeit des modernen Menschen und deren dem Zeitgeist entsprechende Überwindung durch eine neue Erziehungspraxis, die sich zu der Anerkenntnis von biographischen Schicksalstatsachen erheben kann und mit dem größtmöglichen menschlichen Aufwand dieser Einsicht in der Praxis Rechnung trägt.

Es kann jetzt die Bedeutung der Gedächtnis-Bildung voll in das Bewußtsein rücken, insofern sie auf eine *Selbsterfassung* hinzielt, die erst die Vorbedingung für das Kind darstellt, die Heimatlichkeit der *Welt* im denkenden Erobern erfahren zu dürfen.

Im folgenden halte ich mich an geisteswissenschaftliche Beschreibungen H. Poppelbaums[12], indem ich annehme, daß zwischen dem 9. und 12. Lebensjahr sich dasjenige zum ersten Mal konstituieren muß, was die Gedächtnisfähigkeit des erwachsenen Menschen ausmacht. Sie erscheint nicht von selbst, sondern bedarf der pädagogischen Pflege, die zunächst von demjenigen ausgehen muß, was als ein neues Wahrnehmungsinteresse der Welt im Kind auftritt. Dieses strebt zunächst nicht nach begrifflicher Wissbarkeit, sondern nach biographischer Aneignung durch Verinnerlichung. Es muß deshalb das Augenmerk des Erziehers vor allem zunächst darauf gerichtet sein, dem Wahrnehmungsinteresse des Kindes entgegenzukommen, d. h. die Intentionen des Kindes einzusehen. Interesse erweist sich als eine verwandelte Willenstätigkeit in die Wahrnehmung. Ein solches Eingehen auf die Motive des Kindes bedeutet, daß der an das Kind herangebrachte neue Weltinhalt als ein *neuer* vermittelt werden kann, zugleich sich aber orientiert an demjenigen, was das Kind aus einer früheren familiären Welt noch an Erfahrungen und Gewohnheiten mitbringt.

Damit sind wir an jene zeitliche biographische Dimension verwiesen, die zwischen Antipathie und Sympathie das Gefühlsleben des Kindes ausmacht. Was nur anschaulich oder nur vorstellungsartig-gedanklich dem Kind vermittelt wird, kann dessen Gedächtnisbildung nicht pflegen. Diese zielt vielmehr nicht nur auf eine Vorbereitung im Sinne von Begriffen, sondern vor allen Dingen auf das neue Identitätsbedürfnis, in welchem das Kind im Erinnerungsbild seine gemachten Sinneserfahrungen noch einmal verinnerlicht entdeckt und sich selbst in ihnen.

12 H. Poppelbaum: Gedächtnis und Gedächtnispflege, in: Im Kampf um ein neues Bewußtsein. Freiburg 1948.

Poppelbaum schließt seine Ausführungen über die Gedächtnispflege damit, daß er sagt: «Das Wiedererkennen ist eine oft übersehene Wunderleistung des Ich, so recht geeignet, die Sonderheit des menschlichen Kernwesens kundzutun. Erinnerungen müssen bezogen werden auf vergangene Ereignisse. Dieses Hindurchblikken durch das Erinnerungsbild auf das Erinnerte, diese *perspektivische Identifizierung* ist dasselbe, was unser Ich in ständiger *Selbsterfassung* zusammenhält, obwohl dies ohne unsere Absicht geschieht: Unser Ich identifiziert ständig nicht nur die vergangenen Erlebnisse mit deren gedächtnismäßiger Repräsentanz, sondern es identifiziert sich fortwährend mit sich selbst; sein Einheitserlebnis ruht auf diesem Selbigkeits-Urteil ebenso wie das Tagesbewußtsein auf den Sinneseindrücken.»

Nun hängt eben die *Erinnerungsfähigkeit* von Erlebnissen für das Kind zwischen dem 9. und 12. Lebensjahr entscheidend davon ab, ob diese Sinneserfahrung *zum Erlebnis wird*, d.h. vor allem das Gefühls- und Willensleben des Kindes anspricht und sich erst dadurch der biographischen Intentionalität zunächst im Vergessen einverleibt. Das Kind muß sich vom 9. Lebensjahr ab mit den im Willensleben waltenden Sympathie- und Phantasietätigkeiten in der Verwandlung mit den vom Lehrer herangebrachten Weltinhalten verbinden können, um diese im inneren Gestaltungsprozeß des Erinnerungsbildes als *sein Erlebnis* wiederzuentdekken, d.h. als *Erfahrung* mit der Biographie zu verbinden. Damit aber auch die Wahrnehmungen im Vergessen nicht verschwinden, bedarf es im Erlebnisprozeß, den wir Wahrnehmungsinteresse nannten, auch desjenigen Erkenntnishaften, welches durch den Lehrer herangebracht wird und dem Kind eine ästhetisch-moralische Vorstellungswelt aufschließt. Auch muß beachtet werden, daß der Erinnerungsprozeß im Sinne einer biographischen Erfahrung ein zunächst extrem individuelles Geschehen ist, dessen Objektivität als Erkennen das Kind erst langsam bis zum 12. Lebensjahr hin leisten kann. So zeigt sich, daß noch im 9. Lebensjahr bei den meisten Kindern das Erinnerungsbild wenig genau ist, von Phantasiekräften durchsetzt, während sich bis zum 12. Lebensjahr das Erinnerungsbild an jenes Maß anschließt, welches als moralischer Wert die Genauigkeit des Wiedererkennens begründen kann. Gerade diese Fähigkeit macht die Identitätserfahrung des 12jährigen Kindes aus. So leitet diese Situation auch über zu der jetzt wachsenden Möglichkeit sekundärer Begriffsbildung. Kinder erinnern zunächst in individuellen Zeitabläufen und lernen erst zum 12. Lebensjahr hin die volle Ausgestaltung der Erinnerung aus dem Vergessenen von Eindrücken selbständig in den Griff zu bekommen.

Dies hängt damit zusammen, wie im nächsten Kapitel zu untersuchen ist, daß sich die mit der Erinnerungsbildung zusammenhängende seelische Aktivität des Kindes stärker an den Widerstand der physischen Leiblichkeit, des Knochensystems annähert, gleichsam anstößt und selbständige Erinnerungsbilder aus ihrer Spur in der biographischen Intentionalität erweckt. Erst dann tritt die offenbare

Gebundenheit der Erinnerungsfähigkeit an Leibesprozesse bis an jenes physische Skelett heran, welches jetzt auch gedankliche Begrifflichkeit, biographische Zeit überdauernd, in Bezug auf die Welterfahrung möglich macht. (Siehe das Kapitel «Atemreife».)

Damit sei hingewiesen auf die Tatsache, daß die Erinnerung als ein in der Zeit sich abspielender Gestaltungsprozeß den physischen Leib zur Voraussetzung hat in einer «spürbaren Weise»: Das Gefühl, daß ich im Erinnerungsakt einen Griff tue, weist auf die Wirklichkeit hin, daß der physische Leib als Widerlager in Ruhe bleiben muß, der Erweckungsbewegung der Seelenkräfte, des Astralleibes, zum Bilden von Erinnerungsbildern entgegenstehen muß.

Erinnerungspflege kann diesen biographischen, seelischen Entwicklungen des Kindes in der Zeit zwischen dem 9. und 12. Lebensjahr folgen. Es kommt dabei pädagogisch darauf an, daß das Kind zunehmend die Erfahrung dieses selbständigen Bildens machen darf, wobei der Lehrer nicht jederzeit «abfragen» kann, sondern den Prozeß der Erinnerungsbildung versteht und korrigierend noch mitführt. Das Kind, das zwischen dem 9. und 12. Lebensjahr dauernd unter Lerndruck, d. h. aber vor allem auch Erinnerungsdruck steht, vermag jene Gestaltungsleistung, die innere Zeit braucht und die wir Erinnern nennen, nicht zu leisten. Ihm bleiben dann Erfahrungen, d. h. Sinneserlebnisse unbewußt in seinem Willensleben als Vergessenes liegen, wobei sich diese Kinder dann andauernd Erinnerungsbrücken durch das krampfhafte Festhalten an Vorstellungskräften und Begriffen bauen müssen, die ihre seelisch-leibliche Entwicklung nachhaltig stören. Der dadurch hervorgerufene Bruch zwischen Wahrnehmung und Gedächtnisbild, d. h. eine gestörte Selbsterfahrung, die in der Gedächtnis-Bildung zwischen dem 9. und 12. Lebensjahr geschieht, wird zum ersten Male in den Schulkrankheiten und dem plötzlichen Lernversagen von Kindern um das 9./10. Lebensjahr deutlich.

Die Wirklichkeit der Welt als Gegenwärtigkeit und Vergegenwärtigung wird für den Menschen erst eine solche, wenn er personale Identität in den Erscheinungen der Welt und deren Wiedergewinnung durch die Gedächtnisrepräsentanz erreicht. Sie gewinnt erst dadurch Sinn. In der frühen Kindheit ist eine derartige Wirklichkeits-Erfahrung der Welt noch nicht möglich.

Wird sie jetzt durch eine unzureichende Didaktik, die aus einer ungenügenden Lerntheorie hervorgeht, versäumt, so ist diese Erfahrung später nur schwer oder gar nicht mehr zu gewinnen.

R. Steiner hat im Rahmen seiner «Allgemeinen Menschenkunde» den hier angesprochenen Zusammenhängen ein eigenes Kapitel gewidmet. Er sagt dort: «Der Mensch hat anfangs nicht die ganze Wirklichkeit. Er entwickelt sich weiter, und im Weiterentwickeln wird ihm das, was vorher noch nicht Wirklichkeit ist, durch das Ineinandergehen von Denken und Anschauung erst zur wahren Wirklichkeit... Wirklichkeit ist nicht in der Umgebung, aber auch nicht in der Erscheinung, sondern es ist so, daß die Wirklichkeit erst nach und nach auftaucht durch unser Erobern dieser Wirklichkeit.»

Exemplarisch, so versuchte ich zu zeigen, will sich Wirklichkeitserfahrung zwischen dem 9. und 12. Lebensjahr zwischen Wahrnehmungsinteresse und Erinnerungsbildung, vom Kind jetzt erst nur im Gefühlsleben dumpf wahrgenommen, zeigen. Zwischen der lebendigen Anschauung der Welt und dem Gedächtnisbild erscheint Wirklichkeit als Erfahrung von Welt und Selbst im Gefühlsleben, wie sie später zwischen Beobachtung und Denken dem reifen Menschen zu erscheinen vermag.

Märchen, Bilder und Träume

«Alle Märchen sind nur Träume jener heimatlichen Welt, die überall und nirgends ist.» Novalis

Die Welt der frühen Kindheit und deren bildende Erhöhung durch die Märchen ist die Werde-Welt der kindlichen Seele. Sie ragt aus dem vorgeburtlichen, «heimatlichen» Erleben der Kinder – wie die Welt der Mythen der Völker – in das Leben herein mit dem Gehalt an Weisheit, mit dem geistige Wesen die Leibesgestalt ausformen, in der Engelkräfte der Seele nahe sind. Der Sinneswelt der Kinder strömt noch jene Kraft zu, die unreflektiert die kindliche Erfahrungs- und Handlungswelt gestaltet. In ihr waltet die Verbundenheit mit der Geist-Welt als Religion, zu deren Pflege auch Märchen in allen Zeiten, wie auch heute, dienen möchten. Gegenüber der frühen Kindheit wandelt sich die Möglichkeit des Kindes, der Welt teilhaftig zu sein, in einer besonderen Weise, deren Spuren wir im folgenden verfolgen wollen. Wenn auch beim heranwachsenden Kleinkind die Zeit des Wachens zunehmend die Schlafenszeit überflügelt, so scheint doch die Nacht- und Tagwelt hinsichtlich des Bewußtseins sich nur langsam zu differenzieren, wie die sogenannten «Tagträume» der Kinder zeigen.

Mit dem neunten Lebensjahr, beginnend im Schulalter, treten Tages- und Nachtbewußtsein deutlicher auseinander. Die Tageswelt wird faktischer, erhebt neue Ansprüche an das Bewußtsein, und der Traum wird zum Ausdruck der Bewältigung. Er enthüllt die Tiefe des kindlichen Lebens und dessen Entwicklungsmotive. Die Erfahrungen von Träumen zwischen dem neunten und zwölften Lebensjahr haben uns nicht davon überzeugen können, daß es sich dabei um «Verdrängungen» im Sinne der Freudschen Theorie handelt, sondern eher um einen Rückgriff auf die künstlerischen Gestaltungsfähigkeiten der Seele, um die neuen Anforderungen der Ich-Werdung sinnvoll, das heißt, auf die eigene Biographie bezogen, zu bewältigen. Die Schwelle zwischen Tages- und Nachtbewußtsein (Traum) ist in diesem Lebensalter noch wenig fest gezimmert. Wie über eine Brücke läuft das Tagesgeschehen gleichsam unbehindert in den Traum ein, der alle die Motive deutlich werden läßt, die, ohne «Deutung» gestaltend, dem Tagesleben dienen können. Erst auf der Ebene des begrifflichen Denkens, das heißt, nach der Systematisierung von Vorstellung und Begriff (Rationalisierung) scheint der Traum jenen Charakter zu bekommen, der der Deutung durch den Träumer bedarf. Die Bewußtseinsspannung zwischen Tag und Nacht scheint größer zu werden. Das zunehmende Ich-Bewußtsein, das sich nach dem zwölften Lebensjahr an das begriffliche Denken bindet mit der ihm eigenen rationellen Verarbeitung und zunehmenden Beherrschung der Welt, verweist den Traum gleichsam hinter die Dornenhecke, hinter der die Nachtseite der Existenz des reifen Menschen auf jene Erweckung und Erlösung wartet, die im meditativen Leben der Selbsterkenntnis geübt werden kann, zu dem auch die Aufmerksamkeit auf die Träume gehört.

Der Schlaf gewinnt für das Kind nach dem zwölften Lebensjahr eine neue biographische Bedeutung. Das kleine Kind tritt schlafend aus seiner geistigen Erfahrung der vorgeburtlichen Welt in die Erdenwelt ein und nimmt sie noch lange in seinen Träumen und der Welt frühkindlicher Sinneserfahrung wahr. Märchen sprechen von dieser Welt,die sich im zwölften Lebensjahr im Hereinholen vorgeburtlicher Erfahrung in die eigene Biographie im Wachbewußtsein verdichtet. Der Traum ist dann nicht mehr nur der Raum vorgeburtlicher Erfahrungen. Vielmehr trägt jetzt und nach der Erdenreife zunehmend das Kind sein eigenes Schicksal als handelndes, fühlendes und denkendes Wesen zunehmend in den Schlaf hinein. Der Träumer wird die zentrale Gestalt des Traumes; ohne daß er direkt erscheinen muß, ordnet sich die Traumwelt auf ihn hin. Die Bilder des Traumes wollen sich biographisch mit der Zukunft verbinden; sie heilen und korrigieren die rationelle Objektivierung der Welt- und Selbsterfahrung. Wie das Märchen und der Traum den Träumer zunächst in die Welt hereingeführt haben, so tritt er jetzt als Erkenntnis-Frage des eigenen Schicksalsweges in Erscheinung. Der Traum gewinnt nach dem zwölften Lebensjahr eine zukunftsweisende, *prophetische* Tendenz. Der Träumer muß ihn selbst deuten lernen. Die Phantasiekraft der Träume wird moralisch. Wer die mit der Rationalisierung der Welt verbundene Einsamkeit gekostet hat, weiß, was Träume *wollen*.

Selbstverständlich sind nicht alle Träume der mittleren Kindheit primär prophetisch. Dennoch zeigen sie gerade in diesem Lebensalter die auf die Offenheit der Zukunft gerichtete Tätigkeit des Träumers, durch die noch fremde Erfahrungen heimisch werden und sich neue Fähigkeiten in den Bildern des Traumes vorbereiten.

Ehe wir uns einer Untersuchung über den Traum des Kindes zwischen dem neunten und zwölften Lebensjahr zuwenden, soll auf die «Vorgeschichte» des Traumes in der Zeit des Zahnwechsels eingegangen werden, zu der *J. Bilz* einen wichtigen Beitrag gegeben hat.[1]

Die Welt der frühen Kindheit hat ihre Märchen und Trauminhalte aus einer noch ungebrochenen Beziehung des Wachbewußtseins zum Schlaf: Das Kind «träumt» im Rhythmus zwischen den Bildern und seinen Handlungen auch am Tage. Um die Wende des ersten Gestaltwandels zwischen dem sechsten und achten Lebensjahr tritt das Kind den Bildern, *in* denen es lebte, gegenüber. Sie befreien sich gleichsam aus ihrer Leibgebundenheit. Die Seele ist mit der magisch-

1 Ch. Bühler/J. Bilz: Das Märchen und die Phantasie des Kindes. München 1971.

mütterlichen Welt nicht mehr fraglos eins. Der Traum spricht diesen Vorgang bei vielen Kindern deutlich aus; die Werdewelt des Selbständigwerdens ruft in den Schlaf des Kindes hinein, ebenso wie sie jetzt das Kind aus dem geschlossenen Kreis der Spiele heraustreten läßt. *M. Loosli-Usteri*[2] hat bemerkt, daß die Angstträume des Kindes in der Zeit des ersten Gestaltwandels nicht primär als Verarbeitung von Tageseinflüssen zu verstehen sind, sondern als Auseinandersetzung der Beharrungskräfte mit den Werde- und Entwicklungstendenzen, die progressiv zur Reife drängen. Andere Autoren, wie J. Bilz, beschreiben diese Träume als «Abhol»-Erlebnisse, in denen meist eine männliche Gestalt das Kind aus dem Kreis gewohnter Bilder heraus- und wegholt. Im Plumpsack-Spiel des Kindes dieses Lebensalters, so meint J. Bilz, überwindet das Kind diese Angst, indem es selbst zum Plumpsack wird, der «umgeht» Gehen wir davon aus, daß in den Bildekräften des Kindes, wo sie sich in Bildern darstellen, das Mütterliche wirkt und die mit der Motorik des Kindes verbundene Phantasiekraft aus dem Erden-Widerstand der Vater-Welt entspringt, so kann das hier gemeinte Geschehen des siebten Lebensjahres als ein Reifeschritt des Ich verstanden werden. Es führt hin zum Verlassen der Mutterwelt in die Sinneserfahrung des Neunjährigen, gleichzeitig aber auch zur Wandlung der Phantasie in die eigenen individuellen Bewegungskräfte, die sich zunehmend verinnerlichen und zur Gegenstands-Bewältigung durch das Denken führen werden. J. Bilz hat in ihrer erfahrungs- und gedankenreichen Studie deshalb auch darauf hingewiesen, daß die kognitiven Lernprozesse, die zur Begriffsbildung führen, nach dem neunten Lebensjahr einen Prozeß der Entängstigung darstellen. «Aus der früheren Seelenhaltung einer magischen Allverbundenheit, der das Fürchten zugehört, ist das Schulkind infolge des Wandlungsvorgangs herausgeholt und in einen Zustand versetzt worden, der es ihm, ähnlich wie dem Märchenhelden, erlaubt, sich die *Welt der Dinge* zu erobern.» (Bühler/Bilz a. a. O.)

Wenden wir uns jetzt dem Traum der Neun- bis Zwölfjährigen zu. *F. Grempel*[3] hat die Wandlungskraft des Traumes an drei Kindern in der Vorreife eindrucksvoll dargestellt. «Dieser Lebensabschnitt beginnt im allgemeinen während des zehnten Lebensjahres mit der Überwindung letzter magischer Reste, der Lösung von der Familie und der «Isolierung des Ich» und endet nach einer kurzen Pause des inneren Aufbaus, während der die Wirksamkeit erzieherischer Wertsetzung ihren Höhepunkt erreicht, mit der zweiten Affektkrise im Verlauf des zwölften Lebensjahres. Innerhalb dieses Abschnittes liegt das Ende der Kindheit und damit die Grenze zwischen den Träumen von Kindern und Jugendlichen.» (Grempel)

2 M. Loosli-Usteri: Die Angst des Kindes. Bern 1948.

3 F. Grempel: Menschwerdung im Kindertraum. In: Jahrbuch für Psychotherapie und medizinische Anthropologie, 18. Jahrgang, Heft 3/4, 1970. Die folgenden Interpretationen weichen von denen Grempels ab.

Die Traumserie eines elfjährigen Jungen, die sich auf einen Zeitraum von vier Monaten erstreckte, zeigte die Dynamik zwischen «innen» und «außen» deutlich an. Der Junge war aus der Gemeinschaft Gleichaltriger dadurch herausgefallen, daß er schulisch nicht genügend Leistungen aufbringen konnte, sich aber durch sein musikalisches Talent eine gewisse, von den Kameraden auch geschätzte Sonderstellung erobert hatte. Dennoch genügte dieses «falsche Selbst» nicht mehr, um dem Ich die ersehnte Partnerschaft im Klassenzusammenhang zu sichern. Die Träume begannen auf dem Höhepunkt der Problemerfahrung des Kindes, als der Vater eine Sperre der musikalischen Aktivität über den Jungen verhängt hatte, offenbar um dessen Lernleistungen zu fördern.

In den ersten fünf Träumen ist der Junge noch unfähig, sein Problem zu lösen: Er schwankt zwischen Rückzug und Aggressivität und erleidet schließlich im Traum einmal den Tod: Von der Dynamik her gesehen erstirbt die Lebensbewegung nach verzweifelten Ausbrüchen in der Fesselung am Marterpfahl und am Flugzeugpropeller, bis schließlich im Traum eine erste neue Bewegung (er reitet auf einem Delphin und ertrinkt) noch einmal mißglückte. Das Wasser, als Bild frühkindlich-mütterlicher Bildekräfte, kann noch nicht überwunden werden. Gleichzeitig wird die neue Bewegung durch statische Bilder festgehalten, die wie das Haupt der Gorgo in Gestalt männlicher Feindfiguren regelmäßig auftauchen und das Ich des Träumers in die Passivität zwingen. Es bleibt leidend und einsam. Erst im neunten Traum gelingt aus dieser Erfahrung die entscheidende zukunftweisende Bewegung. Zuvor aber erscheinen drei Träume, die für die Dynamik der Motive zwischen dem neunten und zwölften Lebensjahr bedeutungsvoll sind: Im sechsten und siebten Traum tauchen zwei Bilder auf, die auch im Märchen immer wieder die Wandlung einleiten: der Wald und der Jäger (einmal ist der Junge selbst der Jäger, das andere mal begegnet er dem Jäger, der ihm beisteht). Im Märchen ist der Wald der Ort der Prüfung für alle diejenigen, die das «Elternhaus» verlassen haben. Er bedeutet Abschied von den Erfahrungen der Kindheit, wer und was auch immer die Eltern sind, und das Eintreten in eine unheimliche, verwirrende und rätselvolle, noch nicht bewältigte Sinneswelt, den Ort der Geheimnisse der Tiere, wo man die Wege nicht kennt und in dem man *sich* verlieren kann. [1]

Dort ist auch das Reich des Jägers. Er kennt das Wesen der Tiere. Er hat scharfe Augen, die den Traum überwunden haben. Zweifach ist er dem Geheimnis der Sinneswelt verbunden: Er trifft mitten in das Herz der Dinge, wenn er zielt und schießt, aber er ist auch der Pfleger des Lebendigen, des jungen Wildes. Er tötet, um zu retten, damit das Alte nicht überhand nimmt und neues Leben entstehe. So rettet er Schneewittchen gegen den alten Zauber der Königin, hört den Wolf und führt die Söhne aus alten Königreichen zu den neuen hin, wo sie ihr eigenes Ich-Königreich finden. Das Rund des Bogens, an dem die Sehne gespannt wird, und die Pfeilspitze, der geschärfte Sinn, der genau und wesentlich sieht, bedeuten doppelt den Sinn des im Treffen sich Wandelnden.

Der Träumer trifft die Hasenmutter – aber er tötet sie nicht. Die Jäger-Natur erwacht im Knaben zwischen dem neunten und zwölften Lebensjahr im Ausgleich zwischen der schärfer werdenden Unterscheidungskraft der Sinne und der pflegenden Zuwendung zum mütterlichen Element. Dazu bedarf es einer anthropologisch tiefer liegenden Seelenverfassung: der Konzentration der Bildekräfte im wäßrigen Element durch das Lufthafte der Atmung, die Kräfte der Aufmerksamkeit. Wir sind diesem Vorgang schon in der Darstellung der Atemreife und der allozentrischen Wahrnehmung begegnet, durch den die Sinne sich schärfen und mit neuer Kraft der Welt zuwenden. Der Umkreis der weltumfassenden Sinnestätigkeit zieht sich auf die einzelne Erscheinung zusammen. Die dumpfen Blutskräfte der Vergangenheit müssen aber auch durch das Lufthafte in die lebendige Wärme als Welt-Interesse gewandelt werden: Im achten Traum gelingt die Bewegung aus dem «gefrorenen Wasser», dem winterlichen Teich noch nicht. Das «konzentrierte» Wäßrige gibt nach. Der Träumer bricht ein. Erst im neunten Traum taucht ein Insekt auf, ein Tier der Luft und des Lichtes und trägt den Träumer über einen Fluß. Die elementare Vorstimmung dieses Traumes ist das Gefühl der Traurigkeit, der Einsamkeit, des Nichtkönnens: Aus ihr wachsen dem Träumer Flügel: In der merkurialen Bewegung der Luft-Atmung setzt er über die «Trägheit des Wassers.» [2] Das Luftige als die den Willen bewegende Seelenkraft erfaßt das Denken.

Im elften Traum ist die Bewegung voll gekonnt. Noch einmal tritt die Mutter beschützend, weckend und bestätigend hinzu, bis im letzten Traum Innerlichkeit, «Identität» erreicht ist, indem der Knabe sich eines Mädchens annimmt und sich mit ihm, nicht mehr mit der Mutter, verbindet: «Sie ging mit mir, wo ich auch hinging, immer ging sie mit mir.» Die Befreiung geht einher mit einer Stufe der Geschlechtsidentität, die sich nicht mehr am Bild orientiert, sondern im Innenraum des Fühlens, der Ahnung entsteht. Das Ich des Knaben verbindet sich tiefer mit der Anima, der Seele. Es erscheint uns, daß diese Lebensphase zwischen neun und zwölf sich durch ihre androgyne Seelenfassung auszeichnet, in der für eine kurze biographische Zeitspanne das Männliche sich noch nicht auf das Weibliche hin*polarisiert*. Äußerlich zeigt sich dieser Prozeß gerade in dem in dieser Lebenszeit nach außen waltenden Abstand der Lebenswelten des Knaben und des Mädchens voneinander. Die Entwicklung der Geschlechtsidentität offenbart sich im Knaben dadurch, daß er innerlich die Seele als das Weibliche mitpflegt. In den Märchen von Hänsel und Gretel und Brüderchen und Schwesterchen leuchtet diese Entwicklung aus der Weisheit der Märchen hervor, wo die alte Beziehung von männlich und weiblich in Vater und Mutter gelöst wird und die neue noch nicht hervorgetreten ist. Dem Knaben bleibt im erobernden Zugriff auf die Sinneswelt das bewahrende Element des bildend Pflegenden geschwisterlich zur Seite und macht gerade die neue Seelenaktivität möglich. Die sich vom Haupt mit der Atmung verbindenden Form- und Bewußtseinskräfte treffen sich in der Mitte des Fühlens mit den Pflege- und Wandlungskräften des Blutes. Geschwistermärchen sind Bilder seelisch-geistiger Vorgänge, die in die seelisch-leiblichen Vorgänge der werdenden Individualitäten reichen. [3]

Ähnlich sprechen auch die Träume eines elfjährigen Mädchens, in deren Mitte Verlust und Einsamkeit als Ur-Erfahrung dieses Lebensalters auftauchen. [4] «An einem Sonntag sangen die Vögel so schön. Ich streckte meine rechte Hand aus, da setzten sich neun Vögel darauf. Die sangen mir ein Lied. Es war so schön, daß ich zu weinen anfing. Wie die Vögel fort waren, sah ich, daß auf meiner Schulter eine Nachtigall saß. Aber die behielt ich. Wie ich aufgewacht war, war es nicht wahr.»

Wieder erscheint das Luftelement in Gestalt der Vögel, die die Seelengeburt als Boten im Traum vorverkünden. Einer bleibt, gerade der, dem das Mädchen nicht die Hand entgegenstreckt, er bleibt und setzt sich auf ihrer Schulter nieder. Hier ist nicht, wie bei dem Knaben, die Bewegung das Element der Wandlung, sondern alles ist Stille, Gesang, Lauschen. Wir erinnern uns an das Märchen vom Sterntaler, wie die Sterne selbst zum Kind kommen und ihm ein neues Selbstbewußtsein in der Erfahrung einer Geistwelt vermitteln, wenn die alten Hüllen, die Kleider der frühen Kindesjahre geopfert und zurückgelassen werden müssen.

Das tiefsinnigste Märchen, das die Zeit vom neunten bis zwölften Lebensjahr vorbildlich darstellt, ist vielleicht das Grimm-Märchen vom «Eisenhans». Es hat ein gleichsam mythologisches Vorspiel, in dem der Jäger eine lange Zeit königlicher alter Herrschaft beendet und wandelt. Sie dauert «ewig», da im Walde ein Ungetüm, der Eisenhans, sein Unwesen treibt. Keiner der Jäger des Königs kommt von dort zurück, bis aus einem fremden Königreich ein Jäger kommt, der die im Walde hausenden und zerstörenden Eisenkräfte überwindet und fesselt. In einem Käfig wird der Eisenhans zum König gebracht. Die Schaukraft des alten Königs und seiner Jäger war nicht imstande, die Eisen-Willens-Kraft zu bezwingen und in Dienst zu nehmen. Sie kann nur durch neue zielgerichtete und auf die Erde eingestellte Sinneskraft gezähmt werden. Im Eisen- und Atmungsprozeß wandelt das Kind um das neunte Lebensjahr die Bild-Schaukraft der Vergangenheit in die die Welt ergreifende, klärende Sinnesaktivität. Ihr ist die Welt noch das Rätsel des Waldes.

Diese biographische Erzählung setzt im Märchen erst nach der Vorgeschichte, dem Mythos des Jägers, ein. Ihr Held ist der Königssohn, der, eben acht Jahre alt geworden, seinen goldenen Ball an den im Käfig gefangenen Eisenhans verliert. Märchen haben strenge Gesetze: Der Ball kann nicht zurückgegeben werden, es sei denn, der Königssohn setzt die Eisenkräfte aus dem Käfig frei und verbindet sich mit ihnen. Er muß in ihren Dienst treten. Der Knabe besteht die Aufforderung, folgt dem Eisenhans in den Wald, und das Märchen läßt uns wissen, daß er unter seinem Hütlein seine goldenen Haare verborgen hält, damit sie später wieder entdeckt werden können. Jetzt aber gilt es, das Auge und die Sinne zu erwekken und zu schärfen – der Beginn einer neuen Intelligenz. Das Märchen schließt mit der Wandlung des Haupt-Goldes in das Herzensgold der Ich-Reifung, durch die der Eisenhans jetzt zum Diener wird. Seine elementare Mars-Kraft ist vermenschlicht.

Im Zeichen des goldenen Balles erlebt der Königssohn die Reifung seiner Erdensinne. Er muß sie aus einer entzauberten, rätselvollen Welt an der Auseinandersetzung mit der Eisenkraft in der Atem-Gefühlsmitte heranbilden. Das Ich reift in der Atmungskraft zwischen innen und außen. Dann erst entdeckt die Königstochter das Gold wieder. Der Sohn wird zum König. Der Gold*glanz* der Kindheit wandelt sich in die Gold*kraft*. Die Königstochter wirft ihm die goldenen Äpfel zu.

Das Märchen zeigt uns ein Stück Entwicklungsgeschichte physiologischer Lebensvorgänge. Mit dem Bild der goldenen Äpfel tritt die Erdenreife der Pubertät ein. Die Wahrnehmungskraft des Herzens, die Erfahrung eigener Macht und Verantwortung entsteht aus der Wahrnehmung der Welt durch die Atemreife. Der junge Mensch erlebt die Verantwortung seines Handelns jetzt gegenüber der Welt der Dinge, die ihm niemand abnimmt. Die Heranbildung seines Gewissens durch das Herzorgan macht den Knaben zum König. Wo das Kind die Auseinandersetzung mit den Eisenkräften der Atmung verfehlt, gehen die Wandlungen ohne Selbsterfahrung vor sich. Der runde, pausbäckige Hans im Glück kann trotz vieler äußerer Wandlungen kein König werden. Die sich der Welt zuwendenden Bewegungskräfte sorgen als Phantasie dafür, daß die bewußtseinsbildenden Eisenkräfte nicht erstarren. Wo dies in der kindlichen Entwicklung eintritt, wird die Welt zum bloßen Sinnes-Faktum, und der unerlöste Bewußtseinsvorgang äußert sich im Auftreten von zwanghaften Störungen des kindlichen Verhaltens. Sie tauchen nach dem neunten Lebensjahr auf und reichen von der extremen Sammelleidenschaft von Gegenständen bei Jungen und der Eitelkeit der Mädchen, die ganz auf die Äußerlichkeit der Erscheinungen fixiert bleibt, bis zur seelischen Erkrankung. Diese Kinder werden wie die putzsüchtigen Mädchen im Märchen und die übergescheiten jungen Außenseiter, wenn die Lösung der Selbsterfahrung an der Sinneswelt in die Tätigkeit der Verarbeitung nicht gelingt. Verarbeitung aber bedeutet den künstlerischen Vorgang der Wandlung auf Zukunft, Zusammenklang von Merkur und Eisen im Atmen. [5]

In seiner Biographie «Dichtung und Wahrheit» hat *Goethe* ein merkwürdiges Märchen eingeflochten, dessen Motive bedeutungsvolle Hinweise auf die Reifungszeit des neunten bis zwölften Lebensjahres enthalten. Das Märchen «Der neue Paris», das Goethe ein Knabenmärchen nennt, ist als biographische Notiz mitten in das elterliche Frankfurt hineingesetzt und beginnt als Traum in der Nacht vor dem Pfingstfest, dem Fest der individuellen Ich-Geburt. Die Szene wechselt bald in eine rätselhafte, von einer unbekannten Vergangenheit durchzogene Welt, in die der Knabe eintritt, nicht ohne vorher seine neuen Sonntagskleider, «die ihm die Eltern auf das Fest machen ließen», wechseln zu müssen. Zuvor wird dem Knaben ein Einweihungs-Auftrag des *Merkur selbst* übergeben: Drei

Äpfel, «Edelsteine, denen man die Form von Früchten gegeben» hat, sollen von ihm an die drei schönsten jungen Leute der Stadt übergeben werden, die dann, «jeder nach seinem Los, Gattinnen finden sollen». Die Früchte sind also nicht für den Träumer selbst gemacht, und ehe er im Auftrage des Merkur seine Aufgabe erfüllen kann, muß er eine Reihe von Seelenprüfungen durchmachen. Sie beginnen, nachdem der Träumer sich bald an einer Mauer befindet, durch die er durch ein aus «dunklem Holz» und «erzenen Bändern» gearbeitetes Pförtchen tritt. Die Räume, die er dort vorfindet, sind Traumräume, Innenräume der Seele, die Goethe in der ihm eigenen Art zugleich als Naturräume in vollendeter künstlerischer Gestaltung detailliert beschreibt. Dort begegnet dem Träumer auch ein Führer, der ihm streng und bedenklich erscheint, eine «Autorität», die ihm Weisungen gibt. Er heißt ihn neue Kleider anzulegen und die alten zurückzulassen. [6] Nachdem der Knabe eine Reihe kreisförmig angeordneter Bezirke durchschritten hat, findet er im Zentrum des Gartens drei in verschiedene Farben gekleidete, musizierende Frauengestalten in der Form eines Dreiecks auf einem Teppich sitzend. Der Träumer ist sich bewußt, daß die Frauen mit den drei Äpfeln in Verbindung stehen, und entdeckt auch dort die Sylphide wieder, die schon am Anfang des Traumes auftauchte und die ihm den Schlag versetzte, als er sie, noch ungewohnt der neuen Seelensituation, mit den Händen greifen wollte. Die Traumwelt erweist sich als nicht im sinnlichen Raume greifbar, sondern als ein Luftraum, dessen Zentrum von musikalischen Kräften durchwebt ist. In der Dreiheit der Gestalten kündigt sich im Gefühlsraum die Dreiheit der Äpfel an, gleichsam die Frucht, die dem Träumer entgegenreift.

Das Märchen findet zunächst seinen Höhepunkt in der Begegnung mit einem Mädchen, das ihn auffordert, auf einer goldenen Brücke mit Spielzeugsoldaten eine Schlacht mit ihr zu schlagen. Die Schlachtszene ist im Traum nach Griechenland gesetzt: Das Mädchen erscheint als die herbe Königin der Amazonen, der Träumer selbst befehligt als Achill die griechische Reiterei. Hier umschlingt sich das Mars-Motiv mit einer androgynen Seelenerfahrung, die auf die griechische Kulturepoche hinweist. Die Schlacht ist nicht ohne Dramatik; den Knaben ergreift der Zorn, das Mädchen verschwindet schließlich, und die Wasser treten zurück, nachdem sie «aus Stein und Mauer, Boden und Zweigen hervorsprühen» und den Knaben veranlassen, sein durchnäßtes und verschlissenes Gewand von sich zu werfen. «Ganz nackt schritt ich nun gravitätisch zwischen diesen willkommenen Gewässern einher, und ich dachte, mich lange so wohl befinden zu können. Mein Zorn verkühlte sich, und ich wünschte nichts mehr als eine Versöhnung mit meiner kleinen Gegnerin. Doch im Nu schnappten die Wasser ab, und ich stand nun feucht auf einem durchnäßten Boden.»

Die martialische Schlacht bleibt in einer eigentümlichen Schwebe zwischen Spiel und Ernst in der Auseinandersetzung des «zornigen Achill» mit seiner weiblichen Seele, an der sich das Männliche im inneren Gefühlsbereich zügeln muß. Es ist bedeutungsvoll, daß das Mädchen der Polarisierung entgeht, und auch das mütterliche wäßrige Element «schnappt ab». Von den Hüllen befreit, ist der Knabe im Traum er selbst geworden. Damit ist dieses Entwicklungsmärchen der Knabenseele zu Ende. Der Knabe weiß, daß er die verwunschenen weiblichen Gestalten, die im Gefängnis des alten Pförtners, der überlebten Autorität, verschmachten, erlösen wird. Sie werden als entbundene Gedanken und Phantasiekräfte ein neues Königreich, eine neue Welt begründen. So wird denn auch der alte Pförtner zum Diener, der den Knaben in sein Lebensschicksal entlassen muß. Der letzte Dienst, den er erweist, ist ein Hinweis auf die Erdenkraft, eine Gruppe alter Nußbäume, auf die Wandlungskraft des Brunnens, dessen Strahl sich von Schale zu Schale ergießt, und auf die steinerne Tafel, deren Inschrift der Träumer noch nicht lesen kann: In sie wird sich sein Erdenschicksal einschreiben. «Brunnen, Inschrift, Nußbäume, alles stand senkrecht übereinander; ich wollte es malen, wie ich es gesehen habe!» Am folgenden Tag, so bemerkt der Dichter, findet sich vom Pförtner keine Spur mehr: «Wahrscheinlich, wenn alles wieder zusammentrifft, wird auch die Pforte von neuem sichtbar sein, und ich werde mein möglichstes tun, das Abenteuer wieder anzuknüpfen.»

Der Knabe, der am nächsten Tag wieder jenseits der Pforte, der Traum-Schwelle, steht, ist ein anderer geworden. So folgt denn auch in der Autobiographie die Schilderung der extrem anderen knabenhaften Übung, körperliche Leiden mit Gleichmut zu ertragen. Aus der «griechischen Seele» ist der stolze, seiner Leiblichkeit und seines Gleichmutes bewußte «Römer» geworden.

In *Eriksons* These von der Einführung des Schulkindes in den «technologischen Eros seiner Kultur» ist nur ein Aspekt der Bildung angesprochen. Der zweite, der sich den wachen Lernvorgängen entzieht, sie aber entscheidend mitbestimmt, bezieht sich auf den Bereich des kindlichen Innenlebens der Reifung, der, wie wir gesehen haben, sich durch eine ausgeprägte Dynamik auszeichnet und angesprochen werden will. Um das neunte Lebensjahr steht deshalb im Unterricht der Waldorfschulen nicht mehr das episch-erzählende Element der Märchenbilder im Mittelpunkt der Reifungshilfen, sondern die mehr dynamisch geschichtsbezogene Welt der Mythen und des Alten Testaments. Das Wahrnehmen der Kräfte der Finsternis und der Erdenreifung in ihrer Auseinandersetzung mit den Lichtkräften der Wandlung wird in den ägyptischen, griechischen und germanischen Mythen bildhaft vermittelt. So kann die Geschichte des alten Königs Saul und des jungen David ein Bild der individuellen Reife vom neunten bis zwölften Lebensjahr werden, wie sie auch einen Markstein der Menschheitsgeschichte darstellt. David muß in die Einsamkeit der Wüste gehen, ehe er den Vater erlösen kann, wie im Märchen der Königssohn sich im Reich des Eisenhans bewähren muß. Mit Mut, Geschick und Zielkraft überwindet er die alte, atavistische Eisenmacht des Goliath. In der Harfe, die die alten Blutskräfte des Saul heilt, beginnt die Eisenkraft erlöst zu klingen.

In der griechischen Mythologie wandelt Apoll den Bogen der Artemis zur Leier. Wie die Leier ist die Harfe ein Instrument der Mitte. *Lore Schäfer*[4] hat in einem schönen Beitrag über «das bildhafte Unterrichten vor und nach dem neunten Lebensjahr» die Wandlung vom Märchen zum Mythos als den Anforderungen des Kindes entsprechend aus der Unterrichtserfahrung eingehend beschrieben. Dort weist sie auch auf die Beziehung des Schneiderleins im Märchen zu der Gestalt des alttestamentlichen David hin: «David hat das Bildbewußtsein, das den Philistern eigen ist, durch Verstandeskräfte bereits überwunden. Er richtet sich in seinen Entschlüssen nicht mehr, wie Josef es tat, nach Träumen, sondern vertraut auf die Wachheit der Sinne, auf die Zielsicherheit des keimenden Denkens, und kraft dieser Sicherheit allein vermag er den Riesen tödlich zu treffen.»

Die massive Bildkraft der modernen Kultur, die sich fortgesetzt mit Handlungen verbindet, und ihre Massenmedien, die sich auf das Hier und Jetzt beziehen, haben die untergründige Dynamik innerer Reifungsprozesse als zeitliche Gestaltungen des Kindes verdrängt oder zumindest verdeckt. Aber noch immer schauen den Knaben schwermütige Saul-Väter über die Schultern, und der Zehnjährige träumt von den Merkur-Wandlungskräften der Seele, die den eisenklirrenden Goliath erlösen können. Die Beschäftigung des Knaben in der Vorpubertät mit der technisch-sachlichen Welt, seine Spiele, die Emsigkeit, mit der er seine Hausaufgaben macht, seine kurzlebigen, wenn auch wichtigen Gruppenbildungen verdecken die Einsamkeit neuer innerseelischer Anfänge und Konflikte insbesondere auch deshalb, weil die Seele des neun- bis zwölfjährigen Kindes in der Verborgenheit lebt und sich dem direkten «analytischen» Zugriff entzieht. Wir sollten einsehen lernen, daß Reifevorgänge nicht durch analytisch orientierte Aufklärung gefördert werden, sondern nur durch Angebote, die den Bildvorgängen der Seele entsprechen und sie progressiv in Gang bringen. Die bloße soziologische Untersuchung des Gruppenverhaltens scheitert gewöhnlich an ihrer Unfähigkeit, die Verschiedenheit verborgener und individueller Motive der Leistung und des Versagens wahrzunehmen, da sie diese Motive nicht aus einer «unendlichen Vergangenheit» hervorgehen sieht, die tiefer liegt als die von der Geburt bis in das Knabenalter gelebte soziale Geschichte.

Was im Seelenleben des Kindes jetzt in der Mitte der Kindheit in Träumen und Selbstdarstellungen offenbar wird, ist eine Selbstbegegnung in den Tiefen des Willenslebens. Diese Begegnung ist biographisch neu. Sie kann nicht als eine Erfahrung des frühkindlichen Trieblebens verstanden werden, das jetzt »sublimiert« wird. Vielmehr taucht jetzt zum erstenmal das Motiv des Doppelgängers auf, der sonst verborgene und sich zum zwölften Lebensjahr wieder verbergende Schatten des Ich, der in die Gedankenkraft eingehen wird. Der Doppelgänger steigt aus der

4 L. Schäfer: Sprüche und Aufzeichnungen einer Lehrerin. Rudolf-Steiner-Schule Bochum-Langendreer, 1971.

Willensnatur auf, aus einer vorher unbekannten Tiefe der Biographie, und ist nicht mehr durch Identifizierung mit dem anderen Menschen zu integrieren.

So beschreibt *Christa Meves*[5] die Bildserie eines neunjährigen Jungen, die mit dem Bilde einer liegenden Katze beginnt, die einer Kuh gleicht, in der sich der Raum noch mütterlicher Bilder darstellt. Wenig später wird die «Kuh» zur Katze, die eine Maus fängt; die Bildserie wird dynamisch, und die Katze erscheint jetzt im Bilde der aus dem Willen sich entbindenden Intellektualität. Sie wird von dem Jungen als ein dürres, zugreifendes, schwarzes Tier dargestellt. In der Mitte der Serie wird ein Reiter auf dem Pferd von einem lanzenbewehrten Ritter verwundet, und erst im letzten Bild stellt der Junge denselben Reiter dar, der jetzt fest die Zügel des Pferdes in der Hand hat. Man erinnert sich an das Pferd als Symbol der intellektuellen Gedankenfähigkeit. Das Pferd «ersetzt», wie Ch. Meves meint, die normative Vaterwelt, die sich in der Bildserie vorher noch einmal im Bilde eines Polizisten, der einen Jungen ins Gefängnis abführt, offenbarte. Der Reiter auf dem Pferd «zeugt von der Stabilisierung des Ich» (Ch. Meves).

Auch der Traum eines neunjährigen Mädchens spricht von der Tiefenregion des Willens, in die das Kind in der mittleren Kindheit mit seiner Seele «eintauchen» muß: «Mein Vater führte mich an das Meer. Links hinter mir war ein schon dunkler Wald, vor mir das Meer, hinter dem die Sonne in leuchtenden goldenen Farben unterging. Mein Vater führte mich in das Wasser, verließ mich dann, und ich wanderte allein weiter. Unter dem Wasser ist ein Schloß mit vielen Treppen, die hinauf und hinunter führen. Auf den Stufen sitzen Kröten und merkwürdige Zwerge, deren Bärte aus Meßbändern mit gedruckten Zahlen, wie sie Schneider verwenden, gemacht sind.»[6] Dort endet der Traum. Das Licht ist noch nicht wieder erreicht.

Deutlich taucht das Doppelgängermotiv und dessen Wandlung in der von ihm *erzählten Geschichte* des fast elfjährigen Folke auf, von der *Lieselotte Arnold-Carey*[7] berichtet: Folke erzählt und illustriert eine Geschichte, die so beginnt: «Es war einmal ein Jäger, der gerade spazieren ging, um etwas Neues kennenzulernen. Er kam an ein Tor, das in einer Mauer drin war. Er schaute es mit prüfenden Blikken an, ob es auch nicht gefährlich sei, hineinzugehen.» Folke, ein «schweigsamer und introvertierter Bub», schildert die Landschaft, in die er jenseits des Tores kommt. Er schließt Freundschaft mit sechzehn Soldaten, denen er begegnet. Die erzählen ihm von einem «komischen verzauberten Menschen in einer Vulkanhöhle». Schließlich gelangt Folke in die Höhle: «Als er hernach bei dem verzauberten Menschen war, geschah etwas Unerhörtes, etwas Unbeschreibliches, etwas wie ein Knall – und der verzauberte Mensch verwandelte sich in einen richtigen Men-

5 Chr. Meves in «Das Kind. Eine Anthropologie des Kindes». Hrsg. Wolfgang Behler. Freiburg–Basel–Wien 1971.

6 Mündliche Mitteilung.

7 L. Arnold-Carey: «Und sie erkannten, daß sie nackt waren.» Göttingen 1972.

schen. Der zurückverwandelte Mensch erzählte ihm, daß er Folke hieß. Als er mit Folke Freundschaft geschlossen hatte, erzählt er ihm von einem Zauberer. Er sagte, er wäre auch durch Neugierde wie der Jäger zu dem Zauberer gekommen. Dieser verwandelte ihn in einen Vulkanhöhlen-Menschen.»

Folke kehrt zurück, und der Zauberer stirbt, als der Jäger den Folke erreichte. «Sie machten aus Holz ein Kreuz mit ein paar Querbalken, das setzten sie an die Stelle, wo des Zauberers Zelt gestanden hatte. Dann gingen sie alle froh und munter wieder aus dem Urwald hinaus. Als sie an das Tor an der Mauer kamen, sahen sie, daß alle Wege geschmückt waren mit bunten Fahnen. Sie wurden mit Jubel empfangen, weil sie als vermißt geglaubt waren.»

Die Autorin kommentiert diese ergreifende Geschichte, in der das Ich sich als Du ansichtig wird: «Nicht von ungefähr verwendet Folke in dieser Geschichte nur einen einzigen Namen, nämlich seinen eigenen. Man darf daraus schließen, daß es sich bei beiden um ihn selbst handelt, um sein eigenes Ich, dynamisch, ereignishaft erlebt – ein Ich, das sich in seiner innersten Ich-Du-Struktur erfährt. Gerade daran, an dieser Unbegreiflichkeit, scheitert der Zauberer.»

So verschwinden auch bei der Rückkehr die seltsamen Bilder, die Sonne geht in den Zeichnungen des Jungen auf, und die «Soldaten» begleiten den Jungen. «Die Selbstbegegnung, die sich in der zurückbleibenden Urlandschaft abgespielt hat, wirkt sich jetzt in der realen Welt als eine Begegnung von Mensch zu Mensch aus. Folkes Zurückgezogenheit und Verträumtheit ist einer merklichen Offenheit und Kontaktfreudigkeit gewichen.» (Arnold-Carey) Das aus der Dunkelheit des Willenslebens aufsteigende «andere Ich» wird im anderen Menschen aufgenommen und angenommen. Wir verstehen die Wandlung als das Erscheinen von Empathie, das heißt, sozialer Phantasietätigkeit.

Wir müßten lernen, dem Kind über die soziologisch-analytischen Interpretationen hinaus transzendentale Erfahrungen zuzubilligen, deren Wesen es ist, jeden Menschen mit der gesamten Menschheitsgeschichte im Seeleninnenraum zu verknüpfen. Erst dann gewinnt das reifende Ich wirkliche Geschichtlichkeit, wenn es der Menschheitsgeschichte begegnet und sie im Verhältnis zum Hier und Jetzt seines gegenwärtigen Lebens sehen lernt und sie integriert. [7] Nie ist diese Integration eine vollständige, weshalb sich auch das heranwachsende Kind nie mit den bestehenden Lernanforderungen völlig identifizieren kann. Erziehung als Lernen und Reifen verstanden kann deshalb in eigener Beschränkung immer nur auf die Wandlung der Vergangenheit in eine Zukunft gerichtet sein, die weder der Unterrichtende noch das Kind im Vornherein kennen bzw. wissen. Solange wir nur Wissen vermitteln, versäumen wir, Mittler im Reifeprozeß zu sein, dem sich die Materialien des Unterrichtens unterwerfen müssen. Seit altersher hat es die Menschheit als ihre Kulturaufgabe begriffen, Reifungsphänomene in Bildern darzustellen, deren Kraft Bewegungen der Wandlung, wie etwa in der Tragödie, hervorrufen kann. Traum-Bilder sind gleichsam Hypothesen des Handelns und sind in ihrer Wertigkeit an der Erfahrung prüfbar. Eine auf Kausalität einseitig eingeübte Lernmethodik, die mit der Folge von «Input» und «Output» rechnet, ist das Ergebnis der aufklärenden Kausalierung der Bilder und Mythen, in deren Prozeß die Bedeutung der Bilder als Handlungsentwürfe und Motiv-Gestaltungen verlorengegangen sind. Im Durchgang durch die seit dem Mittelalter historisch gewordene naturwissenschaftliche kausale Methodik handelt es sich in einer modernen Erziehungspraxis wieder darum, die Gegenwart an die Menschheitsvergangenheit anzuknüpfen, in deren Bildern das Menschen-Ich uns wie der verlorene Sohn anschaut. Der Blick unserer Kinder kündet uns fragend noch immer von ihm. Ehe wir, mit dem permanent schlechten Gewissen, diese Fragen mit handgreiflichen Lösungen beantworten, die uns selbst nicht mehr adäquat erscheinen, käme es darauf an, solche Antworten zu geben, die zukunftsgerichtete seelische Bewegungen erlauben, das heißt, *vorläufige* sind.

Das Kind zwischen neun und zwölf Jahren sucht nicht etwa eine biologisch gesicherte sexuelle Aufklärung, sondern eine Identität, die für die Polarität der Geschlechter noch keinen «Sinn» hat, sondern auf das allgemein-menschliche sozialethische Verhalten hinstrebt. Dem entsprechen innerseelische Prozesse: so etwa beim Knaben die Bewältigung der Relation zwischen dem zugreifenden männlich-analytischen Prinzip der Sinneswahrnehmung, dem «Real-Sinn», und dessen weiblichen Wandlungselement phantasie-getragener Gedankenentwürfe, als Wandlung der mütterlichen Welt. Aus diesem Werdeprozeß wendet sich das Kind erst nach dem zwölften Lebensjahr der neuen Polarität von objektiviertem Denken und Verantwortlichkeit des Handelns nach der Pubertät zu. Im wirklichen Sinne des Wortes tritt das Kind erst dann in seine eigene historische Gegenwart heraus, in die Erdenreife, in der die Bilder der Vergangenheit schwinden und gleichzeitig die Geschlechtspolarität in der Begegnung erfahrbar wird. Für das Kind bis zum zwölften Lebensjahr sind moralisches Handeln und Gedankenfähigkeit noch eng verbunden. Eine auf diese anthropologische Tatsache nicht eingestellte Erziehungspraxis fordert vom Schulkind vor dem zwölften Lebensjahr Denkoperationen, die oft nur wenig mit einer *eigenen* Leistungserfahrung seitens des Kindes verbunden sind, was sich zum Beispiel in der Dissonanz zwischen der Benotung und der eigenen Erfahrung des denkend handelnden Kindes zum Ausdruck bringt. Diese erlebte Dissoziation zwischen von außen vermittelten Wissens und dem dazu führenden denkenden Handeln als Willenstätigkeit des Kindes bringt jene Unsicherheit einer geschlossenen Selbsterfahrung hervor, die sich nach der Pubertät erst eigentlich verstärkt und zur Trennung von begrifflichem Denken und moralischem Handeln führt.

Dem liegt die im vorangehenden schon beschriebene Einbuße an Bindung der Innenwelt an die von außen geforderten Leistungen zugrunde, welchen Konflikt das Kind im allgemeinen dadurch löst, daß es sich dem Leistungsanspruch unterwirft oder, in selteneren Fällen, sich auf seine Innenerfahrung zurückzieht. In einem echten, soziologisch wie theoretisch verstandenen Lernprozeß käme es aber gerade darauf an, das soziologische Klima verständiger Toleranz zu schaffen, in dessen Freiheitsraum das neun- bis zwölfjährige Kind lernt, die Ambivalenz zwischen seinem *Verhalten* und seiner *Erfahrung*, das heißt, zwischen den Lernanforderungen und seinen inneren Reifungsschritten zu ertragen, «innere» und «äußere» Realität zu versöhnen. Dieser Schritt scheint die Grundlage reifer Toleranz und Ambivalenzerfahrung zu sein, von der das Gelingen zwischenmenschlicher Beziehungen nach der Pubertät wesentlich abhängt. Der Schule entsteht in diesem Lebensalter die Aufgabe, sich so einzurichten, daß dem Kind die Möglichkeit gegeben wird, nicht nur sachbezogen zu lernen, sondern auch biographisch-bezogen zu reifen. Dieser Prozeß, wenn er gelingt, gipfelt beim Zwölfjährigen in der Erfahrung der «Auctoritas», in der sich das Ich im objektivierten Verstand von der Welt abzusetzen beginnt, gleichzeitig aber auch keimhaft seinen Auftrag als Individualität in der Welt erleben kann, der sich nach der Pubertät aktualisiert. [8] Im Märchen wird der Sohn der neue König; er wird mündig, das heißt reif, selbst zu wählen und gewählt zu werden. Die Bewegung der Bilder, die hier ansichtig geworden ist, weist auf das Musikalische hin. Sie erscheinen als Kompositionen des Seelenwesen des Kindes, in dem zukünftige Motive anklingen, die im Traum in den Bildekräften des Kindes ihre Verbildlichung finden. Gegenüber der Situation der frühen Kindheit tritt die Seele des Kindes jetzt selbst in diese Komposition schöpferisch ein. Sie erfährt an Widerstand und Befreiung jene signifikanten Vorläufer, die nach dem Frei-Werden des Seelenleibes im dritten Lebensjahrsiebt im äußeren Leben der Welt erfahren und geleistet werden müssen. Traumlösungen in der Tiefe des seelisch-geistigen Wesens offenbaren aber auch jene Vorgänge, in denen das Kind sich in der Begegnung von seiner alten Umwelt lösen will. Diese Träume bedürfen deshalb weniger einer inhaltlichen Interpretation als der Wahrnehmung der jetzt im Gefühlsleben waltenden musikalisch-wandelnden Gesetzmäßigkeiten im Sinne biographischer Intentionen.

Haltung und Ich-Sinn

«Die vollendete Leibesform des neunjährigen Kindes, die erst später während der Pubertät korrumpiert wird, fällt in ihrer Ausbildung mit der Vollendung des Ich-Sinnes zusammen.»
K. König

«Das tiefgründige Moment der Transzendenz ist mein eigenes Da-Sein, die gleichzeitige Begegnung mit meinem eigenen und der Welt Wesen.» M. Merleau-Ponty

Die bewegte Gestalt des neun- bis zehnjährigen Kindes erscheint dem intuitiven Blick hineingestellt zwischen den Gestaltwandel des siebten Lebensjahres und den Wachstumsschub der Vor-Pubertät, der zur Gestalt des Jugendlichen hinführt. Kopf und Gliedmaßen sind harmonisch aufeinander abgestimmt, und die Bewegungen des neunjährigen Kindes haben den Schwung einer differenzierten Beherrschung der Motorik ohne die Überschüsse der Vorpubertät und die oft ungeduldige Ungeschicklichkeit des frühen Schulalters. Man kann ahnen, daß die Seele die Leiblichkeit durchatmet, so als sei der Wachstums- und Wandlungsprozeß der ersten Lebensjahre für eine bestimmte Zeitspanne zur Ruhe gekommen, in deren «Zeit-Raum» sich neue Seelenfähigkeiten entfalten können, ehe neue Wandlungen der Jugendzeit einsetzen.

Die Situation wird um so deutlicher und zeigt ihr speziell Menschliches, wenn man sie im Gesamt der Wachstumsvorgänge sieht und sie etwa mit denen der höheren Tiere vergleicht. Dabei fallen wesentliche Unterschiede auf:

1. Bei den Primaten erstreckt sich die Wachstumszeit von der Geburt in einer stetig ansteigenden Kurve bis zum achten bis zehnten Lebensjahr. Eine Gestaltdifferenzierung, ein Gestaltwandel, wie ihn Zeller vor allem für den Menschen beschrieben hat, tritt nicht ein. Die Wachstums- sowohl als auch die Gewichtskurve ist geradlinig.

2. Parallel hierzu geht die Geradlinigkeit des Umweltverhaltens. Veranlagte Verhaltensmuster, die bei den meisten Tieren kurze Prägungsphasen nach der Geburt durchmachen, entwickeln sich in vorbestimmten Umweltbedingungen. Gestalt und Funktion bleiben eng miteinander verknüpft; im Menschenkind treten spätestens im neunten Lebensjahr Erfahrung und Verhalten auseinander.

3. Das Wachstum der Primaten schließt gleichzeitig mit der Geschlechtsreife ab. Übereinstimmend werden Zahlen zwischen acht und zehn Jahren angegeben, bei anderen Säugetieren, außer dem Elefanten, liegen die Zeiten der Reife noch früher. Das Tier erreicht seine Gestaltbestimmung gleichzeitig mit der Reproduktionsfähigkeit seiner Art.

Wir haben gesehen, daß der Mensch um diese Zeit, in der sich bei den höheren

Tieren die Fortpflanzung der Art einstellt, seine Wachstums- und Gestaltform gerade nicht quantitativ fortentwickelt, sondern qualitativ differenziert. Dies zeigt sich darin:

1. daß sich im sozialen Verhalten der mittleren Kindheit eine die Beziehung der Geschlechter betreffende Gegenbewegung vollzieht, indem dem Kind das Wesen des anderen Menschen in seiner nicht geschlechts-spezifischen allgemeinen Menschlichkeit erscheint und Knaben und Mädchen ihre eigenen sozialen Entwicklungsräume suchen.

2. daß der Mensch in der Zeit zwischen dem neunten und zehnten Lebensjahr von den bisherigen biologischen Wandlungsprozessen unbelastet erscheint und eine harmonische Mitte offenbart, während das Tier mit der Fortpflanzungsfähigkeit den Höhepunkt seiner biologisch-körperlichen Reifungsvorgänge erreicht. Man könnte auch sagen, daß der Mensch in diesem Lebensalter die Erdenreife-Vorgänge noch einmal zurückhält, um jener Umwelterfahrungen willen, die der puberalen Reifezeit vorgelagert sind und die bedeutende soziale und vor allen Dingen seelische Vorgänge der Ich-Reife und der Bewältigung der Sinneswelt ermöglichen.[1]

Wenn man die Gestalt des Kindes von der Geburt bis nach dem ersten Gestaltwandel und dann vom Eintreten des Pubertätswachstumsschubes bis zum einundzwanzigsten Lebensjahr in einem imaginären Zeitraum wahrnimmt, so zeigt es sich, daß das Spezifische der kindlichen Gestalt im neunten bis zehnten Lebensjahr gerade zwischen der Ausprägung der Hauptesform der ersten Lebensjahre und dem stärkeren Gliedmaßen- und Leibeswachstum der Nach-Pubertät liegt. Die Signatur dieser Gestalt ist *Harmonie,* die sich in einem ausgeglichenen Bewegungs- und Wahrnehmungsrhythmus offenbart. Niemals mehr im späteren Leben ist der Rhythmus zwischen Wahrnehmung und Bewegung so fraglos gesichert wie zwischen dem neunten und zehnten Lebensjahr. Gegenüber allen konstitutionellen Variationen scheint für einen Augenblick das Urbild menschlicher Individualisierung auf, wie man es in den Knaben- und Mädchengestalten griechischer antiker Vasen und Reliefs dargestellt findet: Die Harmonie der Haltung und die Grazie der Bewegung fallen zusammen mit einer sanften Zurückhaltung in der menschlichen Begegnung und der ersten zarten, aber umfassenden autobiographischen Erfahrung der Erdenwirklichkeit und des Leibesseins.

Aus dieser Gestaltungsmitte spricht uns ein *allgemein Menschliches* an, ehe der Schritt zur individuellen Schicksalsgestalt der Reifezeit getan wird. *Portmann* hat darauf aufmerksam gemacht, daß erst der Pubertätsschuß jene biologischen und konstitutionellen Veränderungen hervorbringt, die als Rassenmerkmale gelten können und Ausdruck tieferer und endgültiger Differenzierung sind. Ähnlich lie-

1 Diese Ausführungen beziehen sich vor allem auf A. Portmann: Biologische Fragmente zu einer Lehre vom Menschen. Basel/Stuttgart 1969.

gen die Verhältnisse in bezug auf die geschlechtliche Identifizierung, bei der erst nach der Pubertät die Polarisierungstendenz zum anderen Geschlecht mit den damit verbundenen Konflikten und Spannungen auftritt.

Anthropologen haben darauf hingewiesen, daß hinsichtlich der Gestalt der heranwachsende Mensch in den ersten Lebensjahren eine pyknomorphe Tendenz hat, die etwa bis zum achten bis zehnten Lebensjahr anhält und dann in eine leptomorphe Gestaltung übergeht, die sich mit der Vorpubertät langsam ausbildet und sich nach dem Wachstumsschub der Pubertät festigt. Portmann beschreibt diese Beziehung der Menschengestalt zu der Erlebnis- und Wahrnehmungswelt folgendermaßen: «Charakteristisch für die pyknomorphe Konstitution der ersten sieben Lebensjahre ist das Überwiegen ganzheitlicher Auffassungen, das wandlungs- und anpassungsfähige, stark gefühlsbetonte, dem Farbigen zugeneigte Erleben. ‹Hans im Glück›, diese liebe alte Märchengestalt, ist mir immer so recht als das Bild dieses ‹Menschenkindes› erschienen – man versuche doch einmal, sich diesen Hans im Glück anders denn als stämmigen Burschen mit strahlendem Kindergesicht vorzustellen!

Wie anders ist die Dominante, die im Erleben des Kindes nach dem zehnten Jahr, mit dem Pubertätsschuß also hervortritt. Jetzt wird der Reichtum der Erscheinungen in seiner Vielfalt des einzelnen stärker aufgenommen, der Erfahrungsschatz wächst durch Eindrücke; die kritische Prüfung, die Abstraktion, das Erfassen von Grundsätzen werden bedeutsam als Mittel zur Bewältigung der Fülle, und die gesamte Verstandesarbeit tritt in den Vordergrund ... Weist es nicht auf diese verborgene Beziehung zwischen Körpergestalt und der Erlebnisweise hin, daß zwei in der äußeren Erscheinung so markante Stadien unseres Entwicklungsganges gerade solche psychischen Wesenszüge zeigen, die auch dem entsprechenden Körpertypus beim Erwachsenen zuzuordnen sind?» fragt Portmann.

Diese Wandlungsform der Erfahrungen muß nun aber insbesondere in bezug auf die Beziehungen zum anderen Menschen und deren Wandel nach dem neunten Lebensjahr untersucht werden.

Das neun Jahre alt gewordene Kind nimmt gerade noch die Vorgänge bildhafter Wahrnehmungen in den rhythmischen Prozeß neuer Wirklichkeitserfahrungen hinein, was sich auch in der Harmonie seiner Gestalt offenbart.

Eine durch *Rudolf Steiner* vertiefte geisteswissenschaftliche Anthropologie versteht diesen Prozeß des neunten bis zehnten Lebensjahres als ein Sich-Verbinden des Blutorganismus mit der Atmung. Die Kopfkräfte der frühen Kindheit, die mit der Bildung des Gegenstandsbewußtseins, das heißt Selbstbewußtseins zusammenhängen, schieben sich in die Atmung hinein und treffen sich dort mit jenen Gliedmaßen-Kräften, die in der Blutorganisation in den ersten sieben Lebensjahren die freie Phantasietätigkeit des Kindes beherrschten. Dieser Rhythmus zwischen Herz (Blut) und Atmung, der in den ersten sieben Lebensjahren die Weite der Sinneswelt erfaßt hat, verinnerlicht sich jetzt. Das physiologische Zeichen, das diese Zusammenhänge verdeutlicht, ist die Bildung des Atem-Herz-Rhythmus von 1:4, der sich jetzt zum erstenmal einstellt.

Ebenso spielt sich innerhalb dieses Gestaltbildungsprozesses nach dem neunten Lebensjahr eine Wende der Funktionen der inneren Sekretion ab, indem nun zunehmend die Schilddrüse gegenüber der Thymusdrüse die biologischen Wachstumsprozesse zu steuern beginnt. Während die Organe des lymphatischen Ringes, zu dem ja auch die Gaumenmandeln gehören, deren Wachstumshöhepunkt etwa im zehnten Lebensjahr liegt, einen wachstumshemmenden Einfluß haben, so hört diese Wirkung zum Pubertätsschub hin auf (Portmann). Gleichzeitig beginnt die Hypophysen-Funktion zur Pubertät hin die Funktion der Schilddrüse anzuregen, während die Epiphyse, die vorher hemmend wirkte, jetzt ihre Funktion völlig einstellt. Auch hier spielt sich im hormonalen Gleichgewicht eine Wandlung ab, in der die biologisch-konstitutionelle Entwicklung des neunten bis zehnten Lebensjahres eine Mitte einnimmt und dadurch einen Freiheitsraum möglicher seelischer Wandlung offen läßt. [2] Erst in diesem Gestaltwandel und der Bildung des Gedächtnisses als Verinnerlichung der Bildekräfte werden seelische Gedankenbewegungen möglich, die über die Bildwelt von Vorstellungen *frei* verfügen können. Was am Kinde *gestaltbildend* war, wird für die *«Ein-Bildung»* des Kindes in die Welt frei.

Mit dem Wandel der Beziehung des Kindes zu den Bildern geht ein Wandel der Gestalt einher, die sich in der oben beschriebenen Weise zum neunten Lebensjahr hin zunehmend akzentuiert und individualisiert. Zusammenfassend stellen wir fest, daß diese Individualisierung nicht direkt in Richtung der Propagation geht wie beim Tier, das in der Individualisierung *zugleich* die Fähigkeit der Reproduktion seiner Art als deren Höhepunkt gewinnt, sondern führt, für den Menschen signifikant, zu einer neuerlichen Erweiterung seiner Welt hinsichtlich der Dinge und Menschen sowie seiner autobiographischen Erfahrung. In dieser Verzögerung liegt der Sinn kindlicher Welt- und Selbsterfahrung und der Un-Sinn ihrer Abkürzung, den die gesellschaftlichen Veränderungen in den letzten Jahrzehnten mit sich gebracht haben und mit dem sich die Praxis der Erziehung weitgehend und unreflektiert identifiziert hat.

Im folgenden sollen diese Spuren aufgegriffen werden in jener Dimension, die schon in der Wandlung zwischenmenschlicher Beziehungen im neunten Lebensjahr angeklungen ist. Die Tatsache, daß das Kind in diesem Lebensalter vor der Pubertät sich auf eine grundsätzlich neue Weise seiner Identität in der Wahrnehmung des anderen Menschen versichert, bedeutet eine Stufe der Transformation, die ebenso die gewohnten Bilder der anderen Menschen der frühen Kindheit zu wandeln in der Lage ist, wie sie die neue Identitätssuche der Nach-Pubertät vorbereitet. Dieser Vorgang, den wir, ausgehend von der geisteswissenschaftlichen Sin-

2 Karl König: Die ersten drei Jahre des Kindes. Stuttgart 1978.

neslehre her, untersuchen wollen, hängt mit dem Abbau frühkindlicher Verhaltensformen zusammen, in denen das Verhältnis zum anderen Menschen über den Bilde-Leib noch unmittelbar in Gewohnheiten des Kindes eingeht.

Die in dem Kapitel über die Biographie der Erkenntnis durchgeführte Untersuchung hat gezeigt, daß die begriffene räumliche Welt der frühen Kindheit zwar eine grundsätzliche Erkenntnis-Haltung begründet, die aber eine «vorläufige» ist und sich zunächst in der Biographie nicht direkt weiterentwickelt. Wir vermuten, daß dies erst geschieht um die Mitte der Kindheit durch die schon geschilderte Wandlung der Wahrnehmungsstruktur in eine allozentrische mit dem Höhepunkt im 9. Lebensjahr. Diese bezieht sich dann auch auf die Wahrnehmung des anderen Menschen, der nun nicht mehr nur im Bild und global in Erscheinung tritt, sondern als mit einer «Äußerlichkeit» und einer «Innerlichkeit» ausgestattetes Wesen. Erst dann kann der andere Mensch als geschichtliche Person wahrgenommen werden. Dies bedeutet, daß gegenüber den Bildern, die in der frühen Kindheit auf Vorgeburtliches weisen und die die Vertrautheit mit der das Kind umgebenden Menschenwelt ausmachen, jetzt die *gegenwärtige* und wiederholte *Begegnung* mit der Welt als Interesse in den Vordergrund tritt. Gegenüber der kategorialen Haltung nach dem 3. Lebensjahr gewinnt das Kind jetzt eine neue Haltung, die in der Mitte des Fühlens gewonnen wird. Die frühkindliche, unbewußte Willenstätigkeit der Phantasie wird dadurch bewußter und «gerichtet», so wie sich das frühkindliche Bild-Bewußtsein am Sinnesobjekt «kritisch» staut. «Ein Objekt vollständig betrachten, heißt, es zum Mittelpunkt meiner Tätigkeit machen.» (E. Schachtel)

Für die Wahrnehmung des anderen Menschen bedeutet dies, ihn als eine geschichtliche Person anzuerkennen, die im selben geschichtlichen Zeitraum lebt wie ich, also sich vergegenwärtigt. Die entscheidende Begegnung, die jetzt zwischen der schöpferisch-künstlerischen Gedankentätigkeit des Kindes und seiner Erfahrungsmöglichkeit des anderen Ich als Grundelement sozialen Lebens sich zu bilden vermag, ist, so scheint es, bisher nicht genügend gewürdigt worden. Ein solcher Zusammenhang, der hier geklärt werden soll, begründet aber in der Erziehung den entscheidenden Zusammenhang zwischen Denken und Handeln. Es könnte in dieser Einsicht eine Erneuerung einer wahren Ästhetik ansichtig werden, die sich als eine Erfahrung des Fühlens vor allem auf die sogenannten höheren Sinnestätigkeiten, den Wortsinn, den Gedankensinn und den Ich-Sinn, gründet.

Die Beobachtung des neun- bis zwölfjährigen Kindes hat den gewaltigen Zuwachs an allozentrischem Interesse gezeigt: Dieses ist Ausdruck und seelisch-leibliche Grundlage zur Reifung jener Sinne, die als erster *Rudolf Steiner* in diesem Jahrhundert als solche beschrieben hat und die er die «höheren Sinne» genannt hat.[3] Ihre Tätigkeit bezieht sich auf die Wahrnehmung des anderen Menschen,

3 Siehe dazu H. E. Lauer: Die zwölf Sinne des Menschen. Basel 1953.

dessen Sprache, dessen Gedanken, dessen Ich. Vom siebten bis zwölften Lebensjahr erweitern sich diese Sinne aus ihrer Keimhaftigkeit der frühen Kindheit zur nie mehr verlierbaren Blüte des Wort-Sinnes in der Aufmerksamkeit auf die Sprache, im Gedanken-Sinn im wahrnehmenden Hinhören auf die Gedankenbildungen des anderen Menschen und schließlich im Ich-Sinn, der Wahrnehmung des anderen Menschen als Partner, in dem sich das eigene dumpfe *Ich-Gefühl* des Kindes erweitert durch das andere Ich erlebt und seine Identität sichert. Die seit Descartes waltende Auffassung der Einschnürung des menschlichen Bewußtseins in den Leib hat die Vorgänge der Empathie oder der Identifizierung mit dem anderen Menschen als Weg der Selbsterfahrung in ein Dilemma gebracht, das bis heute nur in Ansätzen überwunden ist.

Rudolf Steiner hat darauf hingewiesen, daß es sich bei der Wahrnehmung der höheren Sinne um echte *Sinneswahrnehmungen* handelt, deren Organ im Wahrnehmenden sich seelisch ausbildet und deren Tätigkeit den Begriff des Wahrgenommenen mit einbringt. Wird diese Wahrnehmung des anderen Ich begrifflich gedacht, so ist sie immer ein Nachdenken, das heißt, eine Vorstellung des anderen Ich, die gerade die wirkliche Wahrnehmung des anderen Menschen verhindert und ihn zum Objekt macht. Es entsteht deshalb die Wahrnehmung des anderen Menschen als Ich in der ästhetisch-künstlerischen Dimension und stellt deren Ziel und Erhöhung dar. Der Seelenbereich, in dem das Kind zwischen dem neunten und zwölften Lebensjahr die Welt der Dinge zu verstehen versucht, und deren einzelne Manifestationen aus einem kosmischen «Ich» der Erde, dem «Weltengrund», in die sinnliche Welt hereingeschaffen sind, ist derselbe, mit dem es das Wesen des Menschen-*Ich* als Partner sieht. In der biographischen Verknüpfung der Entdeckung der Erde mit der des anderen Menschen will das Kind in diesem Lebensalter immer neu den Bruch heilen, der dämonisch unser gegenwärtiges Zeitalter bestimmt und dessen soziale und spirituelle Krisen ausmacht. Diese Erfahrungen entwickeln sich im Kind also erst dann, wenn es ein Zentrum der Selbst-Erfahrung «erinnert» hat, das es ihm ermöglicht, die äußere Welt, das heißt, auch das Erscheinen und Handeln des anderen Menschen durch dessen Gestalt «zentriert» und mit der Distanz des Interesses zu erleben.

Damit hängt die im neunten Lebensjahr sich einstellende Fähigkeit des Kindes zusammen, den anderen Menschen als handelnden in den Blick zu bekommen und gleichzeitig «zu sich» zu kommen.

Wir haben gesehen, daß die volle Erfahrung des anderen Menschen als Ich nur zustandekommt, wenn wir uns einerseits durch dessen willensgetragenes, im Raume sich offenbarendes Verhalten beeindrucken lassen, andererseits aber fähig sind *hinzuhören*, um das Zentrum der Individualität des anderen zu erfahren. In diesem doppelten Akt des Gefühlslebens entspricht die Einatmung der Beeindruckbarkeit der Seele, die Ausatmung aber der Tätigkeit, durch die wir uns dem anderen zuwenden. Rhythmisch entsteht so die im Gefühl lebende Wahrnehmung des anderen Ich. Die gelungene Harmonie dieser rhythmischen Wahrnehmungstätigkeit offenbart sich in der Gestalt des neun- bis zehnjährigen Kindes. Durch das Zurücktreten der in den ersten sieben Lebensjahren plastisch und individualisierend auf die Leibesgestalt wirkenden Haupteskräfte gehen die Gestaltungsprozesse in den Bereich des Rhythmischen der Atmung über. Gestalt wird sichtbar werdende Zeit. In ihr zeigt sich zwischen dem neunten und zehnten Lebensjahr jenes Allgemein-Menschliche, das uns in der Gestalt der griechischen Jünglinge, der Kouroi, urbildlich entgegentritt. Zeit meint nicht einen linearen «Zeitraum», der seit der Geburt verstrichen ist, sondern «Zeitigung» als Tätigkeit des Ich, die am Leib Gestalt gewinnt. Indem das Ich sich mit dem Rhythmus zwischen einer vorgeburtlichen Vergangenheit und einer noch unerfüllten Zukunft immer verbunden weiß, tritt es jetzt ein in dessen Offenbarung durch die Gestalt: die Polarität von Anmut und Würde.

Sprache wird das wesentliche Medium dieses Rhythmus. Wo im neun- bis zwölfjährigen Kind die Aktivität des Hinhörens nicht gelingt, wird es von der Erscheinung der Welt und der damit verbundenen erhöhten Selbstbezogenheit oder der Abwehrhaltung begrifflicher Kritik überwältigt. Hier zeigt sich denn auch die dem weiblichen Seelen-Element verwandte Fähigkeit des Hinhörens und deren Störung, die gerade bei Mädchen mit einem den lebendigen Wahrnehmungsprozeß des anderen störenden Selbstgefühl einhergeht und in extremen Fällen zur Magersucht führt, deren Beginn oft vor der Pubertät liegt. [1]

Rudolf Steiner ist zu einer Auffassung gelangt, die man so verstehen kann, daß das Ich als Zentrum des Werdeprozesses der Kindheit im *anderen Ich* wahrgenommen wird, wodurch es die Grundlage zum Verständnis einer primären Gemeinschaft von Ichen gelegt hat, die sich stufenweise polarisieren. Das Ich des anderen wird biographische Wirklichkeit und Verbindlichkeit, längst ehe der Mensch über das Abbild seines gewöhnlichen Ich hinaus zu seinem eigenen wahren Ich-Wesen ahnend aufwacht. [2] Erlebt er es so, bestätigt sich ihm dessen Gemeinschaft mit dem anderen Ich, das nie in das eigene Ich eingeht und sich dennoch in der *unmittelbaren Begegnungserfahrung* als Gemeinsamkeit in einer gemeinsamen Welt offenbart: «Der Ich-Sinn ist nicht der Sinn für das eigene Ich, sondern für die Wahrnehmung des Ichs im anderen. Es kommt hierbei nicht darauf an, daß man sein eigenes Ich weiß, sondern daß man dem anderen Menschen gegenübersteht und daß er einem sein Ich öffnet.»[4]

Im oben geschilderten rhythmischen Prozeß der Ich-Wahrnehmung in der *konkreten* Begegnung, jenseits der bildbestimmten «Vorurteile» und der Kategorisierung von Rollen, wird deutlich, was Rudolf Steiner in seinen Entwürfen zu einer geisteswissenschaftlichen phänomenologischen Sinneslehre beschrieben hat: der Rhythmus des «Einschlafens in den anderen Menschen». Die Ausfaltung

4 R. Steiner: Weltwesen und Ichheit (Vortrag 13. 6. 1916). GA 169.

der Sympathie-Kräfte des Willens in das «Hören in den anderen» und die Einfaltung der Antipathie-Kräfte in das fühlende Wahrnehmen schaffen eine innere Tätigkeit, die musikalischer Natur ist. Die leibgestaltenden plastischen Bildekräfte gehen in die Werde-Bewegung über. Sie offenbart sich in der rhythmischen Harmonie von Atmung und Blutzirkulation.

Die Vorgeschichte der Haltung, des «Standpunktes», den das neun- bis zehnjährige Kind zum erstenmal gewinnt, hängt einerseits mit der individuellen Beherrschung der Willkür-Motorik zusammen, andererseits mit der nach dem siebten Lebensjahr abgeschlossenen Sinnesreife, durch die das Kind jetzt die Welt, herausgelöst aus dem Komplex der Bilder und der Sprache, wahrnimmt.

Der Psychiater *J. Zutt*[5] hat in einem Aufsatz über den «tragenden Leib» darauf aufmerksam gemacht, daß der Mensch nicht nur Leib ist, sondern «weiß», daß er Leib ist, das heißt, er kann auf ihm eigentümliche Weise «auf sein Werden reflektieren und so auch das Instrument des Tuns und Handelns, den Leib, in *ruhender Gestaltung* erleben. Im *immerwährenden strömenden Fluß* unseres Werdens und im immerwährenden Fortschreiten unseres Tuns vermögen wir so aus der *schwebenden Ruhe* der geistigen Distanz *Feststellungen zu treffen,* oder etwas im Gedächtnis *festzuhalten.* Dieses Vermögen, das heißt, im Strom der Zeit (der auch der leibliche Gestaltungsprozeß als Wandel unterliegt), in der Erscheinungen Flucht Dauerndes und Währendes herauszulesen, ist das, was wir mit ‹Stand› und ‹Standeinbuße› meinen». Der Leib wird als Ort der Selbsterfahrung über sich hinaus und im tätigen Gegenüber-Stehen als Haltung offenbar und offenbart zugleich, worauf die Leibeserfahrung hin- und hinausweist, *das andere Ich.* Der andere geht für diese Wahrnehmung verloren, wenn wir unseren «Standpunkt behaupten» (durch die Kopf-Kräfte) oder den Stand verlieren in der Überwältigung durch die Blut- und Willenskräfte. Beim «in der Erde versinken wollen» der Scham geht der andere ebenso verloren wie in der Furcht, in der er äußerlich und fremd erscheint.

Wir haben gezeigt, daß das Kind im neunten Lebensjahr zum erstenmal die autobiographische Selbst-Erfahrung macht, in welcher ihm auch der eigene Leib als individueller Leib, als ein Teil gelebter Biographie, verfügbar wird. Damit hängt die Anmut der Gestalt und die Bewegung des Neun- bis Zehnjährigen zusammen. Im Erzieher bildet sich die Einsicht, die wir den Kindern dieses Alters gegenüber haben: daß wir ihnen einen eigenen Standpunkt, eine eigene Selbsterfahrung zuordnen und diese fördern wollen. Hier zeigt sich auch, daß das Seelisch-einen-Standort-haben Organ für das andere Ich wird, wodurch das Problem der Identität aufscheint. Identitätsfindung kann verstanden werden als die Bewahrung und Heranbildung einer Selbsterfahrung, die das andere Ich wahr-nimmt, ohne sich selbst verlieren zu müssen: eine Fähigkeit, die aus der Neu-Strukturierung der

5 J. Zutt: Auf dem Weg zu einer anthropologischen Psychiatrie. Berlin 1963.

Wahrnehmung entspringt. [3] Sie hat ihren biographischen Vorläufer im Gleichgewichtssinn, wie ihn Rudolf Steiner beschrieben hat, durch den im Laufe des ersten Lebensjahres das Kind sich als aufrecht in der Welt erlebt und «gegenüber» den Dingen, die durch die aufrechte Haltung ihre topologisch-räumliche Ordnung gewinnen. Dort vermittelt der Gleichgewichtssinn seelisch die «Selbigkeit» des im Leib inkarnierten Ich, wie Rudolf Steiner es ausgedrückt hat: «Wir empfinden seelisch die Erlebnisse durch den Gleichgewichtssinn als innere Ruhe, die macht, daß, wenn ich von da bis hier gehe, ich doch nicht zurücklasse den, der da in meinem Körper steckt, sondern ihn mitnehme; er bleibt ruhig derselbe.» Und: «Dieses Unabhängigsein von der Körperlichkeit, das ist das Hineinstrahlen des Gleichgewichtssinnes in die Seele. Es ist das Sich-als-Geist-Fühlen.»[6]

Es gehört nun, wie wir gesehen haben, zu dem Lebensschicksal des Leibes und seiner Sinne, daß sie sich nach dem siebten Lebensjahr wandeln und für die Welt und die Wahrnehmung des anderen Menschen in Gedanken-, Wort- und Ich-Sinn zur Verfügung stehen. So tritt etwa der Tastsinn durchseelt in der Qualität des Blickens, des Sehens in Erscheinung, wodurch das Kind nach dem siebten Lebensjahr die Fülle der gesehenen Welt von allen Seiten «abtasten» lernt. Der Gleichgewichtssinn aber wandelt sich aus seiner räumlich-leiblichen Funktion in die zeitliche. Er wird zur Grundlage des Ich-Sinnes, indem ich im Seelen-Gleichgewicht das andere Ich aufnehme, ohne mich selbst aufzugeben, und so Identitätserfahrung mache: daß ich derselbe bleibe als Individualität, wie oft und wie immer ich auch andere Iche wahrnehme und von ihnen wahrgenommen werde. [4] Dies ist nur möglich, wenn, wie Zutt meint, der Werdeprozeß ein Zentrum der Ruhe findet und dieses wiederum Organ der Wahrnehmung des anderen Ich wird. Der Leib wird Gestalt in der Zeit und geht von nun an in die autobiographische Erfahrung ein. «Der Mensch, insoferne er ruhig ist, insoferne er die *ruhige Menschengestalt* ist mit dem Kopf als Mittelpunkt gewissermaßen, ist Wahrnehmungsorgan für das Ich des anderen Menschen.»[7]

Diesen Vorgang sahen wir sich vorbereiten, indem zum neunten Lebensjahr die plastischen Bildekräfte vom Kopf her strömend in die Mitte des musikalischen Fühlens «aufgeschmolzen» werden und der Leib als Handelnder, als willkürlich Tuender im Sinne Zutts zum *Werdend-Erscheinenden* wird, das heißt, in die ästhetisch-künstlerische Dimension eintritt. [5] Schon bald nach dem dritten Lebensjahr hat das Kind seinen Leib im Spiegel entdeckt. Aber erst jetzt mit dem neunten Lebensjahr erfährt das Kind ihn als den dem anderen Erscheinenden, in dem sich seine Biographie ausdrückt und der im Wahrgenommen-Werden gleichzeitig die

6 R. Steiner: Geisteswissenschaft als Erkenntnis der Grundimpulse sozialer Gestaltung. GA 199.

7 R. Steiner: Die geistigen Hintergründe der menschlichen Geschichte (6. Vortrag). GA 170.

Möglichkeit der Wahrnehmung des anderen als Ich entdeckt. Langfristige Dissonanzen dieses noch labilen Verhältnisses führen zu «Kränkungen» des Kindes in diesem Lebensalter, in die sich das Ich in Furcht oder Scham aus seiner Erscheinung zurückzieht und gleichzeitig die Wahrnehmung des anderen Ich aufgibt. Es gibt keine Zeugnisse tierischen Verhaltens, die diesen Begegnungs-Erfahrungen des Menschen entsprechen. In ihnen koppelt sich Verhalten nicht mit artbestimmten Mustern, sondern gewinnt die Freiheit des Gegenüber-Stehens, in der das «Außergewöhnliche» als Schicksal erlebt werden kann. Bezeichnenderweise löschen alle auf Konditionierung eingerichteten, das heißt, aus der Tierpsychologie entwickelten Lehrverfahren gerade dieses Erlebnis aus. Skinner hat jüngst die Theorie dieses Auslöschens nachgeliefert.[8] Von der ästhetisch-sozialen Fähigkeit hängt es ab, «ob der Mensch sich dem anderen offenbaren kann, aber auch, ob er ihn *angemessen* verstehen kann, ob er Mißverständnisse zu verhüten oder zu klären vermag, Vertrauen wecken und Vertrauen fassen kann... Nur dadurch, daß wir selbst in vertrauter Weise in Erscheinung stehen, so scheint es, sind wir *im Stande,* haben wir die Fähigkeit, Erscheinungen, die wir im ungestörten optisch-gnostischen Akt *wahrnehmen,* ... zu durchdringen, das erscheinende Wesen zu erfassen. So bedingt eine Seinsweise des Subjekts eine Erscheinungsweise der Welt.»

Im Zusammenhang mit der Metamorphose der kindlichen Gestalt kam die Wahrnehmung von Haltungen in den Blick, welche das Verhältnis des Menschen zur Welt bestimmen. Hatten wir um das 3. Lebensjahr Haltung als eine «kategorische» entdeckt, die Ich-Bewußtsein begründet, so jetzt dasjenige, was Selbst-Erfahrung genannt werden kann. Sie schließt ihrem Wesen nach die Erfahrung des anderen Menschen durch die höheren Sinne ein und begründet im Lebensgang des Menschen zum erstenmale eine soziale Dimension, die zugleich eine geistig-ästhetische beinhaltet. Biographische Erfahrung kann zeigen, daß dasjenige, was hier angelegt wird, im Verlaufe des 4. Lebensjahrsiebts in der Entwicklung der «Empfindungsseele» (R. Steiner) eine dem Menschen jetzt stärker bewußt werdende Dimension der Lebensbewältigung und des Lernens werden wird, nachdem die Jugendzeit die Errungenschaft der mittleren Kindheit wieder in Frage gestellt hat. Karl König[9] (siehe auch Anmerkungen zu diesem Kapitel) hat auf die Beziehung der Ich-Sinnes-Entwicklung zum 9. Lebensjahr aufmerksam gemacht. Er schließt seine Untersuchung mit den Worten, die auch dieses Kapitel abschließen sollen:

«Das Kind hat um das 9. Lebensjahr den Ich-Sinn erworben. Er verbleibt ihm als lebenslanges Angebinde, das er aus dieser Hoch-Zeit seines Lebens mit sich tragen darf. Ebenso verbleiben ihm der Wort- und Sprach-Sinn als Geschenke, durch die er sich dem Geist des Daseins nähern kann.

8 B. F. Skinner: Jenseits von Freiheit und Würde. Reinbek 1973.

9 K. König: Die ersten drei Jahre des Kindes. Stuttgart 1978, S. 110.

Verlust – Reichtum Gegenüber-Stellung

Durch den Sprach-Sinn erschließen sich ihm alle Schätze des Wortes. Durch den Denk-Sinn enthüllen sich ihm die Weistümer alles Gewordenen und Werdenden. Durch den Ich-Sinn kann er den andern Menschen als Bruder erkennen. Damit aber hat ihn seine Kindheit mit einem unverlierbaren Gut ausgerüstet.

Gehen, Sprechen und Denken haben ihn zum Menschen gemacht; sie haben ihn aus einem Geschöpf zu einem sich selbst erkennenden Wesen erhoben. Der Sprach-, Denk- und Ich-Sinn aber verhelfen ihm dazu, sich den Geistesgründen aller Existenz zu nähern. Sie eröffnen ihm die Wege in höhere Welten, die jenseits der Sinneswelt liegen. In jenen drei höchsten Sinnen beginnt die Sphäre der Sinne sich selbst aufzuheben. Sie weist sich selbst den Weg zu ihrer eigenen Überwindung. Das ist ein Opfer, da es in die Vernichtung führt. Aber dahinter wartet eine Auferstehung. Die Sinnenwelt wird zerbrechen, und hinter ihr wird eine Geisteswelt sich auftun.»

V ISIS UND OSIRIS – WANDLUNG DER SPRACHGESTALT

Allgemeine Aspekte

«Das Bewußtsein spiegelt sich im Wort, wie die Sonne in einem Wassertropfen ... Das sinnvolle Wort ist der Mikrokosmos des Bewußtseins.» L. S. Wygotski

Die folgende Untersuchung der Wandlung der Sprache zwischen dem neunten und zwölften Lebensjahr muß sich einer Reihe von Aspekten widmen, die sich nicht nur auf den Funktionswandel der Sprache beschränken können. Die Fähigkeiten des Sprechens und des Hörens der Sprache entwickeln sich in drei wesentlichen Dimensionen, in denen das Sprachmedium den Umgang des Kindes mit der Welt bestimmt. Zunächst tritt die Sprache durch den Abstand, den das Kind zu ihr gewinnt, als ein erkenntnisleitendes Element in Erscheinung. Dies geschieht nicht nur in dem Sinne, daß die Sprache verinnerlicht wird und den Raum für konkretbegriffliches Denken vorbereitet, sondern vor allem dadurch, daß das Kind auf die Sprache des anderen Menschen zu zwischenmenschlichen Klärungen und sachlichen Problemlösungen in einer *vorher nicht gekannten* Weise aufmerksam wird. Zweitens wird Sprechen im Willensbereich ein Instrument gesellschaftlicher Organisation und Verabredung, wie etwa im Spiel der Neun- bis Zwölfjährigen, und gewinnt in der «Gruppensprache» einen über den individuellen Ausdruck hinausgehenden verbindlichen Charakter, durch den Identität jenseits von Sinnes- und Handlungswahrnehmungen sprachlich geformt, festgelegt und erinnert wird. Drittens gewinnt die Sprache die Dimension des partnerschaftlichen Austausches von individuellen Erfahrungen im Dialog; sein Wesen besteht darin, daß auch er im Medium der Sprache über die nur individuelle Erfahrung hinausführt und von dem neu erwachten Selbstgefühl des Kindes als einem neuen Mittel von Kommunikation erlebt wird. Dadurch wird die Sprache fähig, die im Handeln gewonnenen *Erfahrungen* zu interpretieren und zu kommunizieren. Diese dritte Dimension steht dem neunjährigen Kind selbst am nächsten, ist aber auch die gefährdetste. In ihr wird der Grund für Formen zwischenmenschlicher Beziehungen gelegt. Dabei bezieht sich die Sprache nun nicht mehr, wie in der frühen Kindheit, auf die Handlungsformen des Kindes allein, sondern beginnt ihre Zukünftigkeit für die

Ich-Entwicklung zu entfalten, indem sie in der aesthetischen Dimension der Gegenwart voraus ist.

In allen drei Bereichen wird die Sprache eng mit den Intentionen des Kindes in bezug auf Denken, Fühlen und Wollen verbunden. Wir werden sehen, daß diese Wandlung der Sprache sie zum Instrument formt, durch das individuelle Welterfahrung sich mit allgemein kulturell Gültigem zu verbinden lernt. Sie gewinnt daher in diesem Lebensalter jene kulturell-soziale «Verbindlichkeit», die die Sprache aus ihrer kosmischen Universalität frühkindlicher Sprachleistungen herausführt. Das Kind kommt *von der Sprache, die es spricht,* zum *Sprechen* der Sprache. Die sich aus diesem Wandel ergebenden Konsequenzen haben nicht nur eine schon oft untersuchte Bedeutung für die Lernleistungen und die Begegnungsfähigkeit des Kindes in diesem Lebensalter, sondern enthalten in sich den Keim für zukünftiges menschliches Verhalten. In diesen drei wesentlichen Lebensjahren scheint sich der Gebrauch der Sprache so zu bilden, daß die Entscheidung darüber fällt, ob sie zu einem bloßen Zeichen für Sachverhalten wird, ob sie also dem begrifflichen Denken allein untergeordnet bleibt, oder ob sie jenes zukunftsweisende Element gewinnt, das sich in der Dialektik zwischenmenschlicher Beziehungen immer neu bewähren muß.[1]

Schließlich scheint sich auch in diesem Lebensalter zu entscheiden, ob der Mensch fähig wird, Handlungen sprachlich zu formulieren, oder ob er, wenn er diese Entwicklung verfehlt, in sprachlosen Handlungsmustern verstummen muß. In allen Fällen, die nachfolgend im einzelnen untersucht werden, spielt die Fähigkeit des Kindes, der gehörten Sprache gegenüber eine neue, bewußtere Haltung anzunehmen, eine große Rolle, ebenso wie die Art der sprachlichen Angebote, die wiederum von den Intentionen des Partners, das heißt, vor allen Dingen des Lehrers, abhängen. Wir werden sehen, daß die Sprache hier eine dramatische Entwicklung durchmacht, indem sie sich von der Muttersprache nicht nur zu einer gesellschaftlich-kulturell relevanten wandelt, sondern auch zum Gefäß der eigenen Entwicklungs-Motive werden kann.

In dem großen ägyptischen Mythos von Isis und Osiris ist dargestellt, wie die kosmische Sprache erstirbt und durch ihren Tod sich die Zuwendung zum Zeichen und zum bloßen Begriff vollzieht. Derselbe Mythos spricht aber auch von der Auferstehung der Sprache in der neuen Isis, wodurch die Sprache fähig wird, über die Sinnes- und Handlungswelt hinaus spirituelle Inhalte aufzunehmen und zu offenbaren und damit wahrhaft schöpferisch zu werden.

Ein solcher Prozeß spielt sich nun auch im Mythos des Kindseins ab. Für eine lange Zeit der ersten Kindheit bleibt die Welt der Sinnes- und Bildwahrnehmun-

1 Siehe dazu und zum Folgenden die grundsätzliche, geisteswissenschaftliche Untersuchung von G. v. Arnim über den «Sprachsinn» in: König/v. Arnim: Sprachverständnis und Sprachbehandlung, Heilpädagogik aus anthroposophischer Menschenkunde, Bd. 4. Stuttgart 1978, Seite 41–92.

gen in die Hülle der Sprache eingebettet. Die Sprache wirkt noch als lebendiges Gestaltungsprinzip im Sinne der *Egomorphose* (Witzenmann) nicht nur der kindlichen Handlungen, vor allen Dingen des Spiels, sondern modelliert bis in die Organbildung hinein die sich wandelnde Leiblichkeit des Kindes. Im Nennen der Namen, der Planung von Handlungen und in den syntaktischen Formen der Beziehung von Gegenwart und Vergangenheit trägt das Kind bis zu seinem siebten Lebensjahr die Sprache wie einen hüllenden Leib an sich. Erst dann und zunehmend im neunten Lebensjahr tritt das Kind aus dieser Verbundenheit heraus, wobei sich die Sprache verinnerlicht und sich der zum Gedankenleben strebenden Willenstätigkeit verbindet.

Die gehörte Sprache jedoch wird zunehmend objektiviert, Metamorphose der Raum-Objektivierung der frühen Kindheit auf einer höheren seelischen Stufe. Schließlich wird Sprache im Hören und Sprechen partnerschaftliches Medium, welches die Sinneswahrnehmung erweitert im Vorgang sprachlicher Kommunikation. Dadurch entwickelt sich jener von Wygotski schon beschriebene Prozeß, der jetzt die Welt der Sinneserfahrungen neu unter dem Primat der Sprache und später der Begriffe ordnet. Was diese Welt an Lebendigkeit verliert, gewinnt sie an Überschaubarkeit und Verfügbarkeit. Es wiederholt sich hier in jeder menschlichen Entwicklung die im Mythos dargestellte Wandlung.

Auf die Zukünftigkeit gerichtet erscheint jetzt aber die Wandlung der Sprache im Bereich der Motorik zu sein. Der sprachliche Ausdruck des kleinen Kindes vor dem Zahnwechsel, der sich durch seine schöpferischen Phantasiekräfte auszeichnet, zeigt eine enge Verbundenheit zum gesamten motorischen Verhalten des kleinen Kindes. In der Nachahmung werden auch die sprachlichen Leistungen der Umwelt unmittelbar als Intentionen in die Willenstätigkeit des kleinen Kindes unreflektiert aufgenommen. Indem das Kind nach dem siebten Lebensjahr ein neues Bewußtsein im Verhältnis zu seinen eigenen Handlungen gewinnt, ändert sich auch seine Sprachgestaltung. Die hier einleitend behandelten Zusammenhänge sollen auch in den folgenden Ausführungen im einzelnen zur Sprache kommen. Entscheidend scheint mir unter einem biographischen Aspekt, d.h. für das im weiteren Leben fortwirkende Verhältnis des Kindes zur Sprache, die Frage: Wandelt sich die in der frühen Kindheit offenbar werdende Phantasie in Gestaltungskräfte nur als Verinnerlichung in Bezug auf gedankliche Strukturen, oder werden diese Kräfte *für das Hinhören* auf den anderen, sprechenden Menschen frei. Oder genauer: Für welche Weltinhalte wird die Sprache des Erziehers Medium der Vermittlung von Erfahrungen? Welcher Art ist der neue, durch die Sprache gestiftete Brückenschlag zwischen dem Kind und der Welt, zwischen der wachsenden Wahrnehmungskraft und dem geistigen Weltinhalt?

Gruppensprache: Ritual und Vergesellschaftung

«Die Riten sind in der Zeit, was das Heim im Raum ist.»
Saint-Exupéry

Durch die Untersuchungen über den Sprachgebrauch der Gruppen nach dem achten Lebensjahr wird in diesem Kapitel deutlich werden, daß die Sprache als Ordnungs-Element des Spiels, aber auch in der Gruppe, vor allem aber in der Bandenbildung eine bindende und magisch-rituelle Form annimmt. Sie erscheint hier als Verfügbarkeit und Macht und gewinnt dabei eine Funktion, deren sie im Umgang in der Familie gegenüber Vater, Mutter und den Geschwistern nicht fähig war. Die Form der Sprache, in der sich das kleine Kind durchsetzt, bleibt affektiv handlungsgebunden. Selbst im nicht-autoritären Erziehungsstil muß das Kind mit der Reaktion der Umwelt rechnen, ohne sie bestimmen zu können. Die Formen der Selbsterhaltung in der frühen Kindheit sind mannigfaltig, vom Schreien des Säuglings bis zu den «Unarten» des Kleinkindes, und bleiben im wesentlichen unreflektiert.

Die Funktion der Sprache als Selbstbehauptung, in der das Kind jetzt seine erwachende Identität in der Gruppe sucht, erscheint in der «Gruppensprache» der Neun- bis Zwölfjährigen. In ihr zeigt sich gleichzeitig ein nicht zu übersehender Widerstand gegenüber der sprachlichen Übereinstimmung und Bindung an die Familienumwelt, der sich jedoch im Unbewußten des Willenslebens abspielt. In dieser Form der Sprachengemeinschaft findet sich der Neun- bis Zwölfjährige für eine kurze Zeit zwischen der Gesellschaft und den Eltern, das heißt, seiner biographischen Vergangenheit und der Zukünftigkeit einer Sprachgemeinschaft seiner Generation, die das Kind erst im Laufe seiner Erziehung, das heißt, nach Erreichung höherer kognitiver Möglichkeit im zwölften Lebensjahr erreicht. Die Gruppensprache der Neun- bis Zwölfjährigen ist *nicht* zukunftsgerichtet. Sie gewinnt ihre Kraft einmal aus dem Widerstand gegenüber den Funktionen, die sie als Kommunikationsmittel in den ersten sieben Lebensjahren hatte, und als Zeichen des neuen Ich-Erlebnisses im Willensleben der Sprache. Dieser Widerstand kann sich gegen die Familiarität der Vergangenheit richten, aber auch gegen die Aufnahme neuer kognitiver Lernprozesse, worauf *Lewis*[1] aufmerksam gemacht hat, wobei das Schulkind dann gerade in den alten sprachlichen Gewohnheiten länger verharrt, die sich durch den Mangel an sprachlicher Distanzierung auch in anderen

1 M. M. Lewis: Sprache, Denken und Persönlichkeit im Kindesalter. Düsseldorf 1970.

Störungen wie des Lesens und Schreibens äußern können. Das zweite Motiv der Gruppensprache ist aber die Suche nach einer neuen Identität, die sich in der Kindheit in jedem Falle nur an Partnern entfalten kann.

Der Widerstand gegenüber alten Sprachgewohnheiten muß zweifellos als eine neue sprachliche Möglichkeit aufgefaßt werden. «Häufiger findet der kindliche Widerstand gegen den Einfluß Erwachsener Ausdruck in der Konformität mit seiner Altersgruppe und gewinnt an Stärke gerade aus dieser Übereinstimmung» (Lewis). Im Gegensatz dazu sind wir der Auffassung, daß in der Gruppensprache der Neun- bis Zwölfjährigen nicht ein Drang zur Erwachsenen-Sprache und ein sich Angliedern an das Verhalten des Erwachsenen vorliegt, sondern gerade ein wesentlicher Schritt zur Selbstfindung mit einem Partner, der *dieselbe* Sprache spricht. Die «verbale Kultur» dieses Lebensabschnitts hat aber noch einen anderen bedeutenden Aspekt, auf den vor allen Dingen *I. und P. Opie* aufmerksam gemacht haben.[2] Die Autoren haben zwischen 1953 und 1961 fünftausend Schulkinder in bezug auf ihre sprachlichen Äußerungen auf den Schulhöfen, den Straßen und den Hinterhöfen in England, Schottland und Wales beobachtet. Dabei haben sie in ihren Beobachtungen in bezug auf Reime, Sprachspiele, Parodien ihre Ergebnisse eingehend dargelegt. Zusammengefaßt ergab sich folgendes:

1. Viele der Kinderreime sind in derselben Form und im selben Rhythmus von den Kindern desselben Alters über Jahrhunderte in ihren Spielen gesprochen worden. Auch die Eltern der Kinder haben sie rezitiert, aber vergessen, und es sind offenbar nicht die Eltern, die die Reime tradieren.

2. Trotz regionaler Variationen bleiben die Reime uniform in Rhythmus und Inhalt. Sie ändern sich aber insofern, als modische Erscheinungen der Gegenwart mit einbezogen werden, ohne daß sich das grundlegende Schema des Reims ändert.

3. Die Reime werden von Mund zu Mund tradiert und breiten sich wie Epidemien über die Welt, von England bis Australien, in größter Geschwindigkeit aus. Die Übernahme geschieht wie durch einen magischen Funken und setzt unter Umständen einen Chorus von Kindern desselben Lebensalters in Tätigkeit.

4. Im Laufe der Tradition scheinen Modifikationen der gebrauchten Worte weniger häufig auf gedanklicher und reflektierter Wandlung zu beruhen, sondern sie entstehen spielerisch aus der Wahrnehmung von Wortklängen, durch die unter Umständen neue Worte entstehen. Dabei scheint als Impuls die Freude der Neun- bis Elfjährigen zu wirken, Wortspiele als Verfügbarkeit über sprachliche Formulierungen zu gebrauchen, das heißt, sich zu üben in der Distanzierung von der Muttersprache und der Gebundenheit der Worte an sinnliche Kontexte.

Aus der Beobachtung der Opies wird deutlich, daß die Reime und Wortspiele der Neun- bis Zwölfjährigen einmal die älteren Generationen überspringen,

2 I. und P. Opie: The Lore and Language of Schoolchildren. Oxford 1960.

gleichzeitig aber aus einem neuen geschichtlichen Raum immer neu geboren werden, daß sie eine Allgemeinheit und Uniformität gegenüber lokalen Traditionen behaupten und daß schließlich in diesen Spielen die Sprache selbst sich sowohl von logischen als auch an die Sinneswelt gebundenen Formen absetzt. Läßt man die Fülle der Beispiele Opies an sich vorüberziehen, so fällt weiter die Neigung der Neun- bis Zwölfjährigen auf, die Reime nicht mehr in Kommunikation mit den Erwachsenen, wie in der frühen Kindheit zu üben, zu sprechen oder zu singen, sondern sie als ein gewaltiges Bindemittel der Sozialisierung innerhalb derselben Generationsgruppe zu gebrauchen. Dabei ändert sich oft nicht der Inhalt des Reimes, aber seine Funktion, und diese Tatsache ist im Sprachverhalten der Neun- bis Zwölfjährigen durchgängig zu beobachten. So sagt Lewis, daß das Kind in diesem Lebensabschnitt im allgemeinen nicht neue Worte hinzulernt. Die Manifestation des eigenen Willens zur Sozialisierung verbindet sich mit einer nicht übersehbaren Aggressivität, wo etwa ein Erwachsener auf der Szene erscheint. «Man muß erkennen», sagt Lewis, «daß Wortspiele oft etwas Aggressives an sich haben, sie können Respektlosigkeit gegenüber Älteren zum Ausdruck bringen, oder sie sind Formen der Abwehr anderer Kinder. Sie bringen auch den Drang der Selbstbehauptung zum Ausdruck, der sogar bei höchst kooperativen Kindergruppen vorhanden zu sein pflegt. In dieser Hinsicht ist das Spiel mit Worten eine Form des Verhaltens anderen gegenüber und somit ein Faktor in der ethischen Entwicklung.»

Um den Stellenwert dieses Sprachverhaltens der Gruppen-Sub-Sprache, wie sie Lewis nennt, biographisch zu verstehen, muß auf einen Aspekt eingegangen werden, der über den Augenblick hinaus auch für das spätere Leben Bedeutung hat. Es handelt sich dabei um das Auftauchen der Sprache als Ritual. Hier wird in der Kraft des Wortes, die in der Magie der Wiederholung von sozialer Zeichengebung ein nicht zu durchbrechendes kollektives Verhaltensmuster erzwingt, eine bedeutsame, aber auch gefährliche Stufe von Gruppenverhalten offenbar. Wir glauben, daß dieser Aspekt bisher nicht genügend beachtet worden ist, und wollen uns ihm deshalb zuwenden. Rituale scheinen einerseits Abwehrsicherungen zu sein, die auch in der Familie eine Rolle spielen können. Dort gehen sie gewöhnlich von den Erwachsenen aus und werden von den Kindern übernommen. Autoritative Erziehungsziele, die auf äußere Sicherung der Beziehungen aus sind, haben die Neigung, ritualistisch zu sein. Kinder können jedoch diese Rituale vor dem siebten Lebensjahr nur als Verhaltensformen übernehmen. Sie sind *sprachlich* Ritualen gegenüber, die ein Zentrum von Distanz gegenüber der Sprache voraussetzen, noch unempfänglich.

In der Generation der Neun- bis Zwölfjährigen tritt die Sprache als Ritual, aber nicht bloß als eine Verhaltensform, sondern als ein Ja-sagen zu *Erfahrungen* derselben Generation, als eine Verpflichtung auf, die auch häufig vor den Eltern geheimgehalten wird und eine geheime Zukunft von Solidarität verspricht. Gleichzeitig bedeutet das Ritual aber auch die Festlegung und Sicherung eines der Beziehungsschemata der Gruppe, in denen Gestaltungskräfte sich den Rhythmen verbinden. Ihre Gefahren liegen in der Verhärtung, die zwingen kann, in der Isolierung einer durch Rituale gebundenen Gruppe gegenüber anderen und der Verengung lebendiger Beziehungen auf die «Zauberformel, die immer stimmt». Wo durch die kognitiven Individualisierungsprozesse, die durch den erwachsenen Menschen eingeleitet werden, die Entwicklung des Neun- bis Zwölfjährigen nicht aus diesem Felde befreit wird, kann das Widerstandserlebnis bzw. der Mechanismus der Sicherung und Abschirmung bedeutende negative soziale Konsequenzen für das spätere Leben haben. Oft setzt sich dieses Verhalten dann in der Bandensprache der Jugendlichen nach der Pubertät fort. Dabei ist bemerkenswert, daß sich Ideologien zu ritualisieren pflegen, und es ist kein Zweifel, daß der Jargon der Wissenschaft als Fachsprache einen nicht zu übersehenden ritualen Charakter hat und deshalb immer Gefahr läuft, kurzzuschließen oder sich unreflektiert gegen den Einbruch neuer gefährdender sprachlicher Inhalte abzusichern. [1]

Wenn der sprachlich formulierte Begriff nur noch Hülle einer Realität wird, ist diese Gefahr am größten, und die sprachlichen Rituale der Neun- bis Zwölfjährigen haben zweifellos jene Hüllennatur im Sprachlichen, durch die sich das noch schwache individuelle Ich gesellschaftlich sichert. Im Extremen entstehen auf diese Weise Zwangsbildungen, die sich dann auch in extremen Sprachformen ausdrücken. So bilden sich zum Beispiel Geheimsprachen, die der Erwachsene nicht versteht, durch Namensgebungen, die von rückwärts gesprochen werden (Haus – Suah, Markus – Sukram) und die bis zu komplizierten Kodifizierungen reichen können. Kinder entwickeln große Fähigkeiten, Worte von rückwärts zu sprechen; manchmal werden auch Buchstaben umgestellt oder zugefügt, die einen Satz nur für «Eingeweihte» verständlich machen, wie: «Shba uyo fi uyo tedon teshu aryou petray» (Bash you if you don't shut your trap), oder: «Unejay ithusmay isay igpay» (June Smith is a pig).

Geheime sprachliche Signale zeigen Gefahr für die Gruppe an. I. und P. Opie führen eigene traditionelle Warnsignale auf, die englische Kinder rufen: «A. B. C.» (A Bobby Coming) oder L. O. B. (Look out Boys), oder, noch seltsamer und die Bedeutung verbergend, rufen die Kinder in Ipswich: «Cooked pies are hot.» Wir glauben, daß diese noch primitiven Formen kollektiver Verständigung, obwohl sie vorübergehen, dennoch Vorläufer einer Gruppenidentität und -isolierung durch Sprachstile sind. In dem Maße als dies geschieht, wächst der Mensch aus der Gesellschaft heraus und bezieht seine kollektive Kraft aus ritueller Verbundenheit. Um so wichtiger wird deshalb der pädagogische Hinweis auf die Bedeutung der Sprache als ein Medium der Individualisierung, das heißt, der Bildung des Neun- bis Zwölfjährigen, die zum Gebrauch der Sprache als Ausdruck individueller, intim kognitiver und gefühlshafter Erfahrungen führen muß und damit die Sprache aus der *Kollektivität der Gruppe* zur *Gemeinschaft des Dialogs* führt. Hier liegt eine der bedeutenden Aufgaben der Schule als gesellschaftlicher Faktor. «Der ritual-gebundene Mensch ist dialog-feindlich.» (Château)

Neben dem hier geschilderten *funktionalen* Aspekt der Sprache muß ein zweiter betrachtet werden, der sich auf den *Inhalt* der Kinderreime bezieht. Auch hier entdecken wir zwischen dem siebten und achten Lebensjahr einen Wandel. Während die Form des Reimes oft erhalten bleibt, geht der Inhalt in eine merkwürdige Form von Persiflage oder Parodie über, in welcher sich vielleicht am deutlichsten der Widerstand, aber auch der Abschied von einer frühkindlichen Welt prägender Gewohnheiten ausspricht. Es gibt eine Fülle solcher Parodien, die meist eine lange Tradition haben und von denen einige beispielhaft angeführt seien.

Das Weihnachtslied: «While shepherds watched their flocks by night» wird: «While shepherds washed their socks by night» usw., oder der Kindergarten-Vers «Mary had a little lamb» wird weiter parodiert: «Mary had a little lamb, its feet were black as soot, and into Mary's bread and jam, its sooty foot it put» usw., oder Kinder rezitieren: «Our father which art in heaven, bought a pair of bracers for two and eleven» (nach I. und P. Opie).

«Die Parodie gibt dem intelligenten Kind die Möglichkeit, Unabhängigkeit zu zeigen, ohne ein Rebell zu sein.» (Opie)

Mit der steigenden Fähigkeit intellektueller Verarbeitung taucht denn auch vor allem die Parodie gegen das zwölfte Lebensjahr auf. Opie sagt mit Recht, daß die Kinder, die ihre Verse singen, nicht ehrfurchtslos sind. Es ist so, meint der Autor, als wüßten die Kinder instinktiv, daß alle Feierlichkeit ohne ein Lächeln dahinter nur halb wahr ist. Was noch einige Jahre zuvor als Kinderreim mit den Eltern gesungen wurde, wird jetzt nach dem siebten Lebensjahr parodiert.

Ähnliches geschieht jetzt auch mit den traditionellen Spielen, die ursprünglich, wie *Château* gezeigt hat, mit tieferen religiösen Inhalten verbunden waren. Eine neue Erfahrungsform manifestiert sich jetzt in altem Verhalten und wandelt es um, indem das Kind mit einer neuen und vorher noch nie dagewesenen Kraft sich an der Sinneswelt orientiert und aus einer alten Welt von Sinnbildern kulturell-kultischer Prägung heraustritt. In seinem «Realismus» spiegelt sich ein neues Gegenwartsbewußtsein, das zunächst in der Persiflage und in der Parodie bewältigt wird. Vielleicht gehören diese Formen des Verhaltens wie auch Spott und Ironie, die bei den Schulkindern auftreten, zu den menschlichen Mitteln, Abschieds- und Trennungsschmerzen zu überwinden. Sie stellen ein Stück des erwachenden Intellekts dar, der in den schlafenden Willen stößt, in dem noch alte Gewohnheiten wohnen. Sie werden unreflektiert zu neuen Gewohnheiten und zu neuen Formen der Kommunikation und des Bewußtseins verwandelt. Von Sublimierung zu sprechen hat nur Sinn, wenn wir lernen, die Motive dieser Wandlung zu verstehen, die sich weder kausal aus der Vergangenheit noch aus dem Druck sozialer Verhältnisse erklären lassen. Diese Motive sind in der eigenen Ich-Entwicklung, das heißt, den Stufen der Inkarnation des Ich zu sehen und stellen Krisenpunkte dar, deren Formen der Bewältigung phänomenologisch in Erscheinung treten. Die Reifung des Menschen besteht gerade darin, daß er für neue Krisen neue Mittel der Bewältigung findet. Insofern stellen die oben dargelegten Sachverhalte etwas grundsätzlich Neues gegenüber den Bewältigungsformen der Selbsterfahrung als Individualisierung in der frühesten Kindheit dar.

Es könnte aus der bisherigen Darstellung der Schluß gezogen werden, daß die Verfügbarkeit über die Sprache im Willen Ausdruck einer verwandelten Triebhaftigkeit wäre und damit Verfügbarkeit und Macht über andere und das Durchsetzen des eigenen Selbst bedeuten könnte. Wenn man aber genauer hinsieht und Kinder in ihrem Verhalten in diesen Lebensjahren beobachtet, wird man wahrnehmen, daß es sich hier nicht um die Macht über andere handelt, sondern daß das Kind das Erlebnis der *Macht der Sprache selbst* sucht. Dies bedeutet, daß es die Sprache selbst als Medium der Verbindlichkeit einer Gruppe entdeckt, wie sie vom Kind nur im Verhalten der Erwachsenen erlebbar wurde. Wenn man die phantasie-durchdrungene Sprache des kleinen Kindes bedenkt, in der es sich die Welt sprachlich aneignet, und ebenso das planende Sprechen, das sich auf die eigene Handlung bezieht, so erscheint hier im Bereich des Willens in der Sprache eine stark *formales* Element, *das sich im Fühlen des Kindes* ausdrückt. [2] Die gestalt- und formgebende Kraft der Sprache der ersten sieben Lebensjahre setzt sich im Rhythmischen des Gefühlslebens fort und schafft damit einen Sprachgebrauch, welcher die Willenstätigkeit im Sprechen in den ersten sieben Lebensjahren sehr definitiv beschränkt und formuliert.

Zweifellos wird durch diesen Prozeß das zukunftweisende Element der Sprache nicht gefördert und bringt im Extrem jene entwicklungs- und gesellschaftsfeindliche Verhärtung hervor, die den anderen ausschließt. Erst in diesem Extrem der Verhärtung gewinnt die Sprache jene Form, die sich in den Aggressionen der Sprechchöre totaler Regimes fortsetzt und in der der Schwache sich anonym der Macht der Sprache bedient, um Macht über andere zu haben. Damit schließt die Sprache begegnung- und wahrheitsuchenden Dialog aus und erstirbt in ihrer Zukünftigkeit. Kinder haben ein feines Gefühl für diese Zusammenhänge, und deshalb bleibt auch meist die Gruppensprache im Bereich rhythmischer Gegenseitigkeit und Partnerschaft. Dennoch dürfen wir festhalten, daß die Identität der Gruppe und die Verpflichtung des einzelnen durch das ritualistische Element geregelt wird. Wie aller Ritus strebt die Sprache hier nach Ordnung und Sicherung der Identität. Insofern haben Rituale «Handlungs-Charakter», das heißt, Symbole werden im Durchgang von der Ablösung aus dem Bild in den bildlosen Sprachrhythmus verräumlicht, ohne ihre Bedeutung als Symbole zu verlieren. Stand das Kind früher der Sprache als Träger kosmisch-spiritueller Inhalte gegenüber, so tritt diese jetzt als handlungsbestimmend auf. Die Sprachformen der Gruppen von Neun- bis Zwölfjährigen werden sowohl nach der Vergangenheit familiärer Bindungen als auch nach der Zukünftigkeit weiterer Sprachleistungen hin abgeschirmt. Sie bedürfen der wandelnden Begegnung mit dem reifen Menschen, in der sie auf den Dialog hin erlöst werden. Wo diese Wandlung nur ungenügend erfolgt, wo also die Aufhebung in einen neuen individualisierten Symbolbereich nicht gelingt, erstarrt das Ritual, tötet die in der Sprache liegenden potentiellen Phantasiekräfte und läßt die Handlungen der Gruppe in triebhafte Aktionen verfallen.

In dem Augenblick, wo dieses geschieht, tritt fast regelmäßig jenes Element hervor, das schon immer die Entstehung von Ritualen begleitet: die Angst. *William Golding* hat in einem seiner Romane[3] überzeugend dargestellt, wie eine Gruppe gestrandeter Jugendlicher *ohne Erwachsene* eine Gruppe bildet, die durch die «Muschel» als Symbol gestaltet wird, und die jedem, der sie trägt, das Recht der Rede gibt. Mehr noch aber wird die Gruppe durch einen kleinen Jungen, Piggy, zusammengehalten, der die Möglichkeit sprachlicher Formulierungen am weitesten ausgebildet hat. Nach Piggys Tod verfällt die sprachliche Kommunikation der Gruppe, die Angst überwältigt den einzelnen, und schließlich bleibt die sprachlose Angst des gehetzten und vereinsamten Tieres. Der Roman Goldings schließt damit, daß ein Schiff die Insel erreicht, ein Erwachsener in den Kreis der Kinder eintritt. Aber die Kindheit ist in der Angst vor einer stummen Welt zu Ende gegangen, und das Wohlwollen des Schiffsoffiziers, der die Jungen entdeckt, geht eigentümlich ins Leere. Der «Dialog» findet nicht mehr statt, und die belanglose Unterhaltung zeigt die Kluft zwischen zwei Welten. [3]

Der Roman Goldings deutet auf zwei Aspekte, die für das Verständnis der Sprache als Ritual bei neun- bis zwölfjährigen Kindern wesentlich ist: einmal, daß das Ritual biologisch nicht verständlich wird, sondern als anerkanntes Medium der Interaktion Begegnungen ordnet, wo das Ich die Erdenreife noch nicht erreicht hat. Zweitens aber deutet das Ritual auf die ihm innewohnende Bewegung der «Erlösung». Das neun- bis zwölfjährige Kind bedarf *neben* der Gruppensprache der repräsentativen Sprache, das heißt, einer Sprache, die die Gegenstandswelt zu vermenschlichen in der Lage ist und die vom reiferen Erwachsenen gehört wird. Der Tod Piggys in dem Roman Goldings ist zugleich der Tod der Zukünftigkeit der Sprache. Mitmenschliche Offenheit geht in der Gruppe der Neun- bis Zwölfjährigen noch nicht auf. In unserer modernen Gesellschaft hat sich neben die genuinen Gruppenbildungen eine noch mächtigere Kraft geschoben, die den Empathie-Bedürfnissen der Kinder entgegensteht. Diese Kraft, die seit der industriellen Revolution zunehmend das Leben der Neun- bis Zwölfjährigen als Gruppe ergreift und deren erste Erfahrung als eine neue Generation gefährdet, ist das Angebot einer falschen Gruppenidentität durch die Flut einer auf das Kind und den Jugendlichen abgestimmten und von Erwachsenen organisierten *Bildsprache*, die sowohl in den Comics, in den Kinderzeitschriften, Aufklärungsschriften und vor

3 William Golding: Lord of the Flies. London 1971.

allen Dingen durch das Fernsehen unsere Kinder ergreift. Die Gruppe der Neun- bis Zwölfjährigen wird dadurch aus einer alters-spezifischen, auf sprachlicher Kommunikation beruhenden Erfahrung zunehmend in eine anonyme «Gemeinsamkeit» von Bildern gedrängt, die in den meisten Fällen von der Familie nicht mehr zu steuern ist und die schon weitgehend die Identitätserfahrung Gleichaltriger im Spiel, in der Sprache und der Gruppenbildung verdrängt hat. Indem sich dieser Druck vor allem in sprachlosen Bild- und Handlungsmustern äußert, verfällt die Herrschaft über die Sprache als Selbstdarstellung, wie sie im Keim gerade zwischen dem neunten und zwölften Lebensjahr veranlagt ist. Die Schule hat im allgemeinen diese für die Entwicklung der menschlichen Sprache bedrohliche Situation nur ungenügend erkannt, geschweige denn ernsthaft versucht, eine im Medium der Sprache begründete Klassengemeinschaft zu bilden. Dies wird vor allen Dingen in jenen Programmen deutlich, die auf sprachliche Vermittlung im Lernprozeß verzichten zu können glauben und ohne das Medium der Sprache vom Lernobjekt zur Begriffsbildung fortschreiten.

Die Natur der Gruppensprache als Übergang aus der Vergangenheit in die Zukunft wird noch deutlicher, wenn wir uns mit der Entstehung dieser Sprache in der Biographie des Kindes weiter beschäftigen. In der rituellen Gruppensprache können wir nicht nur die Form einer Sublimation von Aggression oder Angst oder die bloße Wandlung der Beziehungen zur elterlichen Tradition sehen. Rituale reichen tiefer. Sie sind das Ergebnis einer neuen Selbsterfahrung, die sich mit und an anderen erprobt und sich beinahe asketisch Regeln und Rituale auferlegt. «Das Ziel des Spiels ist nicht die Erkenntnis, sondern die Erprobung des Ich.» (Château) «Das Spiel ist weder eine Übung noch eine Wissenschaft, es ist vor allen Dingen eine Disziplin, durch die sich das Ich von den Dingen abhebt und sich als Wertwesen bestätigt, indem es an den höheren Werten teilnimmt, die die Werte der Älteren sind».[4]

Wir bezweifeln, ob das Kind in diesem Lebensjahr in der Gruppensprache sich wirklich an den Werten der Älteren orientiert. Wir glauben vielmehr, daß die Sprache *selbst* über-individuelles Orientierungsorgan ist, wenn man sie als *Wesen* versteht. Durch sie wird auch gleichzeitig Verfügbarkeit im bloßen Willen eingeschränkt und Partnerschaft garantiert.

Wir können nun fragen, welche Werte sich im rituellen Gebrauch des Wortes offenbaren. Keineswegs ist die Gruppensprache Nachahmung der Werte der frühen Kindheit, ebensowenig wie die rituellen Symbole etwa bloße Nachahmung religiöser Erfahrungen und Symbole sind. Ritueller Gebrauch des Wortes, *das Werte verkörpert*, scheint andere, frühere Erfahrungen in einem neuen Selbstverständnis bewußt zu machen. Mit diesem Selbstverständnis durch sprachliche Legitimation geht jener bedeutende biographische Prozeß Hand in Hand, den wir als

4 J. Château: Das Spiel des Kindes; a. a. O.

biographisches Vergessen bezeichnen können und der auch als Verdrängung oder «Entfremdung» bezeichnet wird. Diese Prozesse sind nicht freigewählte Verhaltensformen der Individualität, sondern hängen zutiefst und notwendig mit der Ich-Werdung des Menschen zusammen. Im Ritual werden alte Erfahrungen vergessen und auf einer neuen, bewußteren Stufe wiederhergestellt. Ähnliche Wandlungen spielen sich durch die ganze Kindheitsentwicklung hindurch ab, wie etwa der Gewinn der aufrechten Haltung und des Gegenstandsbewußtseins oder das Vergessen vorgeburtlicher Erfahrung in der Krise des dritten Lebensjahres, wo sich das Vorstellungsleben jetzt als dauernder Erinnerungsfaden zu entwickeln beginnt.

Welche Erfahrungen schlagen sich in sprachlichen Ritualen zwischen dem neunten und zwölften Lebensjahr verwandelt nieder? *Rudolf Steiner* hat auf die Motive des Kindes aufmerksam gemacht, die vor dem siebten Lebensjahr seine Beziehungen zur Umwelt wesentlich fördern. Er sagt: «Der Leib des Menschen, wenn er in das physische Leben hereintritt, ist in religiöses Bewußtsein getaucht, und die Liebe ist später eine Abschwächung desjenigen, was eigentlich religiöses Hingebungsgefühl ist ... Das Kind lebt bis zum Zahnwechsel in leiblicher Religion. Man sollte ja nicht unterschätzen jene ganz feinen, man könnte sagen imponderablen Einflüsse, die von der Umgebung des Kindes durch die bloße Anschauung im nachahmenden Bedürfnis ausgehen.»[5] Dabei ist offenbar nicht ein religiöses Bekenntnis gemeint, das hier angesprochen ist, sondern eine Ur-Anschauung des Menschen, in der ihm im Medium des anderen Menschen etwas entgegenkommt, das ihm bis zum siebten Lebensjahr zur Verleiblichung, zur Einwohnung in seinen Leib verhilft. Solcher Natur und auf dieses Ziel gerichtet sind alle früheren religiösen, kultischen und mythologischen Erfahrungen der Menschheit immer gewesen: Hilfen zur Bewältigung der Erdenexistenz. Es ist damit auch nicht gemeint, daß die Eltern etwa das Kind in den ersten sieben Lebensjahren religiös erziehen sollten im Sinne abstrakter Formeln. Vielmehr handelt es sich um eine Haltung dem Kind gegenüber, die sich als Überzeugung von Werten darstellt, die über die *eigene Person hinausgeht.* Das kleine Kind nimmt den anderen Menschen nachahmend wahr und vollzieht seine Haltungen im unreflektierten Vertrauen mit. Dabei geht es gerade nicht um die Übernahme von Symbolen im engeren Sinne, sondern um eine wahrnehmende *Anschauung*, die nicht reflektiert, sondern verleiblicht und dadurch auch im Medium der Sprache vermittelt wird. Auch handelt es sich nicht, wie die psychoanalytische Theorie meint, um eine sekundäre Identifizierung als «Objekt-Besetzung», sondern um einen primären Vorgang der Wahrnehmung, der erst sekundär «Bild» wird.

5 R. Steiner: Die pädagogische Praxis vom Gesichtspunkt geisteswissenschaftlicher Menschenerkenntnis. (Vortrag 17.4. 1923.) Bern 1956.

Auf diesen Zusammenhang hat vor allen Dingen in der Phänomenologie Merleau-Ponty hingewiesen. Während das Kind eine partnerschaftliche Beziehung zu Vater und Mutter gewinnt, sind die Eltern in verschiedener Weise Repräsentanten von Werten, die weiterreichen als sie selbst als Person. «So hat auch das Kind, dessen Eltern ausgesprochen Atheisten sind, die religiöse Erfahrung von personalem Vertrauen und Glauben, wenn die Aufrichtigkeit und Innerlichkeit seiner Eltern überzeugend sind. Für das kleine Kind sind die Eltern Repräsentanten einer Welt, die das Kind noch nicht kennt, in einer über bloße soziologische Zusammenhänge hinausgehenden spirituellen Vater- und Mutterschaft. Mit dieser Erfahrung gewinnt das Kind seine ursprüngliche vorgeburtliche Erfahrung von Sicherheit und Sinnerfüllung oder aber von Verzweiflung und Sinnlosigkeit.»[6] Dieser Strom unreflektierter religiöser Erfahrung der ersten sieben Lebensjahre scheint sich nach dem Zahnwechsel zunächst bis zur Unkenntlichkeit zu wandeln, und wir müssen annehmen, daß er zwischen den neunten und zwölften Lebensjahren in den Ritualen kindlicher Spiele und der Sprache erscheint. Die Macht dieses Sprachverhaltens ist aus der Vergangenheit des Kindes soziologisch nicht zu verstehen, «Spiel», so bemerkt Château, «ist kein oberflächliches kindliches Vergnügen... Durch das gesellige Spiel nimmt das Kind an der Tätigkeit der Älteren teil, es erstreckt sich in die Welt der Wesen, die wie Götter erscheinen, und es nimmt am Göttlichen teil. Das Spiel ist die Messe der Kinder, so wie die Märchen seine Mythen sind.»

Der Zusammenhang mit frühkindlichen universellen spirituellen Erfahrungen wird aber um so deutlicher, wenn man bedenkt, daß die Sprachrituale, die die Sprache der Neun- bis Zwölfjährigen beherrschen, *in aller Welt* von Norwegen bis Italien, von England bis in die USA und Australien *universell* sind, scheinbar sinnlos, aber bei genauerem Hinsehen doch formelhaft. Die Formeln werden angewendet, wenn es gilt, einen Streit zu beenden, einen Fund anzukündigen, sich über einen Kameraden lustig zu machen, Regen anzusagen und bei tausend anderen Gelegenheiten. Rituale werden deshalb auch «streng-religiös» beachtet. [4] Die individuelle Initiative *öffnet sich* der Formel und sucht sie. Das rituelle Verhalten bedeutet damit den Eintritt in eine neue Welt, die strenge Anforderungen erhebt, die Angst und Einsamkeit des eigenen Selbst überwindet und von der *alten* hüllenhaften Welt religiöser Erfahrungen hermetisch abgeschlossen wird. Solche Rituale gehen daher auch leicht über in die Mut-Spiele, in denen sich das noch schwache Ich bestätigen und kräftigen muß. Château hat denn auch geahnt, daß die Spiele und Riten dieser Altersgruppe aus alten religiösen Erfahrungen hervorgehen und daß die Formeln auch in der Tradition nur unwesentlich verändert beibehalten werden. Die Phase der Rituale erstreckt sich gewöhnlich vom siebten bis zwölften Lebensjahr und tritt um das neunte besonders hervor. Dabei muß aber

6 Thomas J. Weihs: Das entwicklungsgestörte Kind. 2. Aufl. Stuttgart 1980.

festgehalten werden, daß das Kind aus diesem Raum gewöhnlich zu den Eltern zurückkehrt und sich strenge Rituale gleichsam noch unter dem *Mantel frühkindlicher Erfahrungen abspielen.* Diese Beziehung scheint uns wichtig, und bei *radikalem* biographischem Verlust der frühkindlichen Hüllen zerfällt Spiel- und Sprachgebrauch in List, Gewalttätigkeit und Brutalität. In dem Maße, als sich dies Phänomen der Verwahrlosung auch im Verhalten von Einzelkindern vollzieht, taucht die Angst als Ausdruck einer nicht bewältigten Wandlung auf.

In der rituellen Sprache stellt sich das Kind unter das Wesen der Sprache und läutert sich in ihr. «Was in der kindlichen Lebensgeschichte bis zum Zahnwechsel hin als die religiöse Hingabe erscheint, es tritt im zweiten Lebensjahrsiebt in das Innere des Menschen zurück und wird ganz seelisch, so daß man es wie verschwinden sieht, und erst später, wenn der Mensch dann wirklich ein religiös empfindendes Wesen wird, dann tritt es wiederum hervor, und zwar ergreift es jetzt das Vorstellen, das Denken.»[7]

Das Ritual der Gruppensprache scheint eine Vater-bezogene Wandlung religiöser Erfahrung der mittleren Kindheit zu sein. Im Kapitel über die Wandlung der Wahrnehmung haben wir einen zweiten progressiven Aspekt religiöser, das heißt, frühkindlicher Welterfahrung kennengelernt: die Weiterführung früher Welterfahrung in die phantasiegetragene Gedankentätigkeit, durch die das Mütterliche sich offenbart und schließlich ritualistische Gesetzmäßigkeit in die selbstgestalteten Gesetze des Denkens erhebt und befreit.

Durch die Sprache der Gruppen und deren differenzierten Gebrauch paßt sich das Kind der Geschichtlichkeit seiner eigenen Generation an.

In diesem Bereich, der auf das neunte bis zwölfte Lebensjahr begrenzt ist, scheint jedes Kind eine alte Gesetzmäßigkeit zu wiederholen, in der das Wort sich zum zwingenden Signal für Handlungen verräumlicht. Die Pforte des Paradieses ist geschlossen, die Sprache erleidet eine Art des Sündenfalles. Sie kann überwältigen. Die Gesetzes-Natur der Sprache ist in diesem Lebensalter universell und macht nicht an den Grenzen der Muttersprache, ja selbst nicht an den familiären frühkindlich-sozialen Räumen halt. Reime und sprachliche Zeichen unter Schulkindern können die Gewalt eines Code's haben. Wer sie ausspricht, verpflichtet sich. Solche Reime werden bei Tauschgeschäften unter Kindern gesprochen, oder wenn ein Geheimnis bewahrt werden soll: «Cut my throat and wipe it dry, if I tell I'll surely die», oder: «Prick of the finger, prick of the thumb, I won't tell what you have done.»

Eine alte Formel, die das Versprechen, die Wahrheit zu sagen, begleitet, ist: «Wet my thumb, wipe it dry, cut my throat if I tell a lie.» Oder das Recht, etwas zu behalten, wird mit dem Spruch legitimiert: «Finding 's keeping, giving back 's steeling.» (nach I. und P. Opie)

7 R. Steiner: Die pädagogische Praxis... a. a. O.

Das Kind bedient sich gegenüber der familiären Gewohnheit der Sprache der Methode des gefühlshaften *Abbaus,* durch den es sich gleichzeitig in der *kollektiven Gemeinsamkeit* mit anderen sichert. Dieser Abbau scheint kognitive Bedeutung innerhalb des Verhältnisses des Kindes zur Sprache zu haben[5]. Wir werden im nächsten Kapitel sehen, daß in dem Maße, als die abbauende und bewußtseinsbildende Kraft des Kindes gegenüber der Sprache in andere Richtungen führt, die Gruppenbildung sich auflöst. Das zwölfjährige Kind beginnt aus der Dimension der Sprache in die des Denkens fortzuschreiten und ergreift damit einen nichtsprachlichen Bereich, der wiederum seine Sprachgewohnheiten neu gestaltet. Wenn die Sprachpflege versagt, wird Gruppensprache später zu einer Gewohnheit, die heute, wenn man genauer hinschaut, noch immer Zeichen politischer Diktatur ist.

Der *individuelle Aufbau* der Sprache zwischen dem neunten und zwölften Lebensjahr wird von *keiner Kindergruppe allein* geleistet. Er bedarf der Pflege, das heißt, des erkenntnisbildenden, Beziehung-schaffenden Wortes im Dialog zwischen Kind und Erzieher. Dies gilt vor allen Dingen für die ersten Grundschuljahre, in denen die Sprache das wesentliche Medium der schulischen Bildung wird.

In dieser Übergangszeit zwischen dem neunten und zwölften Lebensjahr muß die Wandlung von familiären Sprachgewohnheiten zu einer Sprache geschehen, die sich von der Sinneswahrnehmung, aber auch von dem Kollektiv befreit. Je ritualistischer und damit je bindender Sprache wird, desto mehr verliert sie jene Gegenseitigkeit menschlicher Beziehungen, indem sie soziale Rollen meist negativ definiert. [6] Sprache entfaltet sich in der Kindergruppe in zwei Richtungen: erstens im Abbau früherer Bildhaftigkeit und Fülle zur *Begriffsbildung* und dem definitorischen Gebrauch, und zweitens zur Gegenseitigkeit *sozialer* Rollen-Definitionen. Die Gruppensprache scheint ein fester Bestandteil der Solidarisierung in der Mitte der Kindheit zu sein. Sie gibt den Kindern, die sie übernehmen, die Erfahrung «dabei-zu-sein». Jedoch zeigt sie uns auch ein negatives Schattenbild der Individualisierung und Entwicklung des Kindes als einer Krise, die nach anderen Gestaltungen der Sprache sucht, in denen biographische Zukunft schöpferisch in Gang kommen kann. «Ort» des Abbaues und der Differenzierung ist das Fühlen des Kindes, wobei die Richtung der Sprache als «erkenntnisleitende» auf das Denken zielt, als «beziehungschaffende» sich dem Antrieb des Willenslebens zuwendet. Wir werden sehen, daß die Unterrichtssprache beide Elemente wahrnehmen und pflegen muß, um in der Sprache des Kindes den Rhythmus von Sprechen und Hören bzw. Denken und Wollen und deren Vermittlung durch die Sprache heranzubilden.

Erkenntnisbildende und beziehungschaffende Sprache

«Man muß die Welt zunächst als Inhalt des Lebens des Erziehers kennenlernen, um im späteren Leben zum richtigen wahren Gebrauch der Freiheit zu kommen.» R. Steiner

In allen zivilisierten Ländern ist der Unterricht der Schule zwischen dem siebten und vierzehnten Lebensjahr eine bedeutende gestaltende Kraft der kindlichen Biographie geworden. Um die erkenntnisbildende und beziehungschaffende Kraft der Sprache zu verstehen, die sich im eigenen Sprechen und im Hören der Sprache offenbart, heißt die Frage: Welche Bedeutung hat Sprache für die Welterkenntnis in der mittleren Kindheit?

Nach dem siebten Lebensjahr bekommt das Kind zunehmend ein neues Verhältnis zur Sprache: Es lernt seine Aufmerksamkeit nicht nur auf deren Inhalte, sondern auf die Sprache und den Sprechenden selbst zu lenken. Nicht nur treten ihre strukturellen Elemente dadurch in das Bewußtsein des Kindes (eine wesentliche Vorbedingung für Grammatik, Schreiben- und Lesenlernen), sondern sie tritt selbst aus ihrer früheren Verbindung zur kindlichen Welt der Dinge als Gestalt und Sprachleib heraus und wird dadurch Medium der Erinnerung. Sie rückt damit zum erstenmal als «Instrument» in den Bereich individueller *Erfahrung* und deren sprachlichen Ausdrucks. Mit diesem Prozeß festigt sich in der Beziehung von Sprache und Gedächtnis die Identität, die jetzt eine andere Form annimmt als in der frühen Kindheit. Die Sprache wird Gegenstand des Ich-Bewußtseins, Träger von Erinnerung als gelebtes Leben und Entwurf zukünftigen Erlebens. Darin gründet sich in diesem Lebensalter die der Sprache eigentümliche Reflexivität, indem das Kind als Sprechender lernt, gleichzeitig auf sich selbst zu reflektieren. Sie gewinnt nicht nur eine hinweisende Beziehung zu den Dingen, sondern schließt in diese Beziehung das eigene Selbst als «Innerlichkeit» der Selbsterfahrung mit ein.

Das neunjährige Kind, das die Welt als Rätsel wahrzunehmen beginnt, formuliert zunächst vor allen Dingen im Medium der Sprache, sei es im leisen «Gedankensprechen», das vor Problemen laut werden kann, sei es im Dialog mit dem erwachsenen Menschen. In diesem Lebensabschnitt muß das Kind das Vertrauen in die eigene Sprache gewinnen als Einführung in eine neue Welt, die unendlich viel reicher als die vergangene ist. Im Bereich des Fühlens wandelt sich das Hören der Sprache, die der andere Mensch spricht, in die Wahrnehmung der Gedanken, während das Lautliche der Wortbilder zurücktritt. Was sie vermittelt und was das Kind in der Sprache sucht, sind zunächst nicht feste Begriffe, die erst nach dem zwölften Lebensjahr eine neue Wandlung der Sprache und ihrer Bedeutung für das Kind einleiten. Es ist deshalb pädagogisch von besonderer Bedeutung, daß bis zum zwölften Lebensjahr die Sprache als Vermittlung von lebendigen Gedanken für das kindliche Bewußtsein auftritt, damit sie nicht zu früh als bloße Darstellung begrifflicher Zeichen erstirbt und damit ihre erkenntnis*leitende* Funktion verliert. Gehörte Sprache spielt zwischen dem neunten und zwölften Lebensjahr eine besondere Rolle, die sich von der der frühen Kindheit unterscheidet. Während in den ersten Lebensjahren die gehörte Sprache noch eine gestaltende Funktion hat, welche dem Kind hilft, sich in der Welt einzuwohnen, führt jetzt die Sprache aus dem Besonderen der Individualität des Kindes nach dem neunten Lebensjahr hinaus in das Allgemeine der Welt. *Sie entfaltet die Individualität dabei einerseits zur Welt als erkenntnisleitende, andererseits zur Beziehung zum anderen Ich und der Identitätsfindung an ihm.* Dadurch wird sie Erkenntnis-Gespräch und Dialog zugleich.

Für den Lehrer als Partner kommt es darauf an wahrzunehmen, daß die Sprache für das Kind zwischen dem siebten und zwölften Lebensjahr in der Dimension des Fühlens zu leben beginnt, die ihre eigenen rhythmischen Gesetze hat. Durch deren Verknüpfung mit dem Gedächtnis spielt sich dieser Rhythmus nicht mehr unmittelbar zwischen dem Kind und der Sinneswelt ab, sondern geht darüber hinaus. In der Unterrichtsgestaltung tritt der Rhythmus zwischen der Individualität des Kindes und der des Lehrers in der Sprache in Erscheinung. Im Hörenlernen und Aufmerksamwerden auf die Sprache soll sich das eigene Sprechen bilden können, und nur darin kann der Sinn der Auctoritas und des «Gehorsams» liegen. Dies bedeutet aber auch Partnerschaft von seiten des Lehrers, der auf die sprachlichen Formulierungen des Kindes hinhören lernt. In bezug auf die Begriffsbildung sind diese sprachlichen Formulierungen noch im neunten, zehnten und elften Lebensjahr «Vor-Formulierungen» und müssen als solche verstanden werden. [1] Die in vielen Schulen noch übliche Beurteilung der sprachlichen Leistungen als falsch und richtig in diesen Lebensjahren trägt dazu bei, das Vertrauen in die Potenz der Sprache im Kind zu zerstören und die Fülle der Lösungsmöglichkeiten eines Problems einzuengen. Das Kind experimentiert mit Lösungen durch die Sprache genauso, wie es in der frühsten Kindheit im spielenden Handeln die Welt kennenlernte. Der Lehrer muß lernen, das Kind immer wieder zu fragen: «Wie meinst du das», ehe er, meist zu früh, begriffliche Klärungen gibt oder sie vom Kind erwartet. Die biographische Rückschau kann diese neue Situation erfassen in all den Erfahrungen, die wir als Kinder in der mittleren Kindheit verschweigen. Sprache wird erst in einem langsamen und kritischen Prozeß für neue Erfahrungen verfügbar und bedarf der liebevollen Pflege.

Wo diese Methode geübt wird, tritt die erstaunliche Tatsache zutage, wie viele Wege das Kind als Antwort auf eine Aufgabe geht und sie zu formulieren versucht. Der Werdeprozeß der Sprache zum Gedanken wird sichtbar. *Das Kind steigt vom Konkreten in den Formulierungen der Sprache zwischen dem neunten und zwölften Lebensjahr zum Leben der sekundären Begriffe auf. Der Erwachsene muß als reifer Mensch aus den systematisierten Begriffen im Medium der Sprache in das Konkrete heruntersteigen,* um mit seinem Partner volle Kommunikation zu erreichen.

Rudolf Steiner hat zur Pädagogik zwischen dem siebten und neunten Lebensjahr bemerkt, daß das Kind die Dinge der Welt, etwa Pflanzen und Tiere, «als sprechend beseelt» erleben muß, und erst nach dem neunten Lebensjahr die Beschreibung fordert. Das Kind lebt noch bis zum neunten Lebensjahr in einer Welt, in der Bild und Sprache aus den Gewohnheiten frühkindlichen Erlebens eins sind, und erst langsam löst sich die Sprache aus alten Bildern heraus. In dem sich im neunten Lebensjahr vollziehenden Individualisierungsprozeß der Wahrnehmung, in dem sich das Kind deutlich von der Umgebung unterscheidet und sich in den Dingen der Welt spiegelt, tritt die Sprache als Weiterbildung und Erweiterung der Individualität in ihr Recht. Sie tritt in das Beschreibende ein. Der wesentliche Beitrag der Pädagogik Rudolf Steiners für dieses Lebensalter besteht darin, gezeigt zu haben, daß die Sprache nicht auf die Festigkeit des Begriffes zu früh hinzielen soll, sondern auf die anschaulich-imaginative Darstellung der Zusammenhänge der Welt, in denen das Individuelle eingebettet ist. Die erkenntnisleitende Funktion der Sprache führt von der frühkindlichen Welt zur rhythmischen Beziehung des Speziellen zum Allgemeinen, das im *Fühlen* erlebt werden kann und der Allgemeinheit eines begrifflichen Systems vorangeht. [2]

In einem bemerkenswerten menschenkundlichen Beitrag hat E. M. Kranich[1] diesen hier gemeinten Prozeß im Bilden *«bildhafter Begriffe»* beschrieben und an Beispielen anschaulich gemacht. Er sieht in ihnen ein Prinzip geistiger Entwicklung, in welcher im Nachbilden der Dinge durch die Tätigkeit des Ich das geistige Wesen der Dinge auflebt. «Dadurch fühlt sich der Mensch tief mit der Welt verbunden; denn er hat ja in sich etwas vom Geist der Dinge erweckt.» «Dieser Geist», so E. M. Kranich, «verbindet sich gerade mit jenen Kräften, die in dem *werdenden Ich* leben.»

Kranich weist darauf hin, daß das Denken heute in einem ganz bestimmten Zusammenhang mit den Assoziationsbahnen des Gehirns steht und Ausdruck dafür ist, daß dieses menschliche Denken gleichsam Sklave der Gehirnstruktur geworden ist: «Im Erkennen wird man aus allem, was in der Welt vorhanden ist, mechanisch-assoziative Bilder machen. Für alles, was in der Welt mehr ist als mechanisch-assoziativ, was also seinem Wesen nach anders verläuft als maschinenhaft, wo ja ein Bauelement assoziativ in das andere gefügt ist, wird man geistig blind sein.» Und weiter: «Das ist der Endpunkt einer geistigen Entwicklung, die da-

1 Ernst-Michael Kranich: Die Gestaltung der menschlichen Wesenheit. In: Erziehungskunst, November 1978.

mals, als in der griechischen Kultur das Denken in Begriffen errungen wurde, noch frisch und inhaltsreich war. Heute haben wir nur noch einen assoziativen Trümmerhaufen des Geistes, nicht mehr ein innerlich lebendiges Zusammenschauen in den Begriffen. Demgegenüber muß heute ein neuer Anfang gefunden werden. Aus gleichsam jungen, innerlich lebendig tätigen Kräften des Menschen muß ein neues, geistiges Verstehen und ein neues soziales Wirken geboren werden.» Anhand der Pflanzenbetrachtung im 5. Schuljahr erkennt Kranich gegenüber dem Assoziativen den lebendigen Begriff als ein geistiges Anschauen eines Gewebes von Weltenkräften, die man nur durch innerlich tätiges Vorstellen, d. h. durch die in das Anschauen hineingetragene Erinnerungskraft gewinnt. Es wird hier auf einen entscheidenden Zwischenbereich der mittleren Kindheit *vor* der Begriffsbildung hingewiesen, dessen erkenntnisleitendes Medium die «beschreibende» Sprache werden muß.

Bis zum zwölften Lebensjahr bleibt eine so in Gang gesetzte anschauliche Gedankenbildung eng mit dem sprachlichen Ausdruck verbunden. Ob dieser Prozeß gelingt oder mißlingt, hängt von der Unterrichtung der Kinder durch den Lehrer entscheidend ab. Lernen ist nicht nur das Übernehmen oder die Anpassung an neue Begriffe oder die Einübung in neue *Denkstrukturen*, sondern zentral die Gewinnung einer neuen Identität und Autonomie, die sich sprachlich im Dialog mit dem anderen Ich artikuliert und sich in ihm *ganz* und *geborgen* wissen kann. Zwischen dem neunten und zwölften Lebensjahr bewegen sich der erkenntnisleitende und beziehungschaffende Aspekt der Sprache für den Lehrer noch eng miteinander verknüpft, um erst zum zwölften Lebensjahr hin zunehmend auseinanderzutreten.[2] Dies bedeutet für den Lehrer eine Objektivierung seiner Beziehungen zum Kind und ein zunehmendes Hinweisen der Sprache auf die in ihr erscheinenden Begriffe.

Die modernen Erziehungstheorien haben es sich zur mehr oder weniger unreflektierten Gewohnheit gemacht, die sachlichen Stoffe und Methoden des Unterrichts von den Haltungen des Lehrers selbst zu trennen. Diese Tatsache hat zu dem fatalen Auseinanderfallen von didaktischen und soziologischen Gesichtspunkten des Schulunterrichts geführt. In Wirklichkeit ist das über die Sprache geschaffene Verhalten, die Beziehung der Relation zwischen Lehrer und Kind, deren Konstanz und deren dialogische Partnerschaft das wesentliche Urmotiv für alle anderen *Relationen*, auch logischer Art, die das Kind bis zum zwölften Lebensjahr in bezug auf die Welt im Gefühlsurteil zu erfahren bestrebt ist und die es schließlich begrifflich objektivieren will. In diesem Sinne ergänzen sich erkenntnisleitende und beziehungschaffende Sprache. Die im Gefühl durch die Sprache

2 Ergebnisse empirischer Forschung im deutschsprachigen Raum über Lehrer-Schüler-Interaktion hat B. Gerner kritisch zusammengetragen unter dem Titel: «Der Lehrer, Verhalten und Wirkung.» Darmstadt 1972.

unmittelbar vorliegende Erfahrung des Weltinhalts, das heißt, des über die sinnliche Erscheinung hinausgehenden Kosmos, die Erfahrung, daß die Relation der Dinge nicht nur konkret und gedanklich abstrakt in Strukturen zu erfassen ist, sondern durch das Wort vermittelt werden kann, das die einzelnen Dinge in lebendige Relation setzt und sie somit einem Welt-Ganzen verbindet, ist Aufgabe der Sprache in diesem Lebensalter. [3]

Wir wollen hier davon absehen, die Rolle der Sprache bei kognitiven Prozessen, wie sie von der Entwicklungspsychologie untersucht worden sind, darzustellen. In der Mitte der Kindheit ist das Medium der Sprache dasjenige, in welchem das Kind aus der frühkindlichen Bildwelt, die auf eine vorgeburtliche Vergangenheit verweist, herangeführt werden will an im Gefühlsleben zu erweckende Imaginationen, welche dem Kind die Welt in Wahr-Bildern und in lebendigen Begriffen vermitteln. Gehörte Sprache kann, indem sie sich Imaginationen anschmiegt, in diesem Lebensalter seelenbildend werden. Für den heutigen Menschen hat Steiner eine geschichtliche Situation beschrieben, welche hier, da sie zutiefst mit den Fragen einer phänomenologischen Biographie zusammenhängt, wörtlich angeführt werden soll.

Obwohl sich Steiner nicht ausdrücklich auf die hier im Mittelpunkt der Betrachtung stehende Zeitspanne der kindlichen Entwicklung bezieht, so haben wir doch im 2. Lebensjahrsiebt eine relativ kurze Spanne von Lebenszeit ins Auge zu fassen, welcher der imaginativen Darstellung des Weltinhaltes bedarf, ehe diese Erfahrungen in der späteren Jugendzeit durch das Hervortreten des begrifflichen Denkens zunächst wieder verdeckt werden: «Seit der Mitte des 15. Jahrhunderts bringt das seelisch-geistige Wesen des Menschen aus der geistigen Welt, die es vorgeburtlich durchlebt hat, bildlose Kräfte des Seelenlebens in das Erdenleben herein. Daher ist in diesem Zeitraum auch vorzugsweise das intellektuelle Leben entstanden und hat das intellektuelle Leben geblüht.» Steiner macht darauf aufmerksam, daß jetzt eine Zeit beginnt, in welcher die Seele aus der geistigen Welt Bilder mitbringt. «Der Mensch muß jetzt fühlen: In dir leben aus vorgeburtlichem Leben heraus Bilder, die mußt du in dir während des Lebens lebendig machen.»

Indem R. Steiner im folgenden auf die damit in Zusammenhang stehende notwendige Methodik des Unterrichtens eingeht, sagt er: «Was da tief drinnen sitzt in der Kinderseele, das sind die in der geistigen Welt empfangenen Imaginationen. Sie wollen herauf. Und wenn der Lehrer oder der Erzieher sich richtig zum Kinde verhält, so bringt er ihm Bilder entgegen. Berücksichtigt man diese Zusammenhänge nicht, so treten nicht nur für das Leben des Kindes, sondern für den sozialen Organismus der Menschheit erhebliche und schwerwiegende Folgen ein. Wenn dieses Streben nach der ernährenden Kraft von Bildern nicht durch die Umwelt erfüllt wird, dann werden die in der Seele des Kindes lebenden Kräfte nicht durch die bildhafte Darstellung der Welt befriedet. Sie treten dann im späteren Leben heraus und machen den Menschen zum Rebellen, zum Revolutionär, zum ‹unzufriedenen Menschen›, der nicht weiß, was er will, weil er etwas wissen will, was man nicht wissen kann. Weil diese Menschen etwas wollen, was mit keinem möglichen sozialen Organismus vereinbar ist, was nur vorgestellt wird, was in die Phantasie hätte gehen sollen, da nicht hineingegangen ist, sondern in soziale Treibereien hineingegangen ist.»[3]

Psychologische Untersuchungen unter Verwendung der Methode Piagets haben gezeigt, daß Begriffsbildung, das heißt, eigene Gedankentätigkeit, sich nicht plötzlich vollzieht, sondern durch sprachlich artikulierte Stadien hindurchgeht. Die pädagogische Pflege dieses Stadiums ist für den reifen Menschen insofern von besonderer Bedeutung, als er hier zum erstenmal die Fähigkeit ausbildet, Begriffe zu kommunizieren, das heißt, mit Rücksicht auf den Partner jenen Rhythmus zu verwirklichen lernt, der den *Beziehungen allgemeiner Prinzipien zu individueller Erfahrung dient.* Die lebensbedrohende Diskrepanz zwischen Begriffsbildungen, die Kausalität mit instrumentalem Handeln verbinden einerseits und dem unreflektierten Durchsetzen individueller Erfahrungen andererseits, ist nicht mehr durch politische oder soziale Verabredungen überwindbar, sondern kann nur in einer neuen Methodik des Unterrichtens geleistet werden. Sie muß dahin führen, daß das Kind zwischen dem neunten und zwölften Lebensjahr lernt, individuelle Welterfahrung sprachlich allgemein werden zu lassen, und die Möglichkeit erhält, jene Reflexivität der Sprache zu üben, die im Allgemeinen Individuelles wahrzunehmen und mitzuteilen vermag. Dazu gehört, daß im Unterricht Lösungsvorschläge nicht normativ-begrifflich beurteilt werden, sondern als jeweils angemessene Leistungen, und daß Schweigen auf eine Frage nicht als versagende Intelligenz verstanden wird. Gesprochene Sprache bleibt hier noch bis zum 12. Lebensjahr Erfahrung vermittelnd und noch nicht auf Begriffe zugeordnet.

Die Beziehung einer erkenntnisleitenden zur beziehungsbildenden Sprache beinhaltet den Dialog. Es muß an dieser Stelle hingewiesen werden auf eine schwerwiegende Vernachlässigung der Sprache als Medium im Schulalter, die von der gegenwärtigen Entwicklungspsychologie gewollt oder ungewollt ihren Ausgang genommen hat. Diese Entwicklungspsychologie hat die Sprache als eine erkenntnisleitende nur im Auge mit der Fragestellung, welche Rolle sie in der Beziehung zu kognitiven Prozessen spielt, also zur Artikulation oder auch als helfendes sprachliches Medium der Begriffsbildung und operativer, gedanklicher Strukturen. Diese Fragestellung untersucht Sprache nach ihrem positiven Anteil für die Entwicklung konkreter Operationen, und die dabei erzielten Ergebnisse, meist experimenteller Natur, sind verständlicherweise widersprüchlich. Die Frage nach der Sprache selbst kann in diesem Kontext gar nicht oder nur ungenügend sinnvoll gestellt werden, da man ihrer erkenntnisleitenden Reichweite, wenn man sie

3 R. Steiner: Geisteswissenschaft als Erkenntnis der Grundimpulse sozialer Gestaltung. Vortrag 11. 10. 1920, GA 199.

nur auf die Organisation operationalen Denkens bezieht, nicht gerecht werden kann.

Sprache hat viel mehr als gehörte Sprache, und dies gilt insbesondere für die mittlere Kindheit, ihr Wesen und eine ihr eigene Potenz in der Vermittlung von Inhalten imaginativ-bildhafter Natur, deren Leib sie werden will.

Gerade der *Abstand*, den das Kind nach dem 7. Lebensjahr von dem Laut-Leib der Sprache gewinnt, läßt es jetzt zunehmend aufwachen zu den aus der Sprache sich entbindenden Imaginationen, auf welche sich die Seele des Kindes in der mittleren Kindheit richtet. Wir entdecken, daß die in der Sprache des Kindes waltende Phantasietätigkeit sich jetzt in der Atemreife umwendet in das Hören der durch Sprache sich offenbarenden Welt. Sie vermittelt gerade diejenigen Dimensionen, die das begriffliche Denken dem Kind noch nicht vermitteln kann.

Bei der Prüfung der experimentellen Ergebnisse der Entwicklungspsychologie und bei ihrer Umsetzung in die Praxis zeigt sich denn auch, daß sprachliche Formulierungen der Kinder im Prozeß der Gedankenbildung, wenn der Maßstab der Logik angelegt wird, immer auf «Abwege geraten». [4] Es ist dies nicht verwunderlich und wird verständlich, wenn man bedenkt, daß die Sprache des Kindes in diesem Lebensalter biographisch nicht auf Definitionen von Begriffen angelegt ist, sondern auf die Kommunikation von Weltinhalten im Dialog. Erst nach dem 12. Lebensjahr wird das Kind im allgemeinen fähig werden, reine Gedankenerfahrung sprachlich adäquat zu fassen und zu formulieren, im Sinne von Definitionen, welche Begriffsurteile voraussetzen. In diesem Zusammenhang scheint es mir wesentlich, darauf aufmerksam zu machen, daß Imagination und Gedankeninhalt nicht als sich widersprechende Erfahrungen gedacht werden dürfen. Sprachlich vermittelte Imaginationen sind in Bezug auf ihre Inhalte nicht wahrer oder unwahrer als begrifflich erfaßte Weltinhalte. Die beiden Weisen von Welterfahrung sind aber verschieden in Bezug auf ihre individuelle Erfahrung und Wirksamkeit. Beschreibende und imaginative Inhalte werden von dem heranwachsenden Kinde im zweiten Lebensjahrsiebt in seine lebendigen seelischen Gestaltungsprozesse als Haltungen mit aufgenommen. Sie werden biographisch gesehen Teil seines Werdens, seiner Entwicklung. An den Begriffen stärkt sich das Kind um das 12. Lebensjahr für die Gewinnung von Gesetzmäßigkeiten, die sich auf das Tote des physischen Außenraumes beziehen. Zu deren Artikulation tritt das beziehungbildende Element der Sprache zurück.

Zunehmend zum zwölften Lebensjahr hin lösen sich die Begriffe vom Sprechenden und werden deshalb auch sprachlich für das Kind selbst formulierbar. Rudolf Steiner hat in einem ersten Ansatz einer Anthropologie der Begriffsbildung darauf hingewiesen, daß das Kind zunächst begrifflich wahrnehmen lernt, indem es durch den «Begriffssinn» das Denken des anderen Menschen erfahren lernt. Dieser ist mit dem Fühlen verbunden und wird noch nicht mit eigenem Begriffsurteil umfaßt. Zweifellos bereitet sich im Dialog zwischen dem Lehrer und dem Schüler jene Fähigkeit vor, die es dem Menschen möglich macht, die eigene Gedankenführung mit dem Denken des anderen Menschen in Beziehung zu setzen. Das bedeutet natürlich nicht, daß das Kind die Gedanken des anderen übernimmt. Dennoch ist die wachsende Aufmerksamkeit auf die in der Sprache lebenden Gedanken des anderen Menschen gerade nach dem neunten Lebensjahr wichtig und geht dem eigenen Begriffebilden des Kindes voraus. Dadurch *begründet sich die Erfahrung der Gemeinsamkeit* eines begrifflich verstandenen Universums.

Wir haben gesehen, daß um das neunte Lebensjahr herum die Sprache zunehmend dadurch verinnerlicht wird, daß das Kind lernt, die Aufmerksamkeit des Bewußtseins auf die Gefühlssphäre der Sprache zu richten. Die Hinwendung zur Grammatik der eigenen und fremden Sprache fördert pädagogisch diesen Vorgang. [5] Indem das Kind das reflexive Verhältnis zur Sprache als Ergebnis seiner Aufmerksamkeit gewinnt, tritt sie als eine Kraft der Identität in Erscheinung, und das Kind lernt sich im Sprechen zu objektivieren. Erst in dieser Wandlung gegenüber der frühkindlichen Sprache bekommt sie die Möglichkeit, Ausdruck des eigenen *Selbsterlebens* zu sein. Im Unterricht entsteht gegenüber der Gruppensprache die Aufgabe, dem Kind die Gelegenheit zu geben, sich selbst individuell in der Sprache auszusprechen.

Im Hören auf die Sprache des anderen erweitert sich die individuelle Sprachwelt. Die Worte, die von dem anderen Menschen gehört werden, haben für das Kind jetzt jene eigentümliche Faszination, die der menschlichen Beziehung zum Sprechenden parallel zu gehen scheint. Sie erscheinen jetzt nicht nur als Hinweise auf die vorhandene Dingwelt, sondern auf eine Welt, die *nicht nur sinnlich* gegeben ist. Ehe noch das Kind eigene Begriffe systematisch bildet, geht die Welt des anderen Ich durch das Hören hinüber in die *Mitte* des Fühlens und vermittelt schon jene Verallgemeinerung, die das Kind dann im zwölften Lebensjahr mit den Begriffen selbst erreicht. Dieser Schritt bedeutet, daß in einem langsamen Prozeß vom neunten bis zum zwölften Jahre die Gedankenbildung die Sprache überflügelt, und das Kind lernt die Sprache auch dem begrifflichen Denken zu- und unterzuordnen. Die Seele der Sprache wird im Begriff festgestellt.

In der ägyptischen Tempellegende tötet Seth den Osiris. Das mit dem Licht des Logos verbundene schaffende Weltwort wird in das Innere des rhythmischen Luftelementes gebannt. Die Legende erzählt, daß der Leichnam Osiris' in einem Kasten verschlossen wird und in das Meer hinaustreibt. *Ernst Uehli*[4] hat dargestellt, daß die Landung des Kastens mit dem toten Osiris in der Hafenstadt Byblos zutiefst mit dem Isis-Mythos zusammenhängt. Byblos liegt in Phönizien, und es wird im Mythos darauf hingedeutet, wie die Bildhaftigkeit des Ägyptischen sich wandelt zum bildlosen semitischen Intellekt. Daher läßt die Legende den toten

4 E. Uehli: Kultur und Kunst Ägyptens. Ein Isisgeheimnis. Dornach 1955.

Osiris in Phönizien landen, wo aus der Bildhaftigkeit der ägyptischen Hieroglyphen die bildlose Buchstabenschrift entsteht. Die Legende erzählt, daß die Isis den in dem Kasten zerstückelten Osiris mit Spezereien neu erschaffen hat, als eine zweite Gestalt des Osiris. Nach einer anderen Fassung begräbt Isis den in vierzehn Teile zerstückelten Osiris in vierzehn Gräber. In diesen Bildern wird die Kraft des Intellekts und des begrifflichen Denkens als Todeskraft offenbart. Isis stellt die verlorene lebendige Ganzheit der menschheitlichen Frühzeit wieder her: Aber sie bleibt ein Schatten. Der wiederzusammengesetzte Osiris ist der Gott der Toten. Begriffe begreifen das Tote und ordnen es in kausalen Verhältnissen. Mit ihren «Spezereien» webt Isis an der Entstehungsgeschichte der Begriffe. Jedes Kind geht zwischen dem neunten und zwölften Lebensjahr in der Bewußtwerdung und Verinnerlichung der Sprache in der Atemreife und der Gedächtnisbildung durch diesen Prozeß, der in der Erdenreifung zunächst seinen Abschluß findet. Das lebenschaffende Element der Sprache wird abgetötet, und erst dadurch gewinnt das Kind die Beziehung der Sprache zum Zeichen, der Schrift und dem Begriff. [6]

Im systematisierten Begriff wird Sprache zur Welt-Deutung, Welt-Beherrschung und Ich-Erfahrung als gedankliche Autonomie.

Ich habe zu zeigen versucht, wie die Sprache in der mittleren Kindheit sich aus den familiären Zusammenhängen löst und gleichzeitig bewußter gehandhabt wird. Sie gestaltet im ersten Lebensjahrsiebt an der wachsenden Leiblichkeit des Kindes und tritt jetzt in den Seelenraum ein. Sie wird leitende und formende Kraft der Selbstwerdung.

Tod und Auferstehung der Sprache – Auf dem Wege zur Imagination

«Und ob ihr tausend Worte habt: Das Wort, das Wort ist tot.»
Karl Wolfskehl

Einer der bedeutendsten Erzähler unseres Jahrhunderts, *Konstantin Paustowski,* beschreibt in seiner Autobiographie die folgende Szene: Der junge Konstantin begegnet in einem Park in Kiew einem Seekadetten, der in ihm die Phantasie von der Seefahrt und dem Meer in Bewegung bringt, die viele Jahre andauert: «Stundenlang saß ich über dem Atlas, ich betrachtete die Wüsten der Ozeane und forschte dort nach unbekannten kleinen Städten, nach Vorgebirgen, Inseln und Flußmündungen. Ich erfand ein verwickeltes Spiel. Ich stellte eine lange Liste von Dampfern mit *klangvollen Namen* auf: Polarstern, Chingan, Sirius. Diese Liste wurde jeden Tag umfangreicher. Ich war der Besitzer der größten Flotte der Welt... Ich stellte ungewöhnliche Routen für meine Dampfer zusammen. Es gab keinen noch so vergessenen Winkel der Welt, den sie nicht erreichten. Sie liefen sogar die Insel Tristan da Cunha an.»[1]

Worte öffnen die Welt, wie eigenständige Wesen, die Ferne und Zukunft verheißen, leitende Genien des Ich des Kindes, das fiebernd ihnen nachspürt. Die Sprache erscheint als Potenz, die nicht in der Definition von Begriffen mündet, sondern ihre eigenen Gesetze unendlicher Transformation offenbart.

Noch deutlicher wird die Keimkraft der Worte, wenn derselbe Junge zum erstenmal den Namen «Halifax» hört: die Markenbezeichnung seiner neuen Schlittschuhe.

«Wo lag diese Stadt? Ich fragte einen jeden danach: Wo liegt die tiefverschneite alte Stadt Halifax? Dort haben alle Jungen solche Schlittschuhe. Wo liegt das wunderliche Land, das von ehemaligen Matrosen und flinken Schuljungen bewohnt wird? Keiner konnte es mir sagen. Mein älterer Bruder Roy meinte, Halifax sei überhaupt keine Stadt, sondern der Familienname des Erfinders der Schlittschuhe. Vater sagte, daß Halifax, soweit ihm bekannt, ein Städtchen auf der Insel Neufundland, an der Nordküste Amerikas, sei und daß es nicht nur durch die Schlittschuhe, sondern auch durch die Rasse der Neufundländer Hunde bekannt geworden sei... Als ich die Schlittschuhe bekam, hatte ich mir sofort eine Vorstellung von dieser Stadt gemacht, und ich sah sie schon so deutlich vor mir, daß ich imstande gewesen wäre, einen genauen Plan ihrer Straßen und Plätze zu zeichnen.

1 K. Paustowskij: Ferne Jahre. München 1961.

Ich konnte stundenlang am Tisch sitzen, vor mir das aufgeschlagene Lehrbuch von Malinin und Burenia, ich bereitete mich in jenem Winter auf die Aufnahmeprüfung für das Gymnasium vor, und dabei von der Stadt Halifax träumen.»

Der träumende Junge vor dem Lehrbuch, der Spur eines Wortes nachgebend, läßt eine Funktion der Sprache deutlich werden, die sich wesentlich unterscheidet von ihrer gegenstandsgerichteten oder auch begriffsverbundenen Bedeutung. Auch unterscheidet sie sich von der Bedeutung der Sprache der frühen Kindheit, die in die Welt einführt, das heißt, die Erdenwelt «familiär» macht. Es offenbart sich jetzt eine neue Dimension des Sprachwesens von biographisch-zukünftiger Qualität, in der sich die Welt erweitert: das sinnlich Nicht-Gegebene, Heimatort der Seele, wird nun Versprechen einer zukünftigen Wirklichkeit. [1] Wir werden sehen, daß diese Dimension der Sprache nach der Pubertät in der Gestaltung zwischenmenschlicher Beziehungen des Jugendlichen eine entscheidende Rolle spielt, wenn sie im Alter zwischen neun und zwölf Jahren eingeübt wird. Die Haltung der Eltern des Dichters ist typisch für die kulturell-gesellschaftliche Ambivalenz dieser Dimension gegenüber: Die Mutter fürchtet ein schlimmes Ende der «Phantastereien» oder gar eine Meningitis, der Vater nimmt die biographische Potenz des Geschehens wahr: «Mag er meinetwegen ein Pechvogel, ein Bettler oder Landstreicher werden, ganz gleich was, wenn er nur nicht so ein verfluchter Kiewer Spießbürger wird.»

Der Vater ahnt, daß die Phantasie des Kindes Keim der Identitätsfindung ist, die im Namen der Sprache über das Gewohnte und die demonstrierbare Wirklichkeit der Welt hinauswächst.

Das Wort nimmt hier derart Leib an, daß die Aufmerksamkeit des Kindes, die sich im Bewußtwerden der Sprache nach dem neunten Lebensjahr auf die grammatikalische Struktur richtet und den Lautcharakter vernachlässigt, jetzt die Lauterfahrung von *innen* her wieder hereinholt. Damit tritt das Wort in die künstlerische, ästhetische Dimension ein. Es gewinnt jene Sinnlichkeit, die es in Richtung auf die Gedanken- und Begriffsbildungen verliert. [2] Der Laut, der in der frühen Kindheit in den unendlichen Wiederholungen des kleinen Kindes leibgestaltend aufgenommen wird, tritt jetzt vom Leibe abgelöst in die Individualität des Wortes ein und gestaltet dessen Wort-Leib als *Umkreis* und Fülle. Dort bleibt das Wort freilich auch für die Phantasie des Kindes unverbindlicher, aber durchseelter als der Begriff: eine Gestalt, die noch nicht erfüllt ist, in die man hineinwachsen muß.

Marcel Pagnol erzählt aus seiner Kindheit: «Am Abend bei Tisch, unter der von Mücken umschwärmten Stubenlampe, ließ ich meine schwer gewordenen Beine baumeln und lauschte im Angesicht meiner schönen Mutter den Gesprächen dieser weisen alten Männer... Was sie sagten, interessierte mich nicht. Worauf ich lauerte, das waren die Worte: Ich hatte eine Leidenschaft für Worte, und wie andere Briefmarken sammeln, sammelte ich heimlich Worte in einem kleinen Heft. Ich war verliebt in ‹Granate›, ‹Rausch›, ‹filzig›, ‹wurmstichig› und vor allem

‹Handkurbel›: Es machte mir so viel Vergnügen, diese Worte zu hören, daß ich sie mir oft wiederholte, wenn ich allein war. Gebrauchte der Onkel manchmal ganz neue Ausdrücke, die köstlich waren wie ‹hellseiden›, ‹durchscheinend›, ‹Filigran› oder grandios wie ‹erzbischöflich› oder ‹bevollmächtigt›, und tauchte aus seinem Redefluß eins dieser Schiffe mit drei Kommandobrücken auf, dann hob ich die Hand und bat um eine Erklärung, die er mir nie verweigerte. Da verstand ich zum erstenmal, *daß Worte von edlem Klang immer ein schönes Bild enthalten.*»[2]

Aus den Erfahrungen dieses Kindes und vieler anderer Kinder zwischen dem siebten und zwölften Lebensjahr mit der Sprache tritt eine neue hingebungsvolle Aufmerksamkeit gegenüber der Sprache hervor: das Vertrauen in deren schöpferische Kraft jenseits nominalistischer Benennung und begrifflicher Begrenzung. Während in der frühen Kindheit derselbe Prozeß *von außen* die Wirklichkeit in der Muttersprache umgreift, tritt er jetzt bewußter vom *Kind her* in Erscheinung. Wie das Kind damals durch das Wort aus einer spirituellen Vergangenheit auf die Erde verwiesen wurde, so führt das Wort jetzt hinaus in die Weite der eigenen zukünftig-biographischen Geisteswelt. Diese Erfahrung ist eine Durchgangserfahrung und nimmt zum zwölften Lebensjahr hin ab: Das begriffliche Denken fängt die schöpferische Bewegung ein und bindet die Sprache wieder an die Dinge und Begriffe. So wird zunehmend Sprache zur Erfahrung der Welt, indem sie formalen Charakter gewinnt.

Die Untersuchungen über die erkenntnisleitende Funktion der Sprache, das heißt, über deren Bedeutung für die Entstehung begrifflichen Denkens, haben die hier gemeinte Dimension vernachlässigt. *Rudolf Steiner* folgend, können wir sie die ästhetische nennen: «Das, was uns nach und nach für die Sprache aufgehen muß, das ist zunächst ein Gefühl für das im Leben selbst liegende Richtige der Sprache (Grammatik), ein Gefühl für die Schönheit der Sprache (Ästhetik) und dann erst ein Gefühl für die Macht, die man durch die Sprache im Leben hat (Dialektik).»[3]

In der ästhetischen Dimension handelt es sich also nicht etwa vordergründig um eine Pädagogik des dichterischen Wortes und nicht um einen ästhetischen Solipsismus. Vielmehr wollen wir hier auf ein keimhaftes und noch ganz im Gefühls- und Willensleben des Kindes lebendes Erfahrungsmoment hinweisen, in dem Sprache mit der eigenen Identität, das heißt, Individualität verknüpft wird, die in der Pubertät untergeht und in einer neuen Form in der Jugendzeit wieder erscheint. Für die Neun- bis Zehnjährigen wendet sich der schlafende Wille dem Wort zu im aktiven Hören, dem ein Erkenntnishaftes innewohnt, wenn Erkenntnis die Erweiterung der gegenwärtigen Erfahrungshorizonte bedeutet. Damit hängt zusammen, daß das Kind auch Worte, die es im Unterricht hört, z. B. neue

2 M. Pagnol: Eine Kindheit in der Provence. München 1969.

3 R. Steiner: Die gesunde Entwicklung des Leiblich-Physischen als Grundlage der freien Entfaltung des Seelisch-Geistigen. (Vortrag vom 3. Januar 1922.) GA 303.

Begriffe, durchaus noch anders erlebt, als der Erwachsene es haben möchte, und die sprachliche Definition von Begrifflichem erst nach dem zwölften Lebensjahr gelingt. Die frühe Ablösung der Sprache aus der individuell-ästhetischen Wahrnehmung des Kindes, ihre Intellektualisierung und die damit verbundene notwendige Verarmung hat soziologische und spirituelle Konsequenzen, die nicht genügend beachtet worden sind. Ihnen wollen wir uns jetzt zuwenden mit der Frage nach der Entwicklung dieses Keimes von Spracherfahrung.

Wir haben gesehen, daß die Aufmerksamkeit des Kindes auf die ästhetische Dimension der Sprache sowohl gegenüber der Gruppensprache als auch der erkenntnisleitenden insofern eine Erweiterung darstellt, als sie Wahrnehmungen verinnerlicht, die auf zukünftige Erfüllung hindeuten. Damit gewinnt die Sprache eine personbezogene, individuelle Potenz, in der nicht das *Wirkliche,* sondern das *Mögliche* zum Ausdruck kommt, in dem sich das Kind auch beheimatet wissen will.

Im Gegensatz dazu strukturiert sich die Sprache des Zwölfjährigen unter dem erzieherischen Einfluß auf das Allgemein-Begriffliche hin, das heißt, gerade das Nicht-persönliche.

Die Sprache als Träger der ästhetischen Wahrnehmung des Kindes hingegen vermag Zukünftiges auf- und anzurufen und gleichzeitig Individuellstes zu offenbaren. Insofern wird sie imaginativ. Als Sprache der jungen Liebenden bestimmt sie wesentlich die Fähigkeit des Dialogs des reifen Menschen, in der Verfügbarkeit oder Nicht-Verfügbarkeit einer Sprache, die Zukünftiges im Dialog mit dem anderen einschließt, das heißt, Persönliches, das weder in die Handlung eingeht noch in Begriffen und Vorstellungen erstirbt. Nun hängt aber das Erscheinen einer solchen imaginativen Sprache von der Wahrnehmung des Gefühlhaft-Rhythmischen der Sprache gegenüber ab. In ihm gestaltet sich das vorstellungshaft Gedankliche für das Kind zwischen neun und zwölf Jahren in der ästhetischen Dimension des Schönen und verbindet sich in der Mitte des Fühlens mit dem im Sprechen waltenden Willenshaften. Die Wahrnehmung, daß die Sprache ein Wesen ist, in dem die Individualität sich erhöht wiederfinden kann und in der sie das andere Ich im Zuhören entdeckt, gehört zu den wichtigen biographischen Bedürfnissen des neun- bis zwölfjährigen Kindes. Es bildet sich das Vertrauen in die Sprache und deren dialogische Gestaltungskraft. Mit dem Bewußtwerden gegenüber der Sprache nach dem neunten Lebensjahr soll das Kind bis zum zwölften Lebensjahr das gefühlhafte Element der Sprache entdecken können im *Beschreibenden,* in dem die Sprache an der Wahrnehmung bleibt. Erst nach dem zwölften Lebensjahr sucht das Kind die definitorische Sprache, die auf Ursache und Wirkung Rücksicht nimmt: die Erklärung.

Zwischen dem neunten und zwölften Lebensjahr kann ein auf diese Dimension der Sprache eingestellter Unterricht dem heranwachsenden Kind die Möglichkeit geben, die Unbewußtheit sprachlichen Ausdrucks, dessen Triebe, Nöte und Affekte in den freien Raum des Fühlens hineinzunehmen und die Gedächtnisbilder nicht nur zum Begriff zu wandeln, sondern sie zu kommunizieren. Hier tritt die Individualität in *ihrer Weise* in die Sprache ein, indem sie nicht nur regelhaft richtig und gedanklich logisch spricht, sondern sich selbst offenbart. Die höhere Bewußtheit gegenüber der Sprache leitet aber auch den Wandel von familiären Gewohnheiten der frühen Kindheit ein, insofern sie sprachlich festgelegt sind. Im ähnlichen Sinne der «Befreiung» erwartet das Kind zwischen neun und zwölf Jahren vom Lehrer eine Sprache, die künstlerisch gestaltet ist und dadurch Ausdruck der Bewußtseins-Reife des Lehrers werden kann. Sie kann sich weder auf Zeichen gedanklicher Art noch auf autoritativ-irreversible Sprache im Sinne Tauschs[4] stützen.

Gehorsam ist die Wahrnehmung der Sprache als Ausdruck des anderen Menschen, durch den der Prozeß partnerschaftlich möglich wird.

Zweifellos gewinnt das Kind nach dem zwölften Lebensjahr wiederum ein neues Verhältnis zur Sprache. Sie wird ihm vordergründig weltbezogen, und die Zeit nach der Pubertät bringt eine neue Notwendigkeit hervor: die Sprache, die in der Beziehungssuche des jungen Menschen autobiographisch werden will. Sich mitteilen zu können auf eine eigene, individuelle Weise gehört zu den Aufgaben der Jugend, und nirgends wird Versäumnis der Schulen und der kulturelle Verlust der Sprache als Ausdruck des gelebten und erhofften Lebens deutlicher als in den Problemen der Kommunikation des jungen Menschen. *George Steiner*[5] hat den Tod der Sprache, des Wortes in unserer Kultur an der Entwicklung der Literatur verfolgt und dargelegt, wie sie übergeht entweder in das Licht, die Musik – oder das Schweigen. Er zitiert dort R. C. Blackmur: «Wer weiß, es kann durchaus möglich sein, daß sich das kommende Zeitalter überhaupt nicht mehr in Worten ausdrückt... denn das nächste Zeitalter ist vielleicht gar nicht mehr gebildet in dem Sinne, wie wir es verstehen, beziehungsweise wie die letzten dreitausend Jahre es verstanden haben.» In seiner erschütternden Analyse bemerkt G. Steiner: «Ein zweites dunkles Mittelalter wird über uns kommen.»

Dichter und Philosophen wie Hölderlin, Rimbaud, Kafka, Wittgenstein, Hofmannsthal und Ionesco, Beckett und Hemingway waren die Propheten dessen, was im Zeitgeist allgemein-menschlich wird: der Untergang des Wortes als Versprechen, Möglichkeit, Heimat, Spur und Pfand des Vertrauens, schon immer die Sehnsucht und das Medium, in dem sich Liebende verständigen und in dem sich Menschen inmitten der Massenmedien zu verstehen suchen.

Seit dem Ende des vergangenen Jahrhunderts, vor allem aber nach dem Schrekken, dem Mord und der Lüge, der Atombombe und den Todeslagern scheint sich unser Verhältnis zur Sprache grundlegend gewandelt zu haben. Mit Recht hat

4 R. und A. Tausch: Erziehungspsychologie. Göttingen 1965.

5 G. Steiner: Sprache und Schweigen, Frankfurt 1969.

G. Steiner gefragt, ob der Mangel des Vertrauens in das Wort nicht die Stellung des Menschen zu seiner gegenwärtigen Kultur dokumentiert. Es ist müßig zu fragen, ob die Vertrauenslosigkeit in die Sprache die Formen der Liebe, oder besser die Vor-Formen der noch unerfüllten Liebe verändert hat oder ob unser sprechender Umgang miteinander die Sprache zum Verstummen brachte. Zwischen der kritisch-gedanklichen Diskussion und deren Ideologie und Begriffsakrobatik und der motorischen Leistung der Geschlechtsbeziehung dehnt sich eine Wüste des Fühlens, die sich *nicht mehr* imaginativ artikuliert, am ehesten noch in der Gemeinsamkeit der Musik oder dem stillen, undifferenzierten Sich-eins-Fühlen von jugendlichen Gruppen.

Das Mißtrauen gegenüber dem Wort, seiner biographischen Verbindlichkeit zwischen Menschen und der ihm innewohnenden Hoffnung läßt die klärenden Begegnungs- und Selbsterlebnis-Prozesse, in denen Sprache immer auf ein noch Unbekanntes, Zukünftiges imaginativ hinweist, nicht in Gang kommen. Zwischen Jargon, Slang und Modeworten lebt sie in Gefangenschaft.

«Es scheint, daß die Sprache», so befindet *Victor Brod*[6] in einer faszinierenden und tiefgründenden Studie, «gewissermaßen eine untere und eine obere Grenze hat; die untere ist der emotionale Schrei, die obere die nur mehr lesbare Formel. Was sich dazwischen befindet, ist das Reich des persönlichen Ausdrucks und das Zwiegspräch mit dem Du und mit sich selbst.»

Sprache, die auf Imaginationen hinzielt, meint nicht nur die Äußerlichkeit etwa des dichterischen Ausdrucks, sondern die Tätigkeit, die eigene Biographie in die Erfahrung der Welt eingehen zu lassen, das heißt, die Bilder zu entbergen, die unter dem Tagesbewußtsein der Vorstellungen und Begriffe die Matrix der Identität ausmachen. Die Erfahrung zeigt, daß dies nur gelingt, wenn der Mensch wagt, auf das Unbekannte hin zu formulieren, wenn der andere ihm Anlaß wird, eine gefestigte Rolle aufzugeben und in der Intentionalität des höheren Ich als einem Akt der Zuwendung sich zu offenbaren. Die Matrix der «inneren» Sprache wird aus der Mitte des Gefühls und der Erinnerung erst lebendig verfügbar, während sie im vorstellenden Denken abgelähmt wird. Hier wird auch die «monologische» Natur imaginativer Sprache sichtbar als die Begegnung des Ich mit seinem Schatten, der sozialen Rolle. In ihr wächst der Mensch in der Sprache über diese hinaus und entfaltet im Sprechen seine Zukunft, indem er seine Vergangenheit artikulieren lernt. Oder: Sprechen wird Rollen-Jargon, sterile Reproduktion rationalisierter Erfahrung, die mehr verbirgt als offenbart.

Das Kind zwischen neun und zwölf Jahren verlangt danach, seine Erfahrungen und die erlebten Weltinhalte an sein Gefühl und seine Sprache anzuknüpfen. Es kann sich gerade zwischen Denken und Handeln in der Sprache selbst erleben, und es erfährt das Tragende und Verbindliche seiner Sprache, auch partnerschaft-

6 V. Brod: Was Sprache ist. München/Basel 1971.

lich am Lehrer. Imaginative Sprache kann sich vorbereiten, wenn im Unterricht und im Elternhaus eine beziehungschaffende Sprache lebt, in die biographisch geläuterte Bilder eingehen können. Diese Zeit stellt deshalb die wichtige Wandlung der unbewußten affektiven Handlungs- und Sprachgestaltung des Kindes dar, ebenso wie die Wandlung frühkindlicher Bilder zur Aufnahme in die eigene Biographie. «Es handelt sich um nichts Geringeres, als daß wir zwischen dem siebten und vierzehnten Lebensjahr des Kindes das Denken in das richtige Verhältnis mit dem Wollen, mit dem Willen bringen. Und das kann verfehlt werden. Deshalb müssen wir erziehen, weil beim Tier diese Zusammenschaltung von Denken, sofern das Tier ein traumhaftes Denken hat, und vom Willen, sofern das Tier einen Willen hat, von selbst geschieht. Beim Menschen geschieht die Zusammenschaltung von Denken und Wille nicht von selbst. Beim Tier ist sie eine natürliche Handlung, beim Menschen muß sie eine sittliche, eine moralische Handlung werden. Und deshalb kann der Mensch ein moralisches Wesen werden, weil er hier auf Erden die Gelegenheit hat, erst sein Denken mit seinem Willen zusammen zu schalten, in Verbindung zu bringen.»[7] Die Sprache ist das vorzügliche Medium dieser Beziehung im mittleren Kindheitsalter.

Das didaktische Klima unserer Schulen sieht sich durch die Anforderungen technischen Wissens zunehmend veranlaßt, Sprache durch die Übermittlung sprachloser Zeichen zur gedanklichen Beherrschung der Welt zu ersetzen. Im programmierten Unterricht, verschwindet die Sprache im Druck des Lesbaren und der Anschauungsmodelle, und in den auf «operant-conditioning» beruhenden Lehrmethoden verlöscht Sprache zum Handlungs- und Verhaltens-Signal.

Das Wort als Mittel, Erfahrungen zu verarbeiten und zu formulieren, wird mit selbstmörderischer Skepsis und unter der Angst vor Idolatrie zunehmend als eine überflüssige Notwendigkeit betrachtet. [3]

Hinzukommt, daß die einseitige Betrachtung der meisten soziologisch-pädagogischen Untersuchungen über die Sprache den Zusammenhang mit dem Denken und grammatischen Strukturgesetzen herausgearbeitet haben und damit die Willens- und Gefühlsverbundenheit der Sprache, das heißt, deren Intentionalität, übersehen.

Im pädagogischen Werk *Rudolf Steiners* (und in den Seminaren mit den Waldorf-Lehrern) nehmen die Erörterungen über die Sprache in der Erziehung einen großen und zentralen Raum ein. Am 9. April 1923 hat Rudolf Steiner in Ilkley die Geschichte, das Schicksal und den Tod der Sprache in erschütternder Weise dargestellt und ein Bild der Pflege der Sprache gerade in der Zeit zwischen dem siebten und vierzehnten Lebensjahr entworfen.

7 R. Steiner: Gegenwärtiges Geistesleben und Erziehung. (Vortrag 9. August 1923.) GA 307.

Darin wird deutlich, daß die Pflege der Sprache in diesem Lebensalter nicht eine fachlich-didaktische ist, die man etwa Sprachunterricht nennen könnte. Es sind vielmehr menschenkundliche Einsichten nötig, die Sprache im Kind zwischen dem Denken und dem Willen zu verankern, das heißt genauer gesagt, «das Wort wiederum in den Willen hineinzubringen.» [4]

Für das Mädchen befreit sich die Sprache vor allem im Hören. Es bleibt tiefer mit den Willens- und Blutprozessen verbunden und sehnt sich im Hören nach dem «noch nie gehörten», dem neuen Wort, das durch den Partner das wartende Wort befruchten kann. Das Wort scheint jene kulturelle Unerschöpflichkeit zu haben, die nur zu vergleichen ist den lebenschaffenden Geburtskräften der Generationen. Die Kultur des Hinhörens ist vom weiblichen Element getragen; ihr radikaler Verlust scheint dem Aufkommen der Sprachklischees, Slogans und Begrifflichkeiten, aber auch zunehmend der Gewalt der nur durch das Auge erfaßbaren Zeichen, einer vermännlichten Welt parallel zu gehen. So aber zerfällt die Beziehung der Geschlechter zur bloßen Partnerschaft, zur Langeweile immer schon gehörter Worte oder zur bloßen genitalen Sexualität.

Die Biographien, die wir am Anfang betrachtet haben, sprechen die Sprache der Akzentuierung des Hörens. Die Einführung des musikalischen Elementes als die Einübung jenes Hörens, in dem sich die Individualität in der Musik erweitert und bereichert wiedererlebt, öffnet für das neun- bis zwölfjährige Kind das Tor in die Tiefe und Fülle der Sprache. Trieb und Willenskräfte werden hier nicht sublimiert, was ja noch immer ein Prozeß in der Abgeschlossenheit des eigenen Ich bleibt, sie werden im Wort und in der Musik «weggerufen» in ein anderes Wesen, in dem sich das Bewußtsein aus dem dumpfen Eigenwillen in die ästhetisch-gefühlhafte Mitte hebt und sich frei macht für die Offenbarung eines «Anderen», «Größeren» durch die Sprache. In diesem Prozeß übt sich die antizipierende Kraft des Verstehens, durch die der Hörende im Dialog mehr versteht als der Sprechende: das Glück jeder menschlichen Beziehung, die Zuneigung der Liebe und das Wagnis des Gesprächs. Die Sprache entfaltet sich hier jenseits jeder möglichen Kodifizierung, indem ihr nach innen im Aufmerksamwerden auf das Fühlen die Sphäre des Neuen, «noch nie Gehörten» aufgeht und das Ich sich jenseits seiner sozialen Rollen offenbart.

In der Eurythmie ist in den Waldorfschulen dieses Ziel zur Praxis geworden: Das Wort wird aus dem Luftelement des Sprechens mit der Bewegung des ganzen Gliedmaßen-Menschen im Eurythmisieren etwa eines Gedichtes verbunden und wird im Willen anschaubar und erlebbar. Was hier geübt wird, kann nach der Pubertät in der Willens-Wendung zur imaginativen Sprache erscheinen, in der das Gedanken-Element mitgenommen wird, ohne daß der Wort-Laut-Leib verlorengeht. [5] Der durch die Anforderung der Intelligenz-Leistung sich vollziehende physiologische Verhärtungsprozeß des Kehlkopfes, der «Stimmbruch» der Pubertät des Knaben ist gleichzeitig ein Sprachbruch hinsichtlich der Lebendigkeit der Sprache, dessen Überwindung für den Jugendlichen nur in der Wandlung willensverbundener Sprache in die imaginative Sprache nach der Pubertät zu leisten ist, von deren Gebrauch oder deren Unverfügbarkeit heute wichtige Probleme der Kommunikation abhängen.

Die soziologische Diskussion um die frühkindlichen Sprachbarrieren hat die Aufgabe der Schule in der mittleren Kindheit verdeckt. Es muß aber erkannt werden, daß die sich zur Pubertät hin mit Begrifflichkeit verbindende Sprache eine Barriere darstellt, eigene biographische Erfahrungen artikulieren zu lernen. Jenseits der Begriffe offenbart die Sprache jene Vielschichtigkeit, Redundanz und Tiefe, die das Hinhören anders beansprucht, als es eine Information tut.

In der Dichtung gewinnt dieser Anspruch Gestalt. Die Sprache der Lyrik oder die sinnvolle, sinnige Geschichte oder Legende, die das Kind in der mittleren Kindheit hören soll, gestaltet im Wortleib Imaginationen, die nicht in Begriffe auslaufen, sondern auf die Aktivität des Nachvollzuges im Hörer angelegt sind. In ihnen kann das Kind in Wirklichkeit und auf einer höheren Bewußtseinsstufe sprachlicher Wahrnehmung sprachliche Urbilder wiederentdecken, die die frühere Kindheit unbewußt begleitet haben. Jetzt können der Sprache innewohnende Imaginationen zwischen Abstraktion und Signal Nahrung der Seele werden, Neuland in Bildräumen, die in die Zukunft weisen.

Es ist also der im Hinblick auf die Biographie des Neun- bis Zwölfjährigen entscheidende Schritt zu bedenken, in dem sich die imaginative Welterfahrung neben einer begrifflichen vor allem bildet. Begriffliches bedeutet die Ablähmung des Willens an der Rationalität, die vom Haupt her vermittelt wird. Sie verwendet die sprachliche Formulierung bis zur Formel, indem sie ihre Tätigkeit beschreibt und Inhalte definiert. Es entscheidet sich sehr wesentlich in diesem Lebensalter, ob die Welt als eine in der Formel, als der einzig legitimen Erfassung im Sinne von Wissenschaftlichkeit, begrifflich erfaßbare, aufscheint oder ob im Zusammenhang mit dieser Entwicklung der schöpferische Entwurf der Welt im imaginativen Bild als Erkenntnis-Quelle gerettet werden kann.

Der Weg zum imaginativen Erkennen in diesem Lebensalter führt zunächst über die Beschreibung im Medium der Sprache, wodurch sich der *Sinn* der Erscheinungen enthüllen kann. Wird dieser Weg für das Kind versäumt und gerät es zu früh in die Bildlosigkeit von Formulierungen, so wird dasjenige, was als biographische Intentionalität in diesem Lebensalter lebt, im Grunde genommen durch eine rationelle Wissenschaftlichkeit betrogen. Es wird diese Tatsache in erschreckender, aber zugleich auch erschütternder Weise deutlich, wenn das so betrogene Kind als Jugendlicher in irrationale seelisch-geistige, aber auch Handlungsgebärden ausbricht und in den epidemischen Erscheinungen von Jugendgruppen «ausflippt». Die von den imaginativen Bildern der Welt nicht erreichten Seelenkräfte treten zerstörerisch bis zum Terror auf und artikulieren sich nach der

Pubertät in Jargons ideologischer oder handlungsleitender Un-Sprache. Die Individualität verbirgt sich darin und ist in Wahrheit sprachlos.

Freilich vollzieht sich der Übergang von der Sprache der mittleren Kindheit zu jener der Erdenreifezeit nach dem 14. Lebensjahr nicht als ungebrochene Linie. Dietrich Esterl[8] hat das Verstummen der Kinder mit der beginnenden Pubertät als Sprachverlust, ja Sprachlosigkeit beschrieben und auf die notwendige Pflege der Sprache in der Oberstufe der Schule an Beispielen hingewiesen. Erst in diesem Lebensabschnitt will sich der Jugendliche nicht mehr traumhaft, sondern bewußter in die sprachlich verdichteten Imaginationen einleben, in denen der Menschengeist jene Wirklichkeiten anzuerkennen lernt, die nicht bloß gegebene sind, sondern die in einen übersinnlichen Geist-Raum führen, in welchem Bilder als Imaginationen nicht Abbilder der Wirklichkeit sind, sondern Wahr-bilder der Erfahrung.

Die Unsitte, in der Schule Gedichte nur nach ihrem Inhalt zu vermitteln und nicht nach den ihnen innewohnenden sprachlichen Gestaltungskräften, wird in der modernen Erziehungsmethodik zu Recht kritisiert. Sprache will in diesem Lebensalter in ihrem eigenen Element und jenseits zeitbedingter Ideologien erfahren werden, als Möglichkeit der Entbergung dessen, was unterhalb der Rationalisierung lebendig zum seelischen Ausdruck strebt. Es scheint, daß dann, wenn in diesem Lebensalter sprachlich-biographische Artikulation (die nicht analytisch ist) versäumt wird, der reife Mensch es schwer hat, die Offenheit dieser Dimension der «inneren» Sprache zu entdecken.

Es wird für die Kultur menschlicher Beziehungen darauf ankommen, ob das Kind zwischen dem neunten und zwölften Lebensjahr neben der gedankenleitenden Sprache ihre ästhetisch-imaginative Kraft vorbereitend erfahren hat, um sie zur vollen Menschlichkeit bei der Erdenreife erheben zu können.

Steiner hat von dem im Wort anwesenden «Unterton» gesprochen, in welchem gegenüber bloß Vorgestelltem der Sprachgeist als Menschen verbindend anwesend und anschaubar ist. Gegenseitiges Verstehen wird zwischen Menschen erweckt, wenn die Menschen, auch wenn sie verschiedene Sprache sprechen, «ein jeglicher in seiner Sprache das Anschauliche erlebt» (Steiner). Welche Rolle im Deutschunterricht der mittleren Kindheit diese Sprachpflege spielen kann, wird deutlicher durch den Kontext, in dem Steiner das Folgende sagt: «Man redet heute viel von Humanismus in dem Sinne, daß das wahrhaft Menschliche im Menschen gepflegt werden solle. Man wird ein solches Streben erst völlig wahr machen, wenn man mit ihm auf den einzelnen konkreten Gebieten des Lebens ernst macht. – Man denke nur, wie viel voller, intensiver ein Mensch sein Menschtum empfindet, als dies im abstrakten Spracherleben der Fall ist, welcher einmal ein ganz Anschauli-

8 D. Esterl: Sprache – Unsprache – Sprachlosigkeit. «Erziehungskunst» 3/1977. Aspekte des Sprechbildes, «Erziehungskunst» 9/1978.

ches in das Wort- und Satz-Erleben hineingetragen hat. Man wird dabei allerdings nicht zu denken haben, daß jemand, der bei einem Bilde sagt: das ist entzückend, in dem Augenblicke des Besehens vor sich haben soll die Anschauung des Zuckens und des unwillkürlichen Hingerissenseins bis zum Entzücken seiner Glieder. Aber wer einmal in dem Worte ‹entzücken› lebensvoll das ins Seelische Umgesetzte dieses Bildes gefühlt hat, der wird, wenn er das Wort ausspricht, doch anderes erleben als ein solcher, der es stets nur abstrakt erlebt hat. Notwendig wird der seelische Oberton im konventionellen und wissenschaftlichen Sprechen des Tages ein abstrakter sein; aber der Unterton soll dies nicht auch sein.

Auf primitiven Kulturstufen erleben die Menschen ihre Sprache anschaulich; auf vorgerückteren müßte die Erziehung dafür sorgen, daß diese Anschaulichkeit nicht ganz verlorengehe.»[9]

Heute entringt sich den Besten der Jugend in der Ich-Suche ein zarter Keim unter der Gewalt des Zeichens, dem Druck sprachlicher Signale für die Teilhabe am Konsum und dem Jargon einer kollektiven Gruppensprache: ein musikalisch-sensitives Wahrnehmen der Welt, eine Form neuer Romantik, die sich bis in die Musik der Jugend fortsetzt, die die Sprache karg und scheu gebraucht und vorsichtig ist gegenüber allen nicht erlebten Worten und leeren Begriffshülsen. Im zentralen ägyptischen Osiris-Mythos tötete Typhon im Atemstrom seinen Bruder Osiris, die Urkraft des lebendig schaffenden und gestaltenden Wortes, und die Seele, die Isis, verwaist. Aus dem Tod der Sprache entsteht im Mythos die Gedankensprache und deren Verbindung mit Schrift und Zeichen, die im Bilde der Isis mit den Kuhhörnern in der osirianischen Legende erscheint. In ihr waltet der Einschlag des Typhon, der jedem Kind im zwölften Lebensjahr nach dem Lesen und Schreiben die Kraft der Begriffe schenkt.

Die Legende erzählt weiter, daß durch einen Lichtstrahl im Herzen unter den Lungenflügeln nachgeboren wird das neue Wort: Isis, die Seele, empfängt die Sprache, in der der Mensch sein höheres Ich gebären kann. In ihr liest die Sprache, die Isis, wieder die Sternenschrift des Schicksals und geht im Bilde des Horus-Knaben hervor aus dem Mutterschoß imaginativer Urbilder.

Imaginationen entstehen im heranreifenden Menschen im Sprachtod. Ihre Kraft wächst gleichsam am Widerstand der Begriffskristalle, wenn in der kindlichen Entwicklung die Gedankenkräfte ihre Spuren in die Seele gezeichnet haben. Deshalb ist sie nicht mehr die Sprache der Bilder der frühen Kindheit, sondern der Ausdruck der Individualität, die in der Lichtkraft des erwachenden Ich als Intentionalität geboren wird. Pfingstlich erhebt sie sich, indem sie den anderen im Gespräch miteinschließt und empfänglich wird für spirituelle Inhalte. Erst aus dieser Weise sprachlicher Verfügung, die des Vorbildes des Lehrers bedarf, kann sich in einem nächsten Bewußtseinsabschnitt nach der Pubertät imaginatives Denken

9 R. Steiner in «Das Goetheanum» 1. Jahrg. Nr. 50, 1922.

entwickeln. In ihm leben die Motive des Handelns anschaubar als jene «Ideen», in denen der junge Mensch sich selbst «verinnerlicht». Das Problem der Jugend erweist sich nicht zuletzt als Suche nach solchen Imaginationen, die lebendig genug sind, handlungsleitend zu werden und sich gegen die Verführung von Ideologien und die Versuchung stummen technologischen Handelns behaupten können. Sie bedürfen einer anschaulichen Sprache. Man mag ohne Sprache operational denken können. Aber man vermag ohne sie mit-menschlich, das heißt, unter Einschluß des anderen in der dialogischen Erkundung keine Menschen-Zukunft zu planen. Die ästhetische Dimension der Sprache sucht in unserem Zeitalter den Weg zur meditativen Übung. Sie kann deren Gefäß werden. Dort und hier in der Liebe kommt sie legitim zum Schweigen, indem sie bildet.

Sprache mag viele Funktionen annehmen. Sie ist aber vor allem Zeugnis, Medium und Organ der biographischen Erfahrungswelt.

VI STUFEN DER MORAL- UND GEWISSENSBILDUNG – VATERPRINZIP UND MUTTERBILD

Die frühe Kindheit – Räumlichung und Zeitigung

«Das Gewissen entsteht, indem man es begreift.»
Novalis

In diesem Kapitel wird die Betrachtung, die an anderer Stelle über die frühkindliche Begriffsbildung durchgeführt wurde, wieder aufgenommen. Ich habe dort zu zeigen versucht, welche biographische Bedeutung der Erfahrung des generalisierten Raumes, dem Begriffs-Bilden und dem sich entfaltenden Bild- und Sprachleben des Kindes innewohnt. Es ergab sich ein für die menschliche Biographie konstituierender Dreischritt, der das Leben in den Dimensionen des Raumes, der Zeit und der ewigen Entelechie des Ich anschaubar machen kann.

Es mag diese Anschauungsweise zunächst abstrakt erscheinen, jedoch zeigt biographische Erfahrung, daß die Entwicklung des Erkennens, aber auch der Moral und Gewissensbildung sich dauernd in diesen Dimensionen bewegt und daß diese unabhängig von individuellen und kulturellen Variationen Bezugsrahmen menschlicher Biographie und Erfahrung sind, die jedem Menschen als seelisch-geistiges und irdisches Wesen aufgegeben sind und mit denen er sich auseinandersetzen muß.

So sind Normen in der Zeit sich entwickelnde Verräumlichungen oder Verleiblichungen im Sinne von Verbindlichkeiten, in deren Natur es liegt, daß sie sich wandeln und in Frage gestellt werden im Lichte der Ich-Entelechie des Menschen, welche seine Würde ausmacht. Ebenso scheint die Entwicklung des Normen-Bewußtseins der Kindheit zeitliche Metamorphosen zu durchlaufen, wobei Gewissensbildung in dieser Zeitlichkeit zwischen der Gesellschaft und der Individualität sich zur Autonomie entwickeln will.

Moral-Bildung wird in diesem Zusammenhang als jene Erscheinung verstanden, in welcher das seelisch-geistige Menschenwesen aktiv ja zu sagen lernt zu den gegenwärtigen irdischen Bedingungen seiner Existenz und diese schließlich schöpferisch zu wandeln sich aufmacht, ohne sie zu zerstören. Sie wird deshalb nur als solche existent, wenn das Erkenntnisleben und das Willensleben des Menschen in eine nur ihn auszeichnende Beziehung zu treten vermag, deren erstes Erscheinen in der mittleren Kindheit ansichtig wurde. Der Mensch vermag offenbar Gewissen als das ihm geschenkte Vermögen *wahrzunehmen*, welches diese Mitte zwischen Erkenntnis und Handeln als Gefühlserfahrung immer wieder korrigiert, sie begrenzend aber auch erweiternd, und damit dasjenige immer wieder neu herstellt, was wir biographische Erfahrung genannt haben.

In dem folgenden Versuch, die Entwicklung der Moral kritisch-analytisch zu verstehen, handelt es sich nicht um die Untersuchung von Inhalten dieser oder jener Angebote der Umwelt, sondern um die Entdeckung der anthropologischen Voraussetzungen, die Moral und Gewissen als seelische Erfahrung überhaupt erst möglich machen. Die Bemühung, die Genese der Moralbildung aus Inhalten bestimmter Tugenden oder gesellschaftlicher Verhaltensformen abzuleiten, haben in der Vergangenheit die Tatsache verdunkelt, daß bestimmte Formen des Moralverhaltens, gewünscht oder unerwünscht, immer nur als sekundäre gegenüber jener primären Tätigkeit des Menschen-Ich auftreten, die Moral erst begründet und die wir auch im Folgenden wieder als primäre Intentionalität begreifen wollen. Sie erleidet, wie wir gesehen haben, in der Biographie des Kindes schon nach der Geburt signifikante Begrenzungen und Verzögerungen, aus denen Normen, d. h. Gewohnheiten hervorgehen, die Gemeinschaft möglich machen und gleichzeitig den Menschen erkennend auf sich selbst stellen. Ein erstes Grundverhältnis, in welchem sich Intentionalität begrenzend einordnet, stellt, wie wir gesehen haben, der topologische Raum dar. Das seelisch-geistige Wesen des Kindes muß sich an ihm im Irdischen zunächst orientieren lernen, ihn bejahen. Es erlebt ihn als eine Tatsache verbindlicher Existenz, auf den es von seiner Umwelt hingewiesen wird. In jedem Erdenleben ist dieses frühe Erlebnis einer «heteronomen», d. h. von anderen ausgehenden imperativen Moralforderung neu. Sie bezieht sich auf die Tatsache eines im physischen Leibe und einer räumlich strukturierten Welt lebenden, d. h. sich inkarnierenden Ich. Keine soziale Ordnung kann diesen Raum übergehen, da sich in ihm nicht nur «Topos», sondern auch «Nomos» offenbart. Wir wollen diesen fortdauernden Rückbezug in der biographischen Entwicklung des Kindes «Räumlichung» nennen.

Ihm gegenüber zeichnet sich der heranwachsende Mensch von Geburt an durch einen zweiten Bezug aus, dessen Akte sich auf die soziale Umwelt als Gemeinschaft richten und deren Lebensformen es sich zu eigen machen will. In der Nachahmung bewegt sich das Kind aus einem nur räumlichen Universum heraus. Deshalb unterliegt Nachahmung auch nicht generalisierten Gesetzen räumlicher Normen, sondern ist ein Vorgang höchst individueller Natur. In diesem Bezug sozialisiert sich das Ich als moralsuchendes Wesen, wie es sich am Raum generalisiert. Wir nennen dieses zweite Grundverhältnis «Zeitigung».

Die besondere Weise, in welcher das Menschenkind sich schon im ersten Lebensjahr aus einem normativen Raum, diesen übersteigend und sich entbindend, herauslöst und damit sich einbindet in seine menschliche Umwelt, ist von großer Bedeutung für die sich entwickelnde Biographie der Moralbildung und stellt, wie die Erfahrung zeigt, nicht eine einfache «Prägung» dar. Sie ist in doppelter Weise, wie es sich zeigen wird, mit einer Aktivität des Kindes verknüpft, die wir als eine Wert-Suche verstehen wollen und die jedes Kind im ersten Lebensjahrsiebt in der Nachahmung verwirklichen will. Sie zeigt ihre Verknüpfung mit primärer Intentionalität in zweifacher Weise: Sie entsteht in dem Maße, als das Kind in der Lage ist, in der Auseinandersetzung mit der Schwerkraft der Erde und in ihrer Überwindung im aufrechten Gang primäre Intentionalität zu wandeln und als wert-suchende Tätigkeit auf seine Umwelt zu richten. [1] D. Wyss[1] spricht von einem «Ur-Antrieb»: «Wie das Erlebnis des Maßes dem der räumlichen Dimensionen vorgegeben ist, dürfte das Erleben des Grundwertes, die animalische Existenz überwunden zu haben, auch das spätere Wahlverhalten der Umgebung gegenüber erst ermöglichen... Die sogenannte elementare Würde des Menschen zeichnet sich letzten Endes in der Überwindung der Schwerkraft und damit der tierischen Umweltverhaftung ab».

Geisteswissenschaftlich zeigt sich der moralkonstituierende Ur-Antrieb als mit dem eigenen Schicksal verknüpft, in dem das Kind im Schwere überwindenden Schreiten seinen Schicksalsweg als Lebensgang beginnt: «Jeder Schritt bedeutet eine Schicksalsempfindung. Der Mensch, wie er heute ist, könnte dies nicht aushalten; und so bleibt sein Schicksalschreiten hinter seinem Erdenschreiten verborgen. Er glaubt von Ort zu Ort zu gehen. Die Wesen über ihm nehmen aber die Schicksalsgerichtetheit jedes Schrittes in dem Gesamtmuster seines Erdenganges wahr. Der Mensch träumt höchstens im Wachen davon... Schicksal wird als Geschrittenes manifest.»[2] Läßt man eine derartige Aussage auf sich wirken, so zeigt sich, daß gerade die sich bildende Wahrnehmung eines räumlichen Universums einer gegenständlichen Welt dieses Schreiten verdeckt. Es zeigt sich, daß der schon von dem Kind im Laufe des 2. Lebensjahres wahrgenommene topologische Raum gerade jene Widerstandserfahrung darstellt, welche konstitutiv für die Wandlung von Intentionalität auf die menschliche Umwelt ist. Diese wird maßgebend. Es hat diese Wandlung eine nicht-normative, auf Freiheit gerichtete Tendenz. Es zeigt sich, daß die erste Wahl dieser Entbindung aus einem räumlichen Universum, mit welchem sich das Kind biographisch nicht identifizieren kann, die nahe Familie, vor allem die Mutter und das Universum der Sprache und deren lebendige Bildekräfte sind. Das Kind *wählt* aus den Tiefen-Kräften des noch schlafenden Willens, als primäre Intentionalität verstanden, jene Wert-Erfahrungen, die es sich einverleiben will. [2] Diese treten moralbildend in die sich entwikkelnde Leiblichkeit ein und werden zu Gewohnheiten. Damit werden vorwiegend

1 D. Wyss: Strukturen der Moral. Göttingen 1968.

2 H. Poppelbaum: Studien über das Schicksal. Dornach 1971.

jene Inhalte und Haltungen der Umwelt aufgenommen, die sich *Moral*- und Leib-bildend in die fortschreitende biographische Intentionalität des Kindes einleben. Dieser Prozeß vollzieht sich augenscheinlich unterhalb jenes offenbaren Elternverhaltens, das man gewöhnlich im Sinne von Normen zu objektivieren versucht und das gewöhnlich Anlaß soziologischer Untersuchungen wird. Es zeigt sich aber, daß es keine verläßliche Korrelation zwischen dem offenbaren, ablesbaren Elternverhalten und der kindlichen Einverleibung gibt. Strenge Eltern, um es knapp zu sagen, bringen nicht notwendigerweise ein starkes Normenbewußtsein hervor.

Die Wert-Suche des Kindes durch die Nachahmung hat nun aber neben dem hier geschilderten Prozeß der Entbindung aus der räumlichen Welt eine zweite Wurzel. Die Begrenzung durch den topologischen Raum, d. h. durch nicht Identifizierbares, sucht das Kind durch die Teilhabe an der menschlichen Umwelt zu überwinden.[3] Diese Strebensrichtung der Seele weist auf einen vorgeburtlichen Ursprung hin. Die Hinweise R. Steiners in Bezug auf die Bedeutung der Nachahmung enthalten einen Anspruch an den Erzieher: Man sollte in der Umgebung des Kindes nichts tun, wovon man dem Kind sagen müßte, «das darfst Du nicht tun». An anderer Stelle[4] charakterisiert Steiner die sich auf die Umwelt beziehende Nachahmungstätigkeit des Kindes und die damit verbundene Überwindung eines generalisierten Gegenstandsbewußtsein im Dienste individueller Moralbildung als die Fortsetzung vorgeburtlicher Beziehungen des Menschenwesen: «Das Kind setzt, indem es durch die Geburt ins physische Dasein tritt, nur das fort, was es erlebt hat in der geistigen Welt vor der Empfängnis. Da lebt man als Menschenwesen in den Wesen höherer Hierarchien drinnen; da tut man alles dasjenige, was an Impulsen aus dem Wesen der höheren Hierarchie kommt. Da ist man in einem noch viel höheren Maße ein Nachahmer, weil man in einer Einheit ist mit denjenigen Wesen, die man nachahmt. Dann wird man in die physische Welt hineingesetzt. Da setzt man die Gewohnheit, eins zu sein mit der Umgebung, fort. Diese Gewohnheit erstreckt sich dann darauf, eins zu sein mit Wesen oder nachzuahmen diejenigen Wesen, die als Menschen in der Umgebung sind und für die Erziehung zu sorgen haben, indem sie dasjenige tun und denken und empfinden, was das Kind nachahmt. Es ist um so größeres Heil für das Kind, je mehr es leben kann nicht in seiner Seele, sondern in der Seele der Umgebung, in den Seelen der Umgebung.» Diese Möglichkeit, die die Umwelt für das Kind eröffnet, bedeutet also das Wiedereinholen einer vorgeburtlichen Geistverbundenheit in die Beziehung von Mensch zu Mensch im sozialen Felde. Sie bedeutet Moral- und Erkenntnisbildung zugleich. Das Kind zeigt sich uns als ein Wesen, das eine spirituelle Vorgeschichte

3 R. Steiner: Die Erziehung des Kindes vom Gesichtspunkt der Geisteswissenschaft. GA 34.

4 R. Steiner: Die Erziehungsfrage als soziale Frage, Vortrag 8. 8. 1919. GA 296.

hat und diese in den von einem räumlichen Universum entbindenden Akten verwirklichen will. Im Laufe der frühkindlichen Entwicklung muß aber dieser Nachahmungsraum im Sinne der Zeitigung seine Beziehung zu dem räumlich wahrgenommenen Universum aufrecht erhalten können. Es gehört deshalb auch das Versagen-Können und Nein-Sagen wie auch das Hinweisen der Mutter durch Sprache und Blick auf die dingliche Welt zur frühen Entstehungsgeschichte des Gewissens. Zwischen dem normativen Handlungsraum von Objekten und dem nichtnormativen Bezugsraum zur Mutter scheint jener Rhythmus zu bestehen, in welchem das Kind zum 3. Lebensjahr hin *zu sich* kommen kann und *gleichzeitig* den Nachahmungsraum der Umwelt als *offen* zu erleben vermag. Im Versöhnungsraum der Menschenwelt muß das Kind lernen, den Hinweis auf den Gegenstandsraum zu ertragen.

Für die Eltern schließt sich damit aber das Maß der Selbsterfahrung des Kindes in ihr eigenes Verhalten mit ein, das auch neinsagen kann gegenüber dem Handeln des Kindes in einer Welt von Dingen, deren Bestand verpflichtend ist im Sinne der generalisierten Norm als Nomos. Räumlichung und Zeitigung frühkindlicher Erfahrungen erweisen sich damit nicht als primär von der Umgebung bedingt. Ihre Antinomie, die Gewissen bildet, gründet vielmehr in einer dem Kinde eigenen Polarität seiner seelisch-leiblichen Organisation, die einerseits auf Verräumlichung des Leibes- und der Gegenstandswelt gerichtet ist im Prozeß der Inkarnation, andererseits aber sich auf eine Umwelt im Sinne der Wert-Suche beziehen will, in der noch die vorgeburtliche Bestrebung des Eins-Seins nachklingt, die erst zum 7. Lebensjahr hin zunehmend schwindet.

Die Gewissensbildung ist deshalb auch vor allem in den ersten drei Lebensjahren auf die räumliche Nähe der Begegnung angewiesen. R. Scholl[5] beschreibt in einer Studie über die Entstehung des Gewissens, daß es sich in der frühen Kindheit, von der Wert-Welt des Erwachsenen her gesehen, um pragmatische und nicht ethische Konflikte handelt. Solche Konflikte spielen, wie er meint, für das kleine Kind keine Rolle. Es besteht jedoch von Anfang an ein echter Konflikt, «wenn die Störung der Harmonie zwischen dem Kind und der Mutter oder später auch dem Vater oder beiden eintritt, ganz gleich, was für Gründe die Mutter veranlaßt haben, dem Kind entgegenzutreten, um etwas zu versagen oder zu tadeln». Erst in der Mitte der Kindheit wird das Kind lernen, daß die Verfehlung des Handelns in einer gewordenen Welt nicht mehr die Versöhnung der frühen Kindheit hervorruft. Es wird lernen, Verschulden zu ertragen und anderer Schuld zu tolerieren, es wird eine gerechte Beurteilung statt der Versöhnung fordern und für den Konflikt selbst, der Gewissen ausmacht, eine Empfindung bekommen. Es wird lernen, in seine Mitte des Fühlens selbst als seelisch-geistiges Wesen einzutreten

5 R. Scholl: Das Gewissen des Kindes. Stuttgart 1956.

und seine Taten abzuwägen in jener neuen Bewußtwerdung, die den anderen Menschen als Partner einer gemeinsamen geschichtlichen Gegenwart einzubeziehen lernt. Hier erst löst sich die vom kleinen Kind nicht durchschaubare dialektische Spannung von Gewordenem und Werdendem, die die frühe Kindheit auszeichnet in Räumlichung und Zeitigung, in dem das Kind sich jetzt selbst in dieser Dialektik erfährt. Das Gewissen gewinnt eine neue Stufe der Autonomie, seine Erfahrungen treten aus der räumlich-familiären Nähe in die Distanz der Zeit, in der das Kind lernt, daß Strafe nicht auf dem Fuße folgt und daß die Zeit der inneren stillen Beschäftigung mit der Gewissenslast auch heilen kann.

Es kann aus dem Vorangegangenen deutlich werden, daß die Nachahmungstätigkeit des Kindes auf dasjenige gerichtet ist, was im anderen Menschen als Haltung in einem moralischen Sinne erscheint. Das Kind kann in diesem Lebensabschnitt noch nicht Partner sein, wie eine gegenwärtig weitverbreitete Erziehungspraxis anstrebt. So wacht das Kind erst in der Mitte der Kindheit auf. Man kann dies einsehen lernen, wenn ein weiterer Aspekt der frühkindlichen Moralbildung hinzukommt.

Der Prozeß der «Zeitigung» in der frühen Kindheit bezieht sich in der Nachahmung auf einen Menschenleib, der noch offen und plastisch ist, während er beim Tier schon früh als Gestalt und Verhaltensform festgelegt wird. Dasjenige, was sich durch die Nachahmung an moralischen Kräften der wachsenden Organisation des Kindes einverleibt, ist deshalb gegenüber dem Instinkt-Verhalten des Tieres eine *nur den Menschen* auszeichnende Fähigkeit, in welcher sich durch die Nachahmung auf die Umwelt bezogene Gewohnheiten bilden. Das Kind erfährt in seinen Wachstums- und Bildeprozessen bis in die Gestaltung der Organe hinein die moralischen Haltungen seiner Umwelt. In diesem letzten Aspekt von Moral- und Gewissensbildung erweist sich diese als kreativ in der Umgestaltung eines vererbten Leibes, «dem Modell», wie es R. Steiner genannt hat. In diesem Vorgang nimmt das Kind, wie gezeigt wurde, die moralischen Kräfte seiner Umwelt individuell auf und macht sie sich nicht nur seelisch, sondern bis in die Leiblichkeit hinein zu eigen. Wachstumsprozesse der frühen Kindheit sind deshalb auch zugleich gewohnheitsbildende. Im Zurückschauen auf die vom Haupt ausgehenden strukturierende Kräfte, die um das 3. Jahr zur Begriffsbildung führen, zeigt sich jetzt, daß diese Kräfte eben dieselben sind, welche die aus der Umwelt hereinwirkenden Moralkräfte in das Leibesgefüge des Kindes einordnen. Dabei offenbart sich die für die Pädagogik und die Biographie des heranwachsenden Menschen wichtige Zusammengehörigkeit von Moralbildung und Erkenntnis schon in der frühen Kindheit. Die Pflege dieses Zusammenhanges gehört, wie wir sehen werden, zu den wichtigen pädagogischen Zielen der Mitte der Kindheit, wenn sich im Fühlen der Bezug zwischen Handeln und Denken herstellen will, der eine neue Stufe der wachsenden Moral und Gewissensbildung des Kindes darstellt. In ihm ändert sich dann auch das Verhältnis zur Umwelt.

In der frühen familiären Umwelt sind Vater und Mutter Repräsentanten für die im Kind wirkende Polarität von Nachahmungskräften und der Ausgestaltung der physischen Modell-Leiblichkeit. Sie repräsentieren aber *nicht die Art und Weise*, wie das Kind die mit dieser Grundpolarität verbundenen Konflikte löst. Diese Lösung als Gewissensbildung im ersten Jahrsiebt bedeutet weder die Festlegung auf von außen gegebene Normen noch die doch nicht zu leistende Einswerdung der Identifikation. Das Kind ist in den ersten Lebensjahren noch in der Lage, seine Konflikte dem schlafenden Willensleben in jeder Nacht zu übergeben, in dem geistige Kräfte schicksalswirkend und schützend walten. Dort erweist sich das «Unbewußte» in den Tiefen des Leibesseins und dessen Ausgestaltungen als eine vorgeburtliche Wandlungskraft moralischer Sinngebung: Die Anverwandlung der moralischen Haltung der Umwelt in die biographischen Intentionen des Schicksals-Stromes. Es zeigt sich so auch die *moralische* Signatur des Leibes: Im «Körperbild» gewinnt das Kind gegenüber der räumlichen Welt der Dinge um das 7. Lebensjahr seinen eigenen individuellen Leibesraum als «Persönlichkeitskörper» (R. Steiner), als seinen «Nomos». In ihm und an ihm bezieht es zunehmend sein Handeln auf eine verinnerlichte Autonomie, die im 2. Lebensjahrsiebt endgültig Nachahmung begrenzt. Die räumliche Welt bedarf nicht mehr nur des Hinweises von außen in dem Maße, als das Kind im Schulalter im Interesse den *biographischen* Wert der Dinge entdecken lernt. Darauf wurde insbesondere in dem Kapitel über die Wandlung von Wahrnehmung und Denken hingewiesen. Auf äußere Ordnung verpflichtende Normen können sich zur Verpflichtung innerer Handlungen wandeln. In der Wahrnehmung des eigenen Willenslebens um die Mitte der Kindheit werden dem Kind seine Schicksalsabsichten näher und vertrauter. Es lernt sie als seine *eigenen* zunehmend wahrzunehmen und vollzieht damit einen weiteren Schritt der Gewissensbildung. Das Kind nimmt Vater und Mutter jetzt anders wahr. Die Wirklichkeit der Eltern wandelt sich von der irdischen Repräsentanz vorgeburtlicher seelisch-geistiger Beziehungen zur gegenwärtigen Partnerschaft im selben geschichtlichen Raum.

Wir haben gesehen, daß bis zum 7. Lebensjahr die Mutter dem Kind einen Versöhnungsraum anbieten kann. Nur wo er als Angebot der Teilhabe gültig verstanden ist, kann die Mutter auch legitim «nein» sagen und opfert damit Einswerdung mit dem Kind. [3] Das Vater-Motiv erscheint hier zunächst indirekt. Seine Liebe zum Kind äußert sich *in der Liebe zur Mutter*, durch die er sie befähigt, die «Akte der Entwöhnung» zu leisten und den damit verbundenen Konflikt des Kindes positiv zu tolerieren. Wo der Vater fehlt, droht Ver-wöhnung oder die rigorose Praxis des dauernden Hinweises auf die Ordnung der Dinge, wenn die Mutter den «Vater ersetzen» muß. Für die Nachahmungstätigkeit des Kindes scheint die Haltung des Vaters, sein Standpunkt bis in die *äußere Haltung* hinein von Bedeutung zu sein. Die Moralentwicklung des Kindes ist entscheidend davon bestimmt, wie der Vater selbst in seinen Erdenaufgaben steht, d. h. wie er seine eigene Existenz dem

Kind ansichtig macht. Das Kind nimmt nicht die rationalisierten Normen des Vaters auf, sondern bildet seine aufrechte Haltung und die Art, wie es sein Schicksal erschreitet und damit die Wirklichkeit einer räumlichen Welt, an der Bestätigung durch den Vater, der durch seine Haltung dazu beiträgt, das Kind in den «Erdenstand» zu setzen, auf die Erde zu stellen. Er trägt damit dazu bei, daß das Kind um das 3. Lebensjahr die erkannte räumliche Welt in der Ich-Haltung gewinnt.

Verschiedene Kulturen haben, wie eingehende Beobachtung gezeigt haben, schon sehr früh, d. h. schon im Laufe des ersten Lebensjahres des Kindes extrem unterschiedliche Einstellungen zu ihren Nachkommen, die den Prozeß der Zeitigung und Räumlichung als Konflikt und Grundlage der Gewissensbildung weitgehend beeinflussen. [4] In den modernen Zivilisationen stellt die relativ frühe Gewinnung des Gegenstandsbewußtseins eine wichtige anthropologische Tatsache dar, die pädagogische Konsequenzen hat. Sie hat zur frühen Widerstandserfahrung und damit zur Entwicklung einer individuellen Moralbildung beigetragen, für welche das Vater-Prinzip bedeutungsvoll zu sein scheint. In älteren Zeiten und in primitiven Kulturen rettet das Kind für eine lange Zeit ein mythologisches Bewußtsein in das Erdendasein herüber, ein Zusammengehörigkeitsgefühl mit geistig-seelischen Wesenheiten, die von den Eltern, die ihre Erziehungspraxis danach richteten, im Kultur- und Stammesgefüge vertreten wurden. Pädagogik war nicht eine kulturell-gesellschaftliche Angelegenheit, sondern eine kultische. Die gegenwärtige frühe Verräumlichung der Welt als topologischer Raum von Dingen hat gleichzeitig eine Bewußtseinsanforderung an das Kind hervorgerufen, die zunehmend sich auch aus politisch-gesellschaftlichen Zielsetzungen bestimmt. Diese sind heute im Begriff, das lebendige Vater-Prinzip unmittelbarer Begegnung zu verdrängen. Derartige Anforderungen steigern den *Normenzwang*, der gewissermaßen anonym bleibt, zusammen mit mangelnder Verfügbarkeit von Identifikation und Nachahmung. Unsere Kultur übersieht die vorgeburtliche Verbundenheit des Kindes und deren Fortsetzung in der Nachahmung und tabuiert sie im Dienste kognitiver, aber auch normbildender Zwänge der Verräumlichung. Seit dem 19. Jahrhundert beginnt «Vergesellschaftung» zunehmend Kultur zu verdrängen. Dieser Prozeß, der den *persönlichen* normativen Einfluß der Kernfamilie verdrängt, scheint nicht umkehrbar zu sein. Die Gewissensbildung wird zunehmend von sozialen und politischen Einstellungen abhängig und ist nicht mehr von der Erfahrung vorgeburtlicher Beziehungen durch die Eltern getragen. Das heutige Kind erfährt an einer früh wahrgenommenen Gegenstandswelt jenen Nomos, der nun aber erst den *Auftrag* kreativer Gestaltung in der Gewissensbildung stellt. Das frühe Gegenstandsbewußtsein des heutigen Kindes und die frühe Wahrnehmung seiner «Realität», als Trennung von einer geistig-seelischen Welt verstanden, muß heute, statt sich zu verhärten, jene Liebes- und Versöhnungskräfte *verstärkt* hervorrufen, damit sich Verräumlichung an der Zeitigung der Nachahmung mäßigt und befreit.

Im Rückblick auf die Ausführungen über die Entstehung frühkindlicher Begriffe kann jetzt im Zusammenhang mit dem Vater-Prinzip deutlich werden, daß die «Zensur» der Verräumlichung nicht nur als eine Trieb-Kontrolle (S. Freud) verstanden werden kann. Sie ist vielmehr Grundlage menschlicher Schicksals- und Moralbildung im «*Vergessen*» eigener moralisch-geistiger Impulse am Erdenraum der physischen Welt. Damit hängt zusammen, daß der Mensch in jeder irdischen Inkarnation seine moralischen Impulse neu erbauen muß (R. Steiner). Der Vater ist die Gestalt, dessen lebendige Anteilnahme am Leben des Kindes das Prinzip dieser Hoffnung biographisch auch am Widerstand aufruft. Erst am Ende des 2. Lebensjahrsiebts holt das Kind im Widerstand des Begriffe-Bildens selbständig diese Vergessenheit wieder ein. Daß der Mensch glauben kann, daß ihm Widerstände von außen eingepflanzt würden, gehört zu den Illusionen seiner mangelnden Selbsterkenntnis, die gerade dadurch fortgesetzt verhindert wird, daß ihm die Über-Ich-Bildung im Sinne Freuds als die Norm der Gewissensbildung von «außen», heute schon weitgehend unreflektiert, vorgestellt wird. Demgegenüber muß jedoch gesehen werden, daß sich das kindliche Ich erst in der sekundären Begriffsbildung von «innen» objektivieren kann und bis dahin den Formen von gesellschaftlicher Objektivierung von außen ausgesetzt ist. Je früher die Gesellschaft ihre Handlungskontrollen nur *gedanklicher Art* ohne biographische Nähe und Verfügbarkeit in das Leben des Kindes fordernd einsetzt und dabei in jedem Falle die biographische, persönliche Nähe der Erziehungspersonen in Nachahmung und lebendiger Anteilnahme außer Funktion setzt, desto pathologischer befestigt sich im Sinne Freuds eine «Über-Ich-Struktur» in den Bildekräften des Kindes. Diese zeigen, wie wir gesehen haben, in der frühen Kindheit noch eine enge Beziehung zu den lebendigen Wachstumsprozessen.

Damit kann aber auch der viel gebrauchte Begriff von Vater- und Mutter-Bild eine geisteswissenschaftliche Beleuchtung erfahren. «Bilder» bleiben in der frühen Kindheit eng verbunden mit den Prozessen, die in der leiblichen Gestaltung und den Wachstumsvorgängen, d. h. unbewußt wirksam sind. Die biographische Erfahrung zeigt deshalb auch rückblickend, daß das Kind zwischen 4 und 7 Jahren diese Tatsache in Erlebnissen von Licht und Dunkelheit artikuliert. So scheint auch in den Märchen die Auseinandersetzung zwischen dem Licht lösender und versöhnender Bilder und der Dunkelheit des Leibes als Rhythmus der Menschwerdung auf. Das Maß von Zeitigung und Räumlichung taucht nach dem 3. Lebensjahr als das Maß zwischen Licht und Dunkelheit auf, und *Gewissensbildung* im ersten Jahrsiebt besteht wesentlich in dem *Unbewußt-werden-Lassen* der Bilder in der Leibesgestaltung, d. h. im Ertragen der Dunkelheit des Leibesgeschehens. Es gibt positive Bilder, die diesen Prozeß fördern und die gleichzeitig entängstigen. Es gibt negative, die nicht einverleibt werden können und vom Kind jene Bewußtseinsleistungen fordern, die ein Vergessen unmöglich machen und als Traumen im Bildeleib des Kindes stehenbleiben. Eine ähnliche Wirkung haben alle jene Moralforderungen, die das Kind konkret noch gar nicht erfüllen kann.

Die Ideale, an denen sich das Kind im ersten Lebensjahrsiebt orientieren will, sind keine «Bilder», sondern Nachahmungsgestaltungen. Das Ideal *realisiert* sich in ihnen, indem, wie R. Steiner gezeigt hat, der mitgebrachte, d. h. vererbte Modell-Leib umgestaltet, d. h. auf eine Gestalt hin bearbeitet werden kann, die Träger eines individuellen Ich werden kann. In der Nachahmung sucht das Kind das Ideal seiner vorgeburtlichen Intentionen zu verwirklichen. Sie realisieren sich zunächst wesentlich nicht in Bildern auf der psychologischen Ebene, sondern in der Gestaltung des «Ich-idealen» Leibes gegenüber dem physisch Gewordenen und dem Vererbungsleib. Erst nach dem 7. Lebensjahr im Freiwerden von Bildeprozessen vermag Ideal-Bildung in Bilder überzugehen, um die Ideale der Jugendzeit vorzubereiten. E. Erikson hat aus psychoanalytischen Gesichtspunkten ausgeführt, daß sich in der Ideal-Bildung etwas Willenshaftes offenbart, eine, wie wir sagen können, intentionale Zuwendung auf Zeitigung und Zukünftigkeit, die deshalb auch «gegenüber den Über-Ich-Bildungen beweglich und wandlungsfähig bleibt». Was in der psychoanalytischen Theorie als Ich-Ideal und Über-Ich in ein Konzept gebracht wird, wird in dem hier gemeinten erweiternden geisteswissenschaftlichen Zusammenhang als die Polarität von Zeitigung und Räumlichung verstanden. Ihr durch die Eltern wesentlich vermittelter Rhythmus kann Grundlage der Gewissens- und Moralbildung werden.

Derartige Erfahrungen des Kindes dürfen jedoch aber nicht als frühkindliche Festlegungen verstanden werden. Sie unterliegen in einer auf das Wesen des Kindes eingestellten Pädagogik den Wandlungen, die lebenslang andauern können. Jedoch erst wenn man versteht, daß Bilder in ihrer aus dem vorgeburtlichen kommenden Fülle des Strömens sich am Begriff begrenzend in der Zeit festlegen, wie sich das Kind im 3. Lebensjahr als Ich vergegenwärtigt, wird der Zusammenhang zwischen dem 3. und 12. Lebensjahr als moral- und gewissensbildender Vorgang deutlich und die Bedeutung einer vom Vater repräsentierten Welt in ihm: Dem Kind geht die Haltung des Vaters schon früh am topologischen Raum als einer nicht-identifizierbaren Welt auf, die begrenzt und einen Ich-Anspruch erhebt. Nach dem 3. Lebensjahr beginnt sich dieser Anspruch in der Gefühlswelt des Kindes in seiner Innenwelt, d. h. innerhalb seines sozialen Wertempfindens zu realisieren. Erst im 2. Lebensjahrsiebt wandelt sich die damit verbundene Erfahrung in der zunehmenden Versagung von Identifikation und Nachahmung, d. h. aber der Forderung an das eigene Willensleben, die frühkindliche Bildwelt im eigenen Denken aus der Mitte des Fühlens selbst zu gestalten. Positiv gesehen ist erst damit die Möglichkeit gegeben, daß das Kind die «Verräumlichung der Bildwelt» im Begriffe-Bilden, also die «Rationalisierung» gegen das 12. Lebensjahr nicht nur identifikatorisch erlebt, sondern jenen Abstand gegenüber Rationalität *bewahrt*, der diese der kritischen Einsicht in ihre Natur offen hält und sie nicht als letzte Instanz der Gewissenskontrolle im Gefühlsleben festlegt. Wo immer das letztere im historisch-pädagogischen Prozeß geschieht, entsteht jene «Ich-Stärke» sozialer Anpassung an das Gewordene, an dem der auf Wandlung und Kreativität angelegte Ur-Antrieb des Menschen in der Aggression oder der blossen sterilen Triebhaftigkeit utopischer Phantasie maßlos werden muß, da ihm in Wirklichkeit Rationalität zwar als Bedingung, aber nicht als Ende der Moral-Bildung aufgegeben ist. Erst wenn wir erkennen, daß sich die Gewissensbildung als Konflikt von Anfang an im Gefühlsleben des Kindes rhythmisch offenbart und in der Polarität der Eltern seine Repräsentanz findet, wird wachsende Autonomie im Sinne einer freien Gewissensbildung als die Stärkung der Selbsterfahrung des Kindes in der Mitte des Fühlens um das 9. bis 12. Lebensjahr anschaubar. In ihr entsteht, wie wir sehen werden, jenes Maß des Gewissens, das sich zwischen Zukünftigkeit des Handelns und der Verpflichtung gegenüber biographisch gewordener Rationalität zu bewegen lernt. Im maßgebenden Raum der Mitte vermögen sich Gewohnheiten der frühen Kindheit kreativ zu wandeln und Motive des Handelns im Herz-Atmungs-Raum personal und konkret wahrzunehmen. Diese Wahrnehmung, die wir biographische Erfahrung nennen, ist gleichzeitig das Zentrum jetzt personaler Gewissenserfahrung in der Mitte der Kindheit.

Die Unfähigkeit der Väter, sich darauf einzurichten, daß sie nicht nur eine Welt zu bewahren, sondern auch dafür zu sorgen haben, daß das Kind im *eigenen Nachvollzug* einer in Gedanken geordneten Welt sich nicht in der Blendung der Bilder verliere, stellt die Problematik und Aufforderung väterlicher Haltungen dar. Solange sich unsere Erzieher und Väter mit einer Tradition *rationalisierter Werte* der Gattungshaftigkeit des Menschen-Ich abfinden und nicht die individuelle Ich-heit des Menschenwesens in den Blick bekommen, die seine moralischen Haltungen in jedem Leben neu herstellen muß, bleibt der Schatten des Ich als «Über-Ich» nur der Schein von Entstehung des Gewissens und verewigt sich mit jener Skepsis, die selbst Teil des Schattens ist. Was in Wirklichkeit im dritten Lebensjahr in der kindlichen Biographie in Erscheinung tritt, hat hingegen Steiner so dargestellt: «Während wir das, was wir die ‹kindliche Aura› nennen, in den ersten Lebensjahren wie eine wunderbare, menschlich-übermenschliche Macht das Kind umschwebt, so umschwebt, daß diese kindliche Aura, der eigentlich höhere Teil des Menschen, überall seine Fortsetzung in die geistige Welt hinein hat –, dringt in jenem Augenblick, bis zu welchem der Mensch sich zurückerinnern kann, diese Aura mehr und mehr in das Innere des Menschen hinein (um das dritte Lebensjahr). Der Mensch kann sich, bis zu diesem Zeitpunkt zurück, als zusammenhängendes Ich empfinden, weil dasjenige, was früher an die höheren Welten angeschlossen war, dann in sein Ich hineingezogen ist. Von da ab stellt das Bewußtsein überall sich selber in Verbindung mit der Außenwelt.»[6]

6 R. Steiner: Die geistige Führung des Menschen und der Menschheit. GA 15.

Die heutige Krise von Vaterschaft im Jahrhundert der Atombombe stellt jedoch auch eine Entwicklung dar, die gegenüber der Hoch-Zeit rationalen Selbstbewußtseins und dessen Moralforderung im 19. Jahrhundert auf einen freien Raum hinweist. In ihm könnte sich das Licht einer moralischen Phantasie neu zeigen, die im Wandel von rationalem Denken zur Imagination, d.h. in der Versagung des Machtgebrauchs der Rationalität überraschend hervorzuleuchten vermag. In der mittleren Kindheit ist dem Menschenwesen die Möglichkeit gegeben, in sich selbst den mütterlichen Raum innerer Realitäten der Erfahrung mit dem Vaterraum *äußerer*, im Denken ergriffener Wirklichkeit zu verbinden und zu versöhnen. Erst diese Versöhnung, wenn sie gelingt, öffnet den Weg zu freier Gewissensbildung im Jugendalter. Dazu bedürfte es aber in der frühen Kindheit einer erneuerten Nähe des Vaters und seines Widerstandes gegenüber dem institutionellen Machtanspruch einer technologischen Werk- und Gedankenwelt, welche methodisch von der Anwesenheit des Menschen-Ich in ihren Begriffen seit langem absieht. Der Vater könnte lernen, in Demut und Ehrfurcht tätiger und schützender Pate des Vorgangs der Ich-Werdung des Kindes zu sein. Denn in ihr offenbart sich das Licht der Welt als das Licht des Menschen, als der «Name des Namens» und der lebendige Logos der Begriffe: Das Ich, das in die Finsternis scheint. Dieses jenseits seiner Abschattung im Begriff zu begreifen, ist die immer erneute Bemühung um den Ursprung des Gewissens.

Kehren wir zur frühen Kindheit zurück: Fortdauernde Störungen des Rhythmus zwischen Zeitigung und Räumlichung können, wie die therapeutische Erfahrung zeigt, im Kind vor dem 7. Lebensjahr Anlässe von schweren Störungen seines Verhaltens mit Aggressionen werden:

Sowohl «sich im anderen verlieren» als auch das extreme «aus sich Gestellt-Werden» kann diese Störungen hervorbringen. Es zeigt sich dabei auch, daß Aggressivität des Menschen nicht, wie beim Tier, biologisch gesteuert, sondern abhängig vom Maß ist, in dem der Mensch den Konflikt von Zeitigung und Räumlichung bewältigt, der zugleich Gewissensbildung beinhaltet. Gewissensdruck und Gewissenlosigkeit sind die Anzeichen eines nicht gelungenen Rhythmus zwischen Räumlichung und Zeitigung in der frühen Kindheit, dem Nomos des verpflichtenden Erdenraumes und dem Versöhnungsraum der Nachahmung. Erfahrungen mit früh von ihren Eltern verlassenen und hospitalisierten Kindern zeigen, daß das Kind zu einem räumlichen Universum nur ja sagen kann, wenn konstante menschliche Beziehungen vorhanden sind, die in der Lage sind, auf eine nicht identifizierbare Welt von Dingen hinzuweisen. In diesem rhythmischen Prozeß kann erst jene Erkenntnistätigkeit des Kindes in Gang kommen, die dann zum 3. Lebensjahr zur ersten Ich-Erfahrung führt. Der Mythos der Schöpfungsgeschichte schildert das Werden des Menschen als den Austritt aus dem Paradies, den Schritt in die Verräumlichung einer irdisch-leiblichen Welt, als Erfahrung des Todes und die Gewinnung eines Erdenbewußtseins, dem gegenüber sich alle Versuche schöpferischer Zeitigung im Maßvollen verhalten müssen. Das Kind sucht in der Überwindung des topologischen Raumes in der frühen Kindheit jene paradiesische Einheit wieder, die nie mehr ganz gelingt. Es erfährt vom ersten Lebenstage an und zunehmend im Verlaufe des ersten und zweiten Lebensjahres den liebenden Hinweis der Mutter auf das Gewordene, um ein Universum von Objekten bejahen zu können. Von diesem Zeitpunkt an erlebt das heranwachsende Kind zunehmend den Schmerz des Auf-sich-gestellt-Seins als Bestand der Gewissensbildung in seinem Handeln, in dem der andere Mensch Versöhnung anbietet, aber auch immer wieder auf das sich entwickelnde Eigenwesen des Kindes als Du hinweist. Damit erfährt das Kind nicht nur eine Räumlichkeit, die zur Begriffsbildung anregt, sondern einen Bezugsrahmen eigenen Handelns und dessen Erprobung. Dieser gewinnt, wie schon gezeigt wurde, um das 3. Lebensjahr mit dem Ich-Sagen und der Bildung primärer Begriffe gleichzeitig einen Ort erster eigener seelischer Erfahrung, die wir als Ich-Haltung bezeichnet haben.

Im Versöhnungsraum bleibt ein vorgeburtlicher Beziehungsraum offen und betretbar, an dem sich primäre Intentionalität aus einem generalisierten Raume entbindet und sich zugleich individuell bindet. Im Vertrauen in ihn und im gleichzeitigen Ertragen von Distanz der Verräumlichung bildet sich jene uranfängliche Form von Solidarität, in der sich zwischen Beziehungslosigkeit und Selbstaufgabe ein Maß der Gewissensbildung im Gefühlsleben des Kindes schon vor dem dritten Lebensjahr auszubilden beginnt. [5] Der Begriff der Verinnerlichung von Normen, wie ihn die Psychologie verwendet, indem sie von einem dualistisch gedachten Modell von Beziehungen im Versöhnungsraum ausgeht, verkennt die Tatsache, daß das Kind das Bild der Mutter als Leitbild erst gewinnt, wenn in der nachahmenden Teilhabe von Seele zu Seele das Erfahrene zur biographischen Wirklichkeit einverleibt ist, d. h. in das Leibsein und dessen Gestaltung eingegangen ist und von dorther im Laufe der ersten sieben Lebensjahre zum Bild wird, welches dem Gewissen des Kindes zum Leitstern wird. Insofern ist die Gewissensbildung des Kindes in der frühen Kindheit gegenüber der mittleren Kindheit eng und primär mit der Leibesgestaltung des Kindes verbunden. [6] Zeitigung setzt deshalb auch einen Menschenleib voraus, der Plastizität und Offenheit lange bewahrt, während er beim Tier schon früh als Gestalt und Art-Verhalten festgelegt ist. Im Medium des noch offenen Bildeleibes erobert sich das Kind in der Nachahmung, d. h. in der kreativen Umgestaltung seines vererbten «Modelleibes» (R. Steiner) die Fähigkeit individueller Gewissensbildung, die ihm nach dem dritten Lebensjahr, auch wenn die Mutter abwesend ist, zunehmend als Leit-Bild anwesend sein kann.

Es scheint mir dies der Zeitpunkt zu sein, an dem das Kind sich beginnt zu schämen. Die Verdunkelung der Bilder begrenzt den Versöhnungsraum. Beim Kleinkind zeugt die *Angst* vom Erleben einer noch fremden räumlichen Welt, die Trennung von einem vorgeburtlichen Eins-Sein ausdrückt, ehe im befestigten Gegenstandsbewußtsein die irdische Welt erkannt und anerkannt ist. Erst dann wird das Kind fähig, «Gewohnheiten» als moralisches Verhalten zu erwerben, und beginnt zunehmend nach dem 3. Lebensjahr in der erfahrenen Verdunkelung des Leitbildes mit dem Erleben der Scham zu reagieren. Sich schämen können, als seelischer Gewinn, setzt das Erleben der eigenen Räumlichung in der Umwelt voraus. Scham scheint zu drängen auf die Erneuerung der Beziehung zur menschlichen Umwelt. In der frühen Kindheit muß dies im Versöhnungsraum der Teilhabe geschehen, der von der Mutter immer neu angeboten wird. Der reife Mensch erst vermag die Erfahrung von Schuld und Scham zu tragen. Man kann aus diesen Betrachtungen den Abstand ermessen, den die frühkindliche Gewissensbildung zu der Mitte der Kindheit hat, wo jetzt die ersten Erfahrungen *eigener Verantwortlichkeit* für die Normübertretung deutlich wird und die Furcht als Erlebnis erscheint, nicht nur als Furcht vor der Bestrafung, sondern vor der eigenen wachsenden Verantwortlichkeit. Sie löst sich erst dann, wenn dem neun- bis zwölfjährigen Kind ein Partner zur Verfügung steht, der mitträgt, ohne Versöhnung anbieten zu können. Damit ändert sich aber der Einfluß des anderen Menschen auf die Moral- und Gewissensbildung erheblich und pädagogisch bedeutungsvoll. Das Kind vermag sich dann zunehmend an seiner aus dem eigenen Willensleben geschaffenen Gedankenbildung zu orientieren, die sein Handeln moralisch zu bestimmen beginnt. Der handlungsleitende Außenraum der frühen Kindheit als Begrenzung erscheint als Innenraum richtunggebender Gedanken. Damit ändert sich aber auch die Beziehung zur Mutter.

Die Wert-Suche des kleinen Kindes erfordert größere Partnerschaft und *gegenseitige* Einsicht. Im Begriffe-Bilden der mittleren Kindheit verschwindet der frühe Versöhnungsraum, während im Handeln das Kind zu einer Erfahrung eigener Verantwortung aufwacht, die nicht mehr an ein nur räumliches Universum gebunden ist. Von Anfang an aber zeigt sich, daß sich die Gewissensbildung als Konflikt im Gefühlsleben des Kindes offenbart und in der Mitte des Fühlens um das 9. und 10. Lebensjahr dem Kind selbst seelisch voll verfügbar wird. Im jetzt maßgebenden Raum der Mitte vermag sich Gewohnheit der frühen Kindheit kreativ zu wandeln; im Zeitigungsstrom der Moralbildung der frühen Kindheit stellt sich die Gewissensbildung der wachsenden Ich-Erfahrung zur Seite. Letztere erreicht in der Mitte des Fühlens zwischen dem 9. und 12. Lebensjahr eine weitere Verinnerlichung: «Wir sind Menschen dadurch, daß wir ein Ich-Bewußtsein haben; und was sich im Gewissen uns zur Seite stellt, das stellt sich unserem Ich zur Seite. Das Gewissen ist daher auch etwas, was wir als ein heiligstes und individuelles Gut ansehen, in das uns keine äußere Welt hineinzureden hat und wodurch wir Richtung und Ziel uns selber vorsetzen können.»[7]

7 R. Steiner: Das menschliche Gewissen, Vortrag 5. 5. 1910 in: Metamorphosen des Seelenlebens. GA 59.

Die enge Verbindung, die das Gewissen mit der Schicksalsgestaltung in der Tiefe des Willenslebens hat, läßt den reifen Menschen in seinem Wachbewußtsein die Frage nach dem Ursprung des Gewissens als ein Lebensrätsel empfinden. Von einer möglichen Antwort hängt ab, ob die Entwicklung des Gewissens in der frühen Kindheit als eine Erscheinung der Moral überhaupt in den Blick kommen kann. Die die Seele des Kindes erforschende Entwicklungspsychologie, die in der konsequenten Anwendung ihrer Methodik die Spur des wahren Ursprungs des Gewissens nicht verfolgen kann, hat dazu führen müssen, daß auch ein sinnerfüllter Begriff des Gewissens zunehmend in der Entwicklungspsychologie verschwunden ist.

Dies hängt mit der schon an anderer Stelle erwähnten Tatsache zusammen, daß eine geisteswissenschaftliche biographische Phänomenologie neben den Phänomenen des Tagesbewußtseins diejenigen des Schlafes durch eine gesteigerte Selbstbeobachtung erfragen muß, da offenbar dasjenige, was sich im Schlaf auch des Kindes abspielt, einen wesentlichen Einfluß gewinnt auf die Tageserlebnisse und diese in besonderer Weise der fortschreitenden Biographie des Kindes eingestaltet. Aufgrund seiner eigenen geisteswissenschaftlichen Forschung hat Rudolf Steiner darauf hingewiesen, daß der erwachsene Mensch jede Nacht im Schlafe eine Art Anfrage an die geistige Welt stellt: «Wie nimmt sich vor den Wesen der geistigen Welt meine moralische Seelenverfassung aus?» Für viele Menschen ist auch in der Gegenwart noch ein Ahnen für diesen Zusammenhang lebendig, welches in älteren Zeiten zu den praktizierten Gewißheiten des Seelenlebens gehörte. «Was uns im wachen Bewußtsein da als die Stimme des Gewissens anrührt, ist die Antwort, die die geistige Welt im Schlafe in uns gestaltet»[8]. In der frühen Kindheit nimmt in jeder Nacht die Seele des Kindes das in der Nachahmung Erfahrene in seine seelisch-geistige Existenz auf und wählt im Zusammenklingen mit geistigen Wesen dasjenige aus, was es seinem Schicksal in der Tiefe des Willenslebens eingestalten will. Es bilden sich dadurch jene Gewohnheiten des kleinen Kindes als sichtbarer Ausdruck dieses Vorgangs, die eben nicht nur Ergebnisse der Erfahrung des Tagesbewußtseins sind, sondern Weitergestaltungen aus dem Nachtleben. Für die mittlere Kindheit kommt in diesem Zusammenhang in Betracht, daß die Art und Weise, wie das Kind seine Tageserlebnisse in die Nacht tragen kann, der besonderen Sorgfalt des Erziehers bedarf. Gewissensbildung geschieht jetzt nicht mehr im Erscheinen von Gewohnheiten, sondern in seelischen Haltungen, die sich immer wieder neu bewähren müssen.

Daß die Erfahrung eigenen Schicksals in der kindlichen Entwicklung bis zur Lebensreife im 3. Jahrsiebt verzögert ist, hat nicht zuletzt seinen Grund in der Tatsache, daß jeder Mensch, wenn er, seiner ewigen Entelechie folgend, in eine

8 R. Steiner: Die Gestaltung des Moralisch-Geistigen des Menschen im Schlafe, 12. August 1921.

neue Inkarnation eintritt, sich mit der Moralität, die ihm durch die Menschengemeinschaft seiner Inkarnation vermittelt wird, neu verbinden und diese aufnehmen muß, damit sie eigenen Schicksalsabsichten angewandelt werden kann. Erst im 3. Lebensjahrsiebt vermag der Jugendliche, und dies beinhaltet Steiners Begriff von der «Erdenreife», der Welt urteilend gegenüberzutreten und damit seine eigenen Impulse anzuerkennen oder zu verwerfen. Er wird mündig, wenn er jetzt auf einer neuen Stufe die Stimme seines höheren Ich als Gewissensstimme handlungsleitend wahrzunehmen vermag.

Soziale Phantasie – Ein Weg zur Gewissensbildung

«Das Herz ist der Schlüssel der Welt.» Novalis

«Von dem Hinübertragen des eigenen Seelischen in das Seelische des anderen hängt im Grunde genommen alle wahre Moralität ab.» R. Steiner

Ausgehend von der Entwicklung des Ich-Sinnes, der ästhetischen Dimension und den Ausführungen des vorigen Kapitels müssen wir uns der wachsenden Gewissenserfahrung zuwenden. Ich will zeigen, wie diese Wandlung mit einer Vertiefung der Erfahrung des Willenslebens in Zusammenhang steht.

Das Kind leistet in der mittleren Kindheit einen Schritt der Bewußtwerdung seines Ich, der sich in der Wahrnehmung seines Handelns, der Realisierung einer neuen Ebene zwischenmenschlicher Beziehungen und einer Umstrukturierung seines Denkens offenbart. Die Einführung neuer Erziehungsfächer (Sozialkunde, Gemeinschaftskunde, Sexualerziehung, ästhetische Erziehung, politische Bildung und schließlich auch «Friedenserziehung»), die ernsthaft diskutiert und praktiziert werden, scheint jener menschenkundlichen Grundlagen zu entbehren, die uns Auskunft darüber verschaffen könnten, wie das Kind in der mittleren Kindheit lernt, seine Wahrnehmungen gegenüber dem anderen Menschen zu vertiefen und sich der gesellschaftlichen Bedeutung seines Handelns bewußt zu werden. Die Bildung dieser neuen Möglichkeiten bestimmt, so ist zu vermuten, entscheidend Formen des moralischen, gesellschaftlichen und politischen Handelns sowohl des einzelnen reifen Menschen wie auch einer Gruppe oder Institution, das heißt den Stil von moralischen Haltungen des Erwachsenen.

Wir gehen davon aus, daß das Kind die im vorigen Kapitel besprochenen Prozesse der unbewußten oder halbbewußten Aneignung bzw. «Verinnerlichung» der Moral vollzogen hat und sich Normen als Gewohnheiten der Biographie einverleibt hat. Wir haben gesehen, daß Verinnerlichung sich im Medium der Nachahmung abspielt und daß das Kind sein Handeln beim ersten Gestaltwandel auf eine gesicherte individuelle Gestalterfahrung des eigenen Leibes als einem neuen Bezugsort gegenüber dem Außenraum zu beziehen lernt. [1] Wir können annehmen, daß sich die zunehmende Kontrolle und Erfahrung des Handelns in dem Maße vollzieht, als das Kind Abstand von den unbewußt bestimmenden, im ersten Lebensjahrsiebt geformten Normen seines Handelns gewinnt. Im Sinn einer Phänomenologie müssen wir uns deshalb zunächst der Wandlung der kindlichen Bewegung zuwenden, aus der auch moralisches Handeln möglich wird und die von

Anfang an Ich-Motive offenbart. Deren Richtungswandel läßt deshalb Veränderungen des Bewegungs-Bildes erwarten. *Buytendijk* und *Langeveld*[1] haben eine «puerale Motorik» beschrieben, die sich dadurch auszeichnet, daß sie sich auf eine «innere Haltung» bezieht, die mit der wachsenden Selbstwerdung des Kindes und der Kontrolle seines Gefühlslebens im Zusammenhang zu stehen scheint (siehe das Kapitel über den Ich-Sinn). *R. Steiner* hat diesen Wandel als eine Form der Durchseelung, Verinnerlichung und Individualisierung der Handlungen und der damit verbundenen Selbsterfahrung beschrieben[2]: «Man wird finden, daß in einer bestimmten Weise dasjenige im werdenden Menschen (zwischen dem siebten und vierzehnten Lebensjahr) hervortritt, was man nennen kann die durch die Körperlichkeit – durch die ganze Art des Sich-Gebens in der Haltung, in der Seelenhaftigkeit der Körperlichkeit, in der die ganze Lebenshaltung zum Ausdruck kommt – gewissermaßen konsolidierte *innere Eigentümlichkeit.*»[2]

Das Kind befreit sich in diesem Lebensalter im Ergreifen des Muskelorganismus von den frühen Handlungsformen und beginnt seine Handlungen zugleich als Haltungen biographisch näher und «eigener» wahrzunehmen. Wie im Kapitel über die Atemreife beschrieben, findet jetzt die Muskulatur einen Zusammenhang mit dem rhythmischen System, vor allem der Atmung und damit eine Beziehung zu einer neuen Innerlichkeit des Selbsterlebens. Man kann annehmen, daß in diesem Bewußtseinswandel gegenüber der eigenen Handlung jene Kontrollen frühkindlicher gewohnter, das heißt verinnerlichter Normen durch eine *neue Form* reflexiver Intentionalität ersetzt wird, die mit einer Steigerung moralischer Autonomie einhergeht und zugleich Kritik, das heißt, Abstand vom früher wesentlich bestimmenden Verhalten anderer einbringt. Dabei scheint uns wert zu beachten, daß die im Kapitel über die Atemreife beschriebene Richtungsänderung des Willens auf *Gedankentätigkeit* im neunten Lebensjahr dieser Entwicklung vorauseilt und die hier gemeinte *Handlungs-Wahrnehmung* als Gewissensbildung zart, labil und zunächst keimhaft bleibt. Erst nach der Pubertät gewinnt der Muskelorganismus eine neue Beziehung zu dem in der Blutbewegung waltenden Willen und das außerordentlich sensible, mit quergestreifter Muskulatur ausgestattete Herz wird zentrales Wahrnehmungsorgan reflexiver Intentionalität. Gewissen wird als personales erfahrbar im Sinne biographischer Erfahrung. So beobachten wir in der Mitte der Kindheit eine signifikante Verzögerung der personalen und endgültig selbst zu verantwortenden Handlungserfahrung im sozialen Feld, während in der gegenwärtigen Zivilisation die Gedankenfähigkeit, die auf die Beherrschung äußerer Realität gerichtet ist, mit dem Beginn formaler Denkoperationen um das zwölfte Lebensjahr sich schneller vervollkommnet.

1 In F. J. J. Buytendijk: Allgemeine Theorie der menschlichen Haltung und Bewegung. Berlin 1956.

2 R. Steiner: Das Karma des Berufes des Menschen. GA 172.

Das Handeln des Kindes zwischen dem neunten und zwölften Lebensjahr geht eben gerade noch nicht in die schicksalhafte Gestaltung der Welt und der damit verbundenen Erfahrung eines persönlichen Gewissens über. Es bleibt gleichsam experimentell, nicht nur im Sinne äußerer Experimente, sondern vor allem im Sinne von Verinnerlichung konkreter Erfahrung als «experience», die dem kleinen Kind noch fremd ist. Diese Wandlungen bedeuten jedoch nicht nur, daß zunehmend mögliche Handlungen geplant werden, die man tun oder unterlassen kann, und die man prüfen kann, ehe man sie vollzieht, und die damit verbundene Unterscheidung zwischen Wunsch und Tat. Zweifellos entsteht dadurch ein neuer Bezugsort, der zugleich im Sinne autonom werdender moralischer Haltungen auch als verpflichtend erlebt wird. Jedoch wird der hier gemeinte Innenraum erst moralbildend wirksam, wenn das Kind zunehmend nach dem neunten Lebensjahr fähig wird, seine eigene Willenstätigkeit verwandelt als Wahrnehmung auf den anderen Menschen hin zu richten. Es lernt den anderen Menschen als *Partner* und Vorbild in die eigenen Handlungsmotive mitaufzunehmen.

Dieser Prozeß ist in der neueren Soziologie als Empathie[3] beschrieben worden und stellt eine wesentliche Bedingung legitimer Selbsterfahrung und Korrektur moralischen, gesellschaftlichen Handelns dar. *Ich sehe darin eine Art «Moratorium», dessen Sinn darin besteht, Partnerschaft zu üben, bevor Handlung endgültig verpflichtenden Charakter bekommt.* Empathie ist nicht mehr die nachahmende Identifizierung der frühen Kindheit, sondern konstituiert sich gerade aus der kritischen Distanz neu gewonnener Selbsterfahrung. *Haltungen* treten jetzt aus der Familiarität des Verhaltens heraus und erscheinen als gesellschaftlich beurteilte und selbstbewertete Leistungserfahrungen. Die Soziologie nähert sich im Empathie-Begriff demjenigen, was geisteswissenschaftlich erweitert als Ich-Sinn beschrieben ist.

Die allgemeine Situation des heutigen Kindes ist im Sinne dieser Einübung in den «technologischen Eros seiner Kultur» (E. Erikson) gegenüber dem Beginn dieses Jahrhunderts im Sinne einer *zunehmenden Abstraktion* deutlich verschoben. Noch im 19. Jahrhundert lagen die Materialien des Handelns für das Kind in einem sich noch ohne Bruch in die Schulzeit erstreckenden familiären Raum vor. Das Handwerkliche gab Anlaß zur konkreten Handlungserfahrung, und die Nähe der arbeitenden Eltern war vielerorts noch das konkrete Wandlungsfeld frühkindlicher Identifikation zu gesellschaftlicher Partnerschaft. Handeln geschah in dieser Altersgruppe an sichtbaren Dingen, mit den sichtbaren Geräten der Väter und Mütter, und spätere Berufe gingen oft ohne Brechung aus dieser Einübung hervor. Identifikation blieb relativ lange zusammen mit familiären Normen als Hand-

3 Über den Begriff der Empathie als identitätsfördernde Fähigkeit und die mit ihm verbundenen Untersuchungen und Theorien siehe L. Krappmann: Soziologische Dimensionen der Identität. Stuttgart 1971.

lungsvorbildern erhalten, wie dies heute in sogenannten primitiven Kulturen noch der Fall ist. Erst im Bedenken der Erfahrungen des heutigen neun- bis zwölfjährigen Kindes läßt sich der historische Bruch erkennen, der mit der industriellen Revolution begann und heute in den gesellschaftlichen Revolutionen zunehmender Intellektualisierung aller Erfahrungen seine Fortsetzung findet. Die Leistungserfahrung des Kindes, die auf konkrete Partnerschaft eingestellt ist, wird dadurch zunehmend irreal, und die Wandlung der Gewissensbildung zur Autonomie wird verzögert oder unmöglich gemacht. Hinzukommt, daß die Schule heute persönliche Begegnung durch Medien ersetzt und sich dadurch dem Kind und seinen biographischen Bedürfnissen versagt. Mit dieser Entwicklung scheint die Tatsache zusammenzuhängen, daß frühkindliche Normen ohne Wandlung in die Gedankenbildung des Kindes eingehen und im Gefühlsleben des Kindes weiter als nur von außen gegeben erfahren werden.

Wenn *Erikson* vom «technologischen Eros» spricht, so kann er für unsere gegenwärtige Kultur nur das auf Technik bezogene operationale Denken und die Verfügbarkeit von «Instrumenten» des Handelns für das neun- bis zwölfjährige Kind meinen, während die Wahrnehmung von Tätigkeiten des Erwachsenen in der nächsten konkreten Umgebung des Kindes weit in die Ferne gerückt ist. Der Neun- bis Zwölfjährige findet sich in den meisten Fällen in einer «vaterlosen» Situation, in der die Tätigkeiten des Vaters und manchmal auch der Mutter ihm weitgehend anonym bleiben. Er ist umgeben von Konsumangeboten, die «ferne» Vorbilder in den Massenmedien hereinholen, an denen sich kritische Erfahrungen nicht machen lassen, da ihnen der Charakter konkreter Begegnungen fehlt, und die Spielangebote bestehen aus Dingen, die man zum Funktionieren bringen kann, die aber wenig Möglichkeit der Gestaltung geben. Die Krise, die das Kind gegenüber der Teilhabe an der Welt erlebt, hat sich zunehmend verschärft und hat die Handlungserprobung des Neun- bis Zwölfjährigen im Gegenüber maßgebender Partner bedeutsam erschwert.

Diese Entwicklung ist offenbar nicht umkehrbar, und dennoch scheint uns das Bedürfnis des Kindes zwischen neun und zwölf Jahren nach Autonomie von Handlungserfahrung zur Sicherung seiner Identität nicht geringer geworden zu sein. Demgegenüber wird heute in den meisten Fällen jene erzieherische Praxis gefördert und gefordert, die nur auf kognitive *Leistung* eingestellt ist. Erikson hat mit Besorgnis darauf hingewiesen, daß dieses Prinzip vor allem in der westlichen Welt zu einer «Überidentifizierung» mit seinen Leistungen beim Neun- bis Zwölfjährigen führt und mit dem Verlust zwischenmenschlicher Erfahrungen einhergeht, die gerade in diesem Lebensalter die Handlungen des Kindes an Solidarität und «fair-play» binden wollen: an die Tätigkeit empathischen Verhaltens. In extremen Fällen wird der Partner der Leistung geopfert. Das Wesen der «Leistung» in diesem Lebensalter liegt aber gerade in der *Erfahrung* des Könnens und nicht im Können selbst, und nur in dieser Erfahrung kann Handlungsgewinn sich zur

Autonomie erweitern. Dazu gehört die Festigung von Zielvorstellungen der «Werkzeugmotorik», die zunehmende Ausdauer in der Verfolgung von Zielen und die gesellschaftliche *Bestätigung* dieser Fähigkeiten. Die sichtbaren Leistungen, sei es im Unterricht oder in der künstlerischen und handwerklichen Betätigung, stärken die neue Selbsterfahrung, wobei Bestätigung nicht gleichbedeutend ist mit Benotung oder Objektivierung von Wettlaufzeiten.

Ebenso steht das Handeln am Objekt mit dem Werkzeug noch außerhalb der auf Erwerb und Produktion gestellten Leistung. Es ist wie das konkret operationale Denken zunächst Erprobung von Möglichkeiten individueller Nuancierung. Handeln wie Denken bleiben in konkreten Anschauungsräumen und erfahren sich meist noch am «Zufälligen» und nicht Geplanten. Die Beschäftigungen der Neun- bis Zwölfjährigen leben noch aus dem rhythmischen Element und offenbaren sich, wo kein Leistungsdruck besteht, zunächst in einer Fülle angefangener und wiederaufgegriffener Tätigkeiten: Da liegen die halbfertigen Konstruktionen des Jungen das Zimmer füllend umher, mitten aus dem praktischen Tun zieht sich der Zehn- oder Elfjährige zurück, um ein Buch zu lesen, oder das Mädchen wechselt zwischen der Hilfe, die sie der Mutter gibt, plötzlich zu selbständigen Koch-Experimenten, um diese wieder zu verlassen und eine Tasche für die Schwester zu schneidern. Alles drängt auf *selbstgewählte* Sinnerfüllung des Handelns, und die Pflicht ist diesem Lebensalter fern. Verpflichtungen seitens der Eltern stoßen auf sehr bestimmte, wenn auch wenig artikulierte Widerstände. In extremen Fällen leiten sie psychosomatische Entwicklungsstörungen ein. [2]

Das Kind scheint in diesem Lebensalter Bewegungs- und Handlungsformen einzuüben, die bei den Jungen in der Differenzierung der Kraftentfaltung wahrnehmbar werden, beim Mädchen in der Innerlichkeit durchseelter Bewegung, die wir Grazie nennen. Erst im Verlauf der drei Lebensjahre von neun bis zwölf stellt sich langsam Ausdauer und Zielstrebigkeit ein, die mit der Festigung der Identität einhergeht.

Nachdem wir zunächst nach der sich wandelnden Selbsterfahrung des Handelns und deren gesellschaftlichen Voraussetzungen gefragt haben, müssen wir uns jetzt der Dimension selbst zuwenden, in der sich handlungsbestimmende Normen der frühen Kindheit zu ändern vermögen. Dabei sei der Leser auf die im vorigen Kapitel schon beschriebene Auseinandersetzung des Kindes mit den Schwerekräften verwiesen. Diese wird jetzt offenbar bewußtseinsnäher.

Wie im Kapitel über die Atemreifung dargestellt, kann sich das Kind im Inkarnationsprozeß jetzt jenen primär intentionalen Akten erst innerlich bewußter verbinden, die unbewußt in der Überwindung der Erdenschwere beim Gehenlernen Moral begründeten. Das Kind erfährt erst jetzt zunehmend seine *eigene* Schwere, nachdem es in den ersten Lebensjahren die Grundlagen dieser Erfahrung in der Beziehung zur Erde gemacht hat. Wie es sich damals zur individuellen Gestalt verräumlichte, so zeitigt es sich jetzt. Kulturell signifikant hängt diese Verzögerung der Wahrnehmung *eigener* Willenstätigkeit damit zusammen, daß in den dazwischenliegenden Jahren die soziale nähere Umwelt in die Moralbildung des Handelns biographisch eingebracht werden muß und als Verinnerlichung verstanden wurde. Jetzt wird Handeln nicht nur Erfahrung in einem objektivierten und generalisierten Raum, sondern konstituiert sich an der Erfahrung der Schwere des eigenen individuellen *Zeitenleibes,* dessen Entdeckung moralische Haltung zunehmend zum zwölften Lebensjahr hin sichert, wenn sie sich mit der Gedankenfähigkeit verbinden kann. Auch handelt es sich dabei nicht um eine Trieb-Sublimierung, sondern um eine genuine *Neu-Entdeckung* jener noch verborgenen frühkindlichen primären Intentionalität des Handelns, durch deren Erfahrung allein Triebe neu gebunden, geordnet und verantwortet werden können. Die Ausdauer und Beständigkeit der Intentionen des Zwölfjährigen entsprechen diesem Vorgang, der eine Neu-Interpretation der psychoanalytischen Leerformel «Sublimierung» notwendig macht.

Allerdings kann das neun- bis zwölfjährige Kind diese Erfahrungen wiederum nur am Widerstand der Begegnung mit der Welt üben. Dafür kommt vor allem die handwerkliche und künstlerische Praxis in Frage, deren Vernachlässigung in diesem Lebensalter ein Reifungsdefizit der konkreten moralischen Autonomie bedeuten kann. Eine kleine neue Tätigkeit in diesem Lebensalter zu entwickeln scheint bedeutungsvoller als begabte Routineaktionen, und vieles hängt davon ab, *was* die Umwelt bestätigt. Mit dem Erleben des Materie-Widerstandes am Knochensystem gelingt zum erstenmal jene für die Moralbildung wesentliche *Zurückhaltung* unmittelbarer Reaktionen und die Fähigkeit, Widerstände selbst zu beurteilen und zu überwinden. Derselben Differenzierung des Gefühlslebens, die als Haltung erscheint, entspricht nun auch jene operative Gedankenfähigkeit, die verschiedene perspektivische Einstellungen dem Objekt gegenüber erlaubt und frühere globale bildhafte Zusammenhänge auflöst. Das eigene Muskel- und Knochensystem erweist sich als konkretes Material von Widerstandserfahrungen des Willenslebens, an denen Handlungsmoral autonom wird. Das Kind erlebt zunehmend, daß die Widerstände nicht von außen geschaffen werden, sondern als Konflikt der eigenen seelisch-leiblichen Konstitution angehören.

Die damit verbundenen Erfahrungen beinhalten eine Krise, die um das zehnte Lebensjahr beginnt. Ich habe sie im Kapitel über die Träume darzustellen versucht: Das Kind erfährt sein Willensleben als «Nacht», als «Labyrinth», als «Wesen» hinter einer verschlossenen Tür und begegnet sich dort selbst als einem bisher noch unbekannten Ich. Diese Erfahrung ist biographisch neu. Kein Kind erfährt diese existentielle Tiefe des eigenen Willenslebens in der frühen Kindheit. Erst wenn sich zum zwölften Lebensjahr das Willensleben im begrifflichen Denken, dem Beginn formaler Operationen und kausalen Denkens niederschlägt und objektiviert, erscheint die neue Ich-Erfahrung integriert zu einer neuen gedankengetragenen *Ordnung* der Moral im Sinne von selbst einsehbaren Regeln und offenbart sich gleichzeitig an der oben beschriebenen keimhaften Erfahrung eigenen Handelns als wachsende Autonomie. *Diese zeigt sich nicht als Regel, sondern bleibt situationsoffen.*

In vielen älteren Kulturen ist die Zeit zwischen dem siebten und vierzehnten Lebensjahr der Traditionsvermittlung gewidmet, das heißt die Erziehung ist auf die Vergangenheit gewendet. Zeremonien und Rituale, aber auch ständige Übung des Waffengebrauchs und die Praxis im Umgang mit der Erde und dem Tier dienten und dienen diesem Ziel. In den modernen heutigen Gesellschaften herrscht dagegen das Bedürfnis, gesellschaftlich-politisch geplante Zukunft in diesem Lebensalter erzieherisch vorzubereiten, und das Kind ist relativ früh zur Ablösung aus dem familiär-kulturellen Vergangenheitsraum gezwungen. Dadurch entsteht leicht eine besondere Form von *Erziehungsritualen* «eines technologischen Eros» mit dem Schwergewicht des Individualisierungsprozesses auf intellektuellen Lernleistungen, der sich nicht mehr am und als Handeln konstituiert. Reflexive Intentionalität wird nicht geübt.

Amerikanische Untersuchungen haben gezeigt, daß sich ungeschulte Kinder aus primitiven Kulturen, aber auch Landkinder gegenüber Stadtkindern dadurch auszeichnen, daß sie ein starkes Übergewicht an auf konkrete Situationen bezogenem Handeln zeigen, eine stärkere Identifizierung mit traditionellen Handlungsmustern und eine auffällige Unfähigkeit, kognitive Leistungen zu vollziehen, die nur mit symbolischen Mitteln bewältigt werden können. Die moderne Gesellschaft fordert, so schließen die Autoren, von ihren Angehörigen eine grundlegende kognitive Veränderung, während «die traditionellen nichttechnischen Gesellschaften nur die Vervollkommnung und Erweiterung der ersten einfachen Weisen der Wirklichkeitserfahrung verlangen».[4]

Diese Untersuchungsergebnisse können nicht nur als abwertende Kritik einer Vergangenheit verstanden werden. Sie beinhalten ein zentrales Erziehungsproblem, das sich so formulieren läßt: Wie läßt sich durch die «kognitive Krise» der modernen Gesellschaften primäre Wirklichkeitserfahrung biographisch sinnvoll wandeln? Oder: Wie kann Moralbildung in die kognitiven Prozesse eingehen und, biographisch entscheidend für die Zukunft, die Willenserfahrung dem Denken verbinden? In welchen Formen zwischenmenschlicher Erfahrungen kann das Kind jene moralische, das heißt reflexive Intentionalität in der mittleren Kindheit erüben, die später gerade auch gegen die Ordnungen von allgemeinen Regeln sich auch behaupten muß?

Zur Beantwortung dieser Fragen wenden wir uns jenem schon angedeuteten

4 «Über Kultur und Äquivalenz» in J. S. Bruner u. a.: Studien zur kognitiven Entwicklung. Stuttgart 1971.

Verhalten des Kindes zu, das in den Akten der Empathie nicht nur der Handlungsbestätigung bedarf, sondern den anderen Menschen als Partner seiner neuen Selbst-Erfahrung *sucht*. Es wird sich zeigen, daß der Begriff der Empathie geisteswissenschaftlich erweitert werden muß: Wir müssen davon ausgehen, daß das gegenwärtige Bewußtsein des Erziehers gegenüber früheren Zeiten schon in der Mitte der Kindheit auf begriffliche Lernleistungen hinblickt und dem unbewußten Willensleben des Kindes in immer geringerem Maße die Möglichkeit seiner Wandlung im sozialen Handlungsfeld anbietet. Auch besteht diese Wandlung nicht nur in der schon beschriebenen neuen Handlungserfahrung an den Materialien der Welt. Sie verwirklicht sich vielmehr dadurch, daß das Kind nach dem neunten Lebensjahr in seiner neu gewonnenen Selbsterfahrung darauf hinlebt, seine von Intentionalität getragene fühlende Wahrnehmung auf den anderen Menschen zu erweitern, ohne seine eigene Identität aufzugeben. Es sucht in ihm nicht moralische Gebote oder Urteile, sondern die Wirklichkeit eines anderen Ich, das sich in der Sprache und im Handeln ausweist und sein Wissen so zur Verfügung zu stellen vermag, daß in ihm gelebtes Leben ansichtig wird. Erst in diesem Lebensalter lernt das Kind, durch die Äußerungen des anderen auf dessen höheres Ich «hindurchzufühlen», und entdeckt damit im anderen eine Quelle, die als moralische erst nach der Pubertät im eigenen Ich wahrnehmbar und als Urteil selbständig wird. «Das Kind fängt jetzt an, möchte man sagen, zu träumen von dem, was seine Umgebung tut, während es in der ersten Lebensperiode das ganz nüchtern aufgefaßt hat, in seiner Art nüchtern, indem es sie innerlich nachahmt. Jetzt fängt es an zu träumen von dem, was seine Umgebung tut.»[5] Die Wandlung setzt nicht nur Gedächtnis und Gedankentätigkeit in Gang, sondern setzt die Wertsuche der frühen Kindheit als Metamorphose auf höherer Bewußtseinsstufe fort. Sozialerziehung kann als die konkrete Einübung dieses Prozesses vom Lehrer zum Kind grundsätzlich verstanden werden. In ihm kann sich jene von den Soziologen gemeinte «Rollen-Distanz» bilden, die Freiheit in *Möglichkeiten des Verhaltens* entdeckt, ohne bindungslos zu werden. Dabei spielt, wie wir sahen, die Sprache eine entscheidende Rolle, indem das Kind lernt, hinter den Worten zu lesen, was gemeint ist, das heißt auf den «zweiten Ton» zu hören als eine Leistung freiwerdender Empathie. Das Kind lernt jene Ambiguität wahrzunehmen und zu tolerieren, die zwischen der Sprache als Zeichen und Begriff und den intentionalen Inhalten des Sprechenden auftaucht und deren Bewältigung Bedingung sozialen Verhaltens wird. Dieses «Hinübertragen des Seelischen» wird aber erst entbunden, wenn die in diesem Lebensalter mit der Atemreifung verbundene kritische Erfahrung des Kindes pädagogisch fruchtbar gemacht wird, und das Kind gleichzeitig zunehmende Handlungsautonomie erfahren kann. Kritik wird jetzt auf das

5 R. Steiner: Die pädagogische Praxis vom Gesichtspunkt geisteswissenschaftlicher Menschenerkenntnis. Vortrag 17.4.1923. GA 306.

Verhalten des anderen gerichtet, das im Handlungsfeld konkret werden und sich statt in *Gewohnheiten* («Prinzipien») und moralischen Urteilen in konkreten *Situationen* bewähren muß. «Das Kind fühlt sich, wenn es erwacht nach der Geschlechtsreife und nur Erinnerungen an fertige moralisch-intellektuelle Urteile hat, innerlich versklavt. Es sagt sich vielleicht nicht, daß es innerlich versklavt ist, aber es fehlt ihm für das wahre Leben jene ungeheuer wichtige Erfahrung, die sich in dem dunklen Gefühl ausspricht: Das Moralische ist in mir an dem Leben selbst erwacht, das moralische Urteil habe ich mir selbst entfaltet, *es ist das meinige.*»[6]

Am Doppelprozeß der Erfahrung der Möglichkeiten eigenen Handelns und der kritischen Einstellung entfaltet sich die neue Leistung, die die Richtung von Intentionalität in verbindliche Wahrnehmung des anderen als Regulativ des Handelns wandelt. Geschieht dies nicht in der mittleren Kindheit, so werden die «Bilder» der frühen Erziehungspersonen nur auf die der mittleren Kindheit verschoben, und das Handeln bleibt alten Normen verbunden. Im Rhythmus neuer Identität, der Verknüpfung kritischer Erfahrung der Welt und einer neuen autonomen Handlungserfahrung tritt jene Verbindung zwischen Atmung und Herz ein, die das Denken mit dem Willensleben verbinden kann. Diese Verbindung stellt das zentrale Bemühen geisteswissenschaftlicher Pädagogik der mittleren Kindheit dar und ist in der Physiologie des zehnjährigen Kindes vorgezeichnet: «Betrachten wir das Verhältnis der Pulszahl zur Zahl der Atemzüge, so wiederholt sich (in diesem Lebensalter), wie R. Steiner ausgeführt hat, innerhalb des mittleren (rhythmischen) Menschen noch einmal dasjenige Verhältnis, das im *ganzen* Menschen die Kräfte des Stoffwechsels zu den vom Kopf ausgehenden Kräften einnehmen. Um das neunte Lebensjahr stehen Atem und Puls vorübergehend in dem ausgeglichenen Verhältnis von 1:4, das sich erst später wieder beim gesunden Erwachsenen findet.»[7]

Die plastische «Einbildung» von individuellen Normen der Nachahmungszeit in der Verbindung von Kopf- und Leibesprozessen der frühen Kindheit, die wir im vorigen Kapitel eingehend geschildert haben, wird im Rhythmus jetzt «aufgeschmolzen». Das Kind gewinnt Abstand von gewohnten Handlungsnormen der Nachahmungszeit. Es tritt im Selbst-Bewußtsein in den Rhythmus des Fühlens ein. Es entsteht dadurch jene neue Freiheit, die jenseits frühkindlicher Motive für die moralbildende Anteilnahme des anderen offen wird. Die damit verbundenen Akte der Suche und der Antwort beinhalten *soziale Phantasie,* wobei sich Phantasie nicht nur in Gedankentätigkeit wandelt, sondern als Wahrnehmungsinteresse aufscheint. Phantasiekräfte metamorphosieren sich nicht nur in die Gedankentätigkeit, sondern richten sich auf dasjenige, was im anderen Menschen zum Vorbild

6 R. Steiner: Die geistig-seelischen Grundkräfte der Erziehungskunst. Vortrag 19. 8. 1922. GA 305.

7 W. Holtzapfel: Krankheitsepochen der Kindheit. Stuttgart 1960.

werden kann und auf Zukünftiges hinweist. Die Verflechtung kognitiver Prozesse mit den Erfahrungen sozialer Phantasie scheint in der gegenwärtigen Kultur von höchster Bedeutung zu sein. Wo sie in ihrem ersten Ansatz in der Mitte der Kindheit versäumt wird, entziehen sich zunehmend die Ergebnisse des Denkens im Felde der Wissenschaft sozialer Korrektur und Verpflichtung. Das seelische Grundverhältnis zwischen dem Kind und dem Erwachsenen, das die Entfaltung sozialer Phantasie möglich macht, kann *Vertrauen* genannt werden, und es kann sich die Verwandtschaft sozialer Phantasie dieses Lebensalters zu demjenigen zeigen, was im reifen Menschen die Fähigkeit zu lieben ausmachen wird.

Die Art und Weise, wie das Kind im Felde neuer Identifikation sich an der menschlichen Umwelt erlebt, bestimmt, so scheint es uns, entscheidend sozial-moralisches Verhalten nach der Pubertät. Im Jugendalter werden kognitive *Urteilsbildungen,* wie eingehende Untersuchungen gezeigt haben, häufig mit konkreten moralischen Haltungen dissonant. Reflexive Intentionalität, die den anderen konkret mit einzuschließen vermag, geht weder im kognitiven Urteil noch in der Verhaltensregel auf. Sie entfaltet sich auch in der mittleren Kindheit nicht nur an der Gruppe Gleichaltriger, sondern sucht ihre Selbst-Wahrnehmung wesentlich am Erwachsenen, vor allem an den *Eltern.* An ihnen, den biographischen Gestalten der frühkindlichen Gewissensbildung, muß sich jene Wandlung vollziehen können, von der hier die Rede ist.

Das neunjährige Kind beginnt Vater und Mutter in einer neuen Weise und neuen Ansprüchen zu begegnen. Manche Kinder fragen sich in diesem Lebensalter, ob die Eltern auch ihre wirklichen sind, und suchen neue Wahl-Beziehungen außer Haus. Es zeigt sich eine Art neuer Wahl, die Vater und Mutter gegenüber der frühen Kindheit neu wiederentdecken möchte und ihnen verwandelte Rollen zuweist. Vieles hängt von der Wahrnehmung durch die Eltern ab. Gegenüber dem Vater, dessen Nähe vor allem von den Jungen jetzt gesucht wird, bedeutet diese Wahrnehmung zugleich die Einsicht, daß das Kind zwischen dem neunten und zwölften Lebensjahr an ihm den Mut gewinnen will, in der Begrenzung der Vorstellungswelt auf die begriffliche Erfassung hin die Erdenverhältnisse im eigenen Denken zu erkennen und damit die Struktur eigener Auctoritas zu begründen. Die Art, wie der Vater dies tut, d. h. welches Maß an Rationalität und zugleich Freiheitsraum er dem Kind vorlebt, vermag die frühe Beziehung des Kindes zum Vater auf Partnerschaft hinzuwandeln. Väter müssen in diesem Lebensalter des Kindes verstehen lernen, daß das Kind noch nicht ihre rationalisierten Formen sucht, sondern daß das Kind auch in der Auseinandersetzung mit dem Vater *seinen Weg* zu einer zweiten, jetzt seelischen Verräumlichung der Welt in der Gedankenbildung sucht. Es entscheidet sich in der Mitte der Kindheit weitgehend, ob die Auseinandersetzung mit dem Vater auch nach der Erdenreifung fruchtbar bleiben kann. Es fällt auf, daß, jedenfalls in der westlichen Welt, die Beziehung und Auseinandersetzung mit dem Vater zu früh abgebrochen wird, ehe sie ihre Vollendung finden kann, in der Vater und Sohn in ihr jeweils eigenes Schicksal entlassen werden.

Die Frage an den Vater und damit an die Autonomie des eigenen Ich erreicht erst spät ihren entscheidenden Höhepunkt. Der Vater ist aufgerufen, dem heranwachsenden Ich die Quelle jenes Urgrundes der Autonomie weisen zu können, aus der jenseits von Rationalität Erdenverantwortung handelnd entsteht. Er könnte dies, wenn er nicht nur Rationalität, institutionalisiert als Wissensapparat anböte, sondern den gelebten Vorsprung an Einsicht, daß alle Rationalität als das an den physischen Leib gebundene Denken aus Todesprozessen hervorgeht. Er muß den Mut zu dieser Tatsache zeigen können, d. h. auch die Demut möglicher Todesüberwindung. Der Sohn sucht im Vater nicht zuletzt, daß er sich vor dem die Menschen- und Erdengestalt hervorbringenden väterlichen Daseins-Grund zu verantworten versteht, jenem Grunde, aus dem das Ich geboren und *entlassen* wurde, um im Erdenwandel der leiblichen Inkarnation zu ihm wieder hinzugehen. Aus der zunehmenden Erfahrung, daß die freie Tat durch Todesprozesse hindurchgehen *muß*, um moralische und damit zukünftige, über den physischen Tod hinausgehende Substanz zu bilden, kann der Sohn den Vater, vielleicht spät, lieben lernen. Diese Liebe ist schwer; sie kann sich letztlich nicht an Bilder halten, in deren Magie sich für das Kind die illusionäre Auseinandersetzung mit dem «Vater-Bild» gewöhnlich entfaltet, die triebgebundene und wunschverhaftete Beseitigung, Verwerfung und Leugnung oder die Idolisierung des Vaters. Dabei verfehlt die Seele oft lebenslang den erkennenden Zugang zu dem Ursprung ihres wahren, höheren Wesens, ihrem Ich. Die Aufgabe des Vaters kann deshalb nicht mehr in der Traditionsvermittlung im üblichen Sinne aufgehen, und der gegenwärtig heranwachsende Jugendliche, ja schon das Kind in der Mitte der Kindheit ahnt diese historische Wende. Vielmehr erwächst in der Zukunft den Vätern die Aufgabe, die gewaltige Spannung der menschlichen Biographie zwischen der Gottes-Sohnschaft des Menschen-Ich und deren Vergessen im Inkarnationsprozeß in die physische Leiblichkeit als Hoffnung aufrecht zu erhalten, eine Hoffnung, die der Menschheitsgeschichte einverleibt ist: «Ich gehe zum Vater» und «Niemand kommt zum Vater denn durch mich.» Das Kind will durch die Haltung des Vaters lernen, mutig über die Familie, ja schließlich über seine gegenwärtige Biographie hinauszugehen, um das geschichtliche Dasein seiner Existenz, die ewige Entelechie des Ich zu entdecken und im moralischen Handeln zu verwirklichen. Erst dann könnte das Bild des «introjizierten Vaters» (Mitscherlich) und die damit verbunden gedachte «Über-Ich»-Bindung abgelöst werden und bedürfte im Reifungsprozeß nicht mehr der kindlichen «Vorbildwiederholung» mit ihrem magischen und irrationalen Zwang. Dieses geschichtliche Dasein zeigt sich aber dann als das je eigene im Durchgang des Ich durch verschiedene irdische Inkarnationen, welches sich schließlich in der Erdenreife immer neu am Gewordenen irdischer

Traditionen bewähren muß. Im sorgenden und ermutigenden Wahrnehmen dieser Spannung liegt eine neue zukünftige Liebe des Vaters.[8]

In der Nähe der Wandlung des frühen Versöhnungsraumes in der Mitte der Kindheit zum Wahrnehmungsinteresse gegenüber der Welt wird die Mutter vom Kind gesucht. Es zeigt sich, daß dieser Bereich vor allem bei den Mädchen eine neue Beziehung zur Mutter schaffen will. Das Kind will lernen, daß die Welt trotz aller Verfremdung der gegenwärtigen Zivilisation zum heimatlichen Raum werden kann, der über die frühe familiäre Welt hinausreicht. So wird für die mittlere Kindheit entscheidend, wie sich die Mutter selbst beheimatet weiß und diese gelebte Erfahrung mit dem Vater teilen kann. Die Erziehungspraxis, welche vom männlichen Prinzip vorwiegend oder ausschließlich bestimmt ist und deshalb die biographische Erkenntnis-Dimension des Wahrnehmungs-Interesses übergeht, indem sie dem Kind verfremdete Wahrnehmungen aufzwingt, hat die Rolle der Mutter in der Erziehung systematisch untergraben. Die Folge ist, daß das Kind schon in diesem Lebensalter erdenflüchtig wird, indem es die Wirklichkeit versäumt und damit auch den Quellort sozialer Phantasie. Das Kind selbst macht an Vater und Mutter einen Anspruch gegenseitigen Bezuges, der sich nicht in oberflächlichen Angleichungsbewegungen von Partnerschaft zwischen Vater und Mutter erfüllen läßt.

Gewiß kann man Sorge, Aufmerksamkeit und Liebe nicht aufteilen, jedoch sind spezifische Richtungen Vater und Mutter vom Kind selbst aufgetragen, für welche das Kind in der Mitte der Kindheit ein sehr genaues Empfinden entwickelt. So wächst dem Vater zunehmend zum Ende der Kindheitsmitte die Aufgabe zu, die Welt im begrifflichen Erkennen «prinzipiell» d.h. in moralisch verpflichtendem Denken zu ordnen und Vorbild des Handelns zu werden. Die Sorge der Mutter richtet sich auf die Kontinuität der Bilder, damit die frühkindliche Bildwelt im Wandel zu imaginativen Wahr-Bildern des Lebens und der Welt offen bleibt.[9]

Wie wir sahen, gewinnt das Kind im neunten Lebensjahr die Möglichkeit, Bilder und die damit verbundenen Handlungsentwürfe an der Realität neuer zwischenmenschlicher Wahrnehmungen aufzugeben und dabei soziale Phantasie als eine Fähigkeit der Willens-Metamorphose zu üben, durch die sich eine neue Ich-Erfahrung vor allem sichert. Zweifellos ist die Kritik, die das neunjährige Kind gegenüber dem Elternbild entwickelt, gleichzeitig Abbau von frühkindlichen Idealen, das heißt inneren Realitäten auf dem Wege zu konkreten Gedankenoperationen. Das Kind erfährt nicht nur, wie die Welt ist, sondern antizipiert, wie sie sein soll. Seine *Hoffnungen* entzünden sich an der konkreten Wahrnehmung und nicht

8 Siehe auch H. Müller-Wiedemann: Der Vater: Bild und Wirklichkeit. In «Die Drei», 9/1976.

9 Siehe dazu E. Gabert: Autorität und Freiheit. Das mütterliche und das väterliche Element. Stuttgart 1977.

mehr an der inneren Realität frühkindlicher *Wünsche*. In dieser neuen Welt stellt aber der durch die soziale Phantasie geleitete Entwurf einer menschlich-verbindlichen Gemeinsamkeit, die über bloße Regeln hinausgeht, einen wesentlichen Bestandteil moralischer Strukturierung dar. Der erwachsene Mensch ist in ihr bestätigend, klärend, verneinend, fordernd oder uninteressiert beteiligt. [3] An ihm wächst oder stirbt die Gewissensbildung des Neun- bis Zwölfjährigen, die durchaus noch und gerade in diesem Lebensalter der Bestätigung bedarf.

Lernprozesse scheinen wesentlich von der Fähigkeit des Kindes abhängig zu sein, seine neuen Erfahrungen tätiger sozialer Identität artikulieren zu können und im Erzieher ein Wahrnehmungsorgan dieses Bedürfnisses zu erleben. In den modernen Erziehungstheorien, die wesentlich auf kognitive Prozesse eingestellt sind, wird der Lehrer als bloßer Vermittler von Erkenntnisprozessen gesehen und scheidet deshalb als Partner der Übung zwischenmenschlicher Identitätserfahrungen weitgehend aus. [4] Das Willensleben und die in ihm waltenden Kräfte bleiben weitgehend ungebunden und deshalb in ihrer sozialen Wirklichkeit unbewußt. Sie bleiben es auch, und dies war eine entscheidende Einsicht Freuds, wenn sie direkt mit Rationalität verkoppelt werden, und festigen ein «Über-Ich», dem der situationsgerechte partnerschaftliche Bezug fehlt.

Es sollte deutlich geworden sein, daß die Beteiligung rhythmischer Prozesse von Atmung und Zirkulation am Erkenntnis- und Moralbildungsprozeß nicht Sentimentalität oder bloße Emotionalität meint, die *Gamm* offenbar im Blick hat, wenn er ohne spezifische Begründung lapidar meint, daß «Herz und Gemüt» in der Schule als «emotionale Quellen» bestehen bleiben mögen. Es handelt sich vielmehr darum, daß in der mittleren Kindheit das Überwiegen innerer Realität gegenüber der Welt jetzt in die Erfahrung der äußeren Realität kritisch übergeht und sich diese mit einer *neuen* «inneren Realität» binden will. Diese haben wir als «soziale Phantasie» bezeichnet, in der die Wandlung der kindlichen Willensrichtung auf die Welt hin nicht vor den neuen sozialen und sachlichen Realitäten ins Leere stößt, sondern sich in neuen sozialen Wahrnehmungen entfalten kann und diese «wert macht», das heißt biographisch mit Sinn erfüllt und verinnerlicht. Dieser Sinn ist auf die *Zukunft* gerichtet, er erfüllt sich später und ist deshalb nicht abfragbar, aber darum nicht weniger wirksam. Er bereitet eine Fähigkeit vor, die jetzt im sozialen Feld einer neuen Identität des Handelns entspringt und nach der Pubertät zur moralischen Phantasie reifen kann. Die bloße Wendung zur Intellektualität im Leben des Kindes erreicht diesen Sinn nie, der darin besteht, daß die Erfahrungen der frühen Kindheit durch die Krise des neunten bis zehnten Lebensjahres *biographische Kontinuität* erhalten. Die Bedeutung dessen, was sich im Rhythmus zwischen Atmung und Herzzirkulation physiologisch offenbart als Gemüt oder «Gesinnung», kann noch deutlicher werden, wenn man die Entwicklung dieses Rhythmus verfolgt. In der frühen Kindheit ist die Atmung noch ganz dem Sinnesprozeß der Nachahmung hingegeben. Die Atmung ist noch nicht Ichergriffen und konsolidiert sich erst mit der fortschreitenden Sinnesreife zum siebten Lebensjahr hin. Bis zum neunten Lebensjahr nimmt die Beeinflussung der Atmung von außen rapide ab. Damit festigt sich aber im Entwicklungsprozeß auch die eigene Identitätserfahrung gegenüber der Sinneswelt und trägt zu jener Zentrierung der Wahrnehmung bei, die zu *kritischen Einstellungen* führen kann. Ebenso stabilisiert sich zum neunten Lebensjahr hin der Herzrhythmus zu einer «selbständigen» Dynamik, die weniger als in der frühen Kindheit vom Bewegungsleben abhängig ist. Atem und Blutzirkulation treten in ein *inneres Verhältnis* zueinander, in dem sich Erfahrungen der Sinneswelt und die des Handelns begegnen. *Vom Herzen her entsteht die Tätigkeit der Empathie als soziale Phantasie, die sich durch die Atmung an der kritischen Realitätserfahrung der sinnlichen Welt pathisch, das heißt, im Erleiden entzündet und zur Begriffs-Bildung drängt.* [5]

Die soziale Phantasie vermag gerade, indem sie sich an der sinnlich-sichtbaren Welt (am «Konkreten») der Dinge und sozialen Rollen entfaltet, diese sinnlich-reale Welt als eine gewordene zu durchdringen und *in sie* den anderen Menschen nicht nur als Träger einer Rolle, sondern als Ich hereinzuholen. Diese Form von erwarteter Gegenseitigkeit scheint nun erst die Erfahrung der mittleren Kindheit, der Gleichheit und der Gerechtigkeit als Wert zu begründen im Sinne der Bedürftigkeit: *Der Mensch darf vom anderen in der Begegnung die Wahrnehmung seines ewigen personalen Ich über die Zeitlichkeit seiner sozialen Rollen hinaus erwarten und erhoffen, ohne sie fordern zu können.* In dieser Wahrnehmung, als Leistung verstanden, erweitert und bereichert sich gleichzeitig die wahrnehmende Individualität, ohne sich aufgeben zu müssen. Sie lernt über die Rolle hinaus zu leben, das heißt, sie gewinnt «Rollendistanz» und jene Ambiguität, die in der Begegnung den anderen Menschen mitzuerleben lernt, ohne Selbsterfahrung, auch negativer Art, verdrängen zu müssen.[10] Gerade in der mittleren Kindheit, in der dem Kind die durch Vorstellungen «gesicherte», reflektierte Identität nicht zur Verfügung steht, bedarf es der Offenheit dieses Wahrnehmungsraumes am anderen, der seinerseits zur Wahrnehmung des Kindes als eines Werdenden, uber sein So-sein Hinausstrebenden aufgefordert wird. Die Dialektik innerer und äußerer Realität gelangt in diesem Lebensalter im sozialen Felde zu einem ersten Höhepunkt, dessen Bewältigung als Ambiguitätstoleranz aufscheint und moralische Haltung in *Akten von Neu-Interpretationen* zu begründen beginnt. [6] Es kann leicht eingesehen werden, welche Rolle Gelingen oder Nicht-gelingen dieser Entwicklung für das Rechtsempfinden der Erwachsenen spielen wird.

Das Beweglichwerden von moralischem Verhalten sowohl an *kontemplierten* Handlungen als auch an deren Bewußtwerden in speziellen Situationen sowie die Fähigkeit, den anderen als «Maß» des Handelns und Urteilens einzubeziehen,

10 In: L. Krappmann: Soziologische Dimensionen der Identität. Stuttgart 1971.

wird in den meisten Theorien der Moralbildung angeführt. Gewissenserfahrung wird aus ihrer frühen leiblichen Gebundenheit frei, wobei sich die eigenen Handlungsmotive mit der Wahrnehmung des anderen Menschen als Partner beweglich konstituieren. Frühkindliche Normen, die, wie wir gezeigt haben, mit der «Einverleibung» einhergehen, haben die Tendenz, *immer zu gelten,* statisch und generalisiert und daher weitgehend unabhängig von den konkreten Situationen aufzutreten. Sie formen auch Prinzipien der Gewohnheit, die vermöge ihrer Generalisierung sich auch von Personen und Situationen zu lösen vermögen. Sie folgen wesentlich den Gesetzen der Räumlichung. Erst durch die Metamorphose in eine zweite Form der Verräumlichung, die durch das Denken konkreter Operationen im *Denken selbst,* in der sekundären Begriffsbildung erfolgt, das heißt zunehmend zum zwölften Lebensjahr, tritt Normenbildung in die eigene, jetzt bewußter werdende biographische Entwicklung ein und können frühe Normen reflexiv eingesehen werden. *Die sekundäre Begriffsbildung stellt deshalb auch gegenüber dem primären topologischen Handlungsraum als Norm eine Form sekundärer Räumlichung dar.* An ihr vermag das Kind jenseits des *Vor-bildes* des Vaters Gewissen selbständig weiterzubilden.

Im Übergang der Konvention zur eingesehenen Regel und von der frühkindlichen Norm zur Autonomie spielt die kritische Wandlung *am anderen Menschen* eine entscheidende Rolle insofern, als dessen Realität nicht mehr nur als unbewußt gewordenes Bild oder als Norm in die Gewohnheitsmoral der Vergangenheit eingeht, sondern indem sich diese Realität des anderen als eines biographisch relevanten Partners *vergegenwärtigt.* Das Auftreten des anderen Menschen in der Mitte der Kindheit geht einher mit jener kritischen Zensur, die auf soziale Realität eingestellt ist, die aber allein, ohne die wandelnde biographische Entwicklungskraft des Kindes, niemals zu neuen moralischen Strukturen führt, sondern höchstens zum Zwang oder zur Regression.

Zweifellos erfährt das Kind noch vor der Pubertät in rationalisierten Regeln sich selbst als ein historisches Objekt, das nicht nur den Eltern Rechenschaft schuldig ist und diese auch von anderen fordert. Gewissen kann jetzt aber auch normativ erstarren, wenn die rationalen Strukturen vom Gefühlsleben des Kindes Besitz ergreifen und damit einzige Grundlage des Handelns werden. In der Erziehung der mittleren Kindheit kommt es deshalb entscheidend darauf an, daß das Kind sein Gefühlsleben als eine *selbständige* leitende Kraft der Gewissensbildung erleben lernt, die sich zwar auf Rationalität bezieht und ohne diese verschwommen und willkürlich bliebe, jedoch von ihr nicht unreflektiert abhängig wird. Die erzieherische Fragestellung der mittleren Kindheit muß sich auf die rhythmische Bezogenheit von Denken und Handeln richten. [7]

Die hier geisteswissenschaftlich analysierten Prozesse der Wandlung frühkindlicher Normen, die sich vor der Pubertät abspielen, scheinen jene soziale Verbindlichkeit moralischen Handelns und des Gewissens vorzubereiten, die nach der

Pubertät wieder in Frage gestellt wird, wenn Haltungen nicht mehr unmittelbar in der konkreten Nähe von Erziehern und Eltern vermittelt werden können und der junge Mensch reif wird, das Organ des Herzens zur Wahrnehmung seiner eigenen Schicksalsintentionen zu entdecken. Die Freiheit zu diesem dritten Schritt personaler Moralbildung scheint aber in unserer modernen Gesellschaft nur zu gelingen, wenn in der mittleren Kindheit die soziale Dimension von Gegenseitigkeit, das heißt, gegenseitiger Bedürftigkeit als Ursprung allen Menschenrechtes eingebracht werden kann. Wo dies nicht geschieht, tritt die Rückwendung in die «Sicherheit» frühkindlicher Normen ein, die später als Autoritätsgläubigkeit und bloßer Anspruch auftritt oder sich in jener leeren Radikalität der Willensbildung oder den Ideologien der «Befreiung» äußert, die den anderen als Partner opfern oder sich auf bestimmte Gruppen sektiererisch und fanatisch begrenzen.

Gewissensbildung bedarf des pädagogischen Engagements. Dies kann für den Erzieher bedeuten, seine Intentionen jenseits nur begrifflicher Aussagekraft gefühlshaft klar und überzeugend darzustellen. Erst wo das Kind die Übereinstimmung von Ich und sozialer Rolle des anderen und *gleichzeitig* deren dialektische Dissonanz erfährt, bildet sich das Erlebnis der *Echtheit,* in der der andere nicht «autoritär» handelt, sondern «mit eigener Autorität».

Aus solchen Wahrnehmungen erwächst dem Kinde der Mut, daß das Ich sich in der Welt frei ausweisen darf, auch wo es sich nicht begrifflich artikuliert und ungenügend rationalisiert. Wenn in der Schule oder im Elternhaus Intentionen zweideutigen Ausdruck finden oder in von der jeweiligen Situation unabhängigen rigiden Rollen- und Leistungserwartungen erstarren, tritt jene Identitäts-Verunsicherung ein, die in extremen Fällen in der Jugendzeit zur Entwicklung psychotischer Krisen führt. In solchen Fällen wird vor allem in der mittleren Kindheit vom Erzieher eine Realitätserfahrung der Welt zugrundegelegt, die außerhalb der für das Kind in der mittleren Kindheit jetzt neu und biographisch relevanten Konkretheit der Wahrnehmung liegt. Diese neue Welt bedarf nicht einer schnellen Normierung, die nur auf ordnende und gedankliche Überschaubarkeit angelegt ist, sondern fortlaufender *gemeinsamer Interpretation,* Zeichen reifer sozialer Phantasie, die sich jetzt als Keim der moralischen Autonomie entfaltet.

In Bezug auf die von G. H. Mead und J. Piaget angeführte Regelmoral von Kindergruppen zeigt sich, daß in der Gruppenbildung und den organisierten Spielen der Neun- bis Zwölfjährigen die Regel des Spiels noch erhebliche Modifikationen erlaubt, vor allem im Beginn dieser Periode und daß in bezug auf den «generalisierten anderen» gerade jene Unsicherheit besteht, die damit zusammenhängt, daß das Kind über die kreative persönliche Moral, von der Mead spricht, in diesem Lebensalter noch nicht verfügt. Regeln bekommen deshalb entweder eine gewisse rituelle Starrheit, oder die Gruppe oder der «Gang» sind kurzlebig. Im besten Falle entsteht jene Haltung, die man mit dem englischen Begriff «fairness» wiedergeben kann, und die einen *dauernden* übenden Einsatz sozialer Phantasie erfordert, *ohne in Regeln zu erstarren.*

Gegenüber Piaget, der offenbar die Spiele der Neun- bis Zwölfjährigen nur als kognitiven Leistungszuwachs im Sinne der Regel sieht und deshalb die Moralbildung auf die Gruppe von Gleichaltrigen beschränkt, macht gerade das noch Defizitäre dieser Gruppenbildungen, als Moralbildung verstanden, deutlicher, was in jeder gesellschaftlichen Gruppe oder Institution bei deren Zerfall offenbar wird: daß die «Spielregeln» gesellschaftlichen Verhaltens bei aller kognitiven Absicherung nur aufrechterhalten werden können – und dies gilt auch für jede Gesellschaft-, wenn diese immmer neu durch *personale* moralische und kreative Ich-Akte und Erfahrungen der Verantwortung am Leben gehalten werden. Gerade dazu sind aber Kinder *untereinander* zwischen neun und zwölf noch nicht fähig. [8] Wir müssen deshalb festhalten, daß in diesem Lebensabschnitt der reife Mensch für das Kind gerade diese Kraft des Ich als Partner offenbar werden lassen muß, um den Keim einer erst vom Jugendlichen zu leistenden persönlichen Gewissensbildung, fähig moralischer Phantasie, sichtbar werden zu lassen. Diese geht über die von Piaget und anderen Entwicklungspsychologen gemeinte autonome Moral der mittleren Kindheit hinaus und muß diese immer neu bekräftigen oder auch in neuen Situationen verwerfen, um sie nicht in bloße Regeln zurücksinken oder in Anomie zerfallen zu lassen.

So scheint mir bezeichnend für das Gruppenverhalten von Kindern zwischen dem neunten und zwölften Lebensjahr, aber auch für die Übergangsphase zur autonomen Moral des einzelnen, daß sich in diesem Zeitabschnitt «Regelersatz» einstellt, und zwar gerade dann, wenn der reife Mensch als Partner nicht zur Verfügung steht: Der Knotenstock, «das Herrgöttle», das die Kinder im Ferienlager «anbeten» und dem sie sich als Gruppensymbol verbunden fühlen, die Muschel bei Goldings Inselkindern, das «graue Männlein», das den Knaben Hermann Hesse bis in die Pubertät hinein lenkend begleitet, und der «Mann mit dem Zylinder», den C. G. Jung auf den Federkasten malt[9] und den er erst im zwölften Lebensjahr aufgeben kann –, alle diese Gestalten dienen der symbolischen Bewahrung von Norm, die noch nicht autonom gesichert ist und die sich im «Fetisch» *verallgemeinert.* Die jetzt zum erstenmal aufsteigenden und wahrgenommenen Willensimpulse werden als das «andere Ich» des Doppelgängers im Fetisch sichtbar gemacht und verräumlicht, vielleicht als Absicherung gegenüber der ersten Erfahrung von der Notwendigkeit des Todes: Versuche einer Illusion der Dauer im Raum. (Das Motiv des Doppelgängers kommt in der Erzählung des jungen Folke im Kapitel über die Träume sehr deutlich zum Ausdruck.)

Die Gruppenmoral führt zwar zu einer wesentlichen Einübung neuer sozialer Formen des Verhaltens, bedarf aber zur Wandlung der Moral *auf die Zukunft hin* jenes Partners, der die Regeln kennt, aber auch dort, wo sie versagen, noch sprechen kann und Kommunikation in Gang zu halten versteht. Dies vermag das Kind dem Kind nicht zu geben. Man müßte sich im klaren darüber sein, daß die Wandlung der Moral nicht nur einen Befreiungsprozeß gegenüber leibverbundenen Gewohnheiten der frühen Kindheit bedeutet, sondern auch eine Belastung darstellt, vor allem wenn die gegebenen menschlichen Beziehungen nicht stabil sind. Kinder regredieren dann zur Bewahrung alter Ordnungsnormen oder fallen aus sozial verbindlichen Begegnungen in Schule und Elternhaus heraus. Meist geschieht beides, wie *Clyne* am Beispiel von «Schulverweigerern» in der mittleren Kindheit überzeugend gezeigt hat, wobei *kognitives* Leistungsversagen *nicht* im Vordergrund steht.[11] Der Gewissenskonflikt der mittleren Kindheit scheint aus einer neuen Erfahrung von Identität und Handlungsverantwortung zu entstehen, die die alte Sicherheit von Normen nicht mehr hat. Wo für die soziale Phantasie des Kindes der reife Mensch nicht zur Verfügung ist, entsteht zum erstenmal in der Biographie des Menschen der «Zwang des Gewissens»: die mit Rationalität verknüpfte Rigidität des Handelns und moralischer Haltungen. In der Praxis erscheinen diese Kinder in extremen Fällen als Zwangskranke, wobei sich in vielen Fällen später eine schizophrene Symptomatik entwickelt. Die Haltungen der Eltern zeigen in diesen Fällen jene Unfähigkeit, welche dem Kind die Freiheit der sozialen Phantasie unmöglich machen: Absicherung, Egozentrizität und eine ausgesprochene Objektivierung des kindlichen Verhaltens mit extrem leistungsbezogenen Erwartungen.

Angesichts der Empfehlungen der Sozialisierung des Unterrichts und emanzipierter Schülergruppen können die Bemerkungen R. Steiners aus dem Verangegangenen in einem neuen Lichte gesehen werden: «Diejenigen Menschen, die es ehrlich meinen würden mit dem Aufstieg der Menschen zum wirklichen sozialen Organismus, die müßten vor allen Dingen sich klar sein darüber, daß niemals ein wirklicher Organismus entstehen kann mit dem sozialistischen Erziehungsprogramm. Denn niemals, wenn der Sozialismus in der Schule eingeführt wird, kann er im Leben sein. Nur dadurch werden die Menschen reif zu einem sozial gerechten Zusammenleben, daß sie gerade in der Schulzeit auf wirkliche Autorität hin das Leben bauen.» Wo dies nicht geschieht, so bemerkt R. Steiner an anderer Stelle, entwickelt sich eine allgemeine «Kulturschläfrigkeit», und «die Kraft, die für den Rechtsorganismus notwendig werden wird, sie wird nicht da sein».[12]

Freilich steht der Erzieher, wo er sich um eine echte Autorität bemüht, auf einem schmalen Grat: Er kann diese Haltung dadurch verfehlen, daß er «autoritär» auf das Handeln des Kindes selbst einwirkt und ihm damit die Chance von kritischer Einsicht nimmt, oder daß er sich hinter der anonymen Autorität der Institution versteckt, die als solche unverbindlich und daher unangreifbar ist. Autoritär kann

11 Max B. Clyne: Schulkrank? Stuttgart 1969.
12 R. Steiner: Die Erziehung als soziale Frage. GA 296.

im obigen Sinne nur *personal* sein, um eben jenen Kern individueller Intentionalität anzubieten, den das Kind in der mittleren Kindheit sucht. Autorität ist für den Erzieher nicht eine Fähigkeit, die man hat. Ihr Ausfall in der mittleren Kindheit scheint der Grund für das Verhalten vieler Jugendlicher zu sein, bei denen noch bis spät in das Erwachsenenalter die Suche nach Autorität nachklingt, ohne daß diese Tatsache in das Bewußtsein eintritt. Wir finden sie gerade auch bei den «Revolutionären» unter den Jugendlichen, wenn man deren Verhalten einer tiefergehenden Analyse unterzieht. Das «zeitgerechte» Versäumnis der mittleren Kindheit hat für das Leben des reifen Menschen nicht weniger relevante Wirkungen als etwa der wohlbekannte Mangel von Bezugspersonen der früheren Kindheit, durch den der Mensch in die Lage kommen kann, zeitlebens eine nicht vorhandene Mutter zu suchen, und seine unverwandelte Phantasietätigkeit auf frühkindlicher Stufe den Sinn für soziale Wirklichkeit entscheidend verhindern und abblenden kann. Die Erfahrung von Autorität, in diesem Sinne verstanden, stellt den Keimort einer neuen autonomen Identität dar, die sich am Widerstand der konkreten, sozialen Wirklichkeit des anderen entzündet.

Die Ermutigung, deren das Kind im Übergang zu einem eigenen Gewissen bedarf, ist jedoch nicht nur bloße Bereitschaft der älteren Menschen. Wenn die Gewissensbildung jetzt im sozialen Phänomen konkreter Begegnung erscheint, so müssen wir abschließend bedenken, was denn der andere Mensch dazu wirklich beitragen kann. Das Gewissen der mittleren Kindheit steht an der Schwelle von einer Erfahrung imperativer Moral zu einer positiven Moral, das heißt, der Erfahrung dessen, was *ich bin* und was ich *sein kann*. Die schon in den vorigen Kapiteln angedeutete Dissoziation von Verhalten und Erfahrung steht damit in Zusammenhang. Die existentielle Verborgenheit dessen, was ich sein kann, gegenüber der sozialen Rollenbestimmung dessen, was ich bin, vertieft eine nur soziologisch bestimmte Position. Sie stellt sie in Frage. Dieses In-Frage-Stellen aber scheint uns aus jener Quelle zu stammen, die sich als Gewissen ausspricht und die uns in der Polarität von Gewordensein und Werden in der frühen Kindheit schon entgegentrat. Tritt für das kleine Kind das imperative Gewissen sozial bestimmend und leitend auf, das heißt *zuweisend*, so jetzt *hinweisend auf Zukünftigkeit*. Die Unsicherheit des Kindes zwischen neun und zwölf liegt gerade in dieser Wende, und der andere Mensch, der ältere, tritt in die Moralbildung helfend ein, indem er dasjenige, was werden will, *wahrzunehmen* lernt und nicht mehr in der Nähe der Identifikation *mit-bildet*. Er muß dies nicht aussprechen, aber sein Hinschauen, seine Anwesenheit, dort, wo das Kind erfährt, was es *sein kann*, macht das Wesen der Bestätigung der mittleren Kindheit durch den reifen Menschen aus. In ihr offenbart sich das Gegenstück des Leistungsprinzips, das dazu angetan ist, jenes zu verdecken: das Prinzip der Gewissensbildung in der Anteilnahme des anderen, der nicht handelt, sondern teilnehmen kann. Es drückt sich darin ein Ur-Phänomen sozialer Gemeinschaft aus: *daß der andere Mensch mich als Ich wahrnehmen kann, wo ich mir selbst noch verschlossen bin oder verschlossen bleiben werde, aber doch als Werdender mich im Gewissen weiß oder ahne.*

Das Kind lernt sein Bedürfnis nach liebender Interpretation zu erleben, die zwar Gewissenskonflikte nicht auflöst, aber entlastet und damit die Freiheit bestärkt, Gewissensängste im Vertrauen auf Zukunft und Zeitigung zu überwinden. Dort in der Öffnung auf schon gelebte Zukunft des Erziehers und nicht nur auf von außen rationalisierte Begrifflichkeit, liegt vielleicht der letzte Sinn dessen, was Autorität für das Kind meint. Dieser Bezug ist nicht ein «pädagogischer Bezug», wenn man einseitig auf die kognitiven Leistungen des Kindes hinschaut. Er ist biographischer Natur, indem er nicht Gegenwart schafft, sondern Zukunft vorbereitet und öffnet. Die «Zukünftigkeit» des Kindes ist nicht kausal aus von rückwärts drängenden Triebstrukturen zu verstehen.

In der menschlichen Offenheit entfaltet sich die kreative Moral, die jetzt auch deren begrenzende «Normen» in sich selbst weiß und sich mit ihnen identifiziert. Kinder im mittleren Lebensalter haben ein sehr differenziert ausgebildetes Gefühl für die Art von «Anwesenheit» der älteren Menschen. Sie ist für den heutigen Menschen schwer, weil er diesen offenen Raum für das Kind nur aus der *Hoffnung* gewinnen kann. Wo das Kind im Erzieher nur dessen soziale biographische Vergangenheit, seinen Status, institutionelle Moral und Wissen als Formen des Gewordenen erfährt, bildet sich im besten Falle eine *Teilnahme* an Normen durch frühere Formen von Identifizierung. Der hier gemeinte Begegnungsraum, der für die erwachende soziale Phantasie dem Kind zwischen neun und zwölf Jahren zur Verfügung steht, kann als ein Zukunftsraum verstanden werden, der im Erzieher sich nur bildet, wenn er einen begründeten positiven Zugang zu der Entwicklung des Menschengeistes und dessen gesellschaftlich-sozialen Möglichkeiten als Entwurf selbst zu bilden versteht und schließlich gegenüber den Erscheinungen der Natur Imaginationskraft auszubilden vermag.

Wir haben versucht zu zeigen, daß der Wandlung der Moral in der Mitte der Kindheit eine Zentrierung des Ich als Ich-Bewußtsein in der Mitte des Atmungs-Zirkulations-Systems zugrunde liegt, in dessen Innen-Rhythmus sich neue Identifizierung in der Dynamik sozialer Phantasie bildet. Durch ihn wird das Kind in das Allgemein-Menschliche einer Haltung geführt, durch welche die an die plastischen Bildekräfte gebundene weitgehend statische Innerlichkeit von Moralbildung der frühen Kindheit als «Gewohnheit» entbunden wird. «Das (kleine) Kind trägt in sich eine Art Abbild, Abdruck der Eltern und anderer Personen seiner Umgebung, seines ganzen sozialen Milieus. Und wir müssen (in der mittleren Kindheit) das, was das Kind zu einer Art Spezialmenschen macht, wir müssen das in das allgemeine Menschentum überführen. Wir können das insbesondere dadurch, daß wir auf die Atmungs-Zirkulationssysteme, die ja dem menschlich-individuellen entrückt sind, wirken, daß wir an dieses System appellieren.» (R. Steiner)

Das kleine Kind ist einer moralischen Haltung als «Gesinnung» nicht fähig; es erlebt Gewissensbildung noch als eine Polarität, die ohne eine autonome Mitte ist, die wir Haltung[10] nennen und die sich nach oben hin in der Gedankenbildung moralischer Einsicht und verbindlicher Regeln sichert (von der Atmung her), die sich aber zur Handlung hin, mit dem Herzen als Wahrnehmungsorgan, immer neu konstituieren muß und erst nach der Pubertät als moralische Phantasie ausreift. Zum erstenmal tritt um das neunte Lebensjahr für den Zeitraum von etwa drei Jahren die trinitarische Urgestalt des Menschen-Ich seelisch in Erscheinung. Sie erscheint wie die Morgenröte, als Keim einer Entwicklung, dessen Ordnung und Wiedereroberung dem reifen Menschen obliegt. Denn noch einmal nach der Pubertät zerbricht dieses Urbild. Noch einmal muß sich Autonomie der Moral innerhalb gesellschaftlich-sozialen Handelns auf einer neuen Stufe wandeln: Das Ich begegnet im Handeln sich selbst und erschüttert als personales Gewissen gesellschaftliche Regeln. Es beginnt sich selbst zu verpflichten und muß dennoch lernen zu verstehen, daß die soziale Welt, in der es lebt, Gestaltung eines in der Vergangenheit gelebten Lebens ist, dem man nicht unverpflichtet gegenüberstehen kann, und welches durch den Einsatz sozialer und moralischer Phantasie in der Begegnung sich wandelt. Die große Polarität der Gewissensbildung, die schon in der Kindheit aus Vergänglichkeit und Zukünftigkeit im Bilde den Konflikt darstellte, erhebt sich jetzt nach der Pubertät in die Polarität zwischen der Vergangenheit eines schon einmal gelebten Lebens und die Zukünftigkeit einer Ich-Erfahrung, die der Tod nicht begrenzt. Inmitten der beiden beginnt der Schicksalsbildeprozeß, dessen Wahrnehmungsorgan, wie die Nadel im Kompaß-Innenraum, das Herz als Organ des Gewissens ist. In der mittleren Kindheit bildet sich dieses Organ in der Wandlungskrise am anderen Menschen als sozialem Partner.

Es scheint nützlich, den Zusammenhang der Phantasie als Einbildungskraft im *künstlerisch-ästhetischen Bereich mit der sozialen Phantasie* unter historischen Gesichtspunkten wahrzunehmen. Damit sei auch auf die künstlerische Betätigung des Kindes in der mittleren Kindheit hingewiesen, deren Bedeutung im Kontext der Moral- und Gewissensbildung hier nicht eingehender betrachtet werden kann. *R. Steiner* hat darauf aufmerksam gemacht, daß die Moralbildung in der mittleren Kindheit mit dem rhythmischen System verbunden ist und die ästhetischen Erfahrungen den Keim für spätere moralische Urteile bilden. Diese hier notwendige Analyse der Phantasie wurde erst spät in der Menschheitsgeschichte, das heißt erst im 18. Jahrhundert, geleistet, und «Einbildungsfähigkeit» wurde als zwischen rationaler Vernunft und «Sinnlichkeit» stehend betrachtet und verstanden: zwischen Denken und Wollen, als die in der Schwebe bleibende Kraft eigener Ordnung, auf die «freie Harmonie von Gegenständen» gerichtet. So verstanden wohnte ihr im mitteleuropäischen Denken, vor allem bei Schiller, eine auf Freiheit gerichtete Tätigkeit inne, durch welche die gewordene sinnliche Welt, die «Anhänglichkeit an das Wirkliche» im «Schein» erweitert wird, «ein entscheidender

Schritt zur Kultur und wahren Erweiterung der Menschheit». Dieser Ansatz ist weitgehend wieder verlorengegangen, und die Phantasie scheint in der historischen Entwicklung einerseits in die Gedankenbildung aufgegangen zu sein, sich andererseits in eine illusionäre, nicht verpflichtende Phantastik verflüchtigt zu haben. So sieht etwa Freud in der ihm eigenen Skepsis gegenüber dem Wert künstlerischen Schaffens in ihm eine alte, vorkulturelle Kraft, «dem Lustprinzip unterworfen», die den Menschen *regressiv* aus seiner Individuation und dem damit verbundenen «Realitätsprinzip» herauslöst.

Um dieselbe Zeit hat Steiner[13], den idealistischen Ansatz aufgreifend und vertiefend, der Phantasie eine auf *Zukunft* gerichtete Kraft zugebilligt, durch die die Idee im Individuell-Gewordenen *zur Erscheinung kommen kann.* Die Kraft der Phantasie entzündet sich an der Wahrnehmung der Sinneswelt und ruft als ein auf die Zukunft hin gerichtetes Tätig-Werden die Idee hervor, die sich ohne diese Tätigkeit nicht offenbart. Sie hebt Individuation und Wirklichkeit gerade nicht auf und bleibt mit dem Sinnes- und Wahrnehmungsprozeß, das heißt der sinnlichen Erscheinung der Welt und menschlichen Verhaltens verbunden. Sie bleibt auf die Realität gerichtet.

In der jüngeren Vergangenheit hat *Herbert Marcuse*[14] die Bedeutung der Phantasie für die möglichen Befreiungsprozesse aus einer bloßen Leistungsgesellschaft untersucht; er kritisiert Freuds Auffassung der Phantasie als regressiven Rückschritt in das Unbewußte und als immer aus der Vergangenheit kommend. «Daß ein solches Prinzip (ein verdrängungsfreies und nicht repressives Realitätsprinzip) selbst eine historische Realität sein könnte, eine Angelegenheit der wachsenden Bewußtwerdung, daß die Bilder der Phantasie auf die noch *uneroberte Zukunft* der Menschheit Bezug nehmen könnten, statt auf die (schlechte) besiegte Vergangenheit – all das erschien Freud im besten Falle als eine hübsche Utopie». Marcuses Theorie der Utopie bleibt aber im folgenden zu generell an gesellschaftliche Verhältnisse gebunden und dringt nicht zu einer pädagogisch relevanten Analyse des Verhaltens des einzelnen vor. Die neuere Soziologie hat zum Problem der Phantasie eine *zwischenmenschliche* Tätigkeitsbestimmung beigetragen, die sie als Empathie versteht, das heißt, als die Fähigkeit der Einfühlung in den anderen. *G. H. Mead* hat diesen Ansatz aber wieder auf die bloße Übernahme von Erwartungen von Interaktionspartnern, d. h. auf Angleichung verkürzt, jedoch läßt sich aus einer Reihe von wertvollen Untersuchungen zeigen, daß der Mangel sozialer Phantasie sowohl bei dem Auftreten von Kriminalität als auch von schizophrenen Psychosen eine entscheidende Rolle spielt. In der kriminellen Handlung scheint der andere Mensch zum bloßen Handlungs-Objekt reduziert, und Willensbildung verliert die Kraft sozialer Phantasie. Sie erscheint als Aggression oder chao-

13 R. Steiner: Goethe als Ästhetiker. Dramaturgische Blätter, 9. Dezember 1899.
14 H. Marcuse: Triebstruktur und Gesellschaft. Frankfurt 1968.

tisch-illusionäre Phantastik. In der Psychose scheint sich die soziale Phantasie gleichsam nach innen zu wenden. Sie wird wahnhaft, und der nicht mehr aktiv mitvollzogene andere erscheint fremd, feindlich, gefährlich.

Hier handelt es sich zweifellos um extreme Situationen, die jedoch gerade in der mittleren Kindheit nicht nur ihren genetischen, jedoch noch verborgenen Entstehungsort haben, sondern auch noch vor der Pubertät andeutungsweise auftreten können. Jedoch sind die Nuancen des Mangels an sozialer Phantasie in unserer Gesellschaft vom Mangel an Aufmerksamkeit bis zur Brutalisierung der Wahrnehmung sichtbar. Die Sinneswelt und die Begriffswelt treten auseinander. Der Zerfall zeigt sich an der Wahrnehmung des anderen Menschen zuerst: Wir haben es dann mit dem Menschen als einem sinnlichen Gattungswesen einerseits und einem wissenschaftlich-begrifflich «feststellbaren» Objekt andererseits zu tun. Soziale Phantasie entfaltet sich erstmals in der mittleren Kindheit nur in der konkreten Nähe der Begegnung, als Spur, die über die Begegnenden selbst hinausweist. Sie begründet jene Partnerschafts-Erfahrung, in der sich das Kind und der Erwachsene für wichtige und biographisch bleibende Augenblicke eins wissen. In der mittleren Kindheit kann der Mensch lernen, daß «Gesellschaft die Tatsache des Nächsten ist».[15]

Erst wenn Empathie als soziale Phantasie-Tätigkeit verstanden wird, die sich aus der frühkindlichen Motorik befreit und sich dort im Rollen-Spiel vorbereitet, erfährt sie jene Erweiterung in die soziale Begegnung, in der sie von der sozialen zur moralischen Haltung übergehen kann. Dort verbindet sie sich erst als Erfahrung mit dem Denken, das in der mittleren Kindheit zu Verhaltensregeln autonomer Moral führt. Bei Fichte erscheint dieser Zusammenhang der ästhetischen Phantasie zur Moralbildung deutlich: «Ästhetischer Sinn ist nicht Tugend, denn das Sittengesetz fordert Selbständigkeit nach *Begriffen,* der erstere aber kommt ohne alle Begriffe von selbst. Aber er ist Vorbereitung zur Tugend, er bereitet ihr den Boden, und wenn die Moralität eintritt, so findet sie die halbe Arbeit, *die Befreiung aus den Banden der Sinnlichkeit,* schon vollendet.»[16]

Schließlich besteht im Handlungsbereich künstlerischer Betätigung in der mittleren Kindheit, deren Akzent auf die *Wahrnehmung* des Handelns wir beschrieben haben, ein enger pädagogischer Zusammenhang mit der Wahrnehmungsfähigkeit des sozialen Handelns, der intentionalen Reflexivität, die nicht notwendigerweise rationell wird, jedoch selbständiges Gewissen konstituiert. «Gesinnung» als Haltung wächst aus der sinnlichen inneren Wahrnehmung des Handelns im Gefühl. Diese Erfahrung des Kindes, wo sie ihm gewährt wird, löst die frühen identifikatorischen Bindungen und stellt Handeln keimhaft in die eigene Verantwortung und gesellschaftliche Beziehung. «Durch das Handeln wird Gewissen

15 H. Meier: Wohin geht es jetzt? Reden an Etablierte und ihre Verächter. Zürich 1971.
16 J. G. Fichte: Das System der Sittenlehre.

erst zum Gewissen, und ähnlich der Tastbewegung bewegt sich das Gewissen dann am Rande des Handelns, indem es sie beeinflußt und korrigiert.» (D. Wyss)[17] Erst in einer existentiellen Beunruhigung in der Wahrnehmung der Willensdunkelheit gelingen dem Kind zunehmend jene Akte, in denen «das Gewissen sein Handeln wertet, sich rückblickend an diesem orientierend, wie die *Hand des Blinden* den Gegenstand erfaßt, indem es sich am Rande desselben entlangbewegt» (D. Wyss). Die vom Kind jetzt erfahrene Polarität von Gedankenhelle und Willensdunkel setzt einen Vorgang imaginativ-bildhafter Phantasie in Gang, der hohe pädagogische Bedeutung für die Gewissensbildung jener Lebensjahre hat. Das Kind will seinen Erzieher nicht nur als eine Gegenwart erleben, die rationelle Inhalte vermittelt oder sie «abfragt», sondern ahnt, daß in der sinnlichen Welt Urbilder schaffend anwesend sind, die es anschauen will, ehe sie sich zu Begriffen abschatten. Insofern ist jeder Unterricht, gerade in der mittleren Kindheit, künstlerisch, wenn er das Kindeswesen erreichen will. «Der Vorsprung an gelebtem Leben» (Gamm), den der ältere Mensch zu offenbaren weiß und dessen Vermittlung jenseits bloßer Rationalität geschehen kann, bedeutet jenen Zukunftsraum, auf den sich die soziale Phantasie des Kindes aus der Dunkelheit des Willenslebens richten kann und Befriedigung findet. Gerade was Rationalität nicht entdeckt, kann sich dem Kind als eigene Lebenserwartung eröffnen, wenn es im anderen, reifen Menschen diesen Raum entdeckt. Auch hier im pädagogischen Felde dieses Lebensalters bildet sich kreatives Gewissen als *Ahnung von der Fähigkeit der Wandlung* und des Werdens.

Dies setzt allerdings voraus, daß der Erzieher weiß, was mit «Vorsprung an gelebtem Leben» gemeint ist: daß sich seine Autorität nicht auf das Maß an Wissen gründet, sondern auf dessen Wandlung in die Möglichkeit sinnlicher Erscheinung: die Imagination. Erst dann vermag er die Grenzen von Rationalität zu durchschauen. Im Kind ist diese Form von Erziehung als Ausdruck sozialer und künstlerischer Phantasie, in der der Mensch seine eigene Zukunft in der Wahrnehmung des anderen Menschen mitentwirft, nicht mehr Abkömmling einer frühkindlichen und aus dem vorgeburtlichen stammenden Phantasietätigkeit. Diese geht in der Wandlung durch die Jahre der mittleren Kindheit in der Verstandeskraft des zwölften Lebensjahres durch die Atemreifung zu Ende. «Der Verstand ist die durchgesiebte Phantasie» (R. Steiner). Die sich um das zwölfte Lebensjahr begründende Rationalität kann aus den aus der *Vergangenheit kommenden Wandlungskräften der Phantasie* nicht mehr gelöst werden. Es ist deshalb auch utopisch zu denken, daß im historischen und pädagogischen Prozeß Rationalität als Machtverfügung durch Trieb- oder Phantasiebefreiung aus der Vergangenheit her zu ändern wäre. Dazu reichen diese Seelentätigkeiten nicht aus, da sie in die Rationalität miteingegangen sind. Es kommt vielmehr im pädagogisch-so-

17 D. Wyss: Strukturen der Moral. Göttingen 1968.

zialen Prozeß darauf an einzusehen, daß man hinter Rationalität nicht zurück kann, daß aber die soziale Phantasie, wo sie im zwischenmenschlichen Umgang nicht ins Leere stößt, am Widerstand von Rationalität zukunftsgerichtet fortzuschreiten vermag, ohne Rationalität als feindlich und negativ festzulegen. Denn auch die Argumentation gegen Rationalität speist sich gewöhnlich aus denselben Quellen wie diese selbst. Wandlung von Rationalität aber ist nicht Theorie, sondern Willenspraxis, die das Kind in der Mitte der Kindheit als soziale Phantasie in der Begegnung zu entfalten sucht.

R. Steiner hat diese Problematik in einer Reihe von Vorträgen, die unter dem Titel «Alte Mythen und deren Bedeutung»[18] und mit dem bezeichnenden Untertitel «Die verjüngenden Kräfte der Menschennatur» erschienen sind, in großen historischen Zusammenhängen dargestellt. Seine Ausführungen vom 12. Januar 1918 enthalten einen wesentlichen Hinweis auf die Erziehung des Erziehers: Wenn die lebensgeschichtliche Wandlung von Kopfwissen in Herzwissen nicht Theorie ist, sondern soziale Lebensweisheit wird, «dann wird das Kind so erzogen, daß es weiß: Ich kann etwas lernen; aber derjenige, der mich erzieht, der hat etwas in sich, was ich nicht lernen kann, wozu ich erst so alt werden muß wie er, damit ich es in mir selber finden kann. Wenn er's mir erzählt, dann gibt er mir etwas, was ein heiliges Geheimnis für mich sein muß, weil ich es aus seinem Munde hören kann, in mir aber nicht finden kann... Denken Sie sich, was daraus wiederum für ein Verhältnis zwischen den Kindern und den Alten geschaffen wird, das in unserer Zeit vollständig verwischt ist, wenn der Mensch wissen wird: Die Lebensalter bieten etwas, was zu erwarten ist. In mir kann, wenn ich noch nicht 40 Jahre alt bin, nicht jene Summe von Geheimnissen sitzen, welche sitzen können in demjenigen, der schon 40 Jahre alt geworden ist. Und teilt er mir's mit, so bekomme ich es eben als Mitteilung, ich kann es nicht durch mich selber wissen. – Welches Band menschlicher Gemeinschaft wird dadurch geknüpft, daß in dieser Weise ein neuer Ernst, eine neue Tiefe in das Leben hineinkommt. Dieser Ernst, diese Tiefe ist es gerade, die unserem Leben fehlt, die unser Leben nicht hat, weil unser Leben nur Kopfwissen vorläufig achtet. Dadurch aber wird das wirkliche soziale Leben der Auflösung entgegengehen; denn hier auf der Erde wandeln Menschen dann herum, die gar nicht wissen, was sie sind, die eigentlich nur dasjenige ernst nehmen, was bis zum 27. Jahre ist und das übrige Leben dazu benützen, um den Kadaver in sich zu tragen für den Rest, aber nicht, um zu wandeln den ganzen Menschen in etwas, was die Jugend noch durch den Tod tragen kann.»

Wer die heutige Situation betrachtet, dem kann nicht entgehen, daß die Wandlung von Rationalität in neue einsehbare Werte das Prüfungsfeld des Menschen geworden ist und daß die Sehnsucht und das Bedürfnis einer neuen Generation von Kindern nach dem Untergang aller vorrationalen Ideale sich darauf richtet.

18 Sieben Vorträge 4.–14. Januar 1918. GA 180.

Dies zeigt sich zuerst keimhaft in der Jugendzeit: im Bedürfnis, daß Rationalität wieder Anschluß gewänne an die Liebes- und Bildekräfte sozialer Phantasie und damit Wert und Begrenzung von Rationalität anschaubar und Freiheit möglich werde.

Wir haben die soziale Phantasie als Bedingung der Gewissens- und Moralbildung der mittleren Kindheit zu verstehen versucht. Diese Phantasie bildet sich am Widerstand des sinnlich Gewordenen und zeigt darin ihre Beziehung zur künstlerischen Phantasie. Sie richtet sich vorbereitend auf jene Moral, die nach der Pubertät im Jugendlichen sich als moralische Phantasie am Widerstand begrifflicher Systeme bilden will und personales Gewissen aus Idealen schafft, in dem erst der Mensch autonom wird. Die soziale Phantasie, wo sie in der Mitte der Kindheit ermöglicht wird, gibt dem reifen Menschen die Möglichkeit, in den Akten personaler Gewissensentscheidung den anderen Menschen mitzufühlen und ihn einzubeziehen.

Soziale Phantasie macht Partnerschaft von Menschen erkennbar, die in unserem Jahrhundert aus der Gemeinsamkeit logischer Denkfähigkeit allein nicht mehr gewährleistet ist. Sie will aber im Dialog der mittleren Kindheit jenes größere Gespräch vorbereiten, das der reife Mensch mit seinem höheren Ich zu führen bestimmt ist und das ihm den Mut geben kann, sich ernst zu nehmen, sein Handeln in die Verantwortung zu stellen und Gewissen entstehen zu lassen, «indem er es begreift».

Was will eine biographische Phänomenologie? – Methodisches

Der Weg einer biographischen Phänomenologie ist jedem gangbar, der die Erfahrungen der eigenen und anderer Biographien für diejenigen, die seiner Sorge und Erziehung anvertraut sind, fruchtbar machen will. Ein solches Wollen stellt eine gute Voraussetzung dar, weil er nicht für sich nur, sondern für andere tätig wird. Diese Bemühung kann zu neuen Entwicklungsaspekten führen, wenn man die Erfahrungen der Vergangenheit aus ihrer «gedachten» kausalen Verbindung mit gesellschaftlich-kulturellen Wirklichkeiten, aber auch aus dem Rückblick auf eigenes, bloßes «Verhalten» löst. Es erscheinen dann Urbilder des Lebenslaufes, die sich als Keime zu Knotenpunkten der Erfahrung *verdichten*. Der aus einer Vergangenheit kommende Zeitenstrom nimmt dann an solchen Knotenpunkten auf Zukunft Weisendes auf. Dabei enthüllt sich erst im aktiven Umwenden des Zeitenstromes zunächst die individuell und kulturell bedingte primäre Verborgenheit der Biographie und ihrer Entwicklungstendenzen. Es leuchtet aber, wenn man den Weg der Bewußtseinserweiterung in Richtung der Selbst-Erfahrung geht, dasjenige herein, was in den Verwandlungen der Kindheit als biographisches Motiv in einer sich entfaltenden Lebenskomposition bezeichnet werden kann. In diesen Motiven wird der geistige Kern des Menschen, seine ewige Entelechie ansichtig und kann sich als die wahre «Ursache» der Lebensmetamorphosen zeigen. Wir nähern uns dann demjenigen an, was wir Schicksal nennen.

Es kann sich auf diese Weise eine entscheidende biographische Erfahrung zeigen: die Einmaligkeit einer Biographie, deren geistiger Träger, das Ich, mit den soziologisch definierbaren Rollen nicht zu identifizieren ist. Sein Wesen zeigt sich zunächst darin, daß es zwar als das gewöhnliche, «niedere Ich» (Steiner) in gesellschaftlichen Rollen sichtbar wird, daß der Mensch jedoch in der Lage ist, von diesen durch innere Aktivität Abstand zu gewinnen, und fähig wird, sie interpretierend seiner Lebensgeschichte zuzuordnen, die sich in seinem zunächst als unbewußt erfahrenen Willensleben entfaltet. [1]

In jeder biographischen Rückschau, die vom Rätsel des Lebenslaufes ausgeht, mischen sich in der Erinnerung meist zunächst nicht wahr-genommene imaginative Erfahrungen. Viele der in diesem Buche angeführten biographischen Erinnerungen haben diese Qualität.

Geht man von den Erinnerungsvorstellungen durch die Verstärkung der Seelenkräfte des Denkens in die imaginative Anschauung über, so bemerkt man, daß dasjenige, was sich sonst als blasse Erinnerung zeigt, einem wie ein gegenwärtiges Erleben entgegenkommt. Die Ferne tritt in eine eigentümliche zeitliche Nähe, wodurch das Räumliche im Zeitenstrom imaginativ neu sichtbar wird. Nicht wie beim «Nach-Denken» treten wir dem so erscheinenden Bilde gegenüber, sondern wir schauen dieses auf eine geistige Wirklichkeit hinweisende Wahr-Bild mit einem neu erweckten geistigen Wahrnehmungsorgan. Wir selbst sind dann derjenige, der in den Blick kommt, und zwar nicht so, wie die Erinnerungen an die Kindheit sonst erscheinen, als erinnerndes Einholen unserer uns damals umgebenden Umwelt, sondern es kann uns dasjenige entgegentreten, was von uns selbst ausgegangen ist. Denn die Imagination geht über uns selbst hinaus und läßt eine Beziehung zu anderem aufleuchten. «Hat man z. B. in einem bestimmten Zeitpunkt seines Lebens die Freundschaft mit einer geliebten Persönlichkeit begonnen, so tritt einem im Bilde entgegen, wie diese Persönlichkeit in einem gewissen Zeitpunkt auf einen zugekommen ist, was man ihr verdankt und so weiter. Ein Lebenstableau tritt einem entgegen, wie man sich zu diesem Menschen hingesehnt hat und wie man jeden Schritt zuletzt so gemacht hat, daß er einen hinführen mußte zu dem Wesen, von dem man erkannt hat, daß es zu einem paßt».[1] Im allgemeinen sind ja die Erinnerungsbilder blaß, und was im erinnerten Erleben als Fühlen und Wollen in Erscheinung trat, vergeht. Darauf beruht gerade die Bewußtseinsschärfe der gewöhnlichen Erinnerungsbilder. In der hier gemeinten Verstärkung der Erinnerungskraft kann jedoch im Erinnerten wie ein Keim oder Kern verdichtet erscheinen, was in Bezug auf das erinnerte Ereignis auf einen vergangenen Impuls biographischer Intentionalität hinweist, wie sich in diesem Keim zugleich noch zukünftiges Werden ankündigt. Als dieser Keim erscheint die Wirklichkeit des menschlichen seelisch-geistigen Wesenskerns selbst. Man schaut dann das Erinnerungsbild nicht mehr nur als gewöhnliche, schattenhafte Rückerinnerung an, sondern wacht für dieses Lebensereignis als einer Imagination auf, in welcher biographische Intentionalität bewußt werden kann. Das so in gesteigerter Erinnerung Erfahrene weist sich dann im Lebenslauf nicht als etwas Zufälliges aus, sondern als eine Erscheinung seelisch-geistiger Art, die mit der ganzen Biographie als individuelles Schicksal in Zusammenhang steht. Will man sich derartigen Einsichten öffnen, so bedarf es vorbereitend einer ehrfurchtsvollen Seelen-

1 R. Steiner: Die übersinnliche Erkenntnis – Anthroposophie als Zeitforderung. In: Was wollte das Goetheanum und was will die Anthroposophie. GA 84.

stimmung hinsichtlich einer menschlichen Biographie, um dasjenige anerkennen zu lernen, was wir Schicksalsführung nennen. In ihrem geistigen Übungsfelde werden jene Impulse des seelisch-geistigen, übersinnlichen «zweiten» Menschen erkennbar, deren Abbild in dem Ereignis anwesend ist, welches die gewöhnliche Erinnerung als Vergangenheit objektiviert. Derartige Imaginationen, in denen das höhere Ich-Wesen wie im Zentrum des Wahrbildes anwesend ist, begleiten fortwährend die sich entfaltende Biographie, ohne daß sich der Mensch ihrer bewußt ist. Solange er seine Biographie nur auf sich selbst bezogen erfaßt, wie er das gewöhnlich tut, d. h. im gewöhnlichen Ich erinnert und damit die Bewußtseinskontinuität des Ich im Erinnern befestigt, kommt er derartigen Erfahrungen nicht nahe. Vielmehr muß, wie Steiner dargelegt hat, das Interesse, das man dem anderen Menschen entgegenbringt, sich auf das eigene Ich so richten, daß man sich selbst wie einen anderen höheren Menschen erkennen lernt. [2] Man beginnt so übend langsam die «Nacht-Seite der Biographie mit dem Lichte gesteigerter Erfahrung zu erhellen, mit welcher der Mensch jede Nacht in Verbindung tritt. Diese Verbindung trägt der Mensch auch im Tode weiter, wenn ihm die gewöhnliche Erinnerung verweht. So ist es auch diese Verbindung, die sich aus der vorgeburtlich durchlebten geistigen Welt im Vorgang der Inkarnation am Leibe ab-bildet, wo sie in ihrer Beziehung zur Welt das wahre Wesen jeder biographischen Erfahrung ausmacht.»[2]

Es handelt sich also nicht um ein *statisches* Bild, sondern um eine werdende Zeitengestalt, in der jene seelischen Bewegungen sichtbar werden, die wir biographische Intentionalität genannt haben und die sich in Metamorphosen des Lebenslaufes *zeitigen*. Hat man sich eine derartige Anschauung bilden können, so wird man darauf hingewiesen, dasjenige, was man als seine Umwelt erinnert, so anzuschauen, daß manvon den gegenwärtigen gewohnten Gefühlen gegenüber den umgebenden Gestalten der Kindheit Abstand gewinnt. Man bringt diese gedanklichen Vorstellungsbilder zum Schweigen und hört auf, sie rationell zu beurteilen. Dadurch entsteht jener erste Schritt von Objektivierung im Sinne einer biographischen Phänomenologie. Man lernt auf die gelebte Biographie zu schauen als ein Äußerliches, indem man den Lebenslauf «anhält». Derartige Verrichtungen, die dem Menschen als Schulung der Selbsterkenntnis zur Verfügung stehen, verweben ihn in dieser meditativen Tätigkeit in ein seelisch-geistiges Schicksalsfeld, in welchem er geistig-moralische Wesenskräfte urteilend, korrigierend und impulsierend anwesend erfahren kann und in dem er seine wahre Beziehung zu anderen Menschen als Schicksalsbegegnungen wahrnehmen lernt.

Schließlich kann man bemerken, daß die aus der Umwelt in die Biographie hereinwirkenden Kräfte, die das Kind nach-ahmt, wie Nachklänge auf unsere eigenen Intentionen hinweisen, mit denen jedes Kind schon vorgeburtlich auf

2 R. Steiner: Vortrag vom 13. Juni 1924 in Breslau. GA 239.

seine Empfangswelt nach der Geburt hinstrebt, mit der es schon vor der Geburt «sympathisch» verbunden ist. Während jedoch diese Motive dem Kind im ersten Lebensjahrsiebt noch verborgen sind, sich jedoch in der Nachahmung darleben, erscheinen sie in der Mitte der Kindheit als die noch dumpf seelischen Empfindungen des Zusammenhanges von vergangenen und künftigen Lebensmotiven als eine für dieses Lebensalter spezifische biographische Erfahrung. Diese Tatsache ent-deckt erst eine biographische Phänomenologie rückschauend.

In einem solchen Rückblick auf das 2. Lebensjahrsiebt wandelt sich schon für das gewöhnliche Erinnern das Lebenspanorama insofern, als die *eigenen, mehr inneren* Erlebnisse aufscheinen. Davon sprechen schon die biographischen Zeugnisse im einführenden Kapitel. Diese Erlebnisse tauchen nicht in Bildern der Umwelt in der Seele auf, sondern nehmen intentionalen Charakter an. Sie weisen, gleichsam unter den jetzt schweigenden Imaginationen, auf bildlose Gefühlskräfte, die biographisch dieses Lebensalter, vor allem zwischen dem 9. und 12. Lebensjahr, bestimmen. In der zurückschauenden Hinwendung auf diese Lebenszeit ist es nun notwendig, im Sinne einer biographischen Phänomenologie das *Wesen* dessen, was unser Fühlen ausmacht, so zu erfassen, daß man von den damit auftauchenden Vorstellungen absieht und die *Bewegungen* wahrnehmen lernt, die im Fühlen zum Ausdruck kommen. R. Steiner belehrt uns darüber im Sinne einer gesteigerten Selbsterkenntnis, indem er zunächst auf die Rätselhaftigkeit des Gefühlslebens aufmerksam macht, wenn es zur *erkennenden Wahrnehmung* erhoben werden soll. Im *Erkennen*, so Steiner, bringt sich nämlich etwas zur Klarheit, «wenn genau der Unterschied vorliegt, der genau wirkliche Unterschied zwischen dem Erkenner, zwischen dem Wahrnehmer und dem wahrgenommenen Gegenstand, dem wahrgenommenen Objekt. Im Anschauen des *Gefühlslebens* stehen sich jedoch zwei Wesen gegenüber, *die wir selbst sind*». In der gesteigerten Selbsterfassung in Bezug auf das Fühlen muß der Mensch dieses Fühlen «auseinanderlegen in das, was der Mensch war, bevor er gefühlt hat, und in das, nachdem er gefühlt hat... Wir stecken in jedem Gefühl so darin, wie der Keim dieses Jahres in der Pflanze steckt für die Pflanze des nächsten Jahres.» In jedem Gefühl, so zeigt sich dann der gesteigerten Selbsterkenntnis, «steckt unser ganzes Werden zwischen Geburt und Tod. Da fließen Zukunft und Vergangenheit unseres Erdenwerdens in jedem einzelnen, im geringsten Gefühl ineinander», oder: «Jedes Gefühl verläuft so, daß unser zukünftiges Wesen unser vergangenes Wesen wahrnimmt.»[3]

Man kann in dieser erübten Einsicht den Schlüssel für die Erfahrung des Kindes in der mittleren Kindheit gewinnen, einer Erfahrung, die dem Kind selbst nur traumhaft-fühlend bewußt wird, die aber nicht weniger wirklich in der Mitte des Fühlens zwischen seiner Vergangenheit und seiner Zukunft zum ersten Male, zu-

3 R. Steiner: Der geisteswissenschaftliche Aufbau der Seelenforschung. Vortrag vom 10. 10. 1918 in: Die Ergänzung heutiger Wissenschaften durch Anthroposophie. GA 73.

künftige Lebensmotive bildend, in der Biographie erscheint. In der Begegnung des Kindes mit der Welt und dem anderen Menschen will sich in diesem Lebensalter im erwachenden Gefühlsleben die Empfindung eigener Vergangenheit und Hinweis auf Zukunft zugleich offenbaren. Wir nannten dasjenige, was sich so zu einem solchen Keim möglicher Bewußtwerdung entwickelt, biographische Erfahrung. In der Innerlichkeit des Fühlens tritt die Welt des Kindes in seiner konkreten Begegnung mit dem anderen Menschen und durch ihn mit der Welt nun nicht mehr nur als von uns vorgestellte in Erscheinung. Der andere Mensch, der zum «Geschick» wird, tritt in die Lebensgeschichte so ein, daß an ihn die Aufforderung ergeht, die im Fühlen vom Kind jetzt keimhaft erfahrene Vergangenheit zu entdecken und zu interpretieren, gleichzeitig aber auch Raum zu geben für die im Fühlen sich bildende Zukunfsbewegung. Er kann der liebende Interpret der Biographie des Kindes, wie sie sich in dessen Gefühls-Erfahren zeigt, werden. Hier wird auch deutlich, daß eine biographische Phänomenologie über die spezifisch-individuellen Erfahrungen von Lebensepochen, in denen sich individuelles Schicksal offenbart, hinauszugehen vermag, wenn Erfahrungen als Erfahrungsreife *meditativ durchleuchtet* werden und nicht nur dem fortlaufenden Lebensstrom *einverleibt bleiben*. Sie erweitert dadurch eine psychologisch-biologische Stadienlehre der Entwicklung, die das Verhältnis von Individuum und Umwelt zum Ausgangspunkt ihrer Untersuchungen macht, indem sie dieses Verhältnis primär als Dualität gedanklich setzt. Dagegen handelt es sich hier um den Versuch, individuelle Schicksalserfahrung, d.h. biographische Phänomene auf das allgemeine, den Menschen zum Menschen gestaltende Evolutionsprinzip des Menschengeistes hin zu verstehen, das zugleich den Begegnungsraum mit dem anderen Menschen möglich macht. Allein in diesem Versuch werden maß-gebende Erziehungsimpulse als moralische, jenseits bloßer Ideologien und der Aufarbeitung empirischer Ergebnisse, sichtbar. Der Erzieher selbst weiß sich mit dem zu Erziehenden, dem Kinde, erst in diesem seelisch-geistigen Bereich eins und verbunden in dem Maße, als er sich von dort her, d.h. in der Begegnung, in seinem Handeln orientiert und den Dualismus zu überwinden beginnt. Das pädagogische Lebenswerk Steiners nimmt dort seinen Ausgang und kehrt am Ende seines Lebens verstärkt zu einer spirituellen Biographik als Quellort der Erziehung zurück. Lebensstufen erscheinen als Metamorphosen biographischer Intentionalität, in welcher die irdische Sinneswelt durch den Menschen im Denken und Handeln zur Erfahrung gesteigert werden kann. Lernen wird in diesem Sinne zum Prozeß der irdischen Erfahrungssuche und der Erfahrungsverwandlung, welcher dem Menschen seinen Platz im Kosmos zuweist. Faßt man Lernen nur als Ergebnis vererbter Vorbedingungen im Begegnen von Umweltsangeboten auf oder als rationale Verarbeitung und Aneignung von Informationen, so bleibt dieser Prozeß von objektivierbaren Inhalten nur *gedacht*, und es wiederholt sich dabei nur Vergangenheit, die dann als allgemein gültig verfügbar wird. Ein derartiges Vorgehen allein wird der menschlichen Persönlichkeit und der ihr innewohnenden biographischen Intentionalität im obigen Sinne nicht gerecht oder widerspricht ihr, indem biographische Erfahrung ausgeklammert wird, die auch das Denken einschließt. Freilich erreicht Erfahrung nie jene logische Identität der Dingwelt, die ein naturwissenschaftlich fundiertes Denkgebäude bestimmt, jedoch kann diese Methode in Annäherung an jene Wirklichkeit des Lebenslaufes heranzuführen, aus welcher biographische Intentionalität erfließt.

Gegenüber der rationalen, Vorstellungs-geschaffenen Dimension erinnerten *Wissens* und zukünftigen Planens tritt die Dimension der Erfahrung als biographische gefühlsverwandt gleichsam zwischen der Vorstellung und dem Willensleben in das Bewußtsein. «Gefühl ist sowohl noch nicht ganz gewordene Erkenntnis wie noch nicht ganz gewordener Wille, zurückgehaltene Erkenntnis und zurückgehaltener Wille». (R. Steiner). Die hier gemeinte Biographik kann die Tag- und Nachtseite des Lebens erfassen lernen, indem sie dasjenige einzubeziehen lernt, was in den Tiefen des Willensleben waltet. Der Mensch kann einsehen lernen, daß in seine Willenstätigkeit, wenn er sein gestärktes Gefühl dorthin richtet und diese Tätigkeit selbst in die Empfindung bekommt, nicht nur die Erlebnisse der Vergangenheit seit der Geburt eingegangen sind, sondern er dort auch diejenigen geistigen Impulse seiner Biographie entdeckt, die im Sinne biographischer Intentionalität die Geschichtlichkeit wiederholter Erdenleben ausmachen. Der Mensch zeigt sich dabei wesentlich auf Zukunft gerichtet, die sich an der Begegnung mit der Welt als Schicksal *gestaltet*. Geht man so beobachtend vor, so beginnt man intuitiv zu ahnen, daß unser Willenswesen aus einer alten, mit unserem Ich verbundenen früheren Erdenerfahrung in der Art seines Auftretens und im Durchgang durch eine geistige Welt sich so entwickelt hat, daß es uns in die gegenwärtig vorgefundene Erdensituation führt. An ihr muß es sich in der Begegnung mit dem Menschen und der Natur entzünden und auf Zukunft hin bewähren, indem es sich selbst und die Welt verwandelnd ergreift. In dieser Begegnung bildet sich aber auch das dazu polare Ereignis von Erfahrung: Erkenntnis. Steiner hat gegenüber dem sonst üblichen oberflächlichen Sprachgebrauch diese Polarität als Antipathie und Sympathie gekennzeichnet, die jedes Gefühl konstituieren.

Das erste Verhältnis, in das der Wille als biographische Intentionalität eintritt, ist im ersten Lebensjahrsiebt der eigene Leib als Medium der Entfaltung und die Empfangssituation der Umwelt. In der mittleren Kindheit zieht sich die biographische Intentionalität gleichsam auf die Reifung der eigenen seelischen Persönlichkeit zurück und tritt deshalb auch der Umwelt in einer gegenüber dem ersten Jahrsiebt verwandelten Haltung entgegen. Bis zum Ende des 2. Jahrsiebts leben die Willensmotive des Kindes in den «Hüllen» seiner menschlichen Umwelt, um nach der Pubertät in ihrer individuellen Eigentümlichkeit selbst ins Offene zu treten. Steiner hat diesen Vorgang als die Geburt des Seelenleibes, des Astralleibes, bezeichnet. In der damit verbundenen Erdenreife (Steiner) begründet sich seine dritte Art der Begegnung, in welcher sich der junge Mensch mit seinem aus der Vergangenheit selbstgeschaffenen Schicksal in der menschlichen Gemeinschaft selbst-ständig *bewähren* muß.

Handelt es sich nun um eine rückblickende, biographische Erfahrung, die sich auf diese Reifezeit nach der Pubertät bezieht, so sieht man eben zum ersten Male vor allem dasjenige in das Offene treten, was in der frühen und mittleren Kindheit verborgen gestaltend in den Leibesprozessen wirksam war: Die im Willensleben sich offenbarende Intentionalität. Sie wirkte im ersten Lebensjahrsiebt gestaltend im Medium des Leibes, diesen in die Erdenkräfte hinein-orientierend (R. Steiner), und im zweiten Lebensjahrsiebt sich im Seelischen offenbarend bis in die Gedankenbilde-Prozesse hinein. In dem, was aus dem Willenswesen nach der Pubertät, als Ausdruck der Erdenreife, die zur Mündigkeit führt, zur Welt geboren wird, entfaltet sich die Problematik der Reifezeit. Im Zusammenhang mit den biographischen Bedürfnissen des Jugendlichen und im Hinblick auf diejenigen Erfahrungen, die heute einer Erziehung des Menschenwesens immer mehr zur Verfügung stehen müssen, bemerkt Rudolf Steiner, daß der Mensch nach der Geschlechtsreife sein *Inneres herausstellt* und wie ein *zweiter Mensch* in Erscheinung tritt. Er knüpft daran die Frage nach diesem zweiten Menschen: «Was stellt er eigentlich vor? Was tritt gewissermaßen aus diesem menschlichen Leib hervor, den man gesehen hat in seiner Physiognomie, in seinen Gesten sich heranbilden, bei dem man auch fühlen kann, wie im zweiten Lebensalter vom Zahnwechsel bis zur Geschlechtsreife sich das ausgestaltet, was vorirdisches Dasein hatte.. .Was kommt als etwas ganz Fremdes zum Vorschein? Was schießt aus dem Menschen heraus, der jetzt nach der Geschlechtsreife seiner Freiheit sich bewußt wird, hingeht zu anderen Menschen, Zusammenschlüsse sucht aus einem inneren Impuls heraus, der den ihm unerklärlichen, den anderen unerklärlichen Zug, diesen ganz bestimmten Zug im Inneren des Menschen begründet hat. Was ist dieser Mensch, dieser zweite Mensch, der da erscheint? Er ist derjenige, der im vorigen Erdenleben gelebt hat und der schattenhaft sich jetzt in das gegenwärtige Erdenleben hineinstellt. Die Menschheit wird nach und nach Karma berücksichtigen lernen in dem, was in eigentümlicher Weise hereinschießt in das menschliche Leben um die Zeit der Geschlechtsreife herum».[4]

Es können hier nur zunächst biographische «Verdichtungen» angedeutet werden, um welche sich eine geisteswissenschaftliche Phänomenologie bewegen muß, um die stufenweise, durch Wandlungs-Krisen gehende Entfaltung jener personal einmaligen Tätigkeit zu zeigen, die die «Leiblichkeit» durchwaltet, differenziert und integriert: die Tätigkeit des Seelisch-Geistigen als eine «Tätigkeit des Geistes» (Steiner). Erst mit dieser von Rudolf Steiner in mannigfaltiger Weise eingeführten Erweiterung biographischer Erkenntnis kann die hier gemeinte Phänomenologie

4 R. Steiner: Vortrag vom 12. Juni 1924, in GA 239.

die naturwissenschaftliche Entwicklungspsychologie ergänzen und erweitern. Dies insbesondere deshalb, weil die naturwissenschaftliche Methodik mit einem auf Kausalität eingerichteten Denken ihre Ergebnisse ausschließlich an Rationalität prüfen muß und sich so legitimiert. Die biographisch-phänomenologische Methode trägt, wenn sie voll entwickelt ist, die Evidenz ihrer Ergebnisse in sich. Sie vermag das naturwissenschaftliche Denken, die Gesetze von Identität innerhalb der Logik als eine mögliche, aber nicht einzige Weise von Erfahrungsverarbeitung zu ent-decken und damit auch deren Grenzen. Diese Ergebnisse sind von jedem nachprüfbar, der diese Methode anwendet.

Was in Bezug auf die Zeit zwischen dem 9. und 12. Lebensjahr entfaltet wurde, ist ein Versuch, auf dem Wege einer geisteswissenschaftlich-phänomenologischen Methode diese exemplarisch für einen bestimmten biographischen Zeitraum fruchtbar zu machen. Er beinhaltet deshalb auch autobiographische Erfahrungen. Die Ergebnisse der naturwissenschaftlichen Entwicklungspsychologie, wo sie angeführt wurden, haben aus ihren eigenen Voraussetzungen, wenn man ihre Begrenzheit mit einbezieht, jedoch nicht geringen Wert, wenn sie durch das Licht einer Phänomenologie beleuchtet werden. So ist die Entwicklung des kindlichen Denkens, wie sie die kognitive Psychologie vor allem Jean Piagets entwickelt hat, vom Gesichtspunkt sich entfaltender kognitiver Strukturen berechtigt, bedarf aber der Ergänzung, wenn jene *Erfahrungen* des Kindes in den Blick kommen sollen, die mit der *Gedankentätigkeit* selbst verknüpft sind und die doch nur einen Teil, wenn auch einen wesentlichen, aller derjenigen Erfahrungen beinhaltet, welche aus der Kindheit in das ganze Leben fördernd oder hindernd hereinwirken. Anders gesagt: eine auf die bloße Kenntnis kognitiver Strukturen des Denkens und der Wahrnehmung aufgebaute Pädagogik muß notwendigerweise andere biographische Reifungsmomente des Kindes folgenschwer vernachlässigen. Diese Tatsache ist seit langem schon die Ursache weltweiter, pädagogischer und sozialer Probleme. In den Stufen der kindlichen Biographie als Entwicklung handelt es sich, wie zu zeigen war, um je *erstmalige* Erfahrungen und nicht nur um die stufenweise Elaboration von Verfügbarkeiten im Sinne von Operationen.

In einer evolutionären Kritik des totalitären Anspruchs auf immer geltende und verfügbare formale Gedanken-Systeme hat A. M. Klaus Müller auf die Beziehung von Verfügbarkeit und Erstmaligkeit hingewiesen, die folgenschwer inkommensurabel bleiben und wirkliche menschliche Selbsterkenntnis verhindern können. Dies geschieht dann, wie Müller meint, wenn das gänzlich Unverfügbare unbekannt bleibt und das gänzlich Verfügbare nicht neu werden kann. Er markiert den Übergang als Ereignis biographischer Erfahrung: «Denn die Zukunft: das ist die Front des Erstmaligen, nicht die Summe des Verfügbaren. Dies enthüllt uns die schöpferische Komponente jener Zukunft, die diesen Namen verdient: Was schon verfügbar war und bloß auf Zukunft verfügbar ist, das macht nicht die Zukunft, sondern bloß die Zukunft der Vergangenheit aus. Ist daher Erstmaligkeit konstitutiv für die Zukunft von Mensch und Welt, so transzendiert das Herbeiführen der Zukunft jedes streng operationale Vorgehen.»[5] In diesem Sinne ist auch jeder Mensch als geistiger Mensch neben einer objektivierenden Erkennbarkeit «eine eigene Gattung». (R. Steiner)

So erlebt, bedeutet «Objektivierung» frühkindlicher menschlicher Beziehungen das zum Bewußtsein gesteigerte, annähernde In-Erscheinung-Bringen von Erfahrungen des Lebensschicksals, mit dem sich das Ich schon vorgeburtlich in Beziehung gebracht hat und in dem es sich geist-verbunden erleben kann. Im Prozeß kann der heutige, von naturwissenschaftlich geprägter Entfremdung gefährdete Mensch zu sich kommen. Wir sind damit in jenen Bereich der Erkenntnis der menschlichen Biographie eingetreten, der seit R. Steiner methodisch erübt werden kann. Anders als die Methoden der Objektivierung von Tatsachen durch die Naturwissenschaft wird diese durch die Geisteswissenschaft ergänzt, indem sich das Bewußtsein erweitert.

In den Jahren 1921 und 1923/24 hat R. Steiner in öffentlichen Vorträgen die Methode dieses Selbsterkenntnis-Weges, anknüpfend an schon früher gegebene Anweisungen, noch einmal ausgebreitet.[6] Steiner zeigt dort den Wert der Selbsterkenntnis in der geisteswissenschaftlichen Methodik als Bewußtseinserweiterung für das Erfassen der menschlichen Biographie. Es handelt sich dabei um eine übende Erweiterung in der Wahrnehmung des Gedanken- und Gefühlslebens und schließlich auch des Willenslebens im Sinne von Erfahrungen, die den Lebenslauf in seiner Ganzheit als Biographie erscheinen lassen, die nicht erst mit der Geburt beginnt und die nicht mit dem Tode endet. So wie die leiblich-körperlichen Abhängigkeiten der kindlichen Entwicklung von der naturwissenschaftlichen Psychologie in allgemeinen Gesetzen erfaßt werden können, so kann eine geisteswissenschaftliche Phänomenologie die seelisch-geistigen Lebensgesetze des Menschen durch *ihre* Methode entdecken. Es erscheint in ihr das eigentlich Seelische der Seele erst im vollen Lichte. In den oben angeführten Vorträgen hat Steiner die Methode an Übungsbeispielen entwickelt. Geht der Mensch diesen Weg, so vermag er z. B. in der meditativen Besinnung jene seelischen Bedingungen herzustellen, in denen er erkennt, wer derjenige ist, der sich im gewöhnlichen Gefühlsleben darlebt, und was in einem auf das eigentlich seelisch-geistige Wesen hingerichteten Bewußtsein wahrgenommen werden kann. «Da stellt sich die höchst bemerkenswerte Tatsache heraus, daß der Fühlende immer derjenige ist – so paradox es zunächst klingt –, der von uns noch nicht durchlebt worden ist. Wenn wir jetzt in diesem Augenblick fühlen, so fühlt in uns derjenige Mensch, den wir jetzt erst an-

5 A. M. Klaus Müller: «Die präparierte Zeit». Stuttgart 1972, Seite 162.

6 R. Steiner: «Die Wirklichkeit der höheren Welten.» Oslo 1921, GA 79, und «Was wollte das Goetheanum und was will die Anthroposophie?» Gesammelte Vorträge aus den Jahren 1923/24. GA 84.

fangen zu leben, und morgen und übermorgen, im nächsten Jahre weiterleben werden, bis zu unserem Tode. Im Momente, wo wir fühlen, ist das Subjekt, das sonst unbekannte Subjekt, unser Leben, das schon in uns steckt zwischen dem Augenblicke, wo wir fühlen, und dem Tod. Und dasjenige, was wahrgenommen wird, das ist das Leben, was wir durchlebt haben von der Geburt bis zu dem Moment, wo wir fühlen – eine ganz große Perspektive der Forschung, daß das Gefühlsleben in diesem Ausgangspunkte liegt.»[7]

Es hat sich gezeigt, daß exemplarisch für das Lebensalter zwischen dem 9. und 12. Lebensjahr gerade diese auf das Gefühlsleben gerichtete erweiterte Anschauung für das biographische Verständnis von entscheidender Bedeutung ist und wesentlich dazu beitragen kann, die Wirklichkeit des Gefühlslebens und dessen Bildung für den erwachsenden Menschen zu erhellen.

Wie sich zeigt, kommt es bei einer biographischen Phänomenologie darauf an, zunächst die Schwelle des begrifflich-systematisierenden Denkens und Vorstellens, welches nur auf das Vergangene gerichtet ist, übend zu überschreiten.

Derartige Übungen, die R. Steiner seit dem ersten Übungsbuch «Die Philosophie der Freiheit» angegeben hat, beruhen auf dem In-Erfahrung-Bringen der Denk-Akte selbst. Dadurch tritt der so übende Mensch in eine Welt ein, die R. Steiner einmal so geschildert hat: «Man steht da nicht mehr in der Welt drinnen, in der man vorher drinnen gestanden hat, sondern man steht in der ätherischen Welt drinnen. Man steht in einer Welt drinnen, von der man weiß: sie ist nicht von da und dort im physischen Erdenraum bedingt, sondern sie ist bedingt von der ganzen Weltensphäre.... So daß da erreicht ist dasjenige, was man ätherisches Erleben nennen kann.»[8]

Dieser, von Rudolf Steiner so bezeichnete, «eigentümliche Schritt», den der Mensch machen kann, bringt ihn nun intensiv mit seinem Gefühlsleben zusammen. «Kommt man aber dazu, dieses eben charakterisierte Denkerlebnis zu haben, dann ergreift man nicht die Welt; man hockt auch, möchte ich sagen, nicht in seinem Ich so drinnen, sondern es passiert etwas ganz anderes. Man bekommt das Gefühl, das ganz richtige *Gefühlserlebnis*, daß man mit seinem Denken, das eigentlich nicht an irgendeinem Orte ist, nach dem Innern alles erfaßt. Man fühlt: man tastet den inneren Menschen ab. So wie man mit dem gewöhnlichen Denken geistige Gefühlsfäden nach außen streckt, so streckt man mit seinem Denken, mit diesem Denken, das in sich selbst sich erlebt, fortwährend sich in sich selber hinein. Man wird Objekt, man wird sich Gegenstand.»[9]

Eine derartige Erfahrung, die sich bei der Bemühung um eine biographische

7 Der geisteswissenschaftliche Aufbau der Seelenforschung, Vortrag vom 10. Oktober 1918, in: «Die Ergänzung heutiger Wissenschaften durch Anthroposophie», GA 73.
8 R. Steiner: «Mysteriengestaltungen», Vortrag 23. 11. 1923, GA 232.
9 R. Steiner: «Mysteriengestaltungen», Vortrag 23. 11. 1923, GA 232.

phänomenologische Methode einstellen muß, führt gewissermaßen aus der Abstraktion des gewöhnlichen Vorstellen und Denk-Erlebens heraus, und zwar nicht in eine größere oder verdünnte Abstraktion, sondern in das Erlebnis einer größeren *Wirklichkeit*. Es zeigt sich dabei, daß das hohe Abstraktionsniveau einer induktiven Naturwissenschaft, mit dem wir sonst die Tatsachen der eigenen und der kindlichen Entwicklung anzuschauen und zu denken gewohnt sind, niedriger, erlebnisnäher wird und dadurch gleichzeitig sich biographische Phänomene *verlebendigen*. Wer mit einer so erübten Haltung als Erzieher an das Kind herantritt, kann ganz konkret die Erfahrung machen, daß dieses Sich-selbst-Erfassen die konkrete Begegnung mit dem anderen Menschen immer wieder zur Einmaligkeit konkretisiert, ohne daß dieses Erleben durch das vorstellende Denken vollständig abgeschattet wird.

Es wird hier nicht «Erfahrungen» und «Erlebnissen» das Wort geredet, die erkenntnis- und handlungsfeindlich undeutliche Gefühle zum Ausgangspunkt individueller und sozialer Lebensformen machen wollen. Vielmehr handelt es sich um die Steigerung des Fühlens als Erfahrung zu einem Erkenntnisorgan.

Erfahrung geht gewöhnlich in der Willensgestaltung still in die Lebensgeschichte ein oder festigt sich in Erkenntnisse. Deshalb entzieht sich diese Dimension gewöhnlich als eine unbestimmte. Folgenschwer ist sie aber von der Anthropologie und Naturwissenschaft vernachlässigt worden und beginnt erst jetzt in einer neuen Generation, noch vielfach mißverstanden, als ein Wahrnehmungsorgan wach zu werden. Wird dieses in Richtung auf Erkenntnis verfehlt, so verliert das Leben seinen Sinn, den nur eine geisteswissenschaftlich vertiefte biographische Erfahrung zu finden vermag. Denn wenn man sich ihrer in Erweiterung des Bewußtseins annimmt, geht dem Menschen erst die Fülle seines Erdenlebens, d.h. zunächst seiner Vergangenheit an Erfahrungsintensität auf, zugleich aber keimhaft auch das noch zukünftig zu Schaffende. In der Fülle der Selbsterfahrung, die sich da einstellt, erfährt der Mensch die «Fülle der Zeit» und kann schließlich der intuitiv erfaßten Wirklichkeit inne werden, daß diese aus einem vergangenen Leben hereinwirkt und ein Zukünftiges vorbereitet. Die irdische Erfahrung erscheint als die Zeit, in welcher sich in jedem Augenblick Erfahrung mit ihrem doppelten zeitlich-biographischen Aspekt ereignet, und ist zugleich Sinn-Erfüllung der Inkarnation, in welcher das Selbst die Welt als Erfahrungsgrund aller möglichen Erfahrung, der nicht abgeschlossen ist, lieben lernt. [2]

Die Gefährdung, die der heutige Mensch in bezug auf die spontane Identitätserfahrung, durch die Zeit hindurch er selber zu sein, erlebt, ist nicht zuletzt der Grund dafür, daß eine bewußtere Biographik angestrebt werden muß. Das Kind muß in Zukunft vor allem mit den hier erübten Einsichten des Erziehers rechnen können, die es in der Mitte der Kindheit vor allem sucht.

Die in das Bewußtsein erhobene Dimension des Fühlens als Gefäß biographischer Erfahrung begründet Lebenshaltungen, die sich aus dem Gewicht des Wissens und den Fähigkeiten des Handelns allein nicht ergeben können. Wird diese Dimension nicht bewußt ergriffen, so werden schließlich Wissen, aber auch Handeln sinnentleert und offen für den Zugriff des Untermenschlichen. Der Mensch weiß dann nichts mehr vom Menschen selbst und seiner Biographie.

Der Mensch ist heute dem hier skizzierten Weg näher, als er denkt. Er erschließt sich aber erst als ein solcher, wenn das die biographische Einsicht verstellende, gewohnte Gedankenleben zur imaginativen Anschauung erweitert wird. Diese erst macht den Weg sichtbar. Er bildet sich weiter als biographische Erfahrung, in welcher das Erschreiten der Biographie durch den Menschen dann als Schicksalsweg sich offenbaren kann, in welchem die geistige Welt mitspricht. Dieser Weg ist nirgends in der Welt angelegt. Er ist ein innerer Weg, den jeder Mensch zunächst unbewußt als seine Biographie er-fährt, bis er sich aufgerufen fühlt, diesen zweiten übersinnlichen Menschen in sich zu entdecken. Diese Entdeckung ist Aufgabe einer geisteswissenschaftlichen biographischen Phänomenologie, die in der Praxis der Erziehung, der Medizin und in den Einrichtungen des sozialen Lebens fruchtbar werden will. In ihrer individuellen Ausgestaltung erscheint das übersinnliche Menschenwesen, welches in den Stufen des Lebensganges nur als Abbild, als «Phänomen» in Erscheinung tritt, in seiner wahren Wirklichkeit. Der Mensch muss dabei aber lernen, von seiner nur gelebten Biographie zurückzutreten, mit der er zunächst innig verbunden ist, um sie im Lichte übersinnlich erfaßbarer seelisch-geistiger Gestaltungsimpulse neu zu verstehen und zugleich in ihr schöpferische moralische Impulse, die seinem höheren Wesen gemäß sind, wirksam werden zu lassen. Darin erst, d. h. im Handeln, zeigt sich die Frucht einer biographischen Phänomenologie, aus der hier einige Ergebnisse mitgeteilt sind. Sie erheben keinen Anspruch auf Vollständigkeit, da sie nur denjenigen Teil eines Weges charakterisieren, den der Autor an Hand der von R. Steiner gegebenen Erkenntnismethode[10] gehen durfte. Es kann sich dabei, und dies ist das Anliegen des Buches, langsam die Distanz verringern, die der erwachsene Mensch gewöhnlich gegenüber dem Kind erlebt, weil er das Kind im perspektivischen Abstand seiner gelebten, gewöhnlichen und ungeläuterten Biographie sieht, während ihm das Kind im Vertrauen Erwartungen seines Werdens entgegenbringt, die fortdauernd den Anspruch auf eine hier gemeinte Erfahrungserweiterung in uns machen, die wir noch nicht erfüllt haben.

10 Insbesondere kommt dabei in Betracht: R. Steiner: Ein Weg zur Selbsterkenntnis des Menschen. GA 16. Die Schwelle der geistigen Welt. GA 17. Karma als Schicksalsgestaltung des menschlichen Lebens. In: Esotorische Betrachtungen Karmischer Zusammenhänge, GA 239. Reinkarnation und Karma. GA 34.

Pädagogik und Moral – Ein Entwurf Rudolf Steiners

Das neugeborene Menschenkind bringt die in seinem Willensleben verborgen waltenden Schicksalsimpulse so mit, daß sie zunächst keimhaft sind und zu ihrer Ausbildung des anderen Menschen bedürfen. Im Gegensatz dazu obliegt es dem Erziehenden, sich klar zu machen, daß schon bald nach der Geburt jene leiblichen Organe, die Grundlage der Gedankenbildung, d. h. der Intelligenz werden, ausgebildet sind.[1] Wer erzieht, ist deshalb auch aufgefordert, die Sprache des Kindes zu hören, die in jenem Bereich spricht, in welchem allein der Mensch der Gegenwart sein Menschentum verwirklichen kann, indem er den Keim seiner seelisch-geistigen Herkunft schöpferisch entfaltet. Diese Entfaltung bedeutet jedoch zugleich dasjenige, was den Anspruch der Begegnung an den anderen Menschen macht und die Würde aller Erziehung begründet.

In unserem gegenwärtigen Zeitalter kann der Mensch diese Entfaltung zugleich als den Grund dessen verstehen, was der Begriff der Moral beinhaltet. Dieser gewinnt dadurch nicht nur seine soziale Bedeutung im Sinne gegenseitiger menschlicher Angewiesenheit, sondern eine biographische in dem Sinne, als die Weltenentwicklung im ganzen in der Erziehung immer anwesend ist, indem der Mensch durch seine moralische Entwicklung einer geistigen Wesenswelt die Gelegenheit ihrer irdischen Erscheinung gibt. Damit aber wird das, was wir Erziehungsmethodik zu nennen pflegen, zu einer moralisch-künstlerischen Idee der Menschen-Geistesbildung und ist in unserem Jahrhundert in eine neue Phase eingetreten. Erziehung kann sich deshalb in ihren Zielen auch nicht mehr aus einer schon vorgefundenen Sozietät ableiten, deren Legitimation sich gegenwärtig noch weitgehend am Maß operationeller Intelligenz bestimmt.

Vielmehr kann die Beziehung der Individualität zu dem, was diese als Gesellschaft antrifft, nicht vordergründig eine passive, auf Wissensvermittlung beruhende sein, sondern eine solche, die der wechselseitigen Gestaltung bedarf aus zukunftsfähigen Willenskräften, deren Entwicklung auch der Erziehung der kindlichen Individualität obliegt und die dem Erwachsenen dann als Fähigkeit sozialer Gestaltungskräfte zur Verfügung stehen können. Allein diese Fähigkeit, zusammen mit anderen Menschen eine immer neu zu schaffenden Sozietät mitzugestalten, kann Mündigkeit genannt werden. Sie offenbart sich dann in der Begegnung

1 Siehe W. Schad: Säugetiere und Mensch. Stuttgart 1971. Siehe S. 255–264.

des Menschen mit der Natur, der Mitwelt und mit sich selbst gleichermaßen, vorausgesetzt, daß die schöpferische Begegnung mit diesen drei Bereichen menschlicher Existenz in der Erziehung des Kindes veranlagt werden. Der Begriff der Intelligenz bedarf heute einer neuen, schöpferischen Bestimmung als die Weise menschengemäßen Umgangs mit diesen Erfahrungsbereichen. Die zunehmende Praxisbezogenheit der gegenwärtigen Wissenschaften als angewandte bestätigt in ihrer Entwicklung negativ diesen Zusammenhang im Phänomen einer nachhaltigen und schweren Krise mit den entsprechenden sozialen Folgeerscheinungen.

Die im Übergang lebende Sozietät muß sich entweder in einem nur machtpolitisch wirksamen Konservatismus und dessen Folgen verhärten oder sich im Chaos ungebildeter Willenskräfte selbst zerstören, wenn sich nicht in vertiefter biographischer Einsicht menschlicher Existenz eine neue Erziehungshaltung bildet. Erst aus dieser zu gewinnenden Haltung könnte eine Reform ihren Sinn gewinnen. Die von Rudolf Steiner für unser gegenwärtiges Zeitalter gegebenen pädagogischen Hinweise, die keine bloßen Anweisungen sind und die einer dauernden Vertiefung und lebendigen Aneignung bedürfen, seien im folgenden anhand einer Skizze zitiert, welche die Grundlage eines Vortrages darstellt, den Steiner bei der künstlerisch-pädagogischen Tagung der Waldorfschule vom 25.–29. März 1923 gehalten hat.[2] Diese Skizze trägt den Titel «Pädagogik und Moral» und bezieht sich im wesentlichen auf die Erziehung der Volksschulzeit:

„Die Aufgaben des Erziehenden und Unterrichtenden gipfeln in demjenigen, was er für die moralische Lebenshaltung der ihm anvertrauten Jugend erreichen kann. Er steht für diese Aufgabe innerhalb der Volksschulerziehung vor großen Schwierigkeiten. Die Eine ist darin gelegen, daß der Moralunterricht alles durchdringen muß, was er für seine Schüler tut; daß eine abgesonderte Moralunterweisung viel weniger erreichen kann als die Orientierung aller übrigen Erziehung und alles übrigen Unterrichtes auf das Moralische hin. Dies ist nun aber ganz eine Sache des pädagogischen Taktes. Denn grob gestaltete ‹moralische Nutzanwendungen› bei allem Möglichen bewirken, selbst wenn sie im Augenblicke, in dem sie angebracht werden, noch so eindringlich sind, im weiteren Verlauf doch nicht, was mit ihnen beabsichtigt ist. – Eine andere Schwierigkeit ist die, daß das Kind, welches die Volksschule betritt, bereits die moralischen Grundrichtungen des Lebens ausgebildet hat.

Das Kind lebt bis zu dem Zeitabschnitte, in dem es, um das siebente Jahr herum, den Zahnwechsel durchmacht, ganz an seine Umgebung hingegeben. Man möchte sagen, das Kind ist ganz Sinn. Wie das Auge in den Farben lebt, so das ganze Kind in den Lebensäußerungen seiner Umgebung. Jede Geste, jede Bewe-

2 Enthalten in: Der Goetheanumgedanke inmitten der Kulturkrisis der Gegenwart. Gesammelte Aufsätze 1921–1925. GA 36.

gung des Vaters, der Mutter wird in entsprechender Art im ganzen Innenorganismus des Kindes miterlebt. – Bis in diesen Zeitabschnitt wird von der menschlichen Wesenheit das Gehirn gestaltet. Und vom Gehirn geht in dieser Lebensepoche alles aus, was dem Organismus sein Innengepräge gibt. Und im Gehirn bildet sich in feinster Weise nach, was sich durch die Umgebung als Lebensoffenbarung abspielt. Das Sprechenlernen des Kindes beruht ja ganz darauf.

Es sind aber nicht bloß die Äußerlichkeiten im Verhalten der Umgebung, die im Kindeswesen weiterschwingen und die dessen Innerem den Charakter aufprägen, sondern mit den Äußerlichkeiten der seelische und moralische Inhalt. Ein Vater, der sich vor dem Kinde in Lebensäußerungen offenbart, die dem Jähzorn entspringen, wird Veranlassung dazu, daß bis in die feinsten organischen Gewebestrukturen das Kind die Neigung zum gestenhaften Darleben des Jähzorns aufnimmt. Eine furchtsam, zaghaft sich verhaltende Mutter pflanzt dem Kinde organische Strukturen und Bewegungstendenzen ein, die bewirken, daß dasselbe an seinem Körper ein Werkzeug hat, das dann die Seele im furchtsamen, zaghaften Sinne gebrauchen will.

Im Lebensabschnitte des Zahnwechsels hat das Kind einen Organismus, der auf das Seelische in einer ganz bestimmten Art geistig und moralisch zurückwirkt.

In diesem Zustande, mit einem für das Moralische orientierten Organismus erhält der Erziehende und Unterrichtende der Volksschule das Kind. – Durchschaut er diesen Tatbestand nicht, so ist er der Gefahr ausgesetzt, an das Kind moralische Impulse heranzubringen, welche von diesem unbewußt abgelehnt werden, weil es an der Beschaffenheit des eigenen Leibes die Hemmungen hat, sie anzunehmen.

Das Wesentliche aber ist, daß das Kind, wenn es die Volksschule betritt, die in der Nachahmung der Umgebung angeeigneten Grundrichtungen hat, daß jedoch diese bei richtiger Behandlung verwandelbar sind. Ein Kind, das in jähzorniger Umgebung aufgewachsen ist, hat davon seine organische Formung erhalten. Man darf diese nicht unbemerkt lassen. Man muß mit ihr rechnen. Allein, sie läßt sich umwandeln. Man kann, wenn man mit ihr rechnet, in dem zweiten kindlichen Lebensabschnitt, vom Zahnwechsel bis zur Geschlechtsreife, sie so gestalten, daß sie der Seele die Unterlage liefert für ein schlagfertiges, geistesgegenwärtiges, mutvolles Zugreifen in den Fällen des Lebens, in denen solches notwendig ist. Eine kindliche Organisation, die die Folge einer ängstlichen, zaghaften Umgebung ist, kann ebenso die Unterlage bieten für die Ausbildung eines edlen Sinnes für Schamhaftigkeit und Keuschheit. – Echte Erkenntnis der Menschenwesenheit ist also die Grundforderung auch für die moralische Erziehung.

Der Erziehende und Unterrichtende muß aber im Auge haben, was die kindliche Natur zwischen Zahnwechsel und Geschlechtsreife im allgemeinen für ihre Entwicklung erfordert... – Man kann die Umwandlung der moralischen Grundrichtungen und auch die weitere Entfaltung derjenigen, die man als rechte ansehen muß, nur bewirken, wenn man auf das Gefühlsleben, auf die moralischen Sympathien und Antipathien zielt. Und auf das Gefühlsleben wirken nicht abstrakte Maximen und Ideen, sondern *Bilder*. Man hat im Unterrichten überall Gelegenheit, vor die Seele des Kindes Bilder des menschlichen Seins und Verhaltens, ja gleichnisweise sogar des außermenschlichen, hinzustellen, an denen sich die moralischen Sympathien und Antipathien erregen lassen. Das *Gefühlsurteil* über das Moralische soll in der Zeit zwischen dem Zahnwechsel und der Geschlechtsreife ausgebildet werden.

Wie das Kind bis zum Zahnwechsel an die unmittelbaren Lebensäußerungen der Umgebung nachahmend hingegeben ist, so in der Zeit vom Zahnwechsel bis zur Geschlechtsreife an die Autorität dessen, was der Lehrende und Erziehende *sagt*. Es kann der Mensch in seinem späteren Leben nicht zum rechten Gebrauche der sittlichen Freiheit erwachen, wenn er nicht in dem gekennzeichneten zweiten Lebensabschnitte hingebungsvoll an die selbstverständliche Autorität seiner Erzieher sich hat entfalten können. Wenn das schon für alles Erziehen und Unterrichten gilt, so für das Moralische ganz besonders. An dem verehrten Erzieher schaut fühlend das Kind, was gut und böse ist. Er ist der Repräsentant der Weltordnung. Der werdende Mensch muß zuerst die Welt durch den erwachsenen Menschen kennen lernen.

Welch bedeutsamer Erziehungsimpuls in solchem Kennenlernen enthalten ist, kann man bemerken, wenn man in wahrer Menschen-Erkenntnis das rechte Verhältnis zum Kinde nach dem ersten Drittel des zweiten Lebensabschnittes zu suchen hat, etwa zwischen dem neunten und zehnten Geburtstage. Ein allerwichtigster Lebenspunkt wird da erreicht. Man merkt, das Kind macht halb unbewußt, in mehr oder weniger dunkler Empfindung etwas ihm Wesentliches durch. Daß man da dem Kinde richtig gegenübertrete, davon hängt unermeßlich viel für dessen ganzes späteres Leben ab. Will man bewußt aussprechen, was das Kind im traumhaften Gefühl erlebt, so muß man sagen: es tritt vor seine Seele die Frage: woher hat der Erzieher die Kraft, die ich, an ihn verehrungsvoll glaubend, empfange? Man muß vor den unbewußten Seelentiefen des Kindes als Erzieher erweisen, daß man die Autorität durch ein festes Gegründetsein in der Weltordnung mit Recht hat. Man wird, bei wahrer Menschen-Erkenntnis, finden, daß manches Kind in diesem Zeitpunkte wenige Worte, richtig gesprochen, manches viele braucht. Etwas Entscheidendes muß da aber geschehen. Und lehren kann, was zu geschehen hat, nur die Wesenheit des Kindes selbst. Und für moralische Kraft, moralische Sicherheit, moralische Haltung des Kindes wird gerade in diesem Lebenspunkte von dem Erzieher unsäglich Wichtiges geleistet werden können.

Ist das moralische Gefühlsurteil mit der Geschlechtsreife in rechter Art entfaltet, so wird es in dem nächsten Lebensabschnitt in den freien Willen aufgenommen werden können. Der junge Mensch, der die Volksschule verläßt, wird aus den seelischen Nachwirkungen seiner Schulzeit die Empfindung mit sich ins Leben tragen, daß sich in ihm die moralischen Impulse im sozialen Zusammenleben mit den Mitmenschen aus der inneren Kraft seines Menschenwesens entfalten. Und nach der Geschlechtsreife wird der *Wille* als ein moralisch starker sich ergeben, der vorher gekeimt hat in dem recht gepflegten moralischen Gefühlsurteil."

«Liebe Eltern!»

«Das Kind als soziales Wesen zu erkennen, heißt selber sozial werden, heißt die ewige Kindheit in sich zu erwecken, sich zu wandeln, um den Krug des Vertrauens, den jedes Kind neu auffüllt, in Händen vor sich her zu tragen.»

Karl König

Die Sprache, die das Kind im folgenden spricht, ist nicht die des alltäglichen Lebens. Es ist die, in der das Ich seine Werde-Motive und zwischenmenschlichen Ansprüche ausspricht und die man hören kann, wenn man Abstand gewinnt, sich besinnt und sich mit Interesse auf das Seelenwesen des Kindes einläßt. Sie kann jedem hörbar werden. Daß diese Sprache sich hier an die Eltern wendet, hat seinen Grund darin, daß der Autor der Auffassung ist, daß sich die Wandlungen der mittleren Kindheit wesentlich an den Eltern als Partnern vollziehen, an jene Menschen also, die den Innenraum der Familie der frühen Kindheit gebildet haben. Trotz der bedeutenden sozialen Erweiterung des kindlichen Lebens und nicht zuletzt trotz des großen Einflusses der Schule (oder gerade deshalb) bleiben die Eltern das zentrale Element biographischer Wandlung. Die Worte, die das Kind im folgenden aus seinem ihm erst noch halbbewußten Gefühl und Willensleben spricht, sind nicht als Kritik gemeint, sondern als Formen möglicher Beziehungen, die das Kind sucht und die es den Eltern in allen verschiedenen individuellen Erscheinungen seines Lebens erkennbar machen will. In der positiven und negativen Beeinflussung der Eltern, die über das Fernsehen, über Zeitschriften und eine große Zahl von Buchveröffentlichungen angeboten werden, spricht nicht die «Sprache» des Kindes selbst.

Wir müssen lernen, vor allem mit der unermeßlichen Toleranzfähigkeit unserer Kinder zu rechnen, die sich dann einstellt, wenn das Kind auf ernsthafte partnerschaftliche Bemühungen der Eltern trifft. Wir müssen den Mut wiedergewinnen, auf den Wandlungswillen unserer Kinder zu vertrauen, das heißt auf jenen entscheidenden Antrieb biographischer Intentionalität, der durch die Konflikte hindurch das Offene des eigenen Schicksals erreichen möchte, wo die Bojen spärlicher werden, das Land schließlich zurücktritt und das offene Meer sich auftut. Vielleicht nehmen wir dann auch wahr, daß jenes Engel-Wesen, welches das Kind zu uns als Eltern geführt hat, in der mittleren Kindheit mit eigener Autorität im Kinde selbst zu erscheinen beginnt und ihm die Kraft gibt, es selbst zu werden.

Jede Epoche des kindlichen Lebens stellt spezifische Aufgaben, und unsere Kinder erziehen uns ebenso, wie wir sie erziehen. Die Tragik aller Erziehung besteht darin, daß unsere Einsichten als Erzieher meist zu spät kommen, das heißt erst dann, wenn eine Epoche vorüber ist und die nächste schon wieder neue Ein-

Hesse
183
Z.3

stellungen erfordert. Dies bedeutet aber, daß wir in einer erneuerten, gesteigerten Erkenntnis-Haltung im liebevollen Hinblick auf die sich wandelnden kindlichen Erfahrungen derjenige Werde-Raum entstehen kann, wo der Erzieher nicht nur auf das Kind «reagiert».

«Erzieht mich nicht nach dem Muster, nach dem euch eure Eltern erzogen haben. Denn ich bin anders, als ihr damals gewesen seid. Ihr könnt dies einsehen lernen, wenn ihr darauf achtet, wie ich mit Gleichaltrigen umgehe, und verstehen lernt, daß deren Urteil für mich ebenso wichtig, manchmal auch wichtiger ist als eures.

Oft vergleiche ich euch mit anderen Eltern. Ihr könnt mir dabei helfen, wenn ihr versteht, daß ihr meine Eltern werden müßt, die mich nicht nur erzeugt haben, sondern die mich als Partner in ihr Leben einbeziehen. Darauf richtet sich meine Sehnsucht, wie sie sich damals darauf richtete, zu euch zu kommen, längst ehe ich geboren wurde. Damals hat mich Vertrauen geleitet, jetzt brauche ich eure Treue.

Ich möchte verstehen lernen, wie ein Mensch dem anderen helfen kann und was einer dem anderen bedeutet. Denn ich ahne jetzt, daß der Mensch einsam sein kann.

Die Anatomie meines Geschlechtes und dessen Funktionen stehen nicht im Mittelpunkt meines Interesses. Sprecht ihr darüber, so tut es sachlich. Ich möchte aber lernen, wie Menschen trotz ihrer Verschiedenheit miteinander leben können und worin diese Gemeinsamkeit besteht. Ich möchte erfahren, wie Mann und Frau, Vater und Mutter übereinkommen können, ohne daß sie dieselbe Meinung über eine Sache haben; ich möchte erfahren, was der Vater der Mutter und die Mutter dem Vater bedeutet.

Ich bin daran interessiert, ob ihr über meinen Leib und dessen Funktionen eine andere Sprache sprecht als meine Schul- und Straßenfreunde. Ich ahne, daß es hinter dem Fühlbaren und Sichtbaren meines Leibes, das man beschreiben kann, noch etwas gibt, was ich auch bin und fühlen möchte. Ich hoffe, daß ihr von dort her zu mir sprechen lernt, wo der unsichtbare Mensch seine Heimat hat und wo sein Stern leuchtet.

Ich kann meine Fragen nur ungenügend formulieren. Ich bin unsicher im Sagen dessen, was ich eigentlich meine. Kümmert euch um meine Angelegenheiten mindestens ebenso wie um die euren. Eure Stellung im Leben interessiert mich; aber es ist nicht die meine. Ich möchte euch vor allem anderen als Vater und Mutter erleben, damit ich mir nicht andere Eltern vorstellen muß, die ich nicht finden werde.

Ich muß jetzt lernen, eure Handlungen und Worte zu interpretieren, denn ihr seid nicht immer einig mit euch selbst. Ich beginne dies zu verstehen und zu achten. Ihr sollt meinen, was ihr sagt, und handeln, wie ihr denkt. Ich bin toleranter als ihr glaubt, denn ich ahne, daß auch ich nicht immer einig mit mir bin.

Ich möchte lernen, mit dem, was ihr Konflikt nennt, zu leben und umzugehen, ohne Angst haben zu müssen. Ich suche nicht immer Antworten auf meine Fragen, sondern nur euer Interesse an ihnen. Denn oft antwortet ihr irgend etwas, um Ruhe zu haben. Hört genau hin, denn in meiner Frage ist eine zweite verborgen. Ihr braucht viel Zeit für mich.

Ich bin nicht an Prinzipien interessiert. Sie stammen, so denke ich, aus der Trägheit des Gewohnten. Aber ich möchte wissen, wie man morgen dasselbe anders tut als heute und doch derselbe Mensch bleibt. Eure Wirklichkeiten sind meine Möglichkeiten. Alles könnte auch anders sein, und manchmal frage ich mich, ob diese Welt meine Welt ist, ihr meine w i r k l i c h e n *Eltern seid. Es ist nicht der ganze Mensch, der etwas Falsches tut, was nach euren Maßstäben nicht recht ist. Beurteilt mich nach meinen Taten und nicht nach meinem Sein. Denn ihr kennt mich noch nicht.*

Gebt mir die Möglichkeit, mich zu finden, indem ihr verzeihen lernt, und hört nicht auf, an meiner Suche nach dem, was Verbindlich-Rechtes ist, teilzunehmen. Toleranz ohne Interesse ist Feigheit.

Macht euch kein Bild von mir, aber habt Vertrauen in mich, wie ich Vertrauen in euch hatte.

Denkt nicht, daß ich dankbar sein müßte für das, was ihr für mich getan habt. Wenn ich einmal weiß, wer ich bin und wie ich geworden bin, werde ich dankbar sein können.

Glaubt nicht, daß ihr vor mir immer eine Meinung vertreten müßt. Aber vertretet sie mit Verstand und Sinn füreinander. Sprecht, bevor ihr handelt.

Ich möchte wissen, welche Werte ihr im sozialen Leben wählt. Sucht euch ein möglichst klares Bild eurer Stellung in der Welt zu verschaffen, und sucht den Sinn eures Lebens. Dieses Licht in euch wird wie ein Spiegel sein. Ich kann darin euren Sinn in meinen Mut verwandelt sehen.

Stellt Fragen an euch, ehe ich sie euch stelle. Ich bin wie niemand sonst in der Welt, und dennoch möchte ich nicht anders sein als die anderen. Verwöhnt mich nicht und seid nicht böse, wenn ich euch manchmal fremd erscheine. Denn ich denke über die Welt anders als früher. Unsere gemeinsame Welt ist in euch älter geworden. In mir ist sie neu, auch wenn es dieselben Inhalte sind, über die wir sprechen.

Beurteilt mich mit der neuen Liebe, die Distanz mit einschließt. Darauf gründet sich alle Gerechtigkeit.

Zeigt mir nicht nur die äußere Gestalt eurer Normen, sondern zeigt mir ihren Sinn und ihre Entstehung. Laßt mich hinter bloßes Verhalten der Menschen sehen.

Ich ahne, daß alle Menschen aus einem Schöpfungsgrunde stammen ihrer Gestalt nach. Ich ahne auch, daß alle Sehnsucht auf eine Gemeinsamkeit gerichtet ist, die neu ist und sich durch die Verschiedenheit der Menschen hindurch bilden will.

Vertraut meiner Zukunft und versteht, daß ich dasjenige, was ich der Welt geben werde, anderen Menschen gebe, die ihr nicht kennt, und auf meine Art.

Die Schule ist meine Sache vor allem. Laßt meine Lehrer nicht allein. Richtet euch nach konkreten Erfahrungen und nicht nach Prinzipien ein. Auch die Lehrer sind nicht nur Vertreter von Institutionen, sondern Menschen, mit denen ihr sprechen sollt.

Ein einzelner versteht schneller, gewissenhafter als eine Institution. Bedenkt, daß ich für meine Lehrer «neu» bin und einer von vielen. Ihr aber habt mit mir gelebt und euch mit mir gewandelt. Ihr könnt meinem Lehrer etwas sagen, was er nicht wissen kann. Nicht so sehr über mich, sondern über euch selbst. Dies wird den Lehrer freier machen, auch seinen Schülern und mir gegenüber.

Es hilft nicht, wenn ihr euch immer hinter den Lehrer oder gegen ihn stellt. Meine Schule ist auch für euch eine Aufgabe. Laßt euch nicht von Schlagworten verführen. Erziehung ist nicht nur eine Sache, bei der es sich «um letzte Dinge» handelt. Oft sind es die kleinen Dinge, die zählen, unter der Oberfläche des allgemeinen.

Seid deshalb auch zurückhaltend mit allgemeinen Erklärungen, die nicht aus eurem Erleben kommen.

Ich sehe denselben Regenbogen, dasselbe Haus, dieselben Straßen, Brücken und denselben Wald wie ihr. Ich höre dieselbe Sprache, die ihr hört. Aber meine Gefühle wandeln, was ich sehe und höre. Ich schweige oft, um euch nicht zu kränken. Ich gewinne die Substanz meiner Welt, wie der Fischer die Netze auswirft. Eure Fische sind schon in den Körben, wie es einmal meine sein werden. Laßt mir die Freude des Fischefangens.

Ich bin mißtrauisch, wenn ihr meine Nöte zu schnell versteht. Ich bemerke, daß ich so bin, wie ich bin. Ich leide darunter und freue mich darüber. Aber ich weiß jetzt, daß ich mich nicht schnell ändern kann. Deshalb: gebt mir Zeit, meine Fehler zu erkennen, gebt mir Zeit zu sprechen, gebt mir Zeit zu leben.

Die Welt ist nicht immer schön, aber sie ist wichtig für mich. Auch jede menschliche Beziehung in ihr ist wichtig. Ihr habt viele unwichtige Beziehungen, an die ihr eure Zeit verschwendet. Aber vielleicht habt ihr eure Gründe dafür, die ich nicht kenne.

Vor allem aber bitte ich euch: seid aufrichtig und verzeiht mir und euch schneller, wenn es sich um Kleinigkeiten handelt. Die großen Dinge, die das Herz bewegen, brauchen Zeit und meistens auch Schweigen.

Vertraut auf meine Hoffnungen. Denn die Welt ändert sich nicht durch Zufall, sondern durch jeden Menschen. Vielleicht auch durch mich. Ich glaube an dieses Wunder, das auch eure geheime Sehnsucht ist, die ihr so oft verbergt. Ihr seid noch immer das Herz meiner Wahrnehmungen und der Sicherheit meines Verständnisses der Welt. Dort sucht eure stille Autorität. Niemand hat sie. Sie wandelt durch die Seele. So kann sie anwesend sein, wenn ich sie brauche.

Anmerkungen

Was ist biographische Erfahrung?

[1] Seite 28

Friedrich Hiebel hat in seinem Buch «Biographik und Essayistik» (Bern 1970) gezeigt, daß die moderne Biographie ihren Ursprung in England hat. «Die Kunst der Biographie ist der dichterische Ausdruck der Zielstrebigkeit des Zeitalters des Bewußtseinsdurchbruchs, für den der englische Sprach- und Volksraum dazu ausersehen ist, Pionierarbeit zu leisten, um propädeutisch den übrigen Völkern vorauszuleuchten.» Der Autor führt in seiner an historischen Beispielen erläuterten Geschichte der Autobiographie bis zu jenem Durchbruch, der dort gelingt, wo die Entelechie des Ich als vorgeburtliche und nachtodliche Existenz erfahrbar wird.

[2] Seite 29

Es gibt in jeder Biographie solche «Schlüssel-Phänomene». Sie stehen gewöhnlich wie Bojen oder Zeichen im Fluß der Ereignisse und entschlüsseln den Raum extensiven Lebens. Dadurch erst erhebt sich Leben zur Biographik und vermittelt die Erfahrung von Identität. Diese Zeichen haben aber auch eine Richtung auf Intensität und weisen in dieser über soziale Identität hinaus. Vertieft sich der Mensch in diesem Sinne in derartige Schlüsselphänomene, so bemerkt er, daß sie ihm nicht zugefallen sind, sondern mit jener personalen Identität in Zusammenhang stehen, die wir Schicksal nennen und die nicht durch das Tor der Geburt und die Schwelle des Todes begrenzt ist. Die Übung der Seele auf eine solche Intensivierung hingerichtet kann zur Erfahrung wiederholter Erdenleben führen.

Wesentliche Beiträge zu diesem Übungsweg und dessen Ergebnisse als Bewußtseins-Erweiterung hat H. Poppelbaum gegeben in: «Schicksalsrätsel», Dornach 1949, und «Studien über das Schicksal», Dornach 1972. Siehe auch R. Steiner: «Reinkarnation und Karma», Gesammelte Aufsätze 1903–1923, Stuttgart 1962, und: «Wie kommt man zur Erkenntnis wiederholter Erdenleben», Vorträge vom 20. und 21. Februar 1912, veröffentlicht in GA 135.

[3] Seite 33

Der Begriff «Ich» entspricht hier und im folgenden immer einer zweifachen Realität. In der soziologischen Literatur wird zwischen dem sozialen und personalen Ich unterschieden (etwa bei E. Goffmann) oder, wie G. Mead es getan hat, zwischen «me» und «I». Auch sieht die soziologische Forschung, wo sie sich auf die Dynamik der Biographie richtet, im sozialen Ich die Rolle oder die Rollen, in denen sich der Mensch bewegt, und im personalen Ich jene Tätigkeit, die die Rollenintegration und Wandlung leisten muß. Einen guten Überblick über die hier vorliegende Problematik gibt L. Krappmann: Soziologische Dimensionen der Identität. Stuttgart 1971.

Die geisteswissenschaftliche Menschenkunde unterscheidet seit R. Steiner zwischen dem «höheren Ich» und dem «niederen Ich», wobei diesen Bezeichnungen zunächst keine moralische Bedeutung von vornherein zugesellt ist. Sie sind zunächst Beschreibungen, und R. Steiner hat in diesem Zusammenhang auch vom niederen und höheren Selbst gesprochen. Die Unterscheidung dieser beiden Erfahrungen des Ich ist nicht ein akademisches Problem. Sie ist im allgemeinen im menschlichen Leben zunächst nicht gegeben, und nur ein methodisch geübter Selbsterkenntnisprozeß kann die Unterscheidung biographisch Wirklichkeit werden lassen. Ein solcher Prozeß ist methodisch durchgeführt in einer meditativen Anleitung R. Steiners: «Ein Weg zur Selbsterkenntnis des Menschen» (GA 16). Dort wird von der Geburt des «gewöhnlichen Ich» um das dritte Lebensjahr gesprochen, das erst aus einem «übergeordneten Ich-Wesen» entsteht. Dieser auch an anderen Stellen im Werk R. Steiners vorgebrachte Ansatz wurde von K. König in der Entwicklungspsychologie des Kindes fruchtbar gemacht. («Die drei ersten Jahre des Kindes». Stuttgart 1957)

Wir gebrauchen im folgenden den Begriff «Ich», wo nicht ausdrücklich differenziert, im Sinne des «übergeordneten» oder «höheren Ich», der Geisteswissenschaft. In der Schicksal-gestaltenden Begegnung des sozialen «niederen» Ich mit dem personalen «höheren» Ich, dessen Existenz nicht von den Schwellen von Geburt und Tod begrenzt ist, wird offenbar, was auch als die Suche des Menschen nach «Identität» verstanden werden kann.

Der Begriff der Identität wird deshalb auch nicht nur als soziale Identität verstanden, wie dies zunehmend in der Psychologie und Soziologie üblich geworden ist. Es ist damit auch nicht jene Identität gemeint, die der Mensch rational begründen will und die sich nur auf sein niederes Ich bezieht. Der Begriff, wie er hier gebraucht wird, bezieht sich vielmehr auf ein Ich, das sein ihm eigenes individuelles Schicksal hat, das nicht erst mit der Geburt beginnt, sondern die Ergebnisse von Erfahrungen eines schon einmal gelebten Lebens mitbringt. Diese dem Menschen zunächst verborgene Tatsache bestimmt entscheidend seine Schicksalswege, die sich in den Begegnungen des sozialen Lebens gestalten und wandeln. So sehr diese auf das soziale Leben sich beziehende Identität sich am anderen Menschen bildet und die Rollen-Problematik ausmacht, entsteht doch personale Identität nicht dort. Der Mensch ist sich bei Selbstbesinnung bewußt, daß er in der Identitäts-Suche und -Befriedigung innerhalb sozialer Identität nicht aufgeht. Er erfährt vielmehr den Konflikt zwischen sozial-gesellschaftlicher und individuell-personaler Ich-Identität als Gewissen, das auf biographische Einsicht, das heißt Selbsterkenntnis drängt und Erfüllung des Schicksalsweges innerhalb des sozialen Lebens sucht. Diese Suche verstehen wir als die Suche nach Identität. Sie geschieht vom Anfang des Lebens an, und die Einsicht in ihre Motive scheint uns über die soziale Identität hinausweisend eine zentrale Aufgabe des Erwachsenen gegenüber dem Kind. Sie kann nur gelingen, wenn der Erzieher selbst sich in seiner eigenen Suche auf den Weg begibt und seine eigene Identität nicht nur als Rolle, Status oder zugewiesene soziale Identität begreift und damit erst einen Freiheitsraum pädagogischen Handelns begründet. Diesem Raum gilt die Frage nach Identität, wie wir sie stellen. Daß er sich in einem Leben nie ganz als Einsicht erfüllt, scheint zu den Tatsachen des Menschenlebens zu gehören, die im Blick bleiben müssen und die das Ich nach dem Tode und dem Durchgang durch die geistige Welt auf ein neues Erdenleben hin bestimmen. Jedoch bleibt der Begriff personaler Identität ohne die Herausforderung sozialer Begegnung ohne Sinn. Er findet seine Lebendigkeit in der Krise und deren Bewältigung in der konkreten dargelebten Existenz. Wo die Suche nach personaler Identität verloren geht, bleibt der Mensch im mehr oder weniger angepaßten Spiel sozialen Rollen verhaftet und wird ein nur gesellschaftlich relevantes Wesen, das seine Haltungen und Handlungen nur vom anderen her bestimmt oder sie vom anderen auferlegt bekommt. Der soziologische Rollenbegriff bleibt ohne den Einbezug des höheren «Ich» leer und sinnlos.

Wir vermuten, daß zwischen personaler und sozialer Identität ein rhythmisches Verhältnis besteht, das sich als menschliche Biographie offenbart und als biographische Phänomenologie ansichtig wird.

[4] Seite 34

Eine solche Übung ist die folgende: Man stelle sich einen erwachsenen Menschen vor, wie er wohl als Kind gewesen ist. Hat man dies getan, so wende man diese Vorübung konkret auf sich selbst an. Dann versuche man umgekehrt, sich ein Kind vorzustellen, wie es wohl als reifer Mensch sein wird. Dasselbe tue man dann mit dem eigenen Kind. Solche Übungen schaffen zunächst jene Beweglichkeit, die in der Lage ist, Entwicklungen vorzustellen.

Im Zusammenhang mit einer Neugestaltung des sozialen Lebens hat Rudolf Steiner eine ähnliche Übung vorgeschlagen, die er einen meditativen Weg nennt: «Wir können aus den verschiedensten Gründen, zu den verschiedensten Zeiten gewisse Rückblicke in unser eigenes Leben machen. Wir können uns fragen: Wie hat sich dieses unser individuelles Leben von unserer Kindheit bis heute entwickelt? Wir können es aber auch einmal so machen: Wir können vor unseren Blick nicht so sehr das hinstellen, wie wir uns gefreut haben über dieses oder jenes, wie wir das oder jenes durchlebt haben, sondern wir können auf diejenigen Menschen hinblicken, die in unser Leben als Eltern, Geschwister, als Freunde, als Lehrer oder sonst irgendwie eingegriffen haben, und wir können, statt uns selbst, das Wesen dieser Menschen uns vor die Seele stellen, die in unser Leben eingegriffen haben. Da wird sich für eine Weile die Sache so ausnehmen, als ob wir uns sagen könnten, wie wenig eigentlich an uns selber ist, wie viel an dem ist, was von den anderen in uns selbst hineingeflossen ist. Unser Verhältnis zur Welt wird, wenn wir ehrlich und redlich eine solche Selbstrückschau in Szene setzen, doch ein ganz anderes. Gefühle, Empfindungen bleiben zurück als die Ergebnisse einer solchen Rückschau. Und diese Gefühle, diese Empfindungen sind gewisse fruchtbare Keime in uns. Sie sind Keime für wirkliche Menschenerkenntnis.» (Vortrag in Zürich, am 4.2.1919, GA 193)

Die folgende Übung, die R. Steiner vorgeschlagen hat und die auf die stellvertretende Erfahrung des anderen Menschen an uns selbst hinzielt, scheint insbesondere für die mittlere Kindheit und für das Verständnis wahrer «Auctoritas» wesentlich zu sein: «Als Kind treten wir in die Welt herein; es ist etwas an uns, was wichtig ist für die Welt, für das Zusammenleben der Menschheit, für die geschichtliche Erkenntnis. Aber wir können es nicht erkennen, wenn wir bei uns selbst stehen bleiben, nicht als Kind, nicht als Mann, nicht als Frau, nicht als Greis oder Greisin. Aber in einer anderen Weise kann es erkannt werden. Dann kann es erkannt werden, wenn die durch wirkliche geistige Empfindung feiner gestimmte reife Menschenseele, die Mannesseele, die Frauenseele, die Greisen- oder Greisinnenseele hinschaut auf das Kind und die Empfindung hat: In dem Kinde offenbart sich etwas, was das Kind jetzt nicht erkennen kann, was auch durch das Kind, wenn es auf sich selbst gestellt ist, niemals, auch selbst bis zu seinem Tode nicht, erkannt werden kann, was aber erkannt werden kann in der Seele des anderen, der als Greis auf dieses Kind zurückschaut. Da haben Sie etwas, was sich offenbaren kann durch das Kind, nicht im Kinde und nicht in dem Manne oder der Frau, die aus diesem Kinde werden können bis zum Tode hin, sondern in dem anderen, der von einem höheren Lebensalter aus liebevoll den jüngsten Menschen anschaut.» (Vortrag in Zürich, am 4.2.1919)

Die Spielgemeinschaft

[1] Seite 63

Colin Ward, als Städteplaner in England tätig, hat in einer sehr ausführlichen Arbeit eine Bestandsaufnahme vom Zustand unserer Städte im Hinblick auf die Bedürfnisse und Entfaltungsmöglichkeiten von Kindern vor allem in der westlichen Welt vorgelegt. Er kommt zu dem Ergebnis, daß unsere Städte nicht darauf eingestellt sind, Kinder zu integrieren, daß Kinder in unseren Städten entmündigt werden und dadurch schwerwiegende gesellschaftliche Probleme geradezu vorprogrammiert werden.

Sein Buch zeigt aber auch die Erfindungsgabe und Phantasie der Kinder «die noch aus jeder Einschränkung ein bißchen Glück für sich herauszuholen verstehen.» (C. Ward: Das Kind in der Stadt, Fischer, Frankfurt 1978)

Zur Lebensumwelt des Kindes in der Stadt gibt auch für die gegenwärtigen Verhältnisse die klassische Arbeit von Martha und Hans Heinrich Muchow Einblick. (Der Lebensraum des Großstadtkindes, reprint, Bensheim, päd.-extra Buchverlag 1978.)

Der nahe unbekannte Gott

[1] Seite 71

Eine Erziehung, die sich mehr als eine Vermittlung von Techniken zur Aufgabe macht, muß bedenken, ob sie nur primitive, auf kulturelle Kontinuität gerichtete Praxis sein will, oder ob sie den kritischen Dialog des Kindes mit sich, der Natur und dem anderen Menschen fördern will. Der Gewinn *individueller Seelenbildung*, der sich hier im Kind im Medium der Sprache und des Denkens vollzieht und den sich die menschliche Kultur gegenüber den Einweihungszermonien älterer und primitiver Kulturen erworben hat, darf nicht wieder verloren gehen. Denn die Gefahren einer Schule als Form ritueller Einweihung zeichnen sich ab in Mangel an Aufmerksamkeit auf die Langsamkeit menschlicher Bildeprozesse und die damit verbundene Tendenz, Lernleistung zu intensivieren oder zeitlich zu verkürzen. Damit rückt die Erziehungspraxis an eine Menschenerziehung als Gattungs-Erziehung heran, die aus der Technologie ihre Verordnungen empfängt und deren Signatur Abkürzung und *Versicherung* ist – Elemente der Angst. Auch in den primitiven Riten der Einweihung wird der Lernprozeß im Einweihungsritual *abgekürzt*. Die Lebenskräfte der Kindheitsjahre werden im Ritual in Generationskräfte umgewandelt, wodurch zwar die Kontinuität des Stammes gewahrt wird, aber gerade die individuellen Ich-Erfahrungen des Lernprozesses verhindert werden und damit der Keim von Freiheitserfahrung. Diese scheint eine latente Gefährlichkeit für alle Bewahrer von Kontinuität zu besitzen, die Menschen seit der ältesten Zeit bekannt waren. Deshalb mußten Formeln gefunden werden, das Freiwerden des Seelischen (etwa im Tanz) zu binden, und diese Bindungen erfolgten zunächst an die Götter, die heilig waren. In einer götterlosen modernen Welt scheinen diese Bindungen nicht weniger effektiv an institutionelle und gesellschaftliche Normen zu erfolgen, was die Schule als einen Erziehungsort zur Mündigkeit fragwürdig gemacht hat.

[2] Seite 73

Die hier folgenden Gedichte sind Übersetzungen von Schüler-Gedichten der Church of England School in Stepney, deren Veröffentlichung die Entlassung des Herausgebers, Christopher Searle, nach sich zog. Die Kinder formierten sich unmittelbar darauf zu einem Streik, als Zeichen ihrer Ablehnung dieser Regierungs-Aktion. (Botton Village News, 25.6.1971)

Die Gedichte wurden von «Reality», London, veröffentlicht unter dem Titel: «Stepney Words».

Im folgenden werden die Originaltexte in der Reihenfolge, in der sie in diesem Kapitel erscheinen, gegeben:

I am a living poem:
I write no words.

Johnnie Quarrell

Disappearance

I saw a pigeon
flying across the sky
it was black and white
it seemed like an aircraft flying high
it flew up and down, round and round
saw some other birds it did
I think it was scared
it flew like an eagle
flew right to the sun
then it disappeared in the clouds.

Marion Sheen

Drifting away

I sit on a cloud
And it slowly goes up,
Up in the beautiful sky.
I look down,
And see a wonderful sight.
I drift away slowly
Feeling very lonely
Sitting all by myself on a cloud.
Night comes and the moon and stars come out,
The stars shine like diamonds.
Morning comes and I wake up
And find it's all a dream.

Darshan Kaur

Out in an open field
With no one around
I think lots of fantasy things
Which I wish were going to happen.

The hay which is scattered about
Can be the clouds I lay on,
The sky which is up above
Can be a sea below.

Christine Garratt

Me, I'm myself
No one in this big
world is like me.
I'm different from you
and everyone else
I'm just plain old
Me.
Me, I'm myself,
No one's like me,
And, I'm not like anyone
I'm just myself
Little old me.
I'm not quite sure what
makes me different,
I suppose it's in my ways
No one's the same
especially me.

Pat Kirk

Look skywards
The sun is going red
It's old now,
cold and lifeless,
A lone person
Shouts,
Nobody answers
everything is still
Tranquil like it used
to be.

Intiaz Malek

[3] Seite 75

Im elften Lebensjahr schreibt das Kind Simone Weil ein Märchen mit dem Titel «Die Feuerkobolde». Es handelt, nicht unähnlich der ägyptischen Tempellegende, vom Tode des Osiris. Im Märchen der Simone wird diese Rolle von Megistos Phaidros gespielt, der mit seiner Braut, Chryse mit dem goldenen Kleid, in die Höhe himmlischer Flammenwirbel tanzt.

Die Szene ist eine Hochzeitsgesellschaft, die die Botschaft vernimmt: «Phaidros Megistos ist nicht mehr, Phaidros Megistos ist gestorben.» «Der Tanz hielt inne, er war nur noch ein zuckendes Hüpfen. Alle erblaßten und zogen fahle, blaue Trauerkleider an. Still vergossen sie goldene Tränen. Nach einer Weile fingen alle wieder zu tanzen an mit dem Geist Kephale (Kephalos heißt im Griechischen: Kopf) als Führer. Nur Chryse tanzte nicht.»

Aber Phaidros ist in Wirklichkeit nicht gestorben. Haemera (im Griechischen: der Tag) hatte ihn betäubt, und schöner als je erschien sein Geist wieder. «Phaidros fiel seiner schönen Braut um den Hals. Es ist die Geisterhochzeit – sie tanzten, Funken sprühend, bis sie hinter einem Schleier von goldenem Staub nicht mehr zu sehen waren.»[1]

Drei Jahre später beginnt Simone Weil die sie lebenslang begleitende Erfahrung zu machen, von der urbildhaft das Märchen zeugt: die Wirklichkeit der transzendentalen Feuer-Wahrheitswelt, die an der Rationalität des Hauptes stirbt und doch von der eigenen Willenswärme, die sich am Leid bildet, wiedererfahren wird. Das Dokument spricht dieselbe Sprache wie die vorigen: die des irdischen Ich, das soziale Rollen trägt, im Dialog mit dem anderen, zweiten größeren Ich, einem Dialog, den das Kind mit dem neunten, zehnten Lebensjahr zu führen fähig zu werden beginnt. Im allgemeinen wird er mit dem Du des anderen Menschen, der geliebten «Autorität» geführt, die stellvertretend zur Verfügung ist. Jedoch gibt es heute viele Kinder, die frühreif, wenn ihr Schicksalsstern es will, den Dialog in und mit sich selbst führen. Er entbehrt noch der gedanklichen Artikulation, aber er vermittelt inspirativ ein Gegenüber, das höhere Ich, das mit Auctoritas spricht, wo der andere Mensch als Partner fehlt. Die Tag-Seite begegnet im Dialog der Nacht-Seite des Lebens, dem Willensleben des Kindes, in dem aber auch das höhere Ich wirkend anwesend ist.

[4] Seite 77

The poor tree withers
It withers and dies.
No one cares, they just
walk by.
Once it was a lovely
tree, so high it almost
reached the sky,
just like anything else
It dies,
Poor tree.

Tony Hussey

Die Gestalt als Schicksal

[1] Seite 81

Der Begriff des ersten Gestaltwandels stammt von W. Zeller («Konstitution und Entwicklung», Göttingen 1952). Er beinhaltet im wesentlichen die folgenden Phänomene:

«Die Kinder werden magerer und scheinbar schmaler. Arme und Beine wachsen beschleunigt, die Konturen der Gliedmaßen verändern sich in dem Sinn, daß die Fettbedek-

1 Angelica Krogmann: Simone Weil. rowohlt Monographien 1970. S. Weil «Les Lutins du Feu», aus: Poèmes. Paris 1968.

kung geringer wird, die Muskeln stärker hervortreten und die Gelenke in der Kontur sich stärker abzeichnen. Der Rumpf scheint im Wachstum stehen zu bleiben. Der große vorstehende Bauch des Kleinkindes scheint sich zu verkleinern und abzuflachen ... die wachsende Schulterbreite hebt sich gegen die nun verjüngende Beckenbreite deutlich ab. Der Hals wird länger und kräftiger. Damit ändert sich auch der Ausdruck der gesamten Gestalt, vor allem der seelische Ausdruck des Gesichtes. Während das Kleinkind mit weit geöffneten Augen die Umwelteindrücke in sich hineinfallen läßt, beginnt das Kind im ersten Gestaltwandel in einer ganz anderen Weise zur Umwelt Stellung zu nehmen. Im Gesicht des Kindes kommt zum Ausdruck, daß es das Gegenüber von sich aus prüft, daß es Stellung nimmt und sich distanziert.»

[2] Seite 81

Max Scheler, einer der ersten, dem die primäre Phantasietätigkeit in der Wahrnehmungswelt aufgegangen ist und der sie nicht, wie das allgemein üblich ist, als zusammengesetzt aus einem vorgegebenen Wahrnehmungsmaterial in Form einer «Besetzung» verstand, macht dazu die folgende Bemerkung: «Die Gebilde der Phantasie, die ja im Frühstadium der seelischen Entwicklung nicht auch als solche phantastische Gebilde erkannt werden, werden erst in dem Maße als solche erkannt, als unser Verhalten gegen ihre Gegenstände und unsere Bewegungen auf sie unsere Erfahrungen durch dauernden Mißerfolg *enttäuschen.*»

H. Kunz hat in seinem Werk zur Anthropologie der Phantasie mit Recht kritisch bemerkt, daß dieser Akt der «Enttäuschung» nicht ausreicht, die Totalität des gegenständlichen Wahrnehmens zu erschöpfen oder zu begründen. (H. Kunz: Die anthropologische Bedeutung der Phantasie, Bd. 1 und 2. Basel 1946.)

R. Steiner hat Wahrnehmungen als Imaginationen verstanden, die ihre «Gegenständlichkeit» im Prozeß der kindlichen frühen Entwicklung unter dem Einfluß der vom reifenden Zentralnervensystem ausgehenden Form- und Antipathie-Kräfte erhalten. In bezug auf die im Wahrnehmen der Neugeborenen offenbar waltende imaginative Bildhaftigkeit als Willens-Tätigkeit oder primär intentionalen Akte der Wahrnehmung bedeutet dieser Prozeß eine Distanzierung, die die räumliche Gegenstandswelt begründet. Die nach dem dritten Lebensjahr auftauchende Spielphantasie kommt zweifellos an gegenständlich erfahrenen Objekten in Tätigkeit, wandelt diese aber im *Akt des Handelns* in Bedeutungen, deren Fluß aus der Intentionalität des handelnden Ich in Gang gehalten wird, ohne dauernde Reflexion auf den Gegenstand. Auf einer früheren Stufe der kindlichen Entwicklung, das heißt der Entfaltung der Motorik zwischen dem ersten bis dritten Lebensjahr *durchdringt* die seelisch-geistige Aktivität des Kindes mittels seiner Bewegungen die visuelle gegenständliche Welt und *erobert* im Laufe des ersten Lebensjahres den Gegenstandsraum. Dort liegt möglicherweise eine der Wurzeln der sich nach dem dritten Jahr entfaltenden Phantasie*tätigkeit* des Spiels.

Eine zweite steht mit der Entfaltung der Sprache in Zusammenhang. Hier haben Beobachtungen gezeigt, daß ohne eine entwickelte Sprache sich das Spiel des Kindes nur begrenzt entfalten kann, da die Sprache offenbar die Phantasietätigkeit in Gang hält, jedenfalls bei Kindern in der Mitte der frühen Kindheit und zunehmend zum siebenten Lebensjahr hin.

Eine dritte Stufe erreicht die Phantasie mit der Ich-Geburt im dritten Lebensjahr, wodurch sie sich auch als Selbst-Darstellung offenbart. Erst wenn die kindliche Phantasie als aus der Leiblichkeit des Bildeleibes aufsteigend verstanden werden kann, läßt sich die Natur der in der Phantasie waltenden Bildekräfte adäquat wahrnehmen. Die geschaffene oder gewordene Gegenstandswelt geht aus denselben Bildekräften hervor, die den Leib des Kindes aufbauen. Sie werden in der Geisteswissenschaft als ätherische Bildekräfte bezeichnet. Erkenntnis bedeutet, daß das Kind zunehmend Abstand von den in ihm waltenden Bildekräften gewinnt und diese als einen Spiegel für die Bildekräfte der Welt gebrauchen lernt. In diesem Prozeß der Akkommodation entstehen die vorstellungshaften Bilder der frühen Kindheit und die Fähigkeit der Erinnerung. Wo das Kind aber diese seine leiblichen Bildekräfte nicht als Spiegel für die Welt gebraucht, werden sie Inhalte seiner Phantasie, in der das Kind sich «kosmogonisch» als «Weltgestalter» erlebt (Kunz). Vermittels seiner noch plastischen Bildeleiblichkeit bildet es sich den Dingen ein. Diese Bilder sind jene, die dem Organbildungsprozeß der ersten sieben Lebensjahre zugrundeliegen und aus ihm in die Welt strömen. Dies macht die Vitalität der frühkindlichen Phantasie aus, in der vorgeburtliche Gestaltungsprozesse sich gleichsam fortsetzen und erst im Prozeß der zweiten Gestalt um das siebente Lebensjahr ihre Konsolidierung erfahren, um dann als *seelisch freie* Gedankentätigkeit zur Verfügung zu stehen.

Mit Recht hat deshalb Hans Kunz gezeigt, daß die Phantasietätigkeit des Kindes nicht als bloßes Triebgeschehen verstanden werden kann, wenn auch zweifellos die individuellen Strebungen des Kindes eine Rolle zu deren Ingangkommen spielen. Die Phantasietätigkeit des Kindes ist nicht, wie Hunger oder Durst, eine Tätigkeit, die auf Befriedigung drängt, sondern ein Überschuß an Bildekraft, die das Kind über seine Gegenwart hinausführt und im Spiel «Zeiträume» entwerfen läßt, die als Bildräume «erfüllt» werden. «Das Phantasie-Element des kindlichen Spiels», bemerkt Kunz, «hat seine eigene *immanente* – obzwar nicht den Gesetzesnormen folgende – Ordnung.»

[3] Seite 83

Dieser Zusammenhang wurde von Rudolf Steiner und seinen Schülern wiederholt dargestellt. E. M. Kranich weist z. B. darauf hin, daß erst im siebenten Lebensjahr das Gehirn nicht nur sein Wachstum, sondern auch den strukturellen Aufbau als Assoziationszentrum abgeschlossen hat und in einen anderen Funktionszustand übergeht. «Die Kinder können nun nicht nur wahrnehmen, sondern auch die Wahrnehmungsbilder als solche in Erinnerung behalten. Die Fertigstellung der Gehirnstruktur bedeutet ein relatives Freiwerden der Vorstellungstätigkeit aus dem in das Somatische hineingehenden Aufbau der Gehirnstruktur. Das Kind lernt zwischen Vorstellung und Gegenstand zu unterscheiden.»

Exkurs in die genetische Entwicklungspsychologie

[1] Seite 96

Goethe hat Galilei, der historisch den oben geschilderten Kindheitsprozeß verwirklichte, in der Geschichte der Farbenlehre in seiner Weise kommentiert, indem er die Potenz des Entdeckers Galilei gleichzeitig mit dem Untergang einer kategorischen, aus der geistigen Umwelt inspirierten Naturlehre sah: «Galilei führte die Naturlehre wieder in den Menschen zurück, daß dem Genie ein Fall für tausend gelte, indem er sich an schwingenden Kirchenlampen die Lehre des Pendels und des Falles der Körper entwickelte. Alles kommt in der Wissenschaft auf das an, was man ein Apercu nennt. Auf das Gewahrwerden dessen, was eigentlich den Erscheinungen zugrunde liegt, und ein solches Gewahrwerden ist bis ins *Unendliche fruchtbar.*»

[2] Seite 100

Mc. V. Hunt, dem wir einige kritische Bemerkungen zu Piagets Theorien verdanken, sagt dazu das folgende: «Ich habe den Verdacht, daß Piaget im Irrtum ist, wenn er behauptet, daß operationale Strukturen schnell und plötzlich auftreten. Sie scheinen mir tastend aufzuwachen von einem gegebenen Problem in einer Situation, vom gleichen Problem in einer anderen, in immer neuen Situationen, dann vom Umgang mit Problemen ähnlicher Art in einer Vielzahl von Situationen, bis die Regeln für diese Probleme und Situationen generalisiert werden.» (Studies in cognitive development. New York, London, Toronto 1969.)

Hunt beschreibt hier einen grundlegenden Prozeß, den Rudolf Steiner als den Weg vom Gedächtnis zum Begriff aus den abstrahierenden Antipathie-Kräften des Kindes geschildert hat. Begriffe sind systematisierte Gedächtnis-Leistungen. (R. Steiner: Allgemeine Menschenkunde als Grundlage der Pädagogik, 2. Vortrag, GA 293)

Die Atemreifung

[1] Seite 109

Dazu sind die Ausführungen W. Holtzapfels aufschlußreich, die aus langjähriger schulärztlicher Erfahrung stammen und die Entwicklungsschritte der Atemreifung über Muskel-Sehne-Knochen demonstrieren:

Die Entzündungen des Herzens (Carditis), der Veitstanz (eine Bewegungsstörung) und der Gelenkrheumatismus gehören zu den typischen Erkrankungen der mittleren Kindheit, eines Zeitraumes, der sonst als ein ausnehmend «gesunder» zu gelten hat.

In der Vorpubertät (12. und 13. Lebensjahr) tauchen dann gewöhnlich erst jene Krankheitsbilder auf, die sich am Knochenskelett abspielen (aseptische Knochennekrosen an den Ansatzstellen der Sehnen und in Gelenknähe, die Perthessche Erkrankung des Oberschenkelkopfes und schließlich die wohl häufigste und bekannteste Erkrankung der Lendenwirbelkörper, die sogenannte Scheuermannsche Erkrankung). (Krankheitsepochen der Kindheit. 3. Auflage Stuttgart 1978.)

[2] Seite 111

Im Laufe seiner über vierzig Jahre sich erstreckenden Beschäftigung mit den Problemen der Entstehung des kindlichen Denkens hat J. Piaget in den letzten Jahren, wohl auch um Mißverständnisse aufzuklären, seine Theorie immer wieder neu dargestellt, wodurch entscheidende Modifikationen sichtbar wurden. So sieht Piaget, daß den rationalen Operationen im Gefühlsleben des Kindes, wie etwa der sozialen Erfahrung von Gerechtigkeit in der mittleren Kindheit Ordnungen zugrunde liegen, welche Strukturen innerhalb des kindlichen Fühlens hervorbringen, die der Logik selbst vergleichbar sind. Die Organisation «intuitiver» moralischer Gefühle und Werte stellt eine «Logik der Werte oder der interindividuellen Handlungen dar, wie die Logik eine Art Moral des Denkens darstellt». Piaget sieht denn auch die Relationen zwischenmenschlicher Beziehungen als Werterfahrungen parallel zu den kognitiven Relationen. In einer Untersuchung über die Natur des Willens und dessen Erziehung macht Piaget einige für unsere Untersuchung wichtige Feststellungen: «Wenn (jedoch) die Moral in ihrer Eigenschaft als Koordinierung von Werten mit einer logischen ‹Gruppierung› verglichen werden kann, muß man gleichzeitig annehmen, daß die interindividuellen Gefühle zu irgendwelchen Operationen führen. Nun, auf den ersten Blick scheint es, als wäre das Gefühlsleben rein intuitiver Natur und als schlösse seine Spontaneität alles aus, was einer Operation der Intelligenz gleichkommt. Aber in Wirklichkeit trifft diese romantische These einzig auf die Kleinkindheit zu, in deren Verlauf die Impulsivität jede Folgerichtigkeit des Denkens und der Gefühle verhindert. In dem Maße dagegen, als sich diese beiden organisieren, setzen Regelvorgänge ein, deren endgültige Gleichgewichtsreform nichts anderes ist als der Wille: Der Wille ist also im Gefühlsleben das wahre Äquivalent der Operationen des Verstandes. Er ist eine ziemlich spät auftretende Funktion, und seine tatsächliche Anwendung ist mit dem Wirken der autonomen moralischen Gefühle verbunden. Deshalb behandeln wir ihn auch erst bei dieser Stufe» (der mittleren Kindheit). Und später: «Es ist natürlich, daß sich der Wille während derselben Periode wie die intellektuellen Operationen entwickelt, während die moralischen Werte sich in autonomen Systemen organisieren, die mit den logischen ‹Gruppierungen› vergleichbar sind.» (J. Piaget: Theorien und Methoden der modernen Erziehung. Wien – München – Zürich 1972)

[3] Seite 116

Die biographische Unsicherheit in der Bildung der konkreten Operation des Kindes zwischen dem neunten bis zwölften Lebensjahr hängt mit Atemreife-Prozessen zusammen und zeigt sich darin, daß zwar zunächst schon genaue Beobachtungen gemacht werden, diese aber noch nicht aus der Einsicht in die in ihnen waltenden Gesetzmäßigkeiten erklärt werden können. Werden Erklärungen gefordert, so formuliert die Sprache mit Bekanntem: Durch die «Elektrizität» erklären noch Zwölfjährige eine ganze Menge: die fallenden Körper, Erdbeben, Hagel, die Chladnischen Klangfiguren. Mädchen neigen zu ästhetischen Interpretationen. Wenn das Fließblatt Wasser aufsaugt, geben noch Zwölf- bis Dreizehnjährige an:

«Weil es immer so schöner ist, als wenn bloß unten viel Wasser wäre und dann auf einmal keines mehr», oder «So hat das Fließblatt eine viel schönere Farbe, als wenn es trocken wäre.»

Am Grunde neuer Erfahrungen bricht noch immer die alte Bildwelt hervor. So sagt ein zwölfjähriges Mädchen, das von der Zahnradbahn aus viele Bäche zur Tiefe stürzen sah: «Das Wasser ist viel zu bequem, als daß es aufwärts stiege.»

Im zehnten Lebensjahr werden physikalische Prozesse noch von der familiären Lebenswelt der frühen Kindheit her gesehen, wobei sich Knaben und Mädchen meist unterscheiden. Auf die Frage, warum das Wasser aus dem Hahn laufe, wenn man ihn öffnet, antwortet ein Drittel der Befragten, indem sie den Vorgang beschreiben: «Wenn man den Hahn öffnet, dann schiebt sich innen irgend etwas (Klappe, Türchen, Scheibe, Öffnung, Zapfen) beiseite und das Wasser strömt frei heraus.» Viele Knaben sprechen vom «Druck», Mädchen fast nie. Dafür geben diese an: «Weil wir das Wasser brauchen zum Kochen, Waschen, Putzen.» Die häufigste Mädchen-Antwort war: »Weil man dreht.» (Alle Beispiele aus M. A. Schaffner: Wie Schulkinder reifen. Basel 1949)

[4] Seite 118

Die Autoren haben herzkranke Kinder verschiedener Lebensjahre beobachtet, deren Erkrankung klinisch analoge Befunde aufwiesen. Das kleine Kind scheint sich dabei uneingeschränkt wohl zu befinden und überfordert die «defiziente Leistungsfähigkeit seines Herzens oft bis an die Todesschwelle». Im Gegensatz dazu treten zunehmend zwischen dem neunten und dreizehnten Lebensjahr jene Zeichen hervor, die auch den erwachsenen Herzkranken auszeichnen: die Einengung des weiten Bereiches des Intentionalen auf ein einzelnes Intendiertes, das Fehlen motorischer Unbefangenheit und die Angst, daß sich im Unverhofften, Überraschenden etwas Katastrophales oder Unheimliches verbirgt. Plügge und Mappes zeigen, daß diese verhaltensbestimmenden Erfahrungen eines Organs im kranken Kind in extremer Form auftreten, aber allgemein aus dem sich wandelnden Leibesgefühl in der Mitte der Kindheit erst möglich werden. So sagt ein kleiner sechs- bis siebenjähriger Junge, der vom Arzt auskultiert wird: «Schwätzt da ebber?» Um das zehnte Lebensjahr aber schreibt ein Mädchen in einem Brief: «Mir hat das Herz so weh getan. Noch nie habe ich mich so gekränkt. Ich habe gar nicht gewußt, daß einem das Herz so weh tun kann.» (nach H. Hetzer)

Das Kind erlebt in diesen Situationen das Herz als etwas, das mit ihm nicht direkt zu tun hat, als ein Drittes zwischen ihm und dem Arzt, später aber als sein ureigenes. (Plügge und Mappes)

Versuche zu einer Biographie des Begriffe-Bildens.

[1] Seite 125

Die Beschäftigung des Kindes mit einer Sinneswelt, die sich aus dem vorgeburtlichen Gedankenkosmos konstituiert und Bild wird, weist auf die wichtige anthropologische Tatsache hin, daß die Reifung des Willens und die damit verbundenen Stoffwechsel-Vorgänge in der frühen Kindheit des Menschen bis in die mittlere Kindheit zurückgehalten werden und keimhaft bleiben, das heißt nicht in die innere Aktion sekundärer Begrifflichkeit eingehen. Dies ist beim Tier nicht der Fall. Der tierische Organismus opfert die Herstellung eines generalisierten Raumes und einer sich an Objekten konstituierenden Erkenntniswelt allgemeiner Bedeutung (primäre Begriffe) einer verhaltens- und instinktgesicherten Lebenswelt, die sich, verglichen zum Menschen, früh entwickelt, zur Reife kommt und ihren Abschluß findet. Die Sinneswelt des Tieres bleibt organgebunden die seiner Art. Kein Tier polarisiert eine Bildwelt gegenüber einer Gegenstandswelt, es lebt deshalb in einer undifferenzierten Raum-Zeitlichkeit von Wahrnehmungs- und Verhaltens-Strukturen, die zwar Verhalten bestimmen, aber nicht in den Freiheitsraum von Bildern und Vorstellungen, das heißt in individuelle Repräsentation der Lebenswelt eingehen. Diese repräsentative Welt ist für den Menschen auf jeder Stufe antriebsbestimmend, weshalb sich die Antriebe des Menschen prinzipiell von Anfang an von den biologisch festgelegten Triebstrukturen des Tieres unterscheiden. Auf diesen Zusammenhang werden wir im Kapitel über die Entstehung der Moral zurückkommen.

[2] Seite 129

Die Unfähigkeit von Kindern, in den progressiven Freiheitsraum einer bildhaft gestalteten (und später symbolisch vorgestellten) Handlungswelt einzutreten, zeigt sich in der neueren Zeit beim sogenannten autistischen Kind. Diese Kinder bleiben einem Universum von «Objekten» verhaftet und erfahren ihren Leib als Objekt in ihm. Sie lernen deshalb auch nicht, «Ich» zu sich zu sagen, und müssen ihre Identität an einer möglichst gleichbleibenden räumlichen Umwelt suchen. Wenn diese Kinder sprechen lernen, so übertragen sie auch auf die Sprache die Gesetzmäßigkeiten eines räumlichen Universums, weshalb die Sprache dann auch bei diesen Kindern als nicht-kommunikativ, auf Stereotypien festgelegt und seltsam objektiviert erscheint. An diesen Kindern kann man die Bedeutung eines repräsentativen Universums einschließlich der Sprache für die progressive biographische Entwicklung erst voll ermessen, die Piaget aus seiner Theorie der kognitiven Entwicklung ausklammert. Er führt dabei die Untersuchungen an tauben Kindern an, die zeigen, daß auch das taube Kind ohne Sprachgebrauch zur Begriffsbildung kommt.

Dabei muß aber auch darauf hingewiesen werden, daß das taube Kind über eine Fülle symbolischer – nicht-spontaner – Wahrnehmungen verfügt, Bedingungen der Begriffsbildung. Im autistischen Kind ist der Abstand von *Pseudo-Begriffen* zur biographischen Situation und der Sinneswelt eines der hervorragendsten pathologischen Symptome. Hier zeigt sich in der Pathologie deutlich, daß Begriffsbildung mit Wertungen und Erwartungen hinsichtlich der Dinge verknüpft ist, die handlungsleitend sind. Offenbar bleibt die Begriffsbildung innerhalb der *sozialen Welt* im Sinne von Definitionen das ganze Leben lang offen, die Zuordnung von Dingen zu Klassen bleibt extrem variationsfähig. Es muß deshalb auch fragwürdig erscheinen, wenn eine aus der mathematischen abstrakten Logik hergeleitete Genetik des Denkens Grundlage der Entwicklungspsychologie wird, wie dies bei Piaget der Fall ist. Zu dieser Thematik gibt es von soziologischen Aspekten eine kluge und bewußtseinserweiternde Arbeit von Anselm Strauß: Spiegel und Masken. Die Suche nach Identität. Frankfurt 1968.

[3] Seite 129

Piaget hat festgestellt, daß der gestaltete Raum als «figurativ» für das Kind bis nach dem siebten Lebensjahr nicht im Euklidischen Koordinatensystem denkbar und wahrnehmbar wird. Er hat aus diesen und vielen anderen relevanten Untersuchungen nicht den Schluß gezogen, der sich anbieten würde, wenn man nicht die gesamte Entwicklung des Kindes *perspektivisch* von der Erreichung logischer Gedankenoperationen her sehen will. Tut man dies jedoch nicht, dann erscheint die frühkindliche Wahrnehmung von einem nichteuklidischen Gestalt-Raum als eine *positive* Leistung des Kindes, die es mit vorgeburtlichen Bildegesetzen verbindet, als eine wesentliche Tatsache menschlicher Biographie, die sich im Leben aller Organismen modifiziert darstellen läßt. Dieser Raum wurde in geisteswissenschaftlichen Untersuchungen vor allem von George Adams als ein geometrisch erfaßbarer nicht-euklidischer «Gegenraum» dargestellt.[1]

Piaget hat die Entstehung eines gestalteten Raumes, der als Bild und in sprachlicher Artikulation verfügbar wird, aus der Nachahmung hergeleitet. Er hat die Präsenz dieses Raumes als embryonal und nach der Geburt vor-prädikativ vom Kinde wahrnehmbar als wesentliche Struktur kognitiver Entwicklung nie eingehend genug zu verstehen versucht. Dies ist um so bemerkenswerter, als Piaget durchgehend eine Vererbung von Organisationsplänen ablehnt. In Wirklichkeit aktualisiert sich in der Nachahmung, das heißt innerhalb sozialer und auch repräsentativer Beziehungen jene lebendige Gestaltungswelt des Gegen-Raumes, die schon vorgeburtlich an der Gestaltung des kindlichen Organismus tätig war. Dieser sich in

1 G. Adams: Vom ätherischen Raum. Studien und Versuche 6, Stuttgart 1964, und: G. Adams und O. Whicher: Die Pflanze in Raum und Gegenwart. 2. Aufl. Stuttgart 1979.

der Zeit, das heißt in Prozessen entfaltende und offenbarende Raum wird erst nach dem siebten Lebensjahr für die operativen Bewegungen des Kindes innerhalb *dieses* Raumes als Zeitraum zugänglich. Das Denken zeigt jetzt jene Reversibilität, das heißt Umkehrbarkeit im ätherischen «Leichteraum», die sich außerhalb des Handelns im «inneren Handeln» abspielt. Im Gegensatz zu den senso-motorischen Akten der ersten Stufe – die nur *nacheinander* ausgeführt werden – laufen die verschiedenen Denk-Operationen der zweiten Stufe (die konkreten Operationen) *gleichzeitig* ab und bilden so Systeme von Operationen. Zum zwölften Lebensjahr tritt in diese Systeme jene Form des Gleichgewichts ein, die Konstanz begründet und die, wie wir sehen, mit einer neuen Identitätserfahrung des Kindes einhergeht, die jetzt den Bilde-Raum selbständig «durchwandert» und ihn nicht mehr als einen leibgebundenen wahrnimmt, in dem man wohnt. Im imaginativen Denken wird dem Kind dieser Raum einfühlend bewußt.

[4] Seite 130

Die dem vorausgehende Erfahrung des Neugeborenen findet Ausdruck in einem Gedicht des englischen Dichters Thomas Traherne, das den Titel «My Spirit» trägt:

Kein Körnchen Schlacke war da in der Seele
Nicht brauchte Wand noch Rand sie, wie man solche
bei einer Schale sieht. Ganz kraftendes Vermögen war das
Wesen.
Und *dieses* war's, das alles füllte.
Was als Gedanke dem entspringt,
Ist selbst das Selbst. Das braucht der Flügel nicht,
um sich zu breiten, braucht zum Sehen keine Augen,
nicht Hände um zu tasten,
zum Knien keine Knie.

Einfach gleich Gott und ungeteilt
ist Mitte da der Umkreis.
Da geht das Tun nicht aus von einem Punkt
hin zu dem Gegenstand als einem räumlich fernen,
denn gegenwärtig ist man da, allüberall.

Seltsame Freudensphäre, weit gebreitet, die
von innen her bestimmt, läßt ihre Kraft
allseitig spielen. Ganz noch gottverwandt
vermag sie augenblicks sich auszubreiten
Dabei als unteilbare Mitte zu verharren,
Die ganze Ewigkeit darin umfassend
S' war keine Sphäre
und doch erschien es
als ein Unendliches, zugegen irgendwie allüberall.[1]

1 Zit.: E. Lehrs: «Mensch und Materie», Frankfurt 1966.

Dem Gedanken-Erfahrungsprozeß liegt ein Organsystem zugrunde, an dem sich die ätherische Gedankenwelt spiegelt. Diese Spiegelung durchläuft Stufen von Reflexivität als Tätigkeit des Kindes, die von R. Steiner als Antipathie bezeichnet worden ist.[2] Sie steht polar zu der im Willensleben waltenden Sympathie-Tätigkeit. Auf einer ersten Stufe wird die Bildewelt als dem Denken zugrundeliegende Vorstellungen, auf einer zweiten als Erinnerung und erst auf einer dritten Stufe als Begriffe wahrgenommenen. Jede dieser Stufen verlangt eine Verstärkung der Antipathie-Kräfte. Erst um das dritte Lebensjahr kann das Kind das Gehirnorgan als synthetisches Organ gebrauchen, welches die Synthese individueller Vorstellungen und Erinnerungsbilder als generalisierte primär-begriffliche Klassifikationen erlaubt. Dazu muß das Kind die Intentionalität des Ich im Handeln zurückhalten und durch diese Leistung der Antipathie den Spiegelungsprozeß des Gehirns in Gang bringen.

Diese Form von *Aufmerksamkeit* auf die lebendigen Gedankenbildeprozesse im Weltenäther und deren begriffliche Ordnung erleben wir im kleinen Kind bei seinen ersten Denkleistungen: «Wenn A. etwas nicht versteht und nachdenkt, stellt sie sich ruhig hin und legt die Hände auf den Rücken; die Augen werden groß und sind in die Ferne gerichtet, der Mund zieht sich ein wenig zusammen, das Kind schweigt. Oft tritt nach dieser Anstrengung eine leise Ermüdung ein; der Ausdruck verliert sich; die Natur sorgt für Entspannung (E. Köhler). Hier offenbart sich das erwachende Denken in seiner äußeren Geste. Das Kind zieht sich aus der Welt der Sinneseindrücke zurück, es unterbricht auch seinen sonst so vorherrschenden Bewegungstrieb und nimmt eine Haltung an, die der des Lauschens verwandt ist. Es beginnt auf seine erwachenden Gedanken zu lauschen.» (K. König: Die ersten drei Jahre des Kindes.)

Die Ausbildung des Gehirnorgans ist im Gegensatz zum Leib früh abgeschlossen, und die physische Nervenstruktur besitzt deshalb die Fähigkeit, Spiegel zu werden. Die Entstehung des Gehirns weist nicht auf das gegenwärtige und zukünftige Leben des Kindes hin, sondern auf die Vergangenheit eines schon einmal gelebten Erdenlebens. Aus dem vergangenen Erdenleben schafft sich im Durchgang durch die geistige Welt das Ich am Haupte ein Organ zur Wahrnehmung der Gedankenwelt.[3] Die primären Begriffe entstehen deshalb durch die Tätigkeit an einem Organ, durch das begriffliche Klassifikation möglich wird, indem das gegenwärtige Ich die Materie des Gehirnorgans zum Spiegel macht. Im Handeln tritt dasselbe Ich, das sich denkend betätigt, als Moral und zukunftgerichtet in Erscheinung. Erst in der Bildung sekundärer Begriffe wird die im Handeln lebende Intentionalität des Ich internalisiert, das heißt auf die Begriffsbildung *gerichtet*, und das Kind kann sich als das gegenwärtig tätige Wesen der Begriffsentstehung erfahren. Diese Begriffe der mittleren Kindheit bedürfen deshalb auch nicht mehr der moralisch-sozialen Bestätigung von außen; sie betätigen sich durch die Gesetze der Logik und die Moral eigener, wenn auch noch im Unbewußten bleibender Willenstätigkeit.

Erst der reife Mensch vermag diese Tätigkeit in das Bewußtsein zu erheben: Die Quelle der Gewißheit und somit auch der wissenschaftlichen ist das erkennende Ich. (R. Steiner)

2 R. Steiner: Allgemeine Menschenkunde. GA 293.

3 Eingehend hat R. Steiner diese Zusammenhänge in seinen erkenntnistheoretischen Schriften, im Heilpädagogischen Kurs und vor allem in den Vorträgen vom 8.–17. Juli 1921 dargestellt: «Der Mensch als Gedankenwesen, Kosmische Gestaltungs-Kräfte» (in GA 205).

[5] Seite 131

Ausgedehnte Untersuchungen von Werner und Kaplan kommen zu ähnlichen Ergebnissen.[1] Selbst Kinder zwischen dem achten und zehnten Lebensjahr (M. Muchow) geben noch hinsichtlich spontaner Begriffe Analogie-Lösungen, die eindeutig von dem Eingebettet-sein logisch-begrifflicher Strukturen in die Sprache zeugen. Es wäre aber falsch zu folgern, daß die Sprache die frühkindlichen Begriffe bis zum siebenten bis achten Lebensjahr auch *formal bestimmt.*

Im Analogie-Versuch: Eisenbahn – Lokführer – Wagen – ? komplementiert ein 8.3jähriger Junge: «Pferd» und interpretiert: «Bei der Eisenbahn ist der Lokführer vorn und schaut umher, um zu sehen, wohin der Zug geht, beim Wagen ist es das Pferd, das vorne ist und auf den Weg aufpaßt.»

Ein anderes Kind desselben Alters beim Versuch: Apfel – Schale – Hase –? komplementiert mit «braun»: «Der Apfel hat eine Schale um sich herum, der Hase ist braun (gestikuliert) ganz herum.»

Namen sind noch nicht als Begriffe kategorisch definiert, sondern eingebettet in einem globalen Erfahrungs- und Wahrnehmungs-Zusammenhang.

Komplizierte Test-Untersuchungen der Autoren haben gezeigt, daß die Fähigkeit des Kindes, Worte einerseits als kontext-unabhängig in einem Satz zu behandeln und sie gleichzeitig flexibel genug in anderen Sätzen einzubauen, ohne daß sie ihre formale Identität verlieren, vom achten Lebensjahr zum zwölften rapide zunimmt, vor allem zum zehnten Lebensjahr hin. Erst im 13. Lebensjahr ist dieser Prozeß der Generalisierung der Begriffsbildung eines Wortes endgültig abgeschlossen. Das Wort ist aus seiner biographischen Verbundenheit in eine kontext-freie «lexikalisierte» Form eingetreten, das heißt der begrifflich-logischen Struktur eines Satzes ein- und untergeordnet. Sprache dient in ihrer grammatikalischen Entfaltung als eine Art vektorische Verbindung von Begriffen und deren Relation, ohne daß *diese selbst* in das Bewußtsein des Kindes eintreten. A. Huth hat in einer Studie über Kinder zwischen 4 1/2 und 6 Jahren gefunden, daß sich logisch-kausale Relationen «maskiert» in sprachlicher Formulierung ausdrücken. So gebraucht das Kind dieses Alters einfache Reihungen statt kausaler Bezüge, z. B. ein Kind im 3. Jahr: «leich ba gehn und sand pieln» (gleich nach draußen gehen und im Sand spielen). Oder ein Kind (3.1 Jahre) sagt: «Da doch Bäume sind – is doch Wald.» Mit 4 Jahren ein anderes Kind: »Wir sind nicht draufgesessen, die Bänke waren so naß», oder ein 5jähriger, der einen Leierkastenmann beschreibt: «Der Mann dreht immer, und immer spielt die Musik.» Huth macht die wesentliche Bemerkung, daß die Sätze nicht einfache Verbindungen von zwei Sätzen sind, sondern die Beziehung von Gedanken zueinander darstellen. Der Erfahrungs-Unterschied zum etwa 12jährigen Kind ist bedeutend hinsichtlich der implizierten Begrifflichkeit, die eben noch nicht definiert wird. Kinder zwischen 5 und 6 Jahren, gefragt, was eine «Flasche» ist, antworten: «Da ist Limonade drin», «wo man Wasser hineintut», «wenn ein kleiner Junge Milch draus trinkt», «wo man etwas herausschütten kann.»

Später nach dem entsprechenden Wandel, der in der Konzeptualisierung der Sprache eingeleitet wird (um das zehnte Lebensjahr), antwortet ein Zwölfjähriger: »Ein hohles rundes Glasgefäß, in das man Getränke schütten kann.» Ein Dreizehnjähriger: »Ein Gefäß, in welches alle Arten von Flüssigkeiten gehen.»

1 H. Werner und B. Kaplan: Symbol Formation. New York, London, Sidney 1967.

Aber selbst im Alter von zehn Jahren definiert das Kind spontan noch zu 50 Prozent in konkreter Anschauungs- bzw. Handlungssprache (Barnes).

[6] Seite 131

In seiner Kritik moderner Lerntheorien weist K. Foppa darauf hin, daß das kleine Kind Begriffe bildet, die Abstraktionen von Merkmalen einer Gruppe von Objekten darstellen, die inhaltlich durchaus *individuell ausgewählt sind, jedoch formal* den Charakter begrifflicher Abstraktion, das heißt Klassifizierung tragen. Das Kind ordnet das Objekt einer Klasse zu, die bildhaft-gestaltlich, das heißt individuell konstituiert ist, und das Kind kann in einem frühen Stadium derartige Gruppierungen mit einem Namen benennen, z. B. auch Autos als «wau-wau». («Psychologie des Lernens», Jahrbuch für Psychologie, Psychotherapie und medizinische Anthropologie, 15. Jahrgang, Heft 1/2, Freiburg 1967.)

Das Kind erfaßt offenbar den Begriff einer Gruppe als «spontane» Generalisierung, ohne eine Analyse der Elemente durchführen zu können, die den Begriff Gruppe konstituieren. Diese Tatsache deutet darauf hin, wie Wygotski meint, daß Gruppierung, das heißt Abstraktion entsprechend *Gestaltmomenten* der Elemente vor sich geht, das heißt gerade nicht sich aus Eigenschaften der Elemente ergibt, deren Struktur als Materie erfaßbar wird. Die Analyse *dieser* Erfahrungs-Struktur von räumlichen Objekten ist, wie wir gesehen haben, erst nach dem siebten Lebensjahr zunehmend infolge der Atemreifung und der damit verbundenen Wahrnehmungszentrierung möglich. Die Bilder des Kindes «übersehen» Objekte als Individualität mit eigener Struktur und ordnen sie in ein «gestaltetes» Universum. So ist das kleine Kind auch nicht fähig, in der Gruppe auf Untergruppen analytisch zu rekurrieren, das heißt zu den Elementen zurückzugehen: Das vierjährige Kind kann wahrnehmen, daß der Vater und der Postbote alle Männer sind, aber das Kind dieses Alters erkennt nicht, daß einige Väter Postboten oder Männer sind und daß es innerhalb dieser Gruppe eine besondere Gruppe von Männern gibt, die gleichzeitig Postbote und Vater sind. Ebenso verhält sich das Kind im «prä-operationalen» Stadium (Piaget) in allen Klassifikations-Aufgaben. Eine Darstellung dieser Beispiele bei H. G. Furth: Intelligenz und Erkennen. Die Grundlagen der genetischen Erkenntnis-Theorie Piagets. Frankfurt 1972.

Die begrifflichen Leistungen des kleinen Kindes sind nicht auf jene Oberbegriffe gerichtet, die der Erwachsene kennt. Sie bleiben an der Gestalt der Welt orientiert. (So sagt das kleine Kind eher Wagen oder Fuhrwerk als Fahrzeug, es verwendet Ausdrücke wie Hund, Vogel und Mensch, aber nicht Säugetier oder Vierbeiner.[1])

Ebenso begreift das kleine Kind Gruppen extensiv in einer Form von Zusammenfassung aus dem Umkreis verschiedener Erfahrungen, wenn es etwa nach langem Nachdenken bei Tisch sagt: «Mutter Gabel, Vater Gabel, Tante Gabel, alle Gabel.» Auch Inklusionen gelingen nicht. So kann das Kind die beiden Aussagen «alle meine Blumen sind gelb» und «einige meiner Blumen sind gelb» nicht auseinanderhalten, als ob beide auf die Aussage hinausliefen: «alle meine manche Blumen» ... usw.[2]

Wir glauben nicht, daß es sich hier um Probleme des sprachlichen Ausdrucks handelt.

1 J. S. Bruner: Über kognitive Entwicklung. In: Studien zur Entwicklung des Denkens im Kindesalter, Darmstadt 1972.

2 J. Piaget und B. Inhelder: Die intellektuellen Operationen und ihre Entwicklung. In: Studien zur Entwicklung des Denkens im Kindesalter, Darmstadt 1972.

Vielmehr scheint auch hier der Begriff zentral mit der Identitätserfahrung des Ich verknüpft zu sein, wodurch das Kind den Begriff als *seinen* erlebt. Das Kind versagt in der Dezentralisation, indem es das *mein* der Aussage im Zentrum erlebt. Erst das neunjährige Kind gewinnt langsam die Fähigkeit der Wahrnehmung von Unterklassen in seinen Klassifizierungen als Zeichen seiner wachsenden Rollendifferenzierung hinsichtlich seines eigenen Ich. Insofern geht die Biographie des Begriffebildens über eine bloße logistische Interpretation hinaus. Das kleine Kind erfaßt denkend jene lebendigen Kräfte, die in seiner eigenen Leibgestaltung wirksam sind, und wird ihrer denkend *ansichtig*, wie es sie im Fühlen als Innerlichkeit des Ich *erlebt*. In dieser zentralen Beziehung, die dynamischer Natur ist, verknüpft sich zum erstenmal Denkerleben mit Ich-Erleben. Der Begriff der Egozentrizität Piagets wird dadurch erst in seinem positiven Wert für die Biographie des Menschen verständlich.

Beobachtet man die Anlässe, die das kleine Kind zur Gedankentätigkeit auffordern, so zeigt sich eine merkwürdige innere seelische Verbundenheit, die das Kind mit dem Weltinhalt hat, der gleichsam wie von außen einströmt, um dem Kind denkend «inne» zu werden. An diesem Prozeß sind, wie eingehende Beobachtungen zeigen, Kinder gewöhnlich zunächst nicht nur gefühlsmäßig beteiligt, sondern entwickeln auch das Thema der Gedanken über einen langen Zeitraum bis zur Lösung. Das Interesse ist von Anfang an direkt mit dem eigenen Selbstverständnis verbunden.[3] In all dem zeigt sich eine Weltoffenheit, die auf einen Gedankenkosmos gerichtet ist, der sich in den Erscheinungen der Welt offenbart und denkend wahrgenommen wird.

Das Interesse des Kindes geht auf diesen hin als eine Art von Faszination, die gerade nicht nur mit den Eindrücken der sinnlich-sichtbaren Welt gegeben ist. Ebensowenig können wir uns der Interpretation amerikanischer Untersuchungen anschließen, die feststellen, daß das kleine Kind anschaulich denkt, *weil* es nur die *oberflächlichen* Züge der Gegenstände zu deren Gruppierung benutzt.[4] Wir sind vielmehr der Auffassung im Sinne der Geisteswissenschaft, daß das kleine Kind, wie auch seine Sprachbildung zeigt, die Bildgesetze der erscheinenden Welt *imaginativ* erfährt, ohne auf die physisch-strukturellen Eigenschaften eines Gegenstandes zunächst zurückzugreifen. Erst um das neunte Lebensjahr ist es dieser Zentrierung fähig. Der Begriff «Oberflächlichkeit» verdeckt die existentiell innere Anteilnahme an dem «vorlogischen» lebendigen Logos, den das Kind in dessen sinnlichen Erscheinungen realistisch wahrnimmt und ihn in Begriffen (Gruppierungen und Klassifizierungen) denkend und fühlend verallgemeinert. Es wählt nicht, wie das Kind im mittleren Kindheitsalter, die Attribute, die zu abstrahieren sind, nach Maßstäben der physisch-strukturellen Welt, sondern gibt sich dem in der Welt in Gestalten wirksamen Gedankenkosmos hin, mit dem es vorgeburtlich verbunden ist und aus dessen real waltenden Wesenheiten sich seine Leiblichkeit aufbaut. Deshalb ist auch die Haltung, die das denkende Kind einnimmt, phänomenologisch in der frühen Kindheit sehr verschieden von derjenigen, die wir beim Schulkind beobachten. Sie ist eine auf geistige Kräfte hinhörende, und das kleine Kind erobert seine Begriffe aus der träumenden Haltung der Wahrnehmung gegenüber dem ätherischen Gedan-

3 W. H. O. Schmidt: Spontane und nichtspontane Bildung von naturwissenschaftlichen Begriffen bei Kindern. In: Studien zur Entwicklung des Denkens im Kindesalter, Darmstadt 1972.

4 C. Kuhlmann: Visual imagery in children, 1960, unpublished dissertation.

kenkosmos und nicht aus der kombinatorischen Tätigkeit, die sich an den physischen Strukturelementen der sinnlichen Welt bildet.

[7] Seite 137

Der hier vorgelegte, aus der Geisteswissenschaft R. Steiners hervorgehende Versuch, die Entstehung primärer Begriffe aus dem Vorgeburtlichen und einem vorherigen Erdenleben zu verstehen, bereitet dem modernen Menschen besondere Schwierigkeiten. Seit dem 15. Jahrhundert und noch unter dem Einfluß des sogenannten Nominalismus versteht der heutige Mensch Begriffsbildung als aus Sinnesdaten abstrahiert. Piagets Theorie stellt eine bedeutende Wende dar, insofern er Aktionsschemata des Handelns bzw. operationale Pläne als Ausgangspunkt des Begriffebildens beschrieben hat. Piaget folgt in der Interpretation der Entstehung *sekundärer Begriffsbildung* und deren Ziele der Methode eines galileischen naturwissenschaftlichen Denkens. Er führt diese Methode aber auch für das Verständnis der Bildung *primärer Begriffe* ein. Das Kind ist aber in der frühen Kindheit biographisch-*methodisch* darauf nicht eingestellt, und deshalb stellen seine Denkformen nicht «Mängel» gegenüber der mittleren Kindheit dar. Das Kind tut gerade das nicht, was eine galileische Methodik tun muß: die Reduktion des Gegenstandes auf das Meß- und Wägbare und seine Isolierung aus einem biographischen Kontext. Das Kind versichert sich vielmehr des *Lebens* der Bildekräfte der Welt als Gestaltungsprinzip seiner eigenen Biographie, indem es an ihnen Teil hat. Es muß aber darüber hinaus die Begriffsbildung der frühen Kindheit, die sich an und in einem sozialen und gestalteten Universum abspielt, im Durchgang durch die Krise sekundärer Begriffsbildung biographisch wiederentdecken können, das heißt die Inter-Subjektivität der begrifflichen Logik sowohl hinsichtlich der Welt als auch des anderen Menschen neu entdecken können. Es will eine vorgeburtlich-lebendige Welt der frühen Kindheit mit der dem kleinen Kind eigenen Ich-Erfahrung auch in einem logisch-abstrakt geordneten Universum wiederfinden.

Piagets Interpretation des konkreten Denkens und der Denkoperationen bleiben einseitig auf den sekundären Begriffsbildeprozeß bezogen, den D. Elkind[1] analysiert hat: Die wesentliche Funktion des Begriffs besteht bei Piaget in der Unterscheidung des Realen vom Erscheinenden. In bezug auf den Inhalt ist der Begriff bei Piaget «intensiv» gedacht. Er bezieht sich auf die Eigenschaften eines Gegenstandes, die unverändert aus dessen Transformationen hervorgehen. Im Gegensatz zu dieser Begriffsbestimmung galileischen Charakters sieht Elkind in der auf Aristoteles gründenden Bestimmung von Begrifflichkeit *Identität* als die mit psychologischer Ähnlichkeit verknüpfte Gruppierung von Dingen und deren Zugehörigkeit zu Klassen als die Konstanz eines Gegenstandes der Erfahrung, die in nicht sinnlichen Begriffswahrnehmungen gegeben und gesichert sind. Es besteht für uns kein Zweifel darüber, daß das Kind aus der Extensivität der mit Aristoteles verbundenen Begriffsbildung der frühen Kindheit im Prozeß der «Dezentrierung» zum Piaget-Galileischen Begriffebilden kommt. Damit erst wird die Welt in ihrer durch primäre Begriffe erfahrenen Ordnung kritisch in eine Welt von beobachteten Gegenständen *analysiert*. Sie zerfällt in Fakten. Anders ausgedrückt: Sie tritt aus ihrer ätherischen Bilde-Ordnung in eine räumlich-physikalische Werkwelt von Objekten, deren Zusammengehörigkeit erst wieder neu zu entdecken ist.

1 D. Elkind: Conservation and Concept Formation. In: Studies in Cognitive Development. London 1969.

Vermittlung dieser Entdeckung ist die Aufgabe der Pädagogik in der mittleren Kindheit. Wird sie verfehlt, so verfällt das operationale Denken der Herrschaft fremder Mächte, und die Korrekturen sinnlich-imaginativer Anschauung gehen verloren. Ebenso wird aber die Aufgabe der Schule verfehlt, wenn die sekundären Begriffsbildungs-Prozesse in der mittleren Kindheit nicht genügend kritisch angeregt werden. Das Kind verharrt dann denkend in einem gewohnten Verhältnis zur Welt und erreicht nie die sich am operationalen Denken festigende autonome Moral.

Die Gefahren einer sich auf Piaget und dessen Interpretation der Begriffsbildung gründenden Pädagogik ergeben sich aus zwei Tatsachen:

1. daß der Begriffsbildeprozeß des kleinen Kindes durch den Einbruch der sekundären Begriffsbildung im Vorschulalter gebrochen wird. Wird die Unterscheidung primärer von sekundärer Begriffsbildung nicht beachtet, so werden dem Kind im Vorschulalter sekundäre Begriffe zugemutet, die es zwar *inhaltlich,* d.h. im Vorstellungsbereich zu denken in der Lage ist, sie als Beziehung von Begriffen untereinander jedoch *formal* nicht *selbständig* herstellt. Derartige an der Anschauung gewonnene sekundäre Pseudo-Begriffe sind dadurch charakterisiert, daß sie sich in die Bildekräfte des Kindes einprägen, ehe diese nach dem siebten Lebensjahr frei werden und in den Bewegungen des Denkens *frei* hergestellt werden können. Ebensowenig ist die kindliche Willenstätigkeit vor dem neunten Lebensjahr für diese Internalisation frei. Sie ist vor allem auf die Herstellung sozialer Erfahrung gerichtet. Durch solche Veranstaltungen entsteht im Kind eine *Autorität von Begriffen,* in denen sich subtiler fortsetzt, was gerade der Lehrer einer «antiautoritären» Erziehung vermeiden möchte. Diese Art von Begriffen, die sich der Wille des Kindes erst nach dem zwölften Lebensjahr einverleibt im Zusammenhang mit den im Kapitel der Atemreife geschilderten Reifeprozessen, stellen deshalb eine wissenschaftlich-autoritäre Entfremdung dar. Sie ist, wie wir vermuten, nicht auflösbar, fällt es doch dem Menschen selbst gegenüber sekundären Begriffen schwer, deren Genese und Reichweite in den Blick zu bekommen. Dieser Gesichtspunkt muß bei dem Grundschul- und Vorschulprogramm vor allem hinsichtlich der Mathematik kritisch beachtet werden, denn Denken besteht nicht nur in einer Reihe von abstrahierenden, schließenden und hypothesenbildenden Funktionen, sondern eben auch in der Beurteilungsfähigkeit von dessen Anwendbarkeit. Es wäre zu prüfen, inwieweit das Kind vor dem zwölften Lebensjahr in der Lage ist, sachlich orientierte Regeln, die es offenbar schon vor dem neunten Lebensjahr zu beherrschen in der Lage ist, *nicht* global, das heißt systematisiert anzuwenden, und wo es, wenn dies erzwungen wird, dabei andere auf symbolische, soziale und Selbst-Erfahrungen beruhende Begegnungen verdrängen muß und diese Verdrängung schließlich zum gewohnten Lebens- und Erkenntnisstil macht. Dazu die interessanten Ausführungen von H. J. Gnirk über das Frankfurter Projekt «Mathematik in der ersten Schulklasse». (Mathematik in der Grundschule in: Beck / Schmidt: Schulreform oder der sogenannte Fortschritt. Frankfurt 1970.)

Darüber hinaus wird die bis zu dem ersten Gestaltwandel vorherrschende Identität des kindlichen Ich mit seinen Gedankenerfahrungen zerstört und damit das Vertrauen des Kindes in das Denken untergraben. Denn ohne die Sicherheit der Stufe primärer Begriffsbildungen sind, wie die Erfahrung an behinderten Kindern zeigt, sekundäre, biographisch integrierte Begriffe nicht möglich. Sie bleiben dann höchstens automatisierte Leistungen.

2. durch die Annahme, daß die sekundäre Begriffsbildung in den formalen Operationen allein genüge, um dem Kind die Zusammenhänge der Welt einsichtig zu machen. Die jüngere

Geschichte der Wissenschaft bestätigt dies nicht. Die Logik allein macht Zusammenhänge überschaubar, aber als Grundlage des Handelns nicht einsichtig. Nach dieser Einsicht aber drängt das Kind in der mittleren Kindheit. Sie ist pädagogisch nur durch einen dritten Schritt der menschlichen Gedankenbildung zu vermitteln, der Grundlage geisteswissenschaftlicher Pädagogik geworden ist: das Fortschreiten über die galileische Methodik, bei der Piaget stehenbleibt, zu einer imaginativen Wahrnehmung der Weltzusammenhänge.

So hat E. M. Kranich[2] in einer Untersuchung über die notwendige Unterscheidung von Intelligenz und Intellekt, die im wesentlichen mit der von spontaner und nicht-spontaner Begriffsbildung identisch ist, an Beispielen des Unterrichts gezeigt, daß dem Kind vor dem zwölften bis vierzehnten Lebensjahr das *Walten* der *Welt-Intelligenz* etwa im Wachstum und der Form der Pflanzen zum *Erlebnis* gebracht werden kann. Erst um das zwölfte Lebensjahr fällt Intelligenz in Sinnesanschauung und begriffliches Denken auseinander, und das Denken tritt als Intellekt (sekundäre oder nicht-spontane Begriffsbildung) in Erscheinung. Am Chemieunterricht zeigt Kranich, daß noch in der zehnten und elften Klasse Begriffe und Zeichen mit der lebendigen Anschauung der Materialien, auf die sie sich beziehen, verknüpft werden müssen, ehe der Intellekt in der begrifflichen Formel eine «geistig verarbeitete Anschauung» denkend «durchdringt» und begrifflich festlegt. Dabei erst verknüpft das Kind tätig in der vom *Willen durchdrungenen Anschauung* von Sinnesdaten die ihnen zugrundeliegenden Ideen miteinander oder lernt beide Bereiche zu *unterscheiden,* um die Kräfte zu entdecken, die etwa zur Gestalt oder dem chemischen Verhalten von Substanzen führen, die dann im Begriff und in der Formel als *Gesetze* festgelegt werden. Der Autor zeigt, daß der galileische Intellekt durch die Anschauung von in der Natur wirksamen Gedankenkräften als Gestaltungskräften imaginativ-anschauend erhöht werden kann. (Dadurch wird pädagogisch im Durchgang durch den Intellekt die biographische Anknüpfung an das «prälogische» Denken der frühen Kindheit geleistet.)

Begriffe erweisen sich jetzt nicht als das abstrakte formale «Negativ» stofflicher Inhalte, sondern sie erscheinen als die in der Spiegelfunktion «festgestellte» Ordnung lebendiger Gestaltungen des Gedankenäthers, der sich sonst im Begriff verbirgt:

Es geht dem Kinde in der Imagination *bewußt* wieder auf, was ihm unbewußt als gestaltende Matrix seiner frühkindlichen Begriffsbildung aus dem Vorgeburtlichen wahrnehmbar wurde. Damit wäre aber auch jene biographische Kontinuität von Affektivität und Denken geleistet, deren Abwesenheit lerntheoretisch vielgepriesen ist und von der Psychoanalyse als «Verdrängung» verstanden wird.

Wandlung von Wahrnehmen und Denken – Das Erinnern

[1] Seite 142

Noch 80 Prozent der Schulanfänger nehmen ganz auffallende Dinge, die auf dem Schulweg liegen, etwa Kirche oder Postamt, überhaupt nicht wahr, das heißt bemerken sie nicht. Die Wahrnehmung bleibt «reizmäßig fundiert» (H. Hetzer, nach E. Fucke: Die Bedeutung der Phantasie für Emanzipation und Autonomie des Menschen. Stuttgart 1972)

2 Intelligenz, Intellekt, Denken. In: «Erziehungskunst», Dezember 1971.

[2] Seite 142

Unter «ästhetisch» wird hier, dem griechischen Ursprung des Wortes aisthanomai = wahrnehmen entsprechend, eine Tätigkeit verstanden, die eine Beziehung zur Welt «eröffnet» und diese nicht in abschließenden Begriffen einholt, sondern sie in die Bewegung «vorläufiger» Gedankentätigkeit einmünden läßt. Sie bezieht sich nicht auf die Beurteilung von Inhalten, sondern auf eine *Weise des Erkenntnis-Verhaltens,* von der der Rang des Menschen als Vorstufe späteren moralischen und wertenden Verhaltens gegenüber der Welt wesentlich abhängt. Die Zielrichtung dieser Erkenntnisform bewegt sich in einem geisteswissenschaftlich erweiterten Sinne im Bereich des Schönen.

[3] Seite 145

L. S. Wygotski, einer der frühen Kritiker der Theorien Piagets, hat darauf aufmerksam gemacht, daß ein auf Experimente eingestelltes Verfahren, begriffsbildende Prozesse zu beleuchten, nur als eine *Möglichkeit* verstanden werden kann, deren *Wirklichkeit* in der Biographie des Kindes zu finden ist. (L. S. Wygotski: Denken und Sprechen. Frankfurt 1969) Wir schließen uns der Kritik Wygotskis mit einigen weiterführenden Gedanken an:

Piagets Experimente zeigen die Möglichkeiten konkret operationalen Denkens beim Schulkind. Die *Wirklichkeit* der Aktualisierung der damit verbundenen Prozesse hängt von der Methodik des Unterrichtens ab. Piaget hat z. B. die Sprache in seinen Versuchen definitorisch verwendet und auf begriffliches Erkennen eingerichtet, das heißt am Einzelobjekt die Wahrnehmung auf allgemeine Strukturen hingelenkt (Größe, Höhe, Breite, Volumen und die damit verbundenen Relationen). Dadurch wird das Kind aus seiner Erfahrung individueller Dinge im Ganzen der Welt aus dem Gefühl weggelenkt, das bis zum zwölften Lebensjahr die Gedankenbildungen des Kindes bestimmt. Obwohl von Piaget nicht ursprünglich in diesem Sinne konzipiert, sind seine Modelle inzwischen als *Unterrichtsmethode* bis in die Vorschulerziehung hinein praktiziert. Das Umgehen der ästhetischen Welterfahrung führt zu einer biographisch gesehen kurzschlüssigen Objektivierung, die ihrem begrifflichen Wesen nach die Fülle sprachlicher Differenzierung im Unterricht auf die Definitionen beschränkt und die Welt gleichzeitig zum distanzierten Gegenstand macht, mit dem sich das Ich des Kindes gefühlshaft nicht identifizieren kann. Die Blasiertheit, der Mangel an allgemeinem Interesse, vor allem aber die Unfähigkeit zu offenen menschlichen Beziehungen, das Einnisten in begriffliche Feststellungen, die das Wahrnehmungsinteresse dem Neuen gegenüber erheblich einengen, sind die ersten Zeichen des mißglückten Erziehungsprozesses, dem die Mehrzahl unserer Kinder zu früh unterworfen wird und in denen sich die Begrifflichkeit als eine Weltmacht offenbart, die nicht ohne Ideologie ist. E. Schachtel hat diese Form der Weltsicht «sekundäre Autozentrizität» genannt, womit er die operationale Selbstbezogenheit meint, die Objekte in ein begriffliches Bezugsschema stellt und dabei die Fülle von Wahrnehmungserfahrungen biographischer Natur zu erkennen versäumt.

In einem Memorandum zu einer Arbeitstagung führender amerikanischer Psychologen, Erzieher und Naturwissenschaftler hat B. Inhelder, die langjährige Mitarbeiterin Piagets, ein Programm vorgetragen, um zu zeigen, wie man Kinder schneller durch die verschiedenen Stufen intellektueller Entwicklung im Bereich der Mathematik und Physik führen könne.[1] Sie sagt dort: «Man fragt sich, ob es nicht der Mühe wert sein könnte, die ersten beiden

1 B. Inhelder in J. S. Bruner: Der Prozeß der Erziehung. Düsseldorf 1970.

Schuljahre für eine Reihe von Übungen im Behandeln, Klassifizieren und Einordnen von Gegenständen zu verwenden und dabei die grundlegenden *Operationen* der logischen Addition, Multiplikation, Einbeziehung, Reihenbildung und dergleichen zu betonen, denn sicherlich sind diese logischen Operationen die Grundlage für die spezifischeren Operationen und Konzepte der ganzen Mathematik und Naturwissenschaften.» Und weiter: «Das Ergebnis eines solchen Ansatzes wäre, wie wir glauben, eine größere *Kontinuität* im naturwissenschaftlichen und mathematischen Unterricht.»

J. Bruner bemerkt dazu, daß es «beweiskräftige Anzeichen dafür gibt, daß wohl rigoros sachbezogenes Unterrichten in einem frühen Stadium dazu führt, daß dem Schüler das spätere Lernen leichter fällt». «Aber die Gefahr», so schließt sein Kommentar, «könnte darin bestehen, daß *originelle,* vom üblichen abweichende Vorstellungen dabei abgezogen werden.» Wir haben keinen Zweifel darüber, daß dies auch geschieht, da das Kind erst nach der Befestigung seiner eigenen individuellen Identitätserfahrung nach dem neunten Lebensjahr *echt* fähig wird, *allgemeine* Vorstellungen verbindlich-begrifflicher Art zu bilden, und daß die Vorstellung der Geradlinigkeit der intellektuellen Entwicklung dem Wesen der biographischen Entwicklung des Kindes, das durch Krisen geht, widerspricht. Auch muß bemerkt werden, daß das Kind erst in diesem Lebensalter kritischer Einstellung gegenüber Lerninhalten fähig wird. Darüber hinaus könnte es sich herausstellen, daß die im frühen Alter geforderten Operationen zwar emotional *wie Bilder* besetzt werden und sich das Kind deshalb mit ihnen zu *identifizieren* lernt, was es gerade mit den selbst und frei geschaffenen Begriffen der späteren Kindheit *nicht* tut. In dieser Freiheit besteht aber geradezu *die Natur begrifflichen Denkens.* Wo aber eine vollständige Identifizierung mit einer nur begrifflich verstandenen Welt im Sinne sekundärer Autozentrizität im System der Erziehung vor dem neunten Lebensjahr angestrebt wird, ist Inhelders Ansatz geeignet, schon in den *vital-unbewußten* Zonen präjudizierte Roboter zu schaffen, die zu der «protektiven Uniformität» (Hebb) der sozialen Welt beitragen können, die neuen Entwicklungen konservativ unter Berufung auf «Wissenschaftlichkeit» widerstrebt. Eine derartige «progressive» Erziehungspraxis führt zu Ergebnissen, die das Gegenteil dessen hervorbringen, was sie anstrebt.

[4] Seite 149

In einem weitverbreiteten Buch über den Grundschul-Unterricht wird das Unterrichtsbeispiel «Die Biene» wie folgt behandelt: Im Hauptteil des Beispiels aus dem dritten Schuljahr werden durch die Schüler *tote* Bienen untersucht. «Das Erkannte wird von jedem Schüler als Zeichnung dargestellt: dreiteiliger Körper, sechs Beine, vier Flügel, zwei Fühler.» Schließlich wird ein «Kasten-Teilemodell» von der Biene mehrmals zusammengesetzt und wieder auseinandergenommen.

Dieses Beispiel aus einem 1962 erschienenen Buch ist kritisch angeführt in «Zur Revision des Lehrplans in der Grundschule» (Andreas Flitner und Mitarbeiter: Brennpunkt gegenwärtiger Pädagogik. München 1969).

In seiner Arbeit über «Phantasie und elementares Lernen» (Paderborn 1972), die sich mit der Bedeutung der Phantasie für das Lernen des Kindes eingehend beschäftigt, nimmt L. Lahrmann dagegen Stellung, das Kind durch «perfekte Orientierungsbilder» um jene Kraft zu betrügen, die die *bildproduzierende* Tätigkeit der Phantasie in ihre Lernprozesse einbringen will. Lahrmann sieht das oberste Prinzip aller Unterrichtsgestaltung in der «gelebten Gemeinsamkeit von Lehrenden und Lernenden» und damit die gegenseitige Gestaltung phantasiegetragener Lernprozesse, wobei die Sprache eine wesentliche, regulative Rolle spielt. Zum Zusammenhang von Phantasie und Lernen siehe auch J. Plügge: Die Entfaltung der Anschauungskraft. Heidelberg 1963.

[5] Seite 151

In seinen Schriften zur ästhetischen Theorie (Frankfurt 1970) führt Theodor W. Adorno eine Analyse der Unterscheidung von Komposition und Konstruktion durch: «Konstruktion ist die heute einzig mögliche Gestalt des *rationalen* Moments im Kunstwerk ... Sie ist in der Monade des Kunstwerks, mit beschränkter Machtvollkommenheit, der Statthalter von Logik und Kausalität, transferiert aus der gegenständlichen Erkenntnis. Sie ist Synthese der Mannigfaltigkeit zu Lasten der *qualitativen* Momente, deren sie sich bemächtigt, ebenso wie des Subjekts, das in ihr sich *auszumerzen meint, während es sie bewerkstelligt...»*

«Von Komposition in einem weitesten Verstande, der die Bildkomposition deckt, unterscheidet Konstruktion sich durch die rückhaltlose Unterwerfung nicht bloß alles von außen ihr Zukommenden, sondern aller immanenten Teilmomente; insofern ist sie verlängerte subjektive Herrschaft, die, je weiter sie getrieben wird, desto gründlicher *sich selbst verdeckt...»*

«Kunst möchte durch Konstruktion disparat aus eigener Kraft ihrer nominalistischen Situation, dem *Gefühl* des Zufälligen sich entwinden, zu einem übergreifenden Verbindlichen, wenn man will, Allgemeinen gelangen.»

Hier ist der Weg von der ästhetischen Dimension des kindlichen, denkerischen Gestaltens um das neunte Lebensjahr zur Begriffsbildung im zwölften an Prozessen des reifen Menschen und seines Mediums, der Kunst, demonstriert.

[6] Seite 152

Caroline von Heydebrand, die zu den ersten Lehrern der 1919 gegründeten Waldorfschule in Stuttgart gehörte, hat aus dem Geist der Anfänge heraus zu dieser Thematik noch heute gültige Erfahrungen beigetragen, die sich durch ihre Wärme und intuitive Gestaltungskraft auszeichnen. Sie formuliert in dem Kapitel «Zur Begründung künstlerischer Unterrichtsgestaltung»: «Man hält als Lehrer für das Kind Todeskräfte und Lebenskräfte in der Hand. Man hat die Aufgabe, das Kind in einem gewissen Sinne zum Tode zu führen. Aber man hat auch die Aufgabe, dem Kinde mitzugeben, was das Tote beleben kann. Das Tote aber wird belebt durch das Künstlerische.» (Kindheit und Schicksal. Stuttgart 1958)

[7] Seite 153

Das Verhältnis des Kindes zur Natur folgt durchaus in seinen Wandlungen den hier beschriebenen Gesetzmäßigkeiten. Ist dieses Verhältnis in der frühen Kindheit noch von der Nähe des Vertrauens bestimmt, so geht das Kind um das neunte/zehnte Lebensjahr durch eine sachlich-explorative Phase. «Wichtig ist, *was* und *wie* weit man sehen kann, aber nicht, *wie* das ganze aussieht.»[1]

Nach dem zwölften Lebensjahr, wenn der Begriffsbildeprozeß einen ersten Höhepunkt erreicht hat, beginnt aber zunehmend die Fähigkeit des Kindes zu wachsen, seine Gefühls-

1 M. A. Schaffner in dem Kapitel «Vom Erlebnis landschaftlicher Schönheit» in «Wie Schulkinder reifen», Zürich 1949.

kräfte in der ästhetischen Erfahrung *freizusetzen* und die Stimmung und Schönheit einer Landschaft zu ahnen. Das Kind wird fähig, sich in der Natur wieder zu finden, und derartige Erfahrungen machen in diesem Lebensalter einen entscheidenden Eindruck auf das Kind. Das Heimischwerden in der Natur ist nicht ein «Zurück zur Natur», denn es besteht ein bedeutsamer Zusammenhang der Beziehung des Menschen zur Natur und derjenigen, die er im sozialen Leben zum anderen Menschen gewinnt. Derartige Erfahrungen artikuliert das Kind meist erst nach der Pubertät. Vorher jedoch scheint das Erleben des Naturganzen eine Möglichkeit darzustellen, die Erde in der ästhetischen Dimension zu entdecken. Für das Kind der gegenwärtigen Kultur, das in einer menschengemachten Welt aufwächst, hat auch diese ihre ästhetischen Dimensionen, etwa ein gelungener Bau, ein Autobahn-Viadukt, ein Kran, der Schiffe entlädt, eine freischwebende Treppe oder eine Brücke. Sie sind um so echter, je mehr sie freilassen, die Sinneswahrnehmung nicht sensationell in den Griff nehmen und die Phantasiekräfte der Wahrnehmung größerer Zusammenhänge freisetzen. Es wäre wert, sich darüber Gedanken zu machen, was die Einschränkung der Naturerfahrung für das heutige Kind soziologisch bedeutet und ob die damit verbundene Begrenzung der Freiheit und Lusterfahrung des Zwölfjährigen im gefühlshaften Erlebnis der Innenseite der Natur nicht auch eine entscheidende «Repression» darstellt. Schließlich wäre zu fragen, wie pädagogisch heute die Hinführung zur Natur zu leisten wäre.[2]

[8] Seite 154

Die Phantasie des Kindes, deren Tätigkeit um das siebte Lebensjahr aus den Wachstumsvorgängen frei wird, wendet sich um die Zeit des ersten Gestaltwandels der Vorstellungsbildung zu. In dieser Tätigkeit wandelt sich das aus dem Vorgeburtlichen hereinragende Bildbewußtsein in der ersten Erfahrung von Autonomie, das heißt in der Anteilnahme des Kindes am Bildeprozeß. In dessen Tätigsein richtet sich das Kind nicht auf die Einholung der Welt als Begriff, in dessen Bildung die kreativen Gestaltungskräfte abgelähmt werden müssen, sondern auf die Welt als eine «sinnerfüllte», in der das Kind noch in den ersten Grundschuljahren seine Identität mit ihr entdecken will. Darauf hat E. Fucke hingewiesen und an praktischen Beispielen gezeigt, wie der Naturkundeunterricht dieses Lebensalters den Entwicklungsmotiven der Kinder gerecht werden kann. («Die Bedeutung der Phantasie für Emanzipation und Autonomie des Menschen.» Stuttgart 1972)

Das neunte Lebensjahr stellt insofern einen weiteren Fortgang der Phantasie-Tätigkeit dar, als das Kind jetzt die Gegenstandswelt sachlicher und zentralisiert wahrnimmt. Die Tätigkeit der Phantasie muß sich dadurch stärker gerichtet und gebundener an die Wahrnehmungswelt entfalten und bereitet jene Relation des Individuellen zum Ganzen vor, welche Grundlage des Begriffebildens werden kann. Exemplarisch hat G. Grohmann für das neunte bis zwölfte Lebensjahr die Methodik des Pflanzenkunde- und Tierkunde-Unterrichts anhand der Angaben R. Steiners entwickelt («Pflanze–Erdenwesen–Menschenseele», Stuttgart 1953, und «Tierform–Menschengeist», Stuttgart 1954; Neuaufl. in einem Band 1979).

Anknüpfend an geisteswissenschaftliche Forschungsergebnisse hat E. Fucke dargestellt, daß die Kraft, die den Vorstellungsbildungen zugrunde liegt, entgegen der Auffassung einer Assoziations-Psychologie die Phantasie ist, die, kommt sie lebendig, das heißt ohne die gewöhnliche Ablähmung zu Vorstellungsinhalten vor den Seelenblick, als Imagination auf-

2 Neben den geisteswissenschaftlichen Arbeiten dazu die methodischen Darstellungen von M. Wagenschein: Ursprüngliches Verstehen und exaktes Denken. Stuttgart 1965.

scheint. Diese bringt «nicht nur eine Erscheinung hervor, sondern im Verwandlungsprozeß vielfältige Erscheinungen, die alle in der Werkwelt Realität enthalten können». Insofern ist es berechtigt zu sagen, «sie enthüllt das Leben der real gestaltenden Kräfte.»

Es ist nun entscheidend zu sehen, daß es nicht Aufgabe des Unterrichts ist, das Kind zu Imaginationen als bewußten Inhalten seines Seelenlebens zu führen, sondern dessen imaginative *Tätigkeit* anzuregen. Dies gelingt pädagogisch-methodisch jedoch nur, wenn der Lehrer selbst Imaginationen zu bilden versteht. Für das Kind geht die imaginative und im Unterricht geübte Tätigkeit zum zwölften Lebensjahr hin zunehmend in die Erfahrung der begrifflichen Wahrnehmung ein, in der die Beweglichkeit imaginativer Vielfalt unanschaulich «festgestellt» wird. Fucke erläutert den Begriff gegenüber der Imagination: «Der Begriff ist unanschaulich; er braucht zu seiner individuellen Erscheinung eine Wahrnehmung. Er selbst kann aus sich keine Erscheinungsform hervorbringen. Die Imagination liefert diese Erscheinungen. Diese sind vorerst nur seelische Bild-Gestaltungen. Ihre Eigenart liegt darin, daß sie in die Werkwelt eingeführt werden können. Jetzt kann sie das Denken bearbeiten und die Übereinstimmung von Erscheinung (Wahrnehmung), Idee und Imagination sicherstellen. Die Übereinstimmung erklärt sich daraus, daß Imagination und Begriff verschiedene Äußerungen einer einheitlichen geistigen Welt sind.»

Märchen, Bilder und Träume

[1] Seite 162

Wald bedeutet nicht einfach Dunkelheit, sondern das Dunkel der Tagwelt. Er steht als Bild für eine neue Form der Sinneserfahrung, die nicht mehr, gleichsam «von oben», die Gegenstandswelt in der Hülle vorgeburtlicher Sicherheit und Leuchtekraft der Bilder erleben läßt, sondern die Tiefenkräfte des Eigenwillens beansprucht: «Man muß einen Weg finden», «in die Lichtung kommen», «sich den Weg bahnen». Der Wald zeigt dem Kind die Erden-Nacht-Seite der Dinge, die zu erlösen es sich aufmacht. Der Wald kann aber auch «verführen». Wer auf seine Biographie achtet, wird bemerken, daß sich dieser Anspruch des Waldes in der Mitte des Lebens wieder darstellt: In Dantes «Göttlicher Komödie» trifft der Mensch in der Mitte des Lebens in einem dunklen Wald die drei Tiere, die jetzt Bilder des Seelen-Innenraumes sind und die zu überwinden sich der Dichter aufmacht.

In der Autobiographie von C. G. Jung hört sich das Erlebnis der Kindheit so an:

«In jene frühe Kinderzeit fiel eine Entdeckung, die ich im Umgang mit meinen ländlichen Schulkameraden machte: Sie alienierten mich. Ich wurde anders mit ihnen, als wenn ich allein zu Hause war... Es erschien mir, daß ich meine Veränderung dem Einfluß meiner Kameraden verdankte, die mich irgendwie verführten oder anders zu sein zwangen, als ich zu sein meinte. Der Einfluß der weiteren Welt, in der ich andere Leute als meine Eltern kennenlernte, erschien mir zweifelhaft, wenn nicht überhaupt verdächtig und in dunkler Weise feindselig. In zunehmendem Maße nahm ich die Schönheit der hellen Tageswelt wahr, wo goldenes Sonnenlicht durch die grünen Blätter spielt.

Gleich daneben aber ahnte ich *eine unabweisbare Schattenwelt* mit *beängstigenden, unabweisbaren Fragen,* denen ich mich ausgeliefert fühlte. Mein Nachtgebet gab mir zwar einen rituellen Schutz, indem ich den Tag richtig abschloß und ebenso richtig die Nacht und den Schlaf einleitete. *Die neue Gefahr* aber lauerte am Tage. Es war, wie wenn ich eine Entzweiung meines Selbst fühlte und befürchtete. Meine innere Sicherheit war bedroht.»

[2] Seite 163

Die kosmische Kraft des Merkur als «wandelnde Mitte» löst in der mittleren Kindheit die alten Monden-Kräfte, die im ersten Jahrsiebt das Kind in den Erdenraum führen, ab. Sie befreit den an den Blut-Organismus und die Stoffwechselprozesse der frühen Kindheit gebundenen Willen, durchseelt ihn und ist dessen Wandlungskraft in die Tätigkeit des Denkens, die Sprache und die soziale Empathie des neunten bis zwölften Lebensjahres.

Diese Wirklichkeiten kosmischer Kräfte wurden noch im Mittelalter wahrgenommen. Die heraufkommende Naturwissenschaft hat sie verdeckt. Sie offenbaren sich aber in den Märchen und Mythen und den Träumen, aus jener Unbewußtheit herausleuchtend, die nicht nur Ort von Triebhaftigkeit ist, sondern auch Wahrnehmungsorgan einer kosmischen Welt, an der der Mensch teilhat und deren Weisheit ihm in Bildern aufscheint. R. Steiner hat diese Zusammenhänge für das gegenwärtige Bewußtsein wiedergefunden und charakterisiert.

[3] Seite 164

Das rhythmische Seelenelement des siebenten bis vierzehnten Lebensjahres schließt das andere Geschlecht mit ein. «Paidaia», das Knabenalter, gilt im Griechischen auch für das Mädchen, und die Seelenkräfte des Männlichen und Weiblichen erfahren zum erstenmal eine *innere seelische* Differenzierung und Begegnung. Darauf hat aus der pädagogischen Praxis und der geisteswissenschaftlichen Menschenkunde vor allem L. Vogel[1] aufmerksam gemacht: «Unter dieser harmonischen Veranlagung (zwischen dem siebenten und vierzehnten Lebensjahr) spiegelt der kindliche Organismus *seine Menschlichkeit,* eine abgekürzte Wiederholung jener Organisation, in der sich der Mensch der griechischen Kulturepoche befand. Knaben erscheinen hier mädchenhaft anmutig – Mädchen von knabenhafter Herbheit.»

«Sieh in dem zarten Kind zwei liebliche Blumen vereinigt, Jungfrau und Jüngling, sie deckt beide die Knospe noch zu.» (Schiller)

[4] Seite 164

Im Traum, vor allem von Mädchen zwischen dem neunten und zwölften Lebensjahr, stellt die Verlassenheit ein Urmotiv dar. Es zeigt sich im Bild des Entblößtseins (nur mit dem Unterhemd bekleidet, mitten unter Menschen stehend) und ist von Angst, meist aber von dem Gefühl der Scham begleitet. Jungen dieses Alters fühlen sich im Traum häufiger angegriffen (z. B. ausgesetzt einem Angriff von Flugzeugen). Die Suche nach einer dynamischen Erlösung des aktiven Widerstand-Leistens überwiegt die Erwartungshaltung der Mädchen. Auch scheint die Angst im Traum gegenüber der Scham zu überwiegen.

In diesem Lebensalter tritt dann auch beim Mädchen oft das bis zur Putzsucht gesteigerte Bedürfnis nach neuen Kleidern auf, nach einer neuen Hülle. Sie ist meist vorübergehend und stellt, wo sie länger und verstärkt auftritt, ein Symptom von Identitätsverunsicherung dar, denn das äußere Kleid vermag das «Sternenkleid» echter Reifeerfahrung nicht zu ersetzen.

Die Knaben in diesem Alter zeigen hingegen, wie man auf den Schulplätzen sieht, Expansivität. Ihr neues «Kleid» sind ihre Taten und später ihre Gedankenwelt.

1 Der dreigliedrige Mensch. Morphologische Grundlagen einer allgemeinen Menschenkunde. Dornach 1967.

[5] Seite 165

R. Steiner hat dargestellt, daß in der Menschheitsgeschichte das Terzenerlebnis mit einer Verinnerlichung des Menschen einhergeht. Sie entspricht in der individuellen Biographie dem neunten bis zehnten Lebensjahr. In dem Erscheinen der Dur- und Moll-Tonarten im Unterricht zieht im Dur die Gedankenwelt in die Atmung ein. Im Moll wird dem Kind sein Willensleben im Gefühl erlebbar. Die Verinnerlichung im Rhythmus von Atmung und Blutzirkulation bedarf in diesem Lebensalter der musikalischen Terz: «Nach dem neunten Lebensjahr beginnt das große Fragen des Kindes. Denn es trennt sich vom Zusammenfließen mit der Welt, es beginnt sich zu fühlen als Eigenwesen. Hier verlangt der musikalische Organismus des Kindes nach dem Erleben der Terzzusammenhänge, nach dem Zusammenleben mit der großen und kleinen Terz. Dies tritt etwa um das neunte und zehnte Lebensjahr auf und sollte ganz besonders gefördert werden.» (E. Schwebsch: Von den menschlichen Grundlagen der Musik. Die Drei, III. Jahrgang, Heft 3. Juni 1923).

In einer medizinisch-heilpädagogischen Studie zeigte W. Holtzapfel den seelischen Werdegang des Kindes, in dem physiologisch der Kupferspiegel des Blutes gegenüber dem Eisen absinkt, wohingegen nach dem 3. Lebensjahr der Eisenspiegel stetig ansteigt. Er sieht diesen Prozeß als ein ständiges Zunehmen des erwachenden kindlichen Eigenwesens im Zusammenhang mit dem Eisenprozeß, dessen kritische Zeit um das 9./10. Lebensjahr hervortritt und sich dann u. U. in den sogenannten «Schulkrankheiten» äußert. In ihren mannigfaltigen Erscheinungen ist «das ‹Ich› des Kindes nicht im Stande, die ihm aus seiner heranreifenden, größeren Selbständigkeit in der Auseinandersetzung mit der Umwelt erwachsenden Aufgaben voll und kräftig zu bewältigen, sei es, daß eine primäre Schwäche vorliegt, sei es, daß die Umwelt übermächtig und überwältigend auftritt. Seelisch legt sich dieser Zustand als Mutlosigkeit, Zaghaftigkeit, ja als Angst dar.»[1] Aus langjähriger schulärztlicher Erfahrung beschreibt der Autor die Hilfe, die das Kind im physiologischen Bereich durch potenzierte Eisengaben erfahren kann, die bis in die Seelenhaltung des Kindes wirksam werden können.

[6] Seite 166

Es ist bezeichnend, daß in diesem Märchen Goethes der Wechsel der Kleider am Anfang steht und Wandlung einleitet. Am deutlichsten erscheint das Kleid als Urbild in dem Märchen vom Sterntaler. Dort wird mit dem Kleid jene Hülle fortgegeben, die das Kind bis zur Mitte der Kindheit umgibt, ein Gewebe aus der vorgeburtlichen Welt, in das die Figuren aus der das Kind umgebenden Erdenumgebung während der ersten sieben Lebensjahre eingewoben werden. Mit ihm ist der Leib des Kindes umhüllt. Im Sterntaler-Märchen muß das Kind alle diese Gewänder abgeben. Es empfängt dafür aus der Nacht das Sternengewebe seines wahren Wesens, das Seelenkleid, das jetzt die wahre Heimat der Kinderseele verkündet. Dieses Kleid ist am Tage nicht sichtbar. Es leuchtet von innen.

[7] Seite 170

F. Grempel hat gezeigt, daß die Traumerlebnisse der Vorpubertät die Märchenbilder «archetypisch» aktualisieren, Erfahrungen verinnerlichen und sie zugleich auf die Ich-Reifung hin wandeln. Das Märchen, wenn es erzählt und nicht auf der Langspielplatte «abgespielt»

1 W. Holtzapfel: Krankheit und Heilmittel als Erzieher des Kindes in: «Heilende Erziehung», Stuttgart 1977, 3. Auflage.

wird, bereitet diese Erfahrung des Traumraumes vor: «Manifestationen von Archetypen im Märchen sind Abbilder urtümlichen Menschwerdens. Sie sind geeignet, über den Weg des Traumes *Wandlungen in Gang zu setzen* und Einfluß auf Reifungsprozesse zu nehmen.»

Grempel stellt fest, daß im Traum, gerade in der Vorpubertät, die Ambivalenz der kindlichen Gefühlswelt, «die gegeneinander wirkenden Bedürfnisse nach Lösungen und Bindungen, nach Freiheit und Sicherheit, die Krisen von Fernweh und Heimweh» in der Wandlung vereinigt werden können, wo sie für die *wache Welt* des Kindes unvereinbar nebeneinander stehen und das Wesen der Konflikte ausmachen.

Das Kind lernt im Innenraum des Traumes die Symbole zu «vernehmen». *«Es bedarf hierbei weder einer Interpretation noch der Vermittlung rationaler Einsichten.«* (Zeitschrift für klinische Psychologie und Psychotherapie, 4, 1971)

[8] Seite 172

C. G. Jung schildert dieses Erlebnis wie folgt: «In jene Zeit fiel ein anderes wichtiges Ereignis. Es war auf meinem langen Schulweg von Klein-Hüningen, wo wir wohnten, nach Basel. Da gab es einmal einen Augenblick, in dem ich plötzlich das Gefühl hatte, soeben aus einem dichten Nebel herausgetreten zu sein mit dem Bewußtsein: Jetzt bin *ich*. In meinem Rücken war's wie eine Nebelwand, hinter der ich noch nicht war. Aber in jenem Augenblick *geschah ich mir*. Vorher war ich auch vorhanden, aber alles war mir geschehen. Jetzt wußte ich: Jetzt bin *ich*, jetzt bin ich vorhanden; vorher hat es mit mir getan, jetzt aber *wollte ich*. Dieses Erlebnis schien mir ungeheuer bedeutsam und neu. Es war ‹Autorität› in mir.»

Haltung und Ich-Sinn

[1] Seite 179

Zutt hat in der Diskussion über die Pubertäts-Magersucht auf die zentrale Beziehung von Appetit und zwischenmenschlichen Beziehungen hingewiesen. Autobiographisches Interesse und Appetit scheinen in einem Verhältnis zu stehen, welches das Tier nicht kennt, weshalb auch der Begriff der «Appetenz» die leiblichen und geselligen Beziehungen des Tieres in *einem* Begriff fassen kann.

Die Sphäre zwischenmenschlicher Beziehungen als Verwandlung der Leibessinne in die Mitwelt-Wahrnehmung verarmt, wenn diese nicht gelingt, und die mißlungene Wandlung scheint sich hier auf den Lebenssinn zu beziehen, indem sich statt Weltbewältigung der Rückzug auf den Leib vollzieht, mit den dazugehörigen regressiven Phänomenen (Nahrungsverweigerung, vegetative Störungen, Erbrechen) und der signifikanten Überbewertung und Bewußtwerdung des Leibesgeschehens. (J. Zutt: Auf dem Wege zu einer anthropologischen Psychiatrie. Berlin 1963)

Die Konzentrationsstörungen dieses Lebensalters, die meist gleichzeitig Störungen der Selbsterfahrung sind, hängen mit einer zurückbleibenden Entwicklung des Kindes zusammen: Die sinnlich sich offenbarende Welt der Dinge und Menschen wird «übersehen» im Schutz alter Bilder und der damit verbundenen Gewohnheiten. Diese Kinder «stellen sich» der Welt nicht im «allozentrischen» Interesse und bewahren oft lange die pyknomorphe Gestalt der frühen Kindheit. Im Extrem kann sich daraus später das Bild der propubertären Fettsucht entwickeln.

[2] Seite 179

Der Ich-Sinn entdeckt, wenn er durch Übung gereift ist, im anderen aber auch, was dem anderen selbst verborgen sein kann, und durchbricht das «Gewohnte».

«Kokoschka hat ein Porträt von mir gemacht. Schon möglich, daß mich die nicht erkennen werden, die mich kennen. Aber sicher werden mich die erkennen, die mich nicht kennen.» (Karl Kraus, 1910)

Oskar Kokoschka gehört zu den großen Menschenmalern, in deren Werk die ästhetische Dimension übergeht in die Wahrnehmung des anderen Ich: in die mitmenschliche Dimension der erkennenden Wahrnehmung. Was gemeint ist, verdeutlicht die Geschichte, die Karl Gruber von Forel erzählt, den Kokoschka in seinen jungen Jahren gemalt hat:

«Dies geschah so, daß Kokoschka den Forscher bei der Arbeit beobachtete und wohl auch skizzierte. Nach einiger Zeit malte Kokoschka das Bild fast in einem Zug und zwar in folgender Weise:

Forel saß am Schreibtisch, der in der Nähe des Fensters stand. Kokoschka saß hinter seinem Rücken in der Zimmerecke und malte Forel, als sähe er ihn von der linken Seite. Forel erklärte, ‹er muß mich aus dem Gedächtnis und Gefühl heraus gemalt haben, denn er konnte mein Gesicht nicht sehen . . .›

Als das Bild der Familie gezeigt wurde, lehnte diese den Kauf ab: ‹Das ist nicht unser Vater, solch totes rechtes Auge und solche verkrampften Hände hat er nicht.›

Etwa zwei Jahre später erlitt Forel infolge Überanstrengung beim Mikroskopieren einen Hirnschlag. Die Folge war eine Lähmung der rechten Körperhälfte, insbesondere des rechten Auges und der rechten Hand.» (Zit. nach Hans Maria Wingler: Oskar Kokoschka. Ein Lebensbild. München 1956)

Hier wird exemplarisch deutlich, daß die Wahrnehmungen des Ich-Sinnes sich über die historische Wirklichkeit des Gewordenen in die zukünftige Möglichkeit zu steigern vermögen. Man mag solche Fähigkeiten intuitiv nennen. Die biographischen Zeugnisse der Neun- bis Zwölfjährigen lassen vermuten, daß das Kind dieses Lebensalters gegenüber dem Erwachsenen gerade dieser Steigerung fähig ist oder sie zumindest sucht und ersehnt: die Wahrnehmung des anderen Ich als eines Werdenden. Ob dies gelingt oder nicht, das heißt ob der andere diese Wahrnehmung erlaubt, hat bedeutende pädagogische Konsequenzen im Sinne der Ablösung alter Gewohnheits-Strukturen der bildgebundenen Wahrnehmung, in der sich der andere als nur Gewordener offenbart.

[3] Seite 181

Ausgehend von der Phänomenologie Edmund Husserls und sie weiterführend, hat der frühverstorbene französische Philosoph Merleau-Ponty wesentliche Beiträge zur Sinneslehre geleistet, indem er zeigte, daß die Wahrnehmung, wo sie im künstlerisch-ästhetischen Bereich auftritt, Erkenntnisfähigkeit *immanent* entfaltet. Wir können auf die bei Merleau-Ponty vorliegende Ausarbeitung einer Phänomenologie der Wahrnehmung hier nicht im einzelnen eingehen. So mögen einige seiner essayistischen Hinweise hinsichtlich des Ich-Sinnes (den er als solchen begrifflich nicht gefaßt hat) genügen, um zu zeigen, was er angestrebt hat:

«Indem ich erfahre, daß mein Körper ein empfindendes Ding ist, daß er reizbar ist, er und nicht nur mein ‹Bewußtsein›, bin ich darauf vorbereitet zu verstehen, daß es andere Lebewesen und möglicherweise andere Menschen gibt. Man beachte, daß es hier weder einen Vergleich noch eine Analogie noch eine Projizierung oder ‹Interjektion› gibt... Wenn durch ein erstes ‹intentionales Überschreiten› vor mir ein anderer erfahrender Körper, ein anderes Verhalten in Erscheinung tritt, so ist es der Mensch *als Ganzes,* der mir mit allen Möglichkeiten gegeben ist, was sie auch immer seien, dessen unwiderrufliches Zeugnis ich ganz *in mir in meinem leiblichen Sein trage...* Der Mensch kann das alles so hervorbringen, was das ‹Denken› nicht hervorbringen kann, weil es außer sich in der Welt ist und weil eine Ekstase zusammen mit anderen möglich ist. Und diese Möglichkeit erfüllt sich in der Wahrnehmung als vinculum zwischen dem unberührten Sein und seinem Leib. Das ganze Rätsel der Einfühlung ist in seiner anfänglichen Phase ‹ästhesiologisch›, und es wird dort gelöst, weil es sich um eine Wahrnehmung handelt.» Oder:

«Es gibt tatsächlich eine Inspiration und Exspiration des Seins, ein Atmen im Sein, eine Aktion und Passion, die so wenig voneinander zu unterscheiden sind, daß man nicht mehr weiß, wer sieht und gesehen wird, wer malt und wer gemalt wird.» (M. Merleau-Ponty: Das Auge und der Geist. Philosophische Essays. Reinbek 1967)

Im Gegensatz zu Jean Piaget, der den Höhepunkt der kindlichen Entwicklung nach dem zwölften Lebensjahr im rationellen Denken sieht, durch welches das Kind Objektivität auf dem Niveau des begrifflichen Urteils konstruiert, versteht Merleau-Ponty die kindliche Entwicklung vor allem als die Gewinnung *einer einzigen intersubjektiven Welt.* «Die Weltsicht des Kindes ist gegen den Erwachsenen und Piaget gesetzt, und das unsophistische Denken unserer frühesten Kindheitsjahre bleibt ein unerläßliches Ereignis, das zur Reife notwendig ist.» «Objektive Wahrheit», so bemerkt Merleau-Ponty, «bliebe ewig nur meine, könnte sie sich nicht gründen auf die *frühere* Erfahrung des in eine zwischenmenschliche Welt Gestellt-Seins». Hier zeigt sich noch einmal die Bedeutung personaler Identität gegenüber der dinglichen.

In der mittleren Kindheit tritt im Handeln als Wandlung des Gleichgewichtssinnes zum erstenmal die durchseelte Gebärde hervor, die sich wesentlich von den mit der Motorik verbundenen Ausdrucksbewegungen des kleinen Kindes unterscheidet. Gebärden sind Zeugnis einer inneren Haltung, die das Tier niemals erreicht: «Indem der Mensch sein Inneres in der Gebärde zum Ausdruck bringt, verwendet er die *gleiche Kraft,* die er erst verwendet, um den Gleichgewichtssinn zur Herstellung einer gewissen Gleichgewichtslage zu erringen. Was der Mensch beim Gehen-, beim Stehenlernen handgreiflich entwickelt, das erscheint uns also verfeinert, vertieft, verinnerlicht im späteren Leben, wenn es, statt körperlich zur Darstellung zu kommen, mehr seelisch zur Darstellung kommt in der Gebärde.» (R. Steiner: «Menschengeist und Tiergeist» in: Antworten der Geisteswissenschaft auf die großen Fragen des Daseins. GA 60.)

[4] Seite 181

So hat in einem bemerkenswerten Aufsatz über Lese- und Schreibstörungen F. Grempel an Hand kindlicher Biographien im Grundschulalter darauf aufmerksam gemacht, daß in vielen Fällen eine Störung der Selbst-Erfahrung als Orientierungsschwäche und eine «statisch-kinetische Unsicherheit» zugrunde liegen, die die Ursache dafür sind, daß das Kind in Ermangelung eines sicheren Haltepunktes scheinbare und wirkliche Bewegungen der Umwelt nicht unterscheiden lernt. Die durch die «Haltung» leiblich regulierte Bindung zur Umwelt wird labil, löst sich auf und wird schließlich chaotisch. In den Lese- und Schreibstörungen spricht sich damit nur ein Symptom einer allgemeinen Haltungs-Unsicherheit aus. In der Beschreibung eines Kindes sieht Grempel einen biographischen Zusammenhang mit dessen verzögertem Gehenlernen und der damit verbundenen gestörten Gleichgewichtserfahrung durch eine beiderseitige Hüftgelenks-Luxiose. (F. Grempel: «Unsicherheiten im Raum und ihre Auswirkung auf das Erlernen des Lesens und Schreibens.» Jahrbuch für Psychologie, Psychotherapie und Medizinische Anthropologie, 18. Jahrgang, Heft 1/2. Freiburg/München)

Ähnlich hat K. König von geisteswissenschaftlichen Gesichtspunkten die Wandlung des Gleichgewichtssinnes der frühesten Kindheit in jene innere Haltung in der mittleren Kindheit beschrieben, die jetzt nicht nur als Bezugspunkt für gedankliche Prozesse seelisch-zeitliche und nicht mehr nur räumliche Ordnung konstituiert, sondern darüber hinaus auch zur Identitätserfahrung in den mehr vitalen Erlebnisbereichen der Wahrnehmung beiträgt. (K. König: Sinnesentwicklung und Leiberfahrung. Stuttgart 1971)

[5] Seite 181

«Erst wenn der individuell geartete Mensch in Erscheinung tritt und so in Kommunikation mit der Welt, kommt das Ästhetische im weiten Sinne des Wortes ins Spiel. Erst wenn die Distanz, die ein Wesen vom anderen trennt, durchmessen, überwunden wird, wenn ein Inneres in äußere Erscheinung tritt oder die äußere Erscheinung ein Inneres offenbart, dann handelt es sich um den ästhetischen Bereich.»

«In der Begegnung zwischen zwei Wesen gibt es also vom Inneren des einen zum Inneren des anderen immer eine räumliche Distanz. Man muß diese Distanz, diese Raumstrecke, deren Bewältigung eine Aufgabe für die ästhetischen Fähigkeiten des Menschen ist, in den Blick bekommen, um die psychomotorischen und Wahrnehmungsphänomene unter dem einigenden Begriff des ästhetischen Erlebnisbereichs zu sehen.» (J. Zutt: «Der ästhetische Erlebnisbereich und seine krankhaften Abwandlungen», in: Auf dem Wege zu einer anthropologischen Psychiatrie. Berlin 1963)

Dabei ist festzustellen, daß der Akt ästhetischer Wahrnehmung gerade «gebunden» bleiben muß an die Oberfläche, das heißt die «physiognomische Substanz», die im «Blick» bleiben muß. Wo sie übersehen wird, lockert sich die Beziehung zwischen dem Erscheinenden und dem in diesem erscheinenden Wesen; es entsteht Angst aus dem Gefühl des Verlustes der vertrauten Welt der Erscheinung, Erlebnisse, die in der Psychiatrie als «primär wahnhaftes Bedeutungsbewußtsein» beschrieben worden sind.

Die kinderpsychiatrische Erfahrung zeigt, daß heranwachsende Kinder erst nach dem neunten Lebensjahr solcher pathologischer Reaktion gegenüber der Welt fähig werden, wenn die Familiarität der frühkindlichen Welt durch eine Krise geht und die eigene autobiographische Gestaltung der Wahrnehmung mißglückt.

Gruppensprache – Ritual und Vergesellschaftung

[1] Seite 190

In der Gruppensprache wird im Abbau von gewohnten Bedeutungen der Sprache und des normativen Gebrauchs von Worten nicht nur eine neue Individuationsstufe erreicht, sondern auch eine Vorbereitung zum progressiven Bewußtsein gegenüber der Sprache und deren Verinnerlichung geleistet. Wygotski hat in seiner Arbeit über Denken und Sprache anläßlich seiner Charakterisierung der inneren Sprache als Zwischenstufe zwischen dem Gedanken und dem gesprochenen Wort darauf aufmerksam gemacht, daß innere Sprache eine Art «inneren Dialekt» oder «Jargon» bilden kann, den nur die verstehen, die an dessen Entstehung beteiligt sind. Diese Sprache zeichnet sich durch Eigenschaften aus, die man mit Wygotski kennzeichnen kann: 1. als die Dominanz des Wortsinnes gegenüber der hinweisenden Bedeutung, 2. als das Vorwiegen sprachlicher Agglutination gegenüber der Entfaltung und 3. als Abkürzungen im Sinne eines «pars pro toto», das heißt von Idiomen, die nicht in die äußere Sprache übersetzt werden können. Solche Idiome tauchen nicht nur in der Gruppensprache der Kinder zwischen neun und zwölf auf, sondern auch später in der wissenschaftlichen Fach-Sprache. Im Gebrauch einer abgekürzten Sprache im Sinne Wygotskis springt der Funke von Individualität zu Individualität über und gründet eine Gemeinsamkeit, die die jüngere, noch nicht «wissende» Generation, aber auch die Älteren ausschließt. Es kann kein Zweifel sein, daß dieser Verinnerlichungsprozeß der Bewußtwerdung gegenüber der Sprache ein Stück Vereinsamung darstellt und deshalb nach dem Kollektiv einer verbindlichen Allgemeinheit, nämlich der Identität *der Gruppe* drängt. Insofern ist die Struktur der Gruppensprache als Kommunikation zu verstehen, die sich aber als sprachliche Mitteilung nicht voll entfaltet, sondern gerade zwischen Gedanken und auseinandergefaltetem Handeln in der *Dimension des Fühlens bleibt.* Sie wird denn auch in der rhythmischen Wiederholung von Reimen der Kinder und dem Rhythmus des Wechselspiels in den Wortspielen deutlich, wo die Worte des einen die des anderen nach strengen Riten hervorrufen. Wo sich die Sprache von dort in Richtung einer entfalteten Offenbarung der Persönlichkeit nach der Pubertät nicht weiterentwickelt, bleibt sie auch in den menschlichen Beziehungen nach der Pubertät erhalten. Jugendliche unterhalten sich oft in dieser Sprache, und besonders enge Beziehungen drücken sich idiomatisch aus. Es kann aber kein Zweifel darüber bestehen, daß in der verkürzten Innerlichkeit die Gruppensprache die Seelenbildung abgelähmt wird.

[2] Seite 192

Das formale, vom Haupt her gestaltende plastische Element wird zwanghaft, wenn es ohne Vermittlung des Rhythmischen in den Willen vorstößt.

Sehr deutlich tritt diese zwanghafte und asketische Natur formaler verräumlichender Elemente in den Verhaltensformen des Kindes zwischen neun und zwölf Jahren hervor, die jeder in der Rückerinnerung entdecken kann: «Auf dem Schulweg *mußte* ich immer auf die Lücke *zwischen* den Steinen treten.»

«Ich *mußte* immer an einer bestimmten Stelle auf den *letzten* Wagen der fahrenden Straßenbahn springen, durch ihn hindurchgehen und auf der anderen Seite wieder abspringen.»

«Ich entdeckte bei der Marschmusik, daß ich nebenher im Gleichschritt ging. Das ärgerte mich, und so versuchte ich, meine Beine *nicht* im Takt, sondern *gegen* ihn zu setzen.»

Hier wird das Kind offenbar mit dem eigenen aufsteigenden Willensleben konfrontiert; es versucht, es selbständig in den Griff zu bekommen. Diese Form ritualistisch-zwanghafter Bewältigung ist meist eine Übergangsform, die sich löst, wenn sich das rhythmische System konsolidiert und der Wille sich zum Gedanken und zur Begegnung wandelt. Manchmal leitet aber dieses Verhalten auch eine psychotische oder zwangsneurotische Entwicklungsstörung ein und erweist sich jedenfalls als eine kritische Phase der mittleren Kindheit. In ihr wirkt eine alte frühkindliche Moral nach, mit der sich das Kind identifiziert, um zum Erlebnis eigener Willensbeherrschung zu kommen. Dabei handelt es sich um eine ganz andere Form von «Eigenwilligkeit» als in der frühen Kindheit. Diese Erlebnisse sind verständlicherweise mit Angst oder Furcht verbunden oder zumindest mit der Ahnung, daß es andere Formen der Willenswandlung gibt, die sich an der Begegnung mit anderen reiferen Menschen artikulieren wollen. Wenn auch in solchen Krisen die Ausbildung von «Wahnsystemen» noch nicht auftritt, so geht doch das Kind zwischen neun und zwölf Jahren durch ein Stadium der Wahrnehmungsstrukturierung hindurch, das, wie wir sehen werden, Abbau alter personaler und dinglicher Beziehungen bedeutet und dadurch auch seine Identität erschüttert. Die Vieldeutigkeit des Unbekannten beginnt als Fremdes in den für dieses Lebensalter typischen seelischen Übergangskrisen aufzubrechen und ruft bei vielen Kindern zunächst zwanghaft erscheinende «Absicherungen» hervor.

[3] Seite 193

Im Originaltext schließt Goldings Roman mit der folgenden Passage:

«We saw your smoke. And you don't know how many of you are?»

«No, sir.»

«I should have thought», said the officer as he visualized the search before him, «I should have thought that a pack of British boys – you're all British aren't you? – would have been able to put up a better show than that – I mean –»

«It was like that at first», said Ralph, «before things –»

He stopped.

«We were together then –»

The officer nodded helpfully.

«I know. Jolly good show. Like the Coral Island.»

Ralph looked at him dumbly. For the moment he had a fleeting picture of the strange glamour that had once invested the beaches. But the island was scorched up like dead wood – Simon was dead – and Jack had... The tears began to flow and sobs shook him. He gave himself up to them now for the first time on the island; great, shuddering spasms of grief that seemed to wrench his whole body. His voice rose under the black smoke before the burning wreckage of the island; and infected by that emotion, the other little boys began to shake and sob too. And in the middle of them, with filthy body, matted hair, and unwiped nose, Ralph wept for the end of innocence, the darkness of man's heart, and the fall through the air of the true, wise friend called Piggy.

The officer, surrounded by these noises, was moved and a little embarassed. He turned away to give them time to pull themselves together; and waited, allowing his eyes to rest on the trim cruiser in the distance.

[4] Seite 196

Susanne Langer, die die historische Genese von Ritualen untersucht hat, ist der Auffassung, daß Rituale nicht als praktisches Verhalten verstanden werden können, sondern «spontane Transformationen» von Erfahrung sind. «Welchem Zweck magische Praxis auch dienen mag, ihre unmittelbare Begründung ist der Drang, große Vorstellungen zu symbolisieren. Ihr Ursprung ist vermutlich überhaupt nicht praktisch, sondern ritualistisch; ihr zentrales Anliegen ist, eine göttliche Gegenwart zu symbolisieren, zur Ausgestaltung eines religiösen Universums beizutragen.» (S. K. Langer: Philosophie auf neuem Wege. Das Symbol im Denken, im Ritus und in der Kunst. Frankfurt 1965.)

[5] Seite 198

H. Helmers hat in einer eingehenden Studie über «Sprache und Humor des Kindes» (Stuttgart 1971) eine Analyse der Sprachelemente durchgeführt, die im Humor und Witz des Kindes auftauchen und die er als «Umstrukturierung» begreift.

Während die «Anti-Norm» als eine Phase der Umstrukturierung in der kindlichen Sprache schon bald nach dem dritten Lebensjahr erscheint, bezieht sie sich hier noch vorwiegend auf den lautlichen und vor allem Konsonanten-Bau der Worte (Apfel: Bapfel, Emma: Bemma). Erst zum neunten Jahr hin, mit dem Höhepunkt im zehnten, tritt der semantische Abbau in der Form von Antithese, Negation und Irrealität wie z. B. im Witz hervor. Helmers gibt folgende Interpretation: «Diese Elemente der Destruktion entspringen dem Bedürfnis des Kindes nach Bestätigung der gesellschaftlichen Ordnung mit Hilfe des vorübergehenden Aufs-Spiel-Setzen von Normen bei gleichzeitiger sozialer Bekräftigung.» Der Autor meint, daß das Kind nur so tue, als ob es die Bindung lösen möchte, entdecke aber gerade bei solchem Tun-als-ob «die bindenden Faktoren und ihre Festigkeit».

Wenn man die Kraft der Affektivität bedenkt, mit der die Kindergruppe über einen Witz lacht, und gleichzeitig die Verwunderung und oft auch Zurückhaltung des Erwachsenen gegenüber dem norm-auflösenden Witz der Kinder zwischen neun und zwölf erfährt, so kann man sich dieser Interpretation Helmers nicht anschließen. Das Befreiungsmoment als Entwicklungsschritt zur Erringung eigener Normerfahrung nach dem zwölften Lebensjahr ist nicht zu übersehen, ebensowenig wie die in diesem Humor der mittleren Kindheit durchscheinende Aggressivität, vor allem in der Gruppe. Von Freuds Theorie über die Genese des Witzes ausgehend, hat G. Bittner sich in ähnlichem Sinne kritisch geäußert (Sprache und affektive Entwicklung. Stuttgart 1969).

Helmers hat gezeigt, daß das neun- bis zwölfjährige Kind ein spezifisches Normenbedürfnis hat, das jedoch, so glauben wir, sich gerade unter Gleichaltrigen durch das Lach-Kollektiv über die «Anti-Normen» festigt, gegenüber der Erwachsenennorm jedoch noch unsicher ist. So macht Helmers auch darauf aufmerksam, daß sich dieses Verhalten nach dem zwölften Lebensjahr grundsätzlich ändert und erst nach der Pubertät das Normenbewußtsein endgültig und prinzipiell relativiert wird. Die noch im Humor des Kindes komprimierten Faktoren verselbständigen sich in die Tendenzen von «Herabsetzung, Befreiung und Ablösung».

Der Autor zeigt die Entwicklungsschritte des Humors des Kindes als Emanzipation von familiären Sprachformen, wobei es sich beim zehnjährigen Kind noch um den vorübergehenden Gebrauch einer heterogenen Sprachebene handelt, beim Kind nach der Pubertät jedoch um einen echten Ablösungsprozeß mit der Tendenz der Befreiung und der Herabsetzung von Normen. Dabei werden neben den grammatikalischen zunehmend logische Verkehrungen gebraucht.

Um so mehr scheint uns das «Lach-Kollektiv», das gemeinsame Lachen der neun- bis zehnjährigen Kinder ein gewaltiges soziales Bindemittel dieser Phase der Entwicklung zu sein, vor allem, da der Erwachsene fast immer ausgeschlossen ist, da er meist die Anlässe nicht «versteht». Für die Gruppe entsteht dadurch ein Raum von Sicherheit, der für den Erwachsenen tabu ist.

[6] Seite 198

Lewis hat diesen Aspekt der Sprache der neun- bis zwölfjährigen als Mittel sozialer Klassifikation eingehend geschildert. Neben den Beitritts- und Vertragsritualen innerhalb der Gruppe spielt die Sprache die Rolle gegenseitiger Beurteilung. Man muß zwischen neun und zwölf Jahren fähig werden, sie zu akzeptieren. Spitznamen wie «Flecken-Dick», «Dummerchen», «Cowardy custard» (feiger Pudding), «Spindeldick», «Vierauge» (für das bebrillte Kind), aber auch die geschlechtsspezifischen Ausdrücke legen in der Gruppe sprachliche Grundlagen sozialer Rollen, die jetzt jenseits des bloßen Handelns liegen und die die Kinder gleichen Alters zu tolerieren lernen. Sie sind bar jeder «Scheinheiligkeit» mancher erwachsenen Erziehungspraxis, die anders denkt als sie handelt oder spricht. Kinder dieses Alters zwischen neun und zwölf sind deshalb auch besonders empfindlich gegenüber der «double-bind»-Situation, die vor allen Dingen von amerikanischen Psychiatern als mitverantwortlich für die Entstehung von Identitätskrisen bis zu schizophrenen Psychosen gesehen wird. (In diesem Verhalten verbergen die Eltern hinter dem, was sie sagen, was sie wirklich denken. Erst nach dem neunten Lebensjahr wird das Kind fähig, diese Diskrepanz zu erfahren. Sie gehört zu den belastenden Erfahrungen des neun- bis zwölfjährigen Kindes.) Lewis beschreibt die geschlechtsspezifischen Klassifizierungen wie folgt: Es gibt ein unterschiedliches Vokabular, wenn personelle Merkmale bezeichnet werden sollen: Einige von beiden Geschlechtern benutzte Ausdrücke werden nur aufs eigene Geschlecht angewendet, andere lediglich aufs andere – unter Jungen ist der Gebrauch des Wortes Weinen fast genauso weibisch wie das Weinen selbst. Ein junger Bursche muß *plärren, brüllen* oder *schreien* sagen, je nach dem Brauch seiner Schule oder des geographischen Ortes, an dem er lebt. Beispiele für Wörter, die Jungen durchweg auf sich selbst anwenden, sind: «Zäher Kerl» und «weibisch». Ausdrücke von Mädchen für sich selbst sind z. B. «saure Mieze», «scheinheilige Katze». Wörter, die eines der Geschlechter lediglich für das andere benutzt, sind nicht leicht ans Licht zu bringen. Vermutlich gibt es auch nicht viele davon. Die Opies berichten beispielsweise, daß das Wort «tart» von Jungen gebraucht wird, um – ohne Abwertung – ein hübsches gutgekleidetes Mädchen zu bezeichnen. («tart» steht sonst im englischen Sprachjargon für «Hure».) (M. M. Levis: Sprache, Denken und Persönlichkeit im Kindesalter. Düsseldorf 1970.)

Erkenntnisbildende und beziehungschaffende Sprache

[1] Seite 200

Zwischen dem siebten und vierzehnten Lebensjahr entfalten sich der in der frühen Kindheit angelegte Wortsinn, Gedankensinn und Ichsinn erst vollständig, indem sie ein biographisch selbstbewußtes Wesen zum Wahrnehmungssubjekt haben. In Wahrheit liegt der Verwirrung, die sich in der Pädagogik gegenüber dem Begriff der Autorität bemächtigt hat, ein Übersehen dieser Sinnestätigkeiten des Kindes zugrunde, die im *Hören ihre Grundlage* haben. Man denkt Autorität als eine Art von willenshafter Vermittlung reflektierten Wissens seitens des Lehrers und übersieht die wahrnehmungshaften primären Beziehungen, die der Schüler zum Lehrer hat und haben will. Indem diese vom Lehrer nicht genügend wahrgenommen werden, läuft der Prozeß der Erziehung des Kindes von seiten des Lehrers unbewußt ab. Dadurch weiß der Lehrer nicht mehr, wie Kinder lernen, und zwar in dem Maße, als sein Bewußtsein an die Vorschriften der Lehrpläne gebunden ist. Der von der Institution nicht befreite Lehrer hat sein Spiegelbild in dem vom Lehrer unverstandenen Schüler. Die methodischen Grundlagen der Waldorfpädagogik machen es möglich, daß sich der Lehrer, von einem engeren Lehrplanzwang befreit, der Wahrnehmung der Lernprozesse der Schüler zuwenden kann. Autorität erweist sich dann nicht als eine bloße Gestaltungskraft des Lehrers hinsichtlich des Schülers, sondern als seine Fähigkeit, die dem Schüler unbewußten Lernprozesse bewußt wahrzunehmen, zu führen und zu ordnen.

[2] Seite 201

Die Bedeutung der auf Beziehung hin gestalteten Sprache des Kindes, die den Begriffsbildungen vorangeht, wird dann offenbar, wenn man sie mit den formalen kognitiven Theorien Piagets in Beziehung setzt. Der logistisch-biologische Ansatz Piagets ist deutlich auf die schrittweise Eroberung des kausalen Denkens eingestellt. Seine Untersuchungen enden mit dieser Stufe. Nun zeigt aber die Erfahrung des menschlichen Zusammenlebens, daß gerade diese Form des Denkens diejenige ist, die dem Menschen die objektivste, jedoch der sprachlichen Formulierung seiner eigenen Erfahrung am fernsten ist. Ihre Brauchbarkeit für naturwissenschaftliche Experimente ist unbestritten, für die Integration von Lebenserfahrung und zwischenmenschlichem Handeln aber hat sie höchstens den Wert einer Signatur von Distanz, trägt aber aus sich selbst nichts zur Kreativität und Wandlungsfähigkeit des Ich bei. Diese Tatsache erhellt die Fragwürdigkeit der auf begriffliches Wissen hin abgestimmten Erziehungspraxis beim neun- bis zwölfjährigen Kind gerade deshalb, weil wir wissen, daß dieser Prozeß mit der Erdenreife mehr oder weniger abgeschlossen ist und nach diesem Lebensalter die reine formale Intelligenz sich im allgemeinen nicht wesentlich weiter entwickelt. Indem wir Piaget folgen, tun wir so, als wäre das Leben mit dieser Entwicklung zu Ende, obwohl wir mit Sicherheit erfahren haben, daß schon das Problem des Jugendlichen nach der Pubertät kein Intelligenzproblem ist. Es wird in der Erziehung sehr vieles darauf ankommen, ob die Lebendigkeit der Sprache als Mittel der Kommunikation früh durch eine Begriffs-Sprache abgelähmt wird oder ob es der Schule gelingt, das schöpferische Element der Sprache über die Pubertät hinaus zu retten, das heißt in der mittleren Kindheit zu bilden.

Für den Zusammenhang von Wahrnehmung und Denken im Unterricht durch das Medium der Sprache und die lebendige Anschaulichkeit, wie er vor und neben den Begriffsbildungsprozessen für das Kind in der mittleren Kindheit hergestellt werden kann, gäbe es viele Beispiele zu nennen. Eines sei von vielen hier erwähnt: Es bezieht sich auf die exemplarische Erübung im Geometrie-Unterricht der 4. Klasse am Thema des «Vierecks». Dabei wurde zunächst von der gesamten Motorik, d. h. von den Erfahrungen der unteren Sinne, dem Bewegungs- und Gleichgewichtssinn beim Kind ausgegangen, indem die Formen, die der Lehrer zeichnet, visuell verfolgt werden bis zum Nachfahren und Nachlaufen der Form, was schließlich in das Zeichnen auf dem Blatt einmündet. Auf diese Weise wird zunächst das Phänomen der Symmetrie erarbeitet. Sie *«erscheint»* als Außenwahrnehmung eigener Leibeserfahrungen.

Es wird also nicht zunächst definiert: «Eine Figur ist symmetrisch, wenn...», sondern das eigene Handeln wird mit den Inhalten verbunden. Es handelt sich hier also um eine erste Stufe des Erkennens von gedanklichen Zusammenhängen in autobiographischer Nähe. Dann folgt die Gestaltung anhand einer der seelischen Situation des Kindes entsprechenden Erzählung, welche sich auf die Darstellung von Viereck-Metamorphosen bezieht. Der Begriff des Vierecks erscheint durch eine Reihe von Metamorphosen, die nicht additiv nebeneinander dargestellt und definiert werden. Es entsteht jene Dialektik, die zwischen der jetzt «analytisch» werdenden Wahrnehmung und der Denktätigkeit durch die sprachliche Vermittlung einer, die Phantasie des Kindes bewegenden, bildhaften Erzählung angeregt wird, so daß das Seelische des Kindes sich auf das spätere, begriffliche Denken hin zu bewegen beginnt. Der Gegenstand, das Viereck, entfaltet sich in seinen Metamorphosen und gewinnt dadurch jene Fülle, die in der denkenden Erweiterung der Wahrnehmung auf eine Weltwirklichkeit hinweist, die später erst im Begriff des Vierecks «festgestellt» und der Definition im Begriffsurteil zugänglich wird. (E. Schuberth: «Intellektualisierung des Unterrichts – gesundmachende und krankmachende Kräfte». Erziehungskunst, Juni/Juli 1978, Jahrgang XVII).

[3] Seite 203

In dem mit detaillierten Beispielen versehenen Buch von Dingmeyer und Dreikurs «Ermutigung als Lernhilfe» (Stuttgart 1970) gehen die Autoren auf jene Erziehungsmethode ein, die sie für geeignet halten, fähige und verantwortungsbewußte Menschen zu erziehen. Wieweit dies gelingt, hängt von der Fähigkeit ab, die strafenden, vergeltenden und sich mit Fehlern befassenden Erziehungsmethoden auf ermutigende Praktiken umzustellen, «die für alle jene von Nutzen sein werden, die auf ihrer Suche danach erfolglos geblieben sind». Unsere Betrachtungen haben gezeigt, daß der dialogische Gebrauch der Sprache und die Übung, ihre zukunftgerichteten Potenzen in die Wahrnehmung des Kindes zu bekommen, eine kritische Wandlung der Identitätserfahrung des Kindes einleiten, vor allem dann, wenn das Kind vor dem Problem der Überwindung frühkindlicher Erfolgs- und Verhaltensmuster steht. Lehrer kennen gewöhnlich die Macht der Sprache recht gut und verwenden sie denn auch oft handlungsbestimmend, aber nicht erkenntnisleitend. R. und A. Tausch («Erziehungspsychologie». Göttingen 1970) haben eindrucksvolle Beispiele hinsichtlich der Verwendung der Sprache gegeben. Interessanterweise haben die Autoren die sprachlichen Formen des Lehrers als *reversibel* einerseits und *irreversibel* andererseits bezeichnet. Damit wird, so scheint es uns, der formalistische Begriff der Reversibilität, der entscheidend für die erwachende Denktätigkeit des Schulkindes ist, *verlebendigt.* Er wird als Beziehungsbegriff der Gegenseitigkeit deutlich und scheint als Art und Weise des Umgangs des Schülers mit dem Lehrer Voraussetzung *gedanklicher* Reversibilitäten zu sein. Tausch erwähnt als Beispiele für Irreversibilität des sprachlichen Verhaltens des Lehrers: «Ihr habt hier still zu sein; paß auf; weiterlesen; seht mich gefälligst an; Ruhe; weglegen alles.» Reversible sprachliche Äußerungen sind etwa: «Hol doch bitte mal die Instrumente; dreht euch bitte um zur Tafel; wer weiß, wie die Geschichte im ersten Schuljahr hieß; kannst du mal anzeichnen, wie du es meinst.» An diesen Beispielen kann deutlich werden, daß die Verfügbarkeit über das eigene Verhalten entweder partnerschaftlich oder nicht-partnerschaftlich reguliert wird, und Entwicklungspsychologen haben gezeigt, daß die Konzentrationsschwäche des Kindes wesentlich mit dem Mangel an Erfahrung bzw. Verfügbarkeit über das eigene Handeln zusammenhängt, die nicht zuletzt vom Gebrauch der Sprache abhängig ist. Deshalb sind im Schulalter, vor allen Dingen nach dem neunten Lebensjahr, die motorische Unruhe und die Konzentrationsschwäche fast immer ein zusammengehöriges Symptom *einer* Grundstörung. In dem nicht-partnerschaftlichen Umgang des Lehrers mit dem Schüler wird erfahrungsgemäß im Schüler die Aufmerksamkeit auf die Sprache des anderen als «Abwehr» verdrängt und damit der Wille von der Wahrnehmung des Sprechenden abgezogen. Ein Großteil der Lernstörungen zwischen dem siebten und zwölften Lebensjahr liegt hier im Sinne einer Wahrnehmungsstörung begründet und wird oft fälschlich als Autoritäts-Konflikt gedeutet.

Unter dem Titel «Die Ziele und Aufgaben der allgemeinen Semantik» plädiert S. I. Hayakawa dafür, daß sich Sprache als Kommunikation der Teilhabe an gemeinsamer Wahrnehmung auf niedriger Abstraktionsebene beginnen muß, um menschlich verbindlich werden zu können im Sinne einer «Kommunikation auf der Stufe sozialer Organisation, um gemeinsame Wahrnehmung». Die von mir dargelegten Beziehungen der Wahrnehmung zu einer an der Wahrnehmung bleibenden Gedanken-Anschaubarkeit, wo sich eine zu frühe Abstraktion verbietet, beinhaltet m. E. einen entscheidenden pädagogischen Schritt zur Verwirklichung dessen, was Hayakawa anstrebt. Es wird im pädagogischen Vorgang zwischen Kindern und Kindern einerseits und Kindern und Lehrer andererseits auf dieser Stufe der mittleren Kindheit gerade jene gemeinsame Orientierung im Medium der Sprache gewonnen, deren Versäumnis im gesellschaftlichen Leben «unausweichlich zu Fehlschlägen in der Kommunikation und deshalb zur Entzweiung führt.» (S. I. Hayakawa: «Vom Umgang mit sich und Anderen». Verlag: Darmstädter Blätter. Darmstadt, 1963.)

[4] Seite 205

Kinder vor dem neunten Lebensjahr, wenn sie Sprachliches im Experiment verstehen sollen, nehmen Zuflucht zu Bildern oder zeichnen, wenn sie etwas Gelesenes verdeutlichen sollen. Im Laufe der Zeit geht die Tendenz dahin, diese Funktion umzukehren. Umgekehrt ausgedrückt, zeigt sich in den Störungen des Lesens, die bei vielen Kindern gerade um das neunte Lebensjahr herum auftreten, ein Unvermögen, sich von der Welt der frühen Sprach- und Vorstellungsbilder, die noch eng mit den Leibesvorgängen verbunden sind, zu lösen und die Sprache selbst analytisch wahrzunehmen.[1] Diese Kinder bleiben in ihrer Entwicklung in der Bild-Sprachwelt der Vorschuljahre und entwickeln der Sprache gegenüber ein geringes Bewußtsein. Sie versagen dann oft im Schreiben, Lesen, Rechnen ebenso wie in der Grammatik. Soziologisch besteht oft eine starke Beziehung zur Vergangenheit, zum Elternhaus und zur «Muttersprache». Ist man in der Lage, diese Kinder durch diese Krise zu führen, so gewinnen sie oft, wenn sich die Begriffsbildung von der Sprache löst, zum zwölften Lebensjahr hin eine dennoch gefestigte Begriffswelt, die es ihnen erlaubt, konkrete Situationen durch formale Denkoperationen zu meistern, ohne auf die Mittelbarkeit sprachlichen Ausdrucks Bezug nehmen zu müssen. Es können sich dann die schulischen Leistungen eines solchen Kindes wieder ausgleichen. Eine weitere mögliche Entwicklung hinsichtlich der Sprache und des Denkens zwischen dem neunten und zwölften Lebensjahr ist bei solchen Kindern gegeben, die die Begrifflichkeit der erwachsenen Welt schnell übernehmen, sie jedoch wenig verarbeiten und die Phase der Sprachkommunikation mit den Gleichaltrigen und dem Lehrer überspringen. Diese Kinder setzen sich dann leicht von ihrer Gruppe ab und werden als Außenseiter erlebt. Sie haben wenig Freunde, oft auch keine Möglichkeit, mit ihren jüngeren Geschwistern in ein neues Verhältnis zu treten, und ordnen sich schnell in die Erwachsenenwelt ein, indem sie das «Sprachmoratorium» dieser drei Jahre zwischen neun und zwölf nicht ausschöpfen. Oft fallen diese Kinder gleichzeitig in der Schule nach oben aus der Klassengemeinschaft heraus. Sie sind in der Klasse die «Ersten», im Leben aber versäumen sie wichtige Gruppenerlebnisse.

1 Siehe dazu: E. Dühnfort und E. M. Kranich: Der Anfangsunterricht im Lesen und Schreiben. Stuttgart 1971.

Aus diesem Grunde ist es wesentlich, daß die Schule einen engen Kontakt mit der Lebenswelt des Kindes und seinem Elternhaus hat. Nicht nur die Verwahrlosung, sondern auch die extreme, auf die oben geschilderte Weise stattfindende Isolierung können in diesem Lebensalter ihren Ursprung haben und tauchen dann mit voller Gewalt nach der Pubertät wieder auf. Diese hier gemeinte Vermittlung geschieht dadurch, daß neben der erkenntnisleitenden und zum Begriff führenden Funktion der Sprache durch den Lehrer die beziehungschaffende voll erhalten bleibt. Untersuchungen an tauben Kindern, die mit Begriffen umgehen können, zeigten als wesentliche Störung des Verhaltens das Fehlen der innerlich-sprachlichen Artikulation der Planung, den Mangel antizipatorischer Leistungen bei Problemlösungen, vor allen Dingen aber die Unfähigkeit, die eigene biographische Zukunft zu entwerfen. Nach dem neunten Lebensjahr wird diese Möglichkeit aktuell und bedarf der innerlich-sprachlichen Formulierung und des Dialogs mit dem Erwachsenen.

Nach den Untersuchungen von Lewis kann aber kein Zweifel daran bestehen, daß zum Beispiel im Experiment mit dem Umschütten von gleichen Mengen von Perlen in ein schmaleres und ein breiteres Gefäß, in dem vom Kind eine Erfahrung der Relation und die Einsicht in das Gleichbleiben der Zahl der Perlen erwartet wird, die gesehene Handlung des Umschüttens bedeutend durch die sprachliche Formulierung gelenkt wird, z. B. in der Frage des Experimentators: «Welches von den beiden Gläsern enthält mehr Kügelchen?» Oder: «Sind mehr braune oder mehr Holzkugeln da? Bring diese in eine Reihe, tu die kleineren an dieses, die größeren an jenes Ende.» Dieser letztere Satz etwa, bei dem sich Relation sprachlich offenbart, kann von dem Kind dann als erkenntnisleitend wahrgenommen werden, d. h. als neu gegenüber früherer Erfahrung (keine Relation oder Vergleich), wenn es gelernt hat, die Intentionalität in der Sprache des Erwachsenen gegenüber der Sinneserfahrung wahrzunehmen, ebenso aber auch die neue Wortbedeutung, die sich auf konkrete Erfahrung bezieht. Ohne diese werden Relationen erst sehr viel später wahrnehmbar, wenn sie etwa nicht sprachlich dargeboten werden. Die Sprache scheint hier beim neunjährigen Kind als das Denken am Objekt leitend zu fungieren, ohne aber schon selbst, ohne konkrete Sinneserfahrung, das nur gedankliche Erfassen von Relation zu ermöglichen. Sie tut es erst dann, wenn das Kind zunehmend nach dem neunten Lebensjahr die alte, gewohnheitsmäßige Bedeutung der Sprache abgebaut hat, d. h. Bewußtsein gegenüber der Sprache gewonnen hat. Dieser Prozeß steht dann auch mit der Verinnerlichung der Sprache und ihrer zunehmenden Objektivierung in der Begriffsbildung in Zusammenhang.

Der Begriff der Relation kleiner-größer wird als solcher im neunten Lebensjahr vom Kind noch nicht erfaßt, sondern das Wort tritt insofern zunächst als erkenntnisleitend auf, als die Wortbedeutungen losgelöst vom Bild und der Sinneserfahrung erfahren werden. Diesen Schritt hat Wygotski mit der Bemerkung über die zunehmende Aufmerksamkeit und Willkürlichkeit gegenüber der Sprache gemeint. Rudolf Steiner hat denselben Sachverhalt anthropologisch grundlegend als den Übergang von der Sprache als plastisch-bildhaftem Geschehen zum Sprechen als rhythmisch-musikalischem Phänomen verstanden und aufgezeigt, was eine Bewußtwerdung bzw. ein Aufmerksamwerden auf die Gefühle bedeutet. Untersuchungen von Lovell und Ogilvie bei Großstadtkindern haben ergeben, daß die meisten der Kinder bis zu dem Alter von neun Jahren Ausdrücke wie länger, fetter, größer, dikker, kleiner in einer Weise verwenden, die dem Erwachsenen verwirrend und verwirrt erscheint. So beschreibt etwa ein Kind die Wandlung eines Plastilinballes in die Form einer Wurst mit derselben Menge Plastilin:

«Er (der Ball) wird dünner und größer, wird aber nicht fett.» Das Kind spricht noch in bildhaften Schemata und seinen ihnen eigenen sprachlichen Bezugssystemen, ohne Relationen zwischen den Dingen zu artikulieren, weil die Objekte noch im plastisch-bildhaften Beziehunssystem verbleiben. Erst im Schritt der neuen Wahrnehmung des Gegenstandes als Objekt, den wir im vorangehenden als Wahrnehmungs-Interesse geschildert haben, entsteht der Anspruch, Beziehungen aktiv zu «konstruieren».

Dieses «Konstruieren» bedarf eben zunächst der Betrachtung eines Gegenstandes des Unterrichtes von verschiedenen Seiten in «Anschauungen», wobei die Sprache erst jenen Übergang von ihrer «Plastizität» in das «Musikalische» vollzieht, indem sie zwischen Anschauungen Beziehungen herstellt, ehe sie für begriffliche Formulierungen voll zur Verfügung steht.

[5] Seite 206

Anläßlich eines Vortrages vor den Lehrern der Waldorfschule hat Rudolf Steiner am 15. August 1923 die didaktischen Ziele angeführt, die in den Grundschuljahren zur Bewußtwerdung der Sprache beitragen. Er hielt die Einführung von Fremdsprachen für notwendig, um dasjenige, was aus dem Besonderen der Muttersprache des Kindes herkommt, durch die andere «fremde Sprache» auszugleichen: «Nun ist es sehr gut, so früh [das heißt in den ersten Schuljahren] mit dem Sprachunterricht in fremden Sprachen zu beginnen, weil ja bis zu jenem Zeitpunkt, der zwischen dem neunten und zehnten Jahre im menschlichen Leben liegt, das Kind in das schulmäßige Alter herein noch etwas von dem mitträgt, was ich als besonders charakteristisch für das erste Lebensalter des Menschen von der Geburt bis zum Zahnwechsel dargestellt habe. Da ist der Mensch vorzugsweise ein nachahmendes Wesen. Die Muttersprache lernt der Mensch ganz und gar nach dem Prinzip der Nachahmung. Ohne daß der Intellekt stark in Anspruch genommen wird, lernt das Kind innerlich dasjenige nachbilden, was es als Sprache hört. Und das Kind hört zugleich mit dem äußerlich Lautlichen, mit dem Tonmäßigen der Sprache durchaus das innerlich-seelisch-musikalische Element der Sprache. Und die erste Sprache, die sich das Kind aneignet, eignet es sich an als – wenn ich mich so ausdrücken darf – *feinere Gewohnheit*... Dann, wenn das Kind mit dem Zahnwechsel in die Schule hereinkommt, sprechen wir auch mit dem Sprachunterricht schon mehr zu dem bloß Seelischen, nicht mehr so stark zu dem Körperlichen...

Der Mensch kommt eben zwischen dem neunten und zehnten Jahr vom Bewußtsein zum Selbstbewußtsein. Er unterscheidet sich von der Welt. Da ist ja auch der Zeitpunkt, wo man – allerdings in leiser Weise – zu grammatikalischen, zu syntaktischen Regeln übergehen kann; denn da kommt der Mensch dazu, nicht nur über die Welt zu denken, sondern über sich selber etwas nachzudenken. Das Nachdenken über sich selbst, das bedeutet bei der Sprache, nicht bloß instinktiv zu sprechen, sondern die Sprache in Regeln vernünftiger Art bringen zu können... Man bringt dem Menschen nicht jene innere Festigkeit bei, die er braucht fürs Leben, wenn man von aller Regel absieht. Was aber vor allen Dingen dabei berücksichtigt werden muß, das ist, daß eben erst in jenem Lebenselemente zwischen dem neunten und zehnten Lebensjahre der Mensch dazu kommt, aus dem bloßen Bewußtsein zum Selbstbewußtsein hin zu wollen, daß daher jeder grammatikalische Unterricht vorher ein Unding ist... Das Selbstbewußtsein soll das Sprechen einleiten – und in der Regel tritt immer das Selbstbewußtsein mit der Grammatik und Syntax auf – zwischen dem neunten und zehnten Jahre... Bis dahin soll in instinktiv gewohnheitsmäßiger Weise gesprochen werden, wie es einzig und allein durch Nachahmung geschieht.» (R. Steiner: Gegenwärtiges Geistesleben und Erziehung. GA 37)

[6] Seite 207

Heinrich von Kleist hat in einer kleinen Schrift «Über die allmähliche Verfertigung der Gedanken beim Reden» diesen Bildeprozeß in einem bestimmten Stadium dargestellt. Es heißt dort: «Man sieht oft in einer Gesellschaft, wo durch ein lebhaftes Gespräch eine kontinuierliche Befruchtung der Gemüter mit Ideen am Werke ist, Leute, die sich, weil sie sich der Sprache nicht mächtig fühlen, sonst in der Regel zurückgezogen halten, plötzlich mit einer zuckenden Bewegung aufflammen, die Sprache an sich reißen und etwas Unverständliches zur Welt bringen. Ja, sie scheinen, wenn sie nun die Aufmerksamkeit aller auf sich gezogen haben, durch ein verlegenes Gebärdenspiel anzudeuten, daß sie selbst nicht mehr recht wissen, was sie haben sagen wollen. Es ist wahrscheinlich, daß diese Leute etwas recht Treffendes und sehr deutlich gedacht haben, aber der plötzliche Geschäftswechsel, der Übergang ihres Geistes vom Denken zum Ausdrücken, schlug die ganze Erregung desselben, die zur Festhaltung des Gedankens notwendig, wie zum Hervorbringen erforderlich war, wieder nieder. In solchen Fällen ist es um so unerläßlicher, daß uns die Sprache mit Leichtigkeit zur Hand sei, und dasjenige, was wir gleichzeitig gedacht haben und doch nicht gleichzeitig von uns geben können, wenigstens so schnell als möglich aufeinander folgen zu lassen. Und überhaupt wird jeder, der bei gleicher Deutlichkeit geschwinder als sein Gegner spricht, einen Vorteil über ihn haben, weil er gleichsam mehr Truppen als er ins Feld führt. Wie notwendig eine gewisse Erregung des *Gemüts* ist, auch selbst nur Vorstellungen, die wir schon gehabt haben, wieder zu erzeugen, sieht man oft, wenn offene und unterrichtete Köpfe examiniert werden und man ihnen ohne vorhergegangene Einleitung Fragen vorlegt wie diese: Was ist der Staat? oder: Was ist das Eigentum? oder dergleichen. Wenn diese jungen Leute sich in einer Gesellschaft befunden hätten, wo man sich vom Staat oder vom Eigentum schon eine Zeitlang unterhalten hätte, so würden sie vielleicht mit Leichtigkeit durch Vergleichung, Absonderung und Zusammenfassung der Begriffe die Definition gefunden haben. Hier aber, wo diese Vorbereitung *des Gemüts* gänzlich fehlt, sieht man sie stocken, und nur ein unverständiger Examinator wird daraus schließen, daß sie nichts wissen. *Denn nicht wir wissen, es ist allererst ein gewisser Zustand unser, welcher weiß.»* Dieses von Kleist in ironisch-tiefsinniger Weise aufgeworfene Entwicklungsproblem gibt die Situation des Kindes wieder, in der sich der Gedanke noch nicht genügend zum Begriff «verfestigt» hat.

Tod und Auferstehung der Sprache

[1] Seite 209

Mit dem Hinweis auf Humboldts Gedanken vom Kreis der Sprache, in die der Mensch eingeschlossen ist, bemerkt O. F. Bollnow, daß die Sprache in der Ausbildung des Weltverständnisses einen Vorrang vor der Sacherfahrung habe.

«Sie zeichnet das Ganze eines Weltverständnisses vor, das dann erst langsam in der Berührung mit der Wirklichkeit konkret erfüllt, mit Wirklichkeitserfahrung angereichert wird.» (O. F. Bollnow: Sprache und Erziehung. Stuttgart o. J.)

[2] Seite 209

Weitere Beispiele, die O. F. Bollnow erwähnt:

«Der Name Parma (das war eine der Städte, die zu besuchen mein sehnlichster Wunsch war, seitdem ich die ‹Chartreuse› gelesen hatte) erschien mir fast glatt braun-violett und sanft, und wenn mir daher einer von irgendeinem Haus in Parma sprach, in das ich aufgenommen werden könnte, so verschaffte er mir einen vergnüglichen Gedanken, ich würde in einer glatten, festen, braun-violetten und sanften Behausung wohnen, die in gar keiner Beziehung stand zu den Behausungen irgendeiner italienischen Stadt, da meine Vorstellungen von ihr auf nichts anderem beruhte als auf den schweren Silben des Namens Parma.» (M. Proust: Auf der Suche nach der verlorenen Zeit)

«Überhaupt pflegte Anton in seiner Kindheit durch den Klang der eigenen Namen von Personen oder Städten zu sonderbaren Bildern und Vorstellungen von den dadurch bezeichneten Gegenständen veranlaßt zu werden. Die Höhe oder die Tiefe der Vokale in einem solchen Namen trug zur Bestimmung des Bildes das meiste bei. So klang der Name Hannover beständig prächtig in seinem Ohre, und ehe er es sah, war es ihm ein Ort mit hohen Häusern und Türmen und von einem hellen und lichten Aussehen. Braunschweig erschien ihm länglicht, von dunklerem Aussehen und größer zu sein, und Paris stellte er sich nach eben einem solchen dunklen Gefühle bei dem Namen vorzüglich voll heller weißlichter Häuser vor.» (K. Ph. Moritz: Anton Reiser)

[3] Seite 214

Der Vorgang, in dem sich Sprache zum bloßen Zeichen begrenzt, entwickelt sich seit langem in unserer Zivilisation. Die Ursachen sind nicht nur in dem regressiven Einholen der Sprache als Zeichen für zunehmende optische Information zu suchen, sondern auch in einer geplanten Entmächtigung der Sprache in eine informative Zeichengebung ohne deutenden Hinweis auf nichtsinnliche Inhalte. Dabei wird schließlich auch die Schrift eliminiert und durch neue optische Signale ersetzt, wie etwa in der Literatur bei Jochen Gerz («Die Beschreibung des Papieres»), Jürgen Becker («Eine Zeit ohne Wörter») und Ferdinand Kriwett («Start»). Die Massenkommunikation mit räumlich-optischen Situationszeichen, wie in den Comics, ersetzt zunehmend den Ausspruch der Entschlüsselung, der den partnerschaftlichen Dialog ausmacht und individuelle Beziehungen stiftet. Die Gefäße der Sprache, die Nicht-Sinnliches rezeptieren können, werden zu selbständigen technischen Instrumenten, die optische Wahrnehmungen übersetzen.

[4] Seite 215

Erst auf dem Hintergrund der Krisen-Erfahrung hinsichtlich der Sprache werden die detaillierten Vorschläge Rudolf Steiners verständlich, die er für die pädagogische Praxis des Sprechens zwischen dem siebten und vierzehnten Lebensjahr gemeint hat. Sie sind aus einer vertieften Menschenkunde entstanden, die nicht psychologisierend vorgeht, sondern das seelische Leben als Ausdruck des Ich wieder mit dem physiologisch-leiblichen Geschehen verbindet. So wird in der geisteswissenschaftlichen Pädagogik die seelische Bedeutung der Lautbildung erfaßt, in der sich in den Lippenlauten das Fühlen, in den Gaumenlauten der Wille und in den Zungenlauten das Denken übend entfaltet. An anderer Stelle weist Rudolf Steiner darauf hin, daß das Kind die Möglichkeit haben muß, gerade nach dem neunten Lebensjahr sich selbst in seiner Sprache zu hören und über das grammatikalisch Angemessene hinaus die Schönheit der Sprache zu empfinden.

[5] Seite 215

Die Bedeutung der Eurythmie kann erst voll wahrgenommen werden, wenn erfaßt wird, wie die Sprache zwischen dem siebten und vierzehnten Lebensjahr einen Bedeutungswandel durchmacht, der als erkenntnisleitend beschrieben wurde. Er besteht darin, daß das Bewußtsein im Sprechen den «Gedanken abfängt» und das Sprechen selbst in die «unbewußte Region hinuntergeworfen wird». (R. Steiner: Geisteswissenschaftliche Sprachbetrachtungen. GA 299)

«Der Wortleib» in Wort und Satz geht gleichsam dem Bewußtsein im Sprechen verloren. Durch die Eurythmie wird der Laut- und Wortleib der Sprache wieder in der eurythmischen Bewegung hervorgebracht. Er wird aus dem Unbewußten durch den ganzen Menschen in der Bewegung imaginativ sichtbar.

In der imaginativen Sprache, die Wortleib als Laut und Empfindung aktualisiert, muß der Mensch wieder Anschluß gewinnen an die im Willen untergesunkene lebendige Sprache, die zunächst in der begrifflichen Sprache verdrängt wird. Die Eurythmie ist das pädagogische Mittel, zwischen dem siebten und vierzehnten Lebensjahr des Kindes diese Schicht der Sprache lebendig und biographisch konkret zu erhalten. Die Bindung der Sprache als Wortleib an die Bewegung verhindert als pädagogisch-hygienische Maßnahme das Herausfallen des Willens aus seiner Beziehung zum sprachlichen Ausdruck.

Die frühe Kindheit – Räumlichung und Zeitigung

[1] Seite 222

Die Vernachlässigung der Dimension der Schwere und der damit verbundenen Bedeutung des aufrechten Ganges des Menschen für die Entwicklung der Moral gehört zu den wesentlichen Phänomenen unserer gegenwärtigen Kultur. Wir haben uns in den Mondflügen und den Experimenten in der Schwerelosigkeit einer Entwicklung verschrieben, die sich zunehmend beschleunigt und im selben Maße den moralischen Aufgaben im Erdenfeld immer hilfloser gegenübersteht. Der Mensch wird schwerelos und formuliert die damit zusammenhängenden Illusionen von Freiheit und Fortschritt. Es muß auffallen, daß er gleichzeitig zunehmend manipulierbar wird und *ungebundenen* Trieben anheimfällt. Der Mensch ist im Schwere-Raum der Moralbildung heimatlos geworden und erlebt ihn zunehmend nur von außen im Wirkfeld der Technik.

[2] Seite 222

Der Begriff der Identifizierung, der von Freud stammt, hat seither Korrekturen und Erweiterungen erfahren. Während Freud die *Motive* der Identifizierung des Kindes in der Nachahmungsperiode («sekundäre Identifikation») mit der sozialen Umwelt, vor allem den Eltern, in der Reduktion der Angst sah, weisen neuere Untersuchungen darauf hin, daß es sich bei der Identifikation des Kindes um eine genuine Fähigkeit und ein Bedürfnis handelt, das auf Gemeinsamkeit, aber auch auf die Bewältigung der Welt durch die Aufnahme des Verhaltens des anderen Menschen gerichtet ist. Unklar ist bis heute jedoch die *Genese* der Identifikationsfähigkeit geblieben. Manche Autoren betrachten die erste Identifikationsleistung des Menschen als zufällig, andere sprechen von einem erlernten Verhalten, wieder andere Autoren vom Vorhandensein der Fähigkeit zur Identifikation in der «psychologischen Organisation» des Kindes. Dabei ist die von Freud noch vollzogene Unterscheidung von

Identifikation und Nachahmung (primärer und sekundärer Identifikation) bei einigen Autoren fallengelassen worden. Das in diesem Kapitel dargestellte geisteswissenschaftliche Verständnis geht von einer schon vorgeburtlich vorhandenen Gemeinsamkeit aus, die sich beim Menschen nach der Geburt im Umgang mit signifikanten Personen fortsetzt und sich zunächst auf eine seelisch-geistige Verbundenheit richtet, um zunehmend zum siebenten Lebensjahr hin auch Verhalten im *äußeren Sinne* einzuschließen. Dabei ermöglicht vor allem die Mutter lebensgeschichtliche Kontinuität, die wir im Begriff der «Zeitigung» beschrieben haben. Die Erfahrung scheint darauf hinzuweisen, daß die Rolle des Vaters für das Kind in seinen Akten der Identifikation und Nachahmung vor allem darin besteht, dem Kind zur Bewältigung der räumlichen Welt zu verhelfen und sich auf sie und ihre Ansprüche beziehen zu lernen. Das Fehlen von Vater oder Mutter in der seelisch-leiblichen Gestaltungsperiode der frühen Kindheit hat deshalb die entsprechenden signifikanten Folgen für die Entwicklung des Kindes. Die meisten Autoren sind sich darüber im klaren, daß die Art und Weise, *wie* das Kind Wahrnehmungen des anderen Menschen, als Identifikation verstanden, verarbeitet, sowohl in der Stärke als auch in der Form *individuell* schwanken. Darin drückt sich der Individualisationsprozeß der Identifizierung und Nachahmung aus, der nicht nur von den zur Verfügung stehenden «Modellen», sondern wesentlich vom *Kind selbst* abhängig ist. Es entgeht dieser Prozeß deshalb auch einer experimentellen Objektivierung, insbesondere aber auch deshalb, weil die *äußerlich sichtbare* Nachahmungsleistung *nicht* korreliert mit der nicht direkt wahrnehmbaren «Verinnerlichung», deren Ergebnisse sich wesentlich erst in späteren Lebensepochen offenbaren. So haben soziologisch-psychologische Studien etwa gezeigt, daß die Art und Weise, wie Kinder um das zwölfte Lebensjahr sich für die Beibehaltung von Regeln im Umgang mit Gleichaltrigen einsetzen, sich wesentlich von den elterlichen Modellen der frühen Kindheit bestimmt. Auch ist beschrieben worden, daß elterliches Verhalten entscheidend vom Verhalten des Kindes bestimmt ist, so daß Übernahme des elterlichen Modells keineswegs als einseitig kausaler Prozeß von den Eltern zum Kind verstanden werden kann.[1]

In den verschiedenen Kulturen, wie sie M. Mead beschrieben hat, zeigen sich in der Kindererziehung die Extreme von Räumlichung und Zeitigung, die wesentlichen Einfluß auf moralische Haltung und Gewissensbildung haben: So steht bei den Arapesh in Neuguinea die «Zeitigung» als Ausdruck der mütterlichen Welt ganz im Vordergrund, während in einem anderen Volk der selben Weltengegend, den Mundugumor, alle Erziehung auf Selbstbehauptung bis zur Aggressivität und Feindseligkeit gegen alles Fremde extrem verräumlicht ist. Im Raume gibt es Stammesverbindlichkeit ähnlichen Verhaltens, aber keine soziale Partnerschaft.

[3] Seite 226

In allen Kulturen stellte die Mutter das tragende Element der Hoffnung und der Zeitigung identifikatorischer Vorgänge dar, der Vater das instrumentale, auf kulturelle Normen gerichtete Element der Räumlichung und sozialer Bewußtseinsbildung. Am Vater, als Repräsentanten eines generalisierten Raumes, verallgemeinert und verleiblicht sich der individuelle Identifikationsmodus des Kindes zur Norm. Durch ihre seelische und leibliche Nähe zum Kind im Werdeprozeß der Embryonalzeit ist die Mutter vorbereitet, Versöhnungsakte

1 R. Q. Bell in: Readings in Child socialization. Ed. K. Danziger, London 1970.

anzubieten. Gegenüber dem 19. Jahrhundert ist heute die Vaterwelt der Verräumlichung als Norm in eine entscheidende Krise getreten, die ein Wert-Vakuum schafft, welches Institutionen herbeiruft.

Den Vätern der gegenwärtigen Zivilisation scheint der Erdenraum zunehmend ein nur wissenschaftlich wahrnehmbares und technologisch zu behandelndes Neutrum geworden zu sein, wobei die nahe Wertwelt der Dinge als Grundlage moralischen Handelns in dem Maße fremd geworden ist, als rationelle Verfügbarkeit auf den Thron erhoben wird. Diese Form von Entfremdung zeigt sich am deutlichsten im systematischen Verschleiß der Dinge und der «wissenschaftlich» betriebenen Zerstörung der Erde. Diese Prozesse reichen schon tiefer in die Seelenhaltung des einzelnen Menschen, als wir gemeinhin vermuten, und verhindern deshalb, daß das Kind den Wert der gewordenen, räumlichen Welt in seine Gewissensbildung einbringt.

In diese Leere tritt heute frühe schulische Vermittlung logischer Strukturen in der Kindheit. Sie hat eine nicht unerhebliche affektive Valenz, welche die *Möglichkeit* des operationalen Denkens gegenüber der *Wirklichkeit* der Moralbildung einführt. Die damit verbundene Entfremdung oder programmierte Ausschaltung der nächsten Bezugspersonen und der physischen Welt als handlungsbezogener Wert bringt statt identifikatorischer Verhältnisse Sachbezüge in den Vordergrund, deren legitime Bewältigung dem Kind erst um das neunte Lebensjahr möglich wird, wenn die individuelle Moralbildung als Verinnerlichung, d. h. Verleiblichung abgeschlossen ist.

Diese Entwicklung hat auf der anderen Seite ein extremes Ausmaß an Verwöhnung als «Ersatz» hervorgebracht. Die mit der Nach-ahmung verbundene Keimkraft der Moral wird auf eine Normierung abgezogen, die das Extrem einer rationalisierten Vaterwelt darstellt, der gegenüber die Vater-Autorität des 19. Jahrhunderts ein Kinderspiel war, insofern sie biographisch-personal reflektierbar blieb (etwa in der Pubertäts-Auseinandersetzung), während die institutionalisierte Vaterwelt der Vorschulerziehung anonym ist und bleibt, was von ihren Vertretern offenbar als ihr Vorzug gesehen wird. «Anti-autoritäre», auf kognitive Prozesse gerichtete Erziehung ruft anonyme Autorität herbei. Moral aber bildet sich in der frühen Kindheit und bis zum siebten bis neunten Lebensjahr nur an der personalen Nähe des anderen Menschen und der Dinge, während operationales Denken gerade darin seine Bedeutung hat, daß es die *Wirklichkeit* des Handelns in der *Möglichkeit* des Denkens als «Strategie» und Hypothese verdünnt.

Derartige Erfahrungen deuten auf einen Reifungsbruch der Wahrnehmung inner-leiblicher und sich in Bildern realisierender «Realitäten», der systematisch veranlaßt wird. Die sich daraus ergebenden Konsequenzen für die Entwicklung verantwortlichen Handelns sind noch nicht absehbar. Um so mehr scheint die unreflektierte, mit Fortschrittsgläubigkeit einhergehende Einführung operationaler Denkmethoden im Vorschulalter verantwortungslos.

«Ein sechsjähriger vorgeschulter Junge hat das folgende Gespräch mit seinem Vater: Vor einem blau-weißen Verkehrsschild, das die Fahrtrichtung vorschreibt, erklärt der Vater dem Sohn: ‹Hier darf man nur geradeaus und nach rechts fahren›. Darauf der Sohn: ‹Geradeaus *oder* nach rechts, wenn du geradeaus *und* nach rechts fährst, dann knallen wir auf den Baum an der Ecke›.»[1]

1 Ch. Mattiesen: Eine verschlampte Reform. «Die Zeit», 35, 1. Sept. 1972.

[4] Seite 227

Die Dogons Westafrikas vermeiden die Beziehung des Kindes zu einer Bezugsperson (der Mutter) von Anfang an (das Kind wird schon von verschiedenen Müttern gestillt). Sie tragen Sorge, daß das Kind nach dem dritten Lebensjahr nicht nur die Kernfamilie, sondern gleich den größeren Umkreis der Stammesfamilie als Gruppe wahrnimmt. Dadurch kommt es zur Bildung eines «Clan-Gewissens».[2] Möglicherweise liegt eine ähnliche Situation in der Erziehung in den israelischen Kibbuzim vor.

Bei den Hopi-Indianern wird das Kind von der Geburt an auf dem Rücken der Mutter zu allen Tätigkeiten mitgetragen, wodurch das Kind die Möglichkeit gewinnt, sich mit der nächsten kulturellen Umwelt der Mutter zu identifizieren, ohne die Objektivierung durch die Mutter als Gegenüber erleiden zu müssen. Diese Formen frühkindlicher Erziehung verhüten offenbar die eine zentrale Erfahrung des Kindes, Objekt für den signifikanten Anderen zu werden, und lenken die Identifizierungsprozesse am individuellen und konstanten Anderen auf die Kulturstruktur des Stammes bzw. der größeren Gemeinschaft. Umgekehrt ist bei den Sioux-Indianern eine Erziehungspraxis üblich, die wohl darauf hinzielt, die Erfahrung des Kindes als Objekt für den anderen schon früh und drastisch einzuführen als Ausbildung der Askese. Dort wird bei Verstärkung der individuellen Bindung an eine Bezugsperson (die Mutter stillt das Kind oft bis zum dritten Jahr, damit es ein «starkes Herz» bekomme) das Kind ebenso extrem objektiviert und begrenzt, indem die Mutter den Kopf des Kindes aufschlägt, wenn das Kind beim Saugen die Brustwarze der Mutter beißt, oder das Kind früh in ein Wickelbett festbindet und damit die aus den Willens- und Bewegungskräften aufsteigenden Identifikationsleistungen verhindert oder beschränkt.[3]

Mit diesen Maßnahmen soll der «starke Mann» erzogen werden, der «kampfbereit, schlau und grausam ist als Kämpfer und stoisch in Zeiten des Leidens und Wartens». Auch diese Einstellungen leiten sich aus einer Motivierung moralischen Handelns her, die auf die Kontinuität von Stammeseigenschaften gerichtet ist und die Bildung einer individuellen Moral verhindert, die Voraussetzung späterer personaler Moralerfahrung ist.

[5] Seite 232

Davon gibt es Ausnahmen nur dann, wenn Nachahmung programmiert und experimentell *erzwungen* wird, oder, wie Beobachtungen zeigen, in der modernen Massenprogrammierung von Kindern vor dem Bildschirm passiv prägend wirksam wird, indem *individualisierte Antworten* des Kindes ausgeschaltet sind, da sie das veranlassende Medium prinzipiell nicht erlaubt. Nachahmung ist in der frühen Kindheit dem Spiel verwandte Teilhabe, das heißt nicht nur die *Hereinnahme* des Verhaltens des anderen: Wenn das kleine Kind die Mutter oder die Puppe füttert oder zum Spielen einlädt, aber auch schon die Erwiderung des Lächelns der Mutter stellen in der geübten Rollenumkehr wesentliche Formen der aktiven individuellen Verinnerlichung dar und festigen, wo diese reziproken Akte vom Partner wahr-genommen werden, die Entstehung von Normen. Die Mutter, die sich weigert, vom Kinde Nachgeahmtes zurück zu empfangen, betrügt das Kind und sich selbst und verhindert

2 H. Lincke: Das Über-ich – eine gefährliche Krankheit. Psyche 5, 1970.
3 E. H. Erikson: Trieb und Umwelt in der Kindheit. In: Frankfurter Beiträge zur Soziologie, Bd. 6, 1957.

jene reziproke Form zwischenmenschlicher Verantwortung, die schon im vorsprachlichen Stadium Solidarität gewiß werden läßt.

[6] Seite 232

Diese grundlegende Einsicht der Wandlung von im Leibe wirkenden Bildekräften zu «freiwerdenden» Bildern, die R. Steiner als erster dargestellt hat, ist nach ihm aus verschiedenen Richtungen zunehmend bestätigt worden.

Piaget hat die Entstehung von Bildern (Symbolen) aus der dezentralisierten Nachahmung verstanden. Von psychoanalytischer Seite hat Lorenzer[4] darauf hingewiesen, daß sich symbolgetragenes Verhalten aus «proto-symbolischem» leiblichem Verhalten genetisch herleiten läßt und daß der erwachsene Mensch, wo ihm Symbole und deren sprachliche Artikulation entfallen, zu «szenischem», also leibgebundenem Verhalten zurückgreift. R. Spitz hat die Körper-Sprache des kleinen Kindes als vor-symbolisch eingehend beschrieben und sie, wie Lorenzer, vom Gesichtspunkt möglicher Kommunikation betrachtet. Geisteswissenschaft zeigt, daß vor-symbolisches Verhalten im Sinne der *Leibesbildung* und nicht nur im Sinne von Kommunikation verstanden werden muß. Derartige Prozesse kommen nur über die Identifikation in Gang (darin liegt ihre Kommunikationsebene). Sie erstrecken sich aber in die Tiefe der Organbildung als Orte «protosymbolischer» frühkindlicher Entwicklung und Verinnerlichung. Diese Tatsache wird durch jene psychosomatischen Störungen erhärtet, die Spitz in seinen Studien über den Hospitalismus beschrieben hat und die in vielen Fällen *irreversible* Schäden der Organbildung zurücklassen.

Soziale Phantasie – Ein Weg zur Gewissensbildung

[1] Seite 236

Fisher und Cleveland[1] haben an Hand von experimentellen Untersuchungen gezeigt, daß beim Mädchen zwischen dem fünften und siebenten Lebensjahr die Körper-Grenzerfahrung als Identitätserfahrung gewöhnlich *früher* gesichert ist als bei Jungen, während später zwischen dem zehnten und dreizehnten Lebensjahr die Situation umgekehrt ist, das heißt die *Jungen eine höhere* Grenzerfahrung des Leibes besitzen.

Die Autoren halten diese Grenzerfahrung des Körperlichen für in diesem Lebensalter entscheidende Kriterien für die Art und Weise, wie sicher ein Kind seine Geschlechtsrolle erlebt, Ziele verwirklichen kann und *Verhalten zu kontrollieren* in der Lage ist. Allgemein ausgedrückt offenbart sich in der Sicherheit gegenüber dem eigenen klar begrenzten Leibesbild die Möglichkeit, eine Rolle in einer bestimmten Entwicklungsphase der Kindheit einzunehmen und sie zu behaupten als Ausdruck von fortschreitender Sozialisierung und Identitätserfahrung. Für die Entwicklung einer Autonomie moralischen Handelns und moralischer Haltung zeigen die Untersuchungen, daß eine gestörte oder relativ wenig begrenzte Körperbilderfahrung nach Normen suchen muß, das heißt nach formalen «Außenregeln», die möglichst stabil sein müssen, um Identität zu wahren. Gefestigte Körper-Grenzerfahrung hingegen erlaubt Abstand von Situationen, eine «innere» Haltung von Identitätskon-

4 A. Lorenzer: Sprachzerstörung und Rekonstruktion. Frankfurt 1964, und: Kritik des psychoanalytischen Symbolbegriffs. Frankfurt 1970.

1 S. Fischer und S. E. Cleveland: Body Image and Personality, Princeton 1958.

stanz und die Wahrnehmung eines Handlungsraumes, der ein Zentrum eigener Reflexivität besitzen kann. Dabei handelt es sich nicht um statistische Verhältnisse, sondern offenbar um rhythmische Prozesse der «Offenheit» und «Zusammenziehung» (Stabilität), von denen, wie Fisher und Cleveland vermuten, die Fähigkeit zu Empathie und deren Verhältnis zur Selbsterfahrung abhängig ist. Die mittlere Kindheit stellt gerade dieses Grundverhältnis sozialen Handelns erstmals her, und die Identitätserfahrung der Gestalt als gesicherte «Leibesgrenze» ist, wie wir sahen, eine wesentliche Vorbedingung zur Umwandlung frühkindlicher Normerfahrung in Richtung auf zunehmende Autonomie.

In der «Körpergrenze» wird offenbar, wie die Seele den Bildeleib *individuell* behandelt und situationsgerecht zu erweitern und zu festigen in der Lage ist. Dieser Zusammenhang erscheint für die Identitätserfahrung des Kindes, wie wir gesehen haben, ebenso wie für die Gewinnung einer autonomen Verhaltensmoral nach dem siebenten Lebensjahr von hoher Bedeutung zu sein. Im allgemeinen wird die Körpergrenze im Alter unbeweglicher.

[2] Seite 240

So fand Ingeborg Jochmus[1] bei dem seltenen Krankheitsbild der Pubertätsmagersucht bei zwei zwölfjährigen *Jungen* neben anderen Faktoren eine frühe berufliche Festlegung durch den unnahbaren Vater zu einem Zeitpunkt, «da noch gar keine Entscheidung bezüglich der Berufswahl und Zukunft notwendig war und mangelnde Reife auch eine adäquate Auseinandersetzung mit dem Thema noch nicht erlaubte».

[3] Seite 248

Auch wenn die Empathie sich nicht in der unmittelbaren Begegnung ausweist, entzündet sie sich am Widerstand des Gewordenen, beachtet die konkreten Verhältnisse und ist nicht mehr frühkindlichen egozentrischen Wunschträumen verbunden. In Hamburg hat Uli Weyland vor den Wahlen 1972 1500 Kinder zwischen neun und fünfzehn Jahren gebeten, zu beschreiben und zu zeichnen, was anders wäre, wenn sie die Stadt regierten. Die Ergebnisse: «Mehr und bessere Spielplätze, eine saubere Umwelt, mehr und schönere Freizeitheime, mehr und bessere Schulen, mehr Parks und Grünanlagen, billige öffentliche Verkehrsmittel, eine bessere Versorgung für sozialschwache Gruppen und eine gerechte Eigentumsverteilung, bunte Häuser mit großen Wohnungen, billige Lebensmittel.»[2]

Alle Vorschläge der Kinder zeichnen sich durch eine spontane, empathische Naivität aus; die Märchenwelt ist verlassen, aber unsere Welt, in der wir leben und die wir weiter technologisch planen, ist nicht akzeptiert. Der mittleren Kindheit scheint der «technologische Eros» fremder, als wir dachten. Der Anteil des Ästhetisch-Moralischen an den Antworten der Kinder ist hoch und zeigt die Elemente der sozialen Phantasie deutlich. Ein elfjähriges Mädchen streicht Fabriken, Autos, Benzin und Raumfahrt aus ihrem «Programm». Drei Dinge sollen bestehen: «Bauernhaus, eine Kutsche und die Natur.» Die Kommentatoren bemerken u. a.: «Unsere Kinder brauchen Erfolgserlebnisse für soziale Phantasie und soziales Engagement», und «die konkreten Bedürfnisse der Kinder nach einer ihnen gemäßen

1 I. Jochmus, Praxis der Kinderpsychologie und Kinderpsychiatrie, 16. Jahrgang, Heft 1, 1967.

2 Zeit-Magazin Nr. 46/17. November 1972.

Umwelt müssen viel ernster genommen werden, was nicht immer Maßnahmen und Kosten, sondern in vielen Fällen nur Umdenken erfordert».

[4] Seite 248

So meint Gamm: «Der Pädoexperte, wie er zukünftig genannt werden könnte, baut keinen pädagogischen Bezug auf, wenn er zwischen den einzelnen Lehrprogrammen der Schüler hin und her pendelt. Er ist gewissermaßen die elektronisch abrufbare *Kapazität,* der ‹schnelle Brüter›, der, eben weil er Pädoexperte ist, die typischen Lernschwierigkeiten kennt und daher helfen kann.»[3] Gamm übersieht den erkenntnisleitenden affektiven Bezug sozialer Phantasie als eine neue empathische Aktivität der mittleren Kindheit, die, auf Zukunft gerichtet, die soziale Rolle des Erziehers biographisch einholen will.

Gamm scheint daran zu denken, daß der Lehrer auch im Bereich der Intimbeziehungen der Sexualität seine Erfahrungen mitteilen solle. Für die mittlere Kindheit scheint uns diese Forderung ebenso utopisch wie sachlich unbegründet. Das Kind ist, wie wir sehen, in diesem Lebensalter tatsächlich zum erstenmal biographisch interessiert, und *insofern* die Sexualität und vor *allem* generative Vorgänge wie Geburt und Schwangerschaft zur Erscheinung der Biographie gehören, auch darin. Ihre Vermittlung wird vom Kind aber in diesem Lebensalter gerade in einem allgemein-menschlichen Kontext gesucht und gerade nicht in einem persönlich-individuellen. Dies ändert sich nach der Pubertät. Man müßte daher genauer sprechen. Nirgends aber zeigt sich die Entmenschlichung der Sexualerziehung im mittleren Kindheitsalter deutlicher als in den aus dem vermittelnden Kontext herausgenommenen objektiven (und meist schlechten) Abbildungen der «Sexual-Atlanten», durch die das auf persönliche Vermittlung eingestellte Gefühlsleben des Kindes eine Objektivierung erfährt, die an Brutalisierung grenzt und geeignet ist, die generativen und sexuellen Funktionen des menschlichen Organismus der biographischen Integration zu entfremden. Dies hat auch Gamm gesehen und kritisch beurteilt.

[5] Seite 249

So kann die Art des Umgangs mit der sinnlichen Welt in Wahrheit nur gepflegt werden, wenn sich die Pädagogik bewußt wird, daß auch die Geschlechtsidentität ein Teil dieser sinnlich-sozialen Welt ist und deren Sicherung und Vertiefung nur im Einsatz von Empathie zu leisten ist, die individuelle sinnliche Erscheinung (Rolle) auf ein allgemein Menschliches «hinsieht». «Sexualkunde» als eine Form des Umgangs mit der sinnlichen Welt als Sinnlichkeit bleibt solange eine aufklärerische, gefährliche Spielerei, solange sie eine Situation akzeptiert, die besagt, daß die sinnliche Welt, das heißt auch die des Menschenleibes und seiner Funktionen, einsehbar und beherrschbar werden, wenn man sie detailliert kennenlernt und begrifflich zur Kenntnis genommen hat. Noch nie aber hat, wie die Erfahrung zeigt, diese Erkenntnishaltung, die an die Zeit der historischen Aufklärung erinnert, in Wirklichkeit menschliche Beziehungen, das heißt auch und *gerade* die geschlechts-gebundenen, progressiv zu verändern und zu vermenschlichen vermocht. Gerade das Kind der mittleren Kindheit drängt auf die Erfahrung hin, seine Geschlechtsidentität, die es außerordentlich sachlich und real wahrnimmt, auf das Allgemein-Menschliche hin zu erweitern als «Vorleistung», die später sexuelles Verhalten im Raum menschlicher Beziehungen bewahrt weiß.

3 H. J. Gamm: Kritische Schule. München 1970.

Es ist deshalb die Anerkennung der eigenen Identität des Kindes mit der dazugehörenden Distanzerfahrung in der mittleren Kindheit eine allgemein menschliche Aufgabe, die gerade in diesem Lebenszyklus nicht auf spezielle Bereiche (Sexualität, Intelligenz) eingeengt werden kann.

E. H. Erikson hat in seinen drei Aufsätzen «Identität und Lebenszyklus» darauf aufmerksam gemacht[4], daß die psychosoziale Intimität der Freundschaften und Liebesverhältnisse nach der Pubertät davon abhängig ist, in welchem Maße das Kind schon vor Eintritt in das pubertäre Stadium eigene Identität als Phänomen der Distanz gewonnen hat. Geschieht dies nicht, so findet sich der Jugendliche in der Situation, «die unscharfen Umrisse der eigenen Identität durch narzistisches gegenseitiges Bespiegeln herausarbeiten» zu müssen. «Sich verlieben bedeutet dann oft in sein eigenes Spiegelbild hineinzustolpern, wobei man sowohl sich als auch seinem Spiegel Schaden zufügt.»

Wir versuchen zu zeigen, daß Identität in der mittleren Kindheit eine gleichsam unter dem Leistungsprinzip liegende tiefere Gefühlserfahrung erfordert, in der die reflexive Gewissensbildung selbständige intime Begegnung vorbereitet.

[6] Seite 249

Harvey und Felknor haben eine Reihe von Wertsystemen der Kindheit gefunden, die sich in ihrer Reife unterscheiden. Das System, das nach Ansicht der Autoren optimal für unsere gegenwärtige Gesellschaft erscheint, zeichnet sich durch Haltungen aus, die weitgehend durch den Rhythmus gesichert sind, den wir zu beschreiben versucht haben:

Es sind interne Maßstäbe für Verhalten und Urteilen entwickelt, ohne Negativismus in den Beziehungen zur Umwelt. Situationen und sozial relevante Sachverhalte können von verschiedenen Seiten aus betrachtet werden und in Zusammenhang mit anderen Bereichen gesehen werden («Aufschmelzung» der Gewohnheit). Es besteht Offenheit für neue Informationen, die in das bisherige Wertsystem integriert werden können (empathische Wahrnehmung). Das Kind arbeitet weniger für die Belohnung als für die *Erfolgserfahrung des Handelns* (Erreichen eines gesteckten Zieles). Es besteht eine hohe Ambiguitäts-Toleranz, das heißt Toleranz für Mehrdeutigkeit und Unsicherheit, sowie die Fähigkeit, Rollen anderer zu übernehmen, das heißt hypothetische Situationen des «als ob» denken zu können. Die für eine solche Struktur entscheidende Haltung der Eltern zeichnet sich durch Fairneß, Gewährung von Freiheit, Wärme und Zuwendung aus. Die Eltern scheinen sich meist untereinander einig zu sein und sind *beide* am Wohlergehen des Kindes interessiert. Diese Eltern benutzten mehr als die Eltern anderer Kinder mit anderen Wertsystemen *Erklärungen* für ihr Verhalten. Die Untersuchungen zeigen durchgehend die Wirksamkeit von elterlichen Haltungen auf das Autonom-Werden der Moral in der mittleren Kindheit. (Nach Rolf Oerter: Moderne Entwicklungspsychologie. Donauwörth 1972)

M. L. Hoffmann und H. D. Saltzstein[5] haben die Frage untersucht, unter welchen Bedingungen sich die frühkindliche Moral zu diesem «humanistischen Wissenstypus» ändern kann, den die Autoren von einem «konventionellen» Typus unterscheiden, bei dem frühkindliche Verhaltensgewohnheiten von Identifikation und Norm als *Gewohnheiten* bestehen bleiben: «Die humanistische Gruppe von Kindern besteht aus solchen Kindern, die in

4 Theorie Suhrkamp, Frankfurt 1971.

5 In: L. Krappmann: «Soziologische Dimensionen der Identität». Stuttgart 1971.

ihren moralischen Ansichten *besondere Umstände* berücksichtigen und Prinzipien für ihre Urteile anführen, die auf menschliche Nöte begründet sind. Die konventionelle Gruppe berücksichtigt nicht die speziellen Umstände und führt Prinzipien moralischer Konvention und Autorität an. Beide Gruppen hatten frühkindliche moralische Orientierung verinnerlicht. Die humanistische Gruppe reagierte mit Schuldgefühlen, wenn Überschreitungen menschliches Leben betraf und nicht wieder gutzumachen waren, während sie sich leichter als die andere Gruppe entschloß, kleine Vergehen durch Wiedergutmachung oder Bekenntnis der Schuld auszugleichen. Die humanistische Gruppe war fähiger, die mit der *Kontemplation* von verbotenen Handlungen verbundene Angst zu ertragen und über einen verbotenen Akt nachzudenken, bevor er verworfen wurde. In beiden Fällen zeigte sich ein hoher Grad von bewußter Integration von Impulsen und moralischen Normen. Die konventionelle Gruppe zeigte hingegen die Tendenz, derartige Konflikte zu vermeiden, indem die Impulse unterdrückt wurden.»

[7] Seite 250

Ernest Schachtel hat vor der Gefahr gewarnt, daß der primäre Autozentrismus der mittleren Kindheit festgelegt wird, und damit in eine Weltsicht, in der die sinnliche Welt nur vom Begriff her verstanden *und* erlebt wird und der spontanen Synthese ästhetisch-sozialer Wahrnehmung entbehrt. Diese Gefahr scheint uns in der Mitte der Kindheit pädagogisch um so größer, als die Atemreife und die damit verbundenen operationalen Gedankenprozesse der Herzensreife deutlich vorangehen, die sich erst nach der Pubertät voll entwickelt. Die damit verbundene Krise des Jugendalters, das heißt das In-Frage-Stellen des moralischen Regelbewußtseins, das jetzt von der Herzenserfahrung gestaltet werden muß, kann sich nur entwickeln, wenn in der mittleren Kindheit der Keim dieser Herz-Erfahrungen in der empathischen Erfahrung gebildet wird und sich auf die Gedankentätigkeit *mitgestaltend* als «Regulativ» beziehen lernt. (Siehe auch Kapitel «Wandlung der Wahrnehmung».)

[8] Seite 252

Die Kindergruppe ist erfahrungsgemäß eine «geschlossene» Gruppe, nicht nur hinsichtlich der Größe, sondern auch bezüglich ihrer Formen und Identifizierung: Diese ist «bindend», Rollen sind streng zugewiesen, und es fehlt der Gruppe jener auf Zukunft gerichtete Freiheitsraum sozialer Empathie, in dem die Rolle ohne Angst oder Prestigeverlust überschritten, aufgegeben und erprobt werden kann. Mit Recht hat R. Oerter betont, daß «die Sozialisierung nicht optimal hin auf die allseits erwünschte Verbesserung und Differenzierung im Rollenlernen verläuft». Unter Hinweis auf den Mangel der Bildungspläne der Schulen hinsichtlich von Rollendifferenzierungen meint Oerter: «Das entscheidende in der menschlichen Entwicklung überläßt man nach wie vor dem Zufall.»[1]

[9] Seite 252

C. G. Jung erzählt rückblickend von dem Geheimnis des «Männleins», das Sicherheit und «Ewigkeit» in der Krise des Zehnjährigen symbolisierte. Der Autor kommt 30 Jahre später an die Stelle zurück, an der er wichtige Erlebnisse in der Entdeckung der Erde (des Steines

1 R. Oerter: Moderne Entwicklungspsychologie. Donauwörth 1972.

und des Feuers) hatte, wo er seine Verbundenheit mit der Materie, der «mater rerum», bis zur Identifikation erlebt:

«Dieser Moment ist mir unvergeßlich, denn er hat mir blitzartig den Ewigkeitscharakter meiner Kindheitszeit erleuchtet. Was mit dieser Ewigkeit› gemeint ist, zeigte sich bald darauf in meinem zehnten Lebensjahr. Meine Entzweiung und Unsicherheit in der großen Welt führte mich zu einer mir damals unverständlichen Maßnahme: Ich benutzte in jener Zeit eine gelb lackierte Federschachtel mit einem kleinen Schloß, wie sie die Primarschüler besitzen. Darin fand sich auch ein Lineal. An dessen Ende schnitzte ich nun ein kleines, etwa sechs Zentimeter großes Männchen mit ‹Gehrock, Zylinder und blankgewichsten Schuhen›. Ich färbte es mit Tinte schwarz, sägte es vom Lineal ab und legte es in die Federschachtel, wo ich ihm ein Bettchen bereitete. Ich machte aus einem Stück Wolle sogar ein Mäntelchen. Zu ihm legte ich einen glatten, länglichen schwärzlichen Rheinkiesel, den ich mit bunten Wasserfarben so bemalt hatte, daß er in einen oberen und einen unteren Teil getrennt war. Er hatte mich lange in meiner Hosentasche begleitet. Das Ganze war für mich ein großes Geheimnis, von dem ich jedoch nichts verstand. Ich brachte die Schachtel mit dem Männchen heimlich auf den oberen, verbotenen Estrich (verboten, weil die Bodenbretter wurmstichig und morsch und daher gefährlich waren) und versteckte sie auf einem Stützbalken des Dachstuhls. Dabei empfand ich große Befriedigung; denn das würde niemand sehen. Ich wußte, daß dort kein Mensch es finden könnte. Niemand konnte mein Geheimnis entdecken und zerstören. Ich fühlte mich sicher, und das quälende Gefühl der Entzweiung mit mir selber war behoben.»[2]

[10] Seite 256

Haltung kann theoretisch *repräsentativ*, das heißt als Wissen um die eigene Haltung, verstanden werden, aber auch als Reglermechanismus im Sinne von Gleichgewichtsprozessen im seelischen Bereich. Die meisten Autoren sind sich darüber einig, daß es sich um eine Ich-Funktion handelt und daß die affektive Komponente wesentlicher ist als der kognitive Anteil. Schließlich wird in der Theorie von Haltungen die Verhaltenskomponente des Handelns als drittes Element mit einbezogen. Auch wird Haltung als eine Einstellung und Gesinnung bezeichnet und drückt damit gleichzeitig Wertwahrnehmung aus, Grundlagen moralischen Verhaltens.

Rolf Oerter hat in seiner Entwicklungspsychologie ein wesentliches Kapitel der Auseinandersetzung mit den oben angedeuteten Theorien gewidmet und macht darauf aufmerksam, daß vor allem die Entwicklungspsychologie bisher fast gänzlich ohne den Haltungs-Begriff und seine Phänomenologie ausgekommen ist. Erst seit 1950 findet er zunehmend Eingang in die Theorie der Entwicklung.

Wie im Kapitel vom Ich-Sinn und dem über die Wendung der Moral in der mittleren Kindheit gezeigt, kann die geisteswissenschaftliche Menschenkunde einen wesentlichen Beitrag zu dem vorliegenden Problemenkreis leisten, vor allem in der Darstellung des rhythmischen Systems als dynamischem Zentrum von Haltungen, die dem fühlenden Menschen angehören und das «Maß» des Denkens und Handelns bestimmen. Dieses «Zentrum» entsteht in der mittleren Kindheit.

2 C. G. Jung: Erinnerungen, Träume, Gedanken. Stuttgart und Zürich 1962.

Was will eine biographische Phänomenologie? – Methodisches

[1] Seite 262

Von geisteswissenschaftlicher Seite hat auch Hermann Poppelbaum auf diesen Zusammenhang hingewiesen: «Das dargelebte Schicksal ist die wahre Analyse des Unbewußten; der Mensch muß nur lernen, in dieser Darlegung zu lesen: darin sind nicht einfach angestaute Schwierigkeiten des Lebens (Hemmungen) aufgezeichnet, sondern aus dem Leben zwischen Tod und neuer Geburt herübergebrachte Botschaften. Man muß sich die schicksalformenden und schicksalsuchenden Kräfte nicht vorstellungsartig denken, sondern willensverwandt. Gelingt das, so steht man – wenn auch nur in Gedanken – schon im Geistigen drinnen, während die sogenannte Tiefenpsychologie die unbewußten Antriebe im Dunkeln der Organvorgänge suchen muß.» (H. Poppelbaum: Studien über das Schicksal. Dornach 1972.) Phänomene erscheinen in diesem Zusammenhang biographisch als geistige Markierungen von Ereignissen des Schicksalsweges.

[2] Seite 272

A. M. Klaus Müller hat die hier gemeinte biographische Erfahrungsfülle, die sich nicht am rationalen Wissen bemißt, als auf den Glauben hingerichtet bezeichnet, als den «einzigen Erkenntnisweg, wo es um die Wahrnehmung der Selbigkeit geht... Die zeitliche Erstrekkung unabgeblendeter biographischer Erfahrung ist nicht auflösbar.» *Jedoch:* «Auch die dichte Wirklichkeit der biographischen Erfahrung vermag die originäre Entfremdung logischer Identität des Denkens, jedenfalls in dieser Welt-Zeit, nicht aufzulösen.» Müller sieht die gegenwärtige Gefahr in der Verdrängung dessen, was biographische «Widerfahrnisse» offenbaren. Das Bewußtsein, das so verfährt, ist das «eingepaßte Bewußtsein, welches von der Abstraktionshöhe der technisch-wissenschaftlichen Welt permanent in Atem gehalten wird».

Register